Karl R. Popper

Objektive Erkenntnis

Ein evolutionärer Entwurf

campe paperback

This translation of Objective Knowledge (1st edition 1972) is published by arrangement with The Clarendon Press Oxford

Deutsche Fassung der 4. verbesserten und ergänzten Auflage nach einer Übersetzung von Hermann Vetter, in Abstimmung mit dem Autor überarbeitet von Ingeborg, Gerd und Bernd Fleischmann.

Die Deutsche Bibliothek – CIP-Einheitsaufnahme

Popper, Karl R.:
Objektive Erkenntnis: ein evolutionärer Entwurf / Karl R. Popper. – 4. Aufl. – Hamburg: Hoffmann und Campe, 1998.
(Campe Paperback)
Einheitssacht.: Objective knowledge <dt.>
ISBN 3-455-10306-5

NE: Fleischmann, Ingeborg [Bearb.]

Umschlaggestaltung: Lo Breier
Gesetzt aus der Aldus-Antiqua
Satz: Utesch Satztechnik GmbH, Hamburg
Druck und Bindung: Clausen & Bosse, Leck
Printed in Germany

Dem Andenken an Alfred Tarski gewidmet

Vorwort

Vorwort zur vierten Auflage

Dieses Buch ist der menschlichen Erkenntnis gewidmet, der menschlichen Wahrheitssuche.

Die Wahrheit ist objektiv und absolut: Das ist die Idee, die Alfred Tarski gegen den Relativismus verteidigt hat. Aber wir können niemals ganz sicher sein, daß wir die Wahrheit, die wir suchen, gefunden haben. *Wir dürfen die Wahrheit nicht mit der Sicherheit, mit ihrem sicheren Besitz verwechseln.* Die absolute Wahrheit wird manchmal erreicht; die Sicherheit nie: Die Suche nach Sicherheit ist verfehlt; aber wir können unsere Theorien immer strenger überprüfen.

Auch eine zweite Unterscheidung ist von größter Bedeutung: die zwischen Erkenntnis im subjektiven und im objektiven Sinn. Die Erkenntnis ist das Werk von denkenden Menschen, mit ihren subjektiv erlebten Schwierigkeiten – den *subjektiven Problemen* – und ihren Hoffnungen, die sie zur Wahrheitssuche anspornen. Aber der Inhalt ihrer Gedanken, der sprachlich in Sätzen formuliert werden kann, ist etwas Objektives: Er ist objektiv wahr oder objektiv falsch. Wenn wir nach der Wahrheit suchen, so machen wir es zu unserer Aufgabe, die wahren Sätze von den falschen Sätzen zu unterscheiden, so gut wir es eben können. Unsere Aufgabe ist die rationale Kritik unserer Sätze, unserer Theorien: Unsere *objektiven Probleme* sind objektive Wahr- oder Falsch-Fragen; in der Wissenschaft sind es meist solche Fragen, die erklärende Theorien betreffen.

Die kritische Wahrheitssuche der Menschen hat ihren bisherigen Höhepunkt in den gegenwärtig so verlästerten Naturwissenschaften gefunden. Aber es muß betont werden, daß sich auch die Naturwissenschaftler oft irren und daß aus ihren Irrtümern manchmal eine naturwissenschaftliche Mode gemacht wird. Alle Menschen sind fehlbar, und unsere Suche nach objektiver Wahrheit ist bedroht von unserer Hoffnung, sie bereits gefunden zu haben.

Es ist klar, daß hier nur die sachliche, rationale Kritik helfen kann. (Die relativistische »Soziologie des Wissens« – sie ist jetzt leider Mode – verschärft diese Bedrohung.)

Subjektive Erlebnisse spielen eine entscheidend wichtige Rolle in der Wahrheitssuche, in unserer Suche nach Wissen. Aber es sind nicht die Wissenserlebnisse, die Überzeugungserlebnisse oder Glaubenserlebnisse, die so wichtig sind. Die alte Lehre, daß unser Wissen ein wohlfundierter Glaube ist, ein Fürwahrhalten, ausgestattet mit zureichenden Gründen, halte ich für verfehlt. Da es keine, oder fast keine, zureichenden Gründe gibt – kein sicheres Wissen –, so gibt es nur das, was ich *Vermutungswissen* genannt habe. So sind jene subjektiven Erlebnisse, die die größte Rolle in der Wissenschaft spielen, nicht unsere Überzeugungserlebnisse, sondern unsere Versuche, unsere Anstrengungen, der objektiven Wahrheit durch das kritische Verstehen der objektiven, der aktuellen Probleme und der objektiv vorliegenden, wissenschaftlichen Theorien, der objektiven Wahrheit näherzukommen.

Es ist die menschliche Sprache und die Schrift, die uns erlauben, unsere Probleme und Theorien objektiv zu formulieren und unabhängig von unseren Erlebnissen objektiv darzustellen; sie zu Objekten unseres kritischen Studiums zu machen und sie auf ihre Wahrheit hin zu überprüfen und kritisch zu bewerten. Wir beginnen, unsere Probleme zu verstehen und zu respektieren, wenn wir uns vergeblich bemüht haben, sie zu lösen. Und wir beginnen, unsere Lösungsversuche, unsere Theorien zu verstehen, wenn wir sie mit anderen Theorien verglichen haben, mit denen sie in Wettbewerb stehen. In einem solchen Vergleich ist es unerläßlich, uns zu fragen, welche Probleme sie zu lösen versuchen und was die neuen Probleme sind, zu denen sie uns führen. Was wir beurteilen, sind einerseits die Lösungsversuche und andererseits das Interesse und die Fruchtbarkeit der neu aufgeworfenen Probleme. Die Probleme und die Theorien in ihrer Rolle als Lösungsversuche sind es, die die objektive Erkenntnis und den objektiven Erkenntnisfortschritt bestimmen: unser objektives Vermutungswissen. (Das alles gehört zu dem, was in diesem Buch Welt 3 genannt wird.)

Weder der erkennende Mensch noch seine Wissenschaft sind im sicheren Besitze der Wahrheit. Wir sind Wahrheitssucher; wir versuchen, unsere Fehlurteile durch die strenge kritische Prüfung unserer Theorien zu entdecken, um aus unseren Irrtümern zu lernen.

Noch eine Bemerkung: Im Unterschied zu den englischen Ausgaben und den ersten deutschen Ausgaben verwende ich jetzt einheitlich (statt »erste«, »zweite« und »dritte Welt«) »Welt 1«, »Welt 2« und »Welt 3«, nach einem Vorschlag von Sir John Eccles in seinem Buch *Facing Reality*.

Der neue Anhang 2 über Wahrheitsnähe wurde 1980 geschrieben.

Penn, Buckinghamshire, 1984 Karl R. Popper

Aus dem Vorwort zur ersten Auflage:

Die menschliche Erkenntnis ist wohl das größte Wunder unseres Universums. Sie wirft Probleme auf, die noch lange ungelöst bleiben werden; und das vorliegende Buch liefert nur einen winzigen Beitrag zur Lösung von einigen solcher Probleme. Dennoch hoffe ich, mit ihm eine Diskussion wiederzubeleben, die drei Jahrhunderte lang in Vorverhandlungen steckengeblieben ist.

Seit Descartes, Hobbes, Locke und ihrer Schule, zu der nicht nur David Hume, sondern auch Thomas Reid gehört, war die Theorie der menschlichen Erkenntnis vorwiegend subjektivistisch: Menschliches Wissen wurde als eine besonders gut gesicherte Abart des menschlichen Glaubens betrachtet und das wissenschaftliche Wissen als eine besonders gut gesicherte Abart des menschlichen Wissens.

Die Aufsätze in diesem Buch brechen mit dieser Tradition, die sich bis zu Aristoteles zurückverfolgen läßt: mit der Tradition als rein subjektiv gedeuteten Wissens, des Wissens als eines Zustandes unseres Bewußtseins. Leider bedeutet das auch einen Bruch mit der Tradition der Erkenntnistheorie des Alltagsverstandes oder des gesunden Menschenverstandes. Ich bin ein großer Bewunderer des Alltagsverstandes. Dieser ist, denke ich, wesentlich selbstkritisch und kann sich neu orientieren. Den *Realismus* des Alltagsverstandes, den ich für eine wichtige Wahrheit halte, würde ich bis zum letzten verteidigen; doch die *Erkenntnistheorie des Alltagsverstandes* halte ich für einen subjektivistischen Irrtum, der verbessert werden muß. Dieser Subjektivismus hat die westliche Philosophie beherrscht. Ich habe versucht, ihn auszumerzen und durch eine Theorie des objektiven Wissens zu ersetzen: des objektiven Vermutungswissens. Das ist vielleicht ein allzu kühnes Unterfangen, braucht aber wohl keine Entschuldigung.

Ich möchte mich jedoch für einige Wiederholungen entschuldigen: Ich habe die einzelnen Kapitel, ob sie schon einmal veröffentlicht waren oder nicht, möglichst unverändert gelassen, auch wenn hier und da eine Darstellung wiederholt wird, in einem etwas anderen Zusammenhang.

Penn, Buckinghamshire, 1971 Karl R. Popper

Ich danke David Miller, Arne F. Petersen, Jeremy Shearmur und vor allem meiner Frau für ihre unermüdliche Hilfe.

In der vierten Auflage wurde die Übersetzung von Ingeborg, Gerd und Bernd Fleischmann einer gründlichen Revision unterzogen. Ich bin ihnen zu tiefem Dank verpflichtet.

K. R. P.

Inhalt

1.
Vermutungswissen: meine Lösung des Problems der Induktion

> Das Überhandnehmen der Unvernunft und des Irrationalismus während des neunzehnten und des bisherigen Teils des zwanzigsten Jahrhunderts ist eine natürliche Folge von Humes Vernichtung des Empirismus.
>
> BERTRAND RUSSELL

Selbstverständlich kann ich mich irren, aber ich glaube, ein wichtiges philosophisches Problem gelöst zu haben: das Problem der Induktion. (Ich dürfte die Lösung etwa 1927 gefunden haben.[1]) Die Lösung erwies sich als außerordentlich fruchtbar und führte mich zur Lösung einer ganzen Reihe weiterer philosophischer Probleme.

Aber nur wenige Philosophen werden sich der Auffassung anschließen, daß ich das Induktionsproblem gelöst habe. Nur wenige haben sich die Mühe gemacht, meine Auffassungen zu diesem Problem zu studieren, oder gar zu kritisieren; ja sie überhaupt zur Kenntnis zu nehmen. In jüngster Zeit sind viele Bücher zu diesem Gegenstand erschienen, die sich auf keine meiner Arbeiten beziehen, obwohl sie meistens indirekt von meinen Gedanken beeinflußt zu sein scheinen; und jene Autoren, die meine Arbeiten zur Kenntnis nehmen, schreiben mir fast immer Ansichten zu, die ich nie gehabt habe. Sie kritisieren mich aufgrund offensichtlicher Mißverständnisse und mit Argumenten, die ich ausführlich behandelt habe. Dieses Kapitel ist ein Versuch, meine Gedanken erneut darzulegen und einigen meiner Kritiker zu antworten.

[1] Schon vorher (im Winter 1919/20) hatte ich das Problem der Abgrenzung zwischen Wissenschaft und Nicht-Wissenschaft formuliert und gelöst, aber nicht der Veröffentlichung für wert gehalten. Aber nach der Lösung des Induktionsproblems entdeckte ich eine interessante Verbindung zwischen beiden Problemen. Das brachte mich dazu, nun auch das Abgrenzungsproblem für wichtig zu halten. Ich begann die Arbeit am Induktionsproblem 1923 und fand die Lösung etwa 1927. Siehe auch die autobiographischen Bemerkungen in *Conjectures and Refutations* (abgekürzt C&R), Kapitel 1 und 11.

Dieses Kapitel wurde zuerst in englischer Sprache veröffentlicht in: *Revue internationale de philosophie*, 25ᵉ année, no. 95–6, 1971, fasc. 1–2, unter dem Titel: Conjectural Knowledge: My Solution of the Problem of Induction.

Meine beiden ersten Veröffentlichungen zum Induktionsproblem waren mein Beitrag in *Erkenntnis* 1933[2], in dem ich meine Formulierung und meine Lösung des Problems kurz darlegte, und meine *Logik der Forschung (LdF)* 1934[3]. Beides war sehr knapp gehalten. Ich erwartete – etwas optimistisch –, meine Leser würden mit Hilfe meiner wenigen historischen Hinweise erkennen, warum meine eigentümliche *Reformulierung* des traditionellen Problems so entscheidend war. Erst diese, glaube ich, machte seine Lösung möglich.

Mit dem *traditionellen philosophischen Problem der Induktion* meine ich eine Formulierung wie die folgende (die ich mit »*Tr*« bezeichne):

Tr. Was ist die *Rechtfertigung* für unseren Glauben, die Zukunft werde der Vergangenheit (weitgehend) gleichen? Oder vielleicht: Was ist die Rechtfertigung für induktive Schlüsse?

Formulierungen wie diese sind aus verschiedenen Gründen falsch. Die erste zum Beispiel *setzt voraus*, daß die Zukunft der Vergangenheit gleichen muß – was ich jedenfalls für falsch halte, es sei denn, man versteht das Wort »gleichen« in einem so weiten Sinn, daß die Annahme leer und damit harmlos wird. Die zweite Formulierung nimmt an, es gebe induktive Schlüsse und entsprechende *Schlußregeln;* auch diese Annahme sollte man nicht unkritisch machen. Ich halte sie auch für falsch. Ich bin also der Überzeugung, daß beide Formulierungen einfach unkritisch sind, und ähnliches würde für viele andere Formulierungen gelten. Meine Hauptaufgabe wird also sein, *das Problem neu zu formulieren, das nach meiner Auffassung hinter dem traditionellen Induktionsproblem steht.*

Die heute traditionellen Formulierungen sind historisch ziemlich jung: Sie erwuchsen aus Humes Kritik der Induktion und ihrer Wirkung auf die Erkenntnistheorie des Alltagsverstandes.

Ich werde die traditionellen Formulierungen genauer erörtern, nachdem ich die Auffassung des Alltagsverstandes, die Auffassung Humes und meine Reformulierung und Lösung des Problems dargelegt habe.

[2] Ein Kriterium des empirischen Charakters theoretischer Systeme, *Erkenntnis* 3, 1933, S. 426 f.

[3] *Logik der Forschung*, Julius Springer Verlag, Wien 1934. Vgl. *The Logic of Scientific Discovery*, Hutchinson, London 1959. Deutsch: *Logik der Forschung*, J. B. C. Mohr, Tübingen, 8. Auflage 1984. Im folgenden zitiert als LdF.

1. Das Induktionsproblem des Alltagsverstandes

Die Erkenntnistheorie des Alltagsverstandes (die ich auch die »Kübeltheorie des Geistes« nenne) ist am berühmtesten in Form der Behauptung, es gebe »nichts in unserem Verstand, was nicht durch die Sinne hineingekommen ist«. (Ich habe zu zeigen versucht, daß diese Auffassung zuerst von Parmenides formuliert worden ist – und zwar in ironischem Sinne: Die meisten Sterblichen haben nichts in ihrem irrenden Verstand, was nicht durch ihre irrenden Sinne hineingekommen ist.[4])

Wir haben aber *Erwartungen,* und wir *glauben* fest *an gewisse Regelmäßigkeiten* (Naturgesetze, Theorien). Das führt uns zum Induktionsproblem des Alltagsverstandes (das ich mit »*AV*« bezeichne):

AV. Wie können diese Erwartungen und dieser Glaube entstanden sein?

Der Alltagsverstand antwortet: durch *wiederholt* gemachte Beobachtungen in der Vergangenheit; wir glauben, daß die Sonne morgen aufgehen wird, weil sie es bisher getan hat.

Der Alltagsverstand hält es einfach für ausgemacht (er sieht hier überhaupt keine Probleme), daß unser Glaube an die Regelmäßigkeiten durch die wiederholten Beobachtungen gerechtfertigt wird, denen er seine Entstehung verdankt. (Entstehung *plus* Rechtfertigung – beide auf Wiederholung beruhend – nennen die Philosophen seit Aristoteles und Cicero »epagōgē« oder »Induktion«.[5])

2. Die beiden Induktionsprobleme Humes

Hume interessierte sich für den Status der *Erkenntnis* oder, wie er es ausgedrückt hätte, für die Frage, ob irgend etwas von dem, was wir glauben – und wenn ja, was –, mit hinreichenden Gründen *gerechtfertigt* werden kann.[6]

Er warf zwei Probleme auf: ein logisches *(H_L)* und ein psychologisches *(H_{Ps})*. Eine wichtige Tatsache ist, daß seine beiden Antworten auf die

[4] Siehe mein Buch *Conjectures and Refutations (C&R)*, Addendum 8 in der 3. Auflage, 1969, insbes. S. 408–412.

[5] Cicero, *Topica* X. 42; vgl. *De inventione*, Buch I, $^{XXXI\cdot}$51 bis $^{XXXV\cdot}$61.

[6] Siehe David Hume, *Enquiry Concerning Human Understanding*, ed. L. A. Selby-Bigge, Oxford 1927, Section V, Part I, S. 46. (Vgl. *C&R*, S. 21).

beiden Probleme in einem gewissen Gegensatz zueinander stehen.

Humes logisches Problem ist folgendes:[7]

H_L. Ist es gerechtfertigt, von [wiederholten] Einzelfällen, die wir erfahren haben, auf andere Fälle [Konklusionen], die wir nicht erfahren haben, zu schließen.

Humes Antwort auf H_L: Nein, wie groß auch immer die Zahl der vorliegenden Fälle sein mag.

Hume zeigte auch, daß die logischen Verhältnisse völlig *unverändert* bleiben, wenn in H_L die Schlüsse als »*wahrscheinlich*« bezeichnet werden oder wenn der Ausdruck »auf andere Fälle« ersetzt wird durch »auf die Wahrscheinlichkeit anderer Fälle«.

Humes psychologisches Problem lautet:[8]

H_{Ps}. Warum erwarten und *glauben* trotzdem alle vernünftigen Menschen, daß noch nicht vorliegende Erfahrungen den vorliegenden entsprechen werden? Das heißt: Warum haben wir Erwartungen, in die wir großes Vertrauen setzen?

Humes Antwort auf H_{Ps}: aus »Gewohnheit«; das heißt, weil wir durch *Wiederholung* und den Mechanismus der Ideenassoziation daran gewöhnt sind. Ohne diesen Mechanismus, so meint Hume, würden wir kaum überleben.

3. Wichtige Folgerungen aus Humes Ergebnissen

Aufgrund dieser Ergebnisse wurde Hume selbst – einer der rationalsten Denker, die je gelebt haben – zum Skeptiker und gleichzeitig zum

[7] Hume, *Treatise on Human Nature*, ed. Selby-Bigge, Oxford 1888, 1960, Buch I, Teil III, Section VI, S. 91; Buch I, Teil III, Section XII, S. 139. Siehe auch Kant, *Prolegomena*, S. 14 f., wo das Problem der Existenz *a priori* gültiger Aussagen »Humesches Problem« genannt wird. Soweit ich sehe, nannte ich als erster das Induktionsproblem »Humesches Problem«; natürlich kann ich mich irren. Ich tat es in »Ein Kriterium des empirischen Charakters theoretischer Systeme«, *Erkenntnis* 3, 1933, S. 426 f., und in *LdF*, Abschnitt 4, S. 9: »Bezeichnet man (nach Kant) das Induktionsproblem als ›Humesches Problem‹, so könnte man das Abgrenzungsproblem ›Kantsches Problem‹ nennen.« Diese knappe Bemerkung (zusammen mit einigen Bemerkungen wie der auf S. 5 von *LdF*, daß Kant das Induktionsprinzip als »gültig a priori« ansah) wies auf eine wichtige historische Interpretation des Verhältnisses von Kant und Hume zum Induktionsproblem hin. Siehe auch in diesem Buch Kapitel 2, Abschnitt 26 und 29, wo diese Fragen ausführlicher behandelt werden.

[8] Siehe *Treatise*, S. 91, S. 139.

Glaubenden: Er glaubte an eine irrationalistische Erkenntnistheorie. Sein Ergebnis, daß die Wiederholung nicht die geringste logische Kraft hat, aber doch unser Gedankenleben oder unser »Verstehen« beherrscht, führte ihn zu dem Schluß, daß Logik und Vernunft in ihm nur eine geringe Rolle spielen. Unsere »Erkenntnis« wird als Glaube, ja als vernünftig nicht verteidigbarer Glaube entlarvt – als *irrationaler Glaube.*[9]

Ich hoffe, aus den Abschnitten 4, 10 und 11 wird klar werden, daß aus meiner Lösung des Induktionsproblems kein derartiger irrationalistischer Schluß gezogen werden kann.

Humes Schlußfolgerung wurde noch stärker und verzweifelter von Russell im Hume-Kapitel seiner *History of Western Philosophy* ausgesprochen (sie erschien 1946, 34 Jahre nach *Problems of Philosophy,* wo das Induktionsproblem mit bewundernswerter Klarheit ohne Bezugnahme auf Hume formuliert wurde).[10] Russell schreibt über Humes Behandlung der Induktion: »Humes Philosophie ... ist der Bankrott der Vernunft des 18. Jahrhunderts«, und: »Daher ist es wichtig herauszufinden, ob es im Rahmen einer Philosophie, die ganz oder hauptsächlich *empirisch* ist, eine Antwort auf Hume gibt. Wenn nicht, *dann gibt es keinen erkenntnistheoretischen Unterschied zwischen Vernunft und Wahnsinn.* Der Verrückte, der sich für ein Rührei hält, ist nur deshalb zu verurteilen, weil er sich in der Minderheit befindet ...«

Russell führt weiter aus, wenn die Induktion (oder das Induktionsprinzip) abgelehnt werde, »ist jeder Versuch, von einzelnen Beobachtungen zu allgemeinen wissenschaftlichen Gesetzen zu kommen, zum Scheitern verurteilt, und der Empirist kann der Humeschen Skepsis nicht entgehen«.[11]

Russell hebt also den Gegensatz zwischen Humes Antwort auf H_L und (a) der Vernunft, (b) dem Empirismus und (c) dem wissenschaftlichen Vorgehen hervor.

[9] Seit Hume sind viele enttäuschte Induktivisten Irrationalisten geworden (ebenso wie viele enttäuschte Marxisten).

[10] Hume wird in Kapitel VI (»On Induction«) von Russells *The Problems of Philosophy* (1912 und viele spätere Ausgaben) nicht erwähnt; am ehesten geht Russell auf ihn noch in Kapitel VIII (»How A Priori Knowledge is Possible«) ein, wo er von Hume sagt: »Er schloß auf die viel problematischere Behauptung, über die Verbindung zwischen Ursache und Wirkung könne man nichts a priori wissen.« Kausale Erwartungen haben zweifellos eine angeborene Grundlage: Sie sind psychologisch a priori in dem Sinne, daß sie der Erfahrung vorausgehen. Das heißt aber nicht, daß sie a priori gültig wären. Siehe *C&R*, S. 47 f.

[11] Die Zitate stammen aus Bertrand Russell, *A History of Western Philosophy*, London 1946, S. 698 f. (Hervorhebungen von mir.)

Ich hoffe, meine Überlegungen in den Abschnitten 4 und 10 bis 12 werden zeigen, daß – wenn meine Lösung des Induktionsproblems akzeptiert wird, alle diese Gegensätze verschwinden: Es gibt keinen Gegensatz zwischen meiner Theorie der Nicht-Induktion und entweder der Vernunft oder dem Empirismus oder dem Vorgehen der Wissenschaft.

4. Meine Behandlung des Induktionsproblems

(1) Ich halte die bei Hume angelegte Unterscheidung zwischen einem logischen und einem psychologischen Problem für äußerst wichtig. Ich glaube aber nicht, daß Humes Ansichten von dem, was ich »Logik« nennen würde, zufriedenstellend sind. Er beschreibt sehr klar *gültige Schlüsse*, betrachtet sie aber als »vernünftige« *geistige Prozesse*.

Im Gegensatz dazu ist es einer meiner wichtigsten Grundsätze, bei *logischen* Problemen alle subjektiven oder psychologischen Ausdrücke, besonders »Glaube« usw., in *objektive* Ausdrücke zu übersetzen. Statt von »Glaube« spreche ich etwa von einer »Aussage« oder einer »erklärenden Theorie«; statt von einer »Wahrnehmung« spreche ich von einer »Beobachtungsaussage« oder »Prüfaussage«; und statt von der »Rechtfertigung eines Glaubens« spreche ich von der »Rechtfertigung der Behauptung, daß eine Theorie wahr ist«, usw.

Diese Methode der objektiven oder logischen oder »formalen« Redeweise werde ich auf H_L, aber nicht auf H_{Ps} anwenden; jedoch:

(2) Ist einmal das logische Problem H_L gelöst, so wird die Lösung auf das psychologische Problem H_{Ps} mittels des folgenden *Übertragungsprinzips* übertragen: Was in der Logik gilt, gilt auch in der Psychologie. (Ein ähnliches Prinzip gilt im wesentlichen für das, was gewöhnlich »wissenschaftliche Methode« genannt wird, ebenso auch für die Geschichte der Wissenschaft: Was in der Logik gilt, gilt auch für die wissenschaftliche Methode und die Wissenschaftsgeschichte.) Ich gebe zu, daß dies auf dem Gebiet der Psychologie des Denkens und der Denkprozesse eine etwas gewagte Vermutung ist.

(3) Es wird klar werden, daß mein Übertragungsprinzip die Beseitigung des Humeschen Irrationalismus garantiert: Kann ich sein Hauptproblem der Induktion einschließlich H_{Ps} lösen, ohne das Übertragungsprinzip zu verletzen, dann gibt es keinen Gegensatz zwischen Logik und Psychologie, und unser Verstand muß nicht als irrational gelten.

(4) Ein solches Programm gestattet es zusammen mit Humes Lösung

von H_L, mehr über die logischen Beziehungen zwischen wissenschaftlichen Theorien und Beobachtungen zu sagen, als in H_L gesagt wird.

(5) Eines meiner Hauptergebnisse ist: Hume hat damit recht, daß es in der *Logik* keine Induktion durch Wiederholung gibt; nach dem Übertragungsprinzip gibt es dann auch keine in der *Psychologie* (oder der wissenschaftlichen Methode oder der Wissenschaftsgeschichte): Der Gedanke der Induktion durch Wiederholung muß auf einem Irrtum beruhen – einer Art optischer Täuschung. Kurz: *Es gibt keine Induktion durch Wiederholung.*

5. Das logische Induktionsproblem: Reformulierung und Lösung

Nach dem eben Gesagten (Punkt (1) des vorhergehenden Abschnitts 4) muß ich Humes H_L in objektiver oder logischer Redeweise ausdrücken.

Dazu ersetze ich Humes »Erfahrungen« durch »Prüfaussagen« – das sind singuläre Aussagen, die beobachtbare Ereignisse beschreiben (»Beobachtungssätze« oder »Basissätze«); »noch nicht vorliegende Erfahrungen« ersetze ich durch »erklärende allgemeine Theorien«.

Ich formuliere das Humesche Induktionsproblem folgendermaßen:

L_1. Läßt sich die Behauptung, eine erklärende allgemeine Theorie sei wahr, mit »empirischen Gründen« rechtfertigen, das heißt dadurch, daß man bestimmte Prüfaussagen oder Beobachtungssätze (die sozusagen »auf der Erfahrung beruhen«) als wahr annimmt?

Meine Antwort ist die gleiche wie die Humes: nein; noch so viele wahre Prüfaussagen könnten die Behauptung nicht rechtfertigen, eine erklärende allgemeine Theorie sei wahr.[12]

Es gibt aber ein zweites logisches Problem L_2, eine Verallgemeinerung von L_1. Es geht aus L_1 hervor, indem man »sei wahr« durch »sei wahr oder sei falsch« ersetzt:

L_2. Läßt sich die Behauptung, eine erklärende allgemeine Theorie sei wahr oder sei falsch, mit »empirischen Gründen« rechtfertigen? Das heißt, kann die Annahme, bestimmte Prüfaussagen seien wahr, entweder die Behauptung rechtfertigen, eine allgemeine Theorie sei wahr, oder die Behauptung, sie sei falsch?

[12] Eine erklärende Theorie geht selbst über eine unendliche Menge singulärer Prüfaussagen wesentlich hinaus; das gilt schon für ein Gesetz von geringer Universalität.

Hierauf gebe ich eine positive Antwort: Ja, *die Annahme, bestimmte Prüfaussagen seien wahr, rechtfertigt manchmal die Behauptung, eine erklärende allgemeine Theorie sei falsch.*

Diese Antwort gewinnt große Bedeutung, wenn wir die Situation bedenken, in der das Induktionsproblem entsteht. Ich denke an eine Situation, in der *mehrere erklärende Theorien* miteinander *als* Lösungen eines Erklärungsproblems konkurrieren – beispielsweise eines wissenschaftlichen Problems; wir müssen oder zumindest möchten uns für eine von ihnen entscheiden. Russell meint ja, ohne eine Lösung des Induktionsproblems könnten wir nicht zwischen einer (guten) wissenschaftlichen Theorie und einer (schlechten) Wahnidee eines Irren *unterscheiden.* Auch Hume dachte an konkurrierende Theorien. Er schreibt: »Angenommen, jemand... stelle Behauptungen auf, denen ich nicht zustimme, ... Silber sei leichter schmelzbar als Blei, oder Quecksilber sei schwerer als Gold...«[13]

Diese Problemsituation – des Wählens zwischen mehreren Theorien – legt eine dritte Reformulierung des Induktionsproblems nahe:

L_3. Können solche »empirischen Gründe« jemals rechtfertigen, einige von mehreren konkurrierenden allgemeinen Theorien anderen unter dem Gesichtspunkt der Wahrheit oder Falschheit *vorzuziehen?*

Im Lichte meiner Antwort auf L_2 ergibt sich die Antwort auf L_3 unmittelbar: Ja, manchmal, wenn wir Glück haben. Es kann vorkommen, daß unsere Prüfaussagen einige, aber nicht alle konkurrierenden Theorien widerlegen, und da wir eine wahre Theorie suchen, werden wir dann diejenigen vorziehen, die sich nicht als falsch erwiesen haben.

6. Bemerkungen zu meiner Lösung des logischen Problems

(1) Nach meinen Reformulierungen ist der Hauptpunkt des logischen Problems die Gültigkeit (Wahrheit oder Falschheit) allgemeiner Gesetze in bezug auf *bestimmte »gegebene« Prüfaussagen.* Ich frage nicht: »Wie entscheiden wir über die Wahrheit oder Falschheit von Prüfaussagen«, das heißt von singulären Beschreibungen beobachtbarer Ereignisse. Diese Frage sollte nach meiner Auffassung nicht als Teil des Induktionsproblems angesehen werden, denn Hume fragte ja nach der Rechtfertigung des Schließens von vorliegenden auf noch nicht vorliegende

[13] Hume, *Treatise*, S. 95.

beobachtbare Fälle.[14] Weder Hume noch irgendein anderer Autor vor mir ist nach meiner Kenntnis zu den *weiteren Fragen* vorgedrungen. Können wir die »vorliegenden Erfahrungen« als gesichert ansehen? Gehen sie wirklich den Theorien voraus? Das sind einige der Probleme, auf die ich durch meine Lösung des Induktionsproblems geführt wurde, aber sie gehen über das ursprüngliche Problem hinaus. (Das wird deutlich, wenn wir uns vor Augen halten, was die Philosophen als Lösung des Induktionsproblems suchten: ein »Induktionsprinzip«, mit dem man *allgemeine Gesetze aus singulären Aussagen ableiten kann* und das man als wahr behaupten kann.)

(2) L_1 ist ein Versuch, das Humesche Problem in eine objektive Redeweise zu übersetzen. Der einzige Unterschied ist, daß Hume von zukünftigen *Einzelfällen* spricht, von denen wir keine Erfahrung haben, – das heißt von Erwartungen –, L_1 dagegen von allgemeinen Gesetzen oder Theorien. Für diese Änderung habe ich mindestens drei Gründe. Erstens beziehen sich, logisch gesehen, »Einzelfälle« auf ein allgemeines Gesetz (oder mindestens auf eine universalisierbare Aussagenfunktion). Zweitens schließen wir gewöhnlich mittels allgemeiner Theorien von »Einzelfällen« auf andere »Einzelfälle«. Das führt uns vom Humeschen Problem zu dem *Problem der Gültigkeit allgemeiner Theorien* (ihrer Wahrheit oder Falschheit). Drittens möchte ich wie Russell das Induktionsproblem mit den *allgemeinen Gesetzen oder Theorien der Wissenschaft* in Verbindung bringen.

(3) Meine negative Antwort auf L_1 ist so zu verstehen, daß wir *alle Gesetze oder Theorien als Hypothesen oder Vermutungen* betrachten müssen.

Diese Ansicht ist jetzt ziemlich verbreitet[15], aber es hat geraume Zeit gedauert, bis es soweit gekommen ist. Sie wird zum Beispiel von Gilbert Ryle in einem sonst ausgezeichneten Artikel von 1937 ausdrücklich bekämpft.[16] Ryle hält es (S. 36) für falsch, »daß alle allgemeinen Behauptungen der Wissenschaft ... bloße Hypothesen seien«, wobei er den Ausdruck »Hypothese« in genau demselben Sinne verwendet, in dem ich ihn stets verwendet habe und auch jetzt verwende: eine »Behauptung ... deren Wahrheit nur ... vermutet wird« (ebenda). Gegen eine These wie die meinige führt er an: »Oft sind wir einer Gesetzesaussage sicher, und das mit allem Recht« (S. 38). Gewisse

[14] Ebenda, S. 91.

[15] Siehe Stoves einleitende Bemerkung in *Australas. Journ. of Philos.* 38, 1960, S. 173.

[16] Siehe *Arist. Soc., Supplementary Volume* 16, 1937, S. 36–62.

allgemeine Aussagen seien »gesichert«: »Diese nennt man ›Gesetze‹ und nicht ›Hypothesen‹.«

Diese Ansicht Ryles war ja fast allgemein anerkannt, als ich *LdF* schrieb, und sie ist keineswegs tot. Ich wandte mich zuerst gegen sie aufgrund von Einsteins Gravitationstheorie: Nie gab es eine so gut »gesicherte« Theorie wie die Newtonsche, und wahrscheinlich wird es nie wieder eine solche geben; doch was man auch über den Status von Einsteins Theorie denken mag, sie hat uns sicherlich gelehrt, die Newtonsche als »bloße« Hypothese oder Vermutung zu betrachten.

Ein anderer derartiger Fall war die Entdeckung des Deuteriums und des schweren Wassers durch Urey 1931. Damals waren Wasser, Wasserstoff und Sauerstoff die chemisch am besten bekannten Substanzen, und die Atomgewichte von Wasserstoff und Sauerstoff waren die Bezugspunkte aller chemischen Messungen. Es lag eine Theorie vor, für deren Wahrheit sich *jeder* Chemiker mit seinem Leben verbürgt hätte, jedenfalls vor Soddys Isotopen-Vermutung von 1910 und faktisch noch lange danach. Doch Urey widerlegte sie (und stützte damit eine Theorie von Bohr).

Das führte mich dazu, weitere »gesicherte Gesetze« genauer anzusehen, insbesondere die drei Paradebeispiele der Induktivisten:[17]

(a) daß die Sonne alle 24 Stunden (oder in etwa 90 000 Pulsschlägen) einmal auf- und untergeht,

(b) daß alle Menschen sterblich sind,

(c) daß Brot ernährt.

In allen drei Fällen fand ich heraus, daß diese etablierten Gesetze genau in dem Sinn widerlegt wurden, in dem sie ursprünglich gedacht waren.

(a) Die erste Behauptung wurde durch die Entdeckung des »gefrorenen Meeres und der Mitternachtssonne« durch Pytheas von Marseille widerlegt. Daß (a) verstanden wurde als: »Wohin man auch geht, die Sonne geht in 24 Stunden einmal auf und unter«, das zeigte der totale Unglaube, auf den der Bericht stieß, und die Tatsache, daß der Bericht zum Musterbeispiel für phantastische Reiseberichte wurde.

(b) Die Aristotelische Theorie, aus der (b) entspringt, ist widerlegt worden. »Sterblich« ist eine schlechte Übersetzung aus dem Griechi-

[17] Diese Beispiele, die ich oft in meinen Vorlesungen verwendet habe, werden auch in Kapitel 2 (Abschnitt 31 und Anmerkung 58) benützt. Dafür bitte ich um Nachsicht; die beiden Kapitel entstanden unabhängig voneinander, und ich wollte sie in sich geschlossen belassen.

schen: »thnētos« bedeutet »todgeweiht«, nicht bloß »sterblich«, und (b) gehört zu der Theorie des Aristoteles, daß jedes Geschöpf verfallen und sterben muß, nach einer Lebensdauer, die zwar zum Wesen des betreffenden Organismus gehört, aber auch teilweise vom Zufall abhängt. Diese Theorie wurde durch die Entdeckung widerlegt, daß Bakterien nicht sterben müssen, da die Vermehrung durch Teilung kein Sterben ist; später durch die Entdeckung, daß lebende Materie nicht unter allen Umständen verfallen und sterben muß, wenn sie auch anscheinend immer durch genügend starke Eingriffe getötet werden kann. (Krebszellen zum Beispiel können unbegrenzt leben.)

(c) Dieses Paradebeispiel Humes wurde widerlegt, als Menschen, die ihr tägliches Brot aßen, an Mutterkornvergiftung starben, wie es vor kurzem in einem französischen Dorf geschah. Natürlich bedeutete (c) ursprünglich: Wenn Getreide auf althergebrachte Weise gesät, geerntet und vermahlen wird und man daraus auf übliche Weise Brot bereitet, werden die Menschen davon ernährt und nicht vergiftet. Sie wurden aber doch vergiftet.

Humes negative Antwort auf H_L und meine negative Antwort auf L_1 sind also keine weit hergeholten philosophischen Anschauungen, wie Ryle und die Erkenntnistheorie des Alltagsverstandes es wollen, sondern sie gehen von ganz praktischen Tatsachen aus. Ähnlich optimistisch wie Ryle schreibt Strawson: »Wenn... es ein Induktionsproblem gibt, das... von Hume aufgeworfen wurde, dann muß hinzugefügt werden, daß er es löste« – das heißt also, durch seine positive Antwort auf H_{Ps}, die Strawson anzuerkennen scheint, wenn er sie folgendermaßen wiedergibt: »Unsere Akzeptierung der ›Grundregeln‹ [der Induktion]... wird uns von der Natur aufgedrängt... Die Vernunft ist Sklave der Leidenschaften und sollte es auch sein.«[18] (Hume hatte gesagt: »sollte nur sein«.)

Ich habe noch nie eine so gute Illustration des dieser Abhandlung als Motto vorangestellten Zitats aus Bertrand Russells *History of Western Philosophy*, S. 699, gesehen.

Doch offenbar ist die »Induktion« – im Sinne einer positiven Antwort auf H_L oder L_1 – *induktiv ungültig*, ja paradox. Denn eine positive Antwort auf L_1 hat zur Folge, daß unser wissenschaftliches Weltbild im wesentlichen richtig ist. (Das glaube ich trotz meiner negativen Antwort auf L_1.) Daraus folgt aber, daß wir sehr kluge Tiere sind, in einer gefährlichen Umwelt, die sich von fast jedem anderen Winkel des

[18] Siehe *Philosophical Studies* 9, 1958, Nr. 1–2, S. 20 f.; vgl. Hume, *Treatise*, S. 415.

Universums stark unterscheidet: Tiere, die mutig danach streben, mit irgendeiner Methode die wahren Regelmäßigkeiten des Universums und damit auch ihrer Umwelt zu erforschen. Welche Methode wir auch anwenden, unsere Aussichten, wahre Regelmäßigkeiten zu finden, sind schlecht, und unsere Theorien werden viele Fehler enthalten, vor denen uns kein geheimnisvoller Grund- oder sonstiger »Kanon der Induktion« bewahren kann. Genau das besagt meine negative Antwort auf L_1. Da nun aus der positiven Antwort ihre eigene Negation folgt, muß sie falsch sein.

Die Moral von der Geschichte könnte heißen: Kritische Vernunft ist besser als Leidenschaft, besonders in Dingen, die mit Logik zu tun haben. Ich gebe aber gerne zu, daß ohne ein gewisses Maß von Leidenschaft nie irgend etwas zustande kommt.

(4) L_2 ist nichts als eine Verallgemeinerung von L_1, und L_3 ist nur eine andere Formulierung von L_2.

(5) Meine Antwort auf L_2 und L_3 ist eine klare Antwort auf Russells Fragen. Ich kann nämlich sagen: Ja, wenigstens ein Teil der Ideen des Verrückten kann als durch die Erfahrung, das heißt durch Prüfaussagen, widerlegt gelten. (Andere sind vielleicht nicht prüfbar und unterscheiden sich damit von wissenschaftlichen Theorien; hier erhebt sich das Problem der Abgrenzung.[19])

(6) Am wichtigsten ist – das betonte ich in meiner ersten Arbeit über das Induktionsproblem –: Meine Antwort auf L_2 stimmt mit folgender relativ schwachen Fassung des *Prinzips des Empirismus überein: Nur die »Erfahrung« kann uns zu einer Meinungsbildung über die Wahrheit oder Falschheit von Tatsachenaussagen verhelfen.* Denn nach L_1 und der Antwort darauf können wir höchstens die Falschheit von Theorien erkennen; und dies können wir in der Tat aufgrund der Antwort auf L_2.

(7) Ebenso gibt es keinen Gegensatz zwischen meiner Lösung und den Methoden der Wissenschaft; vielmehr ergeben sich aus ihr die Elemente einer kritischen Methodologie.

[19] Unter dem »Abgrenzungsproblem« verstehe ich das Problem eines Kriteriums zur Unterscheidung zwischen Aussagen der empirischen Wissenschaft und anderen Aussagen. Meine Lösung besagt im Prinzip: Eine Aussage ist empirisch, wenn es (endliche) Konjunktionen singulärer empirischer Aussagen (»Basissätze« oder »Prüfaussagen«) gibt, die ihr widersprechen. Aus diesem »Abgrenzungsprinzip« folgt, daß eine isolierte, reine Existenzaussage (wie: »Irgendwann und irgendwo gibt es eine Seeschlange«) keine empirische Aussage ist, obwohl sie natürlich für die empirische Problemsituation relevant sein kann.

(8) Meine Lösung wirft nicht nur Licht auf das psychologische Problem der Induktion (siehe Abschnitt 11, unten), sondern auch auf die herkömmlichen Formulierungen des Induktionsproblems und ihre Schwächen (siehe Abschnitte 12 und 13, unten).

(9) Meine Formulierungen und Lösungen von L_1, L_2 und L_3 fallen ganz in den Bereich der *deduktiven* Logik. Ich zeige, daß wir das Humesche Problem durch Hinzufügung von L_2 und L_3 verallgemeinern können und dann zu einer etwas positiveren Antwort kommen als auf L_1. Das liegt daran, daß es vom Standpunkt der deduktiven Logik aus eine Asymmetrie zwischen Verifikation und Falsifikation durch die Erfahrung gibt. Das führt zu der rein logischen Unterscheidung zwischen widerlegten und nicht widerlegten Hypothesen; und zur Bevorzugung der letzteren – zumindest unter dem theoretischen Gesichtspunkt, daß sie *besonders interessante Gegenstände weiterer Prüfungen* sind.

7. Die Bevorzugung gewisser Theorien gegenüber anderen und die Suche nach Wahrheit

Wir haben gesehen, daß die negative Antwort auf L_1 alle unsere Theorien Vermutungen und Hypothesen bleiben läßt. Haben wir einmal dieses rein logische Ergebnis akzeptiert, so erhebt sich die Frage: Gibt es rationale Gründe, auch empirische, dafür, gewisse Vermutungen und Hypothesen anderen vorzuziehen?

Es gibt verschiedene Weisen, an diese Frage heranzugehen. Ich werde den Standpunkt des Theoretikers – des Wahrheitssuchers, der besonders nach wahren erklärenden Theorien strebt – und den des praktisch Handelnden unterscheiden; das heißt, ich werde zwischen *theoretischer* und *pragmatischer Bevorzugung* unterscheiden. In diesem und dem nächsten Abschnitt werde ich mich nur mit der theoretischen Bevorzugung und der Suche nach Wahrheit beschäftigen. Die pragmatische Bevorzugung und das Problem der »Verläßlichkeit« wird im übernächsten Abschnitt diskutiert werden.

Ich gehe davon aus, daß sich der Theoretiker im wesentlichen für die Wahrheit, insbesondere für wahre Theorien interessiert. Hat er einmal die Tatsache verdaut, daß wir den Wahrheitsanspruch einer Theorie niemals empirisch – d. h. aufgrund von Prüfaussagen – rechtfertigen können und daher günstigstenfalls vor der Frage stehen, ob gewisse Vermutungen anderen vorläufig vorzuziehen seien, dann kann er sich als Sucher nach wahren Theorien den Fragen zuwenden: *Welche*

Auswahlgrundsätze sollten wir aufstellen? Sind manche Theorien »besser« als andere?

Diese Fragen geben Anlaß zu folgenden Überlegungen.

(1) Offenbar entsteht die Frage der Auswahl hauptsächlich, vielleicht ausschließlich, im Hinblick auf eine Menge von *konkurrierenden Theorien;* das heißt von Theorien, die als Lösungen für dieselben Probleme angeboten werden. (Siehe auch Punkt (8), weiter unten.)

(2) Der Theoretiker, der sich für die Wahrheit interessiert, muß sich auch für die Falschheit interessieren, denn die Falschheit einer Aussage zu entdecken, heißt die Wahrheit ihrer Negation zu entdecken. Daher ist die Widerlegung einer Theorie stets theoretisch interessant. Doch die Negation einer erklärenden Theorie ist selbst keine erklärende Theorie (und sie hat auch gewöhnlich nicht den »empirischen Charakter« der Prüfaussage, aus der sie folgt). So interessant sie ist, sie befriedigt nicht das Interesse des Theoretikers an wahren erklärenden Theorien.

(3) Geht der Theoretiker seinem Interesse nach, so wirft der Zusammenbruch einer Theorie, abgesehen von seiner theoretischen Relevanz, ein wichtiges neues *Problem* für jede erklärende Theorie auf. Eine solche muß nicht nur da erfolgreich sein, wo es ihre Vorgängerin war, sondern auch da, wo sie versagte, d. h. wo sie widerlegt wurde. Ist die neue Theorie auf beiden Gebieten erfolgreich, so ist sie auf jeden Fall erfolgreicher und damit »besser« als die alte.

(4) Angenommen, diese Theorie sei zur Zeit *t* noch nicht durch eine neue Prüfung widerlegt, dann ist sie jedenfalls zur Zeit *t* noch in einem anderen Sinne »besser« als die widerlegte Theorie. Denn sie erklärt nicht nur alles, was jene erklärte, und noch mehr; sie muß auch als möglicherweise wahr angesehen werden, da sie zur Zeit *t* nicht als falsch erwiesen ist.

(5) Doch der Theoretiker wird eine solche Theorie nicht nur wegen ihres Erfolgs und ihrer möglichen Wahrheit schätzen, sondern auch wegen ihrer möglichen Falschheit: Sie ist interessant als ein Gegenstand weiterer Prüfungen, das heißt neuer Widerlegungsversuche, die im Erfolgsfall nicht nur die Negation einer Theorie beweisen, sondern auch ein neues theoretisches Problem für die nächste Theorie schaffen.

Wir können (1) bis (5) folgendermaßen zusammenfassen.

Der Theoretiker interessiert sich aus verschiedenen Gründen für unwiderlegte Theorien, besonders weil einige von ihnen wahr sein *können.* Er wird eine unwiderlegte Theorie einer widerlegten vorziehen, vorausgesetzt, daß sie die Erfolge und Mißerfolge der widerlegten Theorie erklärt.

(6) Freilich kann die neue Theorie wie jede unwiderlegte Theorie auch falsch sein. Der Theoretiker wird also alles versuchen, unter den nicht widerlegten Theorien falsche herauszufinden, »dingfest zu machen«. Das heißt, er wird sich bei jeder nicht widerlegten Theorie fragen, in welchen Situationen sie scheitern würde, wenn sie falsch wäre. Er wird also versuchen, *strenge* Prüfungen sowie *zwischen Theorien entscheidende* Prüfungssituationen zu entwerfen. Das läuft auf die Aufstellung eines falsifizierenden Gesetzes hinaus, das heißt eines Gesetzes von möglicherweise so geringer Universalität, daß es die Erfolge der zu prüfenden Theorie vielleicht nicht erklären kann, aber doch ein *experimentum crucis* nahelegt, das je nach seinem Ergebnis die zu prüfende oder die falsifizierende Theorie widerlegt.

(7) Durch diese Ausscheidungsmethode können wir auf eine wahre Theorie stoßen. Aber diese Methode kann niemals deren Wahrheit *erweisen*, selbst wenn sie wahr ist; denn die Zahl der *möglicherweise* wahren Theorien bleibt unendlich zu jeder Zeit und nach noch so vielen entscheidenden Prüfungen. (Das ist eine andere Formulierung von Humes negativem Ergebnis.) Die tatsächlich vorgeschlagenen Theorien sind natürlich von endlicher Anzahl, und es kann leicht geschehen, daß wir sie alle widerlegen und uns keine neue einfällt.

Andererseits kann es *unter den tatsächlich vorgeschlagenen Theorien* mehr als eine geben, die zur Zeit *t* unwiderlegt sind, so daß wir nicht wissen, welche von diesen wir vorziehen sollen. Dann aber wird der Theoretiker Experimente zur Entscheidung zwischen ihnen zu entwerfen suchen, das heißt Experimente, die einige dieser Theorien falsifizieren und damit ausscheiden können.

(8) Dieses Verfahren kann zu einer Menge von Theorien führen, die in dem Sinne »konkurrieren«, daß sie jedenfalls für *einige* gemeinsame Probleme Lösungen anbieten, wobei jede Theorie auch noch Lösungen für nur für sie spezifische Probleme anbietet. Wir verlangen zwar von einer Theorie, daß sie die Probleme löst, die ihre Vorgängerin löste, und auch die, bei denen sie scheiterte, aber es kann natürlich immer vorkommen, daß zwei oder mehrere neue konkurrierende Theorien vorgeschlagen werden, die diese Bedingungen erfüllen und außerdem noch Probleme lösen, die die anderen nicht lösen.

(9) Zu jeder Zeit *t* wird der Theoretiker besonders daran interessiert sein, die am besten prüfbare der konkurrierenden Theorien zu finden und zu prüfen. Ich habe gezeigt, daß dies gleichzeitig die Theorie mit dem größten Informationsgehalt und der größten Erklärungskraft ist. Diese ist der weiteren Prüfung am würdigsten, kurz *»die beste«* der zur

Zeit *t* konkurrierenden Theorien. Besteht sie die Prüfungen, so ist sie auch die *am besten geprüfte* der bisher betrachteten Theorien einschließlich aller ihrer Vorgänger.

(10) Diese Aussagen über *»die beste« Theorie* gehen davon aus, daß eine gute Theorie nicht *ad hoc* ist. Die Idee des *ad-hoc*-Charakters und ihr Gegenteil, das man »Kühnheit« nennen könnte, sind sehr wichtig. Ad-hoc-Erklärungen sind solche, die nicht unabhängig prüfbar sind, unabhängig von dem zu erklärenden Effekt. Sie sind billig zu haben und sind deshalb von geringem theoretischem Interesse. Ich habe die Frage des Grades der Unabhängigkeit von Prüfungen verschiedentlich diskutiert;[20] es handelt sich um ein interessantes Problem, das mit den Problemen der Einfachheit und der Tiefe zusammenhängt. Seither habe ich auch die Notwendigkeit betont[21], diese Probleme auf das *Erklärungsproblem* zu beziehen oder zu relativieren, an dessen Lösung wir arbeiten, sowie auf die hier diskutierten Problemsituationen, denn alle diese Ideen sind für die »Güte« konkurrierender Theorien relevant. Ferner hängt der Grad der Kühnheit einer Theorie von ihren Beziehungen zu ihren Vorgängern ab.

Am interessantesten scheint mir zu sein, daß ich für sehr hohe Grade der Kühnheit oder Nicht-ad-hoc-heit ein objektives Kriterium angeben konnte. Es besteht darin, daß die neue Theorie die alte *korrigiert*, obwohl sie das erklären muß, was die alte erklärte; das heißt, sie *widerspricht* der alten Theorie: Sie enthält diese, *aber nur näherungsweise*. Ich zeigte etwa, daß die Newtonsche Theorie sowohl der Keplerschen als auch der Galileischen widerspricht – *obwohl sie sie erklärt*, indem sie sie als Näherungen enthält; ebenso widerspricht die Einsteinsche Theorie der Newtonschen und erklärt sie als Näherung.

(11) Die beschriebene Methode kann man die *kritische Methode* nennen. Es ist eine Methode des Versuchs und der Ausmerzung von Irrtümern, der Aufstellung von Theorien und ihrer möglichst strengen Prüfung. Gibt es Annahmen, aufgrund derer nur endlich viele konkurrierende Theorien für möglich gehalten werden, so kann die Methode zur Herausschälung *der* wahren Theorie durch Ausscheiden aller ihrer Konkurrenten führen. Im Normalfall – d. h., wenn es unendlich viele mögliche Theorien gibt – kann diese Methode nicht ermitteln, welche

[20] Siehe besonders »Naturgesetze und theoretische Systeme«, in: *Gesetz und Wirklichkeit*, hrsg. v. S. Moser, Innsbruck 1949, S. 43 ff.; sowie: Die Zielsetzung der Erfahrungswissenschaft, *Ratio* I, 1957, hier im Anhang bzw. als Kapitel 5 wiedergegeben.

[21] Siehe *C&R*, S. 241.

von ihnen wahr ist; das kann aber auch keine andere Methode. Sie bleibt *anwendbar*, führt aber zu keinem eindeutigen Schluß.

(12) Die Vermehrung der Probleme durch die Widerlegung falscher Theorien und die Forderungen aus (3) sorgen dafür, daß die Vorgängerin einer neuen Theorie – vom Standpunkt der neuen Theorie aus – eine Näherung ist. Nichts kann natürlich garantieren, daß wir zu jeder falsifizierten Theorie eine »bessere« Nachfolgerin oder eine bessere Näherung finden – eine, die diese Forderungen erfüllt. *Es gibt keine Garantie, daß wir Fortschritte zu besseren Theorien machen werden.*

(13) Zwei Punkte sollten hier noch angefügt werden.

Einmal: Alles bisher Gesagte gehört zur *rein deduktiven Logik* – der Logik, in deren Rahmen L_1, L_2 und L_3 formuliert wurden. Doch bei dem Versuch der Anwendung auf praktische Situationen stoßen wir auf andersartige Probleme. Beispielsweise ist die Beziehung zwischen Prüfaussagen und Theorien nicht immer so eindeutig, wie hier angenommen wurde; oder die Prüfaussagen selbst unterliegen der Kritik. Solche Probleme treten immer auf, wenn wir die reine Logik auf realistische Situationen *anwenden* wollen. Auf dem Gebiet der Wissenschaft führt das zu dem, was ich *methodologische Regeln* nenne, Regeln der kritischen Diskussion.

Der andere Punkt: Diese Regeln kann man als dem allgemeinen *Ziel der rationalen Diskussion* untergeordnet ansehen: *Annäherung an die Wahrheit.*

8. Bewährung: die Vorteile der Unwahrscheinlichkeit

(1) Meine Theorie der Bevorzugung hat nichts mit einer Bevorzugung der »wahrscheinlicheren« Hypothese zu tun. Im Gegenteil, ich habe gezeigt, daß die Prüfbarkeit einer Theorie mit ihrem *Informationsgehalt* parallel geht, also mit ihrer *Unwahrscheinlichkeit* (im Sinne der Wahrscheinlichkeitsrechnung). Die »bessere« oder »vorzuziehende« Hypothese ist also oft die *unwahrscheinlichere*. (Doch ist es falsch, wenn John C. Harsanyi sagt, ich hätte jemals ein »Unwahrscheinlichkeits-Kriterium für die Auswahl wissenschaftlicher Hypothesen« vorgeschlagen:[22] Ich habe nicht nur kein allgemeines »Kriterium«, sondern oft kann ich

[22] Siehe John C. Harsanyi, »Popper's Improbability Criterion for the Choice of Scientific Hypotheses«, *Philosophy* 35, 1960, S. 332–340. Siehe auch die Anmerkung auf S. 218 von *C&R*.

die logisch »bessere« unwahrscheinlichere Hypothese gar nicht vorziehen, weil sie jemand empirisch widerlegt hat.) Dieses Ergebnis ist natürlich von vielen als völlig abwegig angesehen worden, aber meine Hauptargumente sind ganz einfach (Gehalt = Unwahrscheinlichkeit) und wurden in letzter Zeit selbst von einigen Verfechtern des Induktivismus und einer probabilistischen Induktionstheorie wie Carnap[23] anerkannt.

(2) Ich führte als erster den Gedanken der *Bewährung* oder des »*Bewährungsgrades*« ein, um eindeutig zu zeigen, daß jede probabilistische Theorie der Bevorzugung (und damit jede probabilistische Theorie der Induktion) absurd ist.

Unter dem Bewährungsgrad einer Theorie verstehe ich einen konzentrierten Bericht, der (zu einem bestimmten Zeitpunkt) den Stand der kritischen Diskussion einer Theorie hinsichtlich folgender Punkte bewertet: wie die Theorie ihre Probleme löst; der Grad ihrer Prüfbarkeit; die Strenge der Prüfungen, der sie unterzogen wurde; und wie sie diese Prüfungen bestanden hat. Bewährung(sgrad) ist also ein bewertender *Bericht über die bisherigen Leistungen.* Wie die Bevorzugung ist die Bewährung wesentlich komparativ: Im allgemeinen kann man nur sagen, eine Theorie *A* habe einen höheren (oder niedrigeren) Bewährungsgrad als eine konkurrierende Theorie *B* im Lichte der kritischen Diskussion – zu der Prüfungen gehören – *bis zu einem Zeitpunkt t.* Es sind Berichte über bisherige Leistungen, aufgrund derer gewisse Theorien vielleicht anderen vorgezogen werden. *Aber er sagt nicht das geringste über die zukünftigen Leistungen oder die »Verläßlichkeit« einer Theorie.* (Darum würde sich selbstverständlich nicht das geringste ändern, wenn es jemandem gelingen sollte, zu zeigen, daß in bestimmten speziellen Fällen meine oder eine andere Formel für den Bewährungsgrad numerisch interpretierbar ist.[24])

Der Hauptzweck der *Formeln,* die ich zur Definition des Bewährungsgrades vorgeschlagen habe, war, zu zeigen, daß in vielen Fällen die (im Sinne der Wahrscheinlichkeitsrechnung) *unwahrscheinlichere* Hypo-

[23] Siehe Rudolf Carnap, »Probability and Content Measure«, in: P. K. Feyerabend und Grover Maxwell (Hrsg.), *Mind, Matter and Method,* Essays in Honour of Herbert Feigl, Univ. of Minnesota Press, Minneapolis 1966, S. 248–260.

[24] Anscheinend befürchtet Lakatos, die Berechnung von Zahlenwerten für den Bewährungsgrad, soweit möglich, würde meine Theorie zu einer induktivistischen im Sinne einer probabilistischen Induktionstheorie machen. Ich sehe dafür nicht den geringsten Grund. Vgl. *The Problem of Inductive Logic,* I. Lakatos und A. Musgrave (Hrsg.), North Holland, Amsterdam 1968, S. 410–412. (Zusatz bei der Korrektur: Ich freue mich zu hören, daß ich diese Ausführungen mißverstanden habe.)

these vorzuziehen ist, und klar zu zeigen, wann das der Fall ist und wann nicht. Dadurch konnte ich zeigen, daß die *Vorzugswürdigkeit einer Hypothese keine Wahrscheinlichkeit im Sinne der Wahrscheinlichkeitsrechnung sein kann.* Natürlich kann man die vorzuziehende Theorie »wahrscheinlicher« *nennen: Auf die Worte kommt es nicht an,* solange man sich nicht von ihnen irreführen läßt.

Ich fasse zusammen: Manchmal können wir von zwei konkurrierenden Theorien *A* und *B* sagen, im Lichte des Standes der kritischen Diskussion zur Zeit *t* und der ihr zugrundeliegenden empirischen Daten (Prüfaussagen) sei die Theorie *A* besser, oder besser bewährt, als die Theorie *B*.

Offensichtlich sagt der Bewährungsgrad zur Zeit *t* (der eine Aussage über die Vorzugswürdigkeit zur Zeit *t* ist) nichts über die Zukunft – etwa über den Bewährungsgrad zu einer späteren Zeit als *t*. Er ist lediglich ein Bericht über den Stand der Diskussion zur Zeit *t* über die logische und empirische Vorzugswürdigkeit der konkurrierenden Theorien.

(3) Das muß ich betonen, weil die folgenden Sätze aus meinem Buch *Logik der Forschung* so verstanden – oder eher mißverstanden – wurden, als sei für mich die Bewährung ein Indiz für die *zukünftigen* Leistungen einer Theorie: »Statt von der ›Wahrscheinlichkeit einer Hypothese‹ zu sprechen, werden wir feststellen, welchen Prüfungen die Hypothese bisher standgehalten hat, das heißt, wie weit sie ihre Überlebenstüchtigkeit durch Bestehen von Prüfungen erwiesen hat. Kurz, wir sollten zu bestimmen versuchen, wie weit sie sich ›bewährt‹ hat.«[25]

Einige glaubten[26], der Ausdruck »Überlebenstüchtigkeit erweisen« zeige, daß ich die Überlebenstüchtigkeit in der *Zukunft* im Auge hätte, das Bestehen zukünftiger Prüfungen. Es tut mir leid, wenn ich irgend jemanden irregeführt habe, aber ich kann nur sagen, daß nicht ich dieses darwinistische Bild falsch angewandt habe. Niemand erwartet nämlich, eine Art, die bisher überlebt hat, werde darum auch in der Zukunft überleben: Alle Arten, die jemals einen Zeitpunkt *t* gerade nicht mehr überlebten, hatten ja *bis* zur Zeit *t* überlebt. Es wäre absurd, wollte man dem Darwinismus die Erwartung unterstellen, jede Art, die bisher überlebt hat, werde immer weiter überleben. (Wer würde das für unsere eigene Art mit einiger Sicherheit erwarten?)

[25] *LdF*, S. 198. (Anm. d. Übers.: Der englische Text – L. Sc. D., S. 215 – ist gegenüber dem deutschen Original erweitert; er wurde hier der Wiedergabe des Zitats zugrunde gelegt.)

[26] Siehe *Mind*, New Series, 69, 1960, S. 100.

(4) Vielleicht ist hier noch eine Bemerkung über den Bewährungsgrad einer Aussage *s* von Nutzen, die zu einer Theorie *T* gehört oder aus ihr logisch folgt, aber logisch viel schwächer ist als *T*.

Eine solche Aussage *s* hat weniger Informationsgehalt als die Theorie *T*. Das bedeutet: *s* und das deduktive System *S* aller Folgerungen aus *s* ist *weniger prüfbar* und *weniger bewährbar* als *T*. Ist aber *T* eingehend geprüft worden, dann können wir sagen: Sein hoher Bewährungsgrad erstreckt sich auf alle Aussagen, die aus *T* folgen, also auch auf *s* und *S*, obwohl *s* wegen seiner geringeren Bewährbarkeit *nie* für sich allein einen so hohen Bewährungsgrad erreichen könnte wie als Teil von *T* oder relativ zu *T*.

Diese Regel wird durch die einfache Überlegung gestützt, daß der Bewährungsgrad ein Ausdruck der *Bevorzugung im Hinblick auf die Wahrheit* ist. Ziehen wir nun *T* im Hinblick auf seinen Wahrheitsanspruch vor, so müssen wir es mit allen seinen Folgerungen vorziehen, denn wenn *T* wahr ist, sind alle Folgerungen aus *T* wahr, auch wenn sie für sich allein nicht so gut geprüft werden können.

Ich behaupte also: Mit der Bewährung der Newtonschen Theorie und der Beschreibung der Erde als eines rotierenden Planeten steigt der Bewährungsgrad der Aussage *s* »In Rom geht die Sonne alle 24 Stunden einmal auf und unter« stark an. Denn für sich allein ist *s* nicht gut prüfbar, doch die Newtonsche Theorie und die Theorie der Erdrotation ist gut prüfbar. Und wenn diese wahr sind, ist auch *s* wahr.

Eine Aussage *s*, die aus einer gut geprüften Theorie *T* ableitbar ist, hat *als Teil von T* denselben Bewährungsgrad wie *T;* und ist *s* nicht aus *T*, sondern aus der Konjunktion zweier Theorien T_1 und T_2 ableitbar, dann hat es *als* Teil der beiden Theorien den Bewährungsgrad der weniger gut geprüften von ihnen. Für sich allein hätte *s* vielleicht einen sehr niedrigen Bewährungsgrad.

(5) Der grundlegende Unterschied zwischen meinem Ansatz und demjenigen, den ich schon vor langer Zeit »induktivistisch« genannt habe, ist meine Betonung der *negativen Argumente* wie Gegenbeispiele, Widerlegungen, Widerlegungsversuche – kurz: Kritik –, während der Induktivist den Nachdruck auf die *»positiven Fälle«* legt, aus denen er »nicht-deduktive *Schlüsse*« zieht[27] und von denen er sich eine Garantie der *»Verläßlichkeit«* dieser Schlüsse verspricht. Nach meiner Auffas-

[27] C. G. Hempel, »Recent Problems of Induction«, in: R. G. Colodny (Hrsg.), *Mind and Cosmos*, Pittsburgh Univ. Press 1966, S. 112.

sung ist das *einzig* mögliche »*Positive*« in der wissenschaftlichen Erkenntnis, daß gewisse Theorien zu einem gewissen Zeitpunkt anderen Theorien vorgezogen werden; vorgezogen im Lichte unserer *kritischen* Diskussion, die aus Widerlegungsversuchen, einschließlich empirischen Prüfungen, besteht. Auch das, was man »positiv« nennen könnte, ist es also *nur* aufgrund *negativer Methoden.*

Dieser negative Ansatz klärt vieles, etwa die Schwierigkeiten einer befriedigenden Erklärung dessen, was ein »positiver« oder »bestätigender Fall« für ein Gesetz ist.

9. Pragmatische Bevorzugung

Bisher habe ich mich damit beschäftigt, warum der Theoretiker – wenn überhaupt – die »bessere«, d. h. besser prüfbare und besser geprüfte Theorie vorzieht. Unter Umständen zieht er *gar keine* vor, wenn er von Humes und meiner »skeptischen« Lösung der Probleme H_L und L_1 entmutigt worden ist; er könnte sagen: Wenn man nicht *sicher sein kann,* die wahre unter den konkurrierenden Theorien herauszufinden, sei er an keiner Methode wie der hier beschriebenen interessiert – auch nicht an einer Methode, die hinreichend sichert, daß, *falls* unter den konkurrierenden Theorien eine wahre ist, diese sich unter den überlebenden, vorgezogenen, bewährten befinden wird. Doch ein etwas sanguinischerer oder neugierigerer »reiner« Theoretiker könnte sich durch unsere Analyse durchaus ermutigt fühlen, immer wieder neue konkurrierende Theorien vorzuschlagen in der Hoffnung, daß eine wahre darunter sein könnte – auch wenn wir nie mit Sicherheit irgendeine von ihnen als wahr erkennen können.

Der reine Theoretiker hat also mehrere Möglichkeiten, und er wird eine Methode wie die des Versuchs und der Elimination von Irrtümern nur dann wählen, wenn seine Neugierde stärker ist als seine Enttäuschung über die unvermeidliche Unsicherheit und Unvollständigkeit aller unserer Bemühungen.

Für den Praktiker sieht es anders aus. Er muß zwischen mehr oder weniger wohlbestimmten Möglichkeiten *wählen,* denn auch *Nichtstun ist eine Art des Handelns.*

Doch jede Handlung setzt gewisse Erwartungen voraus, das heißt Theorien über die Welt. Welche Theorie soll nun der Praktiker wählen? Gibt es so etwas wie eine *vernünftige Entscheidung?*

Das führt uns zu den *pragmatischen Induktionsproblemen:*

Pr_1. Auf welche Theorie sollten wir uns vernünftigerweise für unsere praktischen Handlungen verlassen?

Pr_2. Welche Theorie sollten wir vernünftigerweise für praktische Handlungen vorziehen?

Meine Antwort auf *Pr_1*: Vernünftigerweise sollten wir uns auf gar keine Theorie »verlassen«, denn keine ist als wahr erwiesen oder erweisbar.

Meine Antwort auf *Pr_2*: *Vorziehen* als Grundlage für unsere Handlungen sollten wir die bestgeprüfte Theorie.

Mit anderen Worten, es gibt keine »absolute Verläßlichkeit«; doch da wir wählen *müssen*, ist es vernünftig, die bestgeprüfte Theorie zu wählen. Das ist vernünftig im unmittelbarsten Sinne des Wortes, den ich kenne: Die bestgeprüfte Theorie ist diejenige, die im Lichte unserer *kritischen Diskussion* bis jetzt als die beste erscheint, und ich kann mir nichts »Vernünftigeres« vorstellen als eine gut geführte kritische Diskussion.

Wenn wir die bestgeprüfte Theorie als Grundlage für unsere Handlungen wählen, dann »verlassen« wir uns natürlich in gewissem Sinne auf sie. Man könnte sie sogar in gewissem Sinne als die »verläßlichste« verfügbare Theorie bezeichnen. Das bedeutet aber nicht, daß sie »verläßlich« wäre. Sie ist es jedenfalls in dem Sinne nicht, daß wir auch in der Praxis immer gut daran tun, damit zu rechnen, daß sich unsere Erwartungen vielleicht nicht bestätigen.

Aber nicht nur diese triviale Einschränkung folgt aus unserer negativen Antwort auf L_1 und Pr_1. Vielmehr ist es für das Verständnis des ganzen Problems, besonders dessen, was ich das traditionelle Problem nenne, von größter Bedeutung, daß die »vernünftige« Wahl der bestgeprüften Theorie als Handlungsgrundlage *nicht* in dem Sinne »vernünftig« ist, daß sie auf *guten Gründen* für die Erwartung beruht, daß sie sich in der Praxis als erfolgreich herausstellen wird: In diesem Sinne *kann es keine guten Gründe geben*; genau darin besteht Humes Ergebnis. (Darin stimmen unsere Antworten auf H_L, L_1 und Pr_1 alle überein.) Im Gegenteil, auch wenn unsere physikalischen Theorien wahr sind, ist es durchaus möglich, daß sich unsere Welt mit allen ihren pragmatisch wichtigen Regelmäßigkeiten in der nächsten Sekunde vollständig auflöst. Das sollte heute jedermann einleuchten; aber ich sagte es schon vor Hiroshima:[28] Es gibt unendlich viele Möglichkeiten lokaler, teilweiser oder totaler Katastrophen.

[28] Siehe *LdF*, Abschnitt 79.

Pragmatisch sind die meisten dieser Möglichkeiten freilich uninteressant, weil wir nichts *tun* können: Sie liegen außerhalb unseres Handlungsspielraumes. (Den Atomkrieg rechne ich natürlich nicht zu den Katastrophen, die von Menschen nicht beeinflußt werden können, obwohl die meisten von uns so denken, einfach weil die meisten von uns dagegen nicht mehr tun können als gegen eine Handlung Gottes.)

All das würde auch gelten, wenn wir sicher sein könnten, daß unsere physikalischen und biologischen Theorien wahr sind. Aber das wissen wir nicht. Im Gegenteil, wir haben Grund genug, auch den besten unter ihnen zu mißtrauen; und das vermehrt natürlich weiter die unendlichen Möglichkeiten der Katastrophe.

Es ist diese Betrachtungsweise, die Humes und meine negative Antwort so wichtig machen: Wir können jetzt ganz deutlich sehen, daß wir uns davor hüten müssen, daß unsere Erkenntnistheorie zuviel beweist. Genauer: *Keine Erkenntnistheorie sollte versuchen, zu erklären, warum uns Erklärungen gelingen.*

Selbst wenn wir annehmen, wir hätten Erfolg gehabt – unsere physikalischen Theorien seien wahr –, lehrt unsere Kosmologie, wie unendlich unwahrscheinlich dieser Erfolg ist: Die Welt ist nach den einschlägigen Theorien fast völlig leer, und der leere Raum ist mit chaotischer Strahlung gefüllt. Und fast alle Stellen, die nicht leer sind, werden von chaotischem Staub, Gas oder sehr heißen Sternen eingenommen – alle in Zuständen, die die Anwendung irgendeiner physikalischen Erkenntnismethode lokal unmöglich erscheinen lassen.

Ich fasse zusammen. Es gibt viele Welten, mögliche und wirkliche, in denen die Suche nach Erkenntnis, nach Regelmäßigkeiten scheitern würde. Und selbst in der Welt, die uns die Wissenschaften tatsächlich darstellen, sind Bedingungen, unter denen sich Leben und Erkenntnissuche – erfolgreich – entwickeln können, anscheinend fast unendlich unwahrscheinlich. Und es scheint auch noch, als ob solche Bedingungen, wenn sie sich einmal ausgebildet haben, auch wieder verschwinden müßten, und zwar kosmologisch nach sehr kurzer Zeit.

10. Der Hintergrund meiner Reformulierung von Humes psychologischem Induktionsproblem

Historisch fand ich meine neue Lösung von Humes psychologischem Induktionsproblem vor meiner Lösung des logischen Problems: Hier bemerkte ich zum erstenmal, daß die Induktion – die Entstehung eines

Glaubens aufgrund von Wiederholungen – ein Mythos ist. Zunächst bei Tieren und Kindern, dann auch bei Erwachsenen beobachtete ich das ungeheuer mächtige *Bedürfnis nach Regelmäßigkeit* – das Bedürfnis, das nach Regelmäßigkeiten suchen läßt; das manchmal gar nicht vorhandene Regelmäßigkeiten wahrnehmen läßt; das ein dogmatisches Festhalten an den Erwartungen erzeugt; und das Unzufriedenheit, ja Verzweiflung und fast Wahnsinn hervorrufen kann, wenn bestimmte angenommene Regelmäßigkeiten zusammenbrechen. Kant hatte damit recht, daß unser Verstand der Natur die Gesetze vorschreibt – nur beachtete er nicht, wie oft unser Verstand dabei scheitert: Die Regelmäßigkeiten, die wir vorschreiben möchten, sind *psychologisch a priori*, doch es gibt nicht den geringsten Grund dafür, daß sie *a priori gültig* wären, wie Kant glaubte. Das Bedürfnis, zu versuchen, solche Regelmäßigkeiten unserer Umwelt vorzuschreiben, ist deutlich angeboren, beruht auf Trieben oder Instinkten. Es gibt ein allgemeines Bedürfnis nach einer Welt, die unseren Erwartungen entspricht; und es gibt viele spezifische Bedürfnisse, zum Beispiel nach regelmäßigen sozialen Reaktionen oder nach dem Erlernen einer Sprache mit Regeln für deskriptive (und andere) Aussagen. Das führte mich zunächst zu dem Schluß, daß sich Erwartungen ohne oder vor jeder Wiederholung bilden können; und später zu einer logischen Analyse, welche zeigte, daß sie sich nur so bilden können, weil Wiederholung Ähnlichkeit voraussetzt, und diese setzt einen Gesichtspunkt voraus – eine Theorie, eine Erwartung.

So kam ich zu dem Schluß, daß Humes induktive Theorie der Entstehung eines Glaubens *aus logischen Gründen* gar nicht richtig sein kann. Das führte mich zu der Einsicht, daß sich logische Überlegungen auf psychologische übertragen lassen; weiter zu der heuristischen Vermutung, daß ganz allgemein etwas, was in der Logik gilt, – bei passender Übertragung – auch in der Psychologie gilt. (Dieses heuristische Prinzip nenne ich jetzt das »Übertragungsprinzip«.) Ich glaube, es war hauptsächlich dieses Ergebnis, das mich von der Psychologie weg zur Logik der Forschung führte.

Ganz abgesehen davon fand ich, die Psychologie sollte als eine biologische Wissenschaft angesehen werden, und insbesondere sollte jede psychologische *Theorie der Erkenntnisgewinnung* so betrachtet werden.

Übertragen wir nun die aus unserer Lösung von L_3 folgende *Auswahlmethode* auf die Human- und Tierpsychologie, so ergibt sich eindeutig die bekannte Methode von Versuch und Irrtumsberichtigung: Die verschiedenen Versuche entsprechen der Bildung konkurrierender Hypothesen; die Elimination von Irrtümern entspricht der Elimination oder Widerlegung von Theorien durch Prüfungen.

Das führte mich zu der Formulierung: Der Hauptunterschied zwischen Einstein und einer Amöbe (wie sie von Jennings beschrieben wird[29]) ist der, daß Einstein *bewußt auf Fehlerbeseitigung aus ist.* Er versucht, seine Theorien zu widerlegen: Er verhält sich ihnen gegenüber *bewußt kritisch* und versucht sie daher möglichst scharf, nicht vage zu *formulieren.* Dagegen kann sich die Amöbe nicht kritisch gegenüber ihren Erwartungen oder Hypothesen verhalten, weil sie sich ihre Hypothesen nicht *vorstellen* kann: Sie sind ein Teil von ihr. (Nur objektive Erkenntnis ist kritisierbar; subjektive wird es erst, wenn sie objektiv wird, und das tut sie, wenn wir sie *aussprechen,* besonders wenn wir sie *aufschreiben* oder *drucken.*)

Es ist klar, daß die Methode des Versuchs und der Irrtumselimination weitgehend auf angeborenen Instinkten beruht, und es ist klar, daß von denen einige etwas mit der undeutlichen Erscheinung zu tun haben, die manche Philosophen »Glaube« nennen.

Ich bin stolz darauf, daß ich kein Glaubens-Philosoph bin: Ich interessiere mich in erster Linie für Ideen, für Theorien und finde es ziemlich unwichtig, ob irgend jemand an sie »glaubt« oder nicht. Ich habe den Verdacht, daß das Interesse der Philosophen am Glauben aus jener falschen Philosophie entspringt, die ich »Induktivismus« nenne. Als Erkenntnistheoretiker gehen sie von subjektiven Erfahrungen aus und unterscheiden nicht zwischen objektiver und subjektiver Erkenntnis. Das läßt sie den Glauben für den Oberbegriff des Wissens halten (wobei dann »Rechtfertigung« oder vielleicht ein »Wahrheitskriterium« wie Klarheit und Deutlichkeit oder Lebhaftigkeit[30] oder »hinreichende Gründe« das Spezifikum des Wissens sind).

Daher glaube ich, wie E. M. Forster, nicht an den Glauben.

Es gibt aber noch wichtigere Gründe dafür, argwöhnisch gegenüber dem Glauben zu sein. Ich gebe gern zu, daß es psychische Zustände gibt, die man »Erwartungen« nennen kann, und daß sie verschiedene Abstufungen haben: von der lebhaften Erwartung des Hundes, der jetzt gleich auf einen Spaziergang mitgenommen werden soll, bis zu der kaum noch vorhandenen Erwartung des Schülers, der weiß, aber nicht wirklich glaubt, daß er, sollte er lang genug leben, einmal ein alter Mann sein wird. Es ist aber fraglich, ob das Wort »Glaube«, wie es von vielen

[29] H. S. Jennings, *The Behaviour of Lower Organisms,* Columbia University 1906.
[30] Siehe Hume, *Treatise,* S. 265.

Philosophen gebraucht wird, solche psychischen Zustände meint. Oft scheinen nicht augenblickliche Zustände, sondern »etablierte« Vorstellungen gemeint zu sein einschließlich jener zahllosen unbewußten Erwartungen, die unseren Erwartungshorizont bilden. Von diesen bis zu formulierten Hypothesen ist es ein weiter Weg und damit auch zu Aussagen von der Form »Ich glaube, daß ...«

Fast alle so *formulierten* Aussagen lassen sich kritisch untersuchen; die psychischen Zustände, die sich daraus *ergeben*, scheinen mir freilich von einer unbewußten Erwartung sehr verschieden zu sein. Auch ein »etablierter« Glaube ändert sich also bei seiner Formulierung, und weiter nach seiner Formulierung. Führt die kritische Untersuchung zur »Akzeptierung«, so kann diese von einer fanatischen Akzeptierung, die alle Zweifel und Skrupel zu unterdrücken versucht, bis zu einer vorläufigen Akzeptierung reichen, die jederzeit zu neuen Erwägungen und Berichtigungen bereit ist, die sogar mit einer aktiven Suche nach Widerlegungen verbunden sein kann.

Ich halte solche Schattierungen des »Glaubens« für meine objektivistische Erkenntnistheorie für uninteressant; sie sollten aber jeden interessieren, der das psychologische Induktionsproblem ernst nimmt – was ich nicht tue.

11. Reformulierung des psychologischen Induktionsproblems

Aus den dargelegten Gründen sehe ich das psychologische Induktionsproblem nicht als Teil meiner (objektivistischen) Erkenntnistheorie an. Ich glaube aber, daß das Übertragungsprinzip die folgenden Probleme und Lösungen nahelegt.

Ps_1. Betrachten wir eine Theorie kritisch unter dem Gesichtspunkt hinreichender Evidenz und nicht pragmatisch, haben wir dann stets das Gefühl völliger Sicherheit in bezug auf ihre Wahrheit wenigstens bei den bestgeprüften Theorien wie der, daß die Sonne jeden Tag aufgeht?

Ich glaube, die Antwort heißt hier: nein. Mir scheint, das Gefühl der Sicherheit – der starke Glaube –, das Hume erklären wollte, ist ein *pragmatischer* Glaube, eng verbunden mit Handlungen und Entscheidungen zwischen Alternativen, oder auch mit unserem instinktiven Bedürfnis nach Regelmäßigkeit und den entsprechenden Erwartungen. Können wir aber über die Daten nachdenken und darüber, was wir auf ihrer Grundlage behaupten können, so müssen wir zugeben, daß die Sonne eben morgen in London auch *nicht* aufgehen kann – beispielsweise, weil sie in der nächsten halben Stunde explodieren könnte, so daß es gar kein Morgen mehr gäbe. Natürlich ziehen wir diese Möglichkeit nicht »ernsthaft« – d. h. pragmatisch – in Betracht, weil sie zu keiner Handlung Anlaß geben würde: Wir können einfach nichts dagegen machen.

Wir werden also zur Betrachtung unserer pragmatischen Überzeugungen geführt. Diese können sehr stark sein. Wir können fragen:

Ps$_2$. Sind diese »starken pragmatischen Überzeugungen«, die wir alle haben, etwa daß es ein Morgen geben wird, die irrationalen Ergebnisse der Wiederholung?

Meine Antwort ist: nein. Die Wiederholungstheorie ist auf jeden Fall unhaltbar. Die Überzeugungen sind teils angeboren, teils Abwandlungen solcher Überzeugungen durch Versuch und Irrtumsberichtigung. Diese Methode aber ist völlig »vernünftig«, denn sie entspricht ja genau der Auswahlmethode, deren Vernünftigkeit wir diskutiert haben. Speziell ist ein *pragmatischer Glaube an die Ergebnisse der Wissenschaft* nicht irrational, denn es gibt nichts »Rationaleres« als die Methode der kritischen Diskussion, und das ist die Methode der Wissenschaft. Es wäre zwar unvernünftig, irgendeines ihrer Ergebnisse als sicher anzunehmen, aber es gibt nichts »Besseres« für das praktische Handeln: Es gibt keine andere Methode, die als vernünftiger gelten könnte.

12. Das traditionelle Induktionsproblem und die Ungültigkeit aller Induktionsprinzipien oder -regeln

Ich wende mich jetzt wieder dem zu, was ich das traditionelle philosophische Induktionsproblem nenne.

Was ich so benenne, ist meiner Meinung nach das Ergebnis der Einsicht, daß Hume die Auffassung des Alltagsverstandes über Induktion durch Wiederholung in Frage gestellt hat, ohne daß diese Infragestellung allerdings so ernst genommen wird, wie sie genommen werden sollte. Selbst Hume blieb trotz allem Induktivist; man kann also nicht von jedem Induktivisten erwarten, daß er die Humesche Herausforderung als gegen den Induktivismus selbst gerichtet erkennt.

Die Grundfigur des traditionellen Problems läßt sich verschieden formulieren, zum Beispiel:

Tr_1. Wie läßt sich die Induktion (trotz Hume) rechtfertigen?

Tr_2. Wie kann ein Induktionsprinzip (d. h. ein nichtlogisches Prinzip zur Rechtfertigung der Induktion) gerechtfertigt werden?

Tr_3. Wie kann man ein besonderes Induktionsprinzip rechtfertigen wie »Die Zukunft wird der Vergangenheit ähneln« oder vielleicht das sogenannte »Prinzip der Gleichförmigkeit der Natur«?

Wie ich kurz in meiner *Logik der Forschung* andeutete, halte ich Kants Frage »Wie können synthetische Aussagen *a priori* gültig sein?« für einen Versuch der Verallgemeinerung von Tr_1 oder Tr_2. Deshalb betrachte ich Russell als Kantianer, mindestens in einigen seiner Phasen, denn er versuchte, Tr_2 mittels einer Rechtfertigung *a priori* zu lösen. In *Problems of Philosophy* etwa formuliert Russell Tr_2 so: ». . . was für allgemeine Annahmen würden, wenn sie wahr wären, ausreichen, um die Behauptung zu rechtfertigen, daß die Sonne morgen aufgehen wird . . . ?«

Nach meiner Auffassung sind diese ganzen Probleme schlecht formuliert. (Ebenso die probabilistischen Fassungen wie die, die in Thomas Reids Induktionsprinzip enthalten ist: »Das Zukünftige ist wahrscheinlich dem ähnlich, was bisher unter ähnlichen Umständen geschah.«) Ihre Urheber nehmen Humes logische Kritik nicht ernst genug; und sie ziehen nie ernstlich die Möglichkeit in Betracht, daß wir ohne Wiederholungs-Induktion auskommen können und müssen und daß wir tatsächlich ohne sie auskommen.

Mir scheint, alle mir bekannten Einwände gegen meine Theorie fragen, ob sie das traditionelle Induktionsproblem löst – das heißt, ob ich das induktive Schließen gerechtfertigt habe.

Das habe ich natürlich nicht. Daraus leiten meine Kritiker ab, ich hätte das Humesche Induktionsproblem nicht gelöst.

Die traditionellen Formulierungen des Induktionsprinzips sind aus verschiedenen Gründen, besonders aber aus dem in Abschnitt 9 angeführten Grunde abzulehnen. Sie gehen alle davon aus, unsere Erkenntnissuche sei erfolgreich gewesen, und wir sollten auch noch erklären können, warum.

Doch selbst wenn wir annehmen (und das tue ich), unsere Erkenntnissuche sei bisher sehr erfolgreich gewesen, und wir wissen jetzt etwas über unser Universum, dann ist dieser Erfolg unbegreiflich unwahrscheinlich und daher unerklärlich; die Berufung auf eine endlose Folge unwahrscheinlicher Zufälle ist keine Erklärung. (Das Beste, was wir tun können, scheint mir zu sein, die fast unglaubliche Entwicklungsgeschichte dieser Zufälle zu untersuchen, von der Entstehung der Elemente bis zur Entstehung der Organismen.)

Hat man das einmal eingesehen, so wird nicht nur Humes Behauptung völlig einsichtig, die Benutzung der Wahrscheinlichkeit könne nichts an der Antwort auf H_L ändern (daher auch nichts an der auf L_1 und Pr_1), sondern auch die Ungültigkeit jedes »Induktionsprinzips«.

Ein Induktionsprinzip soll eine Aussage sein – eine metaphysische, eine apriorische, eine wahrscheinliche oder vielleicht bloß eine hypothetische –, die, wenn sie wahr ist, *gute Gründe für unser Vertrauen auf Regelmäßigkeiten* abgeben würde. Wird »Vertrauen« im Sinne von Pr_2 rein pragmatisch verstanden als Vertrauen auf die Vernünftigkeit unserer theoretischen *Bevorzugungen*, so ist offensichtlich gar kein Induktionsprinzip vonnöten: Wir brauchen uns nicht auf Regelmäßigkeiten – d. h. die Wahrheit von Theorien – zu verlassen, um diese Bevorzugung zu rechtfertigen. Ist andererseits »Vertrauen« im Sinne von Pr_1 gemeint, so wäre jedes derartige Induktionsprinzip einfach falsch, ja sogar paradox in folgendem Sinne. Es würde uns das Recht geben, uns auf die Wissenschaft zu verlassen; doch die heutige Wissenschaft sagt uns, daß nur unter sehr speziellen und unwahrscheinlichen Bedingungen Regelmäßigkeiten oder Einzelfälle von Regularitäten beobachtet werden können. In der Tat sagt uns die Wissenschaft, solche Bedingungen treten kaum einmal im Universum auf, und wenn sie irgendwo auftreten (wie etwa auf der Erde), dann nur für kosmologisch kurze Zeit.

Diese Kritik trifft offenbar nicht nur ein Prinzip, das Induktionsschlüsse aufgrund von Wiederholungen rechtfertigen möchte, sondern auch jedes Prinzip, das »Vertrauen« rechtfertigen würde, Vertrauen im Sinne von Pr_1 in die Methode von Versuch und Irrtumsbeseitigung oder in irgendeine andere vorstellbare Methode.

13. Jenseits des Induktions- und des Abgrenzungsproblems

Auf die Lösung des Induktionsproblems stieß ich erst geraume Zeit, nachdem ich, zu meiner eigenen Zufriedenheit jedenfalls, das Abgrenzungsproblem gelöst hatte (das der Abgrenzung zwischen empirischer Wissenschaft und Pseudowissenschaft, besonders Metaphysik).

Erst nach der Lösung des Induktionsproblems betrachtete ich das Abgrenzungsproblem als objektiv wichtig; vorher hatte ich den Verdacht gehabt, es laufe nur auf eine Definition der Wissenschaft hinaus.

Eine solche wäre mir aber (vielleicht wegen meiner negativen Einstellung zu Definitionen) als wenig wichtig erschienen, obwohl ich sie für die Klärung meiner Einstellung zu Wissenschaft und Pseudowissenschaft sehr nützlich gefunden hatte.

Ich erkannte, daß die *Suche nach Rechtfertigung* aufgegeben werden muß, nach Rechtfertigung des Wahrheitsanspruchs einer Theorie. *Alle Theorien sind Hypothesen;* alle *können* umgestoßen werden.

Auf der anderen Seite war ich weit davon entfernt vorzuschlagen, die Suche nach Wahrheit aufzugeben: Unsere kritischen Diskussionen der Theorien sind von dem Gedanken beherrscht, eine wahre (und leistungsfähige) erklärende Theorie zu finden; und *wir rechtfertigen unsere Bevorzugungen durch Berufung auf die Idee der Wahrheit:* Sie spielt die Rolle einer regulativen Idee. *Wir prüfen auf Wahrheit,* indem wir das Falsche ausscheiden. Daß wir keine Rechtfertigung – keine hinreichenden Gründe – für unsere Vermutungen angeben können bedeutet nicht, daß wir nicht auf die Wahrheit gestoßen sein könnten; einige unserer Hypothesen können sehr wohl wahr sein.[31]

Die Erkenntnis, daß alles Wissen hypothetisch ist, führt zur Verwerfung des »Prinzips des zureichenden Grundes« in der Form: »Für jede Wahrheit kann ein Grund angegeben werden« (Leibniz), oder in der stärkeren Form, die wir bei Berkeley und Hume finden: Beide halten es für einen hinreichenden Grund für die Ablehnung, wenn wir »keinen [hinreichenden] Grund für den Glauben erkennen können«.[32]

Nachdem ich einmal das Induktionsproblem gelöst und seinen engen Zusammenhang mit dem Abgrenzungsproblem erkannt hatte, ergaben sich in rascher Folge interessante neue Probleme und neue Lösungen.

Zunächst erkannte ich bald, daß das Abgrenzungsproblem und meine Lösung, wie ich sie oben angeführt habe, etwas formal und unrealistisch war: *Man kann empirische Widerlegungen stets vermeiden.* Es ist stets möglich, jede Theorie gegen Kritik zu *»immunisieren«*. (Dieser ausgezeichnete Ausdruck, der, denke ich, meine Ausdrücke »konventionalistische Strategie« und »konventionalistische Wendung« ersetzen sollte, stammt von Hans Albert.)

So kam ich zu der Idee der *methodologischen Regeln* und der

[31] Das braucht kaum betont zu werden. Und doch schreibt mir die *Encyclopedia of Philosophy*, 1967, vol. 3, S. 37 die Ansicht zu: »Die Wahrheit selbst ist nur eine Illusion.«

[32] Berkeley, *Three Dialogues Between Hylas and Philonous*, zweiter Dialog: »Es ist für mich ein hinreichender Grund für die Ablehnung ... wenn ich keinen Grund für die Annahme erkennen kann.« Bezüglich Hume siehe *C&R*, S. 21 (wo Section V, Teil I von *Enquiry Concerning Human Understanding* zitiert wird).

grundlegenden Wichtigkeit eines *kritischen Vorgehens*, das heißt der Vermeidung einer Politik der Immunisierung unserer Theorien gegen Widerlegung.

Gleichzeitig erkannte ich auch das Gegenteil: den Wert einer *dogmatischen* Haltung. Es muß auch Verteidiger einer Theorie geben, sonst fällt sie zu früh, bevor sie zum Fortschritt der Wissenschaft beitragen kann.

Der nächste Schritt war die Anwendung der kritischen Methode auf die Prüfaussagen, die »empirische Basis«: Ich betonte, daß alle Beobachtungen und Beobachtungsaussagen Vermutungen und theoretischer Art sind.

Das führte mich zu der Auffassung, alle Sprachen seien theoriegetränkt; das war natürlich eine radikale Korrektur des Empirismus. Ich sah jetzt auch die Kritik als charakteristisch für die rationale Einstufung an, erkannte die Bedeutung der argumentativen (oder kritischen) Funktion der Sprache, sah die deduktive Logik als das Organon der Kritik und betonte die Rückübertragung der Falschheit von der Konklusion auf die Prämissen (eine Folge der Übertragung der Wahrheit von den Prämissen auf die Konklusion). Ich erkannte weiter, daß nur eine *formulierte* (im Gegensatz zu einer geglaubten) Theorie objektiv sein kann und daß dies erst die Kritik ermöglicht; schließlich kam ich zu meiner Theorie einer »Welt 3«.

Das sind nur einige der vielen Probleme, die sich aus dem neuen Ansatz ergaben. Es gibt andere, technischere, etwa die vielen Probleme im Zusammenhang mit der Wahrscheinlichkeitstheorie, einschließlich ihrer Anwendung in der Quantentheorie, und den Zusammenhang zwischen meiner Theorie der Bevorzugung und Darwins Theorie der natürlichen Auslese.

2. Zwei Seiten des Alltagsverstandes: ein Plädoyer für den Realismus des Alltagsverstandes und gegen die Erkenntnistheorie des Alltagsverstandes

1. Eine Entschuldigung für die Philosophie

Heutzutage ist es durchaus nötig, sich zu entschuldigen, wenn man sich mit Philosophie in irgendeiner Form beschäftigt. Vielleicht mit Ausnahme einiger Marxisten scheinen die meisten Fachphilosophen die Verbindung mit der Wirklichkeit verloren zu haben. Und was die Marxisten betrifft – »Die Marxisten haben den Marxismus nur verschieden *interpretiert;* es kommt darauf an, ihn zu *verändern.*«[1]

Meiner Auffassung nach ist das der größte Skandal der Philosophie: Während um uns herum die Natur – und nicht nur sie – zugrunde geht, reden die Philosophen weiter darüber – manchmal gescheit, manchmal nicht –, ob diese Welt existiert. Sie treiben Scholastik[2], beschäftigen sich mit sprachlichen Problemen wie dem, ob es Unterschiede zwischen

[1] Marx schrieb ja (als elfte *Feuerbach-These*): »Die Philosophen haben die Welt nur verschieden interpretiert; es kommt darauf an, sie zu verändern.« Die glänzende und zeitgemäße Abwandlung, die im Text zitiert wird, scheint von R. Hochhuth zu stammen. (Ich kann aber Hochhuth nicht erwähnen, ohne mich nachdrücklich von seiner verfehlten Einstellung gegenüber Winston Churchill zu distanzieren.)

[2] Unter »Scholastik« verstehe ich eine Neigung zum Argumentieren ohne ein ernsthaftes Problem – wie sie keineswegs bei allen Gelehrten des Mittelalters bestand.

Dieser lange, bisher unveröffentlichte Aufsatz ist eine verbesserte und erweiterte Fassung eines Vortrags vor meinem ehemaligen Seminar Anfang 1970. Er soll eine ziemlich vollständige Antwort auf die Kritik an meinen Auffassungen über die Wissenschaft sein. Ich bin John Watkins zu Dank verpflichtet, der eine frühere Fassung des Aufsatzes durchgelesen und mich auf einen schweren Fehler aufmerksam gemacht hat, der aber glücklicherweise mein Hauptargument nicht beeinträchtigte. David Miller hat seine Zeit großzügig auf eine mehrmalige gründliche Lektüre verwandt und mich nicht nur vor mindestens drei ähnlichen Fehlern bewahrt, sondern auch vor zahllosen kleineren sachlichen und stilistischen Mängeln. Ich bin ihm sehr zu Dank verpflichtet.
Ursprünglicher Titel: Two Faces of Common Sense: An Argument for Commonsense Realism and Against the Commonsense Theory of Knowledge.

»sein« und »existieren« gibt. (Wie in der zeitgenössischen Kunst, gibt es in diesen philosophischen Gefilden keine Maßstäbe.)

Ich brauche nicht zu betonen, daß der verbreitete Anti-Intellektualismus, der bei den Nationalsozialisten so ausgeprägt war und heute wieder enttäuschte junge Menschen, besonders Studenten, erfaßt, genauso schlecht ist wie diese Art von Scholastik und womöglich noch etwas schlimmer als das aufgeblasene und hohle, dabei manchmal recht brillante Gerede von Philosophen und anderen Intellektuellen. Der Unterschied ist aber winzig klein, denn der Verrat der Intellektuellen ruft den Anti-Intellektualismus fast unvermeidbar hervor. Gibt man den jungen Menschen Steine statt Brot, so werden sie revoltieren, auch wenn sie dabei Bäcker mit Steinewerfern verwechseln.

Unter diesen Umständen muß man sich entschuldigen, daß man Philosoph ist, besonders wenn man vorhat – allerdings nur nebenbei – eine Trivialität wie den *Realismus* neu zu formulieren, also die These, daß die Welt wirklich ist. Welche Entschuldigung habe ich?

Folgende. Wir haben alle unsere Philosophien, ob wir dessen gewahr werden oder nicht, und die taugen nicht viel. Aber ihre Auswirkungen auf unser Handeln und unser Leben sind oft verheerend. Deshalb ist der Versuch notwendig, unsere Philosophien durch Kritik zu verbessern. Das ist meine einzige Entschuldigung dafür, daß es überhaupt noch Philosophie gibt.

2. Der unsichere Ausgangspunkt: Alltagsverstand und Kritik

Wissenschaft, Philosophie, rationales Denken müssen alle beim Alltagsverstand anfangen.

Nicht, als ob der Alltagsverstand ein sicherer Ausgangspunkt wäre: der Ausdruck »Alltagsverstand« ist sehr unscharf, einfach deshalb, weil er etwas Vages und Wechselndes bezeichnet – die Instinkte oder Meinungen vieler Menschen, die oft brauchbar oder wahr, oft abwegig oder falsch sind.

Wie kann etwas so Vages und Unsicheres wie der Alltagsverstand einen Ausgangspunkt abgeben? Meine Antwort ist: weil wir (anders als etwa Descartes oder Spinoza oder Locke oder Berkeley oder Kant) kein sicheres System auf diesen »Grundlagen« aufbauen wollen. Jede einzelne der vielen Annahmen des Alltagsverstandes – man könnte sie unser Alltags-Hintergrundwissen nennen – läßt sich jederzeit in Frage stellen und kritisieren; oft wird eine Annahme mit Erfolg kritisiert und fallengelassen (zum Beispiel die Theorie, die Erde sei flach). In solchen Fällen wird entweder der Alltagsverstand verändert, oder er wird durch eine Theorie übertroffen und ersetzt, die manchen Leuten noch für kürzere oder längere Zeit mehr oder weniger »verrückt« vorkommt. Ist eine solche Theorie nur nach einem langen Studium zu verstehen, so wird sie vielleicht nie in den Alltagsverstand übernommen. Doch auch dann können wir verlangen, man müsse versuchen, dem Ideal möglichst nahezukommen: *Alle Wissenschaft und alle Philosophie sind aufgeklärter Alltagsverstand.*

Wir fangen also an einem vagen Ausgangspunkt an und bauen auf unsicheren Fundamenten. Aber wir können vorankommen: Manchmal lehrt uns Kritik, daß wir unrecht hatten; wir können aus unseren Fehlern lernen, aus der Einsicht, daß wir einen Fehler gemacht haben.

(Ich werde übrigens später zu zeigen versuchen, daß der Alltagsverstand in der Erkenntnistheorie besonders in die Irre führt. Es scheint nämlich eine Erkenntnistheorie des Alltagsverstandes zu geben: Es ist die falsche Theorie, daß wir Wissen über die Welt gewinnen, indem wir unsere Augen aufmachen und hinsehen; allgemeiner gesprochen: durch Beobachtung.)

Meine erste These ist also, daß wir vom Alltagsverstand ausgehen und daß das mächtige Instrument des Fortschritts die Kritik ist.

Diese These stößt sofort auf eine Schwierigkeit. Man hat gesagt, wenn man eine Theorie T_1 – eine des Alltagsverstandes oder eine andere – kritisieren möchte, brauche man eine weitere Theorie T_2 als Grundlage oder Ausgangspunkt oder Hintergrund für die Kritik an T_1. Nur in dem Sonderfall, wenn T_1 als widerspruchsvoll dargetan werden kann (»immanente Kritik«: Aufgrund von T_1 wird die Falschheit von T_1 gezeigt), kann man anders verfahren, indem man aus T_1 absurde Folgerungen ableitet.

Ich halte diese Kritik an der kritischen Methode für ungültig. (Sie setzt voraus, daß jede Kritik entweder »immanent« oder »transzendent« sein muß und daß wir bei »transzendenter« Kritik nicht kritisch vorgehen, weil wir dogmatisch die Wahrheit von T_2 voraussetzen müssen.) In Wirklichkeit ist es doch so. Wollen wir T_1 – wir setzen sie als nicht widerspruchsvoll voraus – kritisieren, so zeigen wir entweder, daß T_1 zu unbeabsichtigten oder unerwünschten Konsequenzen führt – es muß nicht unbedingt etwas Widersprüchliches sein –, oder wir zeigen, daß es eine konkurrierende Theorie T_2 gibt, die T_1 widerspricht und gegenüber T_1 gewisse Vorteile hat. Das genügt schon: Sobald wir konkurrierende Theorien haben, gibt es ein weites Betätigungsfeld für kritische oder rationale Diskussion; wir untersuchen die Konsequenzen der Theorien, und wir suchen besonders nach ihren schwachen Punkten – das heißt nach Konsequenzen, die wir für falsch halten. Diese kritische und rationale Diskussion führt manchmal zur klaren Niederlage einer Theorie; öfter legt sie nur die Schwächen beider Theorien bloß und fordert damit zur Aufstellung einer weiteren Theorie auf.

Das Grundproblem der Erkenntnistheorie ist die Klärung und Untersuchung dieses Vorgangs, durch den, wie ich behaupte, unsere Theorien sich entwickeln und verbessern können.

3. Unterschiede zu anderen Ansätzen

Das bisher Gesagte könnte als recht trivial erscheinen. Das ist es aber nicht mehr, wenn ich es jetzt mit anderen Ansätzen kurz vergleiche.

Descartes war vielleicht der erste, der erklärte, alles komme auf die Sicherheit unseres Ausgangspunktes an. Um diesen wirklich sicher zu machen, schlug er die Methode des Zweifels vor: Man erkenne nur das an, was völlig unbezweifelbar ist.

Er ging dann von seiner eigenen Existenz aus, die ihm als unbezweifelbar erschien, denn schon das Bezweifeln unserer Existenz setzt anscheinend die Existenz eines Zweiflers (eines zweifelnden Subjekts) voraus.

Nun hege ich an meiner Existenz sicher nicht mehr Zweifel als Descartes an der seinigen. Ich glaube aber auch (wie Descartes), daß ich bald sterben werde und daß das für die Welt wenig Unterschied machen wird, außer für mich selbst und zwei oder drei Freunde. Offenbar hat die Frage des eigenen Lebens und Todes eine gewisse Bedeutung, aber ich vermute (und ich nehme an, Descartes würde mir zustimmen), daß meine Existenz enden wird, ohne daß auch die Welt endet.

Das ist eine Vorstellung des Alltagsverstandes, und es ist die Hauptthese dessen, was man »Realismus« nennen könnte. (Ich werde den Realismus bald ausführlicher diskutieren.)

Ich gebe zu, daß der Glaube an die eigene Existenz sehr stark ist. Doch ich bestreite, daß er irgend etwas wie das Kartesische Gebäude tragen kann; er ist als Ausgangsbasis viel zu schmal. Ich halte ihn übrigens auch nicht für so unbezweifelbar, wie Descartes es (aus verständlichen Gründen) tat. In Hugh Routledges wundervollem Buch *Everest 1933* lesen wir von Kipa, einem der Sherpas, der höher stieg, als ihm guttat:

»Der arme alte Kipa hielt hartnäckig an dem Gedanken fest, er sei tot.« Ich behaupte nicht, Kipas Gedanke entspreche dem Alltagsverstand, ja nicht einmal, er sei vernünftig, aber er läßt doch Zweifel an der von Descartes behaupteten Unmittelbarkeit und Unbezweifelbarkeit aufkommen. Jedenfalls erhebe ich keinen derartigen Anspruch auf Gewißheit, obwohl ich gern zugebe, daß es guter gesunder Menschenverstand ist, an die Existenz des eigenen denkenden Ich zu glauben. Ich möchte nicht gegen die Wahrheit von Descartes' Ausgangspunkt plädieren, sondern dagegen, daß er zureichend für das ist, was Descartes erreichen möchte, und auch gegen seine angebliche Unbezweifelbarkeit.

Locke, Berkeley, selbst der »Skeptiker« Hume und ihre vielen Nachfolger, besonders Russell und Moore[4], stimmten mit Descartes in der Ansicht überein, subjektive Erfahrungen seien besonders sicher und deshalb als Ausgangspunkt oder Grundlage besonders geeignet; sie stützten sich aber vorwiegend auf Beobachtungserlebnisse. Und Reid, mit dem ich in seinem Festhalten am Realismus und am Alltagsverstand einig bin, war der Ansicht, wir hätten eine unmittelbare und sichere Wahrnehmung der äußeren, objektiven Wirklichkeit.

Im Gegensatz dazu bin ich der Auffassung, daß es nichts Unmittelbares in unserer Erfahrung gibt: Wir müssen *lernen*, daß wir ein Ich haben, das sich in der Zeit erstreckt und auch während des Schlafes und völliger Bewußtlosigkeit weiterbesteht, und wir müssen die Eigenschaften unseres und fremder Körper kennenlernen. Das alles ist Entschlüsselung, Deutung. Wir lernen das Entschlüsseln so gut, daß uns alles sehr »direkt« oder »unmittelbar« vorkommt; aber genauso ist es bei jemandem, der das Morsealphabet gelernt hat oder, um ein vertrauteres Beispiel zu nehmen, der gelernt hat, Bücher zu lesen: Sie sprechen zu ihm »direkt«, »unmittelbar«. Trotzdem wissen wir, daß eine komplizierte Entschlüsselung vor sich geht; die scheinbare Unmittelbarkeit ist das Ergebnis von Übung, wie auch beim Klavierspielen oder Autofahren.

Es gibt Grund zu der Annahme, daß unsere Entschlüsselungsfähigkeit eine angeborene Grundlage hat. Manchmal machen wir jedenfalls Fehler

[3] Hugh Routledge, *Everest 1933*, Hodder & Stoughton, London 1934, S. 143. (Ich hatte, freilich wohl nur ein paar Sekunden lang, eine ähnliche Erfahrung wie Kipa, als ich einmal auf dem Sonnblick in den österreichischen Alpen vom Blitz getroffen wurde.)

[4] G. E. Moore war ein großer Realist, denn er hatte eine starke Liebe zur Wahrheit und die klare Empfindung, der Idealismus sei falsch. Leider glaubte er an die subjektivistische Erkenntnistheorie des Alltagsverstandes, und so hoffte er während seines ganzen Lebens vergeblich, es ließe sich ein Beweis für den Realismus aufgrund der Wahrnehmung finden – etwas, was es gar nicht geben kann. Russell fiel aus demselben Grunde vom Realismus in den Positivismus zurück.

beim Entschlüsseln, besonders während der Lernphase, aber auch danach, besonders in ungewohnten Situationen. Die Unmittelbarkeit des gut erlernten Entschlüsselns garantiert nicht fehlerfreien Ablauf; es gibt keine absolute Sicherheit, obwohl das Verfahren bisher für die meisten praktischen Zwecke gut genug gearbeitet hat. Die Suche nach der Gewißheit, nach einer sicheren Grundlage der Erkenntnis muß aufgegeben werden.

Ich sehe das Erkenntnisproblem also anders als meine Vorgänger. Um Sicherheit und Rechtfertigung der Erkenntnis kümmere ich mich nicht, vielmehr um den Fortschritt der Erkenntnis. In welchem Sinne können wir von einem Fortschritt der Erkenntnis sprechen, und wie können wir ihn erreichen?

4. Der Realismus

Der Realismus ist ein wichtiger Bestandteil des Alltagsverstandes. Der (aufgeklärte) Alltagsverstand unterscheidet zwischen Erscheinung und Wirklichkeit. (Das zeigt sich an Beispielen wie: »Heute ist die Luft so klar, daß die Berge viel näher erscheinen, als sie wirklich sind«, oder vielleicht: »Scheinbar tut er es ganz mühelos, aber er hat mir verraten, daß die Spannung fast unerträglich sei.«) Der Alltagsverstand erkennt aber auch, daß Erscheinungen (zum Beispiel ein Reflex auf einer Linse) eine Art Wirklichkeit haben. Mit anderen Worten: Es kann eine Tiefen- und eine Oberflächenwirklichkeit – das heißt eine Erscheinung – geben. Darüber hinaus gibt es viele Arten von wirklichen Dingen. Die augenscheinlichste sind Nahrungsmittel (mir scheint, daß diese die Grundlage des Wirklichkeitsgefühls schaffen) oder festere Objekte (*obiectum* = was uns im Wege liegt) wie Steine, Bäume und Menschen. Es gibt aber auch viele ganz andere Arten von Wirklichkeit wie etwa unsere subjektive Entschlüsselung unserer Erfahrungen mit Nahrungsmitteln, Steinen, Bäumen und menschlichen Körpern. Geschmack und Gewicht von Nahrungsmitteln und Steinen bilden eine weitere Art der Wirklichkeit, ebenso die Eigenschaften von Bäumen und menschlichen Körpern. Weitere Beispiele aus diesem reichhaltigen Universum sind: ein Zahnschmerz, ein Wort, eine Sprache, ein Verkehrszeichen, ein Roman, eine Regierungsentscheidung; ein gültiger oder ungültiger Beweis; vielleicht Kräfte, Kraftfelder, Dispositionen, Strukturen; Regelmäßigkeiten. (Ich lasse hier völlig offen, ob und welche Beziehungen diese vielen Arten von Gegenständen zueinander haben.)

5. Argumente für den Realismus

Ich behaupte, daß der Realismus weder beweisbar noch widerlegbar ist. Wie alles außerhalb der Logik und elementaren Arithmetik ist er nicht beweisbar; doch während empirische wissenschaftliche Theorien widerlegbar sind[5], ist der Realismus nicht einmal widerlegbar. (Diese Eigenschaft hat er mit vielen philosophischen oder »metaphysischen« Theorien gemeinsam, insbesondere auch mit dem Idealismus.) Aber man kann für oder gegen ihn argumentieren, und die Argumente sprechen überwältigend für ihn.

Der Alltagsverstand steht unzweifelhaft auf der Seite des Realismus; natürlich gab es schon vor Descartes – eigentlich immer seit Heraklit – gewisse Zweifel, ob nicht *unsere Alltagswelt bloß ein Traum sein könnte.* Doch selbst Descartes und Locke waren Realisten. Eine philosophische Theorie, die sich dem Realismus ernsthaft entgegenstellte, kam erst mit Berkeley, Hume und Kant auf.[6] Übrigens lieferte sogar Kant einen Beweis für den Realismus, der freilich nicht stichhaltig war; und ich halte es für wichtig, sich klarzumachen, warum es keinen stichhaltigen Beweis für den Realismus geben kann.

Der Idealismus behauptet in seiner einfachsten Form: Die Welt (auch meine augenblicklichen Zuhörer) ist bloß mein Traum. Offenbar ist diese Theorie (obwohl man weiß, daß sie falsch ist) nicht widerlegbar: Was auch immer meine Zuhörer unternehmen mögen – mit mir sprechen, einen Brief schreiben oder vielleicht mich schlagen –, es kann

[5] Das ist eine meiner ältesten Theorien. Siehe etwa *Conjectures and Refutations (C&R)*, Kap. 1, insbes. S. 37 f. Ich stimme nicht mit jenen Kritikern meiner Auffassungen überein, die etwa behaupten, die Newtonsche Theorie sei nicht besser widerlegbar als die Freudsche. Eine Widerlegung der Newtonschen Theorie wäre etwa, wenn sich alle Planeten außer der Erde wie bisher weiterbewegen würden, während sich die Erde auf ihrer bisherigen Bahn, aber mit gleichbleibender Beschleunigung, selbst beim Entfernen vom Perihel, bewegte. (Natürlich läßt sich jede Theorie gegen diese und jene andere Widerlegung »immunisieren« – um den Ausdruck Hans Alberts zu gebrauchen; das habe ich schon 1934 betont, und darum geht es mir hier überhaupt nicht.) Ich würde sagen, die Widerlegbarkeit der Newtonschen oder der Einsteinschen Theorie ist eine Frage der elementaren Physik und der elementaren Methodologie. Einstein erklärte etwa, wenn die Rotverschiebung (die Verlangsamung der Atomuhren in starken Gravitationsfeldern) bei weißen Zwergen nicht beobachtet würde, dann wäre seine allgemeine Relativitätstheorie widerlegt. Dagegen würde keine logisch mögliche Beschreibung menschlichen Verhaltens – wie immer sie lauten mag – mit den psychoanalytischen Theorien von Freud, Adler oder Jung unvereinbar sein.

[6] Der Positivismus, der Phänomenalismus und auch die Phänomenologie sind natürlich alle von dem Subjektivismus des Kartesischen Ausgangspunktes infiziert.

grundsätzlich keine Widerlegung sein; ich würde weiterhin sagen, ich träume, daß man mit mir spricht, daß ich einen Brief bekomme, daß ich einen Schlag empfinde. (Man könnte diese Antworten alle zu verschiedenartigen Immunisierungsstrategien erklären. Das ist richtig und ein starkes Argument gegen den Idealismus. Aber daß er eine sich selbst immunisierende Theorie ist, widerlegt ihn nicht.)

Der Idealismus ist also unwiderlegbar; und das bedeutet natürlich, daß der Realismus unbeweisbar ist. Ich bin aber bereit, zuzugeben, daß der Realismus nicht nur unbeweisbar, sondern wie der Idealismus auch unwiderlegbar ist, daß kein beschreibbares Ereignis, keine denkbare Erfahrung als effektive Widerlegung des Realismus gelten könnte.[7] In dieser Sache gibt es also, wie in so vielen anderen, kein entscheidendes Argument. *Doch es gibt Argumente zugunsten des Realismus* oder vielmehr *gegen den Idealismus.*

(1) Das vielleicht stärkste Argument besteht aus der Verbindung zweier Argumente: (a) Der Realismus ist Teil des Alltagsverstandes, und (b) alle angeblichen *Argumente* gegen ihn sind nicht nur philosophisch im schlechtesten Sinne des Wortes, sondern stützen sich auch auf einen

[7] Man könnte die Unwiderlegbarkeit des Realismus (die ich zuzugeben bereit bin) in Frage stellen. Die große österreichische Schriftstellerin Marie von Ebner-Eschenbach (1830–1916) erzählt in ihren Kindheitserinnerungen, es sei ihr der Verdacht gekommen, daß der Realismus falsch sei. Vielleicht verschwinden die Dinge, wenn wir nicht hinsehen? Sie versuchte, die Welt bei ihrem Verschwinden zu ertappen, indem sie sich plötzlich herumdrehte und dabei halb und halb hoffte, zu sehen, wie sich die Dinge aus dem Nichts rasch wieder zusammenzufinden suchten; und jedesmal, wenn es nicht so war, war sie enttäuscht und zugleich erleichtert. Man kann zu dieser Geschichte verschiedene Kommentare geben. Zunächst könnte es sein, daß dieser Bericht über kindliches Experimentieren etwas durchaus Normales und Häufiges mitteilt, das eine Rolle bei der Entwicklung der Unterscheidung des Alltagsverstands zwischen Erscheinung und Wirklichkeit spielt. Zweitens (zu dieser Betrachtungsweise neige ich etwas stärker) könnte es sein, daß der Bericht untypisch ist, daß die meisten Kinder naive Realisten sind oder es so früh werden, daß sie sich später an nichts anderes mehr erinnern; und Marie von Ebner-Eschenbach war zweifellos ein ungewöhnliches Kind. Drittens habe ich selbst – nicht nur als Kind, sondern auch als Erwachsener – nicht ganz unähnliche Erlebnisse gehabt. Wenn ich zum Beispiel etwas wiederfand, was ich völlig vergessen hatte, dachte ich manchmal: Hätte die Natur dieses Ding verschwinden lassen, so hätte es niemand gemerkt. (Die Wirklichkeit brauchte hier nicht zu zeigen, daß sie »wirklich« vorhanden war; niemand hätte etwas gemerkt, wenn sie es unterlassen hätte.) Es erhebt sich nun die Frage, ob, wenn Marie Erfolg gehabt hätte, der Realismus widerlegt gewesen wäre oder nur eine ganz spezielle Form des Realismus. Ich sehe keinen Anlaß, mich mit dieser Frage auseinanderzusetzen, sondern *gebe* meinen Gegnern *zu*, daß der Realismus nicht widerlegbar ist. Sollte das nicht richtig sein, so käme der Realismus einer prüfbaren wissenschaftlichen Theorie noch näher, als ich zunächst behaupten wollte.

unkritisch akzeptierten Teil des Alltagsverstandes, nämlich auf den falschen Teil der Erkenntnistheorie des Alltagsverstandes, den ich die »Kübeltheorie des Geistes« genannt habe; siehe unten, Abschnitte 12 und 13.

(2) Die Wissenschaft ist zwar heute bei manchen etwas aus der Mode gekommen – aus Gründen, die leider durchaus nicht irrelevant sind –, doch man sollte ihre Bedeutung für den Realismus nicht übersehen, obwohl es Wissenschaftler gibt, die keine Realisten sind, wie Ernst Mach oder in der Gegenwart Eugene P. Wigner[8]; ihre Argumente fallen eindeutig in die unter (1, b) charakterisierte Klasse. Vergessen wir einen Augenblick Wigners Argument zur Atomphysik. Dann können wir sagen, daß so gut wie alle physikalischen, chemischen und biologischen Theorien den Realismus implizieren, in dem Sinne, daß, wenn sie wahr sind, der Realismus wahr sein muß. Aus diesem Grunde sprechen einige von »wissenschaftlichem Realismus«. Es ist ein recht guter Grund. Wegen seiner (anscheinenden) Unprüfbarkeit nenne ich freilich den Realismus lieber »metaphysisch« als »wissenschaftlich«.[9]

Wie man auch dazu stehen mag, es gibt sehr gute Gründe dafür, zu sagen, *die Wissenschaft versuche, die Wirklichkeit zu beschreiben und (so weit wie möglich) zu erklären*, und zwar mittels vermuteter Theorien, das heißt solcher, von denen wir hoffen, daß sie wahr (oder annähernd wahr) seien, die wir aber nicht als sicher oder auch nur als wahrscheinlich (im Sinne der Wahrscheinlichkeitsrechnung) erweisen können, obwohl es die besten Theorien sind, die wir aufstellen können, weshalb man sie »wahrscheinlich« nennen könnte, solange dieser Ausdruck nichts mit der Wahrscheinlichkeitsrechnung zu tun hat.

Wir können noch in einem anderen, eng verwandten und sehr vernünftigen Sinne von »wissenschaftlichem Realismus« sprechen:

[8] Von Wigner siehe besonders seinen Beitrag zu *The Scientist Speculates*, Hrsg. I. J. Good, Heinemann, London, 1962, S. 284–302. Eine Kritik lieferte besonders Edward Nelson, *Dynamical Theories of Brownian Motion*, Princeton University Press 1967, §§ 14–16. Siehe auch meinen Beitrag in Mario Bunge (Hrsg.), *Quantum Theory and Reality*, Springer, Berlin, 1967, und in W. Yourgrau und A. van der Merwe (Hrsg.), *Perspectives in Quantum Theory, Essays in Honour of Alfred Landé*, M. I. T. Press 1971.

[9] Siehe meine *Logik der Forschung*, 1934, 1966, 1984 *(LdF)*, wo ich mich in Abschnitt 79 als metaphysischen Realisten bezeichne. Zu dieser Zeit setzte ich fälschlich die Grenzen der Wissenschaft mit den Grenzen der Argumentierbarkeit gleich. Später änderte ich meine Ansicht und argumentierte, daß unprüfbare (d. h. unwiderlegbare) metaphysische Theorien rational argumentierbar sein können. (Siehe etwa meinen Aufsatz »On the Status of Science and Metaphysics«, zuerst erschienen 1958, dann in *C&R* 1963; 7. Auflage 1978.)

Unser Verfahren kann (solange es nicht zum Erliegen kommt, etwa wegen antirationaler Einstellungen) in dem Sinne zum Erfolg führen, daß unsere vermuteten Theorien der Tendenz nach der Wahrheit immer näherkommen, das heißt der wahren Beschreibung bestimmter Tatsachen oder Seiten der Wirklichkeit.

(3) Auch wenn wir alle auf die Wissenschaft gründenden Argumente fallenlassen würden, bleiben die Argumente im Zusammenhang mit der Sprache. Alle Diskussionen über den Realismus, insbesondere alle Argumente gegen ihn, müssen in einer Sprache formuliert werden. Doch die menschliche Sprache ist wesentlich deskriptiv (und argumentativ)[10], und eine eindeutige Beschreibung ist stets realistisch: Sie beschreibt *etwas* – einen Sachverhalt, der wirklich oder unwirklich sein kann. Ist nun der Sachverhalt unwirklich, so ist die Beschreibung einfach falsch, und ihre Negation ist eine wahre Beschreibung der Wirklichkeit in Tarskis Sinne. Damit ist der Idealismus oder Solipsismus logisch nicht widerlegt, aber jedenfalls irrelevant geworden. Rationalität, Sprache, Beschreibung, Argument – alle handeln von einer Wirklichkeit und wenden sich an ein Publikum. All das setzt den Realismus voraus. Logisch ist dieses Argument für den Realismus natürlich nicht zwingender als irgendein anderes; ich könnte ja bloß träumen, daß ich eine deskriptive Sprache und Argumente gebrauche; doch dieses Argument für den Realismus ist trotzdem stark und *rational*. Es ist so stark wie die Vernunft selbst.

(4) Für mich ist der Idealismus absurd, denn aus ihm folgt so etwas wie dies: daß mein Bewußtsein diese schöne Welt geschaffen hat. Aber ich weiß, daß ich nicht ihr Schöpfer bin. Die berühmte Bemerkung »Die Schönheit liegt im Auge des Betrachters« besagt schließlich nichts weiter, als daß es ein Problem der *Reaktion* auf die Schönheit gibt. Ich weiß, daß die Schönheit der Selbstporträts Rembrandts nicht in meinem Auge, die der Passionen Bachs nicht in meinem Ohr liegt. Vielmehr kann ich mich durch Öffnen und Schließen meiner Augen und Ohren davon überzeugen, daß diese gar nicht die ganze Schönheit aufnehmen können. Außerdem gibt es Leute mit besserem Urteilsvermögen, fähiger, die Schönheit von Malerei und Musik zu schätzen, als ich. Die Leugnung

[10] Bühler (und vor ihm teilweise W. von Humboldt) zeigte deutlich die deskriptive Funktion der Sprache auf. Ich habe mich verschiedentlich darauf bezogen und von der Notwendigkeit gesprochen, auch die argumentative Funktion der Sprache zu sehen. Siehe z. B. meine Arbeit »Erkenntnistheorie ohne erkennendes Subjekt« (vorgetragen in Amsterdam 1967, wiedergegeben als Kapitel 3 dieses Buches).

des Realismus kommt dem Größenwahn gleich (der verbreitetsten Berufskrankheit der Fachphilosophen).

(5) Von den vielen weiteren schwerwiegenden, wenn auch nicht zwingenden Argumenten möchte ich nur eines erwähnen: Ist der Realismus wahr – genauer: etwas, was dem wissenschaftlichen Realismus nahekommt –, dann liegt der Grund für seine Unbeweisbarkeit auf der Hand. Denn unser subjektives Wissen, auch das auf Wahrnehmung beruhende, besteht aus Handlungsdispositionen und ist damit eine Art Anpassungsversuch an die Wirklichkeit; dabei sind wir bestenfalls Suchende, und jedenfalls können wir irren. Es gibt keine Garantie gegen Irrtümer. Gleichzeitig wird die ganze Frage der Wahrheit oder Falschheit unserer Meinungen und Theorien einfach gegenstandslos, wenn es keine Wirklichkeit gibt, sondern nur Träume und Täuschungen.

Ich fasse zusammen: Ich schlage vor, den Realismus als die einzige vernünftige Hypothese zu akzeptieren – als eine Vermutung, zu der noch nie eine vernünftige Alternative angegeben worden ist. Ich möchte in dieser Sache nicht dogmatischer sein als in irgendeiner anderen. Ich glaube aber, daß ich alle erkenntnistheoretischen Argumente kenne – es sind hauptsächlich subjektivistische –, die zugunsten von Alternativen zum Realismus angeführt worden sind, wie der Positivismus, der Idealismus, der Phänomenalismus, die Phänomenologie und so weiter, und obwohl ich kein Feind von Diskussionen über Ismen in der Philosophie bin, halte ich doch alle mir bekannten philosophischen *Argumente* für einen dieser Ismen für eindeutig falsch. Die meisten entspringen aus der abwegigen Suche nach Gewißheit, nach sicheren Grundlagen. Und alle sind typisch philosophische Fehler im schlechtesten Sinne des Wortes: Sie leiten sich alle aus einer falschen Erkenntnistheorie des Alltagsverstandes ab, die keiner ernsthaften Kritik standhält. (Bezeichnenderweise scheitert der Alltagsverstand, wenn er auf sich selbst angewandt wird; siehe Abschnitt 12 unten.)

Ich möchte diesen Abschnitt mit den Ansichten der beiden Menschen abschließen, die ich für die größten unserer Zeit halte: Albert Einstein und Winston Churchill.

Einstein schreibt[11], er »sehe . . . keine ›metaphysische‹ Gefahr darin,

[11] Siehe Albert Einstein, »Remarks on Bertrand Russell's Theory of Knowledge«, in: P. A. Schilpp (Hrsg.), *The Philosophy of Bertrand Russell*, The Library of Living Philosophers, Bd. V, 1944, S. 290 f. Was Einstein hier sagt, ist, daß man sich nicht, wie Russell und viele Positivisten, vor einem handgreiflichen, realistischen, physikalischen Dingbegriff fürchten soll. Er hielt diese Furcht für die größte Schwäche Russells, den er sonst sehr bewunderte.

das Ding (Objekt im Sinne der Physik) als selbständigen Begriff ins System aufzunehmen in Verbindung mit der zugehörigen zeit-räumlichen Struktur«.

Das war Einsteins Ansicht nach seiner sorgfältigen und einfühlsamen Analyse eines glänzenden Versuchs Bertrand Russells, den naiven Realismus zu widerlegen.

Winston Churchills Ansichten sind sehr ausgeprägt, und ich halte sie für einen sehr gerechten Kommentar zu einer Philosophie, die sich seitdem vielleicht vom Idealismus zum Realismus gewandelt hat, aber immer noch gleich nichtssagend ist: »Einige meiner Vettern, die den großen Vorzug einer Universitätsausbildung genossen«, schreibt Churchill, »zogen mich gern mit Argumenten auf, die beweisen sollten, daß nichts existiert außer in Form unserer Gedanken ...« Er fährt fort: »Ich berief mich immer auf folgendes Argument, das ich mir selbst viele Jahre früher einmal klargemacht hatte ... [Da] ist die riesige Sonne, die augenscheinlich auf keiner festeren Grundlage steht als unseren Sinneswahrnehmungen. Doch glücklicherweise gibt es eine Methode zur Nachprüfung der Wirklichkeit der Sonne, die überhaupt nichts mit unseren Sinnen zu tun hat ... Die Astronomen sagen mittels [der Mathematik und] des reinen Verstandes voraus, daß an einem bestimmten Tag ein dunkler Fleck vor der Sonne vorüberziehen wird. Man ... schaut nach, und der Gesichtssinn sagt dir unmittelbar, daß die Berechnung richtig war ... *Wir haben etwas gemacht, was in der militärischen Kartographie Kontrollpeilung heißt.* Wir haben uns ein *unabhängiges Zeugnis* für die Wirklichkeit der Sonne verschafft. *Wenn mir meine metaphysischen Freunde sagen, die Daten, die in die Berechnungen der Astronomen eingingen, beruhten notwendigerweise ursprünglich auf Sinneswahrnehmungen, so sage ich ›nein‹. Sie könnten, jedenfalls theoretisch, aus automatischen Rechenmaschinen stammen, die vom darauffallenden Licht in Gang gesetzt werden, ohne daß die menschliche Sinneswahrnehmung irgendwo eingeschaltet wäre* ... Ich ... sage noch einmal mit allem Nachdruck ... die Sonne ist wirklich, auch heiß – heiß wie die Hölle, und wenn die Metaphysiker das anzweifeln, sollten sie hingehen und sich überzeugen.«[12]

Ich möchte anfügen, daß ich Churchills Argument, besonders die von

[12] Siehe Winston S. Churchill, *My Early Life – A Roving Commission*, zuerst veröffentlicht im Oktober 1930; zitiert mit Genehmigung der Hamlyn Publishing Group aus der Odhams-Press-Ausgabe, London 1947, Kapitel IX, S. 115 f. (Hervorhebungen nicht im Original.) Siehe auch die Macmillan-Ausgabe, London 1944, S. 131 f.

mir hervorgehobenen Stellen, nicht nur als zutreffende Kritik der idealistischen und subjektivistischen Argumente betrachte, sondern als das philosophisch vernünftigste und klügste Argument gegen die subjektivistische Erkenntnistheorie, das ich kenne. Mir ist kein Philosoph bekannt, der dieses Argument nicht ignoriert hätte (abgesehen von einigen meiner Studenten, die ich darauf hingewiesen habe). Das Argument ist höchst originell; 1930 zuerst veröffentlicht, war es eins der ersten philosophischen Argumente, das sich auf die Möglichkeit automatischer Beobachtungsstationen und Rechenmaschinen stützt (die gemäß der Newtonschen Theorie programmiert sind). Trotzdem ist Winston Churchill vierzig Jahre nach der Veröffentlichung als Erkenntnistheoretiker völlig unbekannt: Sein Name taucht in den vielen Anthologien auf dem Gebiet der Erkenntnistheorie nirgends auf, ja nicht einmal in der *Encyclopedia of Philosophy*.

Natürlich ist Churchills Argument nur eine ausgezeichnete Widerlegung der subjektivistischen Scheinargumente; *es beweist nicht den Realismus*. Denn der Idealist kann immer sagen, er oder wir träumten die ganze Diskussion, die Rechenmaschinen und alles andere. Doch ich halte dieses Argument wegen seiner universellen Anwendbarkeit für dumm. Wie dem auch sei, ehe ein Philosoph ein völlig neues Argument vorführt, schlage ich vor, den Subjektivismus in Zukunft ad acta zu legen.

6. Bemerkungen über die Wahrheit

Unser Hauptziel in der Philosophie und Wissenschaft sollte die Suche nach Wahrheit sein. Rechtfertigung ist kein Ziel; Brillanz und Scharfsinn an sich sind öde. Wir sollten versuchen, die dringendsten Probleme zu sehen oder zu entdecken und sie durch Aufstellung wahrer Theorien zu lösen (oder wahrer Aussagen oder wahrer Behauptungen; wir brauchen hier nicht zu unterscheiden); jedenfalls sollten wir versuchen, Theorien aufzustellen, die der Wahrheit ein Stückchen näherkommen als die unserer Vorgänger.

Doch die Suche nach Wahrheit ist nur dann möglich, wenn wir klar und einfach reden und unnötige technische Komplikationen vermeiden. In meinen Augen ist das Streben nach Einfachheit und Durchsichtigkeit eine moralische Pflicht aller Intellektuellen: Mangel an Klarheit ist eine Sünde, Aufgeblasenheit ein Verbrechen. (Kürze ist in Anbetracht der Veröffentlichungslawine ebenfalls wichtig, aber nicht in so hohem

Maße, und manchmal ist sie mit der Klarheit unvereinbar.) Oft können wir diesen Forderungen nicht gerecht werden und drücken uns nicht klar und verständlich aus, aber das zeigt nur, daß wir alle noch keine richtigen Philosophen sind.

Ich unterstütze die (von Alfred Tarski[13] verteidigte und verfeinerte) Theorie des Alltagsverstandes, daß Wahrheit die Übereinstimmung mit den Tatsachen (oder der Wirklichkeit) ist; oder, genauer, daß eine Theorie wahr ist genau dann, wenn sie mit den Tatsachen übereinstimmt.

Beschäftigen wir uns ein wenig mit technischen Fragen, die dank Tarski schon fast zu Trivialitäten geworden sind: Wahrheit und Falschheit werden im wesentlichen als Eigenschaften oder Klassen von Aussagen betrachtet, das heißt von (eindeutig formulierten) Theorien oder Behauptungen (oder »sinnvollen Sätzen«[14]) einer Sprache S_1 (zum Beispiel des Englischen), über die wir ganz ungezwungen in einer anderen Sprache S_m sprechen können, die auch *Metasprache* heißt. Ausdrücke von S_m, die sich irgendwie auf S_1 beziehen, kann man »metasprachlich« nennen.

Sei etwa »*P*« eine Abkürzung für einen der deutschen (S_m) Namen des englischen (S_1) Satzes »The moon is made of green cheese«. (Man beachte, daß durch die Hinzufügung der deutschen Anführungszeichen dieser englische Satz ein deutscher metasprachlicher Name – ein sogenannter Anführungsname – des englischen Satzes geworden ist.) Dann ist die Identitätsaussage »*P* = ›The moon is made of green cheese‹« offenbar eine deutsche metasprachliche Aussage, und wir können sagen: »Die englische Aussage ›The moon is made of green cheese‹ entspricht den Tatsachen oder dem wirklichen Sachverhalt genau dann, wenn der Mond aus grünem Käse gemacht ist.«

Führen wir nun als allgemeine Regel ein: Ist *P* eine Aussage, so sei »*p*« eine Abkürzung für die deutsche Beschreibung des von *P* bezeichneten

[13] Siehe A. Tarski, *Logic, Semantics, Metamathematics,* Clarendon Press, Oxford 1956, S. 152–278 (diese Arbeit wurde zuerst 1933 auf polnisch und 1936 auf deutsch veröffentlicht: *Studia philosophica,* Bd. 1); ders. in: *Philosophy and Phenomenological Research* 4, 1944, S. 341–376. Siehe Kapitel 9 unten.

[14] Der Ausdruck »sinnvoller Satz« (d. h. ein Satz mit seiner »Bedeutung«, d. h. eine Aussage oder Behauptung) stammt von Tarski. Tarski wurde zu unrecht kritisiert, daß er die Wahrheit zur Eigenschaft von (bloßen) Sätzen mache, das heißt von (sinnlosen, aber) grammatisch richtigen Wortfolgen einer Sprache oder eines formalen Systems. In Wirklichkeit befaßt sich aber Tarski in seinem ganzen Werk nur mit der Wahrheit *interpretierter* Sprachen. Ich unterscheide hier nicht zwischen Aussagen, Behauptungen und Theorien.

Sachverhalts. Allgemeiner: »Die Aussage *P* der Objektsprache stimmt genau dann mit den Tatsachen überein, wenn *p*.«

Auf deutsch würde man sagen: »*P* ist wahr in S_1«, oder »*P* ist wahr im Englischen«. Trotzdem ist der Wahrheitsbegriff nicht von einer bestimmten Sprache abhängig; ist nämlich P_1 eine Aussage in irgendeiner Sprache S_1 und P_2 eine Aussage in einer beliebigen Sprache S_2, so gilt (sagen wir, in S_m): Ist P_2 eine Übersetzung von P_1 aus S_1 in S_m, dann sind P_1 und P_2 entweder beide wahr oder beide falsch; sie haben denselben Wahrheitswert. Ist eine Sprache so reich, daß sie eine Negation besitzt[15], so enthält sie zu jeder falschen Aussage eine wahre. (Es gibt also, grob gesprochen, »ebenso viele« wahre wie falsche Aussagen in jeder Sprache, die eine Negation besitzt.)

Tarskis Theorie klärt nun insbesondere, *mit welcher Tatsache* die Aussage *P* übereinstimmt, wenn sie *überhaupt mit einer* übereinstimmt: nämlich mit der Tatsache, daß *p*. Und sie löst auch das Problem der falschen Aussagen; denn eine falsche Aussage *P* ist *nicht* deshalb falsch, weil sie mit einem merkwürdigen Gegenstand wie einer *Nicht-Tatsache* übereinstimmt, sondern weil sie mit *überhaupt keiner* Tatsache übereinstimmt: Sie steht zu nichts Wirklichem in der Beziehung der *Übereinstimmung mit einer Tatsache;* dagegen steht sie in einer Beziehung wie der des Bezeichnens zu dem nicht existierenden Sachverhalt, daß *p*. (Es bringt keinen Vorteil, Ausdrücke wie »nichtexistierender Sachverhalt«, ja selbst »nichtexistierende Tatsache« zu vermeiden, wenn wir uns nur vor Augen halten, daß eine nicht existierende Tatsache eben nicht wirklich ist.)

Es bedurfte der Genialität Tarskis, aber seitdem ist es völlig klar: Wollen wir über die Übereinstimmung einer Aussage mit einer Tatsache sprechen, so brauchen wir eine Metasprache, in der wir die Tatsache (oder die angebliche Tatsache), über die die Aussage spricht, *ausdrücken* können und in der wir auch über diese Aussage sprechen können (mittels eines definitorischen oder beschreibenden *Namens* für sie). Und umgekehrt ist klar: Haben wir eine solche Metasprache, in der wir sprechen können (a) über die Tatsachen, die die Aussagen einer (Objekt-) Sprache beschreiben, und (b) über die Aussagen dieser (Objekt-)

15 Soweit bekannt, besitzen alle natürlichen Sprachen eine Negation, jedoch gibt es künstliche Sprachen ohne Negation. (Die Tierpsychologen behaupten sogar, es gebe etwas derartiges bei Ratten, die gelernt haben, Hebel mit bestimmten Zeichen zu drücken, und die bestimmte Zeichen so verstehen, daß sie den logischen Wert anderer Zeichen umkehren. Siehe die Hinweise auf R. W. Brown und K. L. Lashley bei Hans Hörmann, *Psychologie der Sprache*, Springer, Berlin 1967, S. 51.)

Sprache (indem man *Namen* für sie verwendet), so können wir in dieser Metasprache auch über die *Übereinstimmung* zwischen Aussagen und Tatsachen sprechen.

Können wir so die Bedingungen angeben, unter denen Aussagen der Sprache S_1 mit den Tatsachen übereinstimmen, so können wir rein verbal, aber in Übereinstimmung mit dem Alltagsverstand, definieren:[16] *Eine Aussage ist genau dann wahr, wenn sie mit den Tatsachen übereinstimmt.*

Das ist, wie Tarski betont, ein objektivistischer oder absoluter Wahrheitsbegriff; aber nicht in dem Sinne, daß wir »mit absoluter Sicherheit oder Gewißheit« reden könnten: Er liefert kein Wahrheitskriterium. Vielmehr konnte Tarski beweisen: Ist S_1 genügend reich (enthält es zum Beispiel die Arithmetik), *so kann es kein allgemeines Wahrheitskriterium geben.* Nur für äußerst arme künstliche Sprachen kann es ein Wahrheitskriterium geben. (Hier stützt sich Tarski auf Gödel.)

Die Idee der Wahrheit ist also absolut, aber es kann keine absolute Gewißheit geben: *Wir suchen nach der Wahrheit, aber wir besitzen sie nicht.*[17]

7. Gehalt, Wahrheitsgehalt und Falschheitsgehalt

Um zu klären, was wir tun, wenn wir nach der Wahrheit suchen, müssen wir wenigstens in einigen Fällen *Gründe* für die intuitive Behauptung *angeben* können, daß wir *der Wahrheit nähergekommen* sind oder daß eine Theorie T_1 von einer neuen Theorie T_2 überwunden worden ist, *weil* T_2 der Wahrheit näherkommt.

[16] Tarski zeigt: Um die Antinomie des Lügners zu vermeiden, ist eine Einschränkung nötig, die über den Alltagsverstand hinausgeht: Man darf den metasprachlichen Ausdruck »wahr (in S_1)« nicht in der Sprache S_1 verwenden. Siehe auch Kapitel 9 unten.

[17] D. W. Hamlyn hat mir die große Ehre angetan, meine Auffassungen über »die Wissenschaft« (Paul Edwards (Hrsg.), *The Encyclopedia of Philosophy*, Bd. 3, S. 37) zu beschreiben. Das meiste ist völlig richtig, aber er hat mich völlig mißverstanden, wenn er meine Auffassungen so zusammenfaßt: »Die Wahrheit selbst ist nur eine Illusion.« Müssen sich die, die bestreiten, daß man absolute Gewißheit hinsichtlich der Urheberschaft der Shakespearschen Komödien oder der Struktur der Welt erlangen könne, deshalb der Auffassung anschließen, der Verfasser (oder die Verfasserin) der Shakespearschen Komödien oder die Welt sei »nur eine Illusion«?

(Eine klarere Darstellung der großen Bedeutung, die ich dem Wahrheitsbegriff beimesse, findet sich an verschiedenen Stellen in meinen Schriften, insbesondere in Kapitel 9 des vorliegenden Buches.)

Die Vorstellung, eine Theorie T_1 könne weiter von der Wahrheit entfernt sein als eine Theorie T_2, so daß T_2 eine bessere Annäherung an die Wahrheit (oder einfach eine bessere Theorie) ist, als T_1 sie darstellt, ist intuitiv von vielen Philosophen – mich eingeschlossen – benutzt worden. Und ebenso, wie der Wahrheitsbegriff von vielen Philosophen angezweifelt wird (und das nicht ganz ohne ein Körnchen Wahrheit oder Berechtigung, wie Tarskis Analyse der semantischen Antinomien zeigte), so auch die Vorstellung einer besseren Annäherung an die Wahrheit oder (wie ich es nenne) einer größeren »*Wahrheitsähnlichkeit*«.

Um diese Zweifel zu beschwichtigen, habe ich einen logischen Begriff der *Wahrheitsähnlichkeit* als Kombination zweier ursprünglich von Tarski eingeführter Begriffe gebildet: (a) des Begriffs der *Wahrheit* und (b) des Begriffs des (logischen) *Gehalts* einer Aussage, das heißt der Klasse aller Aussagen, die logisch aus ihr folgen (ihrer »Folgerungsmenge«, wie sie Tarski gewöhnlich nennt).[18]

Jede Aussage hat einen Gehalt oder eine Folgerungsmenge, die Menge aller Aussagen, die aus ihr folgen. (Man kann mit Tarski die Folgerungsmenge tautologischer Aussagen als die leere Menge bestimmen, so daß tautologische Aussagen den leeren Gehalt haben.) Und in jedem Gehalt ist ein Teilgehalt enthalten, der aus genau allen *wahren* Folgerungen besteht.

Die Klasse aller *wahren* Aussagen, die aus einer gegebenen Aussage

[18] Auf den Unterschied zwischen dem Gehalt oder der Folgerungsmenge einer einzelnen Aussage oder einer endlichen Menge von Aussagen (die stets durch eine einzelne Aussage ersetzt werden kann) einerseits und einer nicht axiomatisierbaren (oder nicht endlich axiomatisierbaren) Folgerungsmenge oder einem solchen Gehalt andererseits gehe ich trotz seiner Bedeutung hier nicht ein. Beide Arten von Folgerungsmengen heißen bei Tarski »deduktive Systeme«; siehe Tarski, a. a. O., Kapitel XII. (Original: *Fundamenta mathematicae* 25 (1935), S. 503–526, 26 (1936), S. 283–301.) Tarski führte den Begriff der Folgerungsmenge Jahre vor mir ein. Ich gelangte zu ihm später unabhängig in meiner *Logik der Forschung*, wo ich auch den eng verwandten Begriff des empirischen Gehalts einer Aussage *S* einführte: die Klasse der mit *S* unverträglichen empirischen Aussagen (der von *S* »verbotenen« Aussagen). Dieser Begriff wurde später von Carnap übernommen; siehe insbesondere seinen Hinweis auf meine *Logik der Forschung* auf S. 406 seiner *Logical Foundations of Probability*, 1950. Der Begriff der *Wahrheitsähnlichkeit* wurde von mir 1959 oder 1960 eingeführt; siehe die Fußnote auf S. 215 von *Conjectures and Refutations*, 3. Auflage 1969. Ich merke hier an, daß ich in *Conjectures and Refutations* von »Wahrheitsgehalt« und »Falschheitsgehalt« sprach, daß ich jetzt aber die Anführungszeichen weglasse, wenn die Ausdrücke substantivisch gebraucht werden (das heißt außer in – hoffentlich seltenen – Ausdrücken wie »Wahrheitsgehaltsmaß«). Hierin folge ich dem Rat Winston Churchills, wie er auf S. 255 der 2. Auflage von Fowlers *Modern English Usage*, 1965, wiedergegeben ist.

folgen (oder zu einem gegebenen deduktiven System gehören) und nicht tautologisch sind, kann man deren *Wahrheitsgehalt* nennen.

Der Wahrheitsgehalt von Tautologien (von logisch wahren Aussagen) ist Null: Er besteht nur aus Tautologien. Alle anderen Aussagen, *auch alle falschen Aussagen*, haben einen von Null verschiedenen Wahrheitsgehalt.

Die Klasse der aus einer Aussage folgenden falschen Aussagen – die Teilklasse ihres Gehalts, die genau aus allen falschen Aussagen besteht – kann man (sozusagen mit Verlaub) ihren »Falschheitsgehalt« nennen; er hat aber nicht die typischen Eigenschaften eines »Gehalts« oder einer Tarskischen Folgerungsmenge. Er ist kein Tarskisches deduktives System, denn aus einer beliebigen falschen Aussage kann man wahre Aussagen logisch ableiten. (Zum Beispiel ist die Disjunktion einer falschen und einer beliebigen wahren Aussage eine jener Aussagen, die wahr ist und aus der falschen Aussage folgt.)

Im verbleibenden Teil dieses Abschnitts möchte ich die intuitiven Begriffe des Wahrheitsgehalts und des Falschheitsgehalts etwas eingehender darlegen, um eine genauere Diskussion des Begriffs der *Wahrheitsähnlichkeit* einer Aussage vorzubereiten; diese wird nämlich so erklärt werden, daß sie *mit dem Wahrheitsgehalt der Aussage steigt* und *mit steigendem Falschheitsgehalt sinkt*. Dabei werde ich mich im wesentlichen auf Ideen von Alfred Tarski stützen, insbesondere seine *Theorie der Wahrheit* und seine *Theorie der Folgerungsmengen und deduktiven Systeme* (vgl. Anm. 18; siehe auch Kapitel 9 des vorliegenden Buches, wo eine eingehende Behandlung erfolgt).

Man kann den Falschheitsgehalt einer Aussage a (im Unterschied zu der Klasse der falschen Aussagen, die aus a folgen) so erklären, daß er (a) ein Gehalt (oder eine Tarskische Folgerungsmenge) ist, (b) alle aus a folgenden falschen Aussagen und (c) keine wahre Aussage enthält. Dazu brauchen wir nur den Begriff des Gehalts zu relativieren, was in sehr natürlicher Weise möglich ist.

Bezeichnen wir den Gehalt oder die Folgerungsmenge einer Aussage a mit »A« (allgemein: X ist der Gehalt der Aussage x). Bezeichnen wir nach Tarski den Gehalt einer logisch wahren Aussage mit »L«. L ist die Klasse aller logisch wahren Aussagen und der gemeinsame Gehalt aller Gehalte und aller Aussagen. Wir nennen L den *Nullgehalt*.

Jetzt relativieren wir den Begriff des Gehalts: Wir sprechen von relativem Gehalt einer Aussage *a bei gegebenem Gehalt Y* und bezeichnen ihn mit »a, Y«. Es ist die Klasse aller Aussagen, die bei gegebenem Y aus a ableitbar ist, aber nicht aus Y allein.

Man sieht sofort: Ist A der Gehalt der Aussage a, so gilt: $A = a, L$; das heißt, der absolute Gehalt A einer Aussage a ist gleich ihrem relativen Gehalt bei gegebener »Logik« (= Nullgehalt).

Ein interessanteres Beispiel für den relativen Gehalt ist a, B_t, wo a eine Vermutung und B_t unser *Hintergrundwissen* zur Zeit t ist, das heißt das zur Zeit t als unproblematisch akzeptierte Wissen. Interessant an einer neuen Vermutung a ist in erster Linie ihr relativer Gehalt, a, B, das heißt der Teil ihres Gehalts $a \cdot B$, der über B hinausgeht. Wie der Gehalt einer logisch wahren Aussage Null ist, so ist der relative Gehalt einer Vermutung a, gegeben B, Null, wenn a nur Hintergrundwissen und nichts darüber hinaus enthält. Man kann allgemein sagen: Gehört a zu B, das heißt gilt $A \subset B$, so ist $a, B = 0$. Damit ist der relative Gehalt x, Y einer Aussage die Information, mit der x, gegeben Y, über Y hinausgeht.

Jetzt können wir den Falschheitsgrad von a definieren. Wir bezeichnen ihn als A_F. Es sei der Gehalt von a, gegeben der Wahrheitsgehalt von a (also gegeben die Schnittmenge A_T von A und T, wo T das Tarskische System der wahren Aussagen ist.) Wir können also *definieren:*

$$A_F = a, A_T.$$

Das so definierte A_F erfüllt unsere Anforderungen oder Adäquatheitsbedingungen: (a) A_F ist ein Gehalt, und zwar ein relativer Gehalt; überhaupt ist ja der »absolute« Gehalt auch ein relativer Gehalt, gegeben die logischen Wahrheiten (oder gegeben die Annahme, L sei logisch wahr); (b) A_F enthält alle *falschen* Aussagen, die aus a folgen, denn es ist das deduktive System der Folgerungen aus a mit den *wahren* Folgerungen als unserem (relativen) *Nullpunkt;* (c) A_F *»enthält«* keine wahre Aussage in dem Sinne, daß seine wahren Aussagen nicht als sein Gehalt, sondern als sein (relativer) Nullgehalt genommen werden.

Gehalte sind manchmal logisch vergleichbar, manchmal nicht: Sie bilden ein partiell geordnetes System, wobei die Ordnung durch die Relation des Enthaltenseins gestiftet wird, genau wie Aussagen durch die Folgerungsbeziehung ein partiell geordnetes System bilden. Die *absoluten* Gehalte A und B sind vergleichbar, wenn $A \subset B$ oder $B \subset A$. Bei den relativen Gehalten sind die Beziehungen komplizierter.

Ist X ein endlich axiomatisierbarer Gehalt oder ein deduktives System, dann gibt es eine Aussage x derart, daß X der Gehalt von x ist.

Ist also Y endlich axiomatisierbar, so können wir schreiben:

$$x, Y = x, y.$$

In diesem Falle ist x, Y gleich dem absoluten Gehalt der Konjunktion $x \cdot y$ *minus* den absoluten Gehalt von y.

Solche Betrachtungen zeigen: a, B und c, D sind vergleichbar, wenn

$$(A \dotplus B) - B \text{ vergleichbar ist mit } (C \dotplus D) - D,$$

wo »$\dotplus$« Tarskis Addition *deduktiver Systeme* ist: Sind beide axiomatisierbar, so ist $A \dotplus B$ der Gehalt der Konjunktion $a \cdot b$.

In diesem partiell geordneten System ist also die Vergleichbarkeit selten. Man kann aber zeigen, daß sich dieses partiell geordnete System »im Prinzip« – das heißt: widerspruchsfrei – linear ordnen läßt, und zwar durch die Anwendung der formalen Wahrscheinlichkeitstheorie. (Ich spreche hier nur von der Anwendbarkeit auf axiomatisierbare Systeme, doch man kann sie vielleicht auch auf nicht axiomatisierbare Systeme ausdehnen; siehe auch Kapitel 9, unten.)

Man kann »$p\,(x, Y)$« oder

$$p\,(X, Y)$$

schreiben für »die Wahrscheinlichkeit von x, gegeben Y« und das formale Axiomensystem für die bedingte Wahrscheinlichkeit anwenden, das ich andernorts angegeben habe (etwa in meinem Buch *Logik der Forschung*, neue Anhänge *IV und *V).[19] Es ergibt sich, daß $p\,(x, Y)$ eine Zahl zwischen 0 und 1 ist – gewöhnlich haben wir keine Ahnung von ihrem Wert – und daß man ganz allgemein behaupten kann:

$p\,(a, B)$ und $p\,(c, D)$ sind *prinzipiell vergleichbar.*

Wir haben zwar gewöhnlich nicht genug Information, um zu entscheiden, ob

$$p\,(a, B) \leq p\,(c, D) \text{ oder } p\,(a, B) \geq p\,(c, D),$$

aber mindestens eine dieser Beziehungen muß gelten.

Wir halten also das Ergebnis fest: Wahrheitsgehalte und Falschheitsgehalte lassen sich im Prinzip mit Hilfe der Wahrscheinlichkeitsrechnung vergleichbar machen.

Wie ich an verschiedenen Orten gezeigt habe, ist der Gehalt A von a um so größer, je kleiner die logische Wahrscheinlichkeit $p\,(a)$ oder $p\,(A)$. Denn je mehr Information eine Aussage enthält, desto geringer ist die

[19] Ein Gehalts*maß* verwendete ich zum erstenmal 1954 (vgl. *LdF*, S. 352), Maße für Wahrheits- und Falschheitsgehalt u. a. in *C&R* (S. 385). (Zusatz 1978). Es kann auch erforderlich sein, die »Feinstruktur« des Gehalts zu verwenden. Vgl. *LdF*, Anhang *VII.

logische Wahrscheinlichkeit, daß sie (sozusagen zufällig) wahr ist. Wir können daher ein »*Maß*« für den Gehalt einführen (das sich hauptsächlich topologisch, d. h. als Indiz für die lineare Ordnung verwenden läßt):

$$ct\,(a),$$

d. h. der (absolute) Gehalt von *a*, sowie relative Maße

$$ct\,(a, b) \text{ und } ct\,(a, B),$$

d. h. der relative Gehalt von *a*, gegeben *b* bzw. *B*. (Ist *B* axiomatisierbar, dann gilt natürlich $ct\,(a, b) = ct\,(a, B)$.) Diese »Maße« *ct* lassen sich mit Hilfe der Wahrscheinlichkeitsrechnung definieren, das heißt mittels der Definition:

$$ct\,(a, B) = 1 - p\,(a, B).$$

Jetzt haben wir die Mittel zur Verfügung, um (Maße für) den Wahrheitsgehalt $ct_T\,(a)$ und den Falschheitsgehalt $ct_F\,(a)$ zu definieren:

$$ct_T\,(a) = ct\,(A_T),$$

wo A_T wieder die Schnittmenge von *A* und dem Tarskischen System aller wahren Aussagen ist, sowie

$$ct_F\,(a) = ct\,(a, A_T),$$

das heißt: (das Maß) des Falschheitsgehalts ist (das Maß) des relativen Gehalts von *a*, gegeben den Wahrheitsgehalt A_T von *a*; oder, noch anders ausgedrückt: das Ausmaß, in dem *a über* diejenigen Aussagen *hinausgeht,* die (a) aus *a* folgen und (b) wahr sind.

8. Bemerkungen über die Wahrheitsähnlichkeit

Mit Hilfe dieser Begriffe können wir jetzt deutlicher erklären, was wir intuitiv mit *Wahrheitsähnlichkeit* meinen. Intuitiv hat eine Theorie T_1 weniger Wahrheitsähnlichkeit als eine Theorie T_2 genau dann, wenn (a) ihre Wahrheits- und Falschheitsgehalte (oder deren Maße) vergleichbar sind und entweder (b) der Wahrheits-, aber nicht der Falschheitsgehalt von T_1 kleiner ist als der von T_2 oder (c) der Falschheits-, aber nicht der Wahrheitsgehalt von T_1 größer ist als der von T_2. Kurz, wir sagen, T_2 komme der Wahrheit näher oder habe größere Wahrheitsähnlichkeit als T_1 genau dann, wenn aus T_2 mehr wahre Aussagen folgen als aus T_1, aber nicht mehr falsche, oder weniger falsche, aber nicht weniger wahre.

Allgemein kann man sagen, daß nur *konkurrierende* Theorien – wie die Newtonsche und die Einsteinsche Gravitationstheorie – intuitiv hinsichtlich ihrer – nicht gemessenen – Gehalte vergleichbar sind; jedoch gibt es auch konkurrierende Theorien, die nicht vergleichbar sind.

Die intuitive Vergleichbarkeit der Gehalte der Newtonschen *(N)* und der Einsteinschen *(E)* Theorie läßt sich folgendermaßen einsehen:[20] (a) Auf jede Frage, die die Newtonsche Theorie beantwortet, gibt es in der Einsteinschen Theorie eine mindestens ebenso genaue Antwort; damit ist (das Maß des) Gehalts, in einem etwas weiteren Sinne als dem Tarskis[21], von *N* höchstens so groß wie das von *E*; (b) es gibt Fragen, auf die die Einsteinsche Theorie *E* eine (nichttautologische) Antwort gibt, nicht aber die Newtonsche Theorie *N*; damit ist der Gehalt von *N* bestimmt kleiner als der von *E*.

Wir können also den Gehalt der beiden Theorien intuitiv vergleichen, und der der Einsteinschen Theorie ist größer. (Man kann zeigen, daß die Gehaltsmaße *ct (N)* und *ct (E)* diese Intuition bestätigen.) Damit ist die Einsteinsche Theorie die *potentiell* bessere, denn noch vor jeder Prüfung können wir sagen: Wenn sie wahr ist, hat sie größere Erklärungskraft. Außerdem veranlaßt sie uns zu einer größeren Vielfalt von Prüfungen. Damit bietet sie uns neue Möglichkeiten, mehr über die Tatsachen zu

[20] Dieses Beispiel diskutierte ich kurz in Fußnote 7 zu einer Arbeit, die zuerst im *British Journal for the Philosophy of Science* 5, 1954, S. 143 ff., erschien und in meiner *Logik der Forschung*, S. 339 als neuer Anhang *IX abgedruckt wurde. Seither habe ich mich weiter mit der Sache befaßt. Siehe etwa meinen Aufsatz zu Ehren von Herbert Feigl in: P. Feyerabend und G. Maxwell (Hrsg.), *Mind, Matter and Method*, 1966, S. 343–353. Dort zeigte ich: sind die (nicht gemessenen) Gehalte zweier deduktiver Theorien *x* und *y* vergleichbar, so sind es auch ihre Wahrheitsgehalte, die dann dieselbe Größer-Kleiner-Beziehung aufweisen wie die Gehalte. David Miller zeigte, daß sich der Beweis dieses Satzes wesentlich vereinfachen läßt. Man darf folgendes unter keinen Umständen vergessen: Zwar sind die *Maßfunktionen* für Gehalt, Wahrheitsgehalt und Falschheitsgehalt *im Prinzip* vergleichbar (weil Wahrscheinlichkeiten im Prinzip vergleichbar sind), doch im allgemeinen haben wir keine andere Möglichkeit, sie zu vergleichen, als die nicht gemessenen Gehalte konkurrierender Theorien womöglich rein intuitiv zu vergleichen. (Zusatz 1974: Inzwischen ist gezeigt worden, daß auch der Falschheitsgehalt mit dem Gehalt steigt; vgl. die Diskussionsbeiträge von Pavel Tichý, John H. Harris und David Miller in *B. J. P. S.* 25, 1974, S. 155–188.)

[21] Zunächst kann man mittels Tarskis Begriff einer (nicht gemessenen) Folgerungsklasse oder eines Gehalts die Gehalte von Theorien nur vergleichen, wenn eine aus der anderen folgt. Die hier angegebene Verallgemeinerung gestattet es, Gehalte (oder Gehaltsmaße) zu vergleichen, wenn eine Theorie alle Fragen, die die andere beantwortet, mindestens so genau beantwortet.

erfahren: Ohne die Anregung durch Einsteins Theorie hätte man nie (mit der erforderlichen hohen Genauigkeit) den scheinbaren Abstand zwischen sonnennahen Sternen während einer Sonnenfinsternis oder die Rotverschiebung des Lichts von weißen Zwergen gemessen.

Das sind einige der Vorteile einer (logisch) stärkeren Theorie, d. h. einer Theorie mit größerem Gehalt, *schon vor ihrer Prüfung*. Sie machen sie zur potentiell besseren, anregenderen Theorie.

Die stärkere Theorie, die Theorie mit dem größeren Gehalt, ist nun auch die Theorie mit der größeren Wahrheitsähnlichkeit, *falls nicht ihr Falschheitsgehalt ebenfalls größer ist.*

Diese Aussage ist die logische Grundlage der wissenschaftlichen Methode – der Methode der kühnen Vermutungen und der Widerlegungsversuche. Eine Theorie ist um so kühner, je größer ihr Gehalt ist. Sie ist auch um so riskanter: Es ist von Anfang an wahrscheinlicher, daß sie falsch ist. Wir versuchen, ihre schwachen Punkte aufzudecken, sie zu widerlegen. Gelingt uns das nicht, oder treffen die Widerlegungen ebenso die schwächere Theorie, die ihr Vorgänger war[22], dann haben wir Grund zu der Vermutung, daß die stärkere Theorie keinen größeren Falschheitsgehalt hat als ihr schwächerer Vorgänger, daß sie also die größere Wahrheitsähnlichkeit hat.

9. Die Wahrheitsähnlichkeit und die Suche nach der Wahrheit

Stellen wir die Menge aller Aussagen durch ein Quadrat dar; wir teilen es in zwei gleiche Teilgebiete, die wahren Aussagen *(W)* und die falschen *(F)*:

Abb. 1

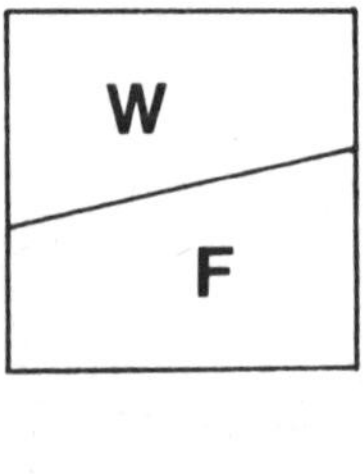

[22] Das jedenfalls ist die heutige Situation des Sonnenfinsternis-Effekts: Die Prüfungen liefern größere Werte, als *E* voraussagt, während *N* in Einsteins günstiger Interpretation und in der von Soldner (1801) halb so große Werte wie *E* voraussagt.

Jetzt ändern wir die Darstellung ein wenig, indem wir die Klasse der wahren Aussagen kreisförmig in der Mitte anordnen:

Abb. 2

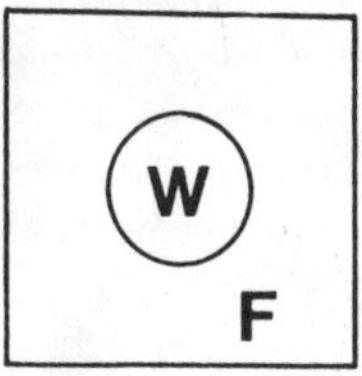

Die Aufgabe der Wissenschaft ist, bildlich gesprochen, möglichst viel von dem Zielgebiet *W* der wahren Aussagen zu treffen, indem Theorien oder Vermutungen aufgestellt werden, die als aussichtsreich erscheinen, und dabei möglichst wenig das falsche Gebiet *F* zu treffen.

Es ist sehr wichtig, daß wir versuchen, wahre Theorien aufzustellen, doch die Wahrheit ist nicht die einzige wichtige Eigenschaft unserer vermuteten Theorien: Wir sind nicht besonders daran interessiert, Trivialitäten oder Tautologien aufzustellen. »Alle Tische sind Tische« ist sicher wahr – viel sicherer als die Newtonsche oder die Einsteinsche Gravitationstheorie –, aber es ist intellektuell uninteressant, es ist nicht das, wonach wir in der Wissenschaft streben. Wilhelm Busch schrieb einmal einen Reim auf den, wie ich ihn nannte, erkenntnistheoretischen Kindergarten:[23]

Zweimal zwei gleich vier ist Wahrheit,
Schade, daß sie leicht und leer ist.
Denn ich wollte lieber Klarheit
Über das, was voll und schwer ist.

Mit anderen Worten, wir suchen nicht einfach nach Wahrheit, sondern nach interessanter und erhellender Wahrheit, nach Theorien, die Lösungen für interessante *Probleme* bieten. Wenn überhaupt möglich, suchen wir tiefgehende Theorien.

Wir versuchen nicht einfach, einen Punkt innerhalb des Zielgebiets *W* zu treffen, sondern ein möglichst ausgedehntes und interessantes Gebiet darin: Zweimal zwei gleich vier ist zwar wahr, aber es ist in dem hier

[23] Wilhelm Busch, *Schein und Sein*, 1909. Siehe *Conjectures and Refutations*, S. 230, Anmerkung 16, sowie E. Nagel, P. Suppes und A. Tarski (Hrsg.), *Logic, Methodology and Philosophy of Science*, Stanford University Press 1962, S. 290.

eingeführten Sinne keine »gute Annäherung an die Wahrheit«, einfach deshalb, weil es zu wenig Wahrheit mit sich führt, um dem Ziel der Wissenschaft oder auch nur einem Teilziel davon dienen zu können. Die Newtonsche Theorie ist eine viel bessere »Annäherung an die Wahrheit«, selbst wenn sie falsch ist (was wahrscheinlich ist), denn sie hat eine ungeheure Zahl interessanter und gehaltvoller wahrer Konsequenzen: Ihr *Wahrheitsgehalt* ist sehr groß.

Es gibt unendlich viele wahre Aussagen, und ihr Wert ist sehr unterschiedlich. Sie lassen sich zum Beispiel logisch bewerten: Wir schätzen das Maß ihres *Gehaltes* (welcher bei wahren, aber nicht bei falschen Aussagen mit dem Wahrheitsgehalt übereinstimmt). Eine Aussage, die mehr Information enthält, hat einen größeren Informationsgehalt oder logischen Gehalt; sie ist die bessere Aussage. Je größer der Gehalt einer wahren Aussage, eine desto bessere Annäherung ist sie an unser Ziel *W*, das heißt an »die Wahrheit« (genauer: an die Klasse aller wahren Aussagen). Wir möchten eben nicht bloß erfahren, daß alle Tische Tische sind. Sprechen wir von Annäherung an die Wahrheit, so meinen wir: an »die ganze Wahrheit«, das heißt an die gesamte Klasse der wahren Aussagen, die Klasse *W*.

Ähnlich ist die Sachlage bei einer falschen Aussage. Jede eindeutige Aussage ist wahr oder falsch (obwohl wir nicht immer wissen, ob sie wahr oder ob sie falsch ist); die Logik, die ich hier zugrunde lege[24], hat nur diese beiden Wahrheitswerte, es gibt keine dritte Möglichkeit. Die eine falsche Aussage kann aber der Wahrheit näherkommen als eine andere falsche Aussage: »Es ist jetzt 9.45 Uhr« scheint der Wahrheit näherzukommen als »Es ist jetzt 9.40 Uhr«, wenn es zu dem Zeitpunkt, an dem die Aussage gemacht wird, in Wirklichkeit 9.48 Uhr ist.

In dieser Form jedoch ist der intuitive Eindruck falsch: Die beiden Aussagen sind unverträglich und daher unvergleichbar (sofern wir nicht ein *Maß* wie *ct* einführen). Die falsche Intuition hat aber einen wahren Kern: Ersetzt man die beiden Aussagen durch *Intervallaussagen* (siehe den nächsten Absatz), dann kommt die erste tatsächlich der Wahrheit näher als die zweite.

Wir können folgendermaßen vorgehen: Die erste Aussage wird ersetzt durch »Es ist jetzt *zwischen* 9.45 und 9.48 Uhr« und die zweite durch »Es ist jetzt *zwischen* 9.40 und 9.48 Uhr«. Man ersetzt also die

[24] Es gibt »mehrwertige Systeme« der Logik mit mehr als zwei Wahrheitswerten, die aber schwächer sind als zweiwertige Systeme, besonders unter dem hier angewandten Gesichtspunkt (siehe *Conjectures and Refutations*, S. 64), nach dem die formale Logik *das Organon der Kritik* ist.

Aussagen durch solche, die einen *Wertebereich*, einen *Fehlerbereich* zulassen. Jetzt werden die beiden Aussagen vergleichbar (denn aus der ersten folgt die zweite), und die erste kommt der Wahrheit näher als die zweite; das muß sich auch in jeder widerspruchsfreien Maßfunktion für den Gehalt wie ct und ct_T ausdrücken. Da nun in einem System mit einer Maßfunktion wie ct_T bereits unsere ursprünglichen Aussagen vergleichbar waren (in einem solchen System sind im Prinzip alle Aussagen vergleichbar), können wir schließen, daß das Wahrheitsgehaltsmaß ct_T so definiert werden kann, daß ct_T der ersten Aussage mindestens so groß wie oder größer als bei der zweiten Aussage ist; das bestätigt in gewissem Grade unsere ursprüngliche Intuition.

Nun kann man das Wort »*zwischen*« in den neuen Aussagen so verstehen, daß die eine oder die andere Grenze entweder ein- oder ausgeschlossen wird. Wird die obere Grenze eingeschlossen, so sind beide Aussagen wahr, und für sie gilt $ct = ct_T$. Sie sind wahr, aber die erste Aussage hat größere Wahrheitsähnlichkeit, weil sie einen größeren Wahrheitsgehalt als die zweite hat. Fassen wir andererseits »*zwischen*« so auf, daß die obere Grenze ausgeschlossen wird, so werden beide Aussagen falsch (aber man könnte sie »fast wahr« nennen); sie bleiben aber vergleichbar (in dem Sinne, der kein Maß voraussetzt), und wir können immer noch – wie ich meine [24a] – sagen, die erste habe größere Wahrheitsähnlichkeit als die zweite.

Wir können also gelegentlich von falschen Aussagen sprechen, die mehr oder weniger falsch oder mehr oder weniger von der Wahrheit entfernt sind, ohne den Grundgedanken der zweiwertigen Logik zu verletzen (»jede eindeutige Aussage ist wahr oder falsch, es gibt keine dritte Möglichkeit«). Der Begriff der größeren oder geringeren Wahrheitsähnlichkeit ist auf falsche wie auf wahre Aussagen anwendbar: Der wesentliche Punkt ist ihr *Wahrheitsgehalt*, und dieser Begriff fällt völlig in den Bereich der zweiwertigen Logik.

Mit anderen Worten: Es sieht so aus, als könnten wir den intuitiven Begriff der *Annäherung an die Wahrheit* mit dem des *hohen Wahrheitsgehalts* und niedrigen »Falschheitsgehalts« gleichsetzen.

Das ist aus zwei Gründen von Bedeutung: Es behebt das ungute Gefühl, das manche Logiker bei dem intuitiven Begriff der Annäherung an die Wahrheit haben; und es ermöglicht uns, zu sagen, das Ziel der Wissenschaft sei die Wahrheit im Sinne einer besseren Annäherung an die Wahrheit oder größeren Wahrheitsähnlichkeit.

[24a] (Zusatz 1978.) Aber David Miller stimmt dem nicht zu.

10. Wahrheit und Wahrheitsähnlichkeit als Ziele

Die Aussage, die Wissenschaft strebe nach Wahrheitsähnlichkeit, hat einen beträchtlichen Vorteil vor der vielleicht einfacheren Formulierung, die Wissenschaft strebe nach der Wahrheit. Diese könnte den Eindruck erwecken, das Ziel sei vollständig erreicht, wenn man die unbezweifelbare Wahrheit ausspricht, daß alle Tische Tische sind, oder daß $1 + 1 = 2$. Offenbar sind diese Aussagen beide wahr; ebenso offensichtlich können beide nicht als irgendeine wissenschaftliche Leistung angesehen werden.

Außerdem streben die Wissenschaftler nach Theorien wie der Newtonschen oder Einsteinschen Gravitationstheorie; man interessiert sich zwar stark für ihre Wahrheit, aber sie bleiben auch dann noch interessant, wenn man Gründe hat, sie für falsch zu halten. Newton hielt seine Theorie nie für das letzte Wort, und Einstein hielt seine Theorie nie für mehr als eine gute Annäherung an die wahre Theorie – die einheitliche Feldtheorie, nach der er von 1916 bis zu seinem Tode 1955 suchte. Das alles weist darauf hin, daß der Gedanke eines »Suchens nach der Wahrheit« nur dann brauchbar ist, wenn wir (a) unter »Wahrheit« die Menge aller wahren Aussagen verstehen – das heißt, unsere unerreichbare Zielmenge ist T (Tarskis Klasse der wahren Aussagen) – und wenn wir (b) falsche Aussagen als Näherungen gelten lassen, wenn sie nicht »zu falsch« sind (»keinen zu großen Falschheitsgehalt haben«) und einen großen Wahrheitsgehalt haben.

Das Streben nach Wahrheitsähnlichkeit ist also ein klareres und wirklichkeitsnäheres Ziel als das Streben nach Wahrheit. Ich möchte aber noch etwas mehr zeigen: Wir *können* zwar in den empirischen Wissenschaften *niemals* genügende Argumente für die Behauptung haben, wir hätten tatsächlich die Wahrheit erreicht; aber wir *können* starke und recht gute Argumente dafür haben, daß wir uns der Wahrheit ein Stück genähert haben; das heißt, daß die Theorie T_2 ihrem Vorgänger T_1 vorzuziehen ist, jedenfalls im Lichte aller bekannten rationalen Argumente.

Darüber hinaus können wir die wissenschaftliche Methode und einen guten Teil der Wissenschaftsgeschichte als das vernünftige Verfahren zur Annäherung an die Wahrheit erklären. (Eine weitere wichtige Klärung läßt sich mit Hilfe des Begriffs der Wahrheitsähnlichkeit im Zusammenhang mit dem Induktionsproblem gewinnen; siehe besonders Abschnitt 32 unten.)

11. Anmerkungen zu den Begriffen der Wahrheit und der Wahrheitsähnlichkeit

Meine Verteidigung des Begriffs der Wahrheitsähnlichkeit ist gelegentlich grob mißverstanden worden. Um diese Mißverständnisse zu vermeiden, sollte man sich vor Augen halten, daß für mich nicht nur alle Theorien Vermutungen sind, sondern auch alle Beurteilungen von Theorien einschließlich des Vergleichs ihrer Wahrheitsähnlichkeit.

Merkwürdigerweise wurde dieser für meine Wissenschaftstheorie so grundlegend wichtige Punkt mißverstanden. Ich habe oft betont, daß für mich alle Beurteilungen von Theorien *Beurteilungen des Standes ihrer kritischen Diskussion* sind. Daher halte ich Klarheit für einen intellektuellen Wert, denn ohne sie ist keine kritische Diskussion möglich. Exaktheit oder Genauigkeit halte ich aber nicht für intellektuelle Werte an sich; im Gegenteil, man sollte nie exakter oder genauer sein wollen, als das vorliegende Problem verlangt (es besteht stets in der Unterscheidung zwischen konkurrierenden Theorien). Aus diesem Grunde habe ich betont, daß ich mich nicht für Definitionen interessiere; da alle Definitionen undefinierte Ausdrücke verwenden müssen, ist es in der Regel gleichgültig, ob wir einen Ausdruck als Grundausdruck oder als definierten Ausdruck verwenden.

Warum aber habe ich versucht zu zeigen, daß die Wahrheitsähnlichkeit mittels anderer Ausdrücke definiert oder auf sie zurückgeführt werden kann (auf Wahrheitsgehalt, Falschheitsgehalt und letzten Endes auf die logische Wahrscheinlichkeit)?

Manche glaubten, mein Ziel sei so etwas wie Exaktheit oder Genauigkeit gewesen, oder auch nur Anwendbarkeit: Ich hätte gehofft, eine numerische Funktion zu finden, die sich auf Theorien anwenden läßt und uns deren Wahrheitsähnlichkeit in Zahlenwerten angibt (oder wenigstens ihren Wahrheitsgehalt oder vielleicht ihren Bewährungsgrad).

In Wirklichkeit könnte nichts von meinen Zielen weiter entfernt sein. Ich glaube nicht, daß Grade der Wahrheitsähnlichkeit, Maße für Wahrheits- oder Falschheitsgehalt (oder auch für den Bewährungsgrad, ja die logische Wahrscheinlichkeit) jemals zahlenmäßig festgelegt werden können, außer in Grenzfällen (wie 0 oder 1). Und obwohl die Einführung einer Maßfunktion alle Gehalte im Prinzip oder in der Theorie vergleichbar macht, glaube ich, daß wir uns bei der praktischen Anwendung ganz auf jene seltenen Fälle beschränken müssen, die ohne Metrik gewissermaßen qualitativ oder allgemein logisch vergleichbar sind, wie etwa logisch stärkere und schwächere *konkurrierende* Theorien; Theorien also, die dasselbe Problem lösen wollen. (Man könnte sagen, das sei paradox, da doch Maßfunktionen wie die Wahrscheinlichkeit ihre Argumente im Prinzip *allgemein* vergleichbar machen.)

Welchen Wert, so könnte man fragen, haben also meine Versuche, zu zeigen, daß die Wahrheitsähnlichkeit mit Hilfe der logischen Wahrscheinlichkeit definierbar ist? Ich möchte für die Wahrheitsähnlichkeit etwas Ähnliches (wenn auch weniger Genaues) erreichen wie Tarski für die Wahrheit: die Rehabilitierung eines Begriffs des Alltagsverstandes, der suspekt geworden ist, der aber nach meiner Auffassung für jeden kritischen Realismus des Alltagsverstandes und für jede kritische Wissenschaftstheorie dringend notwendig ist. Ich möchte sagen können, die Wissenschaft strebe nach der Wahrheit im Sinne der Übereinstimmung mit den Tatsachen oder der Wirklichkeit; und ich möchte auch (mit Einstein und anderen Wissenschaftlern) sagen können, die Relativitätstheorie sei – jedenfalls vermutlich – eine bessere Annäherung an die Wahrheit als die Newtonsche Theorie und diese eine bessere als die Keplersche Theorie. Das möchte ich sagen können, ohne fürchten zu müssen, daß der Begriff der Wahrheitsähnlichkeit logisch abwegig oder »sinnlos« sei. Mit anderen Worten, ich möchte eine Idee des Alltagsverstandes rehabilitieren, die ich zur Beschreibung der Ziele der Wissenschaft brauche und die meiner Meinung nach als regulatives Prinzip (wenn auch nur unbewußt und intuitiv) der Rationalität aller kritischen wissenschaftlichen Diskussionen zugrunde liegt.

Nach meiner Auffassung ist das Hauptverdienst von Tarskis Erfindung einer Definition der Wahrheit (für formalisierte Sprachen endlicher Ordnung) die Rehabilitation des Begriffs der Wahrheit oder der Übereinstimmung mit der Wirklichkeit, der suspekt geworden war. Sie gelang ihm dadurch, daß er ihn mittels unproblematischer (nichtsemantischer) logischer Begriffe definierte. Er zeigte auch, daß man axiomatisch einen material äquivalenten Wahrheitsbegriff für formalisierte Sprachen unendlicher Ordnung einführen kann; eine explizite Definition ist allerdings in diesem Falle nicht möglich. Nach meiner Auffassung wurde dadurch der kritische Gebrauch des undefinierten Wahrheitsbegriffs in nichtformalisierten Umgangssprachen (die von unendlicher Ordnung sind) rehabilitiert, sofern wir sie nur so weit künstlich machen, daß wir auf die Vermeidung der Antinomien achten. Eine solche Sprache möchte ich eine Sprache des kritischen Alltagsverstandes nennen: Ich erinnere mich, wie Tarski 1935 besonders betonte, daß für die Konstruktion einer formalisierten Sprache der Gebrauch einer natürlichen Sprache unentbehrlich sei, obwohl ihr unkritischer Gebrauch zu Antinomien führt. Wir müssen also gewissermaßen die natürliche Sprache während ihres Gebrauchs reformieren; Neurath sprach von einem Schiff, das wir umbauen müssen, während wir uns mit ihm auf See befinden.[25] So sehe ich in der Tat die Situation des kritischen Alltagsverstandes.

12. Die falsche Erkenntnistheorie des Alltagsverstandes

Der Alltagsverstand ist, wie ich sagte, stets unser Ausgangspunkt, aber er bedarf der Kritik. Und, wie man erwarten konnte, zeigt er sich nicht von seiner besten Seite, wenn er über sich selbst nachdenken soll. Die Theorie des Alltagsverstandes über das Wissen des Alltagsverstandes ist in der Tat ein naives Durcheinander. Doch sie bildet die Grundlage selbst der neuesten philosophischen Erkenntnistheorien.

Die Theorie des Alltagsverstandes ist einfach. Wenn jemand etwas noch Unbekanntes über die Welt wissen möchte, muß er nur seine Augen aufmachen, ebenso die Ohren, um insbesondere solche Geräusche zu hören, die andere Menschen machen. Unsere Sinne sind also die *Quellen unserer Erkenntnis*, die Eingangspforten in unser Bewußtsein.

Diese Theorie habe ich oft die Kübeltheorie des Geistes genannt. Sie läßt sich am besten durch ein Bild darstellen:

Abb. 3. Der Kübel

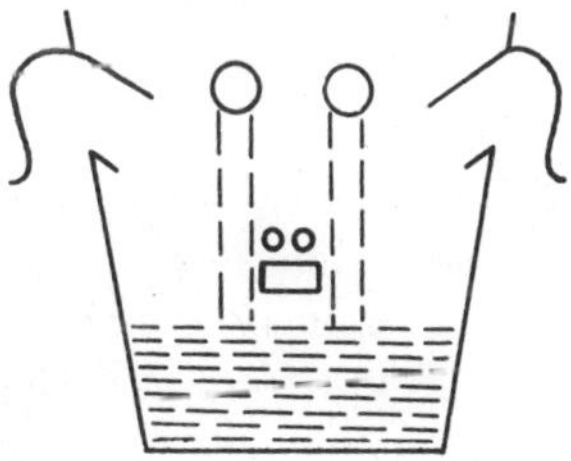

Unser Geist ist ein Kübel, anfangs leer, oder mehr oder weniger leer, und in diesen gelangt Material durch unsere Sinne (oder vielleicht durch einen Trichter zur Füllung von oben), häuft sich an und wird verdaut.

[25] Siehe Otto Neurath, *Erkenntnis* 3, 1932, S. 206. Neuraths Bemerkung wurde von W. V. Quine wiederholt aufgegriffen, z. B. in *Word and Object*, M. I. T. Press 1960, S. 3, oder in *Ontological Relativity and Other Essays*, Columbia University Press 1969, S. 16, 84 und 127.

In der Philosophie ist diese Theorie eher unter dem würdigeren Namen der *tabula-rasa*-Theorie des Geistes bekannt: Unser Geist ist eine *leere Schiefertafel*, in die die Sinne ihre Nachrichten gravieren. Doch der Hauptpunkt der *tabula-rasa*-Theorie geht über die Kübeltheorie des Alltagsverstandes hinaus: Er betont die völlige Leere des Bewußtseins bei der Geburt. Für unsere Diskussion ist das nur eine geringfügige Abweichung zwischen den beiden Theorien, denn es kommt nicht darauf an, ob wir mit ein paar »angeborenen Ideen« in unserem Kübel geboren werden oder nicht – wobei intelligente Kinder vielleicht ein paar mehr, schwachsinnige ein paar weniger haben. Die entscheidende These der Kübeltheorie ist, daß wir so gut wie alles, was wir lernen, durch den Eintritt der Erfahrung in unsere Sinnesöffnungen lernen, so daß *alles Wissen aus Informationen besteht, die wir durch unsere Sinne erhalten haben*, das heißt *durch Erfahrung*.

In dieser Form ist diese grundfalsche Theorie noch sehr lebendig. Sie spielt beispielsweise noch eine Rolle in pädagogischen Theorien oder in der »Informationstheorie« (wenn jetzt auch zugegeben wird, daß der Kübel bei der Geburt nicht völlig leer, sondern mit einem Datenverarbeitungsprogramm ausgestattet sein mag).

Ich behaupte, daß die Kübeltheorie äußerst naiv und in allen ihren Formen völlig falsch ist und daß unbewußt Annahmen aus ihr immer noch einen verheerenden Einfluß besonders auf die sogenannten Behavioristen ausüben, indem sie die immer noch mächtige Theorie des bedingten Reflexes nahelegen, ebenso andere hochangesehene Theorien.

Zu dem vielen Falschen an der Kübeltheorie des Geistes gehören folgende Punkte:

(1) Das Wissen wird so vorgestellt, als bestünde es aus Dingen oder ding-ähnlichen Gegenständen in unserem Kübel (wie Ideen, Eindrücke, Sinnesempfindungen, Sinnesdaten, Elemente, atomare Erfahrungen oder – vielleicht ein wenig besser – molekulare Erfahrungen oder »*Gestalten*«).

(2) Das Wissen ist vor allem *in* uns: Es besteht aus Informationen, die uns erreicht haben und die wir aufnehmen konnten.

(3) Es gibt *unmittelbares* oder *direktes* Wissen, das heißt die reinen, unverfälschten Informationselemente, die in uns gelangt und noch unverdaut sind. Kein Wissen könnte elementarer und sicherer sein als dieses.

Punkt (3) läßt sich folgendermaßen genauer ausführen:

(3a) Jeder Irrtum, jede falsche Erkenntnis kommt gemäß der Theorie des Alltagsverstandes durch schlechte geistige Verdauung dieser letzten oder »gegebenen« Informationselemente zustande, durch die sie verfälscht, mißdeutet oder falsch mit anderen Elementen verbunden werden; die Quellen des Irrtums sind unsere subjektiven Zutaten zu den reinen oder gegebenen Informationselementen, die ihrerseits nicht nur fehlerfei, sondern Maßstab aller Wahrheit sind, so daß es völlig sinnlos wäre, auch nur zu fragen, ob sie vielleicht fehlerhaft sein könnten.

(3b) Wissen, soweit es fehlerfrei ist, ist also wesentlich passiv empfangenes Wissen, während der Irrtum stets von uns aktiv (wenn auch nicht unbedingt absichtlich) erzeugt ist, entweder durch Störung »des Gegebenen« oder durch andere Fehler; das vollkommene Gehirn würde nie irren.

(3c) Erkenntnis, die über die reine Aufnahme der gegebenen Elemente hinausgeht, ist also immer weniger sicher als das gegebene oder elementare Wissen, das der Maßstab der Sicherheit ist. Ist mir etwas zweifelhaft, so muß ich nur meine Augen aufmachen, aufmerksam beobachten und alle Vorurteile ausschalten: Ich muß meinen Geist von den Quellen des Irrtums reinigen.

(4) Trotzdem gibt es ein praktisches Bedürfnis nach Erkenntnis auf einer etwas höheren Ebene, die über die reinen Daten oder Elemente hinausgeht. Besonders brauchen wir Erkenntnis, die zu Erwartungen führt, indem sie vorhandene Daten mit zukünftigen Elementen verbindet. Diese Erkenntnis höherer Ebene bildet sich hauptsächlich, wie gewöhnlich behauptet wird, durch *Assoziation der Ideen oder Elemente.*

(5) Ideen oder Elemente werden assoziiert, wenn sie zusammen auftreten, und das Wichtigste: *Die Assoziation wird durch Wiederholung verstärkt.*

(6) Auf diese Weise bilden wir *Erwartungen* (ist der Gedanke *a* stark mit dem Gedanken *b* assoziiert, so weckt das Vorkommen von *a* eine starke Erwartung, daß *b* eintritt).

(7) Auf die gleiche Weise bildet sich ein *Glaube*. Wahrer Glaube ist Glaube an eine unfehlbare Assoziation. Fehlerhafter Glaube ist Glaube an eine Assoziation zwischen Gedanken, die zwar vielleicht ein paarmal in der Vergangenheit zusammen auftraten, aber sich nicht unfehlbar stets zusammen wiederholen.

Ich fasse zusammen: Was ich die Erkenntnistheorie des Alltagsverstandes nenne, ist dem Empirismus Lockes, Berkeleys und Humes sehr ähnlich und von dem vieler moderner Positivisten und Empiristen nicht weit entfernt.

13. Kritik der Erkenntnistheorie des Alltagsverstandes

An der Erkenntnistheorie des Alltagsverstandes ist nahezu alles falsch. Der Hauptfehler aber ist vielleicht die Annahme, wir seien mit dem beschäftigt, was Dewey *die Suche nach Gewißheit* nannte.

Diese führt zum Herauslösen von Daten oder Elementen, Sinnesdaten oder Sinneseindrücken oder unmittelbaren Erfahrungen als sicherer Grundlage aller Erkenntnis. Doch das sind sie nicht – sie existieren nicht einmal. Sie sind Erfindungen optimistischer Philosophen, die es fertiggebracht haben, sie den Psychologen aufzuhängen.

Was sind die Tatsachen? Als Kinder lernen wir die chaotischen Nachrichten zu entschlüsseln, die uns aus unserer Umwelt erreichen. Wir lernen, sie zu sortieren, die Mehrzahl von ihnen unbeachtet zu lassen und diejenigen herauszusuchen, die entweder für uns unmittelbar von biologischer Bedeutung sind oder in einer Zukunft, auf die wir durch einen Reifungsvorgang vorbereitet werden.

Das Erlernen der Entschlüsselung der Nachrichten, die auf uns zukommen, ist äußerst kompliziert. Es beruht auf angeborenen Dispositionen. Ich vermute, daß wir angeborenermaßen dazu neigen, Nachrichten auf ein zusammenhängendes und teilweise regelmäßiges oder geordnetes System zu beziehen: die »Wirklichkeit«. Mit anderen Worten, unser subjektives Wissen von der Wirklichkeit besteht aus reifenden angeborenen Dispositionen. (Das halte ich übrigens für eine zu komplizierte Konstruktion, als daß es als starkes unabhängiges Argument für den Realismus verwendet werden könnte.) Wie dem auch sei, wir lernen das Entschlüsseln durch *Versuch und Fehlerelimination*; wir erlangen zwar eine hervorragende Fähigkeit, die entschlüsselte Nachricht als »unmittelbar« oder »gegeben« zu empfinden, aber es kommen immer wieder Fehler vor, die gewöhnlich durch besondere Mechanismen von großer Kompliziertheit und beträchtlicher Wirksamkeit korrigiert werden.

Die ganze Geschichte vom »Gegebenen«, von den wahren Daten, denen Gewißheit anhaftet, ist eine falsche Theorie, obwohl sie Teil des Alltagsverstandes ist.

Ich gebe zu, daß wir vieles so empfinden, als wäre es uns unmittelbar gegeben und als wäre es vollkommen gewiß. Das ist unserem hochentwickelten Entschlüsselungsapparat zu verdanken mit seinen vielen eingebauten Kontrollmechanismen, die, um mit Winston Churchill zu sprechen, »Kontrollpeilungen« vornehmen; dadurch werden sehr viele unserer Entschlüsselungsfehler beseitigt, so daß wir uns in den Fällen, in denen wir unmittelbar wahrnehmen, tatsächlich nur selten irren. Ich bestreite aber, daß diese wohlangepaßten Erfahrungen in irgendeinem Sinne mit »gegebenen« Maßstäben der Verläßlichkeit oder Wahrheit gleichgesetzt werden können. Sie bilden auch faktisch keinen Maßstab der »Unmittelbarkeit« oder »Gewißheit«; sie zeigen nicht, daß wir uns bei unseren unmittelbaren Wahrnehmungen nie irren können; der Erfolg beruht einfach darauf, daß wir als biologische Systeme unglaublich leistungsfähig sind. (Ein erfahrener Photograph macht selten Fehlbelichtungen. Das ist seiner Übung zu verdanken und nicht der Tatsache, daß seine Bilder als »Daten« oder »Maßstab der Wahrheit« oder vielleicht als »Maßstab richtiger Belichtung« zu gelten hätten.)

Wir sind fast alle gute Beobachter. Doch das ist ein Problem für biologische Theorien; es ist keine Grundlage für einen *Dogmatismus* des direkten oder unmittelbaren oder intuitiven Wissens. Und im übrigen machen wir alle gelegentlich Fehler, das dürfen wir nie vergessen.

14. Kritik der subjektivistischen Erkenntnistheorie

Das alles widerlegt natürlich nicht den Idealismus oder die subjektivistische Erkenntnistheorie. Bei allem, was ich über die Psychologie (oder Physiologie) der Wahrnehmung gesagt habe, kann diese immer noch ein bloßer Traum sein.

Es gibt aber ein sehr gutes Argument gegen die subjektivistischen und idealistischen Theorien, das ich noch nicht vorgebracht habe, nämlich folgendes.

Die meisten Subjektivisten versichern mit Berkeley, ihre Theorien stimmten in jeder praktischen Hinsicht mit dem Realismus überein, insbesondere mit der Wissenschaft; nur daß diese, so meinen sie, uns keine Maßstäbe für die Wahrheit an die Hand gibt, sondern nur ein hochentwickeltes Voraussageinstrument ist. Es könne keine größere Gewißheit geben (außer göttlicher Offenbarung).[26] Dann aber kommt die Physiologie ins Spiel und sagt voraus, daß unsere »Daten« unsicher und keine Maßstäbe der Wahrheit und Gewißheit sind. Ist also diese Form des subjektivistischen Instrumentalismus wahr, so führt sie zu ihrer eigenen Widerlegung. Sie kann also nicht wahr sein.

Das widerlegt freilich nicht den Idealisten, der uns entgegenhält, wir träumten nur, wir hätten den Idealismus widerlegt.

[26] Siehe meine *Conjectures and Refutations*, Kapitel 3 und 6.

Ich möchte nebenbei anmerken, daß ein formal ähnliches Argument Russells gegen den »naiven Realismus«, das auf Einstein großen Eindruck machte, unhaltbar ist. »Der Beobachter, der einen Stein zu beobachten glaubt, *beobachtet in Wirklichkeit, wenn die Physik* [Physiologie] *recht hat, die Wirkungen des Steins auf ihn.* Die Wissenschaft scheint also mit sich selbst im Streit zu liegen ... Der naive Realismus führt zur Physik, und die Physik, sofern sie wahr ist, zeigt, daß der naive Realismus falsch ist. Ist also der naive Realismus wahr, so ist er falsch; also ist er falsch.«[27]

Russells Argument ist unhaltbar, weil die von mir hervorgehobene Stelle falsch ist. *Beobachtet der Beobachter einen Stein, so beobachtet er nicht die Wirkung des Steins auf ihn* (das kann er freilich auch, etwa wenn er seine verletzte Zehe betrachtet), obwohl er einige der Signale entschlüsselt, die ihn von dem Stein erreichen. Russells Argument liegt auf der gleichen Ebene wie folgendes: »Wenn der Leser Russell zu lesen glaubt, beobachtet er in Wirklichkeit Russells Wirkungen auf ihn und liest gar nicht Russell.« In Wirklichkeit ist es so: Wenn man Russell liest (d. h. entschlüsselt), dann beruht das teilweise auf der Wahrnehmung von Russells Text, aber es liegt kein Problem vor, das einer Analyse wert wäre; wir wissen alle, daß das Lesen ein komplexer Vorgang ist, bei dem wir Verschiedenes gleichzeitig tun.

Ich finde diese Geistesgymnastik keiner weiteren Beschäftigung wert; ich wiederhole: Solange nicht neue Argumente vorgebracht werden, werde ich den Realismus naiv akzeptieren.

15. Der vordarwinistische Charakter der Erkenntnistheorie des Alltagsverstandes

Die Erkenntnistheorie des Alltagsverstandes ist in jeder Hinsicht völlig auf dem Holzweg. Ihre grundlegenden Fehler lassen sich vielleicht folgendermaßen aufzeigen.

(1) *Es gibt Erkenntnis im subjektiven Sinne, die aus Dispositionen und Erwartungen besteht.*

(2) *Es gibt aber auch Erkenntnis im objektiven Sinne; sie besteht aus*

[27] Vgl. Bertrand Russell, *An Inquiry into Meaning and Truth*, Allen & Unwin, London 1940 (auch New York), S. 14 f. (Hervorhebung nicht im Original.) Siehe auch Einsteins Aufsatz: in P. A. Schilpp (Hrsg.), *The Philosophy of Bertrand Russell*, 1944, S. 282 f.

sprachlich formulierten Erwartungen, die der kritischen Diskussion ausgesetzt werden.

(3) Die Theorie des Alltagsverstandes übersieht, daß *der Unterschied zwischen (1) und (2) von höchst weitreichender Bedeutung ist.* Subjektive Erkenntnis unterliegt nicht der Kritik. Natürlich kann sie auf verschiedene Weise abgeändert werden – etwa durch Ausschaltung (Tötung) ihres Trägers. Die subjektive Erkenntnis kann sich entwickeln oder mittels der Darwinschen Methode der Mutation und Auslese der Organismen eine bessere Anpassung erlangen. Im Gegensatz dazu kann sich die objektive Erkenntnis verändern und entwickeln durch die Ausschaltung (Tötung) der sprachlich formulierten Vermutung: Der »Träger« der Erkenntnis kann am Leben bleiben – ist er selbstkritisch, so kann er sogar seine eigene Vermutung fallenlassen.

Der Unterschied ist, daß sprachlich formulierte Theorien »*kritisch diskutiert*« werden können.

(4) Außer diesem entscheidenden Fehler macht die Theorie des Alltagsverstandes verschiedene andere Fehler. Sie ist im wesentlichen eine Theorie der Entstehung der Erkenntnis: Die Kübeltheorie ist eine Theorie der Erkenntnisgewinnung – die als vorwiegend passiv gesehen wird – und damit auch eine Theorie dessen, was ich *Erkenntnisfortschritt* nenne. *Doch als Theorie des Erkenntnisfortschritts ist sie völlig falsch.*

(5) Die *tabula-rasa*-Theorie ist vordarwinistisch: Jedem, der auch nur ein bißchen biologisches Gefühl hat, muß klar sein, daß die meisten unserer Dispositionen angeboren sind, entweder in dem Sinne, daß wir mit ihnen geboren werden (zum Beispiel die Disposition zum Atmen, Schlucken und so weiter), oder in dem Sinne, daß im Verlauf der Reifung die Disposition durch die Umgebung zur Entwicklung angeregt wird (zum Beispiel die Disposition zum Erlernen einer Sprache).

(6) Doch selbst wenn wir die *tabula-rasa*-Theorien ganz beiseite lassen[28] und uns vorstellen, der Kübel sei bei der Geburt halb voll oder ändere im Verlauf der Reifung seine Struktur, so ist die Theorie immer noch höchst irreführend. Nicht nur deshalb, weil alle subjektive Erkenntnis aus Dispositionen besteht, sondern hauptsächlich deshalb, weil sie keine assoziative Disposition (von der Art des bedingten Reflexes) ist. Ich sage es klar und deutlich: *Es gibt keine Assoziation und keinen bedingten Reflex.* Alle Reflexe sind unbedingte; die angeblichen »be-

[28] Einige Bemerkungen zur Geschichte der *tabula-rasa*-Theorie finden sich in dem neuen Addendum über Parmenides in der 3. Auflage meiner *Conjectures and Refutations*, 1969 und 1972.

dingten« Reflexe sind das Ergebnis von Veränderungen, die falsche Reaktionen (also die Irrtümer beim Prozeß von Versuch und Irrtum) teilweise oder gänzlich ausschalten.

16. Skizze einer evolutionären Erkenntnistheorie

Soweit ich sehe, stammt der Ausdruck »evolutionäre Erkenntnistheorie« von meinem Freund Donald T. Campbell. Der Gedanke ist nachdarwinistisch und geht auf das Ende des 19. Jahrhunderts zurück – auf Denker wie J. M. Baldwin, C. Lloyd Morgan und H. S. Jennings.

Mein eigener Ansatz ist von den meisten dieser Einflüsse einigermaßen unabhängig, obwohl ich in den Jahren vor der Abfassung meines ersten Buches mit großem Interesse natürlich Darwin, aber auch Lloyd Morgan und Jennings las. Aber wie viele andere Philosophen legte ich großen Wert auf die Unterscheidung zwischen zwei Erkenntnisproblemen: der Entstehung oder Geschichte der Erkenntnis einerseits und ihrer Wahrheit, Gültigkeit und »Rechtfertigung« andererseits. (So betonte ich etwa auf dem Prager Kongreß 1934: »Wissenschaftliche Theorien können niemals ›gerechtfertigt‹, verifiziert werden. Dennoch kann eine Hypothese *A* unter Umständen *mehr leisten* als eine Hypothese *B*...«[29]) Ich betonte sogar schon sehr früh, daß Fragen der Wahrheit oder Gültigkeit einschließlich *der logischen Rechtfertigung der Bevorzugung einer Theorie vor einer anderen* (der einzigen Art von »Rechtfertigung«, die ich für möglich halte) *von allen genetischen, historischen und psychologischen Fragen scharf unterschieden* werden müssen.

Doch schon bei der Abfassung meiner *Logik der Forschung* kam ich zu dem Schluß, daß wir Erkenntnistheoretiker den Vorrang vor den Historikern beanspruchen können: Logische Untersuchungen der Gültigkeit und Annäherung an die Wahrheit können für genetische und historische, ja sogar für psychologische Untersuchungen von größter Wichtigkeit sein. Sie sind diesen jedenfalls logisch vorgeordnet, obwohl wissenschaftsgeschichtliche Untersuchungen dem Erkenntnislogiker viele interessante Probleme liefern können.[30]

[29] Siehe *Erkenntnis* 5, 1935, S. 170 ff.; siehe auch meine *Logik der Forschung*, S. 253.

[30] Ich nenne manchmal »Übertragungsprinzip« jenen Tatbestand, daß das, was in der Logik gilt, auch bei genetischen und psychologischen Betrachtungen gelten müsse, also psychologisch oder, allgemeiner, biologisch anwendbar sein könne. Siehe Abschnitt 4 meines Aufsatzes »Vermutungswissen«, Kapitel 1 dieses Buches, S. 6 f.; auch S. 24.

Ich spreche hier also von evolutionärer Erkenntnistheorie, obwohl ich die Auffassung vertrete, daß die Hauptgedanken der Erkenntnistheorie logischer, nicht faktischer Natur sind; trotzdem können alle ihre Beispiele und viele ihrer Probleme der Untersuchung der Entstehung der Erkenntnis entstammen.

Diese Einstellung ist der Theorie des Alltagsverstandes und der klassischen Erkenntnistheorie etwa von Descartes, Locke, Berkeley, Hume und Reid gerade entgegengesetzt: Für Descartes und Berkeley wird die Wahrheit durch den Ursprung der Ideen garantiert, der letzten Endes von Gott überwacht wird. Andeutungen der Auffassung, Nichtwissen sei Sünde, finden sich nicht nur bei Locke und Berkeley, sondern sogar bei Hume und Reid. Denn bei ihnen ist die Unmittelbarkeit unserer Ideen oder Eindrücke oder Wahrnehmungen ihr göttliches Wahrheitssiegel, das dem Glaubenden die beste Gewißheit bietet; nach meiner Auffassung dagegen halten wir manchmal Theorien für wahr oder sogar »unmittelbar einleuchtend«, weil sie wahr sind *und unser geistiger Apparat* ihrem Schwierigkeitsniveau gut *angepaßt* ist. Doch wir haben nie ein »Recht«, die Wahrheit einer Theorie oder eines Glaubens zu behaupten, indem wir uns auf die angebliche Unmittelbarkeit oder Direktheit des Glaubens berufen. Das hieße nach meiner Auffassung das Pferd beim Schwanz aufzäumen; die Unmittelbarkeit oder Direktheit kann sich aus der biologischen Tatsache ergeben, daß eine Theorie wahr und (teilweise aus diesem Grunde) für uns sehr nützlich ist. Doch die Unmittelbarkeit oder Direktheit zum hinreichenden Kriterium für die Wahrheit zu machen, das ist *der Grundfehler des Idealismus.*[31]

Geht man vom wissenschaftlichen Realismus aus, so ist ziemlich klar: Wären unsere Handlungen und Reaktionen unserer Umwelt schlecht

[31] Der erkenntnistheoretische Idealist hat in meinen Augen recht, wenn er darauf besteht, daß alle Erkenntnis und aller Erkenntnisfortschritt – der Ursprung der Veränderung unserer Ideen – aus uns selbst stammen und daß es ohne diese selbsterzeugten Ideen keine Erkenntnis gäbe. Er übersieht aber, daß es ohne eine Auslese dieser Mutationen durch Zusammenstoß mit der Umwelt nicht nur keinen Anstoß zu neuen Ideen, sondern überhaupt keine Erkenntnis von irgend etwas gäbe. (Vgl. *Conjectures and Refutations*, insbes. S. 117.) Kant hatte also damit recht, daß unser Verstand der ungeordneten Masse der »Empfindungen« seine Gesetze – seine Ideen, seine Regeln – vorschreibt und sie dadurch ordnet. Er verkannte aber, daß wir damit selten Erfolg haben, daß wir immer wieder Versuche und Irrtümer erleben, und daß das Ergebnis – unsere Erkenntnis der Welt – der Widerstand leistenden Wirklichkeit ebensoviel verdankt wie unseren selbsterzeugten Ideen.

angepaßt, so würden wir nicht überleben. »Glaube« ist eng verknüpft mit Erwartung und Handlungsbereitschaft; daher kann man sagen, daß viele unserer praxisnahen Glaubensinhalte wahrscheinlich richtig sind, wenn wir überleben. Sie werden zum dogmatischen Teil des Alltagsverstandes, der zwar keineswegs verläßlich, wahr oder gewiß, aber doch stets ein guter Ausgangspunkt ist.

Wir wissen aber auch, daß einige der tüchtigsten Tierarten ausgestorben sind und daß bisheriger Erfolg keineswegs weiteren Erfolg garantiert. Das ist eine Tatsache, und offensichtlich können wir nur wenig dagegen tun. Ich erwähne das, um klarzustellen, daß bisheriger biologischer Erfolg niemals weiteren biologischen Erfolg garantiert. Für den Biologen garantiert also auch der bisherige Erfolg von Theorien keineswegs ihren Erfolg in der Zukunft.

Wie ist die Lage? Eine in der Vergangenheit widerlegte Theorie kann trotzdem als nützlich beibehalten werden. So können wir die Keplerschen Gesetze für viele Zwecke benutzen. Doch eine widerlegte Theorie ist *nicht wahr.* Und wir suchen nicht nur den biologischen oder instrumentellen Erfolg. In der Wissenschaft *suchen wir nach der Wahrheit.*

Ein Hauptproblem der Evolutionstheorie ist folgendes: Nach ihr gehen Lebewesen, die ihrer sich verändernden Umwelt nicht gut angepaßt sind, zugrunde; also müssen die (bis zu einem bestimmten Zeitpunkt) überlebenden gut angepaßt sein. Das ist aber kaum mehr als eine Tautologie, denn »bislang gut angepaßt« bedeutet weitgehend dasselbe wie »mit solchen Eigenschaften ausgestattet, die bisher das Überleben ermöglichten«. Mit anderen Worten: Ein wesentlicher Teil des Darwinismus ist keine empirische Theorie, sondern eine *logische Wahrheit.*

Machen wir uns klar, was am Darwinismus empirisch ist und was nicht. Das Vorhandensein einer Umwelt mit bestimmten Eigenschaften ist etwas Empirisches. Daß sich diese Umwelt verändert, und zwar über lange Zeitstrecken nicht allzu schnell und grundlegend, ist etwas Empirisches; eine zu radikale Veränderung könnte darin bestehen, daß die Sonne morgen als Nova explodiert und alles Leben auf der Erde und alle Anpassung zu Ende geht. Kurz, in der Logik findet sich keine Erklärung für das Bestehen von Bedingungen in der Welt, unter denen Leben und langsame (was immer das heißen mag) Anpassung an die Umwelt möglich ist.

Gibt es nun Organismen, die auf Änderungen der Umweltbedingungen reagieren, aber in keiner prästabilierten Harmonie zu ihnen stehen[32], so kann man etwa folgendes sagen. Nur wenn die Organismen Mutationen aufweisen, von denen einige sich als Anpassungen an zukünftige Veränderungen bewähren, was Veränderbarkeit voraussetzt, können sie überleben; solange wir also lebende Organismen in der sich verändernden Welt vorfinden, werden wir finden, daß sie ihrer Umwelt ganz gut angepaßt sind. Ist die Anpassung lange genug vor sich gegangen, so wird uns die Schnelligkeit, Feinheit und Komplexität der Anpassung geradezu wunderbar vorkommen. Trotzdem kann man sagen, die Methode des Versuchs und der Irrtumselimination, die zu alledem geführt hat, sei keine empirische Methode, sondern gehöre zur *Logik der Situation.* Das erläutert in meinen Augen (vielleicht etwas zu knapp) die logischen oder *apriorischen* Anteile des Darwinismus.

Jetzt wird der ungeheure biologische Vorteil der Erfindung einer *deskriptiven und argumentativen Sprache* deutlicher als vorher:[33] Die sprachliche Formulierung von Theorien ermöglicht uns ihre Kritik und Ausschaltung ohne Ausschaltung der Art, die sie trägt. Das ist der erste Vorteil. Der zweite ist die Herausbildung einer bewußten und systematischen kritischen Einstellung gegenüber unseren Theorien. Damit beginnt die wissenschaftliche Methode. Der Unterschied zwischen der Amöbe und Einstein besteht darin, daß beide zwar die Methode von Versuch und Irrtumselimination anwenden, aber die Amöbe nicht gern irrt, während Einstein gerade davon angezogen wird: Er sucht bewußt nach seinen Fehlern, in der Hoffnung, aus ihrer Entdeckung und Elimination etwas zu lernen. Die Methode der Wissenschaft ist die kritische Methode.

Die evolutionäre Erkenntnistheorie ermöglicht also ein besseres Verständnis beider, der Evolution und der Erkenntnistheorie, soweit sie mit der wissenschaftlichen Methode zusammenfallen. Sie ermöglicht ein besseres Verständnis auf logischer Grundlage.

[32] Folgende Bemerkung dürfte hier von Interesse sein. K. Lorenz schreibt in *Evolution and Modification of Behaviour*, Methuen, London 1966, S. 103 f.: »Jede Veränderlichkeit, die sich regelmäßig als angepaßt erweist, wie es für das Lernen zweifellos der Fall ist, setzt eine Programmierung aufgrund phylogenetisch gesammelter Information voraus. Wer das bestreitet, muß eine prästabilierte Harmonie zwischen Organismus und Umwelt annehmen.« Siehe auch Anmerkung 34 unten.

[33] Über die verschiedenen Funktionen der menschlichen Sprache siehe meine *Conjectures and Refutations*, S. 134 f., sowie Kapitel 3, 4 und 6 unten.

17. Hintergrundwissen und Probleme

Das Ziel der Wissenschaft ist die Vergrößerung der Wahrheitsähnlichkeit. Ich sagte, die *tabula-rasa*-Theorie sei absurd: In jedem Stadium der Entwicklung des Lebens und des Einzelorganismus müssen wir das Vorhandensein eines bestimmten Wissens in Form von Dispositionen und Erwartungen annehmen.

Demgemäß besteht *jeder Erkenntnisfortschritt in der Veränderung bisherigen Wissens* – entweder in seiner Wandlung oder seiner weitgehenden Verwerfung. Die Erkenntnis fängt nie am Nullpunkt an, sondern immer mit einem Hintergrundwissen – das augenblicklich als unproblematisch angenommen wird – und gewissen Schwierigkeiten, gewissen Problemen. Diese entstehen in der Regel aus Unstimmigkeiten zwischen Erwartungen, die dem Hintergrundwissen entsprechen, und neuen Befunden wie Beobachtungen oder durch sie angeregten Hypothesen.

18. Alle Erkenntnis ist theoriegetränkt, auch unsere Beobachtungen

Die Erkenntnis in ihren verschiedenen subjektiven Formen besteht aus Dispositionen und Erwartungen von *Organismen*, die deren wichtigstes Organisationsmerkmal sind. Die einen Organismen können heute nur im Wasser leben, die anderen nur auf dem Land; da sie bisher überlebt haben, bestimmt ihre Umwelt geradezu einen Teil ihres »Wissens«. Wäre eine Schätzung nicht absurd, so würde ich sagen, 99,9 Prozent des Wissens eines Organismus seien vererbt oder angeboren, und nur 0,1 Prozent bestünden in Veränderungen des angeborenen Wissens; und ich glaube außerdem, daß die dazu *nötige Anpassungsfähigkeit* angeboren ist.

Daraus folgt der grundlegende Satz:

Alles erworbene Wissen, alles Lernen besteht in der Veränderung (möglicherweise Verwerfung) irgendeines Wissens oder einer Disposition, die schon vorhanden waren; und letzten Endes in der Veränderung angeborener Dispositionen.[34]

[34] Eine überzeugende Verteidigung »vererbten« oder »angeborenen« Wissens gegen die Behavioristen und andere Anti-Theoretiker findet sich bei Konrad Lorenz, *Evolution and Modification of Behaviour*, siehe Anmerkung 32 oben.

Dem kann sofort ein zweiter Satz hinzugefügt werden:
Aller Erkenntnisfortschritt besteht in der Verbesserung des vorhandenen Wissens in der Hoffnung, der Wahrheit näherzukommen.

Da alle unsere Dispositionen in gewissem Sinne Anpassungen an konstante oder sich langsam verändernde Umweltbedingungen sind, kann man sie als *theoriegetränkt* bezeichnen, wobei der Ausdruck »Theorie« in einem genügend weiten Sinne zu nehmen ist. Ich meine, daß sich jede Beobachtung auf bestimmte typische Situationen – Regelmäßigkeiten – bezieht, zwischen denen sie entscheiden möchte. Und ich denke, wir können sogar noch mehr behaupten: *Es gibt kein Sinnesorgan, in das nicht antizipierende Theorien genetisch eingebaut wären.* Das Auge einer Katze reagiert in bestimmter Weise auf eine Anzahl typischer Situationen, für die vorbereitete Mechanismen in seine Struktur eingebaut sind: Sie entsprechen den biologisch wichtigsten Situationen, zwischen denen unterschieden werden muß. Die Disposition, zwischen diesen Situationen zu unterscheiden, ist also in das Sinnesorgan eingebaut, und damit die *Theorie, daß genau diese die bedeutsamen Situationen sind, zu deren Unterscheidung das Auge zu verwenden ist.*[35]

Die Tatsache, daß alle unsere Sinne in dieser Weise theoriegetränkt sind, demonstriert sehr klar das völlige Versagen der Kübeltheorie und mit ihr aller jener Theorien, die unsere Erkenntnis auf Beobachtungen zurückführen möchten, auf die *Eingabegrößen* für die Organismen. Im Gegenteil: *Was als bedeutsame Eingabegröße aufgenommen wird (und eine Reaktion auslösen kann) und was als irrelevant übergangen wird,* das hängt völlig von der angeborenen Struktur (dem »Programm«) des Organismus ab.

19. Rückblick auf die subjektivistische Erkenntnistheorie

Von dem hier erreichten Punkt aus müssen wir jede subjektivistische Erkenntnistheorie als völlig unbegründet verwerfen, die als Ausgangspunkt das ihrer Meinung nach ganz Unproblematische vorschlägt, nämlich unsere *»direkten« oder »unmittelbaren« Beobachtungen.* Zugegeben, diese Erfahrungen sind im allgemeinen »tadellos« und höchst

[35] Siehe z. B. die Experimente bei T. N. Wiesel und D. H. Hubel, »Singlecell Responses in Striate Cortex of Kittens Deprived of Vision in One Eye«, *Journal of Neurophysiology* 26, 1963, S. 1003–1017.

erfolgreich (sonst hätten wir nicht überlebt); aber sie sind weder »direkt« noch »unmittelbar«, und sie sind nicht absolut verläßlich.

Es scheint keinen Grund zu geben, warum wir nicht die Beobachtungen zu unserem vorläufigen »Ausgangspunkt« machen sollten, der, ebenso wie der Alltagsverstand, nicht als wahr oder gewiß vorausgesetzt wird. Solange wir kritisch bleiben, macht es nicht viel aus, wo oder wie wir anfangen. Wenn wir aber hier anfangen (was Russell vielleicht »naiven Realismus« nennen würde), so kommen wir durch die Physik und Biologie zu dem Ergebnis, daß *unsere Beobachtungen hochkomplexe und nicht durchweg verläßliche, wenn auch erstaunlich gute Entschlüsselungen* der Signale sind, die uns aus der Umwelt erreichen. Man darf sie daher nicht zu einem Ausgangspunkt im Sinne eines Maßstabes der Wahrheit erheben.

Die scheinbar voraussetzungsfreie subjektivistische Erkenntnistheorie oder *tabula-rasa*-Theorie löst sich also vollständig auf. An ihrer Stelle müssen wir eine Erkenntnistheorie aufbauen, in der das erkennende Subjekt, der Beobachter, eine wichtige, aber doch sehr beschränkte Rolle spielt.

20. Erkenntnis im objektiven Sinne

Die Erkenntnistheorie des Alltagsverstandes, und mit ihr alle – oder fast alle – Philosophen mindestens bis Bolzano und Frege, gingen fälschlich davon aus, daß es nur eine Art der Erkenntnis gebe – Erkenntnis, die ein erkennendes Subjekt hat.

Ich nenne diese Art der Erkenntnis *»subjektive Erkenntnis«*, obwohl es, wie wir sehen werden, *echte oder unverfälschte oder rein subjektive bewußte Erkenntnis einfach gar nicht gibt.*

Die Theorie der subjektiven Erkenntnis ist sehr alt, wurde aber erst von Descartes ausdrücklich formuliert: »Erkennen« ist eine Tätigkeit und setzt ein erkennendes Subjekt voraus. *Es ist das subjektive Ich, das erkennt.*

Ich möchte nun zwischen zwei Arten der »Erkenntnis« unterscheiden: der subjektiven Erkenntnis (die besser organismische Erkenntnis heißen sollte, da sie aus Dispositionen von Organismen besteht) und der objektiven Erkenntnis oder Erkenntnis im objektiven Sinne, die aus dem logischen Gehalt unserer Theorien und Vermutungen besteht (und, wenn man will, aus dem logischen Gehalt unseres genetischen Kodes).

Beispiele für objektive Erkenntnis sind Theorien, die in Zeitschriften oder Büchern veröffentlicht und in Bibliotheken aufgenommen worden sind; Diskussionen über solche Theorien; Schwierigkeiten oder Probleme, die im Zusammenhang mit solchen Theorien aufgezeigt wurden;[36] und so weiter.

Wir können die physikalische Welt »Welt 1« nennen, die Welt unserer bewußten Erlebnisse »Welt 2« und die Welt der logischen *Gehalte* von Büchern, Bibliotheken, Informationsspeichern von Datenverarbeitungsanlagen und ähnlichem »Welt 3«.

Über diese Welt 3 habe ich mehrere Thesen:

(1) Wir können in der Welt 3 neue Probleme entdecken, die vor ihrer Entdeckung und Bewußtwerdung vorhanden waren, das heißt, bevor irgend etwas ihnen Entsprechendes in der Welt 2 auftrat. *Beispiel:* Wir entdecken Primzahlen, und als Folge entsteht das Euklidische Problem, ob die Folge der Primzahlen unendlich ist.

(2) Die Welt 3 ist also in bestimmtem Sinne *autonom:* In ihr können wir theoretische Entdeckungen machen, ähnlich wie wir in der Welt 1 geographische Entdeckungen machen können.

(3) Hauptthese: Fast unser ganzes bewußtes subjektives Wissen (Welt-2-Wissen) hängt von Welt 3 ab, das heißt von (wenigstens der Möglichkeit nach) *sprachlich formulierten* Theorien. *Beispiel:* Unser »unmittelbares Selbstbewußtsein« oder unsere »Selbsterfahrung«, die sehr wichtig ist, hängt ganz überwiegend von Theorien aus Welt 3 ab: Von unseren Theorien über den Körper und seine fortdauernde Existenz, wenn wir einschlafen oder ohnmächtig werden; von unseren Theorien über die (Linearität der) Zeit; von der Theorie, daß wir auf – verschieden deutliche – Erinnerungen vergangener Erlebnisse zurückgreifen können; und so weiter. Mit diesen Theorien verbindet sich unsere Erwartung, daß wir nach dem Einschlafen wieder aufwachen. Ich möchte behaupten, daß das *volle Selbstbewußtsein* von allen diesen Theorien (aus Welt 3) abhängt und daß Tiere zwar Gefühle, Empfindungen, Gedächtnis und damit Bewußtsein haben können, aber nicht

[36] Ich habe mich damit ausführlicher beschäftigt in »Erkenntnistheorie ohne erkennendes Subjekt« (Vortrag in Amsterdam 1967) und »Zur Theorie des objektiven Geistes« (Vortrag in Wien 1968), wiedergegeben als Kapitel 3 und 4 des vorliegenden Buches. Siehe auch die wichtige Diskussion durch Sir John Eccles in seinem glänzenden Buch *Facing Reality*, Springer, Berlin 1970, insbes. Kapitel X und XI. David Miller machte mich auf die große Ähnlichkeit zwischen meiner Welt 3 und dem »dritten Bereich« bei F. R. Leavis aufmerksam. Siehe seine Vorlesung *Two Cultures?*, 1962, insbes. S. 28.

das volle Selbstbewußtsein, das eines der Ergebnisse der menschlichen Sprache und der Entwicklung der spezifisch menschlichen Welt 3 ist.

21. Das Streben nach Gewißheit und die Hauptschwäche der Erkenntnistheorie des Alltagsverstandes

Für die Erkenntnistheorie des Alltagsverstandes gibt es keine Welt 3 und damit keine Erkenntnis im objektiven Sinne. Das ist eine große Schwäche dieser Theorie, aber nicht ihre größte.

Um zu erläutern, was ich als die größte Schwäche der Erkenntnistheorie des Alltagsverstandes betrachte, möchte ich zunächst zwei Aussagen (a) und (b) formulieren, die für diese Erkenntnistheorie charakteristisch sind.

(a) Das Wissen ist eine besondere Art des Glaubens oder der Meinung; es ist ein besonderer Bewußtseinszustand.

(b) Wenn ein Glaube oder Bewußtseinszustand mehr sein soll als ein »bloßer« Glaube, wenn er Anspruch darauf erheben soll, eine Erkenntnis zu sein, dann verlangen wir, daß der Glaubende *hinreichende Gründe* dafür haben muß, daß die Erkenntnis *mit Sicherheit wahr* ist.

Aussage (a) läßt sich leicht so umformulieren, daß sie ein – kleiner – Teil einer annehmbaren biologischen Erkenntnistheorie wird:

(a′) Subjektive Erkenntnis ist eine Disposition, derer sich der Organismus zuweilen in Form eines Glaubens oder einer Meinung oder eines Geisteszustands bewußt werden kann.

Das ist eine völlig annehmbare Aussage, und man könnte behaupten, sie drücke lediglich das, was (a) sagen will, genauer aus. Darüber hinaus ist (a′) völlig vereinbar mit einer Erkenntnistheorie, die der objektiven Erkenntnis große Bedeutung beimißt, d. h. der Erkenntnis als Bestandteil von Welt 3.

Mit (b) steht es völlig anders. Sobald wir die objektive Erkenntnis einbeziehen, müssen wir sagen, daß höchstens ein sehr kleiner Teil von ihr mit einigermaßen hinreichenden Gründen als sicher wahr erwiesen werden kann: Es ist (falls es überhaupt einen gibt) jener kleine Teil, der als *beweisbare Erkenntnis* charakterisierbar ist und (allenfalls) die Sätze der formalen Logik und der (endlichen) Arithmetik umfaßt.

Alles übrige – der weitaus wichtigste Teil der objektiven Erkenntnis, und auch der Teil, der die Naturwissenschaften wie die Physik und die Physiologie umfaßt – ist seinem Charakter nach vor allem vermutetes oder hypothetisches Wissen; es gibt einfach keine hinreichenden Gründe, diese Hypothesen für wahr zu halten, geschweige denn für sicher wahr.

Damit besagt (b): Wollten wir versuchen, die Erkenntnistheorie des Alltagsverstandes so zu verallgemeinern, daß sie die objektive Erkenntnis mit umfaßt, dann könnte nur beweisbare Erkenntnis (soweit es welche gibt) als objektive Erkenntnis anerkannt werden. Das ganze ausgedehnte und wichtige Gebiet der Theorien, die man als »wissenschaftliche Erkenntnisse« bezeichnen könnte, wäre wegen seines Vermutungscharakters gar keine Erkenntnis. Denn nach der Erkenntnistheorie des Alltagsverstandes ist Erkenntnis *gerechtfertigter* Glaube – derart gerechtfertigt, daß er mit Sicherheit wahr ist. Und gerade diese Rechtfertigung fehlt dem ausgedehnten und wichtigen Gebiet des Vermutungswissens.

Man könnte sagen, der Ausdruck »Vermutungswissen« sei ein Widerspruch in sich, wenn man die Dinge von der Theorie des Alltagsverstandes aus betrachtet. Denn diese ist in ihrem Subjektivismus nicht gerade gründlich; im Gegenteil, der Gedanke des »zureichenden Grundes« war ohne Zweifel ursprünglich ein objektivistischer Gedanke: Ursprünglich forderte man hinreichende Beweise für eine Erkenntnis, so daß sich (b) als Ausdehnung der objektivistischen Idee der beweisbaren Erkenntnis auf die subjektivistische Welt 2 entpuppt, die Welt der Disposition oder des »Glaubens«. Als Folge davon müßte jede zulässige Verallgemeinerung oder objektivistische Übersetzung (b′), die (a′) analog wäre, die objektive Erkenntnis auf beweisbare Erkenntnis beschränken und damit die Vermutungserkenntnis aufgeben. Aber damit müßte sie die wissenschaftliche Erkenntnis aufgeben, die wichtigste Art der Erkenntnis und das Hauptproblem jeder Erkenntnistheorie.

Hier zeigt sich in meinen Augen die größte Schwäche der Erkenntnistheorie des Alltagsverstandes. Sie übersieht nicht nur den Unterschied zwischen objektiver und subjektiver Erkenntnis, sondern sie nimmt auch, bewußt oder unbewußt, die objektive beweisbare Erkenntnis als Paradigma aller Erkenntnis, denn nur sie liefert ja völlig »hinreichende Gründe« für den Unterschied zwischen »wahrer und sicherer Erkenntnis« und »bloßer Meinung« oder »bloßem Glauben«.[37]

[37] Wir haben hier also ein Beispiel für ein Manöver, wie es für die Erkenntnistheorie des Alltagsverstandes kennzeichnend ist: Aus der objektiven Logik wird ein unzureichender Teil herausgenommen und (vielleicht unbewußt) in die Psychologie übertragen, ganz wie im Falle der Assoziationstheorie, wo die beiden assoziierten »Ideen« ursprünglich die »Begriffe« einer kategorischen Aussage waren, die Assoziation die Kopula. (Man denke an Lockes »Verbindung und Trennung von Ideen«.)

Doch die Erkenntnistheorie des Alltagsverstandes bleibt wesentlich subjektivistisch. Damit gerät sie in die Zwangslage, so etwas wie subjektive zureichende Gründe zulassen zu müssen, das heißt Arten der persönlichen Erfahrung oder des Glaubens oder der Meinung, die, wenn auch subjektiv, sicher und unfehlbar wahr sind und deshalb als Erkenntnis durchgehen können.

Die Schwierigkeit ist groß, denn wie können wir auf dem Gebiet des Glaubens Unterschiede machen? Mit welchen Kriterien können wir die Wahrheit oder einen zureichenden Grund erkennen? Entweder nach der Stärke des Glaubens (Hume), was sich kaum vernünftig vertreten läßt, oder nach seiner Klarheit und Deutlichkeit, die (von Descartes) zum Zeichen seines göttlichen Ursprungs gemacht wird; oder, geradeheraus, nach seinem Ursprung oder seiner Herkunft, das heißt nach den »Quellen« der Erkenntnis. Derart sieht sich die Erkenntnistheorie des Alltagsverstandes zur Anerkennung eines Kriteriums des »gegebenen« (offenbarten?) Wissens veranlaßt; der durch die Sinne gegebenen Daten oder Sinnesdaten; des Gefühls der Unmittelbarkeit, Direktheit oder des Intuitiven. Die Reinheit des Ursprungs garantiert die Fehlerfreiheit und damit die Reinheit des Inhalts.[38]

Doch diese ganzen Kriterien sind eindeutig wertlos. Der Biologe wird zugeben, daß unsere Sinnesorgane überwiegend erfolgreich sind, und er erklärt das vielleicht sogar darwinistisch. Aber er wird bestreiten, daß sie immer oder notwendigerweise erfolgreich sind und daß man sich auf sie als Wahrheitskriterium verlassen kann. Ihre »Direktheit« oder »Unmittelbarkeit« ist nur scheinbar: Sie ist nur eine andere Seite der wunderbaren Leichtigkeit und Leistungsfähigkeit ihrer Arbeit; doch in Wirklichkeit arbeiten sie höchstens indirekt und verwenden viele in das System eingebaute Kontrollmechanismen komplizierter Art.

Es gibt also in unserer ganzen Erkenntnis keinerlei absolute Sicherheit. Doch die Doktrin (b) setzt die Suche nach Erkenntnis mit der Suche nach Gewißheit gleich. Das ist ein weiterer Grund, warum sie der schwächste Teil der Erkenntnistheorie des Alltagsverstandes ist.

Wir müssen von der Tatsache ausgehen, daß die objektive wissenschaftliche Erkenntnis Vermutungscharakter hat, und haben dann ihr Analogon auf dem Gebiet der subjektiven Erkenntnis zu suchen. Es läßt

[38] Eine etwas andere Darstellung der Lehre von den Quellen der Erkenntnis und dem Problem des Irrtums gibt meine Vorlesung »On the Sources of Knowledge and Ignorance«, *Proceedings of the British Academy*, 46, 1960; auch in *Conjectures and Refutations*, 3. Auflage 1969, S. 3–30.

sich leicht ausmachen. Meine These ist: Die subjektive Erkenntnis gehört zu einem hochkomplizierten und verwickelten, aber (bei einem gesunden Organismus) erstaunlich präzisen Anpassungsmechanismus und funktioniert in der Hauptsache wie die objektive Vermutungserkenntnis: nach der Methode von Versuch und Fehlerelimination oder nach Vermutung, Widerlegung und Selbstkorrektur (»Autokorrektur«).

Der Alltagsverstand scheint ein Teil dieses Mechanismus zu sein und *unterscheidet sich* daher *nicht grundlegend* von anderer scheinbar »direkter« oder »unmittelbarer« Erkenntnis. (Hier hatte Thomas Reid recht, obwohl er die Bedeutung der Direktheit oder Unmittelbarkeit stark überschätzte.)

22. Analytische Bemerkungen über die Gewißheit

Ich bin nicht im geringsten an Definitionen oder der sprachlichen Analyse von Wörtern oder Begriffen interessiert. Doch im Zusammenhang mit dem Wort »Gewißheit« ist so viel Wertloses gesagt worden, daß um der Klarheit willen hier etwas gesagt werden muß.

Es gibt einen Gewißheitsbegriff des Alltagsverstandes, der, kurz ausgedrückt, so viel bedeutet wie »hinreichend sicher für praktische Zwecke«. Wenn ich auf meine Uhr blicke, die sehr zuverlässig ist, und sie acht Uhr zeigt und ich ihr Ticken hören kann (was anzeigt, daß sie nicht stehengeblieben ist), dann bin ich »hinreichend sicher« oder »für alle praktischen Zwecke sicher«, daß es ziemlich genau acht Uhr ist. Wenn ich ein Buch kaufe und vom Buchhändler 20 Pence Wechselgeld bekomme, bin ich »recht sicher«, daß die beiden Münzen kein Falschgeld sind. (Meine »Gründe« dafür sind sehr kompliziert: Sie haben mit der Inflation zu tun, die das Fälschen von Zehn-Penny-Münzen uninteressant gemacht hat; immerhin könnten die Münzen noch aus der guten alten Zeit sein, als sich das Fälschen von Florins noch lohnte.)

Würde mich jemand fragen: »Bist du sicher, daß die Münze in deiner Hand ein Zehn-Penny-Stück ist?«, so würde ich *vielleicht noch einmal hinsehen* und »Ja« antworten. Sollte aber sehr viel von meinem Urteil abhängen, so würde ich mir wohl die Mühe machen, in die nächste Bank zu gehen und den Kassierer zu bitten, sich die Münze genau anzusehen; und wenn ein Menschenleben davon abhinge, würde ich sogar versuchen, bis zum Chefkassierer der Bank von England vorzudringen und ihn zu bitten, die Echtheit der Münze zu bestätigen.

Was möchte ich damit sagen? Die »Sicherheit« eines Glaubens ist nicht so sehr eine Frage seiner Intensität, sondern der *Situation:* unserer Erwartung der möglichen Konsequenzen. Alles hängt davon ab, wie wichtig die Wahrheit oder Falschheit des Glaubens genommen wird.

»Glaube« hängt mit unserem Alltagsleben zusammen. *Wir handeln gemäß unserem Glauben.* (Ein Behaviorist würde vielleicht sagen: Ein »Glaube« ist etwas, demgemäß wir handeln.) Aus diesem Grunde genügt in den meisten Fällen ein ziemlich geringer Grad von Gewißheit. Hängt aber von unserem Glauben viel ab, dann ändert sich *nicht nur seine Intensität,* sondern seine gesamte biologische Funktion.

Es gibt eine subjektivistische Wahrscheinlichkeitstheorie, die davon ausgeht, daß man den Grad des Glaubens an eine Behauptung daran messen könne, wie hoch jemand darauf zu wetten bereit ist.[39]

Diese Theorie ist unglaublich naiv. Wenn ich gerne wette und nicht allzuviel auf dem Spiel steht, nehme ich vielleicht jede Wette an. Steht sehr viel auf dem Spiel, so nehme ich vielleicht überhaupt keine Wette an. Kann ich ihr nicht ausweichen, vielleicht weil das Leben meines besten Freundes auf dem Spiel steht, so fühle ich mich vielleicht veranlaßt, mich der trivialsten Behauptungen zu vergewissern.

Mit den Händen in den Taschen bin ich recht »sicher«, daß ich fünf Finger an jeder Hand habe; sollte aber das Leben meines besten Freundes von der Wahrheit dieser Behauptung abhängen, so nehme ich vielleicht (ja, ich glaube, ich müßte es) meine Hände aus den Taschen, um »doppelt« sicherzugehen, daß ich nicht einen meiner Finger durch ein Wunder verloren habe.

Was zeigt das alles? Daß »absolute Gewißheit« ein Grenzbegriff ist und daß erfahrene oder subjektive »Gewißheit« nicht nur von Graden des Glaubens und vom Beweismaterial, sondern auch von der Situation abhängt – von der Wichtigkeit dessen, was auf dem Spiel steht. Darüber hinaus kann das Beweismaterial für eine Behauptung, von der ich weiß, daß sie im trivialen Sinne wahr ist, radikal revidiert werden, wenn das, was auf dem Spiel steht, wichtig genug ist. Das zeigt, daß es nicht unmöglich ist, auch das Allersicherste noch sicherer zu machen. »Sicherheit« ist kein Maß des Glaubens – in einem direkten Sinne. Es ist vielmehr ein Maß des Glaubens relativ zu einer instabilen Situation; denn die allgemeine Dringlichkeit der Situation, in der ich handle, hat viele Seiten, und ich kann von der einen zur anderen umschalten. Damit hat die volle Gewißheit nicht die Eigenschaft eines Maximums oder einer Grenze. Es gibt immer noch eine höhere Sicherheit.

[39] Diese Theorie wird oft F. P. Ramsey zugeschrieben, findet sich aber schon bei Kant.

Abgesehen von *gültigen und einfachen* Beweisen in Welt 3 gibt es einfach keine objektive Gewißheit. Und in Welt 2 ist Gewißheit immer nur eine Schattierung eines Erlebnisses, eine Schattierung der Stärke eines Glaubens, die nicht nur von den »Beweisgründen« abhängt, sondern von vielem anderen wie dem Ernst der Problemsituation, in der wir handeln (oder vielleicht auch nur von unseren »Nerven«).

Es ist in diesem Zusammenhang wichtig, sich klarzumachen, daß in vielen Situationen die Weigerung zu handeln selbst einer Handlung gleichkommt: Im Alltagsleben müssen wir ständig handeln, und das immer bei unvollkommener Sicherheit (denn es gibt kaum so etwas wie vollkommene Sicherheit). In der Regel werden die empirischen Befunde, aufgrund derer wir handeln, nach sehr oberflächlicher Prüfung angenommen, und *die kritische Diskussion konkurrierender Theorien, die für eine gute Wissenschaft kennzeichnend ist, geht (in der Regel) weit über das hinaus, womit wir im praktischen Leben völlig zufrieden sind.* (Die Wissenschaft – die wesentlich kritisch ist – hat auch mehr Vermutungscharakter und ist ihrer selbst weniger sicher als das Alltagsleben, denn wir machen bewußt etwas zum Problem, was normalerweise zum Hintergrundwissen gerechnet würde.)

Das heißt aber nicht, wir kämen jemals so weit, daß ein phantasievoller wissenschaftlicher Denker nicht Lücken in unseren Argumenten aufdecken könnte: Möglichkeiten, an die bisher noch niemand gedacht hat, und die deshalb noch niemand auszuschließen oder einzubeziehen versucht hat.

Vom Gesichtspunkt des objektiven Wissens aus bleiben daher alle Theorien Vermutungen. Unter dem Gesichtspunkt des praktischen Lebens können sie dabei wesentlich besser diskutiert, kritisiert und geprüft sein als irgend etwas, was wir gewohnheitsmäßig unseren Handlungen zugrunde legen und als sicher betrachten.

Es gibt keinen Widerspruch zwischen der These, daß alle objektive Erkenntnis objektiv Vermutungscharakter hat, und der Tatsache, daß wir vieles davon nicht nur als »praktisch sicher« annehmen, sondern als sicher in einem besonders hochqualifizierten Sinne: als viel besser geprüft als viele Theorien, denen wir ständig unser Leben anvertrauen (wie der, daß der Fußboden nicht einbrechen wird oder daß wir nicht von einer Giftschlange gebissen werden).

Theorien sind wahr oder falsch und keine *bloßen* Instrumente. Aber sie sind natürlich auch Instrumente; für die Praxis oder die angewandte Wissenschaft so gut wie für dich und mich persönlich, wenn wir uns eine Meinung über eine Theorie im Lichte der berichteten kritischen Diskussion über sie, einschließlich der berichteten Prüfungen, bilden wollen. Erhalten wir Berichte über die Ergebnisse dieser Prüfungen, und wiederholen wir vielleicht selbst die eine oder andere Prüfung, dann können wir diese Berichte und Ergebnisse zur Bildung unserer persönlichen subjektiven Überzeugungen verwenden und zur Bestimmung des Grades der Sicherheit, die wir mit ihnen verbinden. (Das ist eine Möglichkeit, die Wirkung des Übertragungsprinzips[40] zu erklären: Wir verwenden objektives Wissen bei der Bildung unserer persönlichen subjektiven Überzeugungen; obwohl diese stets in gewissem Sinne als »irrational« bezeichnet werden können, zeigt diese Verwendung des objektiven Wissens, daß es hier keinen Humeschen Konflikt mit der Vernunft zu geben braucht.)

23. Die Methode der Wissenschaft

Ich habe das, was ich als die selbstkorrigierende Methode der Wissenschaft ansehe, schon so oft beschrieben, daß ich mich hier kurz fassen kann: *Die Methode der Wissenschaft ist die Methode der kühnen Vermutungen und der erfinderischen und ernsthaften Versuche, sie zu widerlegen.*

Eine kühne Vermutung ist eine Theorie mit großem Gehalt – größerem jedenfalls als die Theorie, die wir mit ihr zu überwinden hoffen.

Daß unsere Vermutungen kühn sein sollten, folgt unmittelbar aus dem, was ich über das Ziel der Wissenschaft und die Annäherung an die Wahrheit gesagt habe: Kühnheit oder großer Gehalt ist mit großem Wahrheitsgehalt verbunden; daher kann man den Falschheitsgehalt zunächst unberücksichtigt lassen.

Doch eine Zunahme des Wahrheitsgehalts ist keine *Garantie* für steigende Wahrheitsähnlichkeit; da die Zunahme des Gehalts eine rein logische Angelegenheit ist und da der Wahrheitsgehalt mit der Zunahme des Gehalts zunimmt, bleibt als einziges Betätigungsfeld für die wissenschaftliche Diskussion – und besonders für empirische Prüfungen – die Frage, ob der Falschheitsgehalt ebenfalls zugenommen hat oder nicht. Das konkurrierende Streben nach Wahrheitsähnlichkeit wird also, besonders unter dem empirischen Gesichtspunkt, zum konkurrierenden Vergleich der Falschheitsgehalte (was manche Leute als paradox emp-

[40] Vgl. Abschnitt 16, Anmerkung 30.

finden). Auch in der Wissenschaft scheint zu gelten, daß (wie es Winston Churchill einmal ausdrückte) Kriege nie gewonnen, sondern immer verloren werden. (Zusatz 1974: Vergleiche nun Anmerkung 20 oben.)

Wir können uns nie absolute Sicherheit verschaffen, daß unsere Theorie nicht hinfällig ist. Alles, was wir tun können, ist, nach dem Falschheitsgehalt unserer besten Theorie zu fahnden. Das tun wir, indem wir sie zu widerlegen versuchen, das heißt, indem wir sie im Lichte unseres ganzen objektiven Wissens und mit aller Erfindungskraft streng prüfen. Es ist natürlich immer möglich, daß die Theorie falsch ist, auch wenn sie alle Prüfungen besteht; das ist bei unserem Streben nach Wahrheitsähnlichkeit zu bedenken. *Doch wenn unsere Theorie alle diese Prüfungen besteht, dann haben wir wohl guten Grund zu der Vermutung, daß sie – die (wie wir wissen) größeren Wahrheitsgehalt hat als ihr Vorgänger – wohl keinen größeren Falschheitsgehalt hat.* Und wenn wir die neue Theorie gerade auf den Gebieten, auf denen ihre Vorgängerin scheiterte, nicht widerlegen können, dann können wir das als einen objektiven Grund für *die Vermutung* anführen, *daß die neue Theorie eine bessere Annäherung an die Wahrheit ist als die alte.*

24. Kritische Diskussion, rationale Bevorzugung und das Problem der Analytizität unserer Entscheidungen und Voraussagen

So gesehen, ist die Prüfung wissenschaftlicher Theorien Teil ihrer kritischen Diskussion, oder, wie man sagen könnte, ihrer rationalen Diskussion, denn in diesem Zusammenhang kenne ich kein besseres Synonym für »rational« als »kritisch«. Die kritische Diskussion kann nie hinreichende Gründe für die Behauptung erbringen, daß eine Theorie wahr sei; sie kann nie unseren Erkenntnisanspruch »rechtfertigen«. Doch die kritische Diskussion kann, wenn wir Glück haben, hinreichende Gründe für folgende Behauptung erbringen:

»Diese Theorie erscheint gegenwärtig, im Lichte einer gründlichen kritischen Diskussion und strengen und erfinderischen Prüfung, bei weitem als die *beste* (die stärkste, die am besten geprüfte); damit erscheint sie als die der Wahrheit nächste unter den konkurrierenden Theorien.«

Um es kurz zusammenzufassen: Man kann nie eine Theorie rational rechtfertigen – das heißt beanspruchen, ihre Wahrheit zu kennen; aber wenn man Glück hat, kann man die Präferenz für eine Theorie aus einer Menge konkurrierender Theorien rational rechtfertigen, wenn auch nur vorläufig, das heißt unter Bezug auf den gegenwärtigen Stand der Diskussion. Unsere Rechtfertigung ist zwar nicht die Behauptung, die Theorie sei wahr, aber es kann die Behauptung sein, im gegenwärtigen Stadium der Diskussion sprächen alle Anzeichen dafür, daß die Theorie *eine bessere Annäherung an die Wahrheit* ist als jede bisher vorgeschlagene konkurrierende Theorie.

Betrachten wir nun zwei konkurrierende Hypothesen h_1 und h_2. Sei d_t die Abkürzung einer Beschreibung des Standes der Diskussion dieser Hypothesen zur Zeit t, natürlich einschließlich der Diskussion einschlägiger experimenteller oder anderer Beobachtungsergebnisse. Bezeichnen wir mit

(1) $$c(h_1, d_t) < c(h_2, d_t)$$

die Aussage, der *Bewährungsgrad* von h_1 im Lichte der Diskussion d_t sei kleiner als der von h_2. Fragen wir uns, welcher Art Behauptung (1) ist.

In der Tat wird (1) eine etwas unsichere Aussage sein, allein schon deshalb, weil sich $c(h_1, d_t)$ mit der Zeit t ändert, *möglicherweise* mit Gedankenschnelle. In vielen Fällen wird die Wahrheit oder Falschheit von (1) eine reine Meinungssache sein.

Doch nehmen wir »ideale« Umstände an, eine lange Diskussion, die zu festen Ergebnissen geführt hat, insbesondere zur Übereinstimmung über alle empirischen Befunde, und Konstanz der Meinungen über längere Zeit hinweg.

Unter diesen Umständen erkennt man: Obwohl das in d_t eingehende Beweismaterial natürlich empirisch ist, kann doch die Aussage (1), falls d_t ausführlich genug ist, *logisch* oder (falls man nichts gegen den Ausdruck hat) »*analytisch*« sein.

Das ist besonders deutlich, wenn $c(h_1, d_t)$ negativ ist, weil die Diskussion zur Zeit t zur Übereinstimmung darüber führte, daß die Daten h_1 widerlegen, aber $c(h_2, d_t)$ positiv ist, weil die Daten h_2 stützen. Beispiel: Sei h_1 die Keplersche Theorie, h_2 die Einsteinsche Theorie. Man sei sich zur Zeit t darin einig, daß die Keplersche Theorie widerlegt ist (wegen der Newtonschen Störungen) und die Einsteinsche Theorie von den Daten gestützt werde. Ist d_t so ausführlich, daß das alles aus ihm folgt, dann ist

(1) $$c(h_1, d_t) < c(h_2, d_t)$$

die Aussage, eine unbestimmte negative Zahl sei kleiner als eine unbestimmte positive Zahl, und eine solche Aussage kann man »logisch« oder »analytisch« nennen.

Natürlich gibt es auch andere Fälle; zum Beispiel, wenn »d_t« nur ein Name wie »der Stand der Diskussion am 12. Mai 1910« ist. Doch ebenso, wie man sagen kann, das Ergebnis des Vergleichs zweier bekannter Größen ist analytisch, kann man sagen, das Ergebnis des Vergleichs zweier Bewährungsgrade, die hinreichend gut bekannt sind, sei analytisch.

Doch nur, wenn das Ergebnis des Vergleichs hinreichend gut bekannt ist, kann es als Grundlage einer rationalen Bevorzugung gelten; das heißt, nur wenn (1) gilt, kann man sagen, h_2 sei gegenüber h_1 rational zu bevorzugen.

Sehen wir weiter zu, was geschieht, wenn h_2 in dem erklärten Sinne gegenüber h_1 *rational vorzuziehen* ist: Wir werden unsere theoretischen Voraussagen wie auch unsere praktischen Entscheidungen, die von ihnen Gebrauch machen, auf h_2 statt h_1 aufbauen.

Das alles erscheint mir als unproblematisch und ziemlich trivial. Es wurde aber aus folgenden Gründen kritisiert.

Ist (1) analytisch, dann ist die Entscheidung, h_2 gegenüber h_1 vorzuziehen, ebenfalls analytisch, und damit ermöglicht diese Bevorzugung *keine neuen synthetischen Voraussagen.*

Ich bin nicht ganz sicher, aber das folgende scheint mir doch die Kritik zusammenzufassen, die zuerst von Salomon gegen meine Theorie der Bewährung vorgebracht wurde: Entweder sind alle beschriebenen Schritte analytisch – dann kann es keine synthetischen wissenschaftlichen Voraussagen geben; oder es gibt solche – dann können einige Schritte nicht analytisch sein, sondern müssen echt synthetisch oder gehaltvermehrend und damit induktiv sein.

Ich werde zu zeigen versuchen, daß das Argument als Kritik meiner Auffassungen nicht stichhaltig ist: h_2 ist, wie es allgemein aufgefaßt wird, synthetisch, und *alle* (nichttautologischen) *Voraussagen* werden aus h_2, nicht aus der Ungleichung (1) abgeleitet. Das genügt zur Entkräftung der Kritik. Die Frage, warum wir h_2 gegenüber h_1 vorziehen, ist durch Bezugnahme auf d_t zu beantworten, welches, sofern ausführlich genug, ebenfalls nicht analytisch ist.

Die Motive, die zur Bevorzugung von h_2 führten, können den synthetischen Charakter von h_2 nicht ändern. Diese Motive sind – im Gegensatz zu gewöhnlichen psychologischen Motiven – *rational rechtfertigbare Präferenzen.* Deshalb spielen Logik und analytische Aussagen in ihnen eine Rolle. Wenn man will, kann man diese Motive »analytisch« nennen. Doch diese analytischen *Motive für die Wahl von* h_2 machen niemals h_2 *wahr*, geschweige denn »analytisch«; es sind bestenfalls logisch nicht zwingende Gründe für die *Vermutung*, daß h_2 die wahrheitsähnlichste der zur Zeit t konkurrierenden Hypothesen sei.

25. Die Wissenschaft: Erkenntnisfortschritt durch Kritik und Erfindungsgeist

In der Wissenschaft erblicke ich eine der großartigsten Schöpfungen des menschlichen Geistes. Sie stellt eine Entwicklungsstufe dar, vergleichbar der Entwicklung einer deskriptiven und argumentativen Sprache oder der Erfindung der Schrift. Sie ist eine Stufe, die unsere erklärenden Mythen der bewußten und systematischen Kritik zugänglich macht und zur Erfindung neuer Mythen herausfordert. (Sie ist der mutmaßlichen Stufe in der Frühzeit der Entwicklung des Lebens vergleichbar, als Mutationstypen zum Gegenstand der Evolution durch Auslese wurden.)

Schon lange vor der Kritik gab es Erkenntnisfortschritt – auf dem Gebiet des genetisch kodierten Wissens. Die Sprache ermöglicht die Schaffung und Abwandlung von erklärenden Mythen, die Schrift fördert sie weiter. Doch erst die Wissenschaft ersetzt die Elimination der Fehler im gewaltsamen Lebenskampf durch die gewaltlose vernünftige Kritik, sie erlaubt uns, Tötung (Welt 1) und Einschüchterung (Welt 2) durch die unpersönlichen Argumente der Welt 3 zu ersetzen.

Ein Nachtrag zur Induktion

26. Humes Probleme der Verursachung und der Induktion

Bisher[41] konnte ich eine Skizze der Erkenntnistheorie und der Methoden der Wissenschaft zur Förderung des Erkenntnisfortschritts geben, ohne die *Induktion* auch nur zu erwähnen – weder das Wort noch die

[41] Ich möchte anmerken, daß Kapitel 2 einschließlich dieses »Nachtrags« vor dem Bericht entstand, der jetzt Kapitel 1 dieses Buches bildet. Es gibt einige Überschneidungen, wie man daran erkennen kann, daß mein Motto von Kapitel 1 (aus Bertrand Russells *A History of Western Philosophy*, London 1946, S. 699) auch sehr gut hier passen würde, besonders zu Abschnitt 29. Jedoch ergänzen sich die Kapitel 1 und 2 und besonders dieser »Nachtrag« auch in verschiedener Hinsicht.

angebliche Sache. Das halte ich für bedeutsam. Die Induktion ist ein Wirrwarr, und da das Induktionsproblem lösbar ist – in einem negativen, aber doch ganz direkten Sinne –, stellt sich heraus, daß die Induktion in der Erkenntnistheorie oder in der Methode der Wissenschaft und beim Erkenntnisfortschritt keine unentbehrliche Rolle spielt.

In meiner *Logik der Forschung* (1934) schrieb ich: »Bezeichnet man (nach Kant) das Induktionsproblem als ›Humesches Problem‹, so könnte man das Abgrenzungsproblem ›Kantsches Problem‹ nennen.«[42] Das war nach meiner Kenntnis das erste Mal, daß das Induktionsproblem das »Humesche Problem« genannt wurde: Kant selbst nannte es nicht so, im Gegensatz zu dem, was meine eben zitierte Stelle zu besagen scheint.

Die Sache war so. Kant führte ursprünglich den Namen »das Humesche Problem«[43] für die Frage des erkenntnistheoretischen Status der *Kausalität* ein; dann dehnte er die Bezeichnung auf die ganze Frage aus, ob synthetische Aussagen *a priori* gültig sein können, denn er betrachtete das Kausalitätsprinzip als das wichtigste der *a priori* gültigen synthetischen Prinzipien.

Ich war anders vorgegangen. Ich betrachtete Humes Analyse des Kausalitätsproblems als unfruchtbar. Sie stützte sich weitgehend auf seine unhaltbare empirische Psychologie – seine Version der Kübeltheorie des Geistes, deren subjektivistischer und psychologischer Inhalt mir wenig zu bieten schien, was für eine Theorie der objektiven Erkenntnis von Bedeutung gewesen wäre. Doch eingezwängt inmitten dieser wenigen subjektivistischen Beiträge fand ich ein Juwel von unschätzbarem Wert für die Theorie der objektiven Erkenntnis: eine einfache, direkte logische Widerlegung der Induktion als eines gültigen Arguments oder einer rechtfertigbaren Denkweise.

Dieses Argument Humes gegen die Gültigkeit der Induktion war gleichzeitig das Kernstück seiner Widerlegung der Existenz kausaler Verknüpfungen. Doch in dieser Hinsicht fand ich es weder besonders interessant noch gültig.

So spaltete sich für mich das Problem der Kausalität, das Kant das »Humesche Problem« genannt hatte, in zwei Probleme auf: das *Kausalitätsproblem* (hinsichtlich dessen ich weder mit Kant noch mit Hume übereinstimme) und das *Induktionsproblem*, hinsichtlich dessen ich mit

[42] Siehe meine Arbeit »Ein Kriterium des empirischen Charakters theoretischer Systeme«, *Erkenntnis* 3, 1933, S. 426f., sowie meine *Logik der Forschung*, 7. Auflage 1982, Abschnitt 4 (Absatz 3), S. 9.

[43] I. Kant, *Prolegomena*, 1. Auflage, S. 14f.

Hume völlig übereinstimmte, soweit es um seine Logik ging. (Es gab auch eine psychologische Seite des Induktionsproblems, bei der ich natürlich nicht mit Hume übereinstimmte.)

Als nächstes betrachtete ich Kants Problemsituation genauer; hier fand ich, daß unter seinen synthetischen Prinzipien *a priori* gar nicht das Kausalitätsprinzip (wie er glaubte) das entscheidende war, sondern die Art, wie er es verwendete: nämlich als *Induktionsprinzip*.

Hume hatte gezeigt, daß die Induktion ungültig war, weil sie zu einem unendlichen Regreß führte. Im Lichte der Kantischen Analyse (und meiner Verwerfung *a priori* gültiger synthetischer Prinzipien) kam ich nun zu folgender Formulierung: *Die Induktion ist ungültig, weil sie entweder zu einem unendlichen Regreß oder zum Apriorismus führt.*

Mit dieser Formulierung begann ich die Analyse in meiner *LdF*. Sie führte mich dazu, den logischen Mittelpunkt der ganzen Sache – das Induktionsproblem – »Humesches Problem« zu taufen und diesen Namen Kant zuzuschreiben, der das Kausalitätsproblem (*und* seine Verallgemeinerung) »Humesches Problem« genannt hatte.

Mir scheint aber, ich sollte wenigstens in Kürze etwas mehr ins einzelne gehen.

Hume scheint mir ein Mann des Alltagsverstandes gewesen zu sein. In seinem *Treatise* bekennt er sich dazu, ein überzeugter Realist des Alltagsverstandes zu sein. Nur seine schlechtere Hälfte, seine Erkenntnistheorie des Alltagsverstandes, seine Form der Kübeltheorie des Geistes macht ihn »skeptisch« gegenüber der Wirklichkeit und treibt ihn in eine radikale Form des Idealismus hinein – den »neutralen Monismus« (wie ihn Mach und Russell nannten). Hume ist vielleicht noch mehr als Locke und Berkeley das Musterbeispiel des Philosophen, der mit einem starken realistischen Alltagsverstand anfängt, aber durch seine Erkenntnistheorie des Alltagsverstandes zu einer idealistischen Philosophie verführt wird, die er rational unausweichlich findet, obwohl sie sein Bewußtsein spaltet; es ist die Schizophrenie zwischen dem Realismus des Alltagsverstandes und der Erkenntnistheorie des Alltagsverstandes, die den sensualistischen Empirismus in einen absurden Idealismus abdrängt, den nur ein Philosoph annehmen kann, aber kaum ein so vernünftiger wie Hume.

Die Schizophrenie drückt Hume klar in der berühmten Stelle aus:

»Da sich der skeptische Zweifel ganz natürlich [= im Rahmen des Alltagsverstandes] aus einem gründlichen und eingehenden Durchdenken dieser Frage ergibt, wächst er immer mehr an, je weiter wir unsere Überlegungen treiben, sei es im Gegensatz oder in Übereinstimmung mit ihm. Nur Nachlässigkeit und Nichtbeachtung können dem abhelfen. Daher verlasse ich mich völlig auf sie und gehe davon aus, was auch die Meinung des Lesers in diesem Augenblick sein mag, *daß er in einer Stunde davon überzeugt sein wird, daß es sowohl eine äußere als auch innere Welt gibt* ...«[44]

Doch Hume war völlig davon überzeugt, daß er seine Erkenntnistheorie als die philosophisch tiefere und wahrere bewiesen habe. Um das zu zeigen, zitiere ich aus einer Unzahl von Stellen die folgende aus dem *Treatise,* in der er gegen den »Irrtum«[45] unseres Glaubens an eine Außenwelt argumentiert:

»Aus alledem läßt sich schließen, daß keine andere Fähigkeit als die Sinneswahrnehmung notwendig ist, um uns von der äußeren Existenz des Körpers zu überzeugen. Doch die folgenden drei Erwägungen blockieren diesen Schluß. *Erstens* nehmen wir, genau genommen, nicht unseren Körper wahr, wenn wir unsere Glieder betrachten, sondern gewisse Eindrücke, die durch die Sinne Eingang finden; ihnen oder ihren Gegenständen eine wirkliche, körperliche Existenz zuzuschreiben, ist ein ebenso schwer erklärbarer Geistesakt wie der, mit dem wir uns zur Zeit beschäftigen. *Zweitens:* Töne, Geschmacksarten und Gerüche werden zwar von unserem Bewußtsein gewöhnlich als kontinuierliche unabhängige Qualitaten angesehen, aber sie scheinen keinerlei Ausdehnung zu haben, können also den Sinnen nicht als außerhalb des Körpers befindlich erscheinen. Der Grund, warum wir ihnen doch einen Ort zuschreiben, soll später betrachtet werden. *Drittens:* Selbst unser Gesichtssinn informiert uns über Entfernung oder über das Außensein (sozusagen) nicht unmittelbar und ohne ein gewisses Schließen und eine gewisse Erfahrung, wie die vernünftigsten Philosophen zugeben.«

Das ist die Kübeltheorie in reinster Form: Unsere Erkenntnis besteht aus unseren Wahrnehmungen oder »Eindrücken«, die *»durch die Sinne Eingang finden«*. Und diese, wenn sie einmal die Erkenntnis bilden, müssen in uns sein, und es kann keine Entfernung oder äußere Dinge geben.

(Natürlich ist dieser philosophische Tiefsinn reiner Irrtum. Gehen wir vom ersten Teil des Alltagsverstandes, dem Realismus, aus, so erkennen wir, daß wir Lebewesen mit Sinnesorganen sind, die uns behilflich sind, die Signale aus der Außenwelt zu entschlüsseln. Das gelingt uns

[44] Hume, *Treatise,* Buch I, Teil IV, Abschnitt II; Selby-Bigge, S. 218. (Hervorhebung von mir.)

[45] Siehe *Treatise,* Buch I, Teil IV, Abschnitt II; Selby-Bigge, S. 190 f., vorletzter Absatz.

erstaunlich gut, wobei praktisch unser ganzer »äußerer« Körper mitwirkt. Doch das ist jetzt nicht unser Problem.)

Ich habe Humes Schizophrenie kurz gekennzeichnet sowie die überragende Rolle, die die Kübeltheorie des Geistes bei ihm spielt. Jetzt möchte ich vor diesem Hintergrund seine Theorie der Kausalität erläutern.

Diese Theorie ist kompliziert und keineswegs widerspruchsfrei; ich möchte nur einen Aspekt von ihr herausarbeiten.

Hume betrachtet die Kausalität (a) als *eine Beziehung zwischen Ereignissen*, (b) als eine »NOTWENDIGE VERKNÜPFUNG« (von Hume in Großbuchstaben gesetzt).[46]

Aber (so sagt er) wenn »ich hier wieder die Sache von allen Seiten betrachte, um die Natur dieser notwendigen Verknüpfung zu ermitteln«, so finde ich keine Beziehungen »als ... Kontiguität und Aufeinanderfolge«[47]; es gibt keine sinnliche Grundlage für die Idee der Notwendigkeit: die Idee ist unbegründet.

Von dem, was beobachtbar ist, kommt ihr am nächsten die *regelmäßige Aufeinanderfolge*. Wäre die regelmäßige Aufeinanderfolge zweier Ereignisse aber »notwendig«, so *müßte sie mit Sicherheit stattfinden, und zwar nicht nur bei den beobachteten Fällen, sondern auch bei den unbeobachteten*. Auf diese Weise kommt im wesentlichen *das logische Problem der Induktion* in Humes subjektivistische Erörterung der Kausalität hinein, seine kübeltheoretische Suche nach dem Ursprung oder der Grundlage für die Idee der Notwendigkeit.

Ich betrachte diese Art der Untersuchung als völlig fehlgeleitet; doch ich betrachte Humes Formulierung und Behandlung des *logischen Induktionsproblems* (diesen Ausdruck gebraucht er nie) als einen nahezu reinen Edelstein. Ich zitiere eine der charakteristischen Stellen:

»Möchten die Menschen doch eines Tages von folgenden zwei Prinzipien völlig überzeugt sein: *Kein Gegenstand hat, für sich selbst betrachtet, etwas, was einen Schluß über ihn hinaus erlauben könnte*; und: *Auch nach der Beobachtung der häufigen oder ständigen Verbindung von Gegenständen ist kein Schluß auf irgendeinen Gegenstand außerhalb unserer bisherigen Erfahrung möglich ...*«[48] Diese »zwei Prinzipien«, von denen uns Hume überzeugen möchte, enthalten seine *negative Lösung des Induktionsproblems*. Hier (wie an vielen ähnlichen Stellen) ist keine Rede mehr von Ursache und Wirkung oder von

[46] Hume, *Treatise*, Buch I, Teil III, Abschnitt II; Selby-Bigge, S. 77.

[47] A. a. O.

[48] Hume, *Treatise*, Buch I, Teil III, Abschnitt XII; Selby-Bigge, S. 139.

notwendiger Verknüpfung. Nach meinem Urteil sind es die logischen Perlen, die unter dem psychologischen Schlamm des Kübels verschüttet sind. Und um Hume wegen seiner grundlegenden Entdeckung zu ehren, änderte ich die Bedeutung von Kants Ausdruck »Humesches Problem« ein wenig ab und verwendete ihn statt für das Kausalitätsproblem für das Induktionsproblem.

In diesem Sinne ist also Humes logisches Induktionsproblem das Problem, ob wir berechtigt sind, von beobachteten Fällen, wie viele es auch sein mögen, auf unbeobachtete Fälle zu schließen; oder von »bekannten« (akzeptierten) Aussagen, wie viele es auch sein mögen, auf »unbekannte« (nicht akzeptierte). Humes Antwort ist eindeutig negativ, und sie bleibt, wie er betont, negativ auch dann, wenn wir nur auf die *Wahrscheinlichkeit* einer unbeobachteten Verbindung statt auf ihre Notwendigkeit schließen wollen. Diese Erweiterung auf die Wahrscheinlichkeit wird im *Treatise* formuliert: »Nach diesen – wie ich glaube, Punkt für Punkt unanfechtbaren – Überlegungen gründet sich die Wahrscheinlichkeit auf die Annahme einer Ähnlichkeit zwischen den Gegenständen unserer bisherigen Erfahrung und denen, die außerhalb unserer bisherigen Erfahrung liegen; daher ist es unmöglich, daß diese Annahme aus der Wahrscheinlichkeit entspringt.«[49]

Wie man sieht, ist das Argument gegen die Wahrscheinlichkeits-Induktion rein formal, das wird noch klarer in einer Stelle aus Humes *Abstract*, die ich in meiner *LdF* zitiert habe.[50] Das heißt, Hume zeigt, daß seine Argumentation gegen die Gültigkeit des induktiven Schließens dieselbe bleibt, ob wir nun auf die »Notwendigkeit« *n* der Folgerungen oder nur auf ihre »Wahrscheinlichkeit« *p* schließen wollen. (Die Buchstaben »*n*« und »*p*« wären Variablen, die in Humes Argumentation austauschbar wären.[51])

Neben diesem logischen Induktionsproblem, das Hume, wie ich behaupte, vollständig gelöst hat (wenn auch negativ), gibt es ein anderes logisches Induktionsproblem, das manche »Humesches Induktionsproblem« nennen. Es ist das Problem: Wie kann gezeigt werden, daß

[49] Vgl. *Treatise*, Buch I, Teil III, Abschnitt VI; Selby-Bigge, S. 90.

[50] Vgl. *LdF*, 1982, S. 320f.: diese Stelle handelt nur von der Induktion, während die vorher zitierte aus *Treatise* S. 91 mit einer Erörterung von Ursache und Wirkung beginnt.

[51] In dem Artikel »Hume, Probability, and Induction«, in: *The Philosophical Review*, April 1965, nachgedruckt in: *Philosophy Today* 3, S. 212–232, wird das von D. Stove bestritten. Doch da Humes Argument formal ist (in dem Sinne, daß es nach ihm keinen Unterschied macht, wenn wir *n* durch *p* ersetzen), kann Stove nicht recht haben.

Induktionsschlüsse (mindestens probabilistische) gültig sind oder sein können?

Dieses Problem beruht auf einer typischen Verwirrung, denn es setzt unkritisch eine positive Lösung dessen voraus, was ich »Humesches Problem« genannt habe; doch Hume hat bewiesen, daß es keine positive Lösung gibt.

Schließlich gibt es noch Humes *psychologisches* Induktionsproblem. Es läßt sich folgendermaßen formulieren: Warum glauben die meisten Menschen, auch die vernünftigsten, an die Gültigkeit der Induktion? Humes Antwort ist die, auf die Russell im Motto zum ersten Kapitel anspielt: Der psychologische Mechanismus der Assoziation zwingt sie, gewohnheitsmäßig zu glauben, daß das, was in der Vergangenheit geschah, auch in der Zukunft geschehen werde. Das ist ein biologisch nützlicher Mechanismus – vielleicht könnten wir ohne ihn gar nicht leben –, aber er hat nicht die geringste rationale Grundlage. So ist der Mensch nicht nur ein irrationales Wesen, sondern gerade der Teil von uns, den wir für rational hielten – die *menschliche Erkenntnis*, einschließlich der praktischen –, ist völlig irrational.

So zerstörte der Widerspruch zwischen Humes negativer Lösung des logischen Induktionsproblems und seiner positiven Lösung des psychologischen Problems gleichermaßen den Empirismus wie den Rationalismus.

27. Warum Humes logisches Induktionsproblem tiefer liegt als sein Kausalitätsproblem

Es könnte leicht ein Streit darüber entstehen, welches das tieferliegende Problem ist: Humes Kausalitätsproblem oder das, was ich sein Induktionsproblem genannt habe.

Man könnte sagen, wenn das Kausalitätsproblem positiv gelöst würde – wenn wir die Existenz einer notwendigen Verknüpfung zwischen Ursache und Wirkung zeigen könnten –, dann wäre das Induktionsproblem ebenfalls gelöst, und zwar positiv. Man könnte also sagen, das Kausalitätsproblem sei das tieferliegende.

Ich behaupte das Gegenteil: Das Induktionsproblem ist negativ gelöst; wir können nie die Wahrheit eines Glaubens an eine Regelmäßigkeit rechtfertigen. Doch wir verwenden ständig Regelmäßigkeiten als Vermutungen, als Hypothesen; und wir haben manchmal gute Gründe dafür, bestimmte Vermutungen einigen ihrer Konkurrenten vorzuziehen.

Jedenfalls können wir im Lichte einer Vermutung nicht nur Ursache und Wirkung viel besser erklären, als es Hume jemals tat, sondern wir können sogar angeben, worin die »notwendige kausale Verknüpfung« besteht.

Ist eine vermutete Regelmäßigkeit und sind bestimmte Anfangsbedingungen gegeben, mit deren Hilfe wir aus der Vermutung Voraussagen ableiten können, so können wir die Anfangsbedingungen die (vermutete) Ursache und das vorausgesagte Ereignis die (vermutete) Wirkung nennen. Und die Vermutung, die sie mit logischer Notwendigkeit verknüpft, ist die lange gesuchte (vermutete) notwendige Verbindung zwischen Ursache und Wirkung. (Das Ganze kann man »kausale Erklärung« nennen, wie ich es in *LdF*, Abschnitt 12, getan habe.)

Das zeigt, daß wir mit Humes negativer Lösung des Induktionsproblems viel weiter kommen als mit seiner negativen Lösung des Kausalitätsproblems; wir können also das erste Problem als das »tieferliegende« bezeichnen, das »hinter« dem zweiten liegt.

28. Kants Eingriff: objektive Erkenntnis

Kant erkannte, daß Humes negative Lösung des Induktionsproblems die Rationalität der Grundlagen der Newtonschen Dynamik zerstörte. Wie alle seine gebildeten Zeitgenossen zweifelte Kant nicht an der Wahrheit der Newtonschen Theorie. Humes Analyse machte sie zu einer »Sitte« oder »Gewohnheit« – ein unannehmbarer Gedanke.

Hume hatte gezeigt, daß die Induktion durch einen unendlichen Regreß bedroht ist. Kant wies darauf hin, daß Hume in seinem empiristischen Dogmatismus die Möglichkeit übersehen hatte, daß es ein Kausalitätsprinzip (besser: ein Induktionsprinzip) geben könnte, das *a priori* gültig ist. Auf diesen Standpunkt stellte sich Kant (wie ich in Abschnitt 1 von *LdF* erläuterte) und nach ihm Russell: Beide versuchten, die menschliche Vernunft vor Humes Irrationalismus zu retten.

Kant teilte alle Sätze nach ihrer logischen Form in analytische und synthetische ein; die analytischen waren die, über deren Wahrheit oder Falschheit allein mit Hilfe der Logik entschieden werden kann. Weiter teilte er sie nach ihrer Gültigkeit *a priori* oder *a posteriori* ein: je nachdem, ob ihr Anspruch auf Wahrheit oder Falschheit einer empirischen Stützung bedurfte *(a posteriori)* oder nicht *(a priori)*.

Da definitionsgemäß alle analytischen Aussagen apriorisch sind, erhalten wir folgende Tabelle:

Einteilung der Aussagen

		nach der logischen Form:	
		analytisch	synthetisch
nach der Grundlage des Wahrheits- oder Falschheitsanspruchs:	*a priori* ←	+	?
	a posteriori →	–	+

(Die Pfeile bedeuten »wenn ... dann«; zum Beispiel: wenn analytisch, dann *a priori.*)

Die Tabelle zeigt: Analytizität impliziert Apriorität; daher impliziert Aposteriorität Synthetizität. Das läßt aber die Frage offen, ob es *a priori* gültige synthetische Aussagen gibt. Kant bejahte sie und behauptete, die Arithmetik, die Geometrie, das Kausalitätsprinzip (und ein wichtiger Teil der Newtonschen Physik) seien synthetisch und *a priori* gültig.

Damit war für ihn das Humesche Problem gelöst. Doch war das eine haltbare Theorie? Wie konnte die Wahrheit etwa des Kausalitätsprinzips *a priori* dargetan werden?

Hier brachte Kant seine »Kopernikanische Revolution« ins Spiel: *Der menschliche Verstand ist es, der die Gesetze erfand und sie dem sinnlichen Sumpfe vorschrieb; dadurch schuf er die Ordnung der Natur.*

Das war eine kühne Theorie. Doch sie brach zusammen, als man erkannte, daß die Newtonsche Dynamik nicht *a priori* gültig war, sondern eine großartige Hypothese – eine Vermutung.

Vom Standpunkt des Realismus des Alltagsverstandes aus ließe sich ein guter Teil der Kantschen Idee beibehalten. Die Naturgesetze *sind* unsere Erfindung, sie sind von Tieren und Menschen gemacht, genetisch *a priori*, aber nicht *a priori* gültig. Wir *versuchen*, sie der Natur vorzuschreiben. Sehr oft scheitern wir dabei und gehen mit unseren falschen Vermutungen zugrunde. Doch manchmal kommen wir der Wahrheit nahe genug, um mit unseren Vermutungen zu überleben. Und die Menschen mit ihrer deskriptiven und argumentativen Sprache können ihre Vermutungen systematisch kritisieren. Das ist die Methode der Wissenschaft.

Man sollte sich den großen Beitrag Kants zu dieser Lösung vor Augen halten, wenn er auch den erkenntnistheoretischen Subjektivismus nicht völlig überwand. Der bedeutendste Schritt war vielleicht sein ständiges Sprechen über wissenschaftliche Theorien, Aussagen, Behauptungen, Prinzipien und die Argumente für und gegen sie, während seine Vorgänger noch hauptsächlich von Empfindungen oder Eindrücken oder Glauben gesprochen hatten.

29. Die Lösung der Humeschen Paradoxie: Wiederherstellung der Rationalität[52]

Seit den Tagen, als ich jenen Abschnitt schrieb, in dem ich das Induktionsproblem das »Humesche Problem« nannte, ist diese Bezeichnung allgemein angenommen worden. Ich habe die Literatur vergeblich danach durchsucht, ob jemand vor mir das Induktionsproblem »Humesches Problem« genannt hat. Alle Fälle, die ich finden konnte, lassen sich auf Autoren zurückführen, die mein Buch mehr oder weniger sorgfältig gelesen haben (wie Russell oder von Wright). Ich kann natürlich einen früheren Autor übersehen haben, und nichts wäre unwichtiger als ein Prioritätsanspruch auf den Namen für ein Problem. Ich erwähne die Angelegenheit nur, weil es in Mode gekommen ist, auch ein völlig anderes Problem »Humesches Problem« zu nennen, und einige spätere Autoren wollten mir klarmachen, das »Humesche Induktionsproblem« sei gar nicht das, was ich so genannt habe.

Offensichtlich gibt es noch verschiedene Probleme, die man so nennen könnte; ich nenne zwei Gruppen:[53]

[52] Dieser Abschnitt überschneidet sich (wie auch andere) teilweise mit Kapitel 1 des vorliegenden Buches. Ich habe ihn aber beibehalten, weil er mir Kapitel 1 auch in verschiedenen Punkten zu ergänzen scheint. (Siehe auch Anmerkung 41 oben.)

[53] John Watkins machte mich auf eine »Gruppe C« aufmerksam: Ist die Induktion (d. h. etwas, was sich auf Wiederholung stützt) *unentbehrlich*, ob sie nun zu rechtfertigen ist oder nicht? Ihre Unentbehrlichkeit ist es (meint Watkins), »was Hume annahm«. Genau das bestreite ich und löse damit das Humesche Problem. Wir brauchen in der Welt 3 lediglich den Realismus vorauszusetzen. In der Welt 2 sind wir gezwungen, zu handeln, und glauben daher in der Regel an mehr, als sich rechtfertigen läßt, aber wir wählen immer noch die beste der konkurrierenden Hypothesen aus: als Konsequenz des Realismus. Watkins hält Gruppe C für die grundlegende, aber das kann ich nicht einsehen. Eine *Wahl* ist in gewissem Sinne unumgänglich, nicht aber die Induktion. (Ich hoffe, ich habe Watkins nicht mißverstanden.)

Gruppe A. Wie kann man die Induktion rechtfertigen?

Gruppe B. Läßt sich die Induktion überhaupt rechtfertigen? Gibt es irgendeinen Grund dafür, sie für rechtfertigbar zu halten?

Man erkennt sofort, daß Gruppe B die grundlegendere Frage ist: Wird sie eindeutig negativ gelöst, so stellt sich die Frage von Gruppe A überhaupt nicht mehr.

Ich behaupte, die Frage von Gruppe B in diesem Sinne gelöst zu haben. Mit anderen Worten, ich behaupte, das Humesche Induktionsproblem in seiner tieferliegenden Form gelöst zu haben. Ich sage das ausdrücklich, weil mehrere Philosophen nur die Gruppe A »Humesches Induktionsproblem« genannt haben und mir fälschlich die Behauptung zugeschrieben haben[54], das Humesche Induktionsproblem sei *unlösbar*, während ich behaupte, es gelöst zu haben – wenn auch negativ.

Das Humesche Induktionsproblem hat zwei Bestandteile:

(a) Die Frage der Rechtfertigung der Gültigkeit des Anspruchs, mit Sicherheit oder wenigstens mit Wahrscheinlichkeit die Wahrheit einer Regel oder Verallgemeinerung, oder wenigstens ihre wahrscheinliche Wahrheit, aufgrund singulärer Daten erwiesen zu haben;

(b) die These, die Induktion hänge mit der *Wiederholung* zusammen (und diese mit der Verstärkung von Assoziationen).

Man kann natürlich »Induktion« nennen, was immer einem beliebt. Man kann meine Theorie der Kritik und des Erkenntnisfortschritts meine Induktionstheorie nennen. Ich glaube aber, das würde wenig zur Klarheit und viel zur Verwirrung beitragen. Denn die Frage (a), ob die Induktion ein gültiger Schluß sei – das heißt, eine gültige Wahrheitsbehauptung für die induzierte Aussage schaffe –, scheint mir kennzeichnend für Humes Problem und seine negative (logische) Antwort; und (b), das Element der Wiederholung und Assoziation, scheint mir kennzeichnend für Humes Problem und ermöglicht den positiven (psychologischen) Teil seiner Antwort.

Denn Hume beantwortete die durch (a) und (b) aufgeworfenen Fragen auf zwei wesentlich verschiedene Weisen.

(a′) Er sagte, als Schlußweise sei die Induktion völlig ungültig. Es gibt nicht den Schatten eines logischen Grundes für den Schluß von Aussagen über die Vergangenheit (wie vergangene Wiederholungen »empirischer Befunde«) auf eine Verallgemeinerung.

(b′) Er sagte, trotz ihrer logischen Ungültigkeit spiele die Induktion

[54] Siehe G. J. Warnocks Besprechung der englischen Ausgabe von *LdF* in *Mind*, New Series, 69, 1960, S. 100.

eine unentbehrliche Rolle im praktischen Leben. Wir leben davon, daß wir uns auf die Wiederholung verlassen. Die durch Wiederholung verstärkte Assoziation ist der Hauptmechanismus unseres Verstandes, durch den wir leben und handeln.

Hier liegt also eine Paradoxie. *Nicht einmal unser Verstand arbeitet rational. Die Gewohnheit, für die sich rational nichts anführen läßt, ist die Hauptkraft, die unsere Gedanken und Handlungen leitet.*

Das führte Hume, einen der vernünftigsten Denker aller Zeiten, zur Preisgabe des Rationalismus, zu der Anschauung, der Mensch sei nicht mit Vernunft begabt, sondern ein Produkt blinder Gewohnheit.

Nach Russell ist diese Paradoxie bei Hume für die Schizophrenie des modernen Menschen verantwortlich. Ob nun Russell damit recht hat oder nicht, ich behaupte, sie aufgelöst zu haben.

Die Auflösung der Paradoxie ist, daß wir nicht nur vernünftig und damit im Gegensatz zum Induktionsprinzip, das von Hume als ungültig erwiesen wurde, *denken* können, sondern daß wir auch vernünftig *handeln* können: im Einklang mit der Vernunft und nicht mit der Induktion. Wir handeln nicht gemäß der Wiederholung oder »Gewohnheit«, sondern gemäß unseren bestgeprüften Theorien; das sind, wie wir sahen, diejenigen, für die wir gute rationale Gründe haben – nicht für den Glauben an ihre Wahrheit, aber für den Glauben, daß sie unter dem Gesichtspunkt des Strebens nach Wahrheit oder Wahrheitsähnlichkeit die *besten verfügbaren* Theorien sind – die besten unter den konkurrierenden Theorien, die besten Annäherungen an die Wahrheit. Die Hauptfrage für Hume war: Handeln wir vernunftgemäß oder nicht? Und meine Antwort ist: Wir können; und wenn wir vernünftig sind, handeln wir so.

Damit ist Humes Paradoxie aufgelöst. Er hatte recht mit seiner logischen Kritik der Möglichkeit einer gültigen Induktion. Unrecht hatte er mit seiner Assoziationspsychologie, mit seinem Glauben, wir handelten aufgrund der Gewohnheit, und diese sei das Ergebnis reiner Wiederholung.

Diese Auflösung der Humeschen Paradoxie behauptet natürlich nicht, wir seien durch und durch vernünftige Wesen. Sie besagt lediglich, daß es keinen Konflikt zwischen Vernunft und praktischem Handeln in unserer menschlichen Verfassung gibt.

Man muß natürlich hinzufügen, daß die rationalen Maßstäbe, die wir an unsere praktischen Handlungen anlegen, oft weit hinter den Maßstäben zurückbleiben, die an der vordersten Linie der Erkenntnis angelegt werden: Wir handeln oft aufgrund von Theorien, die schon lange überholt sind, zum Teil deshalb, weil die meisten von uns nicht verstehen, was an der vordersten Linie der Erkenntnis vor sich geht. Ich glaube aber nicht, daß das einer genaueren Verfolgung wert ist.

30. Verwirrungen im Zusammenhang mit dem Induktionsproblem

Hume selbst vermengte das Induktionsproblem mit dem Problem der notwendigen Verknüpfung zwischen Ursache und Wirkung; und Kant erblickte in dem Problem der apriorischen Gültigkeit des Kausalgesetzes eins der grundlegendsten Probleme der Metaphysik. Doch Hume hat das Verdienst, das reine logische Problem der Induktion formuliert und gelöst zu haben (und ich bin stolz darauf, daß ich, soweit ich sehe, der erste war, der ihm dieses Verdienst zugeschrieben hat). Er schreibt zum Beispiel, wir hätten keinen *Grund* für den Glauben, »*daß die Fälle außerhalb unserer vorliegenden Erfahrung [wahrscheinlich] denen unserer vorliegenden Erfahrung ähneln*«.[55]

Diese Formulierung könnte sich nicht klarer vom Problem der kausalen Notwendigkeit abheben, das so oft die Klarheit der Humeschen Gedanken trübt. Sie ist auch völlig frei von dem verwirrenden Gesichtspunkt des Schließens von der Vergangenheit auf die Zukunft. Es wird lediglich angenommen, wir hätten empirische Befunde für die Wahrheit bestimmter Fälle, und es wird gesagt, das berechtige uns nicht zu einem Schluß oder einer Extrapolation auf entsprechende Erfahrungen in anderen Fällen (sei es in der Vergangenheit oder der Zukunft).

Dies also, nichts mehr und nichts weniger, habe ich »Humesches [logisches] Induktionsproblem« getauft.

Humes Antwort ist so klar, wie sie nur sein kann: Es gibt kein Argument (oder keinen Grund), welches einen Schluß von einem Fall auf einen anderen erlaubt, wie ähnlich die Bedingungen auch sein mögen; und in dieser Hinsicht stimme ich völlig mit ihm überein.

Ich halte es aber für falsch, wenn Hume glaubt, wir zögen in der Praxis solche Schlüsse auf der Grundlage der Wiederholung oder Gewohnheit. Diese seine Psychologie, so behaupte ich, ist primitiv.[56] In Wirklichkeit

[55] David Hume, *Treatise on Human Nature*, 1739–1740, Buch I, Teil III, Abschnitt VI; Selby-Bigge, S. 89 (Hervorhebungen von Hume.) Siehe auch meine *Logik der Forschung*, 1982, insbes. S. 320 f.; vgl. Anmerkung 50 oben.

[56] Es mag andere Psychologien geben, die so schlecht sind wie die Humesche, aber nicht

(Fortsetzung der Fußnote S. 99)

springen wir zu einem Schluß (oft in Form einer Lorenzschen »Prägung«); das heißt, wir springen zu keineswegs zwingenden Hypothesen, an die wir uns oft klammern und mit denen wir zugrunde gehen können, wenn wir sie nicht berichtigen können – und zu berichtigen ist besonders dann möglich, wenn sie auf der Ebene des Menschen exosomatisch und schriftlich formuliert und der Kritik ausgesetzt werden.

Die Behauptung, wir hätten eine irrationale Neigung, uns von Gewohnheit und Wiederholung beeindrucken zu lassen, ist etwas ganz anderes als die Behauptung, wir hätten einen Drang, kühne Hypothesen auszuprobieren, die wir vielleicht berichtigen müssen, wenn wir nicht zugrunde gehen wollen. Die erste beschreibt einen typisch Lamarckschen Vorgang der Unterweisung, die zweite einen Darwinschen Auslesevorgang. Ersterer ist, wie Hume bemerkte, irrational, letzterer scheint nichts Irrationales an sich zu haben.

31. Was bleibt von dem irrigen Problem der Rechtfertigung der Induktion?

Das irrige Problem der Gruppe A – *das Problem der Rechtfertigung der Induktion* – wird von Leuten aufgeworfen, die von der »Gleichförmigkeit der Natur« beeindruckt sind: von der Tatsache, daß die Sonne jeden Tag aufgeht (einmal in 24 Stunden oder einmal nach jeweils etwa 90 000 Pulsschlägen); daß alle Menschen und Tiere sterben müssen;[57] und daß – so Humes berühmtes Beispiel – Brot ernährt. Doch alle drei Beispiele sind in der Form, wie sie ursprünglich gemeint waren, widerlegt.[58]

»Die Sonne geht jeden Tag auf« sollte heißen: »Wohin man auch geht, die Sonne geht jeden Tag auf.« Daß das die ursprüngliche Bedeutung

mit der Logik in Konflikt stehen. Darüber hinaus behaupte ich: Es gibt eine Psychologie, die von der Logik tatsächlich beherrscht wird: die rationale Psychologie von Versuch und Irrtumselimination.

[57] Das griechische Wort *thnētos*, das oft mit »sterblich« übersetzt wird, bedeutet eigentlich »todgeweiht«. »Alle Menschen sind sterblich« ist daher besser zu übersetzen mit »Alle Menschen müssen sterben«; und in diesem Sinne kann es nicht als richtig gelten, denn es ist abgeleitet aus »Alle entstandenen Lebewesen müssen (ihrem Wesen nach) sterben«, was durch die Bakterien widerlegt wird.

[58] Diese Beispiele habe ich häufig in meinen Vorlesungen verwendet, und ich verwende sie wieder in Kapitel 1 (Abschnitt 6 und Anmerkung 17). Ich habe mich aber entschlossen, diese Überschneidungen stehenzulassen, um die beiden Kapitel unabhängig voneinander lesbar zu machen.

war, zeigt sich daran, daß Pytheas von Marseille, der erste bekannte Reisende, der den Polarkreis überschritt und »das gefrorene Meer und die Mitternachtssonne« beschrieb, jahrhundertelang als Musterbeispiel eines Lügners galt und der Begriff »Reisegeschichten« auf ihn zurückgeht. Aristoteles leitete den unvermeidlichen Tod aller Menschen aus der Tatsache ab, daß alles Entstandene, insbesondere jedes Lebewesen verfallen müsse – eine These, die von den Biologen keineswegs mehr allgemein akzeptiert wird (man hat jetzt ein Hühnerherz *in vitro* mehr als ein halbes Jahrhundert am Schlagen gehalten). Und Humes Beispiel, daß Brot ernährt, wurde tragisch widerlegt, als auf übliche Weise gebackenes Brot ein französisches Dorf praktisch ausrottete: durch eine Mutterkornvergiftung.

Doch ist das alles? Ja. Es ist einfach eine Tatsache (was auch die Philosophen sagen mögen), daß wir im Rahmen des Alltagsverstandes sicher sind, daß die Sonne morgen über London aufgehen wird. Doch wir wissen es nicht mit Sicherheit. Es gibt Millionen von Möglichkeiten, die es verhindern können. Jeder, der positive Gründe für den Glauben daran nennen möchte, hat das Problem nicht begriffen. Zugegeben, wir alle – ob Humeaner oder nicht – hoffen, daß die Sonne weiter aufgehen wird. Zugegeben, diese Hoffnung ist notwendig – für das Handeln, das Leben. Aber auch eine notwendige Hoffnung ist kein objektives Wissen, obwohl sie uns zum Glauben veranlassen kann.

Mit anderen Worten, jene Regeln, die von den Philosophen immer noch als Standardbeispiele für induktive Regeln (und für Zuverlässigkeit) benutzt werden, sind alle falsch, wenn auch gute Annäherungen an die Wahrheit.

Damit soll nur die Unzuverlässigkeit der *sogenannten* Induktion gezeigt werden. Echte Induktion durch Wiederholung gibt es nicht. Was wie Induktion aussieht, ist hypothetisches Denken, gut geprüftes und bewährtes, das mit der Vernunft und dem Alltagsverstand in Einklang steht. Denn es gibt eine Methode der Bewährung – den ernsthaften Versuch, eine Theorie zu widerlegen, wo eine Widerlegung möglich scheint. Schlägt dieser Versuch fehl, so kann man mit vernünftigen Gründen vermuten, daß die Theorie eine gute Annäherung an die Wahrheit ist – jedenfalls eine bessere als ihr Vorgänger.

Doch können wir nicht so etwas wie Sicherheit erlangen? Können wir nicht Sicherheit in der Induktion, bei unzähligen Wiederholungsfällen erreichen?

Die Antwort heißt: nein. (Das sagte Hume.) Sicherheit für den Alltagsverstand können wir leicht erreichen – nicht so sehr durch

Wiederholung als vielmehr durch strenge Prüfungen. Ich bin so zuversichtlich wie jeder andere, daß die Sonne morgen über London aufgehen wird oder daß ich bald sterben werde, obwohl mich vorerst Brot ernähren wird. Doch als Theoretiker weiß ich, daß es auch anders kommen kann. Ich weiß sogar, daß die Sonne nicht überall in Europa täglich aufgeht, daß Bakterien nicht immer sterben, sondern sich teilen, und daß Brot, Wasser, Luft und unsere ganz normale und zuverlässige Umgebung tödliche Gifte enthalten kann.

Man kann auch fragen: Warum haben wir mit unserer Theoriebildung Erfolg? Die Antwort: Bisher haben wir Erfolg gehabt, und morgen können wir Mißerfolg haben. Jedes Argument, das zeigte, daß wir Erfolg haben müssen, würde viel zuviel beweisen. Wir können nur vermuten, daß wir in einem Teil des Weltalls leben, wo die Bedingungen für das Leben und den Erfolg beim Unternehmen der Erkenntnisgewinnung augenblicklich günstig zu sein scheinen. Doch falls wir irgend etwas wissen, wissen wir auch, daß fast überall sonst im Universum die Bedingungen für das Leben und die Erkenntnis höchst ungünstig sind, denn unsere Kosmologie lehrt uns, daß das Universum fast überall völlig leer ist, und wo es nicht leer ist, ist es fast überall zu heiß.

Und die Tatsache, daß man in London viele Jahrhunderte lang täglich Pferdefuhrwerke sehen konnte, hat nicht verhindert, daß sie verschwunden und durch den Kraftwagen ersetzt worden sind. Die scheinbare »Gleichförmigkeit der Natur« ist ganz unzuverlässig; man kann zwar sagen, die Naturgesetze änderten sich nicht, doch das kommt der Behauptung gefährlich nahe, es gebe in unserer Welt einige abstrakte Verknüpfungen, die sich nicht ändern (was ganz trivial ist, wenn wir zugeben, daß wir nicht wissen und bestenfalls vermuten, worin sie bestehen), und die wir »Naturgesetze« nennen.

32. Dynamische Skepsis: Gegenüberstellung mit Hume

Die hier vertretene Auffassung ist grundverschieden von dem, was in neuerer Zeit, mindestens seit der Reformation, »Skeptizismus« genannt wird: Das ist die Theorie, die skeptisch hinsichtlich der Möglichkeit der Erkenntnis ist. Doch die hier vertretene Auffassung baut auf die Möglichkeit des *Erkenntnisfortschritts und daher der Erkenntnis*. Sie verzichtet lediglich auf die Sicherheit, die der Alltagsverstand als wesentlich für die Erkenntnis hielt, und zeigt, daß sowohl Sicherheit als auch Erkenntnis etwas anderes sind, als die Theorie des Alltagsverstandes annahm. Man wird jemanden kaum als Skeptiker bezeichnen, der an die Möglichkeit unbegrenzten Erkenntnisfortschritts glaubt.

Andererseits waren einige klassische Skeptiker wie Cicero und Sextus Empiricus nicht weit von der hier vertretenen Auffassung entfernt. »Skepsis« ließe sich (was freilich selten geschieht) ohne weiteres mit »kritische Untersuchung« übersetzen, »dynamische Skepsis« mit »kraftvolle kritische Untersuchung«, ja sogar mit »hoffnungsvolle kritische Untersuchung«, so wenig auch die Hoffnung selbst eine rein vernünftige Grundlage hat. Sicher hat sie sehr wenig zu tun mit dem Wunsch, zu wissen, wo man nichts wissen kann.

In diesem Zusammenhang scheint es mir nicht ganz unwichtig, zu unserem Ausgangspunkt zurückzukommen – Alltagsverstand *plus* Kritik – und uns daran zu erinnern, daß der Alltagsverstand den *Realismus* einschließt – der vielleicht nicht allzuweit vom »wissenschaftlichen Realismus« entfernt ist – und daß alle bekannten Argumente gegen den Realismus[59] sich bei kritischer Betrachtung als unhaltbar herausstellen, oder genauer als unhaltbare Fehler des schwächsten Teils des Alltagsverstandes: der Erkenntnistheorie des Alltagsverstandes. Wir haben also nicht den geringsten Grund, den Realismus aufzugeben.

Doch das bedeutet eine grundlegende Änderung der Situation meiner »hoffnungsvollen Skepsis«, besonders im Vergleich zu der von David Hume.

Hume argumentiert:

(1) Die Induktion (das heißt die Induktion durch Wiederholung) ist rational völlig ungültig.

(2) Bei unseren Handlungen (und damit unserem Glauben) verlassen wir uns tatsächlich auf die Existenz einer Wirklichkeit, die nicht völlig chaotisch ist.

(3) Dieses Zutrauen ist aber, angesichts (1), rettungslos irrational.

(4) Daher ist die menschliche Natur wesentlich irrational.

Ich unterschreibe vollkommen Humes Thesen (1) und (2). Aber ich lehne seine Irrationalitätsthese (3) ab. Das kann ich, weil ich nicht (2) auf (1) zu gründen versuche, sondern den Realismus als einen bisher von der Kritik nicht angetasteten Teil des Alltagsverstandes behaupte, den aufzugeben wir keinen Grund haben. Hume glaubte – aufgrund seiner

[59] Dazu rechne ich nicht das eine gültige Argument für eine Art des Idealismus, die zum Realismus überhaupt nicht im Widerspruch steht: daß die menschliche Erkenntnis ein Erzeugnis der Menschen ist, daß alle unsere Theorien unsere Erfindungen sind. Siehe Anmerkung 31 oben, sowie *Conjectures and Refutations*, S. 117.

falschen Erkenntnistheorie des Alltagsverstandes –, es sei nur dann vernünftig, (2) anzunehmen, wenn wir es »wissen« – das heißt hinreichende Gründe für den Glauben daran haben; und er glaubte, dieser Glaube beruhe *de facto* auf der Induktion (die er mit Recht als irrational ablehnte). Es gibt aber nicht nur die Humesche Erkenntnis kraft zureichender Gründe, es gibt auch objektive Vermutungserkenntnis (und ihre subjektive Entsprechung, die oben in Abschnitt 21 besprochen wurde). Der Status unserer dem Alltagsverstand entsprechenden Sicht der Wirklichkeit unterscheidet sich nicht grundlegend[60] von dem der unmittelbaren Wahrnehmungen oder Eindrücke, die Hume als sicher zugrunde legte: Sie besteht aus Vermutungswissen und wird Bestandteil unseres Organismus durch die Methode von Versuch und Irrtumselimination. Es gibt also nicht den geringsten Grund, (2) auf (1) zu gründen oder einer positiven Begründung als bedürftig anzusehen außer dem Fehlen stichhaltiger kritischer Gegenargumente.

Ich fasse zusammen. Wir brauchen nicht wie Hume von der Induktion auf den Realismus zu schließen; an der Vermutung des Realismus ist nichts Irrationales; die allgemeinen Argumente gegen ihn, an deren Gültigkeit Hume glaubte, gehören zu seiner falschen Erkenntnistheorie des Alltagsverstandes.

Wir haben also alles Recht, Humes Thesen (3) und (4) abzulehnen.

Noch etwas ist über (3) und (4) zu sagen. Wir glauben *hoffnungsvoll* an den Realismus, und diese Zuversicht ist nicht rational, denn es gibt mindestens einige Argumente im »wissenschaftlichen Realismus«, die zur Voraussage des schließlichen Untergangs alles Lebens führen.

Doch nicht einmal das stützt Humes Thesen (3) und (4). Denn es ist nicht irrational, zu hoffen, solange wir leben – und handeln und entscheiden müssen wir ständig.

33. Analyse eines Arguments, das sich auf die Unwahrscheinlichkeit reiner Zufälle stützt

Wie ich (in Abschnitt 22) kurz erwähnte, halte ich die subjektive Wahrscheinlichkeit als Maß des *»vernünftigen Glaubens«* für einen Fehler und für wenig wertvoll für die Erkenntnistheorie.

Doch auf Worte kommt es nicht an, und ich habe natürlich nichts dagegen, das, was ich hier eine »gute« (oder »die beste«) Vermutung

[60] Hier hatte Thomas Reid recht. Siehe das Ende von Abschnitt 21 oben.

genannt habe, eine »wahrscheinliche« Vermutung (oder die wahrscheinlichste der bekannten Vermutungen) zu nennen, solange »Wahrscheinlichkeit« nicht im Sinne der Wahrscheinlichkeitsrechnung verstanden wird, denn in diesem Sinne hat sie nach meiner Auffassung nicht das geringste mit der Güte einer Hypothese zu tun. (Nur ihre *Un*wahrscheinlichkeit kann, wie ich schon erläutert habe, als Gehaltsmaß und damit als Maß eines Aspekts der Güte verwendet werden.)

Es gibt aber ein altes Argument, das vage folgendermaßen mit der Wahrscheinlichkeitsrechnung in Zusammenhang gebracht werden kann.

Nehmen wir an, wir hätten eine Hypothese *H*, die logisch sehr unwahrscheinlich sei; das heißt, sie hat sehr großen Gehalt und sagt über eine Reihe von bisher völlig unverbundenen Gebieten etwas aus. (Beispiel: Einsteins Gravitationstheorie sagte nicht nur die Newtonsche Planetenbewegung voraus, sondern auch eine geringe Abweichung bei der Merkurbahn, einen Effekt für den Verlauf von Lichtstrahlen, die nahe an einem schweren Körper vorbeigehen, und eine Rotverschiebung von Spektrallinien, die in starken Gravitationsfeldern entstehen.) Fallen die Prüfungen aller dieser Voraussagen positiv aus, dann scheint das folgende Argument intuitiv vernünftig zu sein.

(1) *Es kann kaum ein Zufall sein,* daß die Theorie diese äußerst unwahrscheinlichen Voraussagen macht, wenn sie nicht wahr ist. Daraus wird geschlossen, ihre Wahrheit sei so wahrscheinlich, wie diese Erfolge als bloße Anhäufung reiner Zufälle – das heißt als Zufall – unwahrscheinlich sind.[60a]

Ich halte das Argument (1) in dieser Form nicht für völlig richtig, aber ich glaube sehr wohl, daß etwas daran ist. Sehen wir es uns genauer an.

Nehmen wir an, (1) sei gültig. Dann könnten wir *die Wahrscheinlichkeit dafür, daß die Theorie wahr ist,* berechnen als 1 minus die Wahrscheinlichkeit, daß sie nur durch Zufall bestätigt wurde; und wenn die vorausgesagten Effekte logisch sehr unwahrscheinlich sind – zum Beispiel deshalb, weil ihre Größe zahlenmäßig sehr genau und richtig vorausgesagt wurde –, dann müßte man das Produkt dieser sehr kleinen Zahlen von Eins abziehen. Mit anderen Worten, nach dieser Berechnungsmethode würde man für eine gute Vermutung eine Wahrscheinlichkeit sehr nahe bei Eins erhalten.[61]

[60a] Vgl. Henri Poincaré, *The Value of Science,* London 1907, S. 14.

[61] Das Argument ist in etwas anderer Form schon alt. Spuren davon finden sich in der *Nikomachischen Ethik* des Aristoteles sowie bei Theon von Smyrna, *Liber de astronomica,* Hrsg. Th. H. Martin, Paris 1949, S. 293.

Auf den ersten Blick sieht das Argument überzeugend aus, aber es ist offensichtlich ungültig. Nehmen wir die Newtonsche Theorie *(N)*. Sie macht so viele genaue Voraussagen, daß sie nach dem in Rede stehenden Argument eine Wahrscheinlichkeit sehr nahe bei Eins bekommen müßte. Die Einsteinsche Theorie *(E)* müßte eine noch höhere Wahrscheinlichkeit bekommen. Doch nach der Wahrscheinlichkeitsrechnung gilt (wir schreiben »v« für »oder«):

$$p\,(N \vee E, e) = \mathrm{p}\,(\mathrm{N}, \mathrm{e}) + \mathrm{P}\,(\mathrm{E}, \mathrm{e}) - \mathrm{p}\,(\mathrm{NE}, \mathrm{e});$$

und da die Theorien unvereinbar sind, so daß $p\,(NE) = 0$, erhält man

$$p\,(N \vee E, e) = p\,(N, e) + p\,(E, e) \approx 2$$

(das heißt beinahe 2), was absurd ist.

Die Lösung des Problems ist: Argument (1) ist ein Scheinargument. Denn folgendes ist möglich.

(2) Die gute Übereinstimmung mit dem unwahrscheinlichen Beobachtungsergebnis ist weder ein Ergebnis des Zufalls noch der Wahrheit der Theorie, sondern einfach ihrer *Wahrheitsähnlichkeit:* Die Theorie stimmt mit vielen Tatsachen überein, obwohl vielleicht nicht mit allen.

Dieses Argument (2) würde erklären, warum viele unvereinbare Theorien in vielen sehr präzisen Punkten übereinstimmen können, was als Zufallsergebnis intuitiv höchst *unwahrscheinlich* wäre.[62]

Damit kann man das Argument (1) etwas richtiger so fassen.

(1′) Es gibt so etwas wie Wahrheitsähnlichkeit, und eine als Zufallsergebnis sehr unwahrscheinliche Übereinstimmung zwischen einer Theorie und vielen Tatsachen kann als Anzeichen dafür aufgefaßt werden, daß die Theorie eine (verhältnismäßig) hohe Wahrheitsähnlichkeit hat. Allgemein gesprochen, eine bessere Übereinstimmung in unwahrscheinlichen Punkten kann als Anzeichen für größere Wahrheitsähnlichkeit genommen werden.

Mir scheint, gegen dieses Argument läßt sich nicht viel sagen, wenn ich es auch nicht gern sehen würde, wenn es zu einer neuen Induktionstheorie entwickelt würde. Ich möchte aber ganz klar sagen, daß der Bewährungsgrad einer Theorie (der so etwas ist wie ein Maß für die Strenge der Prüfungen, die sie bestanden hat) nicht einfach als Maß ihrer

[62] Ich bin nicht sicher, ob ich dieses Argument schon einmal veröffentlicht habe, aber ich erinnere mich, daß ich mich etwa 1930 zum erstenmal mit ihm beschäftigte. (Zusatz 1981) Ein Hinweis auf dieses Argument findet sich in meinem Buch *Die beiden Grundprobleme der Erkenntnistheorie*, 1930–1932 geschrieben und 1979 bei J. C. B. Mohr (Paul Siebeck) in Tübingen erschienen; siehe dort S. 151, Text zu Anmerkung 3.

Wahrheitsähnlichkeit aufgefaßt werden kann. Bestenfalls ist er bloß ein *Indikator* (wie ich es 1960 und 1963 erläuterte, als ich zum erstenmal den Begriff der Wahrheitsähnlichkeit einführte; siehe etwa *Conjectures and Refutations*, S. 234 f.) für die Wahrheitsähnlichkeit, wie sie zur Zeit *t* erscheint. Für den Grad, in dem eine Theorie streng geprüft worden ist, habe ich die Bezeichnung »Bewährung« eingeführt. Sie dient vorwiegend zu Vergleichszwecken: beispielsweise, *E* ist strenger geprüft als *N*. Der Bewährungsgrad einer Theorie hat immer einen Zeitindex: Er ist der Grad, in dem die Theorie zur Zeit *t* als gut geprüft erscheint. Obwohl der Bewährungsgrad kein Maß der Wahrheitsähnlichkeit ist, kann er als Indikator dafür genommen werden, wie die Wahrheitsähnlichkeit einer Theorie zur Zeit *t erscheint*, verglichen mit der einer anderen Theorie. Der Bewährungsgrad ist also ein Leitbegriff für die Präferenz zwischen zwei Theorien in einem bestimmten Stadium der Diskussion über ihre zu der Zeit anscheinende Annäherung an die Wahrheit. Doch er kann uns nur sagen, daß eine der vorgeschlagenen Theorien – *im Lichte der Diskussion* – der Wahrheit näher zu sein *scheint*.

34. Zusammenfassung: eine kritische Philosophie des Alltagsverstandes

Haben wir einmal die Notwendigkeit einer kritischen Philosophie eingesehen, so erhebt sich das Problem des Ausgangspunkts. Wo sollen wir anfangen? Die Frage scheint wichtig, denn es sieht so aus, als könnte ein Fehler am Anfang die ernstesten Konsequenzen haben.

In der Frage des Ausgangspunktes gehen die Ansichten der meisten klassischen und zeitgenössischen Philosophen und die Auffassungen, die ich hier als kritische Philosophie des Alltagsverstandes vorgeschlagen habe, grundlegend auseinander. Ich möchte versuchen, die Hauptunterschiede in einer Tabelle zusammenzufassen.

Frühere Philosophen	*Meine kritische Auffassung*
(1) Die Wahl unseres Ausgangspunktes ist von entscheidender Wichtigkeit: Wir müssen uns davor hüten, gleich am Anfang in einen Fehler zu verfallen.	(1′) Die Wahl unseres Ausgangspunkts ist nicht von entscheidender Wichtigkeit, da sie wie alles andere kritisiert und berichtigt werden kann.

(2) Unser Ausgangspunkt sollte nach Möglichkeit wahr und sicher sein.

(2′) Es gibt keine Möglichkeit, einen solchen sicheren Ausgangspunkt zu finden.

(3) Er läßt sich in der persönlichen Erfahrung des Ich (Subjektivismus) oder in der reinen Beschreibung des Verhaltens (Objektivismus) finden.[63]

(3′) Da er sich weder im Subjektivismus noch im Objektivismus finden läßt, ist es vielleicht das beste, mit beiden anzufangen und beide zu kritisieren.

(4) Indem die Philosophen entweder diese Art des Subjektivismus oder diese Art des Objektivismus akzeptieren, haben sie unkritisch *eine Form der Erkenntnistheorie des Alltagsverstandes* – eine Theorie, die man als den schwächsten Punkt des Alltagsverstandes ansehen kann, akzeptiert.

(4′) Es ist angezeigt, beim Alltagsverstand anzufangen, wie unscharf auch seine Vorstellungen sein mögen, aber kritisch gegenüber allem zu sein, was im Namen des Alltagsverstandes behauptet wird.

(5) Die von den Subjektivisten angenommene Theorie geht dahin, die sicherste Erkenntnis, die wir haben können, sei die über uns selbst und unsere Beobachtungs- oder Wahrnehmungserfahrungen. (In der Betonung der Sicherheit von Wahrnehmungserfahrungen stimmen die Subjektivisten mit den Objektivisten überein.)

(5′) Ein wenig kritische Überlegung überzeugt uns davon, daß alle unsere Erkenntnis theoriegetränkt ist und (fast) alle Vermutungscharakter hat.

(6) Es gibt einige harte Tatsachen, auf die die Erkenntnis gegründet werden kann, etwa unsere klaren und deutlichen Empfindungen oder Sinnesdaten: Direkte oder

(6′) Da alle Erkenntnis theoriegetränkt ist, ist sie ganz auf Sand gebaut; doch ihre Grundlage kann durch kritisches Tiefer-Graben verbessert werden; und nicht da-

[63] Diese Form des Objektivismus wird gewöhnlich »Behaviorismus« oder »Operationalismus« genannt; sie wird in der vorliegenden Arbeit nicht näher diskutiert.

unmittelbare Erfahrungen können nicht falsch sein.

durch, daß irgendwelche angeblichen »Daten« als unproblematisch angenommen werden.

(7) Das ist ein klares Ergebnis der Erkenntnistheorie des Alltagsverstandes.

(7′) An diesem Punkt scheitert die Erkenntnistheorie des Alltagsverstandes: Sie übersieht die Indirektheit und den Vermutungscharakter der Erkenntnis. Selbst unsere Sinnesorgane (nicht zu reden von der Deutung ihrer Meldungen) sind theoriegetränkt und fehlbar, wenn auch bei gesunden Organismen nur gelegentlich.

(8) Doch die Erkenntnistheorie des Alltagsverstandes, die immer als eine Form des Realismus anfängt, endet stets im Sumpf entweder des erkenntnistheoretischen Idealismus oder des Operationalismus.

(8′) Wir erkennen, daß selbst der Realismus und seine (biologische) Erkenntnistheorie zwei Vermutungen sind; und wir behaupten, daß erstere eine wesentlich bessere Vermutung ist als der Idealismus.

(9) Der Alltagsverstand, der mit dem Realismus angefangen hat und im Subjektivismus geendet hat, widerlegt sich selbst. (Das kann man als Bestandteil von Kants Auffassung ansehen.)

(9′) Die Erkenntnistheorie des Alltagsverstandes erweist sich als widersprüchlich; doch das trifft nicht die Theorie des Alltagsverstandes von der Welt, das heißt den Realismus.

Der Versuch, die Theorie des Alltagsverstandes als Ganzes – Realismus plus Erkenntnistheorie des Alltagsverstandes – beizubehalten, ist zum Scheitern verurteilt. Mit der Methode, skeptisch hinsichtlich der eigenen Ausgangspunkte zu sein, wird daher die Theorie des Alltagsverstandes in mindestens zwei Teile – Realismus und Erkenntnistheorie – zerlegt, wobei letztere verworfen und durch eine objektive Theorie ersetzt werden kann, die ersteren verwendet.

3.
Erkenntnistheorie ohne ein erkennendes Subjekt

Gestatten Sie mir, mit einem Bekenntnis anzufangen. Obwohl ich ein sehr glücklicher Philosoph bin, mache ich mir nach einer lebenslangen Vorlesungstätigkeit keine Illusionen darüber, was man in einer Vorlesung vermitteln kann. Daher werde ich in dieser Vorlesung nicht versuchen, Sie zu überzeugen. Statt dessen werde ich versuchen, Sie anzuregen und, wenn möglich, herauszufordern.

1. Drei Thesen über Erkenntnistheorie und die Welt 3

Ich hätte diejenigen, die von meiner negativen Einstellung gegenüber Platon und Hegel gehört haben, dadurch herausfordern können, daß ich die Vorlesung »Eine Theorie der Platonischen Welt« oder »Eine Theorie des Objektiven Geistes« genannt hätte.

Der Hauptgegenstand dieser Vorlesung wird das sein, was ich mangels eines besseren Namens oft »*die Welt 3*« nenne. Zur Erklärung dieses Ausdrucks möchte ich sagen: Ohne die Wörter »Welt« oder »Universum« allzu ernst zu nehmen, kann man folgende drei Welten oder Universen unterscheiden: erstens die Welt der physikalischen Gegenstände oder physikalischen Zustände; zweitens die Welt der Bewußtseinszustände oder geistigen Zustände oder vielleicht der Verhaltensdispositionen zum Handeln; und drittens die Welt der *objektiven Gedankeninhalte*, insbesondere der wissenschaftlichen und dichterischen Gedanken und der Kunstwerke.

Vortrag am 25. August 1967 auf dem dritten internationalen Kongreß für Logik, Methodologie und Wissenschaftstheorie vom 25. 8. bis 2. 9. 1967; zuerst veröffentlicht in den Verhandlungen dieses Kongresses, Hrsg. B. van Rootselaar und J. F. Staal, Amsterdam 1968, S. 333–73. Ursprünglicher Titel: Epistemology Without a Knowing Subject.

Was ich also »die Welt 3« nenne, hat zugegebenermaßen viel mit Platons Theorie der Formen oder Ideen gemeinsam und daher auch mit Hegels Objektivem Geist; jedoch unterscheidet sich meine Theorie in einigen entscheidenden Punkten grundlegend von der Platons und Hegels. Mehr hat sie noch mit Bolzanos Theorie des Reichs der Sätze an sich und Wahrheiten an sich zu tun, obwohl sie sich auch von dieser unterscheidet. Meine Welt 3 ähnelt am meisten der Welt von Freges objektiven Gedankeninhalten.

Ich bin nicht der Auffassung und behaupte hier nicht, daß wir unsere Welten nicht anders oder auch gar nicht abzählen könnten. Wir könnten insbesondere mehr als drei Welten unterscheiden. Mein Ausdruck »die Welt 3« dient lediglich der Bequemlichkeit.

Indem ich eine objektive Welt 3 verteidige, so hoffe ich, damit jene Denker herauszufordern, die ich *»Philosophen des Glaubens«* nenne: die sich wie Descartes, Locke, Berkeley, Hume, Kant oder Russell für unsere subjektiven Überzeugungen und ihre Grundlagen oder ihren Ursprung interessieren. Gegen diese Philosophen des Glaubens behaupte ich, unser Problem sei, bessere und kühnere Theorien zu finden; und daß *kritische Präferenz* zähle, aber *nicht Glaube.*

Ich möchte aber gleich zu Anfang bekennen, daß ich Realist bin: Ich behaupte, ungefähr wie ein naiver Realist, daß es physikalische Welten und eine Welt der Bewußtseinszustände gibt und daß sie aufeinander wirken. Und ich glaube, daß es eine Welt 3 gibt in einem Sinne, den ich genauer erklären werde.

Zu den Bewohnern meiner »Welt 3« gehören, um mehr ins einzelne zu gehen, *theoretische Systeme;* aber ebenso wichtig sind *Probleme* und *Problemsituationen.* Und ich werde behaupten, daß die wichtigsten Bewohner dieser Welt *kritische Argumente* sind und das, was man – in Analogie zu einem physikalischen Zustand oder einem Bewußtseinszustand – *den Stand einer Diskussion* oder den *Stand einer kritischen Auseinandersetzung* nennen kann; und natürlich gehört auch der Inhalt von Zeitschriften, Büchern und Bibliotheken dazu.

Die meisten Gegner der These von einer objektiven Welt 3 geben natürlich zu, daß es Probleme, Vermutungen, Theorien, Argumente, Zeitschriften und Bücher gibt. Doch für gewöhnlich sagen sie, daß alle diese Dinge im wesentlichen Symbole für sprachliche Ausdrucksformen von subjektiven psychischen Zuständen oder vielleicht von Verhaltensdispositionen seien; weiter, daß diese Dinge Mittel zur *Kommunikation* seien – das heißt symbolische oder sprachliche Mittel, um in anderen ähnliche psychische Zustände oder Verhaltensdispositionen hervorzurufen.

Dagegen habe ich oft behauptet, daß man nicht alle diese Gegenstände und ihren Inhalt in die Welt 2 verweisen kann.

Ich möchte eins meiner Standardargumente[1] für die (mehr oder weniger) *unabhängige Existenz der Welt 3* wiederholen.

Ich betrachte zwei Gedankenexperimente:

Experiment 1. Alle unsere Maschinen und Werkzeuge werden zerstört, ebenso unser ganzes subjektives Wissen einschließlich unserer subjektiven Kenntnis der Maschinen und Werkzeuge und ihres Gebrauchs. Doch die *Bibliotheken* überleben und *unsere Fähigkeit, aus ihnen zu lernen.* Es ist klar, daß unsere Welt nach vielen Widrigkeiten wieder in Gang kommen kann.

Experiment 2. Wie vorhin werden Maschinen und Werkzeuge zerstört sowie unser subjektives Wissen einschließlich unserer subjektiven Kenntnis der Maschinen und Werkzeuge und ihres Gebrauchs. Aber diesmal werden *alle Bibliotheken ebenfalls zerstört,* so daß unsere Fähigkeit, aus Büchern zu lernen, nutzlos wird.

Wenn Sie über diese beiden Experimente nachdenken, dann wird Ihnen die Realität, die Bedeutung und der Grad der Unabhängigkeit der Welt 3 (ebenso ihre Wirkungen auf die Welt 2 und 1) vielleicht etwas klarer. Denn im zweiten Fall wird unsere Zivilisation jahrtausendelang nicht wieder erstehen.

Ich möchte in dieser Vorlesung drei Thesen verteidigen, die alle die Erkenntnistheorie betreffen. Unter dieser verstehe ich die Theorie der *wissenschaftlichen Erkenntnis* (vgl. meine *LdF,* 7. Auflage 1982, S. XVII f.).

Meine erste These ist folgende. Die herkömmliche Erkenntnistheorie hat sich mit der Erkenntnis oder dem Denken in einem subjektiven Sinne beschäftigt – im gewöhnlichen Sinne der Ausdrücke »ich erkenne« oder »ich denke nach«. Das, so behaupte ich, hat die Erkenntnistheoretiker in Irrelevantes verwickelt: Sie wollten die wissenschaftliche Erkenntnis untersuchen, doch tatsächlich beschäftigten sie sich mit etwas, was für die wissenschaftliche Erkenntnis ohne Bedeutung ist. Denn *wissenschaftliche Erkenntnis* ist gar nicht die Erkenntnis im gewöhnlichen Sinne von »ich erkenne«. Diese gehört zu dem, was ich die »Welt 2« nenne, zur Welt der *Subjekte;* die wissenschaftliche Erkenntnis gehört zur Welt 3, der Welt der objektiven Theorien, Probleme und Argumente.

[1] Das Argument ist aus Popper, 1957/58, Band II, S. 135 entnommen. (Bibliographische Einzelheiten werden in der ausgewählten Bibliographie am Ende dieses Kapitels, S. 155 ff., angegeben.)

Meine erste These ist also, daß die herkömmliche Erkenntnistheorie, die von Locke, Berkeley, Hume, ja auch von Russell, irrelevant in einem mehr oder weniger genauen Sinn des Wortes ist. Daraus ergibt sich, daß ein großer Teil der gegenwärtigen Erkenntnistheorie ebenfalls irrelevant ist. Dazu gehört die moderne »epistemische« Logik, falls wir ihr unterstellen, sie ziele auf eine Theorie der *wissenschaftlichen Erkenntnis*. Jeder epistemische Logiker kann sich aber leicht völlig gegen meine Kritik immunisieren, indem er einfach erklärt, er wolle nichts zur *Theorie der wissenschaftlichen Erkenntnis* beitragen.

Nach meiner ersten These gibt es zwei verschiedene Bedeutungen von Erkenntnis oder Denken: (1) *Erkenntnis oder Denken im subjektiven Sinne:* ein Geistes- oder Bewußtseinszustand oder eine Verhaltens- oder Reaktionsdisposition und (2) *Erkenntnis oder Denken im objektiven Sinne:* Probleme, Theorien und Argumente als solche. Erkenntnis in diesem objektiven Sinne ist völlig unabhängig von irgend jemandes Erkenntnisanspruch, ebenso von jeglichem Glauben oder jeglicher Disposition, zuzustimmen, zu behaupten oder zu handeln. Erkenntnis im objektiven Sinne ist *Erkenntnis ohne einen Erkennenden:* Es ist *Erkenntnis ohne erkennendes Subjekt.*

Über das Denken im objektiven Sinne schrieb Frege: »Ich verstehe unter *Gedanken* nicht das subjektive Tun des Denkens, sondern dessen *objektiven Inhalt* ...«[2]

Die zwei Bedeutungen des Denkens und ihre interessanten Beziehungen zueinander lassen sich an dem folgenden höchst eindrucksvollen Zitat von Heyting (1962, S. 195) illustrieren; er sagt über Brouwers Akt der Erfindung seiner Theorie des Kontinuums:

»Wären die rekursiven Funktionen vorher erfunden worden, so hätte er [Brouwer] vielleicht nicht den Begriff der Wahlfolge gebildet, was nach meiner Ansicht ein Unglück gewesen wäre.«

Dieses Zitat spricht einerseits von Brouwers *subjektiven Denkvorgängen* und sagt, sie hätten vielleicht nicht stattgefunden (was ein Unglück gewesen wäre), wenn die *objektive Problemsituation* anders gewesen wäre. Heyting spricht also von bestimmten möglichen *Einflüssen* auf Brouwers subjektiven Denkvorgang, und er teilt auch seine Meinung über den Wert dieser subjektiven Denkvorgänge mit. Nun ist interessant, daß Einflüsse *qua* Einflüsse subjektiv sein müssen: Nur Brouwers subjektive Bekanntschaft mit rekursiven Funktionen hätte die unglückliche Wirkung haben können, ihn an der Erfindung freier Wahlfolgen zu

[2] Vgl. Frege, 1892, S. 32 (1962, S. 44); Hervorhebungen von mir.

hindern. Andererseits weist das Heyting-Zitat auf eine bestimmte objektive Beziehung zwischen den *objektiven Inhalten* zweier Gedanken oder Theorien hin: Heyting bezieht sich nicht auf die subjektiven Bedingungen oder die Elektrochemie von Brouwers Gehirnvorgängen, sondern auf eine *objektive Problemsituation in der Mathematik* und ihre möglichen Einflüsse auf Brouwers subjektive Denkakte, die auf die Lösung dieser objektiven Probleme abzielten. Das würde ich so beschreiben, daß sich Heytings Bemerkung auf die objektive oder Welt-3-*Situationslogik* der Brouwerschen Erfindung bezieht und daß aus Heytings Bemerkung folgt, daß die Situation in der Welt 3 auf die Welt 2 wirken kann. Auch Heytings Bemerkung, es wäre ein Unglück gewesen, wenn Brouwer nicht die Wahlfolgen erfunden hätte, drückt aus, daß der *objektive Inhalt* von Brouwers Gedanken wertvoll und interessant war, nämlich interessant und wertvoll in der Weise, wie er die objektive Problemsituation in der Welt 3 veränderte.

Um es einfach auszudrücken: Wenn ich sage »Brouwers Denken war von Kant beeinflußt« oder »Brouwer verwarf Kants Theorie des Raumes«, dann spreche ich mindestens zum Teil über Denkakte im subjektiven Sinne: Das Wort »Einfluß« bezeichnet einen Zusammenhang von Denkprozessen oder Denkakten. Wenn ich aber sage: »Brouwers Denken ist von dem Kants stark verschieden«, dann ist ziemlich klar, daß ich in erster Linie über Inhalte spreche. Und wenn ich schließlich sage: »Brouwers Gedanken sind mit denen Russells unverträglich«, dann macht die Verwendung eines *logischen Ausdrucks* wie *»unverträglich«* eindeutig klar, daß ich das Wort »Gedanke« ausschließlich in Freges objektivem Sinne gebrauche und nur über den objektiven Inhalt oder den logischen Gehalt von Theorien spreche.

Die Umgangssprache hat unglücklicherweise keine verschiedenen Ausdrücke für »Gedanke« im Sinne der Welt 2 und im Sinne der Welt 3, ebensowenig für die entsprechenden Bedeutungen von »ich weiß« und »Wissen«.

Um zu zeigen, daß es beide Bedeutungen gibt, führe ich zunächst drei subjektive oder Welt-2-Beispiele an:

(1) »Ich *weiß*, daß du mich provozieren willst, aber ich lasse mich nicht provozieren.«

(2) »Ich *weiß*, daß Fermats letzter Satz unbewiesen ist, aber ich glaube, daß eines Tages ein Beweis gefunden werden wird.«

(3) Unter »Wissen« steht in *The Oxford English Dictionary: Wissen* ist ein »Zustand des Gewahrseins oder der Informiertheit«.

Jetzt bringe ich drei objektive oder Welt-3-Beispiele:

(1) Unter »Wissen« steht in *The Oxford English Dictionary: Wissen* ist ein »Zweig der Gelehrsamkeit; eine Wissenschaft; eine Kunst«.

(2) »Berücksichtigt man den gegenwärtigen Stand des *metamathematischen Wissens,* so scheint es möglich, daß Fermats letzter Satz unentscheidbar ist.«

(3) »Ich bestätige, daß diese Dissertation ein eigenständiger und bedeutender *Beitrag zur Erkenntnis* ist.«

Diese sehr banalen Beispiele sollen nur klären helfen, was ich mit »Wissen im objektiven Sinne« meine. Mein Zitieren aus *The Oxford English Dictionary* sollte weder als Zugeständnis an die Sprachanalyse noch als Beschwichtigungsversuch gegenüber ihren Anhängern aufgefaßt werden. Ich will damit nicht zeigen, der »normale Sprachgebrauch« verstehe »Wissen« auch im objektiven Sinne meiner Welt 3. Ich war vielmehr erstaunt, in *The Oxford English Dictionary* Beispiele für den objektiven Gebrauch von »Wissen« zu finden. Und ich war noch erstaunter, einige jedenfalls *teilweise* objektive Bedeutungen von »wissen« angegeben zu finden: »unterscheiden ... vertraut sein mit (einem Gegenstand, einem Ort, einer Person); ... verstehen«. Daß diese Bedeutungen teilweise objektiv sind, wird aus dem folgenden hervorgehen.[3] Auf jeden Fall sollen meine Beispiele keine Argumente sein, sondern nur Illustrationen.

Meine *erste These,* die ich bisher nicht argumentativ erörtert, sondern lediglich illustriert habe, war: Die herkömmliche Erkenntnistheorie mit ihrem Schwergewicht auf der Welt 2 oder dem Wissen im subjektiven Sinne ist für die Untersuchung der wissenschaftlichen Erkenntnis irrelevant.

Meine *zweite These:* Relevant für die Erkenntnistheorie ist die Untersuchung wissenschaftlicher Probleme und Problemsituationen, wissenschaftlicher Vermutungen (was für mich nur ein anderer Ausdruck für wissenschaftliche Hypothesen oder Theorien ist), wissenschaftlicher Diskussionen, kritischer Argumente und der Rolle von empirischen Befunden in Argumenten; daher die Untersuchung wissenschaftlicher Zeitschriften und Bücher, von Experimenten und ihrer Beurteilung in wissenschaftlichen Diskussionen; kurz, die Untersuchung einer *weitgehend autonomen* Welt 3 objektiven Wissens ist für die Erkenntnistheorie von entscheidender Bedeutung.

Eine erkenntnistheoretische Untersuchung wie die in meiner zweiten These zeigt, daß die Wissenschaftler sehr oft von ihren Vermutungen

[3] Siehe Abschnitt 7.1 unten.

nicht behaupten, sie seien wahr oder sie »wüßten« sie im subjektiven Sinne von »wissen«, oder sie glaubten an sie. Obwohl sie im allgemeinen nicht den Anspruch erheben zu wissen, handeln sie bei der Entwicklung ihrer Forschungsprogramme auf der Grundlage von Vermutungen darüber, was fruchtbar sein könnte und was nicht und welcher Forschungsansatz weitere Ergebnisse in der Welt 3 der objektiven Erkenntnis verspricht. Mit anderen Worten, die Wissenschaftler handeln auf der Grundlage einer Vermutung oder, wenn man will, eines *subjektiven Glaubens* (so können wir die subjektive Grundlage des Handelns nennen) darüber, was *Fortschritt in der Welt 3 der objektiven Erkenntnis* zu versprechen scheint.

Das scheint mir ein Argument sowohl für meine *erste These* (über die Irrelevanz der subjektivistischen Erkenntnistheorie) als auch für meine *zweite These* (über die Relevanz einer objektivistischen Erkenntnistheorie) zu liefern.

Ich habe aber eine *dritte These.* Es ist diese. Eine objektivistische Erkenntnistheorie, die die Welt 3 untersucht, kann auch ungeheuer viel Licht auf die Welt 2 des subjektiven Bewußtseins werfen helfen, insbesondere auf die subjektiven Denkprozesse von Wissenschaftlern; doch *das Umgekehrte gilt nicht.*

Das also sind meine drei Hauptthesen.

Zusätzlich zu ihnen möchte ich drei Hilfsthesen aufstellen.

Die erste: Die Welt 3 ist ein natürliches Erzeugnis des Lebewesens Mensch, vergleichbar mit einer Spinnwebe.

Die zweite Hilfsthese und fast eine Hauptthese, meine ich, ist die, daß die Welt 3 weitgehend autonom ist, obwohl wir ständig auf sie einwirken und sie auf uns einwirkt: Sie ist autonom, obwohl sie unser Erzeugnis ist und eine starke Rückwirkung auf uns hat, das heißt auf uns als Bewohner der Welt 2 und sogar der Welt 1.

Die dritte Hilfsthese ist: Durch diese Wechselwirkung zwischen uns und der Welt 3 wächst das objektive Wissen, und es gibt eine starke Parallele zwischen dem Wachstum des Wissens und dem biologischen Wachstum, der Entwicklung der Pflanzen und Tiere.

2. Eine biologische Betrachtung der Welt 3

In diesem Abschnitt möchte ich versuchen, die Existenz einer autonomen Welt 3 durch eine Art biologisches oder evolutionäres Argument zu verteidigen.

Ein Biologe interessiert sich vielleicht für das Verhalten von Tieren; er kann sich aber auch für einige der *unbelebten Strukturen* interessieren, die von Tieren erzeugt werden, etwa für Spinnweben oder Wespennester, Ameisennester, Dachsbaue, Biberdämme oder Wildwechsel im Wald.

Ich möchte zwischen zwei Hauptarten von Problemen unterscheiden, die sich aus der Untersuchung dieser Strukturen ergeben. Die erste Art besteht aus Problemen, die die von den Tieren *angewandten Methoden* betreffen oder die *Verhaltensweisen der Tiere* beim Bau dieser Strukturen. Die erste Art besteht also aus *Problemen im Zusammenhang mit den Herstellungsakten;* mit den Verhaltensdispositionen des Tieres; und mit den Beziehungen zwischen dem Tier und dem Erzeugnis. Die zweite Art von Problemen betrifft die *Strukturen selbst:* die Chemie der verwendeten Materialien; ihre geometrischen und physikalischen Eigenschaften; ihre evolutiven Änderungen, die von den besonderen Umweltbedingungen abhängen; und ihre Abhängigkeit von oder Anpassung an diese Umweltbedingungen. *Sehr* wichtig ist auch die *Rückkopplungsrelation* von den Eigenschaften der Struktur zum Verhalten der Tiere. Bei der Behandlung dieser zweiten Art von Problemen – das heißt, der Strukturen selbst – werden wir auch die Strukturen unter dem Gesichtspunkt ihrer biologischen *Funktionen* betrachten müssen. Es ergeben sich also durchaus einige Probleme der ersten Art, wenn wir Probleme der zweiten Art behandeln; beispielsweise »Wie wurde dieses Nest gebaut?« und »Welche Aspekte seiner Struktur sind typisch (und damit vermutlich tradiert oder vererbt) und welche sind Varianten, die besonderen Bedingungen angepaßt sind?«

Wie mein letztes Beispiel zeigt, werden manchmal Probleme der ersten Art – das heißt Probleme, die die Herstellung der Struktur betreffen – durch Probleme der zweiten Art aufgeworfen. Das muß so sein, da beide Problemarten von der *Tatsache* abhängen, *daß solche objektiven Strukturen existieren,* eine Tatsache, die ihrerseits zur zweiten Kategorie gehört. Man kann also sagen, die Existenz der *Strukturen selbst* schaffe beide Arten von Problemen. Die Probleme der zweiten Art – die, die mit den Strukturen selbst zusammenhängen – sind wohl die grundlegenderen: Alles, was sie aus der ersten Kategorie voraussetzen, ist die bloße Tatsache, daß die Strukturen irgendwie von Tieren *erzeugt* worden sind.

Diese einfachen Betrachtungen lassen sich nun natürlich auch auf Erzeugnisse *menschlicher* Tätigkeit anwenden wie Häuser, Werkzeuge und auch Kunstwerke. Besonders wichtig für uns ist: Sie sind auch auf das anwendbar, was wir »Sprache« und was wir »Wissenschaft« nennen.[4]

Die Beziehung dieser biologischen Betrachtungen zum Thema meiner Vorlesung läßt sich durch Umformulierung meiner drei Hauptthesen klarmachen. Meine erste These läßt sich so ausdrücken: In der gegenwärtigen Problemsituation in der Philosophie sind nur wenige Dinge so wichtig wie die Beachtung des Unterschieds zwischen den zwei Problemarten – Herstellungsprobleme einerseits und Probleme, die mit den hergestellten Strukturen an sich verknüpft sind, andererseits. Meine zweite These ist, daß wir erkennen sollten, daß die Probleme der zweiten Art – die, die mit den Erzeugnissen an sich zu tun haben – fast in jeder Hinsicht wichtiger sind als die Probleme der ersten Art, die mit der Herstellung zu tun haben. Meine dritte These ist, daß die Probleme der zweiten Art grundlegend für das Verständnis der Herstellungsprobleme sind: Im Gegensatz zu einem ersten Eindruck können wir mehr über das Herstellverhalten lernen, wenn wir die Erzeugnisse selbst untersuchen, als wir über die Erzeugnisse lernen, indem wir das Herstellverhalten untersuchen. Diese dritte These läßt sich als eine antibehavioristische und antipsychologistische These kennzeichnen.

Angewandt auf das, was »Erkenntnis« genannt werden kann, lassen sich meine drei Thesen folgendermaßen formulieren.

(1) Wir sollten uns ständig den Unterschied vor Augen halten zwischen Problemen, die unsere persönlichen Beiträge zur Erzeugung wissenschaftlicher Erkenntnis betreffen, einerseits, und Problemen, die die Struktur der verschiedenen Erzeugnisse wie wissenschaftlicher Theorien oder wissenschaftlicher Argumente betreffen, andererseits.

(2) Wir sollten uns klarmachen, daß die Untersuchung der Erzeugnisse sehr viel wichtiger ist als die der Erzeugung, auch für das Verständnis der Erzeugung und ihrer Methoden.

(3) Wir können mehr über die Heuristik und die Methodologie, ja sogar über die Psychologie der Forschung lernen, wenn wir Theorien und die für oder gegen sie angeführten Argumente untersuchen, als durch irgendeinen direkten behavioristischen, psychologischen oder soziologischen Ansatz. Ganz allgemein kann man eine Menge über das Verhalten und die Psychologie aus der Untersuchung der Erzeugnisse lernen.

Im folgenden werde ich den Ansatz von den Erzeugnissen her – den Theorien und Argumenten – den »objektiven« oder »Welt-3-Ansatz«

[4] Über diese »Artefakte« vgl. Hayek, 1967, S. 111.

nennen, den behavioristischen, den psychologischen und soziologischen Ansatz zur Untersuchung der wissenschaftlichen Erkenntnis den »subjektiven« oder »Welt-2-Ansatz«.

Die Anziehungskraft des subjektiven Ansatzes liegt vornehmlich darin, daß er ein *kausaler* ist. Denn ich gebe zu, daß die objektiven Strukturen, deren Vorrang ich behaupte, durch menschliches Verhalten hervorgebracht werden. Da er ein kausaler Ansatz ist, könnte der subjektive als wissenschaftlicher erscheinen als der objektive Ansatz, der gewissermaßen bei den Wirkungen statt den Ursachen anfängt.

Obwohl ich zugebe, daß die objektiven Strukturen Erzeugnisse des Verhaltens sind, bin ich der Ansicht, daß dieses Argument falsch ist. In allen Wissenschaften schreitet man gewöhnlich von den Wirkungen zu den Ursachen fort. Die Wirkung wirft das Problem auf – das zu erklärende Problem, das explicandum –, und der Wissenschaftler versucht es durch Aufstellung einer erklärenden Hypothese zu lösen.

Meine drei Hauptthesen, mit ihrem Nachdruck auf das objektive Erzeugnis, sind daher weder teleologisch noch unwissenschaftlich.

3. Die Objektivität und die Autonomie der Welt 3

Einer der Hauptgründe für die falsche subjektivistische Analyse der Erkenntnis ist das Gefühl, daß ein Buch ohne einen Leser nichts ist: Erst wenn es verstanden ist, wird es eigentlich ein Buch; sonst ist es bloß Papier mit schwarzen Flecken darauf.

Diese Auffassung ist in vieler Hinsicht falsch. Ein Wespennest ist ein Wespennest, auch nachdem es verlassen worden ist und auch wenn es nie wieder von Wespen als Nest benutzt wird. Ein Vogelnest ist ein Vogelnest, auch wenn es nie bewohnt wurde. Ähnlich bleibt ein Buch ein Buch – eine bestimmte Art von Erzeugnis –, auch wenn es nie gelesen wird (was heutzutage leicht vorkommen kann).

Darüber hinaus braucht ein Buch, ja eine Bibliothek nicht einmal von irgend jemandem geschrieben worden zu sein: Eine Reihe von Logarithmentafeln etwa kann von einem Computer erzeugt und gedruckt werden. Es kann die beste Logarithmentafel sein – sie kann, sagen wir, fünfzigstellige Logarithmen enthalten. Sie kann an Bibliotheken verschickt werden, aber vielleicht benutzt sie niemand, weil es zu umständlich ist; oder es vergehen jedenfalls Jahre, bevor sie jemand benutzt; und viele Zahlen in ihr (die mathematische Sätze darstellen) werden vielleicht nie angesehen, solange Menschen auf Erden leben. Doch jede dieser Zahlen enthält das, was ich »objektives Wissen« nenne; und die Frage, ob ich berechtigt bin, es so zu nennen, ist uninteressant.

Das Beispiel mit den Logarithmentafeln könnte weit hergeholt erscheinen. Aber das ist es nicht. Ich würde sagen, fast jedes Buch ist von dieser Art: Es enthält objektives Wissen, wahr oder falsch, nützlich oder nutzlos; und ob es jemals jemand liest und seinen Inhalt wirklich versteht, ist fast ein Zufall. Ein Mensch, der ein Buch verständnisvoll liest, ist ein seltenes Wesen. Doch selbst wenn es mehr davon gäbe, kämen immer noch genug Mißverständnisse und Mißdeutungen vor; und nicht die tatsächliche und bis zu einem gewissen Grade zufällige Vermeidung solcher Mißverständnisse macht schwarze Flecken auf weißem Papier zu einem Buch oder zu einem Beispiel für Wissen im objektiven Sinne. Vielmehr ist es etwas Abstrakteres. Es ist die Möglichkeit des Verstandenwerdens, die Dispositionseigenschaft des Verstanden- oder Gedeutetwerdens oder des Mißverstanden- oder Mißdeutetwerdens, die aus etwas ein Buch macht. Und diese Möglichkeit oder Disposition kann bestehen, ohne je aktualisiert oder verwirklicht zu werden.

Um das deutlicher einzusehen, stellen wir uns vor, nach dem Aussterben der Menschheit würden von unseren zivilisierten Nachfolgern (seien es zivilisierte irdische Lebewesen oder Besucher aus dem Weltraum) einige Bücher oder Bibliotheken gefunden. Diese Bücher mögen entziffert werden. Stellen wir uns zum Zwecke unseres Arguments vor, es seien jene Logarithmentafeln, die noch nie gelesen wurden. Das macht völlig deutlich, daß weder die Herstellung durch denkende Wesen noch das tatsächliche Gelesen- oder Verstandenwerden dafür wesentlich ist, daß etwas ein Buch ist; es genügt, daß es entziffert werden könnte.

Ich gebe also durchaus zu, daß ein Buch, wenn es zur Welt 3 der objektiven Erkenntnis gehören soll, – jedenfalls im Prinzip – für jemanden begreifbar (oder entzifferbar, oder verstehbar oder »wißbar«) sein muß. Doch mehr gebe ich nicht zu.

Wir können also sagen, es gebe ein Art Platonischer (oder Bolzanoscher) Welt 3 von Büchern an sich, Theorien an sich, Problemen an sich, Problemsituationen an sich, Argumenten an sich, und so weiter. Und ich behaupte: Obwohl diese Welt 3 ein menschliches Erzeugnis ist, gibt es viele Theorien an sich und Argumente an sich und Problemsituationen an sich, die nie erzeugt oder verstanden worden sind und vielleicht nie von Menschen erzeugt oder verstanden werden.

Die These von der Existenz einer solchen Welt 3 von Problemsituationen wird vielen äußerst metaphysisch und dubios vorkommen. Doch man kann sie durch Hinweis auf ihre biologische Analogie verteidigen. Sie hat zum Beispiel eine vollständige Analogie auf dem Gebiet der Vogelnester. Vor ein paar Jahren bekam ich ein Geschenk für meinen Garten – einen Nistkasten für Vögel. Er war natürlich kein Erzeugnis der Vögel, sondern ein menschliches Erzeugnis – ähnlich wie unsere Logarithmentafel nicht ein menschliches Erzeugnis war, sondern das eines Computers. Doch im Rahmen der Vogelwelt war er Teil einer objektiven Problemsituation und eine objektive Gelegenheit. Ein paar Jahre lang schienen die Vögel den Nistkasten nicht einmal wahrzunehmen. Doch dann wurde er einmal von einem Blaumeisenpaar sorgfältig untersucht, das sogar darin zu nisten begann, aber sehr bald wieder aufhörte. Offenbar gab es da eine Gelegenheit, aus der man etwas machen konnte, wenn auch anscheinend keine besonders wertvolle. Auf jeden Fall war es eine Problemsituation. Und das Problem wird vielleicht in einem anderen Jahr von anderen Vögeln gelöst. Wenn nicht, erweist sich vielleicht ein anderer Kasten als geeigneter. Andererseits mag auch ein besonders geeigneter Kasten entfernt werden, bevor er je benutzt wurde. Die Frage der Brauchbarkeit des Kastens ist eindeutig eine objektive; ob er je benutzt wird, ist zum Teil Zufall. So ist es mit allen ökologischen Nischen. Es sind Möglichkeiten, die als solche objektiv untersucht werden können, bis zu einem gewissen Grade unabhängig von der Frage, ob diese Möglichkeiten je von einem Lebewesen aktualisiert werden. Der Bakteriologe weiß, wie er eine solche ökologische Nische für die Kultur gewisser Bakterien oder Pilze herstellen kann. Sie kann für ihren Zweck bestens geeignet sein. Ob sie je benutzt und bewohnt wird, ist eine andere Frage.

Ein großer Teil der objektiven Welt 3 wirklicher und möglicher Theorien und Bücher und Argumente entsteht als unbeabsichtigtes Nebenprodukt der wirklich hergestellten Bücher und Argumente. Wir können auch sagen, sie seien ein Nebenprodukt der menschlichen Sprache. Und die Sprache selbst ist, wie ein Vogelnest, ein unbeabsichtigtes Nebenprodukt von Handlungen, die sich auf andere Ziele richteten.

Wie entsteht ein Wildwechsel im Urwald? Ein Tier bricht vielleicht durch das Unterholz, um an eine Wasserstelle zu kommen. Andere finden es am einfachsten, dieser Spur zu folgen. So mag sie durch Gebrauch erweitert und verbessert werden. Sie ist nicht geplant – sie ist eine unbeabsichtigte Folge des Bedürfnisses nach leichter und schneller Bewegung. So entsteht ursprünglich ein Pfad – vielleicht sogar auch bei Menschen –, und so können die Sprache und andere nützliche Einrichtungen entstehen; so können sie ihre Existenz und Entwicklung ihrer Nützlichkeit verdanken. Sie sind nicht geplant oder beabsichtigt, und ehe es sie gab, gab es vielleicht kein Bedürfnis nach ihnen. Doch sie können ein neues Bedürfnis oder neue Ziele schaffen: Die Zielstruktur von Tieren oder Menschen ist nicht »gegeben«, sondern entwickelt sich mit Hilfe einer Art Rückkopplungsmechanismus aus früheren Zielen und Ergebnissen, die beabsichtigt oder nicht beabsichtigt waren.[5]

Auf diese Weise kann ein ganz neues Reich von Möglichkeiten entstehen: eine Welt, die in hohem Maße *autonom* ist.

Ein sehr naheliegendes Beispiel ist ein Garten. Er kann sorgfältig geplant worden sein, aber in der Regel entwickelt er sich zum Teil in unvorhergesehener Weise. Doch selbst wenn er so wird, wie er geplant war, können einige unerwartete Beziehungen zwischen den geplanten Gegenständen ein ganzes Reich von Möglichkeiten schaffen, von möglichen neuen Zielen und von neuen *Problemen*.

Die Welt der Sprache, der Vermutungen, Theorien und Argumente – kurz, das Reich der objektiven Erkenntnis – ist eine der wichtigsten dieser von Menschen geschaffenen und gleichzeitig weitgehend autonomen Welten.

Der Begriff der Autonomie steht im Mittelpunkt meiner Theorie der Welt 3: Obwohl die Welt 3 eine menschliche Schöpfung ist, schafft sie sich ihrerseits, wie viele Erzeugnisse von Lebewesen, ihren eigenen Autonomiebereich.

Es gibt unzählige Beispiele. Vielleicht die schlagendsten, und jedenfalls die, die wir als Standardbeispiele im Auge behalten wollen, finden sich in der Theorie der natürlichen Zahlen.

Gegen Kronecker stimme ich mit Brouwer darin überein, daß die Folge der natürlichen Zahlen eine menschliche Konstruktion ist. Doch obwohl wir diese Folge schaffen, schafft sie ihrerseits ihre eigenen autonomen Probleme. Der Unterschied zwischen geraden und ungeraden Zahlen ist nicht von uns geschaffen: Er ist eine unbeabsichtigte und unvermeidliche Folge unserer Schöpfung. Die Primzahlen sind natürlich ebenfalls unbeabsichtigte autonome und objektive Tatsachen; und in ihrem Fall ist offensichtlich, daß es für uns viele Tatsachen zu *entdecken* gibt: Es gibt Vermutungen wie die Goldbachsche. Diese Vermutungen

[5] Siehe Hayek, 1967, Kapitel 6, insbes. S. 96, 100, Anmerkung 12; Descartes, 1637; Popper, 1965, S. 52 f.; 1966 (Kapitel 6 des vorliegenden Buches), Abschnitt XXIV, S. 214 unten.

beziehen sich indirekt auf unsere Erzeugnisse, direkt aber auf Probleme und Tatsachen, die sich irgendwie aus unserer Schöpfung ergeben haben und die wir nicht kontrollieren oder beeinflussen können: Es sind harte Tatsachen, und die Wahrheit über sie ist oft schwer zu entdecken.

Das veranschaulicht, was ich damit meine, daß die Welt 3 weitgehend autonom sei, obwohl sie von uns geschaffen ist.

Doch die Autonomie ist nicht vollständig: Die neuen Probleme führen zu neuen Schöpfungen oder Konstruktionen – wie den rekursiven Funktionen oder Brouwers freien Wahlfolgen – und können so der Welt 3 neue Gegenstände zuführen. Und jeder derartige Schritt schafft *neue unbeabsichtigte Tatsachen; neue unerwartete Probleme;* und oft auch *neue Widerlegungen.*[6]

Es gibt auch eine höchst wichtige Rückkopplung von unseren Schöpfungen auf uns selbst, von der Welt 3 auf die Welt 2. Denn die neu auftauchenden Probleme regen uns zu neuen Schöpfungen an.

Der Vorgang läßt sich mit folgendem stark vereinfachten Schema beschreiben (siehe Popper 1966, Kapitel 6 des vorliegenden Buches, S. 266f.):

$$P_1 \rightarrow VT \rightarrow FE \rightarrow P_2.$$

Das heißt, wir beginnen mit einem Problem P_1, kommen zu einer vorläufigen Lösung oder vorläufigen Theorie *VT*, die (teilweise oder vollständig) falsch sein kann; jedenfalls wird sie der Fehlerelimination *FE* unterworfen, die in kritischer Diskussion oder experimentellen Prüfungen bestehen kann; auf jeden Fall ergeben sich neue Probleme P_2 aus unserer schöpferischen Tätigkeit; und diese neuen Probleme werden im allgemeinen nicht absichtlich von uns geschaffen, sondern ergeben sich autonom aus den neuen Beziehungen, die wir, ob wir das beabsichtigen oder nicht, mit jeder Handlung schaffen.

Die Autonomie der Welt 3 und ihre Rückwirkungen auf die Welt 2 und selbst die Welt 1 gehören zu den wichtigsten Tatsachen des Erkenntnisfortschritts.

Man erkennt leicht, daß unsere biologischen Betrachtungen von allgemeiner Bedeutung für die Darwinsche Evolutionstheorie sind: Sie erklären, wie wir uns an unserem eigenen Schopf aus dem Sumpf ziehen können. Oder in etwas hochgestochenerer Ausdrucksweise: Sie tragen zur Erklärung der »Emergenz« bei.

[6] Ein Beispiel für letztere ist die »begriffs-dehnende Widerlegung« von Lakatos; siehe Lakatos, 1963–1964.

4. Sprache, Kritik und die Welt 3

Die wichtigsten menschlichen Schöpfungen mit den wichtigsten Rückkopplungseffekten auf uns selbst und besonders auf unser Gehirn sind die höheren Funktionen der menschlichen Sprache; genauer: die *deskriptive Funktion* und die *argumentative Funktion.*

Mit den Tiersprachen haben die menschlichen Sprachen die beiden niedrigeren Funktionen der Sprache gemeinsam: (1) die expressive und (2) die Signalfunktion. Die expressive oder symptomatische Funktion der Sprache ist offensichtlich: Alle Tiersprachen sind symptomatisch für den Zustand eines Organismus. Die Signal- oder Auslöserfunktion ist ebenfalls offensichtlich: Wir nennen ein Symptom nur dann sprachlich, wenn wir annehmen, daß es eine Reaktion bei einem anderen Organismus auslösen kann.

Alle Tiersprachen und alle sprachlichen Erscheinungen haben diese beiden niedrigeren Funktionen gemeinsam. Doch die menschliche Sprache hat viele weitere Funktionen.[7] Merkwürdigerweise sind die wichtigsten der höheren Funktionen von fast allen Philosophen übersehen worden. Die Erklärung für diese sonderbare Tatsache liegt darin, daß die beiden niedrigeren Funktionen immer vorhanden sind, wenn höhere vorhanden sind, so daß man jede sprachliche Erscheinung mit Hilfe der niedrigeren Funktionen »erklären« kann: als *»Ausdruck«* oder *»Kommunikation«*.

Die beiden wichtigsten höheren Funktionen der menschlichen Sprachen sind (3) die *deskriptive Funktion* und (4) die *argumentative Funktion.*[8]

Mit der deskriptiven Funktion der menschlichen Sprache taucht die regulative Idee der *Wahrheit* auf, das heißt einer Beschreibung, die den Tatsachen entspricht.[9]

[7] Zum Beispiel beratende, ermahnende, erzählende usw.

[8] Siehe Popper, 1963, insbes. Kapitel 4 und 12 und die Hinweise auf Bühler, 1934, auf S. 134, 293 und 295. Bühler wandte sich als erster dem entscheidenden Unterschied zwischen den niedrigeren Funktionen und der deskriptiven Funktion zu. Ich kam später als Folge meiner Theorie der Kritik auf den entscheidenden Unterschied zwischen der deskriptiven und der argumentativen Funktion. Siehe auch Popper, 1966, Kapitel 6 des vorliegenden Buches, Abschnitt XIV und Anmerkung 47 (S. 245 unten).

[9] Eine der großen Errungenschaften der modernen Logik war Alfred Tarskis Wiedererrichtung der (objektiven) Übereinstimmungstheorie der Wahrheit (Wahrheit = Übereinstimmung mit den Tatsachen). Dieser Theorie verdankt die vorliegende Arbeit alles; doch ich möchte Tarski natürlich nicht für irgendeine der hier begangenen Sünden verantwortlich machen.

Weitere regulative oder bewertende Ideen sind Gehalt, Wahrheitsgehalt und Wahrheitsähnlichkeit.[10]

Die argumentative Funktion der menschlichen Sprache setzt die deskriptive voraus: Argumente beziehen sich im Grunde auf Beschreibungen: Sie kritisieren Beschreibungen unter dem Gesichtspunkt der regulativen Ideen der Wahrheit; des Gehalts; und der Wahrheitsähnlichkeit.

Zwei Punkte sind nun hier von entscheidender Bedeutung:

(1) Ohne die Entwicklung einer exosomatischen deskriptiven Sprache – die sich wie ein Werkzeug außerhalb des Körpers entwickelt – kann es *keinen Gegenstand* für unsere kritische Diskussion geben. Doch mit der Entwicklung einer deskriptiven Sprache (und des weiteren einer geschriebenen Sprache) kann eine sprachliche Welt 3 entstehen, und nur so und nur in dieser Welt 3 können sich die Probleme und Grundsätze einer rationalen Kritik entwickeln.

(2) Dieser Entwicklung der höheren Funktionen der Sprache verdanken wir unser Menschsein, unsere Vernunft. Denn unser Urteilsvermögen ist ausschließlich kritisches Argumentiervermögen.

Der zweite Punkt zeigt die Hinfälligkeit aller Theorien der menschlichen Sprache, die sich auf *Ausdruck und Kommunikation* konzentrieren. Wie wir sehen werden, hängt die Struktur des menschlichen Organismus, der, wie man oft sagt, auf Ausdruck angelegt ist, sehr weitgehend von den beiden höheren Funktionen der Sprache ab.

Mit der Entwicklung der argumentativen Funktion der Sprache wird die Kritik das Hauptinstrument weiteren Fortschritts. (Die Logik kann als das *Organon der Kritik* aufgefaßt werden; siehe Popper 1963, S. 64). Die autonome Welt der höheren Funktionen der Sprache wird zur Welt der Wissenschaft. Und das Schema

$$P_1 \rightarrow VT \rightarrow FE \rightarrow P_2,$$

das ursprünglich für die Tierwelt wie für den primitiven Menschen gegolten hatte, wird zum Schema des Erkenntnisfortschritts durch Fehlerelimination mittels systematischer *rationaler Kritik*. Es wird zum Schema der Suche nach Wahrheit und Gehalt durch rationale Diskussion. Es beschreibt, wie wir uns an den Haaren aus dem Sumpf ziehen. Es

[10] Siehe die vorhergehende Anmerkung sowie Popper, 1962a, insbes. S. 292; Popper, 1963, Kapitel 10 und Addenda; ebenso im vorliegenden Buch Kapitel 2, Abschnitte 6–11, sowie Kapitel 9 unten.

liefert eine rationale Beschreibung der evolutiven Emergenz und unserer *Selbsttranszendenz durch Auslese und rationale Kritik.*

Ich fasse zusammen. Die Bedeutung von »Erkenntnis« ist zwar, so wie die Bedeutung aller Wörter, unwichtig; wichtig ist aber, zwischen verschiedenen Bedeutungen des Wortes zu unterscheiden.

(1) Subjektive Erkenntnis, die aus bestimmten angeborenen Handlungsdispositionen und ihren erworbenen Modifikationen besteht.

(2) Objektive Erkenntnis, zum Beispiel wissenschaftliche Erkenntnis, die aus vermuteten Theorien, offenen Problemen, Problemsituationen und Argumenten besteht.

Alle wissenschaftliche Arbeit richtet sich auf den Fortschritt der objektiven Erkenntnis. Wir sind Arbeiter, die zum Wachstum der objektiven Erkenntnis beitragen, so wie Steinmetzen an einem Dom arbeiten.

Unsere Arbeit ist fehlbar, wie alle menschliche Arbeit. Wir machen ständig Fehler, und es gibt objektive Maßstäbe, die wir nicht erfüllen – Maßstäbe der Wahrheit, des Gehalts, der Gültigkeit und andere Maßstäbe.

Die Sprache, die Formulierung von Problemen, das Auftauchen neuer Problemsituationen, konkurrierende Theorien, wechselseitige Kritik durch Argumentation: all das sind die unentbehrlichen Mittel des wissenschaftlichen Fortschritts. Die wichtigsten Funktionen oder Dimensionen der menschlichen Sprache (die die Tiersprachen nicht aufweisen) sind die deskriptive und die argumentative Funktion. Die Ausbildung dieser Funktionen ist natürlich unser Werk, wenn auch unbeabsichtigte Folge unserer Handlungen. Erst in einer derart bereicherten Sprache werden kritische Argumentation und Erkenntnis im objektiven Sinne möglich.

Die Rückwirkungen oder die Rückkopplungseffekte der Entwicklung der Welt 3 auf uns selbst – unser Gehirn, unsere Traditionen (wenn jemand dort anfangen müßte, wo Adam anfing, würde er nicht weiter kommen als Adam), auf unsere Handlungsdispositionen (das heißt unseren Glauben[11]) und auf unsere Handlungen – läßt sich kaum überschätzen.

Im Gegensatz zu dem allen interessiert sich die *herkömmliche Erkenntnistheorie* für die Welt 2: für das Wissen als eine bestimmte Art des Glaubens – rechtfertigbarer Glaube, etwa: auf Wahrnehmung

[11] Die Theorie, daß unser Glaube durch unsere Bereitschaft, auf ihn zu wetten, gemessen werden könne, galt 1781 als wohl bekannt; siehe Kant, 1787, S. 852.

beruhender Glaube. Als Folge davon kann diese Glaubens-Philosophie die so überaus wichtige Erscheinung nicht erklären (und versucht es nicht einmal), daß die Wissenschaftler ihre Theorien kritisieren und so töten. *Die Wissenschaftler versuchen, ihre falschen Theorien zu eleminieren, sie versuchen, diese an ihrer Stelle sterben zu lassen. Der Glaubende dagegen – Tier oder Mensch – geht mit seinem falschen Glauben zugrunde.*

5. Historische Bemerkungen

5.1 Platon und der Neo-Platonismus

Nach allem, was wir wissen, war Platon der Entdecker der Welt 3. Wie Whitehead bemerkte, besteht die ganze abendländische Philosophie aus Anmerkungen zu Platon.

Ich möchte lediglich drei kurze Bemerkungen zu Platon machen, davon zwei kritische.

(1) Platon entdeckte nicht nur die Welt 3, sondern auch einen Teil ihrer Rückwirkung auf uns selbst: Er erkannte, daß wir die Ideen seiner Welt 3 zu erfassen versuchen; auch daß wir sie als Erklärungen verwenden.

(2) Platons Welt 3 war göttlich; sie war unveränderlich und selbstverständlich wahr. So gibt es eine tiefe Kluft zwischen seiner und meiner Welt 3: Meine Welt 3 ist Menschenwerk und veränderlich. Sie enthält nicht nur wahre Theorien, sondern auch falsche, und besonders auch offene Probleme, Vermutungen und Widerlegungen.

Und während Platon, der große Meister der dialektischen Argumentation, in ihr nur einen Weg zur Welt 3 erblickte, betrachte ich Argumente mit als die wichtigsten Bewohner der Welt 3; nicht zu reden von offenen Problemen.

(3) Platon glaubte, die Welt 3 der Formen oder Ideen liefere uns letzte Erklärungen (das heißt Erklärungen durch das Wesen; siehe Popper 1963, Kapitel 3). Er schreibt etwa: »Wenn nämlich außer dem An-sich-Schönen noch irgend etwas anderes schön ist, so ist es meiner Meinung nach *aus keinem anderen Grunde* schön, als weil es an jenem Schönen teil hat. *Und so in allen anderen Fällen.*« (Platon, *Phaidon*, 100 c. Übers. v. Otto Apelt)

Das ist eine Theorie der *letzten Erklärung*, das heißt einer Erklärung, deren explicans weiterer Erklärung weder fähig noch bedürftig ist. Und es ist eine Theorie der *Erklärung durch das Wesen;* das heißt durch hypostasierte Wörter.

Als Folge davon betrachtete Platon die Gegenstände der Welt 3 als so etwas wie nichtmaterielle Dinge oder vielleicht wie Sterne oder Sternbilder – die man anschaut und intuitiv erfaßt, an die aber unser Geist nicht herankommt. Daher wurden die Bewohner der Welt 3 – die Formen oder Ideen – Begriffe von Dingen, oder Wesen oder Natur von Dingen, und nicht Theorien oder Argumente oder Probleme.

Das hatte die weitreichendsten Folgen für die Philosophiegeschichte. Von Platon bis auf den heutigen Tag waren die meisten Philosophen entweder Nominalisten[12] oder das, was ich Essentialisten genannt habe. Sie interessieren sich mehr für die (wesenhafte) Bedeutung von Wörtern als für die Wahrheit oder Falschheit von Theorien.

Ich stelle das Problem oft in Form einer Tabelle dar:

IDEEN

das heißt

BEDEUTUNGEN *von* AUSDRÜCKEN *oder* BEGRIFFEN — AUSSAGEN *oder* BEHAUPTUNGEN *oder* THEORIEN

lassen sich formulieren in

WÖRTERN — AUSSAGEN

diese können sein

SINNVOLL — WAHR

und ihr(e)

SINN — WAHRHEIT

läßt sich reduzieren durch

DEFINITIONEN — ABLEITUNGEN

auf den/die von

UNDEFINIERTEN BEGRIFFEN — GRUNDAUSSAGEN

Der Versuch, auf diese Weise ihre(n)

SINN — WAHRHEIT

(nicht zu reduzieren, sondern) zu etablieren, führt zu einem unendlichen Regreß.

Meine These ist: *Die linke Seite der Tabelle ist uninteressant* im Vergleich zur rechten. Uns sollten Theorien interessieren: die Wahrheit, das Argument. Wenn so viele Philosophen und Wissenschaftler immer noch glauben, Begriffe und Begriffssysteme (und Probleme ihrer Bedeu-

[12] Vgl. Watkins, 1965, Kap. VIII, insbes. S. 145 f., und Popper, (1934) 1982, S. 374–376; 1963, S. 18 ff., 262, 297 f.

tung oder der Bedeutung von Wörtern) seien ähnlich wichtig wie Theorien und theoretische Systeme (und Probleme ihrer Wahrheit oder der Wahrheit von Aussagen), dann leiden sie noch unter Platons Hauptfehler.[13] Denn Begriffe sind teils Mittel zur Formulierung von Theorien, teils Mittel, sie zusammenzufassen. Auf jeden Fall haben sie hauptsächlich eine instrumentelle Bedeutung; und man kann sie immer durch andere Begriffe ersetzen.

Inhalte und Gegenstände des Denkens scheinen in der Stoa und im Neo-Platonismus eine wichtige Rolle gespielt zu haben: Plotin behielt Platons Trennung zwischen empirischer Welt und der Welt der Formen und Ideen bei. Doch wie Aristoteles[14] zerstörte Plotin die Transzendenz von Platons Ideenwelt, indem er sie in das Bewußtsein Gottes versetzte.

Plotin kritisierte Aristoteles, er habe nicht zwischen der ersten Hypostasis (der Einheit) und der zweiten Hypostasis (dem göttlichen Geist) unterschieden. Doch er folgte Aristoteles darin, daß er Gottes Denkakte mit ihrem eigenen Inhalt oder Gegenstand gleichsetzte; und er baute diese Anschauung dahin aus, daß er die Formen oder Ideen aus Platons intelligibler Welt als die immanenten Bewußtseinszustände des göttlichen Geistes nahm.[15]

5.2 Hegel

Hegel war so etwas wie ein Platonist (oder vielmehr Neo-Platonist) und wie Platon so etwas wie ein Herakliteer. Er war ein Platonist, dessen Ideenwelt sich veränderte, entwickelte. Platons »Formen« oder »Ideen«

[13] Der – traditionelle – Fehler ist als »das Universalienproblem« bekannt. Dieses sollte durch »das Problem der Theorien« ersetzt werden oder »das Problem des theoretischen Gehalts aller menschlichen Sprache«. Siehe Popper, (1934) 1982, Abschnitte 4 (mit der neuen Anmerkung*1) und 25. Nebenbei: Es ist offenkundig, daß von den berühmten drei Positionen – *universale ante rem, in rem* und *post rem* – die letzte, in ihrer üblichen Bedeutung, gegen Welt 3 gerichtet ist und Sprache als Ausdruck zu erklären versucht, während die erste (platonische) für Welt 3 ist. Interessanterweise läßt sich von der (aristotelischen) Mittelposition (*in re*) sagen, daß sie entweder gegen Welt 3 ist oder daß sie das Problem der Welt 3 ignoriert.

[14] Vgl. Aristoteles, *Metaphysik* XII (Λ), 7: 1072 b 21 f., und 9: 1074 b 15 bis 1075 a 4. Diese Stelle (die Ross so zusammenfaßt: »Das göttliche Denken muß sich mit dem göttlichsten Gegenstand beschäftigen: mit sich selbst«) enthält eine indirekte Kritik an Platon. Ihre Affinität mit Platonischen Ideen ist besonders deutlich in den Zeilen 25 f.: »[Die Vernunft] denkt das Göttlichste und Würdigste, und zwar ohne Veränderung; denn die Veränderung würde zum Schlechteren gehen ...« (Übers. v. Hermann Bonitz.) (Siehe auch Aristoteles, *De anima*, 429 b 27 ff., insbes. 430 a 4.)

[15] Vgl. Plotin, *Enneades*, II.4.4 (1883, S. 153, 3); III.8.11 (1883, S. 346, 6); V.3.2–5; V.9.5–8; VI.5.2; VI.6.6–7.

waren objektiv und hatten nichts mit bewußten Ideen in einem subjektiven Bewußtsein zu tun; sie bewohnten eine göttliche, unveränderliche himmlische Welt (eine im Sinne des Aristoteles super-lunare Welt). Demgegenüber waren Hegels Ideen, wie die Plotins, Bewußtseinserscheinungen: Gedanken, die sich selbst dachten und einer Art Bewußtsein zugehörten, einer Art »Geist«, mit dem zusammen sie sich veränderten oder entwickelten. Die Tatsache, daß sich Hegels »objektiver Geist« und »absoluter Geist« verändern, ist der einzige Punkt, in dem sie meiner »Welt 3« ähnlicher sind, als es Platons Ideenwelt ist (oder Bolzanos Welt der »Sätze an sich«).

Die wichtigsten Unterschiede zwischen Hegels »objektivem Geist« und »absolutem Geist« einerseits und meiner »Welt 3« andererseits sind folgende:

(1) Obwohl nach Hegel der objektive Geist (der die künstlerische Schöpfung umfaßt) und der absolute Geist (zu dem die Philosophie gehört) beide aus menschlichen Erzeugnissen bestehen, ist der Mensch nicht schöpferisch. Vielmehr wird er von dem hypostasierten objektiven Geist, dem göttlichen Selbstbewußtsein der Welt bewegt: »Die ›Einzelnen‹ . . . sind Werkzeuge«, Werkzeuge des Zeitgeistes, und ihr Tun, ihr »substantiales Geschäft«, wird »von ihnen unabhängig bereitet und bestimmt« (vgl. Hegel 1830, § 551). Was ich die Autonomie der Welt 3 und ihren Rückkopplungseffekt genannt habe, wird also bei Hegel allmächtig: Das ist nur einer der Aspekte eines Systems, in dem sich seine theologische Herkunft zeigt. Demgegenüber behaupte ich: Das individuelle schöpferische Element, das Geben und Nehmen zwischen einem Menschen und seiner Schöpfung ist von größter Bedeutung. Bei Hegel entartet das zu der Lehre, der große Mensch sei so etwas wie ein Medium, in dem sich der Zeitgeist ausdrücke.

(2) Trotz einer gewissen oberflächlichen Ähnlichkeit zwischen Hegels Dialektik und meinem Entwicklungsschema

$$P_1 \rightarrow VT \rightarrow FE \rightarrow P_2$$

gibt es einen grundlegenden Unterschied. Mein Schema arbeitet mit Fehlerelimination und auf der wissenschaftlichen Ebene mit bewußter Kritik unter der regulativen Idee der Suche nach Wahrheit.

Kritik besteht natürlich in der Suche nach Widersprüchen und ihrer Beseitigung: Die Schwierigkeit, die die Forderung nach ihrer Elimination schafft, bildet das neue Problem (P_2). So führt die Elimination von Fehlern zum objektiven Erkenntnisfortschritt – zum Fortschritt der Erkenntnis im objektiven Sinne. Sie führt zur Zunahme der objektiven

Wahrheitsähnlichkeit: Sie ermöglicht die Annäherung an die (absolute) Wahrheit.

Hegel dagegen war Relativist.[16] Er sah unsere Aufgabe nicht darin, Widersprüche zu suchen, um sie zu beseitigen, denn er hielt Widersprüche für ebenso gut (oder besser) als widerspruchsfreie theoretische Systeme: Sie bilden den Mechanismus, durch den sich der Geist bewegt. Damit spielt rationale Kritik keine Rolle in Hegels Automatik, ebensowenig wie menschliche Schöpferkraft.[17]

(3) Während Platon seine hypostasierten Ideen in einem göttlichen Himmel wohnen ließ, personalisiert Hegel den Geist zu einem göttlichen Bewußtsein: Die Ideen wohnen ihm inne wie menschliche Gedanken einem menschlichen Bewußtsein. Er lehrt durchweg, der Geist sei nicht nur Bewußtsein, sondern ein Ich. Demgegenüber hat meine Welt 3 keinerlei Ähnlichkeit mit dem menschlichen Bewußtsein; und obwohl ihre ersten Bewohner Erzeugnisse des menschlichen Bewußtseins sind, sind sie völlig verschieden von bewußten Ideen oder Gedanken im subjektiven Sinne.

5.3 Bolzano und Frege

Bolzanos Sätze an sich und Wahrheiten an sich sind eindeutig Bewohner meiner Welt 3. Doch er sagte nichts Klares über ihre Beziehungen zur übrigen Welt.[18]

Ich habe in gewissem Sinne Bolzanos Hauptschwierigkeit zu lösen versucht, indem ich den Status und die Autonomie der Welt 3 mit der von Tiererzeugnissen verglichen und auf ihren Ursprung in den höheren Funktionen der menschlichen Sprache hingewiesen habe.

Was Frege angeht, so kann es keinen Zweifel geben an seiner klaren Unterscheidung zwischen subjektiven Denkakten oder Denken im subjektiven Sinne und objektivem Denken oder Denkinhalten.[19]

Es ist zuzugeben, daß er wegen seines Interesses an Nebensätzen und indirekter Rede zum Vater der modernen »epistemischen« Logik wur-

[16] Siehe Popper, 1963, Kapitel 15; Popper, 1962, Addendum zu Band II: »Facts, Standards and Truth: A Further Criticism of Relativism«. (Nicht in der deutschen Übersetzung.)

[17] Siehe Lakatos, 1963–1964, S. 234, Anmerkung 1 (Sonderdruck S. 59).

[18] Bolzano, 1837, Band I, § 19, S. 78: Sätze (und Wahrheiten) an sich haben kein »Dasein«, keine Existenz oder Wirklichkeit. Doch ein Satz an sich ist *nicht bloß* »etwas Gesetztes, welches mithin das Dasein eines Wesens, durch welches es gesetzt worden ist, voraussetzen würde«.

[19] Siehe das Zitat in Abschnitt 1 aus Frege, 1892, S. 32 (1962, S. 44), sowie Frege, 1894.

de.[20] Doch mir scheint, daß er in keiner Weise von der Kritik der »epistemischen« Logik betroffen wird, die ich vorlegen werde (siehe Abschnitt 7 unten): Soweit ich sehe, dachte er in diesem Zusammenhang nicht an die Erkenntnistheorie als Theorie der wissenschaftlichen Erkenntnis.

5.4 Der Empirismus

Der Empirismus – etwa von Locke, Berkeley und Hume – ist in seinem historischen Zusammenhang zu verstehen: Sein Hauptproblem war einfach Glaube gegen Unglaube; oder, genauer gesagt, die vernünftige Rechtfertigung oder Rechtfertigbarkeit des Christentums im Vergleich zur wissenschaftlichen Erkenntnis.

Das erklärt, warum das Wissen durchweg als eine Art des Glaubens betrachtet wurde – Glaube, der durch empirische Befunde, insbesondere durch Wahrnehmungsdaten, durch das Zeugnis unserer Sinne gerechtfertigt ist.

Die Ansichten von Locke, Berkeley[21] und Hume über das Verhältnis von Wissenschaft und Religion unterscheiden sich zwar stark, aber sie sind sich doch im wesentlichen in der Forderung einig (die Hume manchmal als ein unerreichbares Ideal empfindet), alle Behauptungen – besonders solche mit Existenzgehalt – zu verwerfen, für die es keine hinreichenden empirischen Befunde gibt, und nur solche anzunehmen, die durch das Zeugnis unserer Sinne beweisbar oder verifizierbar sind.

Diese Position läßt sich auf verschiedene Weise analysieren. Eine etwas summarische Analyse wäre die folgende Kette von Gleichungen oder Äquivalenzen, von denen sich die meisten durch Stellen aus Werken der englischen Empiristen und sogar von Bertrand Russell stützen lassen.[22]

[20] Der Weg führt von Frege zu Russell, 1922, S. 19 und Wittgenstein, 1922, 5.542.

[21] Vgl. dazu Popper 1963, Kapitel 3, Abschnitt 1 sowie Kapitel 6.

[22] Vgl. Russell, 1906–1907, S. 45: »Wahrheit ist eine Eigenschaft eines Glaubens«; Russell, 1910: »Ich werde die Wörter ›Glaube‹ und ›Urteil‹ als Synonyme verwenden« (S. 172, Anmerkung); oder: »... das Urteil ist ... eine vielfältige Beziehung des Bewußtseins zu den verschiedenen anderen Begriffen, auf die sich das Urteil bezieht« (S. 180). Er ist auch der Auffassung, daß »die Wahrnehmung immer wahr ist(selbst in Träumen und Halluzinationen)« (S. 181). Vgl. auch Russell, 1959, S. 183: »... doch vom Standpunkt der Erkenntnistheorie und der Definition der Wahrheit aus sind Sätze wichtig, die einen Glauben ausdrücken.« Ferner Russell, 1922, S. 19f., und Ducasses *»epistemic attitudes«* in Ducasse, 1940, S. 701–711. Es unterliegt keinem Zweifel, daß Russell und Ducasse zu jenen herkömmlichen Erkenntnistheoretikern gehören, die die Erkenntnis im subjektiven oder Welt-2-Sinne untersuchen. Die Tradition geht weit über den Empirismus hinaus.

p ist durch Sinneserfahrung verifiziert oder bewiesen = es gibt hinreichende Gründe oder eine Rechtfertigung für uns, an *p* zu glauben = wir glauben oder urteilen oder behaupten oder stimmen zu oder wissen, daß *p* wahr ist = *p* ist wahr = *p*.

Bemerkenswert an dieser Auffassung, die *die empirischen Befunde oder den Beweis für eine Behauptung mit dieser selbst vermischt*, ist, daß jeder, der sie vertritt, *das Gesetz des ausgeschlossenen Dritten ablehnen* müßte. Denn offensichtlich kann die Situation entstehen (es wäre sogar die Normalsituation), daß weder *p* noch nicht-*p* durch die verfügbaren Daten völlig gesichert oder bewiesen ist. Doch das scheint vor Brouwer niemand bemerkt zu haben.

Diese Unterlassung der Ablehnung des Gesetzes des ausgeschlossenen Dritten ist bei Berkeley besonders auffällig; denn wenn

esse = percipi,

dann kann die Wahrheit irgendeiner Aussage über die Wirklichkeit nur durch Wahrnehmungsaussagen begründet werden. Doch Berkeley meint, ganz wie Descartes, in seinen Dialogen[23], man solle *p* verwerfen, wenn »es keinen Grund gibt, daran zu glauben«.

Doch die Abwesenheit solcher Gründe kann mit der Abwesenheit von Gründen, an nicht-*p* zu glauben, verträglich sein, so daß *p* weder bewiesen ist noch zu verwerfen ist.

6. Würdigung und Kritik der Erkenntnistheorie Brouwers

Dieser Abschnitt ist dem Andenken von L. E. J. Brouwer gewidmet.[24]

Es wäre vermessen, wollte ich Brouwer als Mathematiker loben, und noch vermessener, wollte ich ihn zu kritisieren versuchen. Aber vielleicht ist es zulässig, wenn ich versuche, seine Erkenntnistheorie und

[23] Siehe den zweiten Dialog zwischen Hylas und Philonous (Berkeley 1949, S. 218, Zeile 15 f.): »Es ist für mich ein hinreichender Grund, nicht an die Existenz von etwas zu glauben, wenn ich keinen Grund sehe, daran zu glauben.« Vgl. Descartes, 1637, Teil IV (erster Absatz): »Jede Meinung sollte als offensichtlich falsch [›aperte falsa‹ in der lateinischen Fassung] betrachtet werden, wenn an ihr der geringste Grund für einen Zweifel gefunden werden kann.«

[24] Diesen Abschnitt über Brouwer habe ich eingefügt, um diesen großen Mathematiker und Philosophen zu ehren, der kurz vor dem Kongreß, auf dem dieser Vortrag gehalten wurde, starb. Für diejenigen, die nicht mit Brouwers (und Kants) intuitionistischer Philosophie der Mathematik vertraut sind, ist es vielleicht einfacher, diesen Abschnitt zu überspringen und mit Abschnitt 7 unten fortzufahren.

seine Philosophie der intuitionistischen Mathematik zu kritisieren. Wenn ich das wage, so in der Hoffnung, einen wenn auch noch so geringen Beitrag zur Klärung und Weiterentwicklung der Brouwerschen Ideen zu leisten.

In seiner Antrittsvorlesung (1912) beginnt Brouwer bei Kant. Er sagt, Kants intuitionistische Philosophie der Geometrie – seine Lehre von der reinen Anschauung des Raumes – müsse angesichts der nichteuklidischen Geometrie aufgegeben werden. Nach Brouwer brauchen wir sie aber auch gar nicht, da wir die Geometrie arithmetisieren können: Wir können uns einfach auf Kants Theorie der Arithmetik stützen und auf seine Lehre, daß die Arithmetik auf der reinen Anschauung der Zeit beruht.

Nach meiner Auffassung läßt sich diese Position Brouwers nicht mehr halten; denn wenn wir Kants Theorie des Raumes durch die nichteuklidische Geometrie für erledigt halten, dann müssen wir auch sagen, daß seine Theorie der Zeit durch die spezielle Relativitätstheorie erledigt ist. Denn Kant sagt ausdrücklich, es gebe nur *eine* Zeit, für die die intuitive Idee der (absoluten) Gleichzeitigkeit entscheidend sei.[25]

Man könnte – in gewisser Parallele zu einer Bemerkung von Heyting[26] – behaupten, Brouwer hätte seine erkenntnistheoretischen und philosophischen Ideen über die intuitionistische Mathematik vielleicht nicht entwickelt, wenn er damals die Analogie zwischen Einsteins Relativierung der Zeit und der nichteuklidischen Geometrie gekannt hätte. Das wäre, um mit Heyting zu reden, ein Unglück gewesen.

Es ist jedoch unwahrscheinlich, daß Brouwer von der speziellen Relativitätstheorie übermäßig beeindruckt gewesen wäre. Vielleicht hätte er Kant nicht mehr als Vorläufer seines Intuitionismus angeführt. Doch er hätte seine eigene Theorie einer *persönlichen Zeit* aufrechterhalten können – einer Zeit unserer inneren und unmittelbaren Erfahrung (siehe Brouwer, 1949). Diese wird, im Gegensatz zur Kantischen Theorie, in keiner Weise durch die Relativitätstheorie berührt.

Wir brauchen also Brouwer nicht als Kantianer zu behandeln. Doch

[25] In der transzendentalen Ästhetik (Kant, 1787, S. 46 f.) betont Kant unter Punkt 1 den apriorischen Charakter der Gleichzeitigkeit; unter Punkt 3 und 4, daß es nur *eine* Zeit geben kann; und unter Punkt 4, daß die Zeit *kein diskursiver Begriff* sei, sondern »eine reine Form der ... Anschauung« (oder, genauer gesprochen, *die* reine Form der sinnlichen Anschauung). Im letzten Absatz vor dem Schluß, auf S. 72, sagt er ausdrücklich, die Anschauung von Raum und Zeit sei keine Anschauung des Verstandes.

[26] Siehe das Heyting-Zitat in Abschnitt 1 oben.

wir können ihn nicht so leicht von Kant trennen. Denn Brouwers Idee der Intuition und sein Gebrauch des Ausdrucks »Intuition« ist ohne Analyse seines Kantischen Hintergrundes nicht richtig zu verstehen.

Für Kant ist die *Anschauung eine Quelle der Erkenntnis;* und die »reine« Anschauung (»die reine Anschauung von Raum und Zeit«) ist eine unfehlbare Quelle der Erkenntnis: Aus ihr entspringt *absolute Sicherheit.* Das ist für das Verständnis Brouwers höchst wichtig, der diese erkenntnistheoretische Lehre eindeutig von Kant entlehnt.

Es ist eine Lehre mit Geschichte. Kant übernahm sie von Plotin, Thomas, Descartes und anderen. Ursprünglich bedeutete Anschauung natürlich Wahrnehmung: Es war das, was wir sehen oder wahrnehmen, wenn wir einen Gegenstand betrachten oder unseren Blick auf ihn richten. Doch mindestens seit Plotin entwickelte sich ein Gegensatz zwischen der *Anschauung* einerseits und dem *diskursiven* Denken andererseits. Die Anschauung ist die Art, wie Gott alles auf einen Blick erkennt, blitzartig, zeitlos. Das diskursive Denken ist der menschliche Weg: Wie in einem Gespräch – einem Diskurs – argumentieren wir Schritt für Schritt, und das braucht Zeit.

Kant behauptete nun (gegen Descartes), wir hätten keine Fähigkeit der verstandesmäßigen Anschauung, und daher bliebe unser Verstand – unsere Begriffe – leer oder analytisch, wenn er nicht entweder auf Gegenstände angewandt würde, die uns durch unsere Sinne gegeben seien (sinnliche Anschauung), oder auf *»Begriffe, die in unserer reinen Anschauung von Raum und Zeit konstruiert worden sind«.*[27] Nur auf diese Weise erlangen wir synthetische Erkenntnis *a priori:* Unser Verstand ist wesentlich diskursiv; er muß gemäß der Logik vorgehen, welche leer ist – »analytisch«.

Nach Kant setzt die sinnliche Anschauung die reine Anschauung voraus: Unsere Sinne können ihre Aufgabe nicht erfüllen, ohne ihre Wahrnehmungen in ein raumzeitliches Gerüst einzuordnen. So gehen Raum und Zeit jeder sinnlichen Anschauung voraus; und die Theorien von Raum und Zeit – Geometrie und Arithmetik – sind *a priori* gültig.

[27] Siehe Kant, 1787, S. 741: »Einen Begriff aber konstruieren heißt: die ihm korrespondierende Anschauung *a priori* [die »reine Anschauung«] darstellen.« Siehe auch S. 747: »Wir haben in dem angeführten Beispiele nur deutlich zu machen gesucht, welcher große Unterschied zwischen dem diskursiven Vernunftgebrauch nach Begriffen und dem intuitiven durch die Konstruktion der Begriffe anzutreffen sei.« S. 751 wird die *»Konstruktion der Begriffe«* näher erklärt: »... wir können unsere Begriffe in der Anschauung *a priori* bestimmen, indem wir uns im Raume und der Zeit die *Gegenstände selbst* durch gleichmäßige Synthesis schaffen ...« (Hervorhebungen zum Teil von mir.)

Die Quelle ihrer apriorischen Gültigkeit ist die menschliche Fähigkeit der *reinen Anschauung*, die streng auf dieses Gebiet beschränkt ist, und die sich scharf vom verstandesmäßigen oder diskursiven Denken unterscheidet.

Kant behauptete, die *Axiome der Mathematik* beruhten auf der reinen Anschauung (Kant, 1787, S. 760 f.): Man kann »sehen« oder »wahrnehmen«, daß sie wahr sind, wobei »sehen« und »wahrnehmen« nicht sinnlich gemeint ist. Weiterhin war die reine Anschauung an *jedem Schritt jedes geometrischen* (und allgemein jedes mathematischen) *Beweises* beteiligt:[28] Um einem Beweis zu folgen, müssen wir eine (gezeichnete) Figur ansehen. Dieses »Ansehen« ist keine sinnliche, sondern reine Anschauung, was sich daran zeigt, daß die Figuren oft auch dann überzeugen, wenn sie sehr ungenau gezeichnet sind, und daran, daß *ein* gezeichnetes Dreieck für uns unendlich viele verschiedene Dreiecke darstellen kann – Dreiecke aller Formen und Größen.

Entsprechende Überlegungen gelten für die Arithmetik, die nach Kant auf dem Zählen beruht; auf einem Prozeß, der sich seinerseits wesentlich auf die reine Anschauung der Zeit stützt.

Diese Theorie der Quellen der mathematischen Erkenntnis in ihrer Kantischen Form hat nun eine große Schwäche. Auch wenn wir alles zugeben, was Kant behauptet, bleiben wir doch verwirrt zurück. Denn die Euklidische Geometrie, ob sie nun auf reine Anschauung zurückgreift oder nicht, wendet sicherlich verstandesmäßige Argumente, logische Ableitungen an. *Es ist unmöglich zu bestreiten, daß die Mathematik diskursives Denken verwendet.* Euklids Diskurs bewegt sich durch Aussagen und durch ganze Bücher hindurch Schritt für Schritt: Er entstand nicht in einem einzelnen intuitiven Blitzakt. Selbst wenn wir um des Argumentes willen die Notwendigkeit der reinen Anschauung *bei jedem einzelnen Schritt, ohne Ausnahme* zugeben (was heute schwer fällt), ist doch das schrittweise, diskursive, logische Vorgehen der Euklidischen Ableitungen so unverkennbar – und es war auch so allgemein bekannt und wurde nachgeahmt (Spinoza, Newton) –, daß man sich kaum vorstellen kann, Kant könne es übersehen haben. Tatsächlich war das alles Kant wohl so gut bekannt wie irgend jemandem

[28] Vgl. Kant, 1787, S. 741–764. Siehe zum Beispiel das Ende von S. 762, wo er über mathematische Beweise (»selbst in der Algebra«) sagt: »... in welcher man ... alle Schlüsse vor Fehlern dadurch sichert, daß jeder derselben vor Augen gestellt wird.« Vgl. auch S. 745 oben, wo Kant von einer »Kette von Schlüssen, immer von der Anschauung geleitet« spricht. (S. 748 wird »konstruieren« erklärt als »in der Anschauung darstellen«.)

sonst. Doch er war zu seiner Ansicht gezwungen (1) durch den Aufbau der *Kritik*, in der die »transzendentale Ästhetik« der »transzendentalen Logik« vorausgeht, und (2) durch seine scharfe (wie ich meine, unhaltbar scharfe) Unterscheidung zwischen anschaulichem und diskursivem Denken. Wie die Dinge stehen, möchte man fast sagen, daß in Kants Ausschluß der diskursiven Argumentation aus der Geometrie und Arithmetik nicht nur eine Lücke besteht, sondern sogar ein Widerspruch.

Daß dem nicht so ist, zeigte Brouwer, der die Lücke ausfüllte. Ich meine Brouwers Theorie der *Beziehung zwischen Mathematik einerseits und Sprache und Logik andererseits.*

Brouwer löste das Problem, indem er eine scharfe Unterscheidung zwischen der *Mathematik als solcher* und *ihrem sprachlichen Ausdruck und ihrer Mitteilung* einführte. Die Mathematik selbst sah er als eine außersprachliche Tätigkeit an, im wesentlichen als eine geistige Konstruktion auf der Grundlage unserer reinen Anschauung der Zeit. Durch diese Konstruktion erschaffen wir in unserer Anschauung, unserem Bewußtsein die Gegenstände der Mathematik, die wir hinterher – nach ihrer Erschaffung – zu beschreiben und anderen mitzuteilen versuchen können. Die sprachliche Beschreibung und die diskursive Argumentation mit ihrer Logik kommen also erst nach der wirklich mathematischen Tätigkeit: Sie kommen immer erst, nachdem ein mathematischer Gegenstand – etwa ein Beweis – konstruiert worden ist.

Dies löst das Problem, das wir in Kants *Kritik* fanden. Was auf den ersten Blick wie ein Widerspruch bei Kant aussah, wird auf geniale Art durch die Lehre gelöst, man müsse scharf unterscheiden zwischen zwei Ebenen, einer intuitiven und bewußtseinsmäßigen, die für das mathematische Denken wesentlich sei, und einer diskursiven und sprachlichen, die nur für die Kommunikation wesentlich sei.

Wie jede große Theorie beweist diese Theorie Brouwers ihren Wert durch ihre Fruchtbarkeit. Sie löste mit einem Schlag drei große Problembereiche der Philosophie der Mathematik:

(1) *Erkenntnistheoretische Probleme*, die den Ursprung der mathematischen Sicherheit betreffen; die Natur mathematischer Evidenz; und die Natur mathematischer Beweise. Diese Probleme wurden jeweils gelöst: durch die Lehre von der Intuition als einer Quelle der Erkenntnis; durch die Lehre, wir könnten die von uns konstruierten mathematischen Gegenstände anschauen; und durch die Lehre, ein mathematischer Beweis sei eine sequentielle Konstruktion oder eine Konstruktion von Konstruktionen.

(2) *Ontologische Probleme,* die die Art der mathematischen Gegenstände betreffen und die Natur ihrer Existenzweise. Diese Probleme wurden durch eine Lehre gelöst, die zwei Seiten hatte: Einerseits gab es den *Konstruktivismus,* andererseits einen *Mentalismus,* der alle mathematischen Gegenstände in die »Welt 2« versetzte. Die mathematischen Gegenstände waren Konstruktionen des menschlichen Geistes, und sie existierten nur als Konstruktionen im menschlichen Bewußtsein. Ihre Objektivität – ihre Eigenart als Gegenstände und die Objektivität ihrer Existenz – lag ausschließlich in der Möglichkeit, die Konstruktion jederzeit zu wiederholen.

So konnte Brouwer in seiner Antrittsvorlesung zu verstehen geben, daß für den Intuitionisten die mathematischen Gegenstände im menschlichen Bewußtsein, für den Formalisten dagegen »auf dem Papier« existierten.[29]

(3) *Methodologische Probleme,* die mathematische Beweise betreffen.

Man kann ganz naiv zwei Hauptarten des Interesses an Mathematik unterscheiden. Der eine Mathematiker ist vielleicht hauptsächlich an Theoremen interessiert – an der Wahrheit oder Falschheit mathematischer Behauptungen. Ein anderer ist vielleicht hauptsächlich an Beweisen interessiert: an der Frage der Existenz von Beweisen für diesen oder jenen Satz und der Eigenart der Beweise. Überwiegt das erste Interesse (was zum Beispiel bei Polya der Fall zu sein scheint), so ist es gewöhnlich mit einem Interesse an der Entdeckung mathematischer »Tatsachen« und daher mit einer platonisierenden mathematischen Heuristik verbunden. Überwiegt das zweite Interesse, dann sind Beweise nicht nur Mittel, sich der Wahrheit von Theoremen über mathematische Gegenstände zu versichern, sondern sie sind selbst mathematische Gegenstände. Das scheint mir bei Brouwer der Fall gewesen zu sein: Diejenigen Konstruktionen, die Beweise sind, schaffen nicht nur mathematische Gegenstände, sondern sind gleichzeitig selbst mathematische Gegenstände – vielleicht sogar die wichtigsten. Einen Satz behaupten hieß also die Existenz eines Beweises für ihn behaupten, ihn leugnen hieß die

[29] Vgl. das Ende des dritten Absatzes von Brouwer, 1912. Brouwer spricht dort von der Existenz nicht der Mathematik, sondern der »mathematischen Exaktheit«, daher bezieht sich die Stelle *ihrem Wortlaut nach* noch stärker auf die Probleme (1) und (3) als auf das ontologische Problem (2). Es kann jedoch keinen Zweifel geben, daß sie sich auch auf (2) beziehen sollte. Die Stelle lautet: »Die Frage, wo die mathematische Exaktheit eigentlich existiert, wird verschieden beantwortet... Der Intuitionist sagt: im menschlichen Verstand. Der Formalist sagt: auf dem Papier.«

Existenz einer Widerlegung behaupten; das heißt eines Beweises seiner Absurdität. Das führt unmittelbar zu Brouwers Ablehnung des Gesetzes des ausgeschlossenen Dritten und der indirekten Beweise und zu der Forderung, daß die Existenz nur durch wirkliche Konstruktion – gewissermaßen durch Sichtbarmachen – des fraglichen mathematischen Gegenstandes bewiesen werden kann.

Es führt auch zu Brouwers Ablehnung des »Platonismus«, worunter man die Lehre verstehen kann, die mathematischen Gegenstände hätten das, was ich eine »autonome« Existenzweise nenne: Sie können existieren, ohne von uns konstruiert worden zu sein, und damit ohne daß ein Existenzbeweis vorliegt.

Bisher habe ich mich um ein Verständnis von Brouwers Erkenntnistheorie bemüht, hauptsächlich an Hand der Vermutung, sie entspringe aus einem Versuch, eine Schwierigkeit in der Kantischen Philosophie der Mathematik zu beseitigen. Jetzt gehe ich zu dem über, was ich in der Überschrift des Abschnitts angekündigt habe – einer Würdigung und Kritik von Brouwers Erkenntnistheorie.

Vom Standpunkt der vorliegenden Arbeit aus ist es eine von Brouwers großen Leistungen, daß er erkannte, daß die Mathematik – und vielleicht kann ich hinzufügen, die Welt 3 – vom Menschen geschaffen ist.

Dieser Gedanke ist so radikal anti-platonistisch, daß es verständlich ist, wenn Brouwer nicht erkannte, daß er sich mit einer Art von Platonismus verbinden läßt. Ich meine die Lehre der (teilweisen) *Autonomie* der Mathematik und der Welt 3, wie sie in Abschnitt 3 oben skizziert wurde.

Brouwers zweite große Leistung unter einem philosophischen Gesichtspunkt war sein Anti-Formalismus: seine Erkenntnis, daß die mathematischen Gegenstände existieren müssen, ehe wir über sie sprechen können.

Doch ich möchte mich jetzt einer Kritik von Brouwers Lösung der drei Hautproblemgebiete der Philosophie der Mathematik zuwenden, von denen ich weiter oben in diesem Abschnitt gesprochen habe.

(1′) *Erkenntnistheoretische Probleme:* die Intuition im allgemeinen und die Theorie der Zeit im besonderen.

Ich schlage nicht vor, den Namen »Intuitionismus« zu ändern. Der Name wird zweifellos bleiben, und es ist wichtiger, die falsche Philosophie von der Intuition als einer unfehlbaren Quelle der Erkenntnis aufzugeben.

Es gibt keine autoritativen Quellen der Erkenntnis, und keine »Quelle« ist besonders verläßlich.[30] Alles ist willkommen als eine Quelle der Inspiration, auch die »Intuition«, besonders wenn sie uns neue Probleme eröffnet. Doch nichts ist sicher, und wir sind alle fehlbar.

Außerdem läßt sich Kants scharfe Unterscheidung zwischen Intuition und diskursivem Denken nicht aufrechterhalten. Die »Intuition«, was immer sie auch sei, ist weitgehend das Ergebnis unserer kulturellen Entwicklung und unserer Bemühungen auf dem Gebiet des diskursiven Denkens. Kants Gedanke einer uns allen gemeinsamen reinen Normal-Anschauung (die Tiere sind vielleicht auszunehmen, obwohl ihre Wahrnehmungsorganisation ähnlich ist) ist schwerlich annehmbar. Denn wenn wir uns im diskursiven Denken geübt haben, ändert sich unser Anschauungsvermögen grundlegend.

Das alles gilt auch für unsere Anschauung der Zeit. Ich persönlich finde Benjamin Lee Whorfs Bericht über die Hopi-Indianer[31] und ihre völlig andere Zeitanschauung überzeugend. Doch selbst wenn dieser Bericht unkorrekt sein sollte (was ich für unwahrscheinlich halte), zeigt er Möglichkeiten auf, die weder Kant noch Brouwer jemals in Betracht gezogen haben. Sollte Whorf recht haben, so hinge unsere intuitive Erfassung der Zeit – die Art, wie wir zeitliche Beziehungen »sehen« – teilweise von unserer Sprache und den in ihr enthaltenen Theorien und Mythen ab: *Unsere europäische Zeitanschauung würde den griechischen Ursprüngen unserer Zivilisation mit ihrer Betonung des diskursiven Denkens viel verdanken.*

Jedenfalls kann sich unsere Zeitanschauung mit unseren Theorien ändern. Die Intuitionen Newtons, Kants und Laplaces unterscheiden sich von denen Einsteins; und die Rolle der Zeit in der Teilchenphysik unterscheidet sich von der in der Kontinuumsphysik, besonders der Optik. Während die Teilchenphysik einen rasiermesserscharfen, unausgedehnten Augenblick nahelegt, ein »*punctum temporis*«, der die Vergangenheit von der Zukunft trennt, und damit eine Zeitkoordinate, die aus (einem Kontinuum von) ausdehnungslosen Augenblicken besteht, und damit eine Welt, deren »Zustand« für jeden solchen ausdehnungslosen Zeitpunkt angegeben werden kann, ist die Situation in der Optik ganz anders. Hier gibt es räumlich ausgedehnte Gitter, deren Teile über erhebliche räumliche Entfernungen zusammenwirken; und ebenso gibt es zeitlich ausgedehnte Ereignisse (Wellen mit Frequenzen), deren

[30] Ich habe mich mit diesem Problem ausführlich in meiner Vorlesung »On the Sources of Knowledge and Ignorance« beschäftigt, die jetzt die Einleitung zu Popper, 1963, bildet.

[31] Vgl. »An American Indian Model of the Universe«, in: Whorf, 1956.

Teile über erhebliche zeitliche Entfernungen zusammenwirken. Der Optik zufolge *kann es also in der Physik keinen Zustand der Welt in einem zeitlichen Augenblick geben.* Dieses Argument sollte für unsere Anschauung einen großen Unterschied machen, und es tut es auch: Was in der Psychologie die scheinbare Gegenwart genannt wird, ist weder scheinbar noch auf die Psychologie beschränkt, sondern real und schon in der Physik vorhanden.[32]

So ist also nicht nur die allgemeine Lehre von der Anschauung als einer unfehlbaren Erkenntnisquelle ein Mythos, sondern unsere Zeitanschauung im besonderen ist ebenso der Kritik und Berichtigung unterworfen, wie es nach Brouwers eigenem Zugeständnis unsere Raumanschauung ist.

Den Hauptgesichtspunkt verdanke ich der Philosophie der Mathematik von Lakatos. Nach ihr entwickelt sich die Mathematik (ähnlich wie die Naturwissenschaften) durch die Kritik von Vermutungen und kühnen Beweisskizzen. Das setzt die sprachliche Formulierung dieser Vermutungen und Beweise und damit ihr Vorhandensein in der Welt 3 voraus. Die Sprache, die zunächst nur ein Mittel zur Beschreibung vorsprachlicher Gegenstände war, wird dadurch zu einem *wesentlichen Stück* der Wissenschaft, sogar der Mathematik, die ihrerseits ein Bestandteil der Welt 3 wird. Und es gibt Schichten oder Ebenen in der Sprache (ob sie nun in einer Hierarchie von Metasprachen formalisiert sind oder nicht).

Wäre die intuitionistische Erkenntnistheorie im Recht, so wäre mathematischer Sachverstand kein Problem. (Wäre die Kantsche Theorie im Recht, so wäre es unverständlich, warum wir – oder genauer: Platon und seine Schule – so lange auf Euklid warten mußten.[33]) Doch er ist ein Problem, denn selbst hochqualifizierte intuitionistische Mathematiker können über gewisse schwierige Fragen uneins sein.[34] Wir brauchen nicht zu untersuchen, welche Seite dabei recht hat. Es genügt der Hinweis, daß in dem Augenblick, da eine intuitionistische Konstruk-

[32] Vgl. Gombrich, 1964, insbes. S. 297: »Verfolgen wir diesen Gedanken bis an sein logisches Ende, so kann sich das *punctum temporis* nicht einmal als sinnloser Punkt zeigen, denn das Licht hat eine Frequenz.« (Das Argument läßt sich durch Betrachtung von Randbedingungen untermauern.)

[33] Vgl. die entsprechende Bemerkung über Kants aprioristische Sicht der Newtonschen Physik in: Popper, 1963, Kapitel 2: den Absatz, zu dem die Anmerkung 63 gehört.

[34] Vgl. S. C. Kleenes Bemerkungen in Kleene und Vesley, 1965, S. 176–183, über Brouwer, 1951, S. 357–358, den Kleene im Lichte von Brouwers Bemerkung auf S. 1248 von Brouwer, 1949 kritisiert.

tion kritisierbar ist, das Problem nur durch *wesentliche Verwendung einer argumentativen Sprache* gelöst werden kann. Natürlich zwingt uns die wesentliche kritische Verwendung der Sprache nicht zur Verwendung von Argumenten, die die intuitionistische Mathematik ablehnt (obwohl es hier, wie wir zeigen werden, ein Problem gibt). Im Augenblick geht es mir nur um folgendes: Läßt sich einmal die Zulässigkeit einer vorgeschlagenen intuitionistischen mathematischen Konstruktion in Frage stellen – und das ist natürlich möglich –, so ist die Sprache mehr als ein bloßes Kommunikationsmittel, auf das man im Prinzip auch verzichten könnte; sie wird vielmehr zum unentbehrlichen Medium der kritischen Diskussion. Damit ist nicht mehr nur die intuitionistische Konstruktion »objektiv in dem Sinne, daß es nicht darauf ankommt, welches Subjekt die Konstruktion ausführt«[35]; vielmehr beruht die Objektivität, selbst der intuitionistischen Mathematik, wie die jeder Wissenschaft, auf der Kritisierbarkeit ihrer Argumente. Das aber bedeutet, daß die Sprache als Medium der Argumentation, der kritischen Diskussion unentbehrlich wird.[36]

Aus diesem Grunde halte ich Brouwers subjektivistische Erkenntnistheorie und die philosophische Rechtfertigung seiner intuitionistischen Mathematik für falsch. Zwischen Konstruktion, Kritik, »Intuition« und sogar Tradition besteht ein Geben und Nehmen, das er nicht berücksichtigt.

Ich bin aber bereit zuzugeben, daß Brouwer selbst mit seiner irrtümlichen Sicht des Status der Sprache teilweise recht hatte. Die Objektivität aller Wissenschaft, auch der Mathematik, ist zwar untrennbar mit ihrer Kritisierbarkeit und daher mit ihrer sprachlichen Formulierung verbunden, doch Brouwer hatte damit recht, daß er sich nachdrücklich gegen die These wandte, die Mathematik sei *nichts weiter als* ein formales Sprachspiel, oder, mit anderen Worten, es gebe keine außersprachlichen mathematischen Gegenstände, das heißt Gedanken (oder nach meiner Auffassung genauer: Gedankeninhalte). Ganz wie er behauptete, spricht die Mathematik *über* diese Gegenstände; und in diesem Sinne ist die mathematische Sprache diesen Gegenständen nachgeordnet. Doch das bedeutet nicht, daß wir die Mathematik ohne die Sprache konstruieren könnten: Es kann keine Konstruktion ohne ständige kritische Kontrolle geben und keine Kritik, ohne unsere Konstruktionen in sprachliche Form zu bringen und sie als Gegenstände der Welt 3 zu behandeln. Die

[35] Heyting in Lakatos, 1967, S. 173.
[36] Vgl. Lakatos, 1963–1964, insbes. S. 229–235.

Welt 3 ist zwar nicht identisch mit der Welt der sprachlichen Formen, aber sie entsteht zusammen mit der argumentativen Sprache: Sie ist ein Nebenprodukt der Sprache. Das erklärt, warum auch die Sprache problematisch werden kann, wenn unsere Konstruktionen problematisch, systematisch und axiomatisch werden, und warum die Formalisierung ein Zweig der mathematischen Konstruktion werden kann. Das dürfte Myhill im Auge haben, wenn er sagt: »*Unsere Formalisierungen berichtigen unsere Intuitionen, während unsere Intuitionen unseren Formalisierungen Gestalt geben.*«[37] Diese Aussage ist dadurch besonders interessant, daß sie – im Zusammenhang mit dem Brouwerschen intuitionistischen Beweis gemacht – eine Korrektur an der Brouwerschen Erkenntnistheorie anzubringen scheint.

(2′) *Ontologische Probleme:* Brouwer sah gelegentlich selbst, daß die Gegenstände der Mathematik ihre Existenz teilweise der Sprache verdanken. So schrieb er 1924: »Der Mathematik liegt eine unbegrenzte Folge von Zeichen bzw. endlichen Zeichenreihen zugrunde . . .«[38] Das ist nicht unbedingt als Eingeständnis des Vorrangs der Sprache zu verstehen: Der entscheidende Begriff ist zweifellos »Folge«, und die Idee der Folge beruht auf der Anschauung der Zeit und auf der sich darauf gründenden Konstruktion. Doch es zeigt, daß sich Brouwer dessen bewußt war, daß Zeichen oder Symbole für die Ausführung der Konstruktion nötig sind. Meine eigene Auffassung ist die, daß das diskursive Denken (das heißt Folgen sprachlicher Argumente) den stärksten Einfluß auf unser Zeitbewußtsein und die Entwicklung unserer Intuition der geordneten Folge hat. Das widerspricht in keiner Weise dem Brouwerschen Konstruktivismus, wohl aber seinem Subjektivismus und Mentalismus. Denn die Gegenstände der Mathematik können jetzt Bürger einer objektiven Welt 3 werden: Sie wurden zwar ursprünglich von uns konstruiert – die Welt 3 entsteht ja als unser Erzeugnis –, doch die Gedankeninhalte führen ihre eigenen unbeabsichtigten Konsequenzen mit sich. Die von uns konstruierte Folge der natürlichen Zahlen schafft die Primzahlen – die wir *entdecken* –, und diese wiederum schaffen Probleme, von denen wir uns nie etwas haben träumen lassen. *So werden mathematische Entdeckungen möglich.* Darüber hinaus sind die wichtigsten von uns entdeckten mathematischen Gegenstände – die fruchtbarsten Bürger der Welt 3 – *Probleme* und neue Arten von *kritischen Argumenten.* So ergibt sich eine neue Art der mathemati-

[37] J. Myhill, 1967, S. 175 (Hervorhebung von mir); vgl. auch Lakatos, 1963–1964.
[38] Brouwer, 1924, S. 244.

schen Existenz: die Existenz von Problemen; und eine neue Art der Intuition: die Intuition, die uns Probleme sehen und vor ihrer Lösung verstehen läßt. (Man denke an Brouwers eigenes Hauptproblem: das Kontinuum.)

Die Art, wie Sprache und diskursives Denken mit den mehr unmittelbaren intuitiven Konstruktionen zusammenwirken (was übrigens das Ideal der absoluten Beweissicherheit zerstört, das die intuitive Konstruktion erfüllen sollte), wurde auf höchst erhellende Weise von Heyting beschrieben. Ich darf vielleicht den Anfang dieser Beschreibung zitieren, die mich nicht nur angeregt, sondern auch ermutigt hat: »Es hat sich herausgestellt, daß es nicht intuitiv klar ist, was eigentlich in der Mathematik intuitiv klar ist. Man kann sogar eine Skala absteigender Grade von Evidenz aufstellen. Den höchsten Grad haben Behauptungen, wie $2 + 2 = 4$. Einen niedrigeren Grad hat bereits $1002 + 2 = 1004$. Wir beweisen es nicht durch tatsächliches Zählen, sondern durch Überlegungen, die allgemein zeigen, daß $(n + 2) + 2 = n + 4$ . . . [Aussagen wie diese] haben schon den Charakter einer Implikation: ›Wird eine natürliche Zahl n konstruiert, dann können wir die Konstruktion ausführen, die durch $(n + 2) + 2 = n + 4$ ausgedrückt wird‹.«[39] Für unser augenblickliches Problem sind Heytings »Grade der Evidenz« weniger wichtig. In erster Linie interessant ist seine wundervoll einfache und klare Analyse des unvermeidlichen Zusammenspiels zwischen intuitiver Konstruktion und sprachlicher Formulierung, die uns notwendigerweise in diskursive – und daher logische – Überlegungen verwickelt. Das betont Heyting, wenn er fortfährt: »Diese Ebene ist im Kalkül der freien Variablen formalisiert.«

Ein letztes Wort über Brouwer und den mathematischen Platonismus. Die Autonomie der Welt 3 ist unleugbar, und damit muß Brouwers Gleichung »*esse* = *construi*« aufgegeben werden, *mindestens* für Probleme. Das kann uns einen neuen Blick auf die Logik des Intuitionismus eröffnen: *Ohne die intuitionistischen Beweisgrundsätze aufzugeben*, kann es für die kritische rationale Diskussion wichtig sein, scharf zwischen einer These und ihrer Begründung zu unterscheiden. Doch diese Unterscheidung wird von der intuitionistischen Logik zerstört, die aus der *Vermengung von Evidenz oder Beweis mit der zu beweisenden Behauptung entsteht.*[40]

(3′) *Methodologische Probleme:* Das ursprüngliche Motiv der Brou-

[39] Vgl. Heyting, 1962, S. 195.
[40] Vgl. Abschnitt 5.4 oben.

werschen intuitionistischen Mathematik war die Sicherheit: die Suche nach sichereren Beweismethoden; ja, nach unfehlbaren Methoden. Falls man sicherere Beweise will, muß man strenger hinsichtlich der Voraussetzungen sein, die man annimmt; man muß mit möglichst schwachen Voraussetzungen arbeiten. Brouwer beschränkte sich auf schwächere logische Mittel als die der klassischen Logik.[41] Der Beweis eines Satzes mit schwächeren Mitteln ist (und war schon immer) eine äußerst interessante Aufgabe und eine der großen Quellen mathematischer Probleme. Das erklärt, warum die intuitionistische Mathematik so interessant ist.

Ich bin aber der Auffassung, daß das nur für Beweise gilt. Für die Kritik, für die Widerlegung wollen wir keine schwache Logik. Ein Organon des Beweises sollte schwach bleiben, doch ein Organon der Kritik sollte stark sein. In der Kritik möchten wir nicht auf Unmöglichkeitsbeweise beschränkt sein: Wir beanspruchen für unsere Kritik keine Unfehlbarkeit, und wir sind oft zufrieden, wenn wir zeigen können, daß eine Theorie kontraintuitive Konsequenzen hat. Bei einem Organon der Kritik sind Schwäche und Sparsamkeit keine Tugend, denn die Tugend einer Theorie liegt darin, daß sie starker Kritik widersteht. (Daher erschiene es einleuchtend, in der kritischen Diskussion – der Metadiskussion – über die Gültigkeit einer intuitionistischen Konstruktion die gesamte klassische Logik zuzulassen.)

7. Der Subjektivismus in der Logik, Wahrscheinlichkeitstheorie und Physik

Angesichts dessen, was in Abschnitt 5 gesagt wurde, besonders über den Empirismus, überrascht es nicht, daß die Vernachlässigung der Welt 3 – und dementsprechend eine subjektivistische Erkenntnistheorie – im heutigen Denken noch weit verbreitet ist. Auch da, wo es keine Verbindung zur Brouwerschen Mathematik gibt, findet man oft subjektivistische Tendenzen in den verschiedenen Spezialgebieten. Ich möchte mich hier mit einigen dieser Tendenzen in der Logik, der Wahrscheinlichkeitstheorie und der Physik beschäftigen.

[41] Diese Bemerkungen gelten nur für die *Logik* des Intuitionismus, die Teil der klassischen Logik ist, während die intuitionistische Mathematik nicht Teil der klassischen Mathematik ist. Siehe besonders Kleenes Bemerkungen über das »Brouwersche Prinzip« in: Kleene und Vesley, 1965, S. 70.

7.1 Die »epistemische« Logik

Dieser Zweig der Logik beschäftigt sich mit Formeln wie »*a* weiß *p*« oder »*a* weiß, daß *p*« und »*a* glaubt *p*« oder »*a* glaubt, daß *p*«. Dafür schreibt man gewöhnlich

»*Wap*« oder »*Gap*«,

wobei »*W*« die Relation des Wissens und »*G*« die Relation des Glaubens bezeichnet; *a* ist das Subjekt, das weiß oder glaubt, und *p* die Proposition oder der Sachverhalt, der gewußt oder geglaubt wird.

Meine erste These aus Abschnitt 1 hat zur Folge, daß dies nichts mit wissenschaftlicher Erkenntnis zu tun hat. Denn der Wissenschaftler, nennen wir ihn »*S*«, weiß weder, noch glaubt er. Was tut er aber? Ich gebe eine sehr kurze Liste an:

»*S* versucht, *p* zu verstehen.«
»*S* überlegt sich Alternativen zu *p*.«
»*S* überlegt sich, wie *p* kritisierbar ist.«
»*S* schlägt eine experimentelle Prüfung von *p* vor.«
»*S* versucht, *p* zu axiomatisieren.«
»*S* versucht, *p* aus *q* abzuleiten.«
»*S* versucht zu zeigen, daß *p* nicht aus *q* ableitbar ist.«
»*S* gibt ein neues Problem *x* an, das sich aus *p* ergibt.«
»*S* schlägt für das sich aus *p* ergebende Problem *x* eine neue Lösung vor.«
»*S* kritisiert seine neueste Lösung des Problems *x*.«

Die Liste könnte verlängert werden. In ihrer Art ist sie weit entfernt von »*S* weiß *p*« oder »*S* glaubt *p*«, ja sogar von »*S* glaubt fälschlich an *p*« oder »*S* bezweifelt *p*«. Es verdient festgehalten zu werden, daß wir bezweifeln können, ohne zu kritisieren, und kritisieren, ohne zu bezweifeln. (Daß wir das können, erkannte Poincaré in *Wissenschaft und Hypothese*, was sich in diesem Punkte mit Russells *Our Knowledge of the External World* kontrastieren läßt.)

7.2 Die Wahrscheinlichkeitstheorie

Nirgends sitzt die subjektivistische Erkenntnistheorie fester im Sattel als auf dem Gebiet der Wahrscheinlichkeitsrechnung. Diese ist eine Verallgemeinerung der Booleschen Algebra (und damit der Aussagenlogik). Sie wird noch sehr oft im subjektiven Sinne interpretiert, als ein *Kalkül des Nichtwissens oder des unsicheren subjektiven Wissens;* doch das würde bedeuten, die Boolesche Algebra einschließlich des Aussagenkalküls als einen *Kalkül des sicheren Wissens* zu interpretieren – des sicheren Wissens *im subjektiven Sinne*. Und diese Konsequenz würden nur wenige Bayesianer (wie sich die Anhänger der subjektiven Interpretation der Wahrscheinlichkeitsrechnung heute nennen) begrüßen.

Diese subjektive Interpretation der Wahrscheinlichkeitsrechnung habe ich seit 33 Jahren bekämpft. Im Grunde entspringt sie aus der gleichen Erkenntnistheorie, die der Aussage »Ich weiß, daß der Schnee weiß ist« einen höheren erkenntnistheoretischen Status verleiht als der Aussage »Der Schnee ist weiß«.

Ich sehe keinerlei Grund, warum wir nicht der Aussage »Im Lichte aller verfügbaren Daten glaube ich, daß es vernünftig ist zu glauben, daß der Schnee weiß ist« einen noch höheren erkenntnistheoretischen Status zuschreiben sollten. Gleiches könnte natürlich mit Wahrscheinlichkeitsaussagen geschehen.

7.3 Die Physik

Seit etwa 1926 hat die subjektive Sichtweise in der Naturwissenschaft schnell an Boden gewonnen. Zuerst eroberte sie die Quantenmechanik. Dort wurde sie so mächtig, daß ihre Gegner als Schwachköpfe betrachtet wurden, denen man am besten den Mund stopfte. Dann übernahm sie die statistische Mechanik. Hier stellte Szilard 1929 die inzwischen fast allgemein angenommene Ansicht auf, man müsse subjektive Information mit einer Erhöhung der physikalischen Entropie bezahlen; das wurde als Beweis dafür aufgefaßt, daß die physikalische Entropie ein Mangel an Wissen und daher ein subjektiver Begriff sei und daß Wissen oder Information der physikalischen Negentropie äquivalent sei. Dieser Entwicklung entsprach genau eine parallele Entwicklung in der Informationstheorie, die als eine völlig objektive Theorie der Kommunikationskanäle anfing, aber später mit Szilards subjektivistischem Informationsbegriff verbunden wurde.

Die subjektivistische Erkenntnistheorie ist also auf breiter Front in die Wissenschaft eingedrungen. Der ursprüngliche Einfallspunkt war die subjektivistische Wahrscheinlichkeitstheorie. Doch das Übel breitete sich auf die statistische Mechanik, die Theorie der Entropie, die Quantenmechanik und die Informationstheorie aus.

Es ist natürlich nicht möglich, in diesem Vortrag alle diese subjektivistischen Theorien zu widerlegen. Ich kann nur erwähnen, daß ich sie jahrelang bekämpft habe (zuletzt in Popper, 1967). Doch ich hege keine Illusionen. Es kann noch viele Jahre dauern, bis sich das Blatt wendet (was Bunge, 1967, erwartet) – falls es überhaupt je geschieht.

Ich möchte nur noch zweierlei sagen.

Erstens werde ich zu zeigen versuchen, wie die Erkenntnistheorie oder die Logik der Forschung vom objektivistischen Standpunkt her aussieht und wie sie einiges Licht auf die Biologie der Forschung werfen kann.

Zweitens werde ich im letzten Abschnitt dieses Vortrags zu zeigen versuchen, wie die Psychologie der Forschung vom gleichen objektivistischen Standpunkt her aussieht.

8. Die Logik und die Biologie der Forschung

Vom objektivistischen Standpunkt aus wird die Erkenntnistheorie zur Theorie des Erkenntnisfortschritts. Sie wird die Theorie des Problemlösens oder, mit anderen Worten, der Konstruktion, kritischen Diskussion, Bewertung und kritischen Prüfung konkurrierender vermuteter Theorien.

Ich halte es jetzt für besser, bezüglich konkurrierender Theorien von ihrer »Bewertung« oder »Beurteilung« oder der »Bevorzugung« von einer von ihnen zu sprechen als von ihrer »Akzeptierung«. Nicht daß Wörter von Bedeutung wären. Der Gebrauch von »Akzeptierung« richtet keinen Schaden an, solange man sich vor Augen hält, daß jede Akzeptierung vorläufig ist und, wie der Glaube, vorübergehende und persönliche, aber keine objektive und unpersönliche Bedeutung hat.[42]

Die Bewertung oder Beurteilung konkurrierender Theorien geht ihrer Prüfung teilweise voraus (wenn man so will, ist sie *a priori*, aber nicht im Kantischen Sinne »*a priori* gültig«), teilweise folgt sie ihr nach (*a posteriori*, wieder in einem Sinne, der keine Gültigkeit impliziert). Auch der (empirische) Gehalt einer Theorie geht ihrer Prüfung voraus; er hängt eng mit ihrer (möglichen) Erklärungskraft zusammen; das heißt ihrer Fähigkeit, bereits vorhandene Probleme zu lösen – jene Probleme, die Anlaß zu der Theorie geben und in bezug auf die Theorien *konkurrierende Theorien* sind.

Theorien können nur in bezug auf eine Menge schon vorhandener Probleme *(a priori)* bewertet und verglichen werden. Auch ihre sogenannte Einfachheit läßt sich nur in bezug auf die Probleme vergleichen, bei deren Lösung sie konkurrieren.

Gehalt und mögliche Erklärungskraft sind die wichtigsten regulati-

[42] Beispielsweise habe ich keinerlei Einwand gegen den Gebrauch der Ausdrücke »acceptance$_1$« und »acceptance$_2$« bei Lakatos in seiner Arbeit »Changes in the Problem of Inductive Logic«, § 3 (Lakatos, 1968).

ven Ideen für die *a priori* Beurteilung von Theorien. Sie hängen eng mit ihrem Grad der Prüfbarkeit zusammen.

Die wichtigste Idee für die *a posteriori* Beurteilung ist die Wahrheit oder, da wir einen leichter zugänglichen komparativen Begriff brauchen, das, was ich »Wahrheitsnähe« oder »Wahrheitsähnlichkeit« genannt habe.[43] Wichtig ist, daß eine Theorie ohne Gehalt wahr sein kann (etwa eine Tautologie), daß aber die Wahrheitsähnlichkeit auf die regulative Idee des Wahrheitsgehalts aufbaut, das heißt auf die Idee der Menge der interessanten und wichtigen wahren Konsequenzen einer Theorie. Eine Tautologie hat also, obwohl sie wahr ist, den *Wahrheitsgehalt* Null[43a] und die Wahrheitsähnlichkeit Null. Natürlich hat sie die Wahrscheinlichkeit *Eins*. Allgemein gesprochen lassen sich Gehalt, Prüfbarkeit und Wahrheitsähnlichkeit[44] durch die *Un*wahrscheinlichkeit messen.

Die *a posteriori* Bewertung einer Theorie hängt völlig davon ab, wie sie strenge und erfinderische Prüfungen bestanden hat. Strenge Prüfungen setzen aber ihrerseits einen hohen Grad von *a priori* Prüfbarkeit oder Gehalt voraus. Damit hängt die *a posteriori* Bewertung einer Theorie in hohem Maße von ihrem *a priori* Wert ab: Theorien, die *a priori* uninteressant sind – wenig Gehalt haben –, brauchen gar nicht geprüft zu werden, denn ihr niedriger Grad der Prüfbarkeit schließt *a priori* die Möglichkeit aus, daß sie wirklich bedeutsamen und interessanten Prüfungen unterworfen werden können.

Andererseits sind Theorien mit hoher Prüfbarkeit auch dann interessant und wichtig, wenn sie ihre Prüfung nicht bestehen; aus ihrem Versagen können wir ungeheuer viel lernen. Ihr Scheitern kann fruchtbar sein, denn es kann Hinweise darauf geben, wie sich eine bessere Theorie konstruieren läßt.

Doch könnte diese ganze Betonung der Wichtigkeit der *a priori* Bewertung vielleicht so aufgefaßt werden, daß sie letzten Endes auf unser Interesse an hohen *a posteriori* Werten zurückzuführen ist – an Theorien mit hohem Wahrheitsgehalt und hoher Wahrheitsähnlichkeit, wenn sie auch natürlich immer mutmaßlich oder hypothetisch oder vorläufig bleiben. Wir streben nicht nur nach Theorien, die intellektuell interessant und in hohem Maße prüfbar sind, sondern die auch strenge

[43] Vgl. Popper, 1963, insbes. Kapitel 10, Abschnitt 3 und Addendum 6; ebenso Popper 1962a, insbes. S. 292; siehe auch Kapitel 1, Abschnitte 8–10 des vorliegenden Buches, S. 17–26 oben.

[43a] (Zusatz 1978). Genauer, *Maß Null:* vgl. Kapitel 9, Abschnitt 7, S. 332 unten.

[44] Vgl. Popper, »A Theorem on truth content«, in: Feyerabend und Maxwell, 1966.

Prüfungen besser als ihre Konkurrenten überstanden haben; die demnach ihre Probleme besser lösen; und die, falls ihr Vermutungscharakter durch ihre Widerlegung offenbar werden sollte, Anlaß zu neuen, unerwarteten und fruchtbaren Problemen geben.

Wir können also sagen, die Wissenschaft beginnt mit Problemen und schreitet von ihnen zu konkurrierenden Theorien fort, die sie *kritisch* beurteilt. Besonders bedeutsam ist die Beurteilung ihrer Wahrheitsähnlichkeit. Diese erfordert strenge kritische Prüfungen und setzt daher einen hohen Grad von Prüfbarkeit voraus, der vom Gehalt der Theorie abhängt und daher *a priori* beurteilt werden kann.

In den meisten Fällen, und in den interessantesten, bricht die Theorie schließlich zusammen und schafft so neue Probleme. Und der erreichte Fortschritt läßt sich an der intellektuellen Kluft zwischen dem ursprünglichen Problem und dem aus dem Zusammenbruch der Theorie entspringenden neuen Problem ermessen.

Dieser Kreislauf läßt sich wieder mit unserem schon mehrfach benutzten Schema darstellen:

$$P_1 \rightarrow VT \rightarrow FE \rightarrow P_2,$$

das heißt: Problem P_1 – vorläufige Theorie – bewertende Fehlerelimination – Problem P_2.

Die Bewertung ist stets *kritisch,* und ihr Ziel ist die Aufdeckung und *Elimination von Irrtümern.* Der Erkenntnisfortschritt – oder der Lernvorgang – ist kein sich wiederholender oder kumulativer Vorgang, sondern einer der Fehlereliminaton. Er ist eher eine Darwinsche Auslese als eine Lamarcksche Unterweisung.

Das ist eine kurze Beschreibung der Erkenntnistheorie von einem objektiven Standpunkt aus: der Methode oder Logik, die nach dem Fortschritt der objektiven Erkenntnis strebt. Doch obwohl sie das Wachstum der Welt 3 beschreibt, läßt sie sich auch als Beschreibung der biologischen Evolution auffassen. Tiere und sogar Pflanzen sind Problemlöser. Und sie lösen ihre Probleme nach der Methode der konkurrierenden vorläufigen Lösungen und der Fehlerelimination.

Die vorläufigen Lösungen, die Tiere und Pflanzen in ihre Anatomie und ihr Verhalten aufnehmen, sind biologische Analogien von Theorien; und umgekehrt: Theorien entsprechen (gleich vielen exosomatischen Erzeugnissen wie Bienenwaben und besonders exosomatischen Werkzeugen wie Spinnennetzen) endosomatischen Organen und ihrer Arbeitsweise. Ganz wie Theorien sind auch Organe und ihre Tätigkeiten versuchsweise Anpassungen an die Welt, in der wir leben. Und ganz wie

Theorien oder wie Werkzeuge üben neue Organe und ihre Tätigkeiten sowie neue Verhaltensweisen ihren Einfluß auf die Welt 1 aus, zu deren Veränderung sie beitragen können. (Eine neue vorläufige Lösung – eine Theorie, ein Organ, ein neues Verhalten – kann eine neue mögliche ökologische Nische entdecken und dadurch eine mögliche Nische zu einer wirklichen machen.) Neues Verhalten oder neue Organe können auch zu neuen Problemen führen. Und auf diese Weise können sie den weiteren Verlauf der Evolution beeinflussen, auch das Auftreten neuer biologischer Werte.

Das alles gilt auch für Sinnesorgane. In ihnen sind insbesondere theorie-artige Erwartungen enthalten. Sinnesorgane wie das Auge sind darauf vorbereitet, auf bestimmte ausgewählte Ereignisse in der Umwelt zu reagieren – auf solche, die sie »erwarten«, und *nur* auf solche. Wie Theorien (und Vorurteile) sind sie im allgemeinen blind gegenüber anderen Ereignissen: gegenüber solchen, die sie nicht verstehen, die sie nicht deuten können (weil sie keinem bestimmten Problem entsprechen, das der Organismus zu lösen versucht).[45]

Die klassische Erkenntnistheorie, die unsere Sinneswahrnehmungen als »gegeben« nimmt, als »Daten«, aus denen unsere Theorien durch einen Induktionsvorgang zu konstruieren sind, kann nur als vordarwinistisch gekennzeichnet werden. Sie übersieht, daß die angeblichen Daten in Wirklichkeit Anpassungsreaktionen und daher Interpretationen sind, die Theorien und Vorurteile einschließen und, wie Theorien, mit vermuteten Erwartungen durchsetzt sind; sie übersieht, daß es keine reine Wahrnehmung, keine reinen Daten geben kann; ebensowenig wie es eine reine Beobachtungssprache geben kann, da alle Sprachen von Theorien und Mythen durchsetzt sind. Wie unsere Augen blind gegenüber dem Unvorhergesehenen oder Unerwarteten sind, so sind unsere Sprachen nicht imstande, es zu beschreiben (obwohl unsere Sprachen sich entwickeln können – wie auch unsere Sinnesorgane, innerhalb wie außerhalb des Körpers).

Diese Betrachtung der Tatsache, daß Theorien oder Erwartungen schon in unsere Sinnesorgane eingebaut sind, zeigt, daß die Erkenntnistheorie der Induktion zusammenbricht, noch ehe sie ihren ersten Schritt getan hat. Sie kann nicht von Sinnesdaten oder Wahrnehmungen ausgehen und unsere Theorien darauf aufbauen, denn es gibt überhaupt keine Sinnesdaten oder Wahrnehmungen, die nicht auf Theorien beru-

[45] Vgl. meine Bemerkungen in Lakatos und Musgrave, 1968, S. 163, und J. Y. Lettvin und andere, 1959.

hen (oder Erwartungen – das heißt den biologischen Vorläufern sprachlich formulierter Theorien). Die »Daten« sind also keine Grundlage oder Garantie für die Theorien: Sie sind nicht sicherer als irgendeine Theorie oder ein »Vorurteil«, sondern höchstens weniger sicher (wenn wir einmal annehmen, es gebe Sinnesdaten und sie seien nicht Erfindungen von Philosophen). In den Sinnesorganen sind die Äquivalente von primitiven und unkritisch angenommenen Theorien enthalten, die weniger umfassend geprüft sind als wissenschaftliche Theorien. Des weiteren gibt es keine theoriefreie Sprache zur Beschreibung dieser Daten, denn Mythen (das heißt primitive Theorien) entstehen zusammen mit der Sprache. Es gibt keine Lebewesen, seien es Pflanzen oder Tiere, ohne Probleme und ihre versuchsweisen Lösungen, die Theorien entsprechen; dagegen kann es wohl Leben ohne Sinnesdaten geben, oder es scheint so zu sein (zumindest bei Pflanzen).

Das Leben schreitet also wie die wissenschaftliche Forschung von alten Problemen zur Entdeckung neuer und ungeahnter Probleme fort. Und dieser Vorgang – der der Erfindung und Auslese – enthält eine rationale Theorie der Emergenz. Die emergenten Schritte, die auf eine neue Ebene führen, sind zunächst die neuen Probleme (P_2), die durch die Fehlerelimination *(FE)* bei einer vorläufigen theoretischen Lösung (*VT*) eines alten Problems (P_1) geschaffen werden.

9. Entdeckungen, Humanismus und Selbsttranszendenz

Für den Humanisten könnte unser Ansatz interessant sein, weil er eine neue Sichtweise des Verhältnisses zwischen uns – den Subjekten – und den Objekten unserer Bemühungen nahelegt: dem wachsenden objektiven Wissen, der wachsenden Welt 3.

Der alte subjektive Ansatz, der Erkenntnis als Beziehung zwischen dem subjektiven Bewußtsein und dem Gegenstand der Erkenntnis auffaßte – Russell nennt sie »Glaube« oder »Urteil« –, betrachtete das, was ich als objektive Erkenntnis ansehe, lediglich als *Äußerung oder Ausdruck* von Bewußtseinszuständen (oder als das entsprechende Verhalten). Diesen Ansatz kann man als *erkenntnistheoretischen Expressionismus* bezeichnen, denn er ist mit der expressionistischen Kunsttheorie eng verwandt. Das Werk eines Menschen wird als Ausdruck seines inneren Zustands angesehen: Das Schwergewicht liegt ganz auf dieser Kausalbeziehung und auf der – sicherlich bestehenden, aber überschätzten – Tatsache, daß die Welt der objektiven Erkenntnis, wie die Welt der Malerei oder Musik, von Menschen geschaffen ist.

Diese Auffassung muß durch eine andere ersetzt werden. Zuzugeben ist, daß die Welt 3, die Welt der objektiven Erkenntnis (oder allgemeiner: des objektiven Geistes) vom Menschen geschaffen ist. Doch man muß betonen, daß diese Welt in weitem Umfang autonom existiert; daß sie ihre eigenen Probleme erzeugt, insbesondere solche, die mit den Methoden des Wachstums verbunden sind; und daß ihr Einfluß auf jeden von uns, auch den originellsten schöpferischen Denker, bei weitem den Einfluß übertrifft, den irgendeiner von uns auf sie ausüben kann.

Doch es wäre falsch, dabei stehenzubleiben. Was ich als das Wichtigste betrachte, ist nicht die bloße Autonomie und Anonymität der Welt 3 oder die zugegebenermaßen bedeutungsvolle Tatsache, daß wir stets fast alles unseren Vorgängern und der von ihnen geschaffenen Tradition verdanken: daß wir also der Welt 3 insbesondere unsere Rationalität verdanken – das heißt, unser subjektives Bewußtsein, die Praxis des kritischen und selbstkritischen Denkens und die entsprechenden Dispositionen. Wichtiger als das alles, so behaupte ich, ist die Beziehung zwischen uns und unseren Werken und die Frage, was wir aus dieser Beziehung gewinnen können.

Der Expressionist glaubt, alles, was er könne, sei seine Begabung, sein Können in seiner Arbeit zum Ausdruck zu bringen. Das Ergebnis ist gut oder schlecht je nach dem psychischen oder physiologischen Zustand des Tätigen.

Demgegenüber behaupte ich, daß alles von dem Geben und Nehmen zwischen uns und unseren Werken abhängt; von dem Produkt, das wir zur Welt 3 beisteuern, und von der ständigen Rückkopplung, die durch bewußte Selbstkritik verstärkt werden kann. Das Unglaubliche am Leben, an der Evolution und am geistigen Wachstum ist gerade diese Methode des Gebens und Nehmens, diese Wechselwirkung zwischen unseren Handlungen und ihren Ergebnissen, durch die wir uns unsere Fähigkeiten und Begabungen ständig transzendieren.

Diese Selbsttranszendenz ist die auffallendste und wichtigste Tatsache allen Lebens und aller Evolution, besonders der menschlichen Evolution.

In ihren vormenschlichen Stadien ist sie natürlich weniger offensichtlich und kann tatsächlich mit so etwas wie einem Selbst-Ausdruck verwechselt werden. Doch auf der Ebene des Menschen kann man die Selbsttranszendenz nur übersehen, wenn man sich Mühe gibt. Mit unseren Theorien geschieht dasselbe wie mit unseren Kindern: Sie werden allmählich weitgehend unabhängig von ihren Eltern. Und wir können von ihnen mehr Wissen erlangen, als wir ursprünglich in sie hineingelegt haben.

Der Prozeß des Lernens oder der Zuwachs des subjektiven Wissens ist im Grunde immer derselbe. Er besteht aus *phantasievoller Kritik*. So kommen wir über unsere räumliche und zeitliche Umgebung hinaus, indem wir versuchen, uns Verhältnisse *außerhalb* unserer Erfahrung vorzustellen: indem wir die Allgemeingültigkeit oder strukturelle Notwendigkeit dessen kritisieren, was uns als das »Gegebene« oder als »Gewohnheit« erscheint (oder von den Philosophen so beschrieben wird); indem wir neue Situationen zu finden, zu konstruieren, zu erfinden suchen – das heißt *Prüf*situationen, *kritische* Situationen; und indem wir unsere Vorurteile und gewohnheitsmäßigen Annahmen einzugrenzen, zu entdecken und in Frage zu stellen versuchen.

So ziehen wir uns an unseren eigenen Haaren aus dem Sumpf des Unwissens; so werfen wir ein Seil in die Luft und steigen daran hoch – wenn es an irgendeinem noch so schwachen Zweiglein Halt findet.

Der Unterschied zwischen unseren Bemühungen und denen eines Tieres oder einer Amöbe ist nur der, daß unser Seil in einer Welt 3 kritischer Diskussion Halt finden kann: einer Welt der Sprache, der objektiven Erkenntnis. Das ermöglicht uns, einige unserer konkurrierenden Theorien auszuscheiden. Und wenn wir Glück haben, gelingt es uns, einige unserer falschen Theorien zu überleben (die meisten sind ja falsch), während eine Amöbe mit ihrer Theorie, ihrem Glauben und ihren Gewohnheiten zugrunde geht.

So gesehen ist das Leben ein Problemlösen und Entdecken – Entdecken von neuen Tatsachen, neuen Möglichkeiten, indem wir in der Phantasie entworfene Möglichkeiten ausprobieren. Auf der Ebene des Menschen spielt sich dieses Ausprobieren fast ausschließlich in der Welt 3 ab, indem wir versuchen, unsere Welt 1 durch die Theorien der Welt 3 darzustellen, vielleicht auch unsere Welt 2; und das mit immer mehr Erfolg; indem wir der Wahrheit näherzukommen versuchen – einer vollständigeren, interessanteren, logisch stärkeren und relevanteren Wahrheit – zu einer für unsere Probleme relevanten Wahrheit.

Was man die Welt 2 nennen könnte – die Welt des Bewußtseins –, wird auf der Ebene des Menschen mehr und mehr zum Bindeglied zwischen der Welt 1 und Welt 3: Alle unsere Handlungen in der Welt 1 werden von unserer Welt-2-Erfassung der Welt 3 beeinflußt. Daher kann man das menschliche Bewußtsein und Ich nicht ohne die Welt 3 (den »objektiven Geist«) verstehen, und deshalb kann man die Welt 3 nicht einfach als einen Ausdruck der Welt 2 oder die Welt 2 nicht als bloßen Abglanz der Welt 3 auffassen.

Es gibt drei Bedeutungen des Wortes »lernen«, die die Lerntheoretiker nicht genügend unterschieden haben: »entdecken«, »nachahmen« und »zur Gewohnheit machen«. Alle drei lassen sich als Formen des Entdeckens verstehen, und alle drei arbeiten mit Methoden des Versuchs und Irrtums, die ein (nicht allzu bedeutendes und gewöhnlich weit überschätztes) Zufallselement enthalten. »Zur Gewohnheit machen« enthält am wenigsten Entdeckung – doch es macht klar Schiff für neue Entdeckungen; sein augenscheinlicher Wiederholungscharakter ist irreführend.

Bei allen diesen verschiedenen Arten des Lernens oder der Gewinnung oder Erzeugung von Wissen ist die Methode darwinistisch, nicht lamarckistisch: Es ist Auslese, nicht Belehrung durch Wiederholung. (Doch man sollte nicht übersehen, daß der Lamarckismus eine Art Näherung an den Darwinismus ist und daß die Ergebnisse der Auslese daher oft wie Ergebnisse einer Lamarckschen Anpassung, einer Belehrung durch Wiederholung aussehen: Der Darwinismus simuliert gewissermaßen den Lamarckismus.) Doch die Auslese ist ein zweischneidiges Schwert: Nicht nur, daß die Umwelt uns ausliest und verändert – auch wir wählen die Umwelt aus und verändern sie, hauptsächlich durch Entdeckung neuer ökologischer Nischen. Auf der Ebene des Menschen tun wir das durch Zusammenarbeit mit einer ganz neuen objektiven Welt – der Welt 3, der Welt der objektiven vorläufigen Erkenntnis, zu der objektive neue vorläufige Ziele und Werte gehören. Wir formen oder »belehren« diese Welt nicht, indem wir in ihr unseren Bewußtseinszustand ausdrücken; ebensowenig belehrt sie uns. Beide, wir selbst und die Welt 3 entwickeln uns durch gegenseitigen Kampf und Auslese. Das gilt anscheinend auch auf der Ebene der Enzyme und Gene: Man kann vermuten, daß der genetische Kode eher durch Auslese oder Ablehnung arbeitet als durch Belehrung oder Anweisung. Und das scheint auf allen Ebenen zu gelten bis herauf zur differenzierten und kritischen Sprache unserer Theorien.

Um das deutlicher zu erklären: Organische Systeme lassen sich als die objektiven Erzeugnisse oder Ergebnisse versuchsweisen Verhaltens betrachten, das »frei« – das heißt nicht determiniert – war innerhalb eines gewissen Bereichs, der begrenzt oder eingeschränkt ist durch seine innere Situation (besonders durch die genetische Ausstattung) und durch die äußere Situation (die Umgebung). Eher Mißerfolg als Erfolg führt dann durch die natürliche Auslese zur relativen Fixierung der erfolgreichen Reaktionsweise. Man kann vermuten, daß der genetische Kode die Eiweißsynthese auf dieselbe Weise steuert: eher durch die Verhinderung oder Ausschaltung möglicher chemischer Synthesen als durch direkte Führung oder Stimulation. Das würde die Erfindung des genetischen Kodes durch Auslese verständlich machen. Es würde seine scheinbaren Anweisungen zu Verboten, zu einem Ergebnis der Fehlerelimination machen; und wie eine Theorie wäre der genetische Kode nicht nur das Ergebnis der Auslese, sondern er würde auch mittels Auslese oder Verbot oder Verhinderung arbeiten. Das ist natürlich eine Vermutung, aber, so scheint mir, eine attraktive.

Ausgewählte Bibliographie

Aristoteles, *Metaphysik.*

–, *De anima.*

Berkeley, *Three Dialogues Between Hylas and Philonous,* in: *Works,* Hrsg. Luce, A. A., and Jessop, T. E., Bd. II, 1949.

Bolzano, B., *Wissenschaftslehre,* 1837.

Brouwer, L. E. J., Antrittsvorlesung vom 14. Oktober 1912; englische Übersetzung von A. Dresden in *Bull. Am. Math. Soc.* 20, 1914, 81–96. (Anm. d. Übers.: Es wird dort keine Originalveröffentlichung angegeben.)

–, *Math. Ann.* 93, 1924.

–, »Mathematik, Wissenschaft und Sprache« (Vortrag gehalten in Wien am 10. März 1928), *Monatsh. Math. Phys.* 36, 1929, 353–364.

–, »Consciousness, Philosophy, and Mathematics«, in: *Proc. 10th Intern. Congress of Philosophy,* 1949, Bd. I, fasc. II.

–, »On Order in the Continuum, and the Relation of Truth to Non-Contradictority«, *Kon. Ned. Acad. Recht. Wet. Proc.,* Sect. Sci. 54, 1951.

Bühler, K., *Sprachtheorie,* 1934.

Bunge, M., *Quantum Theory and Reality,* 1967.

Descartes, R., *Discours de la méthode,* 1637.

Ducasse, C. J., *J. Phil.* 37, 1940.

Feyerabend, P. K. und Maxwell, G., Hrsg., *Mind, Matter and Method,* Essays in Philosophy and Science in Honour of Herbert Feigl, 1966.

Frege, G., »Über Sinn und Bedeutung«, *Z. Phil. u. phil. Kritik,* 100, 1892, 25–50. Nachdruck Göttingen 1962.

–, Besprechung von Husserl, 1891, *Z. Phil. u. phil. Kritik,* 103, 1894, 313–332.

–, »Der Gedanke«. *Beiträge zur Philosophie des deutschen Idealismus,* I, 1918.

Gombrich, E. H., »Moment and Movement in Art«, *J. Warburg and Court. Inst.* 27, 1964.

Gomperz, H., *Weltanschauungslehre,* Bd. II/1, 1908.

–, *Über Sinn und Sinngebilde, Verstehen und Erkennen,* 1929.

Hayek, F. A., *The Constitution of Liberty,* 1960.

–, *Studies in Philosophy, Politics and Economics,* 1967.

Hegel, G. W. F., *Enzyklopädie der philosophischen Wissenschaften*, 3. Aufl. 1830.
Heinemann, F., *Plotin*, 1921.
Henry, P., »Plotinus' Place in the History of Thought«, in: *Plotinus, the Enneads*, übersetzt von S. MacKenna, 2. Aufl. 1956.
Heyting, A., »After thirty years«, in: *Logic, Methodology and Philosophy of Science*, Hrsg. E. Nagel, P. Suppes and A. Tarski, 1962, S. 194 ff.
–, *Intuitionism*, 1966.
–, »Informal rigour and intuitionism«, in: Lakatos, 1967.
Husserl, E., *Philosophie der Arithmetik*, 1891.
–, *Logische Untersuchungen*, Bd. I, 2. Aufl. 1913.
Kant, I., *Kritik der reinen Vernunft*, 1. Aufl. 1781, 2. Aufl. 1787.
Kleene, S. C., und R. Vesley, *The Foundations of Intuitionistic Mathematics*, Amsterdam, North-Holland Publishing Co., 1965.
Lakatos, I., »Proofs and Refutations«, *British J. Philos. of Science* 14, 1963–1964.
–, Hrsg., *Problems in the Philosophy of Mathematics*, Amsterdam, North-Holland Publishing Co., 1967.
–, Hrsg. *The Problem of Inductive Logic*, Amsterdam, North-Holland Publishing Co., 1968.
–, und A. Musgrave, Hrsg., *Problems in the Philosophy of Science*, Amsterdam, North-Holland Publishing Co., 1968.
Lettvin, I. J., et al., What the frog's eye tells the frog's brain, *Proceedings of the Institute of Radio Engineers*, 47, 1959, S. 1940 ff.
Myhill, J., »Remarks on Continuity and the Thinking Subject«, in: Lakatos, 1967.
Platon, *Phaidon*.
Plotin, *Enneades*, Hrsg. R. Volkmann, 1883, 1884.
Popper, K. R., *Logik der Forschung*, (1934), 8. Aufl. 1984.
–, *Das Elend des Historizismus*, 1965 und später.
–, *Die offene Gesellschaft und ihre Feinde*, Bd. 1 u. 2, 1957/58.
–, *The Open Society and Its Enemies*, 4. Aufl. 1962 und spätere Auflagen.
–, »Some Comments on Truth and the Growth of Knowledge«, in: *Logic, Methodology and Philosophy of Science*, Hrsg. E. Nagel, P. Suppes und A. Tarski, 1962a.
–, *Conjectures and Refutations*, 1963 und später.
–, *Über Wolken und Uhren*, 1966. (Kapitel 6 des vorliegenden Buches.)
–, A theorem on truth-content, 1966 (a), in: Feyerabend und Maxwell, 1966.
–, »Quantum Mechanics Without ›The Observer‹«, in: *Quantum Theory and Reality*, Hrsg. Mario Bunge, 1967.
–, »Zur Theorie des objektiven Geistes«, in: *Akten des XIV. Internationalen Kongresses für Philosophie in Wien*, Bd. I, 1968. (Kapitel 4 des vorliegenden Buches.)
–, »A Pluralist Approach to the Philosophy of History«, in: *Roads to Freedom*, Essays in Honour of Friedrich A. von Hayek, 1969, S. 181 ff.
–, »Eine objektive Theorie des historischen Verstehens«, *Schweizer Monatshefte* 50, 1970, S. 207 ff. (Jetzt Bestandteil von Kapitel 4 des vorliegenden Buches.)
Russell, B., »On the Nature of Truth«, in: *Aristotelian Soc. Proc.* 7, 1906–1907, S. 28–49.
–, *Philosophical Essays*, 1910.
–, Einleitung zu Wittgensteins *Tractatus*, 1922.
–, *My Philosophical Development*, 1959.
Watkins, J. W. N., *Hobbes's System of Ideas*, 1965.
Whorf, B. L., *Language, Thought and Reality*, 1956.
Wittgenstein, L., *Tractatus logico-philosophicus*, 1922.

Bibliographische Anmerkung (1978)

Meinen Bemerkungen über die Geschichte der Unterscheidung zwischen Denken im subjektiven Sinn und Gedanke im objektiven Sinn, die ich in diesem und im nächsten Kapitel gemacht habe, möchte ich kurz etwas in der Absicht hinzufügen, den Beitrag von Heinrich Gomperz hervorzuheben (dessen Werk ich kurz in Anmerkung 89 meiner intellektuellen Autobiographie behandelt habe; vgl. P. A. Schilpp (Hrsg.), *The Philosophy of Karl Popper*, 1974; und *Unended Quest*, Fontana/Collins, London 1976, deutsche Übersetzung, *Ausgangspunkte*, Hamburg 1979).

Heinrich Gomperz wurde 1873 geboren, und er war ungefähr fünfundzwanzig Jahre jünger als Frege, der 1848 geboren wurde. Gomperz unterschied (in seinem 1908 erschienenen Buch) klar zwischen Gedanken im objektiven Sinn und Denken im subjektiven Sinn. Gomperz war hierin von Husserls *Logischen Untersuchungen* 1900-1 beeinflußt; und Husserl wiederum war stark von Bolzano und Frege beeinflußt (insbesondere von Freges Besprechung (1894) von Husserls psychologistischem Werk (1891); vgl. Anmerkung 12 zu Kapitel 4 auf S. 168 unten): Auf diese Weise war Heinrich Gomperz' (1908) zweifellos indirekt von Frege beeinflußt. Aber Gomperz wußte das nicht, weil Husserl Freges Einfluß auf sich selbst nicht anerkannt hat.

So viel wußte ich, als ich Anmerkung 12 auf Seite 168 schrieb. Aber was ich zu würdigen versäumte war – obwohl es aus der vorstehenden Bibliographie hervorgeht –, daß Gomperz' (1908) zehn Jahre vor Freges »Der Gedanke« (1918) veröffentlicht wurde. Das bedeutet, daß die Rolle, die Gomperz in der Vorgeschichte der Idee spielte, die Frege (in 1918) »*Das dritte Reich*« nannte und die ich nun »*Welt 3*« nenne, sehr viel wichtiger ist, als ich mir vergegenwärtigte, während ich dieses Kapitel schrieb (trotz der Tatsache, daß Gomperz schließlich in eine psychologistische Theorie zurückfiel; vgl. mein »*Unended Quest*«, Anmerkung 89 und der dazugehörige Text). Die ganze Geschichte wäre einer sorgfältigen Nachprüfung wert. Es ist nicht unwahrscheinlich, daß Frege von Gomperz' Buch wußte, das in Jena veröffentlicht wurde, wo Frege wirkte. Es ist von einigem Interesse, daß Gomperz (1908) von C. K. Ogden und I. A. Richards in *The Meaning of Meaning*, Routledge & Kegan Paul, London 1923, 1972, erörtert wird; vgl. dort S. 274–247.

4.
Zur Theorie des objektiven Geistes

Unsere Aufgabe als Philosophen besteht, wie ich denke, im wesentlichen darin, unser Weltbild dadurch zu bereichern, daß wir helfen, einfallsreiche und zugleich argumentative und kritische Theorien zu entwickeln, die überdies womöglich auch methodologisch interessant sind. Die abendländische Philosophie besteht ganz überwiegend aus Weltbildern, die Variationen über das Thema des Leib-Seele-Dualismus sind, und aus Methodenproblemen, die damit zusammenhängen. Die wichtigsten Abweichungen von diesem abendländischen dualistischen Thema waren Versuche, es durch eine Art Monismus zu ersetzen. Diese Versuche scheinen mir erfolglos geblieben zu sein, und hinter dem Schleier der monistischen Beteuerungen scheint mir immer noch der Dualismus von Leib und Seele zu lauern.

1. Der Pluralismus und die These von den drei Welten

Es gab aber nicht nur monistische Abweichungen, sondern auch einige *pluralistische*. Das liegt fast auf der Hand, wenn man an den Polytheismus denkt, ja auch an seine monotheistischen Varianten. Doch dem Philosophen mag es als zweifelhaft erscheinen, ob die verschiedenen religiösen Deutungen der Welt irgendeine ernsthafte Alternative zum Dualismus von Leib und Seele bieten. Die Götter, seien es nun viele oder

---

Vorlesung, die (in einer gekürzten deutschen Fassung) am 3. September 1968 in Wien gehalten wurde. Der hier wiedergegebene Text erschien auf Englisch in den *Akten des XIV. Internationalen Kongresses für Philosophie*, Bd. I, Wien 1968, S. 25–53. Zusätzliches Material, das jetzt eingearbeitet ist, erschien zuerst (auf Deutsch) in: *Schweizer Monatshefte*, 50. Jahr, Heft 3, 1970, S. 207–215. Ursprünglicher Titel: On the Theory of the Objective Mind.

wenige, sind entweder Geister, die einen unsterblichen Körper haben, oder reine Geister, im Gegensatz zu uns Menschen.

Einige Philosophen jedoch haben erste ernsthafte Schritte in Richtung auf einen philosophischen Pluralismus getan, indem sie auf die Existenz einer *Welt 3* hinwiesen. Ich denke an Platon, die Stoiker und einige neuere Philosophen wie Leibniz, Bolzano und Frege (nicht aber an Hegel, der stark monistische Tendenzen hatte).

Platons Welt der Formen und Ideen war in vieler Hinsicht eine religiöse Welt, eine Welt der höheren Wirklichkeit. Doch es war weder eine Welt persönlicher Götter noch eine Welt des Bewußtseins oder irgendwelcher Bewußtseinsinhalte. Es war eine objektive, unabhängige dritte Welt, die neben der physikalischen Welt und der Welt des Bewußtseins existierte.

Ich schließe mich denjenigen Interpreten Platons an, die der Auffassung sind, daß Platons Formen oder Ideen nicht nur nichts Körperliches oder Bewußtes an sich hatten, sondern auch nichts mit »Ideen im Bewußtsein« zu tun hatten, das heißt mit bewußten oder unbewußten Erlebnissen: Platons Formen oder Ideen bilden eine Welt *sui generis*. Zugegeben, sie sind virtuelle oder mögliche *Gegenstände* des Denkens – *intelligibilia*. Doch für Platon sind diese *intelligibilia* so objektiv wie die *visibilia*, die physische Körper sind: mögliche Gegenstände des Sehens.[1]

Der Platonismus geht also über den Dualismus von Leib und Seele hinaus. Er führt eine dreigeteilte Welt ein oder, wie ich lieber sage, eine Welt 3.

Ich möchte hier jedoch nicht über Platon sprechen, sondern über den Pluralismus. Und selbst wenn ich und andere unrecht hätten, Platon diesen Pluralismus zuzuschreiben, so könnte ich mich doch auf eine wohlbekannte Interpretation von Platons Theorie der Formen oder Ideen als eines Beispiels für Philosophie berufen, die wirklich über das dualistische Schema hinausgeht.

Ich möchte diese pluralistische Philosophie zum Ausgangspunkt meiner Erörterung machen, obwohl ich weder Platonist noch Hegelianer bin.[2]

[1] Wegen Platons Unterscheidung zwischen dem Sichtbaren *(horaton)* und dem Intelligiblen *(noēton)* siehe etwa Platons *Staat*, 509 E. (Vgl. *Theaitetos*, 185 D ff.) Die Physiologie des Auges hat gezeigt, daß der Prozeß des visuellen Wahrnehmens von *visibilia* einer komplizierten Interpretation von *intelligibilia* stark ähnelt. (Man könnte behaupten, Kant habe vieles davon vorweggenommen.)

[2] Hegel lehnte Aristoteles folgend die platonische Welt 3 ab: Er vermengte Denkprozesse und Gegenstände des Denkens. So schrieb er – was verheerende Folgen hatte – dem objektiven Geist Bewußtsein zu und vergöttlichte ihn. (Siehe insbesondere das Ende von Hegels *Enzyklopädie* mit dem so passenden Zitat aus der *Metaphysik* des Aristoteles, 1072 b 18–30.)

In dieser pluralistischen Philosophie besteht die Welt aus mindestens drei ontologisch verschiedenen Teilwelten; oder, wie ich sagen werde, es gibt drei Welten: Die Welt 1 ist die physikalische Welt oder die Welt der physikalischen Zustände; die Welt 2 ist die geistige Welt, die Welt unserer psychischen Erlebnisse (Wünsche, Hoffnungen, Gedanken ...), die Welt 3 ist die Welt der intelligibilia oder der *Ideen im objektiven Sinne*; es ist die Welt der möglichen Gegenstände des Denkens: die Welt der Theorien an sich und ihrer logischen Beziehungen; die Welt der gültigen Argumente an sich und der ungültigen Argumente an sich; die Welt der Problemsituationen an sich.

Eins der Grundprobleme dieser pluralistischen Philosophie ist die Frage der Beziehungen zwischen diesen drei »Welten«. Die drei Welten hängen so miteinander zusammen, daß die ersten beiden und die letzten beiden miteinander in Wechselwirkung stehen können.[3] Die Welt 2, die Welt der subjektiven oder persönlichen Erfahrungen, steht also mit jeder der beiden anderen Welten in Wechselwirkung. Welt 1 und Welt 3 können nicht aufeinander wirken außer durch das Dazwischentreten der Welt 2, der Welt der subjektiven oder persönlichen Erlebnisse.

2. Die Kausalbeziehungen zwischen den drei Welten

Es scheint mir höchst wichtig, die Beziehungen zwischen den drei Welten auf diese Weise zu beschreiben und zu erklären – das heißt mit der Welt 2 als Vermittler zwischen Welt 1 und Welt 3. Diese Ansicht wird zwar selten ausgesprochen, scheint mir aber eindeutig durch die Theorie von den drei Welten vorgezeichnet zu sein. Nach dieser Theorie kann der menschliche Geist einen physikalischen Gegenstand in dem wörtlichen Sinne »sehen«, in dem die Augen an dem Prozeß beteiligt sind. Er kann auch einen arithmetischen oder geometrischen Gegenstand »sehen« oder »erfassen«, oder eine Zahl oder eine geometrische Figur. Hier wird zwar »sehen« oder »erfassen« in einem metaphorischen Sinne gebraucht, es bezeichnet aber eine wirkliche Beziehung zwischen dem Bewußtsein und seinem intelligiblen Gegenstand, dem arithmetischen oder geometrischen Gegenstand; und diese Beziehung ist dem

[3] Ich gebrauche hier das Wort Wechselwirkung in einem weiten Sinne, der einen psychophysischen Parallelismus nicht ausschließt; dieses Problem möchte ich hier nicht diskutieren. (An anderen Stellen habe ich mich für den Interaktionismus ausgesprochen: siehe etwa Kapitel 12 und 13 meines Buches *Conjectures and Refutations*, 1963, 1965, 1969.)

wörtlichen »Sehen« eng verwandt. Das Bewußtsein kann also mit Gegenständen beider Welten, der Welt 1 und Welt 3, in Verbindung stehen.

Durch diese Verbindungen schafft das Bewußtsein eine *indirekte* Verbindung zwischen der Welt 1 und der Welt 3. Das ist von größter Wichtigkeit. Man kann nicht ernsthaft leugnen, daß die Welt 3 der mathematischen und empirisch-wissenschaftlichen Theorien einen ungeheuren Einfluß auf die Welt 1 ausübt. Das tut sie beispielsweise vermittels der Tätigkeit von Technikern, die Änderungen in der Welt 1 bewirken, indem sie bestimmte Folgerungen aus diesen Theorien anwenden; wobei übrigens die Theorien ursprünglich von anderen Menschen entwickelt worden sein können, die vielleicht überhaupt keine technischen Anwendungsmöglichkeiten für ihre Theorien gesehen haben. So waren diese Möglichkeiten in den Theorien selbst verborgen, in den objektiven Ideen selbst; und sie wurden von Menschen entdeckt, die diese Ideen zu *verstehen* versuchten.

Wenn man dieses Argument sorgfältig entwickelt, scheint es mir für die objektive Wirklichkeit aller drei Welten zu sprechen. Darüber hinaus scheint es mir nicht nur die These zu stützen, daß es eine subjektive Bewußtseinswelt der persönlichen Erlebnisse gibt (eine These, die von den Behavioristen bestritten wird), sondern auch die These, daß es eine der Hauptfunktionen der Welt 2 ist, die Gegenstände der Welt 3 zu erfassen. Das tun wir alle: Es ist ein wesentlicher Teil des Menschseins, eine Sprache zu lernen, und das bedeutet im wesentlichen, daß man lernt, *objektive Denkinhalte* (wie Frege sie nannte) zu erfassen.[4]

Mir scheint, man wird eines Tages die Psychologie revolutionieren müssen, indem man das menschliche Bewußtsein als Organ für die Wechselwirkung mit den Gegenständen der Welt 3 betrachtet, das sie versteht, sie vermehrt, an ihnen teilnimmt und sie zur Wirkung auf die Welt 1 bringt.

3. Die Objektivität der Welt 3

Die Welt 3 oder vielmehr die Gegenstände, die zu ihr gehören, die objektiven Formen oder Ideen, die Platon entdeckte, sind nur allzuoft

[4] Vgl. Gottlob Frege, »*Über Sinn und Bedeutung*«, *Zeitschrift für Philosophie und philosophische Kritik*, 100, 1892, S. 32 (Göttingen 1962, S. 44): »Ich verstehe unter Gedanken nicht das subjektive Tun des Denkens, sondern dessen objektiven Inhalt...«

mit subjektiven Ideen oder Denkprozessen verwechselt worden; das heißt mit psychischen Erlebnissen, mit Gegenständen, die zur Welt 2 und nicht zur Welt 3 gehören.

Dieser Fehler hat eine lange Geschichte. Sie beginnt bei Platon selbst. Platon erkannte zwar klar den Welt-3-Charakter seiner Ideen, aber er scheint nicht erkannt zu haben, daß wir der Welt 3 nicht nur Allgemeinbegriffe wie die Zahl 7 oder die Zahl 77 zuschreiben können, sondern auch mathematische Wahrheiten oder Behauptungen[5] wie »7 mal 11 ist 77« und auch falsche Behauptungen wie »7 mal 11 ist 66«, dazu alle möglichen nichtmathematischen Behauptungen und Theorien.

Das scheinen zuerst die Stoiker gesehen zu haben, die eine bewundernswert scharfsinnige Philosophie der Sprache entwickelten. Sie erkannten, daß die menschliche Sprache allen drei Welten zugehört.[6] Sofern sie aus physischen Handlungen oder physischen Symbolen besteht, gehört sie zur Welt 1. Sofern sie einen subjektiven oder psychischen Zustand ausdrückt oder sofern das Erfassen oder Verstehen der Sprache eine Änderung unserer subjektiven Verfassung mit sich bringt[7], gehört sie zur Welt 2. Und sofern die Sprache Information enthält, irgend etwas sagt oder feststellt oder beschreibt oder irgendeine Bedeutung oder sinnvolle Nachricht mit sich führt, aus der eine andere folgen oder mit der eine andere übereinstimmen oder im Widerspruch stehen kann, insofern gehört sie zur Welt 3. *Theorien und Behauptun-*

[5] Daß für Platon Wahrheit und Behauptung (gewöhnlich) keine Ideen der Welt 3 waren, sondern Bewußtseinsakte (wie die Bewußtseinsakte des Begreifens der Gleichheit usw., die im *Theaitetos*, 186 A beschrieben werden), scheint aus *Theaitetos* 189 E f. hervorzugehen, wo Platon den Sokrates sagen läßt: »[Ich verstehe unter Denken] ein Gespräch, welches die Seele über das, was sie erwägt, mit sich selber führt.« (Übers. v. Hieronymus Müller.) Vgl. *Sophistes*, 263 E–264 B, wo es um die stumme (wahre oder falsche) Rede, die Bejahung, die Verneinung und die Meinung geht. Im *Phaidros*, 247 D–249 B ist die Idee der Wahrheit einer der Bewohner der Welt 3, den die Seele erfaßt.

[6] Die Stoiker waren Materialisten: Sie betrachteten die Seele als Teil des Körpers, und zwar als den »Lebenshauch« (Diogenes Laertius, VI 156 f.). Das Denkvermögen bezeichneten sie als den »vornehmsten Teil« des Körpers (Sextus, *Adv. Math.* VII, 39 ff.) Diese Theorie läßt sich jedoch als eine besondere Form des Leib-Seele-Dualismus auffassen, da sie eine besondere Lösung für das Leib-Seele-Problem bietet. Fügen wir diesen beiden Welten (oder Teilen der Welt 1) den *Inhalt »des Gesagten« (lekton)* hinzu, so ergibt sich die stoische Version der Welt 3.

[7] Die Idee, daß die Seele oder das Bewußtsein sich in einer bestimmten *Verfassung* (in einem Zustand der Güte, der Wahrhaftigkeit, der Aufrichtigkeit) befinden kann, scheint aus der Stoischen Schule zu stammen; sie wird natürlich als Zustand des Lebenshauchs und damit des Körpers aufgefaßt. Vgl. Sextus, a.a.O.

gen oder Aussagen sind die wichtigsten sprachlichen Gegenstände der Welt 3.

Wenn wir sagen »Ich habe etwas auf Papyrus Geschriebenes gesehen« oder »Ich habe etwas in Bronze Eingegrabenes gesehen«, dann sprechen wir von sprachlichen Gegenständen als Gegenständen der Welt 1: Wir haben damit nicht gesagt, daß wir den Text lesen können. Wenn wir sagen »Ich war von dem Ernst und der Überzeugung, mit der die Rede gehalten wurde, sehr beeindruckt« oder »Das war weniger eine Feststellung als ein Zornausbruch«, so sprechen wir von sprachlichen Gegenständen als Gegenständen der Welt 2. Wenn wir sagen »Aber Peter sagte heute genau das Gegenteil von dem, was Paul gestern sagte« oder »Aus dem, was Peter sagt, folgt eindeutig, daß Paul unrecht hat« oder wenn wir vom Platonismus oder von der Quantentheorie sprechen, dann sprechen wir von einer objektiven Bedeutung oder einem *objektiven logischen Gehalt*, das heißt von der Welt-3-Bedeutung der Information oder der Nachricht, die in dem Gesagten oder Geschriebenen enthalten ist.

Die Stoiker machten zum erstenmal die wichtige Unterscheidung zwischen dem zur Welt 3 gehörenden objektiven logischen *Gehalt* des Gesagten und den *Gegenständen*, über die gesprochen wird. Diese Gegenstände können ihrerseits jeder der drei Welten angehören: Man kann über die physikalische Welt (über physikalische Gegenstände oder physikalische Zustände) sprechen, man kann zweitens über subjektive psychische Erlebnisse sprechen (wozu auch das Begreifen einer Theorie gehört), und drittens kann man über den Gehalt gewisser Theorien sprechen, etwa über gewisse arithmetische Behauptungen und beispielsweise ihre Wahrheit oder Falschheit.

Es scheint mir sehr empfehlenswert zu sein, Wendungen wie »Ausdruck« und »Kommunikation« zu vermeiden, wenn wir von der Sprache im Sinne der Welt 3 sprechen. Denn »Ausdruck« und »Kommunikation« sind wesentlich psychologische Ausdrücke, und ihre subjektivistischen oder persönlichen Nebenbedeutungen sind gefährlich auf einem Gebiet, wo die Versuchung so stark ist, die zur Welt 3 gehörenden Denkinhalte als zur Welt 2 gehörende Denkprozesse aufzufassen.

Es ist bemerkenswert, daß die Stoiker die Theorie der Welt 3 nicht nur von den Platonischen Ideen auf Theorien oder Behauptungen ausdehnten. Neben zur Welt 3 gehörenden sprachlichen Gegenständen wie Feststellungen oder Behauptungen bezogen sie auch ein: Probleme, Argumente und kritische Untersuchungen, ja sogar Befehle, Ermahnungen, Gebete, Verträge und natürlich Gedichte und Erzählungen. Sie unterschieden auch zwischen einer persönlichen Eigenschaft der Wahrhaftigkeit und der Wahrheit einer Theorie oder Behauptung, der also das Welt-3-Prädikat »objektiv wahr« zukommt.

4. Die Welt 3 als Erzeugnis des Menschen

Wir können im wesentlichen zwei Gruppen von Philosophen unterscheiden. Die einen nehmen, wie Platon, eine autonome Welt 3 an, die sie als vom Menschen unabhängig, als göttlich und ewig betrachten. Die anderen verweisen, wie Locke, Mill, Dilthey oder Collingwood, darauf, daß die *Sprache* und das, was sie »ausdrückt« und »mitteilt«, *Menschenwerk* sei; daher rechnen sie alles Sprachliche der Welt 1 und der Welt 2 zu und lehnen die Existenz einer Welt 3 ab. Bemerkenswerterweise gehören die meisten Geisteswissenschaftler zu der zweiten Gruppe, die die Welt 3 ablehnt.

Die erste Gruppe, die Platonisten, können sich darauf berufen, daß wir von ewigen Wahrheiten sprechen können: Eine Behauptung ist, zeitunabhängig, entweder wahr oder falsch. Das scheint den Ausschlag zu geben: Ewige Wahrheiten müssen wahr gewesen sein, ehe es Menschen gab. Sie können also nicht von uns geschaffen worden sein.

Dem stimmen die Philosophen der zweiten Gruppe zu, aber sie folgern daraus, daß ewige Wahrheiten *nicht »wirklich« sein können:* »wirklich« ist nur *unser Gebrauch* des Prädikats »wahr« und die Tatsache, daß wir es, jedenfalls in gewissen Zusammenhängen, als zeitunabhängiges Prädikat gebrauchen. Sie können darauf verweisen, daß dieser Gebrauch gar nicht so ungewöhnlich ist: Peters Vater Paul kann zu einer Zeit schwerer sein als Peter und nach einem Jahr leichter; aber mit zwei Metallstücken kann das nicht passieren, wenn das eine die ganze Zeit ein richtiges Einpfundgewicht und das andere ein richtiges Zweipfundgewicht bleibt. Hier spielt das Prädikat »richtig« dieselbe Rolle wie das Prädikat »wahr« bei Aussagen; wir können tatsächlich »richtig« durch »wahr« ersetzen. Aber niemand – so können diese Philosophen geltend machen – wird bestreiten, daß Gewichte von Menschen hergestellt werden können.

Nach meiner Auffassung kann man einen Standpunkt vertreten, der sich von den Standpunkten beider Gruppen von Philosophen unterscheidet: Ich plädiere dafür, *daß man die Wirklichkeit oder, wie man auch sagen könnte, die Autonomie der Welt 3 anerkennen und zugleich zugeben kann, daß sie von Menschen geschaffen worden ist.* Man kann sogar zugeben, daß die Welt 3 ein Erzeugnis des Menschen ist, und gleichzeitig behaupten, daß sie in einem sehr genauen Sinne über ihn hinausgeht.[8] Sie transzendiert ihre Schöpfer.

Daß die Welt 3 keine Fiktion ist, sondern »wirklich« vorhanden ist, wird deutlich, wenn man ihre ungeheure Wirkung auf die Welt 1 betrachtet, die durch die Welt 2 vermittelt wird. Man denke nur an die Wirkungen der elektrischen Energieübertragung oder der Atomtheorie auf unsere unbelebte und belebte Umwelt oder auf die Auswirkungen ökonomischer Theorien auf die Entscheidung, ob ein Schiff oder ein Flugzeug gebaut werden soll.

Nach der Auffassung, die ich hier vertreten möchte, ist die Welt 3 (zu der die menschliche Sprache gehört) ein Erzeugnis des Menschen, so wie der Honig ein Erzeugnis der Bienen ist oder Spinnweben ein Erzeugnis der Spinnen sind. Ähnlich wie der Honig wohl ein von den Bienen nicht bewußt geplantes Produkt ist, so ist die menschliche Sprache, und damit ein wesentlicher Teil der Welt 3, ein *nicht geplantes Produkt menschlicher Tätigkeiten*[9], ob sie nun Lösungen biologischer oder anderer Probleme sind.

Betrachten wir die Zahlentheorie. Für mich – anders als für Kronecker – sind auch die natürlichen Zahlen Menschenwerk, ein Produkt der menschlichen Sprache und des menschlichen Denkens. Und doch gibt es unendlich viele natürliche Zahlen, mehr, als Menschen jemals benennen oder Rechenmaschinen verarbeiten können. Und es gibt unendlich viele

[8] Obwohl die Welt 3 ein Erzeugnis des Menschen ist, verstehe ich sie als übermenschlich in dem Sinne, daß ihre Inhalte eher mögliche als wirkliche Gegenstände des Denkens sind, sowie in dem Sinne, daß nur eine endliche Anzahl aus den unendlich vielen möglichen Gegenständen jemals wirkliche Gegenstände des Denkens werden können. Wir dürfen aber diese Gegenstände nicht als die Gedanken eines übermenschlichen Bewußtseins auffassen, wie es etwa Aristoteles, Plotin und Hegel taten. (Siehe meine erste Anmerkung oben.) Wegen des übermenschlichen Charakters der Wahrheit siehe S. 29 f. meines Buches *Conjectures and Refutations*, 1963.

[9] Siehe Karl Bühlers Theorie der niedrigeren und höheren Funktionen der Sprache und meine Fortführung der Theorie in *Conjectures and Refutations*, 1963, S. 134 f. und 295, sowie meine Arbeit *Über Wolken und Uhren*, 1966 (Kapitel 6 des vorliegenden Buches), Abschnitt XIV. Siehe auch F. A. Hayek, *Studies in Philosophy, Politics and Economics*, 1967, insbes. Kapitel 3, 4 und 6. Bühler zeigt, kurz gesagt, daß sich tierische und menschliche Sprachen insofern gleichen, als sie stets *Ausdruck* (Symptom eines Zustands des Organismus) und *Kommunikation* (Signal) sind. Doch die menschliche Sprache unterscheidet sich von der tierischen dadurch, daß sie *zusätzlich* eine höhere Funktion hat: Sie kann *deskriptiv* sein. Ich habe darauf hingewiesen, daß es weitere höhere Funktionen gibt, von denen besonders die *argumentative oder kritische* von entscheidender Bedeutung ist.

(Fortsetzung der Fußnote S. 166)

richtige und unendlich viele falsche Gleichungen zwischen diesen Zahlen, mehr, als wir jemals als richtig oder als falsch behaupten können.

Was aber noch viel bemerkenswerter ist, es entstehen unerwartete neue Probleme als unbeabsichtigtes Nebenprodukt der Folge der natürlichen Zahlen, etwa die ungelösten Probleme der Theorie der Primzahlen (z. B. die Goldbachsche Vermutung). Diese Probleme sind offensichtlich autonom. Sie werden in keiner Weise von uns geschaffen; vielmehr *entdecken* wir sie, und in diesem Sinne existieren sie schon, unentdeckt, vor ihrer Entdeckung. Darüber hinaus sind zumindest einige dieser Probleme möglicherweise unlösbar.

In unserem Bemühen, diese oder andere Probleme zu lösen, erfinden wir vielleicht neue Theorien. Diese Theorien werden auch wieder von uns geschaffen: Sie sind das Erzeugnis unseres kritischen und schöpferischen Denkens, bei dem uns andere Theorien aus der Welt 3 sehr hilfreich sind. Doch in dem Augenblick, in dem wir diese Theorien geschaffen haben, erzeugen sie neue, unbeabsichtigte und unerwartete Probleme, selbständige Probleme, die entdeckt werden müssen.

So erklärt sich, warum die Welt 3, die ihrem Ursprung nach unser Erzeugnis ist, doch im Hinblick auf ihren, sagen wir, ontologischen Status *unabhängig* ist. So erklärt sich, warum wir auf sie einwirken und etwas hinzufügen oder zu ihrem Wachstum beitragen können, obwohl

---

Man beachte, daß nach dieser Theorie die niedrigeren Funktionen immer vorhanden sind. (Sie wird daher nicht von der Kritik getroffen, die R. G. Collingwood in seinen *Principles of Art*, 1938, S. 262 ff., gegen die Sprachtheorie von I. A. Richards, *The Principles of Literary Criticism*, 2. Auflage 1926, richtet.)

Wegen der Bedeutung unbeabsichtigter Folgen absichtsvoller menschlicher Handlungen siehe Hayek, a.a.O., S. 100, insbes. Anmerkung 12. Hayek lenkte (wie ich glaube) als erster meine Aufmerksamkeit auf eine Stelle in Descartes' *Discours de la méthode* (Haldane & Ross, Band I, S. 89), in der die Entwicklung und Verbesserung der »königlichen Straßen« als unbeabsichtigte Folge ihrer Benutzung beschrieben wird, eine Theorie, die sich auf die Entwicklung der Sprache übertragen läßt. Ich habe mich mit dem Problem unbeabsichtigter Folgen absichtsvoller Handlungen einigermaßen ausführlich in meinem Buch *Das Elend des Historizismus*, S. 52, befaßt (seine 1. [englische] Auflage erschien 1944, nach Hayeks *The Counter-Revolution of Science*, 1942, 1952, entstand aber vor 1942), wo ich mich in einer Anmerkung auf Hume und »eine darwinistische Erklärung des instrumentellen Charakters ungeplanter Institutionen« beziehe; siehe auch mein Buch *Die offene Gesellschaft und ihre Feinde*, 1957/58, insbes. Band II, Kapitel 4, insbes. auch Anmerkung II dazu (für Kritik habe ich Hayek, *Studies in Philosophy*, S. 100, Anmerkung 12 zu danken). Siehe auch meine Vorlesung »Erkenntnistheorie ohne erkennendes Subjekt« (in Amsterdam 1967 vorgetragen), Kapitel 3 des vorliegenden Buches.

kein Mensch auch nur einen kleinen Teil dieser Welt beherrschen kann. Wir tragen alle zu ihrem Wachstum bei, doch fast alle diese einzelnen Beiträge sind verschwindend klein. Wir versuchen alle, sie zu begreifen, und keiner von uns könnte ohne Verbindung mit ihr leben, denn wir gebrauchen alle die Sprache, ohne die wir kaum Menschen wären.[10] Und doch ist die Welt 3 weit über das Begreifen nicht nur des einzelnen, sondern sogar aller Menschen hinausgewachsen (wie die Existenz unlösbarer Probleme zeigt). Ihre Wirkung auf uns ist für unsere Entwicklung, ja auch für die Entwicklung der Welt 3 selber, wichtiger geworden als unsere schöpferische Einwirkung auf sie. Denn fast ihr gesamtes Wachstum kommt durch Rückkoppelung zustande: durch die Herausforderung zur Entdeckung neuer, unabhängiger Probleme, von denen viele vielleicht nie gemeistert werden.[11] Die herausfordernde Aufgabe, neue Probleme zu entdecken, wird immer bestehen, weil unendlich viele Probleme immer unentdeckt bleiben werden. Trotz und gerade auch wegen der Autonomie der Welt 3 wird es immer Raum für originelle und schöpferische Arbeit geben.

5. Das Problem des Verstehens

Ich habe einige Gründe für die unabhängige Existenz einer objektiven Welt 3 angeführt, weil ich einen Beitrag zur *Theorie des Verstehens (der »Hermeneutik«)* leisten möchte, die von den Geisteswissenschaftlern viel diskutiert worden ist. Ich gehe hier von der Annahme aus, daß das Hauptproblem der Geisteswissenschaften das *Verstehen von Gegenständen der Welt 3 ist.* Das scheint eine radikale Abkehr von dem Grunddogma zu sein, an das die meisten Geisteswissenschaftler glauben, beson-

[10] Die vermenschlichende Kraft ihrer dramatischen Entdeckung der Sprache ist höchst bewegend und überzeugend von Helen Keller beschrieben worden. Von den besonders vermenschlichenden Funktionen der Sprache scheint mir die argumentative (oder kritische) die wichtigste zu sein: Sie ist die Grundlage dessen, was menschliche Vernunft heißt.

[11] Es läßt sich nämlich zeigen (A. Tarski, A. Mostowski, R. M. Robinson, *Undecidable Theories*, Amsterdam 1953; siehe insbes. Anmerkung 13 auf S. 60 f.), daß das (vollständige) System aller wahren Aussagen in der Arithmetik der ganzen Zahlen nicht axiomatisierbar und wesentlich unentscheidbar ist. Daraus folgt, daß es in der Arithmetik immer unendlich viele ungelöste Probleme geben wird. Es ist interessant, daß wir derartige unerwartete Entdeckungen über die Welt 3 machen können, die weitgehend unabhängig von unserem Bewußtseinszustand sind. (Das erwähnte Ergebnis stützt sich weitgehend auf die Pionierarbeit von Kurt Gödel.)

ders die, die sich für das Problem des Verstehens interessieren. Ich meine natürlich das Dogma, daß die Gegenstände unseres Verstehens im wesentlichen zur Welt 2 gehören oder daß sie auf jeden Fall in psychologischen Begriffen zu erklären sind.[12]

Zugegeben, die Tätigkeiten oder Prozesse, die man unter dem sehr weiten Begriff »Verstehen« zusammenfaßt, sind subjektive, persönliche, psychologische Vorgänge. Aber man muß sie von ihrem (mehr oder weniger erfolgreichen) *Ergebnis* dieser Tätigkeiten unterscheiden: dem (vorläufigen) »Endzustand« des Verstehens, der *Interpretation.* Diese *kann* ein subjektiver Zustand des Verstehens sein, aber auch ein Gegenstand der Welt 3, insbesondere eine Theorie; und das ist nach meiner Auffassung der wichtigere Fall. Sofern die Interpretation ein Gegenstand der Welt 3 ist, ist sie immer eine Theorie, zum Beispiel eine historische Erklärung, die durch eine Kette von Argumenten und vielleicht durch Dokumente gestützt wird.

[12] Trotz der Welle des Anti-Psychologismus, die mit Husserls *Logischen Untersuchungen* begann (1900–1901, 2. Auflage 1913, 1921), ist der Psychologismus – das heißt, die Vernachlässigung, ja die Leugnung der Welt 3 – noch mächtig, besonders bei denen, die sich für die Theorie des Verstehens (die »Hermeneutik«) interessieren. Husserls Anti-Psychologismus war ohne Zweifel das Ergebnis von Freges Kritik an Husserls psychologistischer *Philosophie der Arithmetik, Psychologische und logische Untersuchungen,* 1891. In seinen *Logischen Untersuchungen* (in denen er sich auf Bolzano bezieht) sagt Husserl mit bewundernswerter Klarheit (Band I, S. 178): »Es ist... in aller Wissenschaft der fundamentale Unterschied zwischen dreierlei Zusammenhängen zu beachten: (a) Der Zusammenhang der Erkenntniserlebnisse...« (das nenne ich hier die Welt 2); »(b) Der Zusammenhang der in der Wissenschaft erforschten... *Sachen*...« (vor allem meine Welt 1 – es kann aber auch eine der beiden anderen sein); »(c) Der *logische Zusammenhang*...« (dieser gehört zu meiner Welt 3.) Es könnte aber durchaus sein, daß gerade diese höchst wichtige Stelle für die immer noch vorherrschende Verwirrung verantwortlich ist. Denn in dem nach (a) ausgelassenen Text spricht Husserl von den psychologischen Beziehungen zwischen »Urteilen, Einsichten, Vermutungen, Fragen« und besonders auch von Akten des intuitiven *Verstehens,* »in welchen die längst entdeckte Theorie einsichtig durchdacht wird«. Die Rede von »Urteilen«, »Vermutungen« und »Fragen« (in einem Atemzuge mit »Einsichten«) könnte Verwirrung gestiftet haben, besonders weil Husserl unter (c) *nur* von *Wahrheiten* spricht, wobei er anscheinend falsche Behauptungen, Vermutungen, Fragen oder Probleme ausschließt: Er spricht von »den Wahrheiten einer wissenschaftlichen Disziplin, spezieller einer wissenschaftlichen Theorie, eines Beweises oder Schlusses«. (Man sollte sich vor Augen halten, daß Husserl – und viele noch spätere Denker – eine wissenschaftliche Theorie als eine wissenschaftliche Hypothese betrachtet, deren *Wahrheit bewiesen* worden ist: Die These vom Vermutungscharakter wissenschaftlicher Theorien war noch weitgehend als absurd verschrien, als ich sie in den dreißiger Jahren zu verbreiten versuchte.) Die Art, wie Husserl an dieser Stelle vom *Verstehen* spricht (vgl. auch Band II, S. 62 ff.), könnte ebenfalls für einige der noch herrschenden psychologistischen Tendenzen verantwortlich sein.

Jede Interpretation ist also eine Art *Theorie*, und wie jede Theorie ist sie in anderen Theorien und sonstigen Gegenständen der Welt 3 verankert. Auf diese Weise kann man das Welt-3-Problem der *Güte* der Deutung aufwerfen und diskutieren, insbesondere ihren Wert für unser historisches *Verstehen*.

Aber auch der subjektive Akt oder Dispositionszustand des »Verstehens« selbst kann nur durch eine Verbindung mit Gegenständen der Welt 3 verstanden werden. Ich behaupte nämlich folgende drei Thesen für den subjektiven Akt des Verstehens:

1. Jeder subjektive Verstehensakt ist weitgehend in der Welt 3 verankert.

2. Fast alles Wesentliche, was über einen derartigen Akt zu sagen ist, betrifft seine Beziehungen zu Gegenständen der Welt 3.

3. Ein solcher Akt besteht im wesentlichen aus Operationen mit Gegenständen der Welt 3: Wir gehen mit ihnen fast wie mit materiellen Gegenständen um.

Das kann nach meiner Auffassung auf jeden subjektiven »Erkenntnisakt« verallgemeinert werden: Alles Wesentliche, was wir über einen Erkenntnisakt sagen können, besteht in einem Aufdecken der Welt-3-Gegenstände dieses Aktes – einer Theorie oder einer Aussage – und ihrer Beziehung zu anderen Gegenständen der Welt 3, wie den Argumenten, die für das Problem und die bekannten Gegenstände von Bedeutung sind.

6. Psychologische Denkprozesse und Welt-3-Gegenstände

Auch von denen, die die Notwendigkeit zugeben, den *Endzustand des (subjektiven) Verstehens* mit Hilfe von Gegenständen der Welt 3 und ihren logischen Beziehungen analysieren zu müssen, werden doch einige, wie ich fürchte, die entsprechende These über die *subjektive oder persönliche Tätigkeit des Begreifens oder Verstehens* ablehnen: Es herrscht die Meinung vor, wir könnten nicht ohne solche subjektiven Vorgehensweisen wie *einfühlendes Verstehen* oder Empathie auskommen, nicht ohne das Nachvollziehen der Handlungen anderer Menschen (Collingwood) oder den Versuch, uns in die Lage eines anderen hineinzuversetzen, indem wir uns seine Ziele und seine Probleme zu eigen machen.

Demgegenüber möchte ich folgende These vertreten: Genau wie der schließlich erreichte subjektive Endzustand des Verstehens muß auch der psychologische Vorgang, der zu ihm führt, mit Hilfe von Gegenständen der Welt 3 analysiert werden, in denen er verankert ist. Er kann überhaupt *nur* in diesen Begriffen analysiert werden. Der Vorgang oder die Tätigkeit des Verstehens besteht ja im wesentlichen aus einer Folge von Zuständen des Verstehens. (Ob ein solcher ein »Endzustand« ist oder nicht, hängt subjektiv oft von solchen Nebensächlichkeiten wie dem Gefühl der Ermüdung ab.) Erst wenn ein wichtiges Argument oder neues Beweismaterial – also ein Gegenstand der Welt 3 – erreicht ist, kann mehr darüber gesagt werden. Bis dahin bildet die Folge der Zustände den »Prozeß«, und die »Tätigkeit« besteht darin, den erreichten Zustand zu kritisieren (das heißt, kritische Argumente aus der Welt 3 vorzubringen). Mit anderen Worten: *Die Tätigkeit des Verstehens besteht im wesentlichen im Umgehen mit Gegenständen der Welt 3.*

Diese Tätigkeit läßt sich darstellen in einem *allgemeinen Schema des Problemlösens durch die Methode von einfallsreichen Vermutungen und Kritik* oder, wie ich es oft genannt habe, durch die *Methode der Vermutung und Widerlegung.* Das Schema (in seiner einfachsten Form) sieht so aus:[13]

$$P_1 \rightarrow VT \rightarrow FE \rightarrow P_2$$

P_1 ist hier das *Problem,* von dem wir ausgehen, *VT* (die »vorläufige Theorie«) ist die phantasiereiche, vermutete Lösung, auf die wir als erste kommen, z. B. unsere erste *vorläufige Interpretation. FE* (die »Fehlerelimination«) besteht in einer strengen kritischen Prüfung unserer Vermutung, unserer vorläufigen Deutung: Sie besteht beispielsweise in der kritischen Verwendung von Dokumenten als Beweismaterial; haben wir in diesem frühen Stadium mehrere Vermutungen zur Verfügung, dann besteht die kritische Prüfung auch in einer kritischen Diskussion und vergleichenden Beurteilung der konkurrierenden Vermutungen. P_2 ist die Problemsituation, die sich aus unserem ersten kritischen Versuch zur Lösung des Problems ergibt. Sie führt zu einem zweiten Versuch, *und so fort.* Ein befriedigendes Verstehen ist erreicht, wenn die Interpretation, die vorläufige Theorie, dadurch gestützt wird, daß sie neues Licht auf neue Probleme wirft – auf mehr Probleme, als wir erwartet hatten; oder dadurch, daß sie Teilprobleme löst, von denen wir manche zunächst noch gar nicht gesehen hatten. Wir können also den Fortschritt dadurch er-

[13] Dieses Dreierschema und eine genauere Ausarbeitung davon findet sich in meiner Arbeit *Über Wolken und Uhren,* 1966, Kapitel 6 des vorliegenden Buches, Abschnitt 18. Man kann es als einen Ausfluß der kritischen Interpretation des (nicht-Hegelschen) dialektischen Schemas betrachten, das ich in meiner Arbeit »Was ist Dialektik«, 1940, diskutierte; sie bildet jetzt Kapitel 15 meines Buches *Conjectures and Refutations,* 1963. Deutsch in E. Topitsch (Hrsg.), *Logik der Sozialwissenschaften,* 1965.

messen, daß wir P_1 mit späteren Problemsituationen (z. B. P_n) vergleichen.

Dieses Analyseschema ist in weitem Umfang anwendbar; und es arbeitet ausschließlich mit Gegenständen der Welt 3, wie Problemen, Vermutungen, kritischen Argumenten. Und doch ist es eine Analyse dessen, was wir in der subjektiven Welt 2 tun, wenn wir uns um Verstehen bemühen.

Eine genauere Analyse würde zeigen, daß wir unser Problem immer vor einem zur Welt 3 gehörenden *Hintergrund* auswählen.[14] Dieser Hintergrund besteht mindestens aus einer *Sprache*, deren Gebrauch stets schon auf Theorien beruht (wie z. B. Benjamin Lee Whorf betont), und aus vielen anderen theoretischen Annahmen, die, jedenfalls für den Augenblick, nicht in Frage gestellt werden. Erst vor einem solchen Hintergrund kann sich ein Problem stellen.

Ein Problem zusammen mit seinem Hintergrund (und möglicherweise weiteren Gegenständen der Welt 3) bildet das, was ich eine *Problemsituation* nenne. Weitere Welt-3-Gegenstände, mit denen wir arbeiten, sind z. B. Konkurrenz und Konflikt (zwischen Theorien, Problemen, Aspekten von Vermutungen, Interpretationen und philosophischen Positionen); und Vergleiche oder Gegensätze oder Analogien. Man sollte sich vor Augen halten, daß die Beziehung zwischen einer Lösung und einem Problem eine logische und damit eine objektive, zur Welt 3 gehörende Beziehung ist und daß unser Lösungsversuch, wenn er nicht das gegebene Problem löst, womöglich ein anderes löst. Das führt auf die Welt-3-Beziehung, die I. Lakatos »*Problemverschiebung*« nennt, wobei er fruchtbare und degenerative Problemverschiebungen unterscheidet.[15]

7. Verstehen und Problemlösen

Ich möchte annehmen, daß die Tätigkeit des Verstehens im wesentlichen dieselbe ist wie die jedes Problemlösens. Sie besteht natürlich, wie alle

[14] Ich spreche hier von »Hintergrund« und nicht »*Hintergrundwissen*«, weil ich eine Diskussion der objektiven Welt-3-Bedeutung des Ausdrucks »Wissen« vermeiden möchte. (Siehe aber *Conjectures and Refutations*, S. 227 f. Über »Hintergrundwissen« ebenda, insbes. S. 112, 238 ff.) Die objektive Bedeutung von »Wissen« wird ausführlich in meiner Arbeit »Erkenntnistheorie ohne erkennendes Subjekt« (vorgetragen in Amsterdem 1967) diskutiert, die als Kapitel 3 des vorliegenden Buches wiedergegeben ist.

[15] Vgl. I. Lakatos, »Changes in the Problem of Inductive Logic«, in: I. Lakatos (Hrsg.), *The Problem of Inductive Logic*, 1968. Siehe jetzt auch I. Lakatos, »Falsifikation und die Methodologie wissenschaftlicher Forschungsprogramme«, in: I. Lakatos und A. Musgrave (Hrsg.), *Kritik und Erkenntnisfortschritt*, 1974.

geistigen Tätigkeiten, aus subjektiven, zur Welt 2 gehörenden Prozessen. Diese subjektive Tätigkeit kann und muß aber als ein Arbeiten mit objektiven Gegenständen der Welt 3 analysiert werden. Sie führt in einigen Fällen zu einer gewissen Vertrautheit mit diesen Gegenständen und ihrer Handhabung. Man kann das mit der Tätigkeit eines Baumeisters von Brücken oder Häusern vergleichen: Dieser versucht, gewisse praktische Probleme zu lösen, und geht dabei mit einfachen oder komplizierteren Strukturelementen um, wobei er einfache oder kompliziertere Werkzeuge benutzt.

Ersetzen wir nun die Strukturen und Werkzeuge der Welt 1 durch solche der Welt 3, wie etwa Probleme, Theorien oder kritische Argumente, so bekommen wir ein Bild von dem, was wir tun, wenn wir eine Struktur aus der Welt 3 zu verstehen oder zu begreifen versuchen oder irgendeine andere Problemlösung zur Welt 3 beisteuern möchten. Aber das ist nicht nur ein Bild. Meine Hauptthese ist, daß jede intellektuell wichtige Analyse der Tätigkeit des Verstehens hauptsächlich oder sogar ausschließlich untersuchen muß, wie wir Strukturelemente und Werkzeuge der Welt 3 handhaben.

Um diese These etwas einleuchtender zu machen, möchte ich daran erinnern, daß diese Strukturen der Welt 3 *intelligibilia* sind, das heißt mögliche (oder wirkliche) Gegenstände unseres Verstehens. Kein Wunder also: Wenn wir am *Prozeß* des Verstehens oder an einigen seiner Ergebnisse interessiert sind, müssen wir das, was wir dabei tun oder erreichen fast ausschließlich mit Hilfe dieser Gegenstände des Verstehens, der intelligibilia, beschreiben, und mit Hilfe ihrer gegenseitigen Beziehungen. Alles übrige, etwa die Beschreibung unserer subjektiven Gefühle, unserer Erregung oder Enttäuschung oder Befriedigung, kann sehr interessant sein, aber es hat wenig mit unserem Problem zu tun, nämlich dem Verstehen von intelligibilia, von Gegenständen oder Strukturen der Welt 3.

Ich bin aber bereit zuzugeben, daß es einige subjektive Erfahrungen und Einstellungen geben kann, die beim Vorgang des Verstehens doch eine Rolle spielen. Ich denke z. B. an die *Akzentuierung:* das Herausgreifen einer Theorie oder eines Problems als wichtig, obwohl es vielleicht gar nicht das gerade untersuchte Problem oder die gerade untersuchte Theorie ist; oder das Gegenteil: das *Fallenlassen* einer Theorie als irrelevant (nicht als falsch), jedenfalls für den augenblicklichen Stand der Diskussion, während sie in einem anderen Stadium von Bedeutung sein kann; oder auch das Fallenlassen einer Theorie, weil sie als falsch *und* für eine eingehendere Diskussion als zu uninteressant angesehen wird. Logisch bedeutet das: Man schlägt vor, die Falschheit und Irrelevanz der Theorie in den »Hintergrund« zu verweisen.

Ein solcher Vorschlag, eine Theorie oder ein Problem (oder einen Bericht oder ein »Projekt«) auszuklammern, wird oft mit expressiven und emotionalen Mitteln vorgebracht.[16] Als Operation mit Gegenständen der Welt 3 gesehen, wirken diese Mittel offenbar als eine Art Kürzel: Grundsätzlich könnten sie durch eine genauere *Analyse der objektiven Problemsituation* ersetzt werden. Diese Analyse ist aber oft kompliziert und langwierig, und man hat vielleicht den Eindruck, daß sie überflüssig ist, weil sie ja nur auf den Nachweis der Irrelevanz abzielt.

Diese grobe Analyse der gefühlsmäßigen Obertöne soll zeigen, daß selbst solche Obertöne manchmal am besten mit Hilfe von Gegenständen der Welt 3, wie Problemsituationen, zu verstehen sind.

Diese Behauptung sollte nicht mit einer anderen, noch wichtigeren verwechselt werden – nämlich der, daß die Aufgabe, psychische Zustände, wie Gefühle, zu erklären, ihre eigenen theoretischen Probleme mit sich bringt, die durch eigene vorläufige Theorien zu lösen sind: Theorien (also Gegenstände der Welt 3) über die Welt 2. Das soll aber nicht heißen, wir könnten Menschen nur, oder hauptsächlich, verstehen, indem wir psychologische Theorien über sie studieren. Ebensowenig soll dadurch meine These widerrufen oder eingeschränkt werden, daß bei jedem Verstehen, auch dem von Menschen und ihren Handlungen, also auch *beim Verstehen der Geschichte*, die Analyse von Situationen in der Welt 3 unsere Hauptaufgabe ist.

Im Gegenteil, eines meiner Hauptanliegen ist, daß Handlungen, und damit die Geschichte, als Problemlösungen verstanden werden können und daß meine Analyse durch das *Schema der Vermutungen und Widerlegungen* ($P_1 \rightarrow VT \rightarrow FE \rightarrow P_2$, vgl. Abschnitt 6 oben) auf sie anwendbar ist.

Bevor ich diesen wichtigen Punkt weiterverfolge, möchte ich aber zunächst einigermaßen ausführlich ein Beispiel für den Prozeß des Verstehens eines Gegenstandes der Welt 3 besprechen: einer einfachen arithmetischen Gleichung.

[16] Eine gute Analyse einer solchen Situation findet sich in Collingwoods Kritik an Richards, die ich oben erwähnte; siehe *The Principles of Art*, 1938, insbes. S. 164 f. Collingwoods Kritik ist ein hervorragendes Beispiel für eine Analyse eines Gefühlsgehaltes eines Gegenstands aus der Welt 3 im Rahmen einer Problemsituation, ihres Hintergrunds und ihrer Lösung.

8. Ein sehr triviales Beispiel

Daß 777 mal 111 gleich 86 247 ist, ist eine sehr triviale arithmetische Tatsache. Sie läßt sich als Gleichung schreiben. Sie läßt sich auch als ein sehr triviales Theorem aus der Theorie der natürlichen Zahlen auffassen.

Verstehe ich diese triviale Behauptung?

Ja und nein. Ich verstehe sicherlich, was behauptet wird – besonders wenn ich es geschrieben sehe, da ich sonst vielleicht mit einer so großen Zahl wie 86 247 nicht umgehen oder sie mir nicht merken kann. (Ich habe es ausprobiert und sie mit 86 427 verwechselt.) Aber in *gewissem* Sinne verstehe ich sie natürlich sofort, wenn ich sie höre, mit 777 und 111 läßt sich leicht umgehen, und ich verstehe, daß die betreffende Behauptung als *Lösung des Problems* angegeben wird: Welcher Zahlausdruck im Dezimalsystem ist gleich 777 mal 111?

Was die *Lösung* des Problems betrifft, so weiß ich natürlich, daß es viele Leute gibt, die die Lösung leicht im Kopf finden können; ich selbst würde sie so vielleicht mit großer Mühe finden. Doch wenn ich mein Ergebnis nachprüfen möchte oder auch nur sicher gehen möchte, daß ich es nicht im nächsten Augenblick mit einem anderen Ergebnis verwechsle, muß ich mich dessen bedienen, was Bridgman eine »Operation mit Papier und Bleistift« nennt; ich muß das Ganze nach einem Algorithmus verarbeiten, in dem es strukturelle Elemente gibt, mit denen man leicht umgehen kann. (Natürlich sind es strukturelle Elemente der Welt 3.) Eines der Ziele hier ist die *Elimination von Fehlern:* Die festgelegten Operationen mit Papier und Bleistift vereinfachen die Entdeckung und Elimination von Fehlern.

Bisher haben wir drei der vier Gegenstände benutzt, die in meinem Problemlösungsschema vorkommen ($P_1 \rightarrow VT \rightarrow FE \rightarrow P_2$, vgl. Abschn. 6). Um eine Behauptung, eine vorläufige Theorie zu verstehen, fragten wir zunächst: Was ist das Problem? Und um Fehler zu eliminieren, führten wir eine Rechnung mit Papier und Bleistift durch. Wir begannen mit einer Behauptung oder vorläufigen Theorie *(VT)* und kamen von da zu dem zugrundeliegenden Problem (P_1) und später zu einer Berechnungsmethode, die zur Elimination von Fehlern dient *(FE)*. Entsteht nun auch ein zweites Problem (P_2)? Jawohl, die Methode der Fehlerelimination führt tatsächlich zu einer Problemverschiebung: in unserem Fall zu einer sehr trivialen und degenerativen Problemverschiebung – die Ersetzung einer Multiplikationsaufgabe durch drei einfachere Multiplikationen und eine Addition. Die Problemverschiebung (von P_1 nach P_2) ist natürlich eine degenerative; ganz eindeutig, denn wir haben hier ja kein wirkliches theoretisches Interesse – wir wenden nur ein Routineverfahren an, das die Lösung einfacher und besser nachprüfbar machen soll (das heißt, Fehler eliminieren soll).

Sogar in diesem äußerst trivialen Beispiel können wir verschiedene Grade des Verstehens unterscheiden.

1. Das reine Verstehen des Gesagten in dem Sinne, in dem man auch die Behauptung »777 mal 111 ist 68 427« versteht, ohne zu bemerken, daß sie falsch ist.

2. Das Verstehen dessen, daß es die Lösung eines Problems ist.

3. Das Verstehen des Problems.

4. Das Verstehen dessen, daß die Lösung richtig ist, was in unserem Falle trivial einfach ist.

5. Die Prüfung der Richtigkeit durch eine Methode der Fehlerelimination, was in unserem Falle wiederum trivial ist.

Es gibt offenbar noch weitere Grade des Verstehens. Besonders 3, das Verstehen des Problems, läßt sich noch weiter verfolgen. Einige werden verstehen, andere nicht, daß das Problem insofern verbal ist, als »777 mal 111« ein ebensogutes oder besseres Synonym, wenn auch nicht in Dezimaldarstellung, für die Zahl »8 mal 10 000 plus 6 mal 1000 plus 2 mal 100 plus 4 mal 10 plus 7« ist, wofür »86 247« nur eine kürzere Schreibweise ist. Das ist ein Beispiel für das Verstehen des *Hintergrundes*, der normalerweise als unproblematisch angenommen wird. Es wird also *ein Problem innerhalb des Hintergrundes entdeckt*.

Diese Grade des Verstehens[17] lassen sich in der Regel natürlich nicht in

[17] Dilthey betont oft und mit Recht, daß es Grade des Verstehens gibt. Ich bin aber nicht ganz sicher, ob er immer zwischen Graden des Verstehens (das heißt, der Tiefe oder Vollständigkeit des Verstehens) und der »Sicherheit« des Verstehens unterscheidet, die für mich eine völlig andere und völlig abwegige Idee ist. Denn Dilthey bemerkt: »Den höchsten Grad von Sicherheit hat das Verständnis auf dem Gebiet der Auslegung [der Gegenstände] des wissenschaftlichen Geistes.« (W. Dilthey, *Gesammelte Schriften*, Bd. 7, Seite 260) Hier scheint mir eine Verwechslung vorzuliegen. Oder mißverstehe ich diese Behauptung? Daß *große Sicherheit des Verstehens* mit einem äußerst *niedrigen Grad des Verstehens* einhergehen kann, kann man erkennen, wenn man über folgende Formulierung aus R. Carnaps *Introduction to Semantics*, 1942, S. 22 nachdenkt: »... einen Satz verstehen, wissen, was er aussagt, ist dasselbe wie zu wissen, unter welchen Bedingungen er wahr wäre.« Nun weiß ich, daß die Gleichung »777 mal 111 = 86 427« genau unter der Bedingung wahr wäre, daß 777 mal 111 tatsächlich gleich 86 427 wäre. (In Wirklichkeit ist es nicht der Fall.) Das weiß ich aufgrund von Tarskis Definition der Wahrheit; und ich weiß von *jeder Aussage*, daß diese Art von Wahrheitsbedingung für sie gilt. Damit müßte ich *jede Aussage mit Sicherheit verstehen*, wenn ich die Sprache verstehe; und das gilt tatsächlich für einen äußerst *niedrigen Grad des Verstehens*, der kaum im Sinne der Theorie Diltheys oder Carnaps liegt.

eine lineare Ordnung bringen; neue Möglichkeiten weitergehenden und besseren Verstehens können an fast jedem Punkt ansetzen, besonders in weniger trivialen Fällen.

Wir können also aus unserem sehr einfachen Beispiel eine ganze Menge lernen. Vielleicht ist das Wichtigste, das wir daraus lernen können, folgendes: Immer, wenn wir eine Theorie oder eine Behauptung zu deuten oder zu verstehen versuchen, selbst eine so triviale wie die hier besprochene Gleichung, werfen wir ein *Verstehensproblem* auf, und das erweist sich stets als ein *Problem über ein Problem*, das heißt ein *Problem höherer Ordnung*.

9. Ein Fall von objektivem historischem Verstehen[18]

Das alles gilt für sämtliche Verstehensprobleme, besonders für das Problem des *historischen Verstehens*. Ich behaupte, das Hauptziel allen historischen Verstehens ist die hypothetische Rekonstruktion einer historischen *Problemsituation*.

Ich möchte versuchen, diese These ausführlicher an Hand eines weiteren Beispiels zu erläutern: anhand einiger historischer Betrachtungen zu Galileis *Theorie der Gezeiten*. Diese Theorie erwies sich als »nicht erfolgreich« (denn sie schrieb dem Mond keinerlei Einfluß auf die Gezeiten zu), und noch heute wird Galilei persönlich scharf angegriffen, weil er dogmatisch und hartnäckig an einer solchen offensichtlich falschen Theorie festgehalten habe.

Galilei sagt kurz folgendes: Die Gezeiten sind das Ergebnis von Beschleunigungen, die sich ihrerseits aus den komplizierten Bewegungen der Erde ergeben. Wenn sich die gleichmäßig rotierende Erde zusätzlich um die Sonne bewegt, dann ist die Geschwindigkeit eines Punktes ihrer Oberfläche, der gerade der Sonne abgewandt ist, größer als seine Geschwindigkeit 12 Stunden später, wenn er der Sonne zugewandt ist. (Ist nämlich a die Bahngeschwindigkeit der Erde und b die Rotationsgeschwindigkeit eines Punktes des Äquators, so ist die Geschwindigkeit dieses Punktes um Mitternacht gleich $a + b$ und am Mittag gleich $a - b$.)

[18] In dem noch folgenden Teil dieser Arbeit versuche ich, im Zusammenhang mit Problemen des historischen Verstehens, die Überlegenheit der Welt-3-Methode der kritischen Rekonstruktion von Problemsituationen über die Welt-2-Methode des intuitiven Nachvollziehens persönlicher Erfahrungen zu zeigen (den Wert der letzteren Methode möchte ich nicht völlig in Abrede stellen; er ist begrenzt und subjektiv, aber doch auch auf eine unersetzliche Weise anregend).

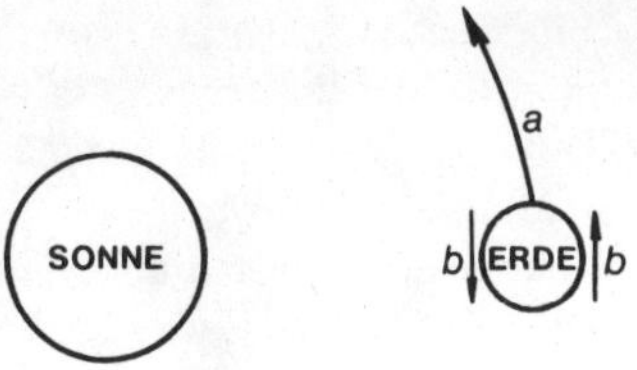

Die Geschwindigkeit ändert sich also, und das bedeutet, daß es periodische Beschleunigungen und Verzögerungen geben muß. Doch jede periodische Beschleunigung und Verzögerung eines Wasserbeckens führt, so Galilei, zu Erscheinungen, die den Gezeiten ähneln. (Galileis Theorie ist einleuchtend, aber in dieser Form unrichtig; außer der konstanten Beschleunigung aufgrund der Erdrotation – das heißt der zentripetalen Beschleunigung –, die auch entsteht, wenn *a* null ist, gibt es keine weitere Beschleunigung und insbesondere auch keine periodische Beschleunigung.[19])

Was können wir zur Verbesserung unseres historischen Verständnisses dieser Theorie tun, die so oft mißdeutet worden ist? Meine Antwort auf dieses *Verstehensproblem* (das ich mit »P^v« bezeichne) geht ähnlich vor wie meine Antwort auf das oben diskutierte Verstehensproblem in Verbindung mit der trivialen arithmetischen Gleichung.

Ich behaupte, der erste und entscheidend wichtige Schritt ist, sich zu fragen: *Welches war das Welt-3-Problem*, für das Galileis Theorie eine vorläufige Lösung war? Und welches war die Situation – die logische *Problemsituation* –, in der dieses Problem entstand?

Galileis Problem war ganz einfach die Erklärung der Gezeiten. Doch seine Problemsituation war weit weniger einfach.

Es ist klar, daß Galilei nicht einmal unmittelbar an der Lösung dessen interessiert war, was ich soeben sein *Problem* genannt habe. Auf dieses hatte ihn ein anderes Problem geführt: das Problem der Wahrheit oder

[19] Man könnte sagen, Galileis kinematische Theorie der Gezeiten widerspreche dem sogenannten Galileischen Relativitätsprinzip. Doch diese Kritik wäre unrichtig, historisch wie theoretisch, denn dieses Prinzip bezieht sich *nicht* auf *Rotations*bewegungen. Galileis physikalische Intuition – daß die Erdrotation nicht-relativistische mechanische Folgen habe – war richtig; obwohl diese Folgen (Bewegung eines rotierenden Kreisels, Foucaultsches Pendel usw.) nicht die Gezeiten erklären, so ist doch die Corioliskraft zumindest nicht ganz ohne Einfluß auf sie. Darüber hinaus ergeben sich (geringe) periodische kinematische Beschleunigungen aus der Krümmung der Erdbewegung um die Sonne.

Falschheit der Kopernikanischen Theorie – das Problem, ob die Erde ruhte oder sich bewegte. Galilei hoffte, eine erfolgreiche Theorie der Gezeiten als entscheidendes Argument zugunsten der Kopernikanischen Theorie verwenden zu können.

Was ich Galileis *Problemsituation* nenne, stellt sich als eine recht komplizierte Sache heraus. Sie enthält zwar das Problem der Gezeiten, aber in einer ganz bestimmten Funktion: Die Erklärung der Gezeiten soll als Prüfstein für die Kopernikanische Theorie dienen. Doch auch diese Bemerkung genügt noch nicht für das Verständnis von Galileis Problemsituation. Denn Galileis vorläufige Theorie versuchte nicht nur den Gezeitenwechsel zu erklären: Sie versuchte es vor einem bestimmten *Hintergrund* und dazu *innerhalb eines gegebenen theoretischen Rahmens.* Der Hintergrund war für Galilei unproblematisch, doch das, was ich »Galileis Rahmen« nennen möchte, war höchst problematisch, und Galilei war sich dessen voll bewußt.

Es zeigt sich also, daß wir zur Lösung unseres Problems des Verstehens (P^{v}) einen ziemlich komplizierten Gegenstand der Welt 3 untersuchen müssen. Er besteht aus dem Gezeitenproblem (für das Galileis Theorie eine versuchsweise Lösung war) zusammen mit der zugehörigen Situation – seinem Hintergrund und seinem Rahmen: Dieses komplizierte Gebilde nenne ich die *Problemsituation.*

Galileis *Problemsituation* läßt sich folgendermaßen darstellen.

Als wirklicher Kosmologe und Theoretiker war Galilei schon lange von der unglaublichen Kühnheit und Einfachheit des Kopernikanischen Hauptgedankens angezogen worden, daß die Erde und die anderen Planeten Monde der Sonne sind. Die Erklärungskraft dieses kühnen Gedankens war sehr groß; und als Galilei die Jupitermonde entdeckte und in ihnen ein verkleinertes Modell des Sonnensystems erkannte, nahm er das als empirische Bestätigung dieses kühnen Gedankens, obwohl dieser höchst spekulativ war und fast *a priori* Charakter hatte. Zusätzlich zu all diesem hatte er noch Erfolg bei der Prüfung einer aus der Kopernikanischen Theorie ableitbaren Voraussage gehabt: Sie sagte voraus, daß die inneren Planeten Phasen zeigen mußten wie die des Mondes; und Galilei war in der Lage, die Phasen der Venus zu beobachten.

Die Kopernikanische Theorie war wie die Ptolemäische im wesentlichen ein geometrisches kosmologisches Modell, das mit geometrischen (und kinematischen) Mitteln aufgestellt worden war. Doch Galilei war Physiker. Er wußte, daß das eigentliche Problem war, eine mechanische (oder vielleicht trans-mechanische) physikalische Erklärung zu finden;

er fand auch tatsächlich einige Elemente einer solchen Erklärung, insbesondere die Trägheitsgesetze und das entsprechende Erhaltungsgesetz für Drehbewegungen.

Galilei versuchte kühn, seine Physik lediglich auf diese beiden Erhaltungsgesetze aufzubauen, obwohl er sich durchaus darüber im klaren war, daß sein physikalisches Wissen große Welt-3-Lücken aufweisen mußte. Unter methodischen Gesichtspunkten hatte Galilei völlig recht, alles auf dieser schmalen Grundlage erklären zu wollen; denn nur wenn wir versuchen, unsere fehlbaren Theorien aufs äußerste auszubeuten und zu prüfen, können wir hoffen, aus ihrem Scheitern etwas zu lernen.

Das erklärt, warum Galilei trotz seiner Kenntnis der Arbeiten Keplers an der Hypothese der kreisförmigen Bewegung der Planeten festhielt; das war ganz richtig angesichts der Tatsache, daß er die Kreisbewegung mit seinen Erhaltungs-Grundgesetzen erklären konnte. Man sagt oft, er habe die Schwierigkeiten der Kopernikanischen Kreise zu verdecken gesucht und die Kopernikanische Theorie über Gebühr vereinfacht; auch meint man, er hätte die Keplerschen Gesetze anerkennen müssen. Doch das alles zeigt einen Mangel an historischem Verständnis – einen Irrtum bei der Analyse der Welt-3-Problemsituation. Galilei hatte ganz recht, wenn er mit kühnen Über-Vereinfachungen arbeitete; und Keplers Ellipsen waren auch Über-Vereinfachungen und ebenso kühn wie Galileis Kreise. Doch Kepler hatte das Glück, daß seine Über-Vereinfachungen bald verwendet und dabei erklärt wurden, nämlich von Newton, der damit seine Lösung des Zweikörperproblems überprüfte.

Doch warum verwarf Galilei den bereits wohlbekannten Gedanken eines Einflusses des Mondes auf die Gezeiten? Diese Frage wirft Licht auf einen höchst wichtigen Aspekt der Problemsituation. Erstens verwarf Galilei den Einfluß des Mondes, weil er ein Gegner der Astrologie war, die die Planeten mit den Göttern gleichsetzte; in dieser Hinsicht war er ein Vorläufer der Aufklärung und auch ein Gegner der Keplerschen Astrologie, obwohl er Kepler bewunderte.[20] Zweitens arbeitete er mit einem mechanischen Erhaltungsprinzip für Drehbewegungen, das interplanetarische Einflüsse auszuschließen schien. Ohne Galileis Versuch, die Gezeiten auf dieser sehr schmalen Grundlage zu erklären, hätten wir vielleicht nicht so bald gefunden, daß die Grundlage zu schmal und ein weiterer Gedanke nötig war – Newtons Idee der Anziehung (und mit ihr die einer Kraft); Ideen, die fast den Charakter astrologischer Ideen

[20] Siehe *Conjectures and Refutations*, S. 188.

hatten und von höchst aufgeklärten Leuten wie Berkeley[21] als okkult empfunden wurden. Sie wurden sogar von Newton selbst als okkult empfunden.

Die Analyse von Galileis Problemsituation führt also dazu, die Rationalität von Galileis Methode in mehreren Punkten zu rechtfertigen, deretwegen er von den verschiedensten Historikern kritisiert worden ist; und so werden wir zu einem besseren *historischen Verständnis* Galileis geführt. Psychologische Erklärungen, wie sie vorgeschlagen worden sind – wie Ehrgeiz, Eifersucht, Aggressivität oder der Wunsch, Aufsehen zu erregen –, werden überflüssig. Sie werden durch eine Welt-3-Situationsanalyse ersetzt. Ebenso wird der Vorwurf des »Dogmatismus« gegen Galilei überflüssig, weil er an der Kreisbewegung festgehalten habe, oder die Einführung der Idee einer geheimnisvollen psychologischen Anziehungskraft, die von der »geheimnisvollen Kreisbewegung« ausging. (Dilthey nennt sie eine archetypische oder psychologisch anziehende Idee.[22]) Denn Galileis Methode war richtig, als er versuchte, so weit wie nur möglich mit dem rationalen Erhaltungsgesetz für Drehbewegungen zu kommen. (Es gab noch keinerlei dynamische Theorie.)

Dieses Ergebnis dürfte zeigen, wie mit unserem Verständnis seiner objektiven Problemsituation unser historisches Verständnis der Rolle Galileis gewachsen ist. Wir können diese Problemsituation jetzt mit »P_1« bezeichnen, denn sie spielt eine ganz ähnliche Rolle wie unser früheres P_1. Galileis vorläufige Theorie können wir mit »*VT*« bezeichnen und seine eigenen und die fremden Versuche, sie kritisch zu diskutieren und Fehler zu eliminieren, mit »*FE*«. Galilei war zwar optimistisch, war aber mit dem Ergebnis seiner Diskussion keineswegs zufrieden. Wir können sagen, sein P_2 war einem P_1 sehr ähnlich; das heißt, das Problem war noch offen.

[21] Siehe *Conjectures and Refutations*, S. 188 und Kapitel 6.

[22] Dilthey spricht von der »geheimnisvollen Kreisbewegung« (Schriften, Bd. I, S. 95–96) der antiken Astronomie. Das scheint mir eine Fehldeutung zu sein sowie ein Gesichtspunkt gegen Diltheys *Grade der Sicherheit*, die in einer früheren Anmerkung diskutiert wurden. (Dilthey hätte vielleicht erwidert, auf diesem Gebiet habe die Wissenschaft erst mit Newton begonnen, und er habe von vorwissenschaftlichen Ideen gesprochen. Ich denke nicht, daß es möglich sein könnte, diese Antwort zu akzeptieren und zu leugnen, daß Galilei ein Wissenschaftler war: Die Wissenschaft beginnt bei Anaximander oder sogar früher.)

Eine kurze aber gründliche Diskussion von Ptolemäus und Kopernikus findet sich bei O. Neugebauer, *The Exact Sciences in Antiquity*, 1957, S. 191 ff. (Da Neugebauer nicht scharf zwischen geometrischen und physikalischen Problemen unterscheidet, verurteilt sogar er auf S. 204 Kopernikus' oder Galileis Festhalten an den Kreisen als dogmatisch.)

Viel später kam es (durch Newton) zu einer revolutionierenden Änderung in der *Problemsituation* (P_2): Newton erweiterte Galileis Bezugsrahmen – den Bezugsrahmen der Erhaltungsgesetze, in den Galileis Problem gestellt war. Ein Teil von Newtons revolutionierender Änderung war, daß er den Mond wieder in die Theorie aufnahm, dessen Ausschluß aus der Gezeitentheorie eine notwendige Folge von Galileis Bezugsrahmen (*und* Hintergrund) gewesen war.

Ich fasse die Geschichte kurz zusammen. Galileis physikalischer Bezugsrahmen war eine etwas vereinfachte Form des Kopernikanischen Modells des Sonnensystems. Es war ein System von Kreisen (und vielleicht Epizyklen) mit gleichbleibender Drehgeschwindigkeit. Selbst Einstein äußerte sich über Galileis »Festhalten an dem Gedanken der Kreisbewegung« in dem Sinne, es sei »verantwortlich dafür, daß er nicht *in vollem Umfang* das Trägheitsgesetz und seine grundlegende Bedeutung erkannte.«[23] Doch er vergaß dabei: Ebenso wie die Newtonsche Theorie auf dem Trägheitsgesetz oder dem Gesetz von der Erhaltung des Impulses beruhte, so beruhte die Theorie der Kreise und Epizyklen in den einfacheren Formen, die mit gleichbleibenden Geschwindigkeiten arbeiteten – diese verwendete Galilei –, ursprünglich auf dem Gesetz der Erhaltung des Drehimpulses. An beide Erhaltungsgesetze glaubt man zweifellos »instinktiv«, wofür vielleicht so etwas wie die Auslese von Vermutungen unter dem Druck der praktischen Erfahrung verantwortlich ist: Für das Gesetz vom Drehimpuls könnte die Erfahrung mit gut

[23] Das Zitat stammt von S. XI in Einsteins großartigem Vorwort zu Galileis *Dialog über die beiden hauptsächlichen Weltsysteme*, ins Englische übersetzt von Stillman Drake, verbesserte Auflage, 1962. Einstein erkennt an, daß Galilei das Trägheitsgesetz erkannt hatte; und es kann andererseits keinen Zweifel geben, daß Galilei seine grundlegende Bedeutung nicht *in vollem Umfang* (Hervorhebung bei Einstein) erkannte. Ich möchte hier erwähnen, daß Galilei viel dafür kritisiert wurde, er habe das Kopernikanische System übermäßig vereinfacht dargestellt; er sagt auch in kritischer Absicht, »Ptolemäus benutzte in großem Umfang Epizyklen« (a.a.O., S. 341 f.) erwähnt aber nicht, daß auch Kopernikus Epizyklen verwandte. Hier liegt ein Problem der historischen Interpretation. Ich nehme an, Galilei ließ bewußt das Problem offen, das sich aus seiner Übervereinfachung des Kopernikanischen Systems ergab, aus der ausschließlichen Begründung mit konstanten Kreisbewegungen ohne Epizyklen: Sie paßte nicht genau zu den Beobachtungen. Er war dennoch sehr beeindruckt von der Tatsache, daß das vereinfachte System vergleichsweise gut zu den Beobachtungen paßte; und er glaubte, die offengebliebenen *rein geometrischen Probleme* könnten *nur zusammen mit den physikalischen Problemen* gelöst werden. (Er merkt an, vielleicht liegt die Lösung in *weniger »umfangreichen«* Epizyklen, Wirbeln oder magnetischen Kräften; vgl. a.a.O., S. 398 ff.) Dieser Gedanke stellte sich als richtig heraus; und wir sollten nicht vergessen, daß sogar Keplers geometrische Lösung immer noch nur eine Näherung war, das heißt eine Übervereinfachung.

geschmierten Wagenrädern entscheidend gewesen sein. Wir sollten uns auch daran erinnern, daß die antike Theorie von der kreisförmigen Drehung der Himmelssphären (die sich von dieser Erfahrung ableitet) letzten Endes durch die Erhaltung des Drehimpulses der Erde ersetzt wurde; das zeigt, daß die Kreise weder so naiv noch so geheimnisvoll waren, wie sie oft hingestellt werden. Innerhalb dieses Rahmens – im Gegensatz zu dem der Astrologen – konnte es keine Wechselwirkungen zwischen Himmelskörpern geben. Also mußte Galilei den von den Astrologen behaupteten Einfluß des Mondes auf die Gezeiten verwerfen.[24]

Können wir etwas Neues aus diesem Beispiel lernen? Ich denke, ja. *Erstens* zeigt das Beispiel die ungeheure Wichtigkeit der Rekonstruktion von Galileis Problemsituation (P_1) für das Verständnis seiner Theorie (*VT*). Die Bedeutung dieser Rekonstruktion ist sogar größer für das Verständnis erfolgloser Theorien, wie der Galileis, als für erfolgreiche, denn ihr Fehler (der Fehler von *VT*) läßt sich vielleicht als Fehler im Bezugsrahmen oder im Hintergrund von P_1 erklären.

Zweitens wird es im vorliegenden Falle offensichtlich, daß die Rekonstruktion von Galileis Problemsituation (P_1) ihrerseits den Charakter einer *Vermutung* (und auch einer Übervereinfachung oder Idealisierung) hat: das geht eindeutig daraus hervor, daß meine Analyse der Problemsituation (P_1), so kurz sie ist, erheblich von anderen abweicht, die diese erfolglose Theorie Galileis verstehen wollten. Doch wenn meine Rekonstruktion von P_1 eine Vermutung ist, *welches Problem möchte diese Vermutung lösen?* Offenbar P^v, das *Problem des Verstehens* von Galileis Theorie.

Mein *dritter* Punkt ist folgender: *Unser Verstehensproblem*, P^v, liegt auf einer *höheren Ebene* als P_1. Das heißt, das Verstehensproblem ist ein *Metaproblem:* Es bezieht sich auf *VT* und damit auch auf P_1. Dementsprechend ist die Theorie, die das Verstehensproblem lösen soll, eine *Metatheorie*, denn sie hat zum Teil die Aufgabe, in jedem Einzelfall herauszufinden, worin P_1, *VT*, *FE* und P_2 bestanden.

[24] Die Verbindung zwischen Galileis Gezeitentheorie und seiner Ablehnung der Astrologie wird diskutiert und interpretiert in meinem Buch *Conjectures and Refutations*, Anmerkung 4 zu Kapitel 1 (S. 38) und Anmerkung 4 zu Kapitel 8 (S. 188). Es handelt sich um eine typische Vermutungsinterpretation (im Sinne meines Buches *Die offene Gesellschaft und ihre Feinde* 1957/58, Band I, Kapitel 10, S. 230 f.), die also »Licht auf historisches Material werfen kann«: Sie hat mir zu einem *besseren Verständnis* der letzten Stelle in Galileis *Dialog* verholfen (a.a.O., S. 462; wegen Galileis Einstellung zur Astrologie siehe auch S. 109 f.), wo Galilei Kepler wegen seiner astrologischen »Kindereien« tadelt.

Das sollte man übrigens nicht so verstehen, als müßte die Metatheorie in jedem Einzelfall *nur* die Strukturen von P_1, *VT* usw. herausfinden, während das Schema selbst ($P_1 \rightarrow VT \rightarrow FE \rightarrow P_2$) unkritisch angenommen werden müsse. Im Gegenteil, das Schema – das möge noch einmal betont werden – ist eine Übervereinfachung und sollte weiterentwickelt oder auch grundlegend geändert werden, wann immer sich die Notwendigkeit dazu ergibt.

Mein *vierter* Punkt: Jeder Versuch (außer dem allertrivialsten), eine Theorie zu verstehen, muß eine historische Untersuchung über diese Theorie und ihr Problem in die Wege leiten, die damit zu einem Teil des Untersuchungs*gegenstandes* werden. Handelt es sich um eine wissenschaftliche Theorie, so bezieht sich also die Untersuchung auf die Wissenschaftsgeschichte. War die Theorie etwa eine historische, so bezieht sich die Untersuchung auf die Geschichte der Geschichtsschreibung. Die Probleme, die diese historischen Untersuchungen zu lösen versuchen, sind Metaprobleme, die scharf von den Problemen zu unterscheiden sind, die selbst den Gegenstand der Untersuchung bilden.

Mein *fünfter* Punkt: Die Geschichte der Wissenschaft sollte *nicht* als Geschichte von Theorien betrieben werden, sondern als Geschichte der Problemsituationen und ihrer Änderungen (die manchmal kaum merklich, manchmal revolutionierend sind), die sich aus den Problemlösungs-Versuchen ergeben. Historisch können sich damit erfolglose Versuche als ebenso wichtig für die weitere Entwicklung herausstellen wie erfolgreiche.

Mein *sechster* Punkt (der lediglich den dritten weiter ausführt) ist der: Wir müssen klar unterscheiden zwischen Metaproblemen und Metatheorien des Wissenschaftshistorikers (die auf der Ebene von P^v liegen) und den Problemen und Theorien der Wissenschaftler (die auf der Ebene von P_1 liegen). Sie werden nur allzu leicht verwechselt; formulieren wir etwa das Problem des Historikers so: »Was war Galileis Problem?«, so scheint die Antwort zu lauten: »P_1«; doch P_1 (im Gegensatz zu »Galileis Problem war P_1«) scheint eher zur Objektebene als zur Metaebene zu gehören;[25] damit sind die beiden Ebenen vermengt.

Es gibt aber im allgemeinen keine Probleme, die den verschiedenen Ebenen gemeinsam wären. Das ist leicht einzusehen: Zwei vorläufige Metatheorien über denselben Gegenstand sind oft sehr verschieden.

[25] Die Antwort ist in Wirklichkeit eine historische Vermutung *über* Galileis Problem (P_1). Die Metaprobleme des Historikers und seine vermuteten Antworten werden später ausführlicher diskutiert.

Zwei Wissenschaftshistoriker, die sich über die »Tatsachen« einig sind, können sie sehr verschieden verstehen oder interpretieren (manchmal auf einander ergänzende, manchmal auch auf einander widersprechende Weisen). Sie können unter Umständen sogar darüber uneins sein, worin ihre Probleme bestehen. Sie haben also im allgemeinen keine gemeinsamen Probleme und noch weniger gemeinsame Probleme mit der Theorie, die sie untersuchen und interpretieren.

Auch kann der Metatheoretiker zur Interpretation einer Theorie alles heranziehen, was einen Nutzen verspricht; beispielsweise kann er die Theorie mit grundlegend verschiedenen konkurrierenden Theorien vergleichen. *Einige der Welt-3-Strukturelemente, die die Metatheorie bilden, können also völlig verschieden von denen sein, aus denen die zu interpretierende und zu verstehende Theorie besteht.*

Dieser Punkt ist wichtig. Es folgt daraus *a fortiori*: Sogar dann, wenn wir von so etwas wie *Ähnlichkeit* zwischen Welt-3-*Denkinhalten* und jenen Welt-2-*Denkprozessen*, mit denen wir diese Inhalte erfassen, sprechen können – was ich zu bestreiten geneigt bin –, sogar dann würde ich noch bestreiten, daß es im allgemeinen auf irgendeiner Problemebene irgendeine Ähnlichkeit zwischen den Inhalten und den entsprechenden Denkprozessen gibt. Denn die Welt-3-Methode des historischen Verstehens, die ich zu beschreiben versuche, ist die Methode, die, wo immer es möglich ist, psychologische Erklärungen durch die Analyse von *Welt-3-Beziehungen* ersetzt: Anstelle von psychologischen Erklärungsprinzipien benutzen wir Welt-3-Betrachtungen, die hauptsächlich logischen Charakter haben; und meine These ist, daß das historische Verstehen durch solche Analysen gefördert wird.

Mein *siebenter* und vielleicht wichtigster Punkt betrifft das, was ich gelegentlich *Situationslogik* oder *Situationsanalyse* genannt habe.[26] (Die zweite Bezeichnung ist vielleicht vorzuziehen, denn die erste könnte so aufgefaßt werden, als lege sie eine deterministische Theorie des menschlichen Handelns nahe, was mir jedoch völlig fernliegt.)

Unter Situationsanalyse verstehe ich eine bestimmte vorläufige oder mutmaßliche Erklärung einer menschlichen Handlung aufgrund der Situation des Handelnden. Es kann eine historische Erklärung sein: Wir möchten vielleicht erklären, wie und warum ein bestimmtes Gedanken-

[26] Ich habe die Methode der *Situationslogik* oder *Situationsanalyse* beschrieben in meinem Buch *Die offene Gesellschaft*, Band II, Kapitel 4, insbes. S. 123, und in *Das Elend des Historizismus*, 1957, Abschnitte 31 (»Situationslogik in der Geschichte«, s. insbes. S. 117) und 32.

gebäude geschaffen wurde. Es ist zuzugeben, daß keine schöpferische Handlung jemals vollständig erklärbar ist. Trotzdem können wir vermutungsweise versuchen, eine idealisierte Rekonstruktion der *Problemsituation* zu liefern, in der sich der Handelnde befand, und in diesem Maße die Handlung »verstehbar« (oder »rational verstehbar«) zu machen, das heißt *seiner Situation, wie er sie sah, angemessen.* Diese Methode der Situationsanalyse läßt sich als eine Anwendung des *Rationalitätsprinzips* auffassen.

Eine Aufgabe der Situationsanalyse wäre die Unterscheidung zwischen der Situation, wie sie der Handelnde sah und wie sie wirklich war (beides sind natürlich Vermutungen).[27] So versucht der Wissenschaftshistoriker nicht nur, die von einem Wissenschaftler vorgeschlagene Theorie durch eine Situationsanalyse als angemessen zu erklären, er kann sogar versuchen, das Scheitern des Wissenschaftlers zu erklären.

Mit anderen Worten, unser Schema der Problemlösung durch Vermutung und Widerlegung – oder ein ähnliches Schema – läßt sich als erklärende Theorie für menschliche Handlungen verwenden, da wir Handlungen als Problemlösungsversuche interpretieren können. Die erklärende Theorie des Handelns besteht also hauptsächlich aus einer mutmaßenden Rekonstruktion des Problems und seines Hintergrundes. Eine derartige Theorie kann sehr wohl prüfbar sein.

Ich habe versucht, die Frage zu beantworten: »*Wie können wir eine wissenschaftliche Theorie verstehen oder besser verstehen?*« Und ich habe behauptet, daß sich meine Antwort, die sich auf Probleme und

[27] Es gibt viele Fälle, in denen wir *objektiv* (wenn auch vermutungsweise) rekonstruieren können: (a) die *Situation, wie sie war,* und (b) eine davon ganz verschiedene *Situation, wie sie dem Handelnden erschien* oder wie sie von ihm *verstanden oder interpretiert* wurde. Es ist interessant, daß das *sogar in der Wissenschaftsgeschichte* möglich ist. Ein Beispiel ist die Schrödingersche Wellenmechanik. Schrödinger faßte sein Problem nicht als statistisches auf (daß es ein statistisches war, zeigte sich erst aufgrund von Borns berühmter *»statistischer Interpretation«*; siehe meine Arbeit »Quantum Mechanics Without ›The Observer‹«, in Mario Bunge (Hrsg.), *Quantum Theory and Reality*, Springer-Verlag, Berlin/Heidelberg/New York 1967, S. 7–44). Es gibt aber noch viele andere alte und neue Beispiele. Kepler faßte sein Problem als das der Entdeckung einer Pythagoreischen *Harmonie der Welt* auf. Einstein formulierte das Problem der allgemeinen Relativität mit Hilfe einer *Kovarianz*forderung; und obwohl er E. Kretschmanns (*Ann. Physik* 35, 1917, S. 575) Kritik anerkannte, nach der diese Forderung leer ist, glaubte Einstein doch ganz klar an die Möglichkeit einer Reformulierung, die dem ursprünglich beabsichtigten Zweck dienen sollte; freilich gab er nie eine befriedigende Reformulierung an. Ein Beispiel aus der Philosophie (das mit Kants Problem zusammenhängt: »Wie ist reine Naturwissenschaft möglich?«), wird in *Conjectures and Refutations,* Kapitel 2, Abschnitt X, insbes. S. 94–96 analysiert.

Problemsituationen bezieht, auch auf viele andere Dinge weit außerhalb wissenschaftlicher Theorien anwenden läßt. Wir können sie, zumindest in einigen Fällen, sogar auf Kunstwerke anwenden: Wir können vermuten, was das Problem des Künstlers war, und die Vermutung vielleicht mit unabhängigen Beweisgründen stützen; und diese Analyse kann uns helfen, das Kunstwerk zu verstehen.[28]

(Eine Art Mittelstellung zwischen der Aufgabe der Interpretation einer wissenschaftlichen Theorie und eines Kunstwerks nimmt vielleicht die Aufgabe der Rekonstruktion eines beschädigten Kunstwerks ein – etwa der Rekonstruktion eines Gedichts, das auf einem beschädigten Papyrus gefunden wurde.)

10. Der Wert von Problemen

Gegen meine vorgeschlagene Lösung des Problems »Wie kann man eine wissenschaftliche *Theorie* verstehen oder besser verstehen?« könnte man einwenden, sie verschiebe lediglich das Problem, indem sie es durch

[28] Verschiedene derartige Analysen finden sich in den Werken von E. H. Gombrich. *Art and Illusion*, 1959, ist teilweise (wenn auch nicht ausschließlich) eine Untersuchung darüber, welchen Einfluß auf die abendländische Kunst die Probleme hatten, die mit dem in der Vergangenheit von vielen Künstlern angenommenen Ziel zusammenhingen, eine Illusion der Wirklichkeit zu schaffen (etwa durch die Anwendung der Perspektive). In seiner Arbeit *Norm and Form*, 1966, S. 7, zitiert er Ghibertis eigene Beschreibung seiner Ziele: »Ich strebte danach . . . die Natur so weit wie möglich nachzuahmen mit jedem Strich, der dazu gut ist . . . Sie [die Gemälde] sind alle Rahmen, so daß das Auge sie mißt, und so wirklichkeitsgetreu, daß sie aus einiger Entfernung plastisch erscheinen.« Gombrich bemerkt: »Der Künstler arbeitet wie ein Wissenschaftler. Seine Werke sind nicht nur um ihrer selbst willen da, sondern auch dazu, bestimmte Problemlösungen aufzuzeigen.« Natürlich ist das ein Teil der Analyse der Werke eines bestimmten Künstlers; ähnliches gilt zwar für manche anderen Künstler, aber ich behaupte nicht, sie hätten ähnliche Probleme. Im Gegenteil, die Probleme ändern sich: Lösungen der alten Probleme – etwa des Problems, eine Illusion der Wirklichkeit oder der »Natur« zu schaffen – können zur Ablehnung des alten Problems und zur Suche nach neuen Problemen führen.
Ein Beispiel für diese neuen Probleme ist: wie kann man den Betrachter interessieren, wie seine aktive Mitarbeit wecken, indem man ihn vor Deutungs- oder Rekonstruktionsprobleme stellt. Vgl. E. H. Gombrich, *Meditations on a Hobby Horse*, 1963.
Ich möchte hier erwähnen, daß Gombrichs Analysen Licht auf das werfen, was man das Problem der *Unabhängigkeit des Kunstwerks* nennen könnte: die Tatsache, daß es, obwohl Menschenwerk, seine eigenen Beziehungen schafft. (Siehe auch meine Arbeit *Über Wolken und Uhren*, Kapitel 6 des vorliegenden Buches, Abschnitt 24 und Anmerkung 65.)
Es gibt eine wunderschöne Geschichte über Haydn: Als er den ersten Chor seiner *Schöpfung* hörte, brach er in Tränen aus und sagte: »Das habe ich nicht geschrieben.«

die ähnliche Frage ersetze: »Wie kann man ein wissenschaftliches *Problem* verstehen oder besser verstehen?«

Der Einwand ist berechtigt. Doch in der Regel wird die Problemverschiebung eine fortschrittliche sein (um die Ausdrucksweise von Lakatos zu gebrauchen). In der Regel wird die zweite Frage – das Metaproblem des Verstehens eines Problems – schwieriger und interessanter als die erste sein. Auf jeden Fall halte ich sie für die grundlegendere der beiden Fragen, denn ich bin der Auffassung, daß die Wissenschaft mit Problemen anfängt (nicht mit Beobachtungen oder gar Theorien, obwohl ich zugebe, daß der »Hintergrund« des Problems Theorien und Mythen enthält).

Wie dem auch sei, ich bin der Auffassung, daß dieses zweite, das Metaproblem, von dem ersten verschieden ist. Natürlich können und sollten wir es stets so behandeln wie das erste – auf dem Wege idealisierender historischer Rekonstruktion. Doch das halte ich nicht für ausreichend.

Ich behaupte: Um ein *wirkliches Verständnis* irgendeines gegebenen Problems zu erreichen (etwa von Galileis Problemsituation), ist mehr nötig als eine Analyse dieses oder irgendeines Problems, für das wir eine gute Lösung kennen: Um irgendein solches »totes« Problem zu verstehen, muß man wenigstens einmal im Leben ernsthaft mit einem aktuellen Problem gerungen haben.

Meine Antwort auf das Metaproblem »Wie kann man lernen, ein wissenschaftliches Problem zu verstehen?« ist also: Indem man lernt, ein *aktuelles* Problem zu verstehen. Und das, so behaupte ich, ist nur möglich, indem man *versucht, es zu lösen, und dabei scheitert.*

Angenommen, ein junger Wissenschaftler stößt auf ein Problem, das er nicht versteht. Was kann er tun? Ich schlage vor, selbst wenn er es nicht versteht, kann er versuchen, es zu lösen und *selbst seine Lösung kritisieren* (oder von anderen kritisieren lassen). Da er das Problem nicht versteht, wird seine Lösung ein Fehlschlag sein; das wird die Kritik zeigen. Damit ist ein erster Schritt in Richtung auf die *Lokalisierung der Schwierigkeit* getan. Und das bedeutet nichts anderes, als daß ein erster Schritt zum Verständnis des Problems getan ist. Denn ein Problem ist eine Schwierigkeit, und das Verstehen eines Problems bedeutet die Erkenntnis, daß eine Schwierigkeit vorliegt, und wo sie liegt. Und das ist nur dadurch möglich, daß man erkennt, warum gewisse *prima-facie-Lösungen nicht funktionieren.*

Wir lernen also ein Problem verstehen, indem wir es zu lösen versuchen und scheitern. Und wenn wir hundertmal gescheitert sind, werden wir vielleicht sogar Spezialisten für dieses Problem. Das heißt, wenn irgend jemand eine Lösung vorschlägt, erkennen wir vielleicht sofort, ob sie irgendwelche Erfolgsaussichten hat oder ob sie wegen jener Schwierigkeiten scheitern wird, die wir aus unseren eigenen bisherigen Fehlschlägen nur zu gut kennen.

So ist das Verstehen eines Problems also eine Frage des Umgehens mit strukturellen Elementen aus der Welt 3; eine intuitive Erfassung des Problems entspricht einem Vertrautwerden mit diesen Elementen und ihren Beziehungen. (Das alles ähnelt natürlich der intuitiven Erfassung einer Theorie.)

Ich möchte meinen, nur jemand, der sich so mit einem aktuellen Problem herumgeschlagen hat, kann ein Problem wie das von Galilei richtig verstehen; denn nur er kann sein eigenes Verständnis richtig beurteilen. Und nur er versteht völlig (gewissermaßen auf der dritten Ebene) die Bedeutung meiner Behauptung, der entscheidende erste Schritt zum Verständnis einer Theorie sei das Verständnis der Problemsituation, in der sie entsteht.

Mir scheint auch, daß das vieldiskutierte Problem der Übertragbarkeit von Wissen aus einer Disziplin in eine andere eng mit der Erfahrung im Ringen mit aktuellen Problemen verbunden ist. Wer nur gelernt hat, einen gegebenen theoretischen Rahmen auf die Lösung von Problemen anzuwenden, die innerhalb dieses Rahmens auftreten und lösbar sind[29], kann nicht erwarten, daß ihm das auf einem anderen Spezialgebiet viel hilft. Anders ist es bei denen, die selbst mit Problemen gekämpft haben, besonders dann, wenn sich ihr Verständnis, ihre Klärung und Formulierung als schwierig erwies.[30]

Ich glaube also, daß derjenige, der sich mit einem Problem herumgeschlagen hat, dadurch entschädigt werden kann, daß er Gebiete verstehen lernt, die von dem seinigen weit entfernt sind.

Es könnte interessant und fruchtbar sein zu prüfen, wie weit man die Situationsanalyse (die Idee des Problemlösens) auf die bildende Kunst, die Musik und die Dichtung anwenden kann und ob sie zum Ver-

[29] Die Wissenschaftler, die ich hier beschreibe, sind diejenigen, die nach Thomas Kuhn die »Normalwissenschaft« betreiben; siehe *The Structure of Scientific Revolutions*, 1962; 2. Auflage 1971.

[30] Auf den ersten zwei oder drei Seiten von Kapitel 2 meines Buches *Conjectures and Refutations* versuche ich zu zeigen, daß es *keine Wissenschaftsgebiete gibt, sondern nur Probleme*, die zugegebenermaßen zur Aufstellung von Theorien führen können, die aber *fast immer zu ihrer Lösung ganz verschiedenartige Theorien benötigen*. (Das zeigt, daß die Spezialisierung einen selbstzerstörenden Charakter hat.)

ständnis dieser Gebiete beiträgt. Ich zweifle nicht, daß sie es in einigen Fällen kann. Beethovens Skizzen zum letzten Satz der 9. Sinfonie zeigen, daß die Einleitung zu diesem Satz die Geschichte seiner Versuche erzählt, ein Problem zu lösen – das Problem, in Worte auszubrechen. Wenn man das erkennt, fördert das unser Verständnis der Musik und des Musikers. Ob es unseren Genuß an der Musik fördert, ist eine andere Frage.

11. Das Verstehen (die »Hermeneutik«) in den Geisteswissenschaften

Das bringt mich zu dem Problem des Verstehens in den Geisteswissenschaften.

Fast alle großen Forscher, die sich mit diesem Problem befaßt haben – ich erwähne nur Dilthey und Collingwood –, sind der Ansicht, die Geisteswissenschaften unterschieden sich grundlegend von den Naturwissenschaften, und der herausragendste Unterschied sei dieser: Hauptaufgabe der Geisteswissenschaften sei das *Verstehen* in einem Sinne, wie man nur Menschen, aber nicht die Natur verstehen könne.

Das Verstehen soll auf unserem gemeinsamen Menschsein beruhen. In dieser Grundform ist es eine Art intuitiver Identifikation mit anderen Menschen, bei der uns Ausdrucksbewegungen wie Gesten und Sprechen behilflich sind. Weiter ist es ein Verstehen menschlicher Handlungen. Und letzten Endes ist es ein Verstehen der Erzeugnisse des menschlichen Geistes.

Ich gebe zu, daß wir in dem hier angegebenen Sinne Menschen und ihre Handlungen verstehen können, aber nicht die »Natur« – Sonnensysteme, Molekeln oder Elementarteilchen. Doch es gibt hier keine scharfe Trennungslinie. Wir können die Ausdrucksbewegungen höherer Tiere verstehen lernen in einem Sinne, der dem Verstehen von Menschen sehr ähnlich ist. Doch was ist ein »höheres« Tier? Und ist unser Verstehen auf solche beschränkt? (H. S. Jennings lernte einzellige Organismen so gut verstehen, daß er ihnen Ziele und Absichten zuschrieb.[31]) Am anderen Ende der Skala ist unser intuitives Verstehen, selbst das unserer Freunde, weit davon entfernt, vollkommen zu sein.

Ich bin durchaus bereit, die Behauptung anzunehmen, das Verstehen sei das Ziel der Geisteswissenschaften. Doch mir scheint, es ist auch das

[31] Vgl. H. S. Jennings, *The Behaviour of the Lower Organisms*, 1906.

Ziel der Naturwissenschaften. Natürlich handelt es sich da um »Verstehen« in einem etwas anderen Sinne. Aber es gibt schon viele Unterschiede beim Verstehen von Menschen und ihren Handlungen. Und wir dürfen eine Aussage wie die folgende nicht vergessen, die Einstein in einem Brief an Born machte:

»Du glaubst an den würfelnden Gott, und ich an die volle Gesetzlichkeit in einer Welt von etwas objektiv Seiendem, das ich auf wild spekulativem Wege zu erhaschen suche.«[32]

Ich bin sicher, daß Einsteins wild spekulative Versuche, die Wirklichkeit »zu erhaschen«, Versuche sind, sie zu *verstehen*, und zwar in einem Sinne, der mindestens in *vier* Hinsichten dem Verstehen in den Geisteswissenschaften ähnlich ist. (1) Wie wir andere Menschen wegen unseres gemeinsamen Menschseins verstehen, können wir auch die Natur verstehen, da wir ein Teil von ihr sind. (2) Wie wir Menschen wegen einer gewissen Rationalität ihrer Gedanken und Handlungen verstehen, können wir auch die Naturgesetze verstehen, da ihnen eine Art Rationalität oder verstehbarer Notwendigkeit[33] innewohnt. Derartige Hoffnungen hegten ausdrücklich fast alle großen Wissenschaftler mindestens seit Anaximander, nicht zu reden von Hesiod und Herodot;[34] und diese Hoffnungen fanden zumindest eine gewisse verläufige Erfüllung, zunächst in Newtons und dann in Einsteins Gravitationstheorie. (3) Die Erwähnung Gottes in Einsteins Briefen weist auf eine weitere Bedeutung hin, die auch in den Geisteswissenschaften vorliegt – auf den Versuch, die Natur wie ein Kunstwerk zu verstehen: als Schöpfung. (4) In der Naturwissenschaft gibt es jenes Bewußtsein eines letztlichen Versagens all unserer Versuche zu verstehen, die auch in den Geisteswis-

[32] Einsteins Brief wird zitiert (im deutschen Original) bei Max Born, *Natural Philosophy of Cause and Chance*, 1949, S. 122.

[33] Ich erwähne Rationalitätsforderungen wie Symmetrieprinzipien (die besonders von Hermann Weyl und E. P. Wigner hervorgehoben wurden) und Gedanken wie den folgenden, den ich das »Einsteinsche Prinzip von Aktion und Reaktion« (oder auch sein »Realitätsprinzip«) nennen möchte: daß der Newtonsche Raum und die Newtonsche Zeit unbefriedigend sind, weil sie physikalische Wirkungen auf Körper ausüben können, aber selbst keiner Rückwirkung unterliegen (während das bei einem Feld der Fall ist).

[34] Der Gedanke der kosmischen Symmetrie findet sich in Hesiods *Theogonie*, 720–725; in Anaximanders Theorie der Gestalt und der Lage der Erde; und in Herodots Versuch, etwas Symmetrie in die Geographie zu bringen, von der er wußte, daß sie höchst unsymmetrisch ist (wenigstens Nil und Donau machte er einander so weit wie möglich symmetrisch). Vgl. die vorhergehende Anmerkung. Ferner sind alle Versuche, ein Maß der Gerechtigkeit oder von Lohn und Strafe in das Universum einzuführen (Anaximander, Herodot), Versuche, etwas Rationales in ihm zu finden und es so zu verstehen.

senschaften viel diskutiert und auf das »Anderssein« anderer Menschen, die Unmöglichkeit eines wirklichen Verstehens seiner selbst und die Unvermeidlichkeit der Übervereinfachung zurückgeführt worden ist, die mit jedem Versuch verbunden ist, etwas Einmaliges und Wirkliches zu verstehen. (Man kann jetzt wohl hinzufügen, daß es wenig Unterschied zu machen scheint, ob es sich um etwas Makro- oder Mikrokosmisches handelt.)

Ich wende mich also gegen den Versuch, die Methode des Verstehens als Charakteristikum der Geisteswissenschaften auszugeben, durch das sie sich von den Naturwissenschaften unterscheiden sollen. Wenn die Anhänger dieser Auffassung die meinige als »positivistisch« oder »szientistisch« verurteilen[35], so möchte ich erwidern, daß diese Leute anscheinend *stillschweigend und unkritisch* davon ausgehen, daß der Positivismus und Szientismus *die einzige den Naturwissenschaften angemessene Philosophie* sei.

Das ist verständlich, da so viele Naturwissenschaftler sich die szientistische Philosophie zu eigen gemacht haben. Doch die Geisteswissenschaftler hätten es besser wissen können. Schließlich ist die Wissenschaft ein Teil der Literatur; und wissenschaftliche Arbeit ist eine menschliche Tätigkeit wie das Bauen eines Domes. Sicher gibt es in der heutigen Wissenschaft zuviel Spezialisierung und Professionalismus, wodurch sie unmenschlich wird; doch das gilt leider von der heutigen Geschichtswissenschaft oder Psychologie fast im gleichen Maße wie für die Naturwissenschaften.

Darüber hinaus ist ein wichtiges Gebiet der Geschichte – vielleicht das wichtigste – die Geschichte der menschlichen Überzeugungen und der menschlichen Erkenntnisse, wozu die Geschichte der Religion, der Philosophie und der Wissenschaft gehört. Nun ist zweierlei über die Wissenschaftsgeschichte zu sagen. Einmal, daß nur jemand, der die Wissenschaft (das heißt wissenschaftliche Probleme) versteht, ihre

[35] Der Ausdruck »Szientismus« bedeutete ursprünglich »die sklavische Nachahmung der Methode und der Sprache der [Natur-]Wissenschaft« besonders durch Sozialwissenschaftler; in diesem Sinne wurde er von Hayek in »Scientism and the Study of Society« eingeführt, jetzt in *The Counter-Revolution of Science*, 1962. In *Das Elend des Historizismus*, S. 83, schlug ich seine Anwendung auf das Nachäffen dessen vor, was weithin *fälschlich* für die Methode der Naturwissenschaft gehalten wird; Hayek erkennt jetzt an (in seinem Vorwort zu *Studies in Philosophy, Politics and Economics*, wo er sehr großzügig auf das Erwähnte verweist), die von den Naturwissenschaftlern tatsächlich angewandten Methoden seien verschieden von »dem, was uns die meisten von ihnen gesagt haben ... und den Vertretern anderer Disziplinen als Vorbild hingestellt haben.«

Geschichte verstehen kann; zum andern, daß nur jemand, der ihre Geschichte (die Geschichte ihrer Problemsituation) wirklich versteht, die Wissenschaft verstehen kann.

Es ist lange Mode gewesen und nachgerade langweilig geworden, auf dem Unterschied zwischen Geistes- und Naturwissenschaften herumzureiten. Beide wenden die Methode des Problemlösens, der Vermutung und Widerlegung an. Das geschieht bei der Rekonstruktion eines lückenhaften Textes so gut wie bei der Aufstellung einer Theorie der Radioaktivität.[36]

Ich muß aber noch weiter gehen und mindestens einige Fachhistoriker des »Szientismus« beschuldigen: Sie versuchen, die naturwissenschaftliche Methode zu kopieren, *nicht wie sie wirklich*, sondern wie sie angeblich ist. Diese behauptete, aber nicht existierende Methode ist die des Sammelns von Beobachtungen, aus denen dann »Schlüsse gezogen« werden. Sie wird von einigen Historikern sklavisch nachgeäfft: Man glaubt, man könne dokumentarische Daten sammeln, die dann wie die Beobachtungen der Naturwissenschaft die »empirische Grundlage« für die Schlüsse abgeben sollen.

Diese angebliche Methode läßt sich niemals zum Tragen bringen: Man kann weder Beobachtungen noch dokumentarische Daten sammeln, wenn man nicht vorher ein Problem hat. (Ein Bahnsteigschaffner sammelt Dokumente, aber selten historische Daten.)

Noch schlimmer als der Versuch, eine nicht praktizierbare Methode anzuwenden, ist der Götzendienst des sicheren oder unfehlbaren oder maßgebenden Wissens, das diese Historiker für das Ideal der Wissenschaft halten.[37] Sicher bemühen wir uns alle sehr, Fehler zu vermeiden;

[36] Natürlich gibt es auch allenthalben Unterschiede. Doch es gibt kaum etwas, was bestimmten Verfahren der theoretischen Physik ähnlicher wäre als die vermutungsweise Rekonstruktion eines lückenhaften Textes. Eine derartige Vermutung ist sogar prüfbar, und einige wurden schon widerlegt. (Siehe z. B. die *Berliner Papyri* Nr. 9777, die später von J. U. Powell mit den älteren *Papyri Oxyrhynchus*, XVII, 2075, fr. I, in Zusammenhang gebracht wurden, was die Widerlegung gewisser mutmaßender Rekonstruktionen ermöglichte.) Solche Fälle sind freilich ziemlich selten; in der Regel gilt: »die Nachprüfung der... [meisten] historischen Interpretationen« (etwa bei J. W. N. Watkins, *Hobbe's System of Ideas*, 1965; Popper, *Die offene Gesellschaft*, Band I, Kap. 6, Anmerkung 9; Addendum 1 (nicht in der dt. Übers.) u. a.) »kann nie so streng sein wie die einer... [physikalischen] Hypothese«, wie ich a.a.O., S. 231 sagte; ich hätte aber die interessantesten aller Hypothesen ausnehmen sollen – die kosmologischen. Einige von diesen lassen sich natürlich prüfen, und manche waren sogar so präzise, daß sie widerlegt wurden. Doch andere, und sehr interessante, scheinen unprüfbar zu sein und vielleicht zu bleiben. (Zur Prüfbarkeit siehe mein Buch *Logik der Forschung*.)

[37] Vgl. meine *Logik der Forschung*, Abschnitt 85.

und wir sollten traurig sein, wenn wir einen Fehler gemacht haben. Doch Fehlervermeidung ist ein armseliges Ideal: Wagen wir nicht, Probleme anzupacken, die so schwierig sind, daß Irrtümer fast unvermeidlich sind, so wird es keinen Erkenntnisfortschritt geben. Wir lernen ja am meisten aus unseren kühnsten Theorien, *einschließlich der falschen*. Niemand ist gegen Irrtümer gefeit; das Große ist, aus ihnen zu lernen.[38]

12. Vergleich mit Collingwoods Methode des subjektiven Nachvollzugs

Um ein Beispiel für die Anwendung der Situationsanalyse auf die Geschichte zu geben und sie der Welt-2-Methode des subjektiven Verstehens gegenüberzustellen, möchte ich zunächst eine Stelle von R. G. Collingwood zitieren, dem Philosophen, Historiker und Analytiker der Geschichtsschreibung.

Ich zitiere diesen Abschnitt von Collingwood, weil ich mit ihm ein ganzes Stück Weges, aber nicht in vollem Umfang einig gehe. Über die Frage der Welt 2 oder Welt 3, über die Frage der subjektiven oder objektiven Methode, sind wir uns nicht mehr einig. (Jedoch sind wir es über die Bedeutung von Problemsituationen.) Collingwoods Art, die Dinge psychologisch darzustellen, ist keineswegs nur eine Frage der Formulierung. Vielmehr ist sie ein wesentlicher Teil seiner Theorie des Verstehens (ebenso wie bei Dilthey, wobei dieser freilich von der Subjektivität loskommen wollte, weil er Willkür fürchtete[39]).

Wie die Stelle von Collingwood zeigt, ist seine These, das historische Verstehen des Historikers bestehe in seinem Nachvollzug vergangener Erlebnisse:

[38] Das ist das Hauptthema meiner *Conjectures and Refutations;* siehe das Vorwort.

[39] Das war eines von Diltheys Hauptproblemen; er sprach insbesondere von der Notwendigkeit, subjektivistische und skeptische Tendenzen in der Geschichtsschreibung zu überwinden. In diesen Zusammenhang gehört das berühmte Problem, das Dilthey und andere den »hermeneutischen Zirkel« nannten: Das Problem ist, das Ganze (ein Text, ein Buch, das Werk eines Philosophen, eine Epoche) ist nur zu verstehen, wenn man seine Bestandteile versteht, aber diese sind nur zu verstehen, wenn man das Ganze versteht. Es scheint nicht allgemein bekannt zu sein, daß das schon von Bacon sehr gut formuliert wurde. (*De augmentis* VI.X.VI): »Aus allen Worten müssen wir den Sinn entnehmen, in dessen Licht jedes einzelne Wort zu interpretieren ist.« (»Interpretieren« heißt hier einfach »lesen«; siehe meine letzte Anmerkung.) Der Gedanke findet sich auch in ironisch überspitzter Form in Galileis *Dialog* (a.a.O., S. 108), wo er Simplicio sagen läßt, um Aristoteles zu verstehen, müsse man »jedes Wort von ihm stets gegenwärtig haben«.

»Angenommen . . . er [der Historiker] lese den Codex des Theodosius und habe ein bestimmtes Edikt eines Kaisers vor sich. Wenn er die Worte bloß liest und übersetzen kann, dann kennt er noch nicht unbedingt ihre historische Bedeutung. Dazu muß er die *Situation* betrachten, mit der der Kaiser fertigzuwerden versuchte, und zwar so, wie sie dem Kaiser erschien. Dann muß er so tun, als wäre er in der *Situation* des Kaisers, und sich überlegen, wie man mit einer solchen *Situation* fertigwerden könnte; er muß die verschiedenen Möglichkeiten sehen und die Gründe, die für sie sprechen; er muß also denselben Entscheidungsprozeß durchlaufen wie damals der Kaiser in dieser Sache. Er vollzieht also in seinem Bewußtsein die Erlebnisse des Kaisers nach; und nur insoweit gewinnt er irgendeine historische Erkenntnis (im Unterschied zu rein philologischer Erkenntnis), die die Bedeutung des Edikts betrifft.«[40]

Man erkennt, daß Collingwood großen Nachdruck auf die *Situation* legt (die recht genau dem entspricht, was ich *Problemsituation* nenne). Doch es gibt einen Unterschied. Collingwood legt nahe, denke ich, daß für ihn das wesentliche beim Verstehen der Geschichte nicht die Analyse der Situation selbst ist, sondern der geistige Prozeß des Nachvollziehens beim Historiker, die einfühlende Wiederholung der ursprünglichen Erlebnisse. Für Collingwood dient die Analyse der Situation nur als Hilfsmittel – als ein unentbehrliches Hilfsmittel – zu diesem Nachvollzug. Meine Auffassung ist völlig entgegengesetzt. Ich betrachte den psychologischen Vorgang des Nachvollziehens als unwesentlich, wenn ich auch zugebe, daß er dem Historiker manchmal als eine Art intuitiver Prüfung des Erfolgs seiner Situationsanalyse dienen kann. *Was ich als wesentlich betrachte, ist nicht der Nachvollzug, sondern die Situationsanalyse.* Die Situationsanalyse des Historikers ist seine historische Vermutung, in diesem Fall eine Metatheorie über die Überlegungen des Kaisers. Sie liegt auf einer anderen Ebene als diese und vollzieht sie nicht nach, sondern versucht eine idealisierte und durchdachte Rekonstruktion dieser Überlegungen, wobei Unwesentliches weggelassen und vielleicht Neues hinzugefügt wird. Das zentrale Metaproblem des Historikers ist also: Welches waren die entscheidenden Bestandteile der Problemsituation des Kaisers? In dem Maße, wie es dem Historiker gelingt, dieses Metaproblem zu lösen, *versteht* er die historische Situation.

Als Historiker hat er also nicht vergangene Erlebnisse nachzuvollzie-

[40] Vgl. R. G. Collingwood, *The Idea of History*, 1946, S. 283 (Hervorhebungen von mir).

hen, sondern objektive Argumente für und gegen seine vermutete Situationsanalyse beizubringen.

Diese Methode kann auch in solchen Fällen sehr erfolgreich sein, in denen jeder Versuch des Nachvollziehens scheitern muß. Es kann ja Handlungen geben, die in vieler Hinsicht die Handlungs- und damit die Nachvollzugsmöglichkeiten des Historikers übersteigen. Die nachzuvollziehende Handlung kann eine ungeheure Grausamkeit sein. Oder es kann eine große Heldentat oder ein Akt schimpflicher Feigheit sein. Sie kann eine künstlerische, literarische, wissenschaftliche oder philosophische Leistung von solchem Format sein, daß sie die Fähigkeiten des Historikers weit übersteigt. Ich gebe zu, daß seine Analyse uninteressant sein wird, wenn seine Fähigkeiten auf dem betreffenden Gebiet mangelhaft sind. Doch man kann nicht (was Collingwood nahezulegen scheint) von dem Historiker verlangen, daß er die Fähigkeiten von Caesar, Cicero, Catull und Theodosius in sich vereinigt. Kein Kunsthistoriker kann ein Rembrandt sein; und nur wenige würden ein großes Meisterwerk auch nur kopieren können.

In den interessantesten Fällen wird also ein Nachvollziehen für den Historiker unmöglich sein; in anderen Fällen ist es durchaus möglich, aber völlig überflüssig. Ich denke an die unzähligen trivialen Fälle, in denen eine Situationsanalyse eindeutig zeigt, daß die Handlung der Situation in einem trivialen und gewöhnlichen Sinne angemessen war.

Aufgabe des Historikers ist also, die Problemsituation so zu rekonstruieren, wie sie dem Handelnden erschien, so daß seine Handlungen *situationsangemessen* werden. Das ist der Methode Collingwoods ähnlich, scheidet aber aus der Theorie des Verstehens und der historischen Methode gerade das subjektive Welt-2-Element aus, das für Collingwood und die meisten übrigen Theoretiker des Verstehens (Hermeneutiker) der springende Punkt ist.

Unsere mutmaßende Rekonstruktion der Situation kann eine richtige historische Entdeckung sein. Sie kann einen bisher ungeklärten Aspekt der Geschichte erklären; und sie kann durch neue Tatsachen gestützt werden, etwa dadurch, daß sie unser Verständnis eines Dokuments verbessert, vielleicht indem sie unsere Aufmerksamkeit auf einige bisher übersehene oder unerklärte Anspielungen lenkt.[41]

[41] Neben der oben diskutierten Gezeitentheorie Galileis und seiner Beziehung zu Kepler mag hier noch ein anderes Beispiel für eine Interpretation erwähnenswert sein. Auf S. 13–15 von *Conjectures and Refutations* diskutiere ich Bacons »interpretatio naturae«

(Fortsetzung der Fußnote S. 196)

Ich fasse zusammen. Ich habe zu zeigen versucht, daß der Begriff der Welt 3 für eine Theorie des Verstehens von Interesse ist, die ein intuitives Verstehen der Wirklichkeit mit der Objektivität rationaler Kritik zu verbinden versucht.

und zeige, daß sie bedeutet: »das Lesen oder Entziffern des Buches der Natur«, und daß der Ausdruck »interpretatio« einen juristischen Sinn hat, der vom heutigen verschieden ist: Bei Bacon bedeutet er »Lesen« oder »Auslegen« des Gesetzes (für den Laien) *genau nach dem Wortlaut.* (Diese Interpretation von mir wird in vollem Umfang bestätigt durch *De augmentis*, a.a.O., und wirft viel Licht auf diese *ganze* Stelle aus *De augmentis* – nicht nur auf das in der vorletzten Anmerkung zitierte isolierte Stück.) An derselben Stelle von *Conjectures* erläutere ich auch Bacons Gedanken der Reinheit des Verstandes und der Reinigung des Verstandes: Er bedeutet Reinigung des Verstandes von Vorurteilen, das heißt von Theorien (von *anticipationes mentis*).

Dilthey (*Schriften*, Bd. V, S. 318) mißdeutet übrigens Bacons »interpretatio naturae« als Metapher (er faßt sie im modernen Sinne von »Interpretation« auf, der fast derselbe ist wie der von Bacons »anticipatio mentis«). Desgleichen mißdeutet Ranke (*Sämtliche Werke*, Bd. 49, S. 175) Bacons Gedanken der Reinheit: Legt man meine vermutete Interpretation zugrunde und beachtet man den Kontext, so wird deutlich, daß Bacon (der lateinisch schreibt) in der von Ranke diskutierten Stelle »caste« für »bescheiden« sagt (in dem intellektuellen Sinn, keine voreiligen Schlüsse oder dunklen Wendungen zu gebrauchen, wie der Kontext zeigt). Ranke jedoch übersetzt »caste« fälschlich mit »keusch«. Außerdem ist Rankes »keusch und fleißig« nicht die richtige Übersetzung von Bacons »caste et perpetuo«; es sollte »bescheiden und beständig« (oder freier übersetzt »bescheiden und hingebungsvoll«) heißen. Bei Ranke wird diese falsch übersetzte Stelle auch falsch lokalisiert, was ich ganz unbegreiflich finde. Ranke schreibt die Stelle der »Vorrede zu dem *Organum* zu, gewiß einem der schönsten *Proömien*, die je geschrieben worden sind«. Doch wie sieht es wirklich aus? Es gibt eine *praefatio* zum *Novum organum*, doch die von Ranke zitierte Stelle findet sich nicht in ihr; sie stammt vielmehr aus der *praefatio* zur *Instauratio magna*, die zusammen mit dem *Organum* veröffentlicht wurde, aber von dessen praefatio durch mehr als ein Dutzend Seiten getrennt war (durch die *Distributio operis* und eine kurze Erklärung, daß der erste Teil der Instauratio fehle).

Die Stelle könnte man folgendermaßen übersetzen. (Es handelt sich um S. 130, »Nos vero . . .«, von Band 1 der *Works of Francis Bacon*, Hrsg. J. Spedding, R. L. Ellis und D. D. Heath, 1889). »Ich jedoch halte mich bescheiden und beständig an die Dinge [selbst], ich bewege mich nie mit meinem Verstand weiter von den Dingen weg, als nötig ist, damit sich ihre Bilder und ihre Strahlen gewissermaßen im [Gesichts-]Sinn als Brennpunkt sammeln.« (Bacon schließt seinen Satz nach einem Semikolon: »so daß nicht mehr viel für die Erfindung zu tun bleibt.«)

Rankes Übersetzung und Kommentare lauten: »›Laßt uns‹, sagt Bacon in der Vorrede zum Organon – gewiß einem der schönsten Proömien, die je geschrieben worden sind – ›laßt uns keusch und fleißig unter den Dingen verweilen und unsere Fassungskraft nur eben so weit über sie erheben, um ihre Bilder und Strahlen in uns aufnehmen zu können.‹

Er sagt dies von der Betrachtung der *Natur.* Die Erforschung der *Geschichte* hat es freilich noch schwerer.« (Und so fort: Ranke beschäftigt sich mit den besonderen Schwierigkeiten der Geschichtsschreibung – der Interpretation der *Geschichte* im Gegensatz zur Interpretation der *Natur.*)

Wie man aus Rankes falscher Übersetzung des einfachen lateinischen Textes von Bacon ersieht, ist die Interpretation *(Hermeneutik)* von Texten, die ja zur Geschichtsschreibung gehört, fast so risikoreich wie die Interpretation der Natur. Es ist ein Gebiet, auf dem wir mit Vermutungen *und* Widerlegungen arbeiten müssen: das heißt, wir müssen versuchen, unsere Vermutungen zu widerlegen, bis sie ganz in den Kontext der Problemsituation hineinpassen, das Willkürliche abgestreift haben und so etwas wie ein Maximum an Erklärungskraft für das erreichen, was der Verfasser sagen wollte.

Wegen weiterer Beispiele für die Vermutungs-Methode der Interpretation siehe insbesondere die Amerkungen zum ersten Band meiner *Offenen Gesellschaft* sowie die Addenda 6–9 meiner *Conjectures and Refutations*, 3. Auflage 1969 und 4. Auflage 1972.

5.
Die Zielsetzung der Erfahrungswissenschaft

Es mag vielleicht ein wenig naiv klingen, von »dem Ziel« oder »der Aufgabe« der erfahrungswissenschaftlichen Tätigkeit zu sprechen; denn es ist klar, daß verschiedene Erfahrungswissenschaftler verschiedene Ziele haben und daß Erfahrungswissenschaft selbst (was immer das bedeuten mag) keine Ziele hat. Das alles gebe ich gerne zu. Und doch scheint es, daß wir, wenn wir von empirischer Wissenschaft sprechen, mehr oder weniger deutlich fühlen, daß erfahrungswissenschaftliche Tätigkeit etwas Charakteristisches an sich hat; und da erfahrungswissenschaftliche Tätigkeit doch einigermaßen wie eine vernünftige Tätigkeit aussieht und da eine vernünftige Tätigkeit irgendein Ziel haben muß, dürfte der Versuch, das Ziel der empirischen Wissenschaft zu beschreiben, nicht völlig vergeblich sein.

Ich nehme an, daß es das Ziel der empirischen Wissenschaft ist, *befriedigende Erklärungen* zu finden für alles, was uns einer Erklärung zu bedürfen scheint. Mit einer (kausalen) *Erklärung* ist eine Klasse von Sätzen gemeint, von denen einer den Sachverhalt beschreibt, der erklärt werden soll (das *explicandum*), während die anderen, die erklärenden

---

Dieser Aufsatz ist eine umgearbeitete Fassung einer in *Ratio*, Bd. 1, Nr. 1, Dez. 1957, S. 24–35 erschienenen Arbeit. – Eine kurze Diskussion der Berichtigung von Galileis und Keplers Ergebnissen durch die Newtonsche Theorie erschien zuerst in meinem Beitrag zu Simon Moser (Hrsg.), *Gesetz und Wirklichkeit*, 1949 (s. insbes. S. 57f.), wieder abgedruckt in Hans Albert, *Theorie und Realität*, 1964 (s. insbes. S. 100). Diese Arbeit bildet den Anhang zu dem vorliegenden Buch.

(Anm. d. Übers.) Der vorliegende Text entspricht fast völlig der vom Verfasser durchgesehenen Übersetzung in Hans Albert, *Theorie und Realität*, 1964 und spätere Auflage, bis auf die Stellen, an denen der englische Text geändert worden ist. Ursprünglicher Titel: The Aim of Science.

Aussagen, die »Erklärung« im engeren Sinne des Wortes bilden (das *explicans* des *explicandums*).

Wir können in der Regel annehmen, daß das *explicandum*, mehr oder weniger, als wahr erkannt ist oder daß von ihm vorausgesetzt wird, es sei als wahr erkannt. Denn es hat wenig Zweck, nach einer Erklärung für einen Stand von Dingen zu fragen, der sich als völlig imaginär herausstellen kann. (Fliegende Untertassen können einen solchen Fall darstellen: Was wir brauchen, ist vielleicht nicht eine Erklärung der fliegenden Untertassen, sondern der Berichte über fliegende Untertassen; sollten aber fliegende Untertassen existieren, dann wäre keine weitere Erklärung für die Berichte erforderlich.) Das *explicans* andererseits, das wir aufzufinden suchen, wird in der Regel nicht bekannt sein; es muß entdeckt werden. Daher wird die wissenschaftliche Erklärung, wenn immer sie eine Entdeckung ist, die *Erklärung des Bekannten durch das Unbekannte sein.*[1]

Das *explicans* muß, um befriedigend zu sein (befriedigend in einem höheren oder geringeren Grad), eine Anzahl von Bedingungen erfüllen. Erstens muß das *explicandum* logisch aus ihm folgen. Zweitens sollte das *explicans* wahr sein, obwohl es im allgemeinen nicht als wahr bekannt sein wird; auf jeden Fall darf es, selbst nach strengster kritischer Prüfung, nicht als falsch erkannt werden. Wenn es nicht als wahr erkannt ist (wie dies gewöhnlich der Fall sein wird), dann müssen *unabhängige* Zeugnisse zu seinen Gunsten sprechen, oder, in anderen Worten, es muß auf *unabhängige* Weise prüfbar sein; und es wird desto befriedigender sein, je unabhängiger und strenger die Prüfungen waren, denen es standgehalten hat.

Ich muß noch meinen Gebrauch des Ausdrucks »unabhängig« mit seinen Gegenteilen, »*ad hoc*« und (in extremen Fällen) »zirkelförmig«, erklären.

Nehmen wir an, daß *a* ein *explicandum* sei, das als wahr erkannt ist. Da es ein Gemeinplatz ist, daß *a* aus *a* selbst folgt, könnten wir immer *a* als eine Erklärung für sich selbst vorschlagen. Diese wäre offensichtlich *unbefriedigend*, obwohl wir in diesem Falle wüßten, daß das *explicans* wahr ist und daß das *explicandum* aus ihm folgt. *Daher müssen wir zirkelförmige Erklärungen ausschließen.* Aber Zirkelförmigkeit ist zum Teil eine Sache des Grades. Betrachten wir den folgenden Dialog:

[1] Siehe den letzten Absatz des Textes vor dem Schlußzitat *meiner* »Note on Berkeley as a Precursor of Mach«, *Brit. Journ. Philos. Science*, 4, 1953, S. 35. (Jetzt in meinem Buch *Conjectures and Refutations*, S. 174.)

»Wieso ist das Meer heute so stürmisch?« – »Weil Neptun heute sehr zornig ist.« – »Auf welche Gründe kannst du deine Aussage stützen, daß Neptun heute sehr zornig ist?« – »Ja, siehst du denn nicht, daß das Meer *sehr* stürmisch ist? Und ist es nicht immer stürmisch, wenn Neptun zornig ist?« Diese Erklärung wird unbefriedigend gefunden, weil, wie im Falle der zirkelförmigen Erklärung, der einzige Grund für das *explicans* das *explicandum* selbst ist.[2] Das Gefühl, daß diese Art von halbzirkelförmiger oder *ad hoc*-Erklärung höchst unbefriedigend ist, und die Forderung, Erklärungen dieser Art zu vermeiden, gehören, wie ich glaube, zu den hauptsächlichen Beweggründen für die Entwicklung der empirischen Wissenschaft; sie sind die ersten Früchte einer kritischen oder rationalen Einstellung.

Damit das *explicans* nicht *ad hoc* sei, muß es reich an Gehalt sein; es muß eine große Zahl prüfbarer Folgerungen enthalten und unter ihnen, vor allem, prüfbare Folgerungen, die von dem *explicandum* ganz verschieden sind. An diese anderen prüfbaren Folgerungen denke ich, wenn ich von *unabhängigen* Gründen oder Zeugnissen oder von unabhängigen Prüfungen spreche.

Obwohl diese Bemerkungen vielleicht dazu beitragen können, die intuitive Idee eines unabhängig prüfbaren *explicans* ein wenig zu erläutern, sind sie noch immer ganz unzureichend, um eine befriedigende und unabhängig prüfbare Erklärung zu charakterisieren. Denn wenn *a* wieder unser *explicandum* ist – ein solches wie »das Meer ist heute stürmisch« –, dann können wir immer ein höchst unbefriedigendes *explicans* darbieten, das völlig *ad hoc* ist, obwohl es unabhängig prüfbare Folgerungen enthält. Wir können diese Folgerungen sogar immer nach Wunsch auswählen. Wir können zum Beispiel sagen: »Diese Pflaumen sind saftig« und »Alle Raben sind schwarz«. Lassen wir *b* ihre Konjunktion (logisches Produkt) sein. Dann können wir als *explicans* einfach die Konjunktion von *a* und *b* nehmen; sie wird allen Anforderungen entsprechen, die wir bis jetzt gestellt haben.

Nur wenn wir Erklärungen fordern, die universelle Aussagen oder Naturgesetze benutzen (ergänzt durch Anfangsbedingungen), können wir einen gewissen Fortschritt machen in Richtung auf eine Verwirklichung der Idee unabhängiger Erklärungen oder solcher Erklärungen, die nicht *ad hoc* sind. Denn universelle Naturgesetze können Aussagen mit einem reichen Gehalt sein, so daß sie überall und zu allen Zeiten

[2] Diese Schlußweise gibt es noch bei Thales (Diels-Kranz[10], Bd. I, S. 456, Zeile 35); Anaximander (D.-K. A 11, A 28); Anaximenes (D.-K. A 17, B 1); Alkmaion (D.-K. A 5).

unabhängig geprüft werden können. Wenn sie daher als Erklärungen benutzt werden, so ist es ganz gut möglich, daß sie nicht *ad hoc* sind; denn es ist möglich, daß sie uns gestatten, das *explicandum* als einen typischen Fall eines reproduzierbaren Effekts zu interpretieren. All dies trifft jedoch nur zu, wenn wir uns auf universelle Gesetze beschränken, die prüfbar, das heißt falsifizierbar sind.

Die Frage, was für eine Art Erklärung befriedigend sein kann, führt daher zu der Antwort: Eine Erklärung mit Hilfe von prüfbaren und falsifizierbaren universellen Gesetzen und Anfangsbedingungen. Und eine Erklärung dieser Art wird desto befriedigender sein, je besser prüfbar diese Gesetze sind (und auch die Anfangsbedingungen), und je besser sie tatsächlich geprüft wurden.

Auf diese Weise führt die Mutmaßung, daß es das Ziel der empirischen Wissenschaft sei, befriedigende Erklärungen zu finden, zu der weiteren Idee, die Güte der Erklärungen zu verbessern, indem man den Grad ihrer Prüfbarkeit verbessert, das heißt, indem man zu immer besseren und besser prüfbaren Theorien fortschreitet. Das bedeutet aber, daß man zu Theorien fortschreitet mit einem reicheren Gehalt, mit höheren Graden von Universalität und höheren Graden von Genauigkeit.[3] Dies Resultat stimmt zweifellos völlig mit der tatsächlichen Praxis der theoretischen Wissenschaften überein.

Wir können zu einem im wesentlichen gleichen Resultat auch auf andere Weise gelangen. Wenn es das Ziel der Wissenschaft ist, zu erklären, dann wird es auch ihr Ziel sein, das zu erklären, was bis jetzt als ein *explicans* angenommen wurde, wie zum Beispiel ein Naturgesetz. Daher erneuert sich die Aufgabe der empirischen Wissenschaft beständig. Wir können immer weiterschreiten zu Erklärungen auf immer höherer Universalitätsstufe – es sei denn, wir kämen tatsächlich zu einer *letzten Erklärung*, das heißt zu einer Erklärung, die einer weiteren Erklärung weder fähig noch bedürftig ist.

Gibt es letzte Erklärungen? Die Lehre, die ich »Essentialismus« genannt habe, ist die Ansicht, daß die empirische Wissenschaft letzte Erklärungen in der Form *essentieller* oder *wesentlicher* Eigenschaften suchen muß;[4] wenn wir das Verhalten eines Dinges kraft seines Wesens

[3] Zur Theorie der *Prüfbarkeit*, des *Gehalts* und der *Einfachheit* sowie des Grades der *Allgemeinheit* und *Präzision* siehe die Abschnitte 31–46 meines Buches *Logik der Forschung* (erste deutsche Ausgabe 1934, 8. Auflage 1984), wo der enge Zusammenhang zwischen diesen Begriffen erläutert wird.

[4] Ich habe den Essentialismus ausführlicher erörtert und kritisiert in meiner Abhand-

(Fortsetzung der Fußnote S. 202)

– seiner wesentlichen Eigenschaften – erklären können, dann kann keine weitere Frage gestellt werden und braucht auch keine gestellt zu werden (außer vielleicht die theologische Frage nach dem Schöpfer der Wesenheiten). So dachte Descartes, er hätte die Physik im Rahmen der wesentlichen Eigenschaft eines physikalischen Körpers erklärt, die er für *Ausdehnung* hielt; und einige Newtonianer, von Roger Cotes beeinflußt, glaubten, daß die wesentliche Eigenschaft der Materie ihre Trägheit sei und ihr Vermögen, andere Materie anzuziehen, und daß Newtons Theorie von diesen wesentlichen Eigenschaften aller Materie abgeleitet und daher schließlich durch diese erklärt werden könne. Newton selber war anderer Meinung. Es war eine Hypothese über die *letzte* oder *wesentliche* Kausalerklärung der Schwerkraft, die er im Sinne hatte, als er im *scholium generale* am Ende der *Principia* schrieb: »Soweit habe ich die Erscheinungen ... durch die Schwerkraft erklärt, aber ich habe noch nicht *die Ursache der Schwerkraft selbst* ermittelt ... und ich erfinde Hypothesen nicht willkürlich [oder ich führe sie nicht *ad hoc* ein].«[5]

Ich glaube nicht an die Lehre von der letzten Erklärung. In der Vergangenheit waren die Kritiker dieser Lehre, in der Regel, Instrumentalisten; sie interpretierten empirische Theorien nur als Werkzeuge zur Vorhersage, ohne jede erklärende Kraft. Es gibt in der Tat eine dritte Möglichkeit, eine »dritte Auffassung«, wie ich sie genannt habe. Sie ist recht gut als ein »modifizierter Essentialismus« beschrieben worden – wobei der Nachdruck auf dem Wort »modifiziert« liegt.[6]

lung »Three Views Concerning Human Knowledge« (in: *Contemporary British Philosophy*, Vol. 3, hrsg. von H. D. Lewis, 1956, S. 365, Anmerkung 2; jetzt als Kapitel 3 in meinem Buch *Conjectures and Refutations*, 3. Auflage 1969), wo ich mich auch auf meine früheren Erörterungen beziehe (in der letzten Fußnote zu Abschnitt ii).

[5] Meine Interpretation dieser Stelle wird unterstützt durch Newtons Briefe an Richard Bentley vom 17. Januar und besonders vom 25. Februar 1693 (»1692–3«). Ein Zitat aus diesem Brief wird in Abschnitt iii meiner Abhandlung »Three Views Concerning Human Knowledge« besprochen, wo das Problem etwas ausführlicher erörtert wird. (Siehe *Conjectures and Refutations*, S. 106 f.).

[6] Der Ausdruck »modifizierter Essentialismus« wurde zur Beschreibung meiner eigenen »dritten Auffassung« gebraucht von einem Rezensenten meiner Abhandlung »Three Views Concerning Human Knowledge«, in: *The Times Literary Supplement* 55, 1956, S. 527. Um Mißverständnisse zu vermeiden, möchte ich hier sagen, daß ich diesen Ausdruck übernehme, ohne damit ein Zugeständnis an die Lehre von einer »letzten oder essentiellen Wirklichkeit« zu machen, und noch weniger ein Zugeständnis an die Lehre von den wesentlichen Definitionen. Ich halte voll und ganz an der Kritik dieser Lehre fest, die ich in meiner *Offenen Gesellschaft*, Band II, Kapitel 1, Abschnitt ii (besonders Anmerkung 42) und an anderen Orten gegeben habe.

Diese »dritte Auffassung« – es ist die, die ich vertrete – modifiziert den Essentialismus auf radikale Weise. Zuerst vor allem durch das Aufgeben der Idee einer letzten Erklärung: Ich behaupte, daß jede Erklärung weiter erklärt werden kann durch eine Theorie oder Vermutung von höherer Universalität; und es kann keine Erklärung geben, die nicht einer weiteren Erklärung bedarf, denn keine kann eine sich selbst erklärende Beschreibung einer wesentlichen Eigenschaft sein (etwa eine essentialistische Definition des Wesens eines Körpers, wie sie von Descartes vorgeschlagen wurde). Zweitens müssen wir »Was ist?«-Fragen aufgeben: Fragen, die danach fragen, was ein Ding ist, was seine wesentliche Eigenschaft oder Beschaffenheit ist. Denn wir müssen die für den Essentialismus charakteristische Ansicht aufgeben, nach der es einen wesentlichen Bestandteil, eine inhärente Beschaffenheit oder ein innewohnendes Prinzip in jedem Ding gibt (ähnlich wie den Weingeist im Wein), die »Natur« des Dinges, die es begründet oder erklärt, daß es ist, was es ist, und sich daher auf seine besondere Weise verhält. Diese animistische Anschauung erklärt nichts; aber sie hat Essentialisten (wie Newton) dazu geführt, relationalen Eigenschaften, wie der Schwerkraft, zu mißtrauen und aus als *a priori* gültig angenommenen Gründen zu glauben, daß es eine befriedigende Erklärung in Form inhärenter Eigenschaften (im Gegensatz zu relationalen Eigenschaften) geben müsse. Die dritte und letzte Modifizierung, die wir am Essentialismus vornehmen müssen, ist diese: Wir müssen die eng mit dem Animismus verknüpfte (und für Aristoteles im Gegensatz zu Platon charakteristische) Anschauung aufgeben, daß man sich auf die *jedem individuellen oder einzelnen Ding* inhärenten wesentlichen Eigenschaften berufen kann, um das Verhalten dieses Dinges zu erklären. Denn dieser Anschauung gelingt es durchaus nicht, Licht auf das Problem zu werfen, warum verschiedene individuelle Dinge sich auf ähnliche Weise verhalten sollen. Wenn gesagt wird: »Weil ihre wesentlichen Eigenschaften ähnlich sind«, so erhebt sich die neue Frage, *warum es nicht ebenso viele verschiedene wesentliche Eigenschaften geben solle, wie es verschiedene Dinge gibt.* Platon versuchte genau dieses Problem zu lösen, indem er sagte, daß ähnliche individuelle Dinge Abkömmlinge, und daher Abbilder, derselben ursprünglichen »Form« sind, die daher »außerhalb« der verschiedenen individuellen Dinge besteht und »älter« als diese und ihnen »überlegen« ist; und, in der Tat, wir haben bis jetzt keine bessere Theorie der Ähnlichkeit. Selbst heutzutage berufen wir uns auf ihren gemeinsamen Ursprung, wenn wir die Ähnlichkeit zweier Menschen oder eines Vogels und eines Fisches oder zweier Betten oder zweier

Automobile oder zweier Sprachen oder zweier Rechtsverfahren erklären wollen; das heißt, wir erklären Ähnlichkeit hauptsächlich *genetisch;* und wenn wir daraus ein metaphysisches System machen, so neigt es dazu, eine historizistische Philosophie zu werden. Platons Lösung wurde von Aristoteles verworfen; aber da Aristoteles' Fassung des Essentialismus nicht einmal den Hinweis einer Lösung enthält, so scheint es, daß er niemals das Problem erfaßt hat.[7]

Indem wir Erklärungen in der Form von universellen Naturgesetzen wählen, schlagen wir eine Lösung für genau dieses zuletzt erwähnte (platonische) Problem vor. Denn wir stellen uns alle individuellen Dinge und alle einzelnen Tatsachen als diesen Gesetzen unterworfen vor. Die Gesetze (die ihrerseits immer einer weiteren Erklärung bedürfen) erklären daher Regelmäßigkeiten oder Ähnlichkeiten individueller Dinge oder individueller Tatsachen oder Ereignisse. Und diese Gesetze sind nicht den einzelnen Dingen inhärent. (Noch sind sie platonische Ideen außerhalb der Welt.) Naturgesetze sind eher aufzufassen als (hypothetische) Beschreibungen struktureller Eigenschaften der Natur – des Kosmos.

Hier nun liegt die Ähnlichkeit zwischen meiner eigenen Auffassung (der »dritten Auffassung«) und dem Essentialismus; obwohl ich nicht glaube, daß wir jemals durch unsere allgemeinen Gesetze ein *letztes* Wesen der Welt beschreiben können, so bezweifle ich doch nicht, daß wir danach streben, immer tiefer in die Welt oder, wie wir sagen können, in immer wesentlichere oder tiefer liegende Eigenschaften der Welt einzudringen.

Jedesmal, wenn wir dazu fortschreiten, irgendein vermutetes Gesetz oder eine Theorie durch eine neue vermutete Theorie von höherem Grad der Universalität zu erklären, entdecken wir Neues über die Welt, indem wir versuchen, tiefer in ihre Geheimnisse einzudringen. Und jedesmal, wenn es uns gelingt, eine Theorie dieser Art zu falsifizieren, machen wir eine neue wichtige Entdeckung. Denn diese Falsifizierungen sind höchst wichtig. Sie lehren uns das Unerwartete; und sie lehren uns wieder, daß unsere Theorien, obwohl sie von uns selbst aufgestellt wurden, obwohl sie unsere eigene Erfindung sind, dennoch echte Aussagen über die Welt

[7] Was Platons Theorie der Formen oder Ideen betrifft, so ist es »eine ihrer wichtigsten Funktionen, die Ähnlichkeit durch die Sinne wahrnehmbarer Dinge zu erklären . . .«; vgl. meine *Offene Gesellschaft*, Band 1, Kapitel 3, Abschnitt v; siehe auch Anmerkungen 19 und 20 und Text. Daß es Aristoteles' Theorie nicht gelingt, diese Funktion zu erfüllen, wird dort in Band 2 am Ende von Anmerkung 54 zu Kapitel 1 erwähnt (nicht in der deutschen Übersetzung).

sind; denn sie können mit etwas zusammenstoßen, sie können an etwas scheitern, das wir nicht selbst erfunden haben.

Unser »modifizierter Essentialismus« ist, wie ich glaube, nützlich, wenn wir die Frage nach der logischen Form der Naturgesetze erheben. Er deutet an, daß unsere Gesetze, oder unsere Theorien, *universell* sein müssen, das heißt, daß sie Aussagen über die Welt machen müssen – über alle räumlich-zeitlichen Gebiete der Welt. Er deutet, darüber hinaus, an, daß unsere Theorien Aussagen über strukturelle oder relationale Eigenschaften der Welt machen und daß die durch eine erklärende Theorie beschriebenen strukturellen Eigenschaften, in irgendeinem Sinne, tiefer sind als diejenigen, die erklärt werden sollen. Ich glaube, daß das Wort »tiefer« dem Versuch einer erschöpfenden logischen Analyse Widerstand leistet; es ist jedoch ein Führer zu unseren Intuitionen. (Das ist so in der Mathematik: Alle ihre Lehrsätze sind logisch äquivalent, da sie in der Gegenwart der Axiome voneinander ableitbar sind, und doch besteht ein großer Unterschied in ihrer »Tiefe«, der sich kaum logisch analysieren läßt.) Die »Tiefe« einer erfahrungswissenschaftlichen Theorie scheint in sehr enger Beziehung zu ihrer Einfachheit und damit zu ihrem Gehalt zu stehen. (Dies unterscheidet sich völlig von der Tiefe eines mathematischen Lehrsatzes, dessen Gehalt immer gleich Null ist.) Zwei Bestandteile scheinen erforderlich zu sein: ein reicher Gehalt und eine gewisse intuitive Einheitlichkeit oder Geschlossenheit (oder ein »organischer Charakter«) des beschriebenen Sachverhalts. Es ist gerade dieser letzte Bestandteil, der so schwer zu analysieren ist und den die Essentialisten zu beschreiben versuchen, wenn sie von wesentlichen Eigenschaften sprechen, im Gegensatz zu einer bloßen Anhäufung von zufälligen Eigenschaften. Ich glaube nicht, daß wir viel mehr tun können, als hier auf eine intuitive Idee zu verweisen. Und ich glaube nicht, daß wir viel mehr tun müssen. Denn im Falle irgendeiner vorgeschlagenen besonderen Theorie ist es ihr Gehalt, das heißt ihre Prüfbarkeit, die über das Interesse an ihr entscheidet, so wie es der Ausfall der tatsächlichen Prüfungen ist, der über ihr Schicksal entscheidet. Vom methodologischen Gesichtspunkt aus sind ihre Tiefe, ihr Zusammenhang und ihre Schönheit nichts als Hinweise und Anregungen für unsere Intuition und unser Vorstellungsvermögen.

Nichtsdestoweniger scheint es so etwas wie eine hinreichende Bedingung für Tiefe zu geben oder für Grade der Tiefe; eine Bedingung, die logisch analysiert werden kann. Ich werde versuchen, sie mit Hilfe eines Beispiels aus der Geschichte der Physik zu erklären.

Es ist bekannt, daß Newtons Dynamik eine Synthese der irdischen Physik Galileis und der Himmelsphysik Keplers gelang. Es wird oft gesagt, daß von Galileis und Keplers Gesetzen auf Newtons Dynamik geschlossen werden kann, und es ist sogar behauptet worden, daß sie sich genau von diesen deduzieren lasse.[8] Aber dies ist nicht so; von einem logischen Gesichtspunkt aus widerspricht Newtons Theorie, strenggenommen, der Theorie Galileis wie auch der Keplers (obwohl diese beiden Theorien natürlich als Annäherungen erhalten werden können, sobald wir mit Newtons Theorie arbeiten). Es ist daher unmöglich, daß Newtons Theorie von den beiden anderen durch deduktive oder auch durch induktive Schlüsse abgeleitet werden kann. Denn weder deduktive noch induktive Schlüsse können von widerspruchsfreien Prämissen zu Schlußfolgerungen führen, die diesen Prämissen formal widersprechen.

Das halte ich für ein sehr starkes Argument gegen die Induktion.

Ich werde zuerst kurz diese Widersprüche zwischen Newtons Theorie und denen seiner Vorgänger besprechen. Galilei behauptet, daß sich ein geworfener Stein oder ein Geschoß in einer Parabel bewegt, außer beim freien senkrechten Fall, wo sie sich mit gleichmäßiger Beschleunigung in einer geraden Linie bewegen. (Wir lassen den Luftwiderstand in dieser ganzen Erörterung außer acht.) Vom Standpunkt der Newtonschen Theorie aus sind diese Behauptungen beide falsch, jeweils aus einem anderen Grund. Die erste ist falsch, weil der Weg eines Geschosses mit langer Reichweite, z. B. eines interkontinentalen Geschosses, wenn es

[8] Was von Keplers Gesetzen abgeleitet werden kann (siehe Max Born, *Natural Philosophy of Cause and Chance*, 1949, S. 129–133) ist, daß für alle Planeten die Beschleunigung gegen die Sonne hin in jedem Augenblick gleich k/r^2 ist, wobei r die Entfernung zwischen dem Planeten und der Sonne im gegebenen Augenblick ist und k eine Konstante, dieselbe für alle Planeten. Doch gerade dieses Resultat widerspricht formal Newtons Theorie (außer unter der Voraussetzung, daß die Massen der Planeten alle gleich oder, wenn ungleich, dann unendlich klein sind, verglichen mit denen der Sonne). Diese Tatsache folgt aus dem, was hier, in dem auf Fußnote 10 folgenden Text, über Keplers drittes Gesetz gesagt wird. Aber außerdem sollte man sich daran erinnern, daß weder Keplers noch Galileis Theorien Newtons Begriff der *Kraft* enthalten, der herkömmlicherweise in diesen Deduktionen ohne weiteres Aufheben eingeführt wird – als ob dieser (in Berkeleys Sinn »okkulte«) Begriff von den Tatsachen abgelesen werden könnte, anstatt das Resultat einer neuen Interpretation der Tatsachen (das heißt der durch Keplers und Galileis Gesetze beschriebenen »Phänomene«) im Licht einer völlig neuen Theorie zu sein. Erst *nachdem* der Begriff der Kraft (und selbst die Proportionalität von schwerer und träger Masse) eingeführt worden ist, ist es überhaupt möglich, die oben angeführte Formel für die Beschleunigung mit Newtons Gesetz der Anziehung im umgekehrten Verhältnis des Quadrates der Entfernung zu verbinden (durch die Annahme, daß die Massen der Planeten außer acht gelassen werden können).

nach oben oder in horizontaler Richtung abgeschossen wird, auch nicht annähernd eine Parabel sein wird; er ist eine Ellipse. Er wird, annähernd, nur dann zu einer Parabel, wenn die Reichweite des Schusses, verglichen mit dem Erdradius, unendlich klein ist. Diese Feststellung wurde von Newton selbst gemacht, sowohl in den *Principia* als auch in seinem populären *System of the World*, wo er sie mit Hilfe der folgenden Figur illustriert.

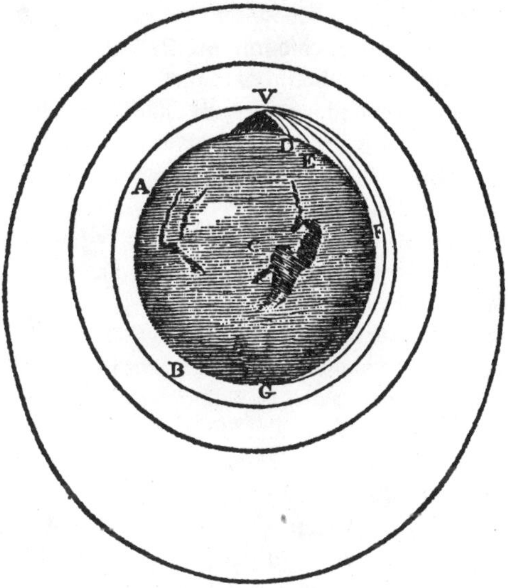

Newtons Figur illustriert seine Feststellung, daß mit Vergrößerung der Geschwindigkeit des Geschosses, und damit der Strecke seines Fluges, es »schließlich über die Grenzen der Erde hinausgehend . . . in den Raum übergehen wird, ohne weiterhin die Erde wieder zu berühren«.[9]

Auf Erden bewegen sich also Geschosse in Ellipsen, nicht Parabeln. Natürlich wird, für genügend kurze Würfe, eine Parabel eine ausgezeichnete Annäherung sein; aber die parabelförmige Bahn ist nicht von Newtons Theorie ableitbar, es sei denn, wir fügen der letzteren eine tatsächlich *falsche* Anfangsbedingung hinzu (und eine, die überdies nach

[9] Siehe Newtons *Principia, Scholium* am Ende des Abschnitts ii von Buch i, S. 55 der Ausgabe von 1934 (Mottes englische Übersetzung, revidiert von Cajori). Die Figur, aus *The System of the World*, und das ihr folgende Zitat finden sich auf S. 551 dieser Ausgabe.

Newtons Theorie unrealisierbar ist, da sie zu absurden Konsequenzen führt), nämlich, daß der Erdradius unendlich ist. Wenn wir nur Annahmen zulassen, die uns *nicht als falsch bekannt* sind, dann erhalten wir immer eine Ellipse, die Galileis Gesetz widerspricht, nach dem wir eine Parabel erhalten sollten.

Eine ganz ähnliche logische Situation ergibt sich im Zusammenhang mit dem zweiten Teil von Galileis Gesetz, der die Existenz einer *konstanten* Beschleunigung behauptet. Vom Standpunkt der Newtonschen Theorie aus ist die Beschleunigung frei fallender Körper niemals konstant; sie nimmt stets während des Falles zu infolge der Tatsache, daß der Körper sich immer mehr dem Zentrum der Anziehungskraft nähert. Der Effekt ist sehr beträchtlich, wenn der Körper von einer großen Höhe fällt, aber er ist natürlich unendlich klein, wenn die Höhe, verglichen mit dem Erdradius, unendlich klein ist. In diesem Falle können wir Galileis Theorie aus der von Newton erhalten, wenn wir wieder die falsche Voraussetzung einführen, daß der Erdradius unendlich ist (oder die Höhe des Falles gleich Null).

Die beiden Widersprüche, die ich aufgezeigt habe, sind für Geschosse mit großer Schußweite keineswegs unbeträchtlich. Bei diesen können wir Newtons Theorie anwenden (mit Berücksichtigung des Luftwiderstandes), aber nicht die Galileis; diese führt einfach zu falschen Resultaten, wie mit Hilfe von Newtons Theorie leicht zu zeigen ist.

Wenn wir uns nun Keplers Gesetzen zuwenden, so finden wir eine ähnliche Situation. Es ist offensichtlich, daß, nach Newtons Theorie, Keplers Gesetze nur annähernd gültig sind – das heißt ungültig –, wenn wir die gegenseitige Anziehung zwischen den Planeten berücksichtigen.[10] Aber es gibt tieferliegende Widersprüche zwischen den beiden Theorien als diese. Denn selbst wenn wir, als Zugeständnis an unsere Gegner, die gegenseitige Anziehung zwischen den Planeten außer acht lassen, so kann Keplers drittes Gesetz, vom Standpunkt von Newtons Dynamik aus betrachtet, nicht mehr als eine Annäherung sein, die sich auf einen ganz besonderen Fall anwenden läßt – auf Planeten, deren

[10] Siehe z. B. P. Duhem, *La théorie physique: son objet, sa structure*, 1906; englische Übersetzung von P. P. Wiener, 1954, Part ii, chapter vi, section 4. Duhem sagt explizite, was in *Newtons* eigener Darlegung implizite enthalten ist (*Principia*, Buch i, proposition lxv, theorem xxv); denn *Newton* macht es ganz klar, daß für den Fall, daß sich mehr als zwei Körper gegenseitig beeinflussen, Keplers erste zwei Gesetze bestenfalls nur annähernd gültig sein werden, und selbst dies nur in ganz besonderen Fällen, von denen er zwei ausführlicher analysiert. Übrigens folgt Formel (1) unten, unmittelbar aus Buch i, propos. lix, im Hinblick auf Buch i, propos. xv. (Siehe auch Buch iii, propos. xv.)

Massen gleich oder, wenn ungleich, unendlich klein sind im Vergleich mit der Masse der Sonne. Da es nicht einmal annähernd anwendbar ist für zwei Planeten, von denen der eine sehr leicht ist, während der andere sehr schwer ist, so ist es klar, daß Keplers drittes Gesetz Newtons Theorie in genau demselben Sinne widerspricht wie Galileis Theorie.

Dies kann wie folgt leicht gezeigt werden. Newtons Theorie ergibt für ein Zweikörpersystem – ein binäres System – ein Gesetz, das Astronomen oft »Keplers Gesetz« nennen, da es Keplers drittem Gesetz eng verwandt ist. Dieses sogenannte »Keplersche Gesetz« sagt folgendes: Wenn m_0 die Masse des einen der beiden Körper ist – der Sonne, sagen wir – und wenn m_1 die Masse des anderen Körpers ist – eines Planeten, sagen wir –, dann können wir, wenn wir die geeigneten Maßeinheiten wählen, von Newtons Theorie ableiten:

(1) $$a^3/T^2 = m_0 + m_1,$$

wobei a die mittlere Entfernung zwischen den beiden Körpern ist und T die Zeit einer vollen Umdrehung. Nun behauptet aber Keplers eigenes drittes Gesetz, daß

(2) $$a^3/T^2 = \mathit{konstant},$$

nämlich gleich derselben Konstante für *alle* Planeten unseres Sonnensystems ist. Es ist klar, daß wir dieses Gesetz aus (1) nur unter der Voraussetzung erhalten, daß $m_0 + m_1$ konstant ist, und da m_0 für das Sonnensystem konstant ist, wenn man damit die Sonnenmasse bezeichnet, so folgt (2) aus (1), wenn man annimmt, daß m_1 für alle Planeten dasselbe ist, oder, wenn dies falsch ist (wie es tatsächlich der Fall ist, da Jupiter einige tausend Male größer ist als die kleineren Planetoiden), daß die Massen der Planeten *alle, verglichen mit derjenigen der Sonne, Null* sind, so daß wir $m_1 = 0$ *für alle Planeten* setzen können. Dies ist eine recht gute Annäherung vom Standpunkt der Newtonschen Theorie aus; aber gleichzeitig ist $m_1 = 0$ zu setzen nicht nur strenggenommen falsch, sondern auch vom Standpunkt Newtons aus nicht zu verwirklichen. (Ein Körper mit Nullmasse würde nicht länger Newtons Bewegungsgesetzen gehorchen.) Daher widerspricht, selbst wenn wir alles über die gegenseitige Anziehung zwischen den Planeten vergessen, Keplers drittes Gesetz (2) Newtons Theorie, die (1) ergibt.

Es ist wichtig, zu beachten, daß wir von Galileis oder Keplers Theorien auch nicht den leisesten Hinweis dafür erhalten, wie diese Theorien abgeändert werden müßten – welche falschen Prämissen angepaßt oder welche Bedingungen festgesetzt werden müßten –, um von ihnen zu einer anderen und allgemeiner gültigen Theorie wie der Newtons fortzuschreiten. *Erst nachdem wir im Besitz von Newtons Theorie sind, können wir herausfinden, ob und in welchem Sinne die älteren Theorien Annäherungen an sie genannt werden können.* Diese Tatsache kann man folgendermaßen zusammenfassen: Obwohl, vom Standpunkt der Newtonschen Theorie aus, diejenigen Galileis und Keplers eine ausgezeichnete Annäherung an gewisse Newtonsche Resultate sind, kann man, vom Standpunkt der beiden anderen Theorien aus, nicht von Newtons Theorie sagen, daß sie eine Annäherung an deren Resultate darstelle. All dies zeigt, daß die Logik unmöglich den Schritt, ob deduktiv oder induktiv, von diesen Theorien zu Newtons Dynamik tun kann.[11] Nur Ingenuität kann diesen Schritt unternehmen. Wenn aber dieser Schritt einmal gemacht worden ist, dann können Galileis und Keplers Resultate als Bestätigung der neuen Theorien interpretiert werden.

Hier jedoch bin ich nicht so sehr an der Unmöglichkeit der Induktion als vielmehr am *Problem der Tiefe von Theorien* interessiert. Und in bezug auf dieses Problem können wir in der Tat etwas aus unserem Beispiel lernen. Newtons Theorie vereinigt diejenigen Galileis und Keplers. Aber weit davon entfernt, nur eine Konjunktion dieser beiden Theorien zu sein – die die Rolle von *explicanda* für die Newtons spielen –, *berichtigt sie diese, indem sie sie erklärt.* Die ursprüngliche Erklärungsaufgabe war die Deduktion der beiden älteren Theorien. Sie wird gelöst, nicht indem diese abgeleitet werden, sondern indem etwas Besseres an ihrer Stelle abgeleitet wird: neue Resultate, die, unter den besonderen Bedingungen der älteren Theorien, zahlenmäßig sehr nahe an diese älteren Theorien herankommen und sie gleichzeitig berichtigen. Daher läßt sich sagen, daß der empirische Erfolg der alten Theorien die neue Theorie bestätigt; und außerdem noch können die Berichtigungen geprüft – und widerlegt oder bestätigt werden. Was sich durch die logische Situation, die ich skizziert habe, deutlich erweist, ist die Tatsache, daß die neue Theorie unmöglich *ad hoc* oder zirkelförmig sein kann. Weit davon entfernt, ihr *explicandum* zu wiederholen, widerspricht ihm die neue Theorie und berichtigt es. Auf diese Weise wird sogar das Zeugnis des *explicandum* selbst zum *unabhängigen* Zeugnis für die neue Theorie. (Diese Analyse gestattet uns übrigens, *den Wert metrischer Theorien zu erklären,* und damit den des Messens; und sie

[11] Die Begriffe der Kraft (vgl. Fußnote 8 oben) und der Wirkung aus der Entfernung bringen weitere Schwierigkeiten.

hilft uns daher, den Fehler zu vermeiden, Messungen und Genauigkeit als letzte Werte der Erfahrungswissenschaft zu akzeptieren.)

Ich deutete an, daß, wenn in den empirischen Wissenschaften eine neue Theorie auf einer höheren Stufe der Universalität mit Erfolg einige ältere Theorien erklärt, indem sie sie *berichtigt*, dies ein sicheres Zeichen dafür ist, daß die neue Theorie Tieferes ergründet hat als die alten. Die Forderung, daß eine neue Theorie die alte annähernd erhalten soll, für angemessene Werte der Parameter der neuen Theorie, mag (nach Bohr) das *Korrespondenzprinzip* genannt werden.

Erfüllung dieser Forderung ist eine hinreichende Bedingung für Tiefe, wie ich bereits gesagt habe. Daß sie nicht eine notwendige Bedingung ist, kann aus der Tatsache ersehen werden, daß *Maxwells* elektromagnetische Wellentheorie nicht, in diesem Sinne, *Fresnels* Theorie des Lichtes berichtigte. Sie bedeutet zweifellos eine Zunahme an Tiefe, aber in einem anderen Sinne: »Die alte Frage nach der Schwingungsrichtung des polarisierten Lichtes wurde gegenstandslos. Die Schwierigkeiten betreffend die Grenzbedingungen an der Grenze zweier Media ergaben sich aus[12a] dem Fundament der Theorie. Es bedurfte keiner willkürlichen Hypothese mehr, um longitudinale Lichtwellen anzuschließen.[12b] Der erst in neuerer Zeit experimentell konstatierte Lichtdruck, welcher in der Theorie der Strahlung eine so wichtige Rolle spielt, ergab sich als Konsequenz der Theorie.« Diese brillante Skizze (die wir Einstein verdanken[12]) einiger der wichtigeren Ergebnisse von Maxwells Theorie im Vergleich zu Fresnels Theorie mag als ein Anzeichen dafür genommen werden, daß es andere hinreichende Bedingungen für Tiefe gibt, die durch meine Analyse noch nicht erfaßt sind.

Die Aufgabe der empirischen Wissenschaft, die, wie ich angedeutet habe, darin besteht, befriedigende Erklärungen zu finden, kann kaum verstanden werden, wenn wir nicht Realisten sind. Denn eine befriedigende Erklärung ist eine, die nicht *ad hoc* ist; und diese Idee – die Idee

[12a] (Anm. d. Übers.) Popper übersetzt ins Englische im Sinne von: wurden gelöst durch.

[12b] (Anm. d. Übers.) Popper übersetzt (den vermutlichen Druckfehler korrigierend) ins Englische im Sinne von: auszuschließen.

[12] A. Einstein, *Physikalische Zeitschrift* 10, 1909, S. 817 f. Die Verwerfung der Theorie eines materiellen Äthers (implizite in Maxwells Fehlschlag der Konstruktion eines zufriedenstellenden mechanischen Modells des Äthers) gibt Maxwells Theorie Tiefe (im ersten, weiter oben analysierten Sinn), im Vergleich zu der Fresnels; und dies scheint mir in dem Zitat aus Einsteins Abhandlung implizit zu sein. Daher ist Einsteins Form der Theorie vielleicht nicht wirklich ein Beispiel für *andere* Bedeutung von »Tiefe«. Aber Maxwells Originalform ist, wie ich glaube, ein solches Beispiel.

unabhängiger Zeugnisse – kann kaum verstanden werden ohne die Idee der Entdeckung, des Fortschreitens zu tieferen Schichten der Erklärung: ohne die Idee, daß es für uns etwas zu entdecken gibt und daß es etwas gibt, das kritisch diskutiert werden kann.

Und doch scheint es mir, daß wir in der *Methodologie* weder einen metaphysischen Realismus voraussetzen müssen noch irgendwelchen Nutzen aus ihm ziehen können, abgesehen davon, daß er uns intuitiv helfen kann. Denn nachdem uns einmal gesagt worden ist, daß es das Ziel der empirischen Wissenschaft ist, zu erklären, und daß die befriedigendsten Erklärungen die am strengsten prüfbaren und am strengsten geprüften sind, ist uns alles gesagt worden, was wir als Methodologen brauchen. Daß das Ziel realisierbar ist, können wir nicht behaupten, weder mit noch ohne Hilfe des metaphysischen Realismus, der uns nur etwas intuitive Ermutigung, etwas Hoffnung, aber keine Sicherheit irgendwelcher Art geben kann. Und obwohl gesagt werden kann, daß eine rationale Entwicklung der Methodologie von einem vorausgesetzen – oder gemutmaßten – Ziel der empirischen Wissenschaft abhängt, so hängt sie sicherlich nicht von der metaphysischen und höchstwahrscheinlich falschen Annahme ab, daß die wahre strukturelle Theorie der Welt (falls es sie gibt) von Menschen gefunden werden könne oder in menschlicher Sprache ausdrückbar sei.

Wenn das Bild der Welt, das die moderne Erfahrungswissenschaft entwirft, der Wahrheit irgendwie nahekommt – mit anderen Worten: wenn wir irgend etwas wie »erfahrungswissenschaftliche Erkenntnis« besitzen –, dann machen die Bedingungen, die fast überall im Universum herrschen, »erfahrungswissenschaftliche Erkenntnis«, das heißt die Entdeckung struktureller Gesetze von der Art, wie wir sie suchen, fast überall unmöglich. Denn fast alle Gebiete des Universums sind von chaotischer Strahlung erfüllt und fast alle übrigen Gebiete von Materie in ähnlich chaotischem Zustand. Trotzdem ist die empirische Wissenschaft auf wunderbare Weise erfolgreich; erfolgreich im Sinne dessen, was ich als ihr Ziel zu betrachten vorschlage. Ich glaube nicht, daß wir diese seltsame Tatsache erklären können, ohne zuviel zu beweisen. Aber sie kann uns dazu ermutigen, dieses Ziel zu verfolgen – obwohl wir weder vom metaphysischen Realismus noch von irgendeiner anderen Quelle im Glauben ermutigt werden, daß wir es verwirklichen können.

Ausgewählte Bibliographie

Die mit »+« gekennzeichneten Arbeiten sind im vorliegenden Buch enthalten.

Popper, K. R., *Logik der Forschung*, 1934 (1935); erweiterte Auflage ^{8}1984.

–, *Das Elend des Historizismus*, 1965, 1971.

–, *Conjectures and Refutations*, 1963, ^{7}1978.

+, *Über Wolken und Uhren*, 1965 (Kapitel 6 unten).

+, »Naturgesetze und theoretische Systeme«, in: *Gesetz und Wirklichkeit*, Hrsg. Simon Moser (1948), 1949 (Anhang zum vorliegenden Buch).

+, »Die Zielsetzung der Erfahrungswissenschaft«, in: *Theorie und Realität*, Hrsg. Hans Albert, 1964, S. 73–86.

–, »Quantum Mechanics Without ›The Observer‹«, in: *Quantum Theory and Reality*, Hrsg. M. Bunge, 1967.

+, »Erkenntnistheorie ohne erkennendes Subjekt«, in: *Logic, Methodology and Philosophy of Science*, 3, Hrsg. B. van Rootselaar und J. F. Staal, 1968, S. 333–373 (Kapitel 3 oben).

+, »Zur Theorie des objektiven Geistes«, in: *Akten des 14. internationalen Kongresses für Philosophie*, Wien, 1968, 1, S. 25–53 (Kapitel 4 oben).

Bibliographische Anmerkungen

Der hier diskutierte Gedanke, daß Theorien ein »Beobachtungs-« oder »Erscheinungs«-Gesetz, das sie erklären sollen, korrigieren können (etwa das dritte Keplersche Gesetz), wurde in meinen Vorlesungen wiederholt dargelegt. Eine dieser Vorlesungen regte die Korrektur eines vermuteten Erscheinungsgesetzes an (siehe die Arbeit von 1941, die ich in meinem Buch *Das Elend des Historizismus*, 1965, 1971, in der Anmerkung auf S. 106 anführe). Eine andere dieser Vorlesungen wurde in Simon Mosers Band *Gesetz und Wirklichkeit* (1948), 1949 veröffentlicht und ist in Anhang 1 des vorliegenden Buches zu finden. Derselbe Gedanke von mir war auch der »Ausgangspunkt« (wie er es auf S. 92 ausdrückt) von P. K. Feyerabends Arbeit »Explanation, Reduction and Empirism« (in: Herbert Feigl und Grover Maxwell, Hrsg., *Minnesota Studies in the Philosophy of Science* 3, 1962), die sich mit Literaturangabe [66] auf die vorliegende Arbeit bezieht (ihre Erstveröffentlichung in *Ratio* 1, 1957). Feyerabends Hinweis scheint von den Verfassern verschiedener Arbeiten über verwandte Themen übersehen worden zu sein.

6. Über Wolken und Uhren

Zum Problem der Rationalität und der Freiheit des Menschen

1.

Mein Vorgänger, der in diesem Saal vor einem Jahr die erste Arthur-Holly-Compton-Gedächtnisvorlesung hielt, war glücklicher als ich. Er kannte Arthur Compton persönlich; ich habe ihn nie gesehen.[1]

Ich wußte aber von Compton seit meiner Studentenzeit in den zwanziger Jahren, und besonders seit 1925, als das berühmte Experiment von Compton und Simon[2] die faszinierende, aber kurzlebige Theorie von Bohr, Kramers und Slater[3] widerlegte. Diese Widerlegung war eines der entscheidenden Ereignisse in der Geschichte der Quantentheorie, denn aus der von ihr ausgelösten Krise entstand die sogenannte »neue Quantentheorie« – die Theorien von Born und Heisenberg, von Schrödinger und von Dirac.

Es war dies das zweite Mal, daß Comptons experimentelle Prüfungen eine entscheidende Rolle in der Geschichte der Quantentheorie spielten. Das erste Mal war natürlich die Entdeckung des Compton-Effekts, die erste unabhängige Prüfung (wie Compton selbst sagte[4]) von Einsteins Theorie der Lichtquanten oder Photonen.

[1] Als ich Anfang Februar 1962 nach Berkeley kam, hoffte ich sehr, Compton zu treffen. Er starb, ehe das möglich war.

[2] A. H. Compton und A. W. Simon, *Phys. Rev.* 25, 1925, S. 309 ff. (Siehe auch W. Bothe und H. Geiger, *Zeitschr. f. Phys.* 26, 1924, S. 44 ff., und 32, 1925, S. 639 ff.; *Naturwissenschaften* 13, 1925, S. 440).

[3] N. Bohr, H. A. Kramers und J. C. Slater, *Phil. Mag.* 47, 1924, S. 785 ff.; *Zeitschr. f. Phys.* 24, 1924, S. 69 ff. Siehe auch A. H. Compton und S. K. Allison, *X-Rays in Theory and Experiment*, 1935, z. B. S. 211–227.

[4] Siehe Compton und Allison (vgl. Anmerkung 3) Kapitel I, Abschnitt 19.

Dies war die zweite Arthur-Holly-Compton-Gedächtnisvorlesung an der Washington University am 21. April 1965. Ursprünglicher Titel: Of Clouds and Clocks, St. Louis, Miss.: Washington University, 1966.

Jahre danach, während des Zweiten Weltkriegs, fand ich zu meiner Überraschung und Freude, daß Compton nicht nur ein großer Physiker, sondern auch ein echter und mutiger Philosoph war; und daß außerdem seine philosophischen Interessen und Ziele mit meinen eigenen in einigen wichtigen Punkten zusammenfielen. Das erkannte ich, als ich fast durch Zufall Comptons fesselnde Terry-Vorlesungen in die Hand bekam, die er 1935 in einem Buch mit dem Titel *The Freedom of Man* veröffentlicht hatte.[5]

Sie werden bemerkt haben, daß ich den Titel von Comptons Buch, »Die Freiheit des Menschen«, heute im Titel meiner Vorlesung verwendet habe. Ich tat dies, um zu betonen, daß meine Vorlesung mit diesem Buch Comptons eng zusammenhängen wird. Genauer: Ich möchte dieselben Probleme diskutieren, die Compton in den ersten beiden Kapiteln dieses Buches diskutierte, ebenso im zweiten Kapitel seines Buches *The Human Meaning of Science*.[6]

Um Mißverständnissen vorzubeugen, muß ich aber betonen, daß meine heutige Vorlesung nicht hauptsächlich von Comptons Büchern handelt. Vielmehr versucht sie, jene alten philosophischen Probleme neu zu sehen, mit denen er sich in diesen beiden Büchern herumschlug, und eine neue Lösung für sie zu finden. Die skizzenhafte und sehr vorläufige Lösung, die ich hier umreißen möchte, scheint mir gut zu Comptons Hauptanliegen zu passen, und ich hoffe – ja, ich glaube –, daß er sie gebilligt hätte.

2.

Der Hauptzweck meiner Vorlesung ist, Ihnen diese alten Probleme einfach und eindringlich vorzustellen. Doch zunächst muß ich etwas über die *Wolken* und *Uhren* sagen, die im Titel meiner Vorlesung vorkommen.

Meine Wolken sollen physikalische Systeme darstellen, die wie Gase in hohem Maße ungleichmäßig und ungeordnet und mehr oder weniger unvorhersagbar sind. Stellen wir uns ein Schema vor, in dem links eine sehr ungeordnete Wolke steht. Rechts, ans andere Extrem unserer

[5] A. H. Compton, *The Freedom of Man*, 1935 (3. Auflage 1939). Dieses Buch beruhte hauptsächlich auf den Terry Foundation Lectures, die Compton 1931 an der Yale University gehalten hatte, sowie auf zwei kurz danach gehaltenen Vortragsreihen.

[6] A. H. Compton, *The Human Meaning of Science*, 1940.

Anordnung, können wir eine sehr zuverlässige Pendeluhr setzen, ein Chronometer, hier angenommen, um regelhafte, geordnete und in ihrem Verhalten in hohem Maße voraussagbare physikalische Systeme darzustellen.

Nach dem, was ich die Alltagsauffassung der Dinge nennen möchte, sind manche Naturerscheinungen wie das Wetter oder das Kommen und Gehen der Wolken schwer voraussagbar: Wir sprechen von den »Launen des Wetters«. Andererseits sprechen wir von der »Genauigkeit eines Uhrwerks«, wenn wir ein höchst regelmäßiges und voraussagbares Phänomen beschreiben möchten.

Es gibt viele Dinge, Naturerscheinungen und Naturvorgänge, die man zwischen diesen beiden Extremen anordnen kann – den Wolken auf der linken und den Uhren auf der rechten Seite. Der Wechsel der Jahreszeiten ist eine nicht ganz zuverlässige Uhr und könnte daher irgendwo auf der rechten Seite angeordnet werden, aber nicht zu weit rechts. Ich glaube, wir können uns leicht darauf einigen, daß Tiere nicht weit von den Wolken auf die linke Seite gehören, Pflanzen etwas näher zu den Uhren. Unter den Tieren wird ein junger Hund weiter links stehen müssen als ein alter. Autos bekommen je nach ihrer Zuverlässigkeit auch einen Platz in unserem Schema: Ein Cadillac steht, so vermute ich, ziemlich weit rechts, ein Rolls-Royce sogar noch weiter; er wird nicht weit von den besten Uhren entfernt sein. Am weitesten rechts sollte vielleicht das *Sonnensystem* stehen.[7]

Als typisches und interessantes Beispiel für eine Wolke möchte ich hier eine Wolke oder einen Schwarm von kleinen Fliegen oder Mücken anführen. Wie die einzelnen Moleküle eines Gases bewegen sich die einzelnen Mücken, die zusammen einen Schwarm bilden, erstaunlich unregelmäßig. Es ist fast unmöglich, den Flug einer einzelnen Mücke zu verfolgen, obwohl jede einzelne durchaus groß genug sein kann, um deutlich sichtbar zu sein.

Abgesehen davon, daß die Geschwindigkeiten der Mücken nicht sehr verschieden sind, veranschaulichen die Mücken ausgezeichnet die unregelmäßige Bewegung der Moleküle in einer Gaswolke oder der winzigen Wassertröpfchen in einer Gewitterwolke. Natürlich gibt es Unterschiede. Der Schwarm bleibt recht gut beisammen, er löst sich nicht auf, diffundiert nicht. Das ist erstaunlich angesichts der ungeordneten Bewegung der verschiedenen Mücken; doch es gibt eine Parallele: eine hinreichend große Gaswolke (wie unsere Atmosphäre oder die Sonne),

[7] Wegen der Unvollkommenheiten des Sonnensystems siehe die Anmerkungen 11 und 16 unten.

die durch die Gravitationskräfte zusammengehalten wird. Das Zusammenbleiben der Mücken ist leicht zu erklären, wenn wir annehmen, daß sie zwar ganz unregelmäßig in alle Richtungen fliegen, aber sich wieder in Richtung auf den dichtesten Teil des Schwarmes wenden, wenn sie merken, daß sie von ihm abkommen.

Diese Annahme erklärt, wie der Schwarm beisammenbleibt, obwohl er keinen Führer und keine Struktur hat – nur eine statistische Zufallsverteilung, die sich daraus ergibt, daß jede Mücke genau das tut, was sie will, und zwar nicht-gesetzmäßig, das heißt zufällig, in Verbindung mit der Tatsache, daß sie sich nicht zu weit von ihren Kameraden entfernen möchte.

Ich könnte mir denken, daß eine philosophische Mücke behaupten würde, die Mückengesellschaft sei eine hervorragende oder zumindest eine gute Gesellschaft, da sie die egalitärste, freieste und demokratischste Gesellschaft sei, die man sich vorstellen könne.

Doch als Verfasser eines Buches über *Die offene Gesellschaft* möchte ich bestreiten, daß die Mückengesellschaft eine offene Gesellschaft ist. Denn ich halte es für eines der Kennzeichen einer offenen Gesellschaft, daß sie neben einer demokratischen Regierungsform die Vereinigungsfreiheit pflegt und die Bildung freier Subsysteme schützt, ja fördert, die alle verschiedene Meinungen und unterschiedlichen Glauben haben. Doch jede vernünftige Mücke müßte zugeben, daß in ihrer Gesellschaft dieser Pluralismus fehlt.

Heute möchte ich aber keine sozialen oder politischen Fragen diskutieren, die mit dem Problem der Freiheit zusammenhängen; und den Mückenschwarm möchte ich nicht als Beispiel für ein *soziales* System benützen, sondern als mein Hauptbeispiel für ein wolkenähnliches *physikalisches* System, als ein Beispiel oder Paradigma für eine höchst ungeordnete oder regellose Wolke.

Wie viele physikalische, biologische und soziale Systeme läßt sich der Mückenschwarm als ein »Ganzes« beschreiben. Unsere Vermutung, daß er von einer Art Anziehung zusammengehalten wird, die sein dichtester Teil auf die einzelnen Mücken ausübt, wenn sie sich zu weit von ihm entfernt haben, zeigt, daß dieses »Ganze« sogar eine Art Wirkung oder Kontrolle über seine Elemente oder Teile ausübt. Trotzdem kann dieses »Ganze« den verbreiteten »holistischen« Glauben widerlegen, ein »Ganzes« sei *immer* mehr als die bloße Summe seiner Teile. Ich bestreite nicht, daß das manchmal der Fall sein kann.[8] Doch der Mückenschwarm

[8] Siehe Abschnitt 23 meines Buches *Das Elend des Historizismus* (1965), wo ich das

ist ein Beispiel für ein Ganzes, das tatsächlich nichts ist als die Summe seiner Teile – und zwar in einem sehr genauen Sinne; er ist nicht nur mit der Beschreibung der Bewegungen der einzelnen Mücken vollständig beschrieben, sondern die Bewegung des Ganzen ist (in diesem Falle) genau die (vektorielle) Summe der Bewegungen seiner Bestandteile, dividiert durch ihre Anzahl.

Ein (in vieler Hinsicht ähnliches) Beispiel für ein biologisches System oder »Ganzes«, das einen Einfluß auf die höchst unregelmäßigen Bewegungen seiner Teile ausübt, wäre eine Familie, die einen Picknick-Ausflug macht – Eltern, einige Kinder und ein Hund –, die stundenlang den Wald durchstreift, sich aber nie weit von ihrem Auto entfernt (das gewissermaßen wie ein Mittelpunkt der Anziehung wirkt). Dieses System ist wohl noch wolkenähnlicher – das heißt weniger regelmäßig in der Bewegung seiner Teile – als unser Mückenschwarm.

Ich hoffe, Sie haben jetzt eine Vorstellung von meinen beiden Prototypen oder Paradigmen, den Wolken auf der linken und den Uhren auf der rechten Seite, und davon, wie man viele Arten von Dingen und viele Arten von Systemen zwischen ihnen anordnen kann. Ich bin sicher, daß Sie eine vage, allgemeine Vorstellung von dieser Anordnung gewonnen haben, und es macht nichts, wenn sie noch etwas neblig oder wolkig ist.

3.

Die beschriebene Anordnung dürfte für den Alltagsverstand durchaus annehmbar sein, und in jüngster Zeit ist sie sogar für die Physik annehmbar geworden. Das war während der vergangenen 250 Jahre jedoch nicht der Fall: die Newtonsche Revolution, eine der größten Revolutionen der Geschichte, führte zur Ablehnung der dem Alltagsverstand entsprechenden Anordnung, die ich Ihnen darzustellen versucht habe. Denn fast jedermann[9] hielt folgende verblüffende Behauptung durch die Newtonsche Revolution für erwiesen:

»holistische« Kriterium der »Ganzheit« (oder »Gestalt«) kritisiere, indem ich zeige, daß dieses Kriterium (»das Ganze ist mehr als die bloße Summe seiner Teile«) auch von den holistischen Standardbeispielen für Nicht-Ganzheiten wie einem »bloßen Haufen« von Steinen erfüllt wird. (Man beachte, daß ich nicht die Existenz von Ganzheiten leugne; ich wende mich nur gegen die Oberflächlichkeit der meisten »holistischen« Theorien.)

[9] Newton selbst zog diese »deterministischen« Folgerungen aus seiner Theorie nicht; siehe Anmerkungen 11 und 16 unten.

Alle Wolken sind Uhren – auch die allerwolkigsten Wolken.

Die Aussage »alle Wolken sind Uhren« kann als kurze Formulierung der Auffassung betrachtet werden, die ich »physikalischen Determinismus« nennen werde.

Der physikalische Determinist, der behauptet, alle Wolken seien Uhren, wird auch behaupten, unsere Anordnung mit den Wolken auf der linken und den Uhren auf der rechten Seite sei irreführend, da *alles* auf die äußerste rechte Seite gehöre. Er wird sagen, mit allem unserem gesunden Menschenverstand hätten wir die Dinge *nicht nach ihrer Natur, sondern nur nach unserer Unwissenheit* angeordnet. Unsere Anordnung, so wird er sagen, gibt nur die Tatsache wieder, daß wir ziemlich genau wissen, wie die Teile einer Uhr oder wie das Sonnensystem funktioniert, daß wir aber gar nichts darüber wissen, wie die Teilchen *im einzelnen* zusammenwirken, die eine Gaswolke oder einen Organismus bilden. Und er wird behaupten, wenn wir einmal diese Kenntnisse erlangt hätten, dann würden wir finden, daß Gaswolken oder Organismen so uhrenähnlich sind wie das Sonnensystem.

Die Newtonsche Theorie hat natürlich den Physikern nicht gesagt, daß dies der Fall wäre. Tatsächlich beschäftigte sie sich überhaupt nicht mit Wolken. Sie beschäftigte sich hauptsächlich mit Planeten, deren Bewegungen sie mit einigen sehr einfachen Naturgesetzen erklärte; ferner mit Kanonenkugeln und mit den Gezeiten. Doch ihr ungeheurer Erfolg auf diesen Gebieten verdrehte den Physikern den Kopf, und das sicher nicht ohne Grund.

Vor Newton und seinem Vorgänger Kepler hatten die Bewegungen der Planeten vielen Versuchen widerstanden, sie zu erklären oder auch nur vollständig zu beschreiben. Offenbar nahmen sie irgendwie an der unveränderlichen allgemeinen Bewegung des starren Systems der Fixsterne teil; doch sie wichen von der Bewegung dieses Systems fast so ab wie einzelne Mücken von der allgemeinen Bewegung des Mückenschwarms. So schienen die Planeten, ähnlich wie Lebewesen, zwischen den Wolken und den Uhren zu stehen. Doch der Erfolg der Keplerschen und noch mehr der Newtonschen Theorie gab den Denkern recht, die die Planeten trotzdem für vollkommene Uhren gehalten hatten. Denn ihre Bewegungen stellten sich als mit der Newtonschen Theorie genau vorhersagbar heraus, und zwar in all jenen Einzelheiten, die vorher die Astronomen durch ihre scheinbare Unregelmäßigkeit verwirrt hatten.

Die Newtonsche Theorie war die erste wirklich erfolgreiche wissenschaftliche Theorie in der menschlichen Geschichte, und sie war ungeheuer erfolgreich. Das war wirkliches Wissen; Wissen, das selbst die wildesten Träume der kühnsten Geister noch übertraf. Hier war eine Theorie, die nicht nur die Bewegungen *aller* Sterne in ihren Bahnen genau erklärte, sondern ebenso genau auch die Bewegung von Körpern auf der Erde wie fallenden Äpfeln, Geschossen oder Pendeluhren. Und sie erklärte sogar die Gezeiten.

Alle aufgeschlossenen Menschen – alle lernbegierigen, am Erkenntnisfortschritt interessierten – bekehrten sich zu der neuen Theorie. Alle aufgeschlossenen Menschen, insbesondere die meisten Wissenschaftler, glaubten, sie würde schließlich alles erklären, nicht nur die Elektrizität und den Magnetismus, sondern auch Wolken und sogar lebende Organismen. So wurde der physikalische Determinismus – die Lehre, daß alle Wolken Uhren seien – zum herrschenden Glauben der aufgeklärten Menschen; und jeder, der diesen neuen Glauben nicht annahm, galt als Obskurantist oder Reaktionär.[10]

4.

Unter den wenigen Abweichlern[11] befand sich Charles Sanders Peirce, der große amerikanische Mathematiker und Physiker und, wie ich glaube, einer der größten Philosophen aller Zeiten. Er stellte die Newtonsche Theorie nicht in Frage; doch schon 1892 zeigte er, daß uns diese Theorie, auch wenn sie wahr ist, keinen stichhaltigen Grund für die Ansicht liefert, daß Wolken vollkommene Uhren seien. Er glaubte zwar wie alle übrigen Physiker seiner Zeit, die Welt sei eine Uhr, die nach den Newtonschen Gesetzen läuft, aber er hielt diese Uhr, wie auch jede andere, nicht für *vollkommen* bis in alle Einzelheiten. Er zeigte, daß man jedenfalls aus der Erfahrung keine vollkommene Uhr aufweisen könne, ja nicht einmal etwas, was der absoluten Vollkommenheit, die der physikalische Determinismus annahm, auch nur entfernt entspräche.

[10] Die Überzeugung, der Determinismus sei ein wesentlicher Teil jeder rationalen oder wissenschaftlichen Einstellung, war allgemein akzeptiert, selbst bei einigen führenden Gegnern des »Materialismus« (wie Spinoza, Leibniz, Kant und Schopenhauer). Ein ähnliches Dogma, das zur rationalistischen Tradition gehörte, war, daß alle Erkenntnis mit *Beobachtungen* anfängt und von da durch Induktion fortschreitet. Vgl. meine Bemerkungen über diese beiden Dogmen des Rationalismus in meinem Buch *Conjectures and Refutations*, 1963, 1965, 1969, 1972, S. 122 f.

[11] Newton selbst kann zu den wenigen Abweichlern gerechnet werden, denn er betrachtete selbst das Sonnensystem als *unvollkommen* und daher wahrscheinlich vergänglich. Wegen dieser Ansichten wurde er der Gotteslästerung beschuldigt: Er habe »die Weisheit des Schöpfers der Natur in Zweifel gezogen« (wie Henry Pemberton berichtet: *A View of Sir Isaac Newton's Philosophy*, 1728, S. 180).

Ich möchte eine von Peirces glänzenden Bemerkungen zitieren: »... wer hinter die Kulissen schaut« (Peirce spricht hier als Experimentator) »... weiß, daß die genauesten Vergleiche [selbst] von Massen [und] Längen, ... die an Genauigkeit alle anderen [physikalischen] Messungen weit übertreffen, ... weniger genau sind als die Buchführung eines Bankkontos und daß die ... Bestimmungen physikalischer Konstanten ... ungefähr vergleichbar sind mit der Messung von Teppichen und Vorhängen durch einen Dekorateur ...«[12] Daraus schloß Peirce, man könne vermuten, daß alle Uhren mit einer gewissen *Ungenauigkeit* oder *Unvollkommenheit* behaftet seien, wodurch ein *Element des Zufalls* hereinkomme. So vermutete Peirce, die Welt werde nicht nur von den *strengen Newtonschen Gesetzen* beherrscht, sondern gleichzeitig auch von *Gesetzen des Zufalls* oder der Unordnung: von Gesetzen der statistischen *Wahrscheinlichkeit*. Dies machte die Welt zu einem Gefüge von Wolken und Uhren, so daß sogar die beste Uhr *in ihrer Molekularstruktur* ein gewisses Maß an Wolkenähnlichkeit zeigen würde. Soviel ich weiß, war Peirce der erste nach-Newtonsche Physiker und Philosoph, der es wagte, auf diese Weise die Ansicht zu vertreten, in gewissem Grade seien *alle Uhren Wolken;* oder, mit anderen Worten, daß *nur Wolken existieren,* wenn auch mit sehr verschiedenen Graden der Wolkigkeit.

Peirce führte für diese Auffassung an – und das ist zweifellos richtig –, alle physikalischen Körper, auch die Rubine in einer Uhr, seien der molekularen Wärmebewegung unterworfen[13], die der Bewegung von

[12] *Collected Papers of Charles Sanders Peirce, 6, 1935,* **6.**44, S. 35. Es kann natürlich andere Physiker gegeben haben, die ähnliche Auffassungen entwickelten, doch ich kenne neben Newton und Peirce nur einen: Professor Franz Exner aus Wien. Schrödinger, der sein Schüler war, äußerte sich über Exners Ansichten in seinem Buch *Science, Theory and Man,* 1957, S. 71, 133, 142 f. (Dieses Buch erschien vorher unter dem Titel *Science and the Human Temperament,* 1935, und Compton erwähnte es in *The Freedom of Man,* S. 29.) Vgl. auch Anmerkung 25 unten.

[13] C. S. Peirce, a.a.O., **6,** 6.47, S. 37 (Erstveröffentlichung 1892). Die Stelle ist trotz ihrer Kürze höchst interessant, weil sie (man beachte die Bemerkung über Fluktuationen in explosiven Gemischen) zum Teil die Diskussion über Makro-Effekte vorwegnimmt, die sich als Verstärkungen von Heisenbergschen Unbestimmtheiten ergeben. Diese Diskussion beginnt anscheinend mit einer Arbeit von Ralph Lillie in *Science* 46, 1927, S. 139 ff., die Compton in *The Freedom of Man,* S. 50, erwähnt. Sie spielt in Comptons Buch, S. 48 ff., eine erhebliche Rolle. (Man beachte, daß Compton die Terry-Vorlesungen 1931 hielt.) Compton, a.a.O., Anmerkung 3, S. 51 f., bringt einen interessanten quantitativen Vergleich der Zufallseffekte aufgrund der Wärmebewegung (der Unbestimmtheit, von der Peirce handelt) und der Heisenbergschen Unbestimmtheit. Die Diskussion wurde von Bohr, Pascual Jordan, Fritz Medicus, Ludwig von Bertalanffy und anderen weitergeführt, in letzter Zeit besonders auch von Walter Elsasser, *The Physical Foundations of Biology,* 1958.

Gasmolekülen ähnelt oder der der einzelnen Mücken in einem Mückenschwarm.

Diese Betrachtungen von Peirce stießen bei seinen Zeitgenossen auf geringes Interesse. Nur ein Philosoph scheint sie zur Kenntnis genommen zu haben, und er griff sie an.[14] Die Physiker scheinen sie ignoriert zu haben; und noch heute glauben die meisten Physiker, wenn die klassische Newtonsche Mechanik wahr wäre, müßte man den physikalischen Determinismus annehmen und damit die Behauptung, alle Wolken seien Uhren. Erst mit dem Zusammenbruch der klassischen Physik und dem Aufstieg der neuen Quantentheorie waren die Physiker bereit, den physikalischen Determinismus aufzugeben.

Jetzt wendete sich das Blatt. Der Indeterminismus, der bis 1927 mit Obskurantismus gleichgesetzt worden war, wurde zur herrschenden Mode; einige große Wissenschaftler wie Max Planck, Erwin Schrödinger und Albert Einstein, die den Determinismus nicht ohne weiteres aufgeben wollten, wurden als altmodische Figuren betrachtet[15], obwohl sie führend an der Entwicklung der Quantentheorie beteiligt gewesen

[14] Ich spreche von Paul Carus, *The Monist* 2, 1892, S. 560 ff., und 3, 1892, S. 68 ff.; Peirce antwortete in *The Monist* 3, 1893, S. 526 ff. (siehe seine *Collected Papers*, **6**, Appendix A, S. 390 ff.).

[15] Die plötzliche und vollständige Veränderung der Problemsituation läßt sich daran ermessen, daß neuerdings, dank der Autorität von Gilbert Ryle (siehe Anmerkung 37), der Determinismus als ein etwas altmodischer Kinderschreck betrachtet wird. Aber ist er wirklich nicht mehr? Einigen von uns, uralte Gespenster, die wir sind, scheint es gar nicht so lange her, daß empiristische Philosophen (siehe etwa Moritz Schlick, *Allgemeine Erkenntnislehre*, 2. Auflage 1925, S. 277) physikalische Deterministen waren, während heute der physikalische Determinismus von P. H. Nowell-Smith, einem begabten und aggressiven Verteidiger Schlicks, als *ein »Kinderschreck aus dem 18. Jahrhundert«* abgetan wird (*Mind* 63, 1954, S. 331; siehe auch Anmerkung 37 unten). Die Zeit schreitet fort und wird ohne Zweifel einmal alle unsere Probleme lösen, einschließlich die des Kinderschrecks. Doch merkwürdigerweise scheinen wir altmodischen Figuren uns an die Tage von Planck, Einstein und Schlick zu erinnern und große Schwierigkeiten bei dem Versuch zu haben, unser fragwürdiges historisches Gedächtnis davon zu überzeugen, daß diese großen deterministischen Denker ihren Kinderschreck ausgerechnet im 18. Jahrhundert aufstellten, zusammen mit Laplace, der den allerberühmtesten Kinderschreck schuf (jene »übermenschliche Intelligenz« seines *Essay* von 1819, die oft »Laplacescher Dämon« genannt wird; vgl. Compton, *The Freedom of Man*, S. 5 f., und *The Human Meaning of Science*, S. 34, sowie Alexander, siehe Anmerkung 35 unten). Eine noch größere Anstrengung würde vielleicht in unser schlechtes Gedächtnis auch einen ähnlichen Kinderschreck aus dem 18. Jahrhundert zurückrufen, den ein gewisser Carus erfand (nicht der in Anmerkung 14 zitierte P. Carus aus dem 19. Jahrhundert, sondern T. L. Carus, der Verfasser von *Lucretius de rerum natura*, II. 251–260, zitiert bei Compton in *The Freedom of Man*, S. 1).

waren. Ich hörte einmal einen hervorragenden jungen Physiker von Einstein, der damals noch am Leben und sehr tätig war, sagen, er sei »vorsintflutlich«. Die Sintflut, die Einstein weggeschwemmt haben sollte, war die neue Quantentheorie, die 1925–1927 entstanden war und zu der höchstens sieben Menschen Beiträge geleistet hatten, die denen Einsteins vergleichbar waren.

5.

Vielleicht darf ich hier einen Augenblick innehalten und meine eigene Ansicht über die Situation und über wissenschaftliche Modeerscheinungen mitteilen. Ich glaube, Peirce hatte damit recht, daß alle Uhren in erheblichem Maße Wolken sind – auch die genauesten. Das ist nach meiner Auffassung eine sehr wichtige Umkehrung der falschen deterministischen Ansicht, daß alle Wolken Uhren seien. Ich glaube auch, daß Peirce damit recht hatte zu meinen, daß diese Auffassung mit der Newtonschen klassischen Physik vereinbar sei.[16] Ich glaube, daß diese Auffassung noch eindeutiger mit der Einsteinschen (speziellen) Relativitätstheorie vereinbar ist, und sogar noch eindeutiger mit der neuen Quantentheorie. Mit anderen Worten, ich bin Indeterminist – wie Peirce, Compton und die meisten anderen heutigen Physiker; mit ihnen glaube ich, daß Einstein einen Fehler beging, indem er am Determinismus festhalten wollte. (Ich darf vielleicht sagen, daß ich mit ihm darüber diskutiert habe und ihn nicht unzugänglich fand.) Ich glaube aber auch, daß jene modernen Physiker einen schlimmen Fehler begingen, die Einsteins Kritik der Quantentheorie als vorsintflutlich verspotteten. Niemand kann umhin, die Quantentheorie zu bewundern, und Einstein

[16] Diese Auffassung entwickelte ich 1950 in meiner Arbeit »Indeterminism in Quantum Physics and Classical Physics«, *British Journal for the Philosophy of Science* 1, 1950, Nr. 2, S. 117–133, und Nr. 3, S. 173–195. Als ich diese Arbeit schrieb, waren mir die Auffassungen Peirces (siehe Anm. 12 und 13) leider unbekannt. Ich darf hier vielleicht bemerken, daß ich den Gedanken, *Wolken* und *Uhren* gegenüberzustellen, aus dieser früheren Arbeit von mir übernommen habe. Seit ihrer Veröffentlichung 1950 hat die Diskussion über indeterministische Elemente in der klassischen Physik an Bedeutung gewonnen. Siehe Leon Brillouin, *Scientific Uncertainty and Information*, 1964 (ein Buch, mit dem ich keineswegs voll übereinstimme) und die dortigen Literaturhinweise, insbes. S. 38, 105, 127, 151 f. Diesen Hinweisen kann man noch besonders die großartige Arbeit von Jaques Hadamard über geodätische Linien auf »gehörnten« Flächen mit negativer Krümmung anfügen: *Journal de mathématiques pures et appliquées*, 5. Serie 4, 1898, S. 27 ff.

tat das ohne Einschränkung; doch seine Kritik der zur Mode gewordenen Interpretation der Theorie – der Kopenhagener Interpretation – wie auch die Kritik von de Broglie, Schrödinger, Bohm, Vigier und neuerdings Landé ist von den meisten Physikern zu rasch abgetan worden.[17] In der Wissenschaft gibt es Modeerscheinungen, und manche Wissenschaftler schließen sich ihnen fast so hurtig an wie manche Maler und Musiker. Modeerscheinungen ziehen zwar die Schwachen an, aber man sollte ihnen widerstehen, statt sie zu fördern;[18] Kritik, wie die von Einstein, ist immer wertvoll: Man kann immer etwas aus ihr lernen.

6.

Arthur Holly Compton war unter den ersten, die die neue Quantentheorie und Heisenbergs neuen physikalischen Indeterminismus von 1927 begrüßten. Compton lud Heisenberg zu einer Vorlesungsreihe nach Chicago ein, die Heisenberg im Frühjahr 1929 hielt. Das war Heisenbergs erste vollständige Darstellung seiner Theorie, und sie wurde als sein erstes Buch ein Jahr später von der University of Chicago Press mit einem Vorwort von Arthur Compton veröffentlicht.[19] In seinem Vorwort begrüßte Compton die neue Theorie, zu der seine Experimente durch Widerlegung ihres unmittelbaren Vorgängers beigetragen hatten;[20] doch sprach er auch eine gewisse Warnung aus. Comptons Warnung nahm ganz ähnliche Warnungen von Einstein vorweg, der stets darauf bestand, man solle die neue Quantentheorie – »dieses Kapitel in der Geschichte der Physik«, wie es Compton großzügig und

[17] Siehe auch mein Buch *Logik der Forschung*, insbesondere den neuen Anhang *XI; ebenso Kapitel IX dieses Buches, das im wesentlichen richtig ist, jedoch mußte ich angesichts der Kritik Einsteins (Anhang *XII) das in Abschnitt 77 wiedergegebene Gedankenexperiment (von 1934) zurückziehen. Es ist aber ersetzbar durch das berühmte Gedankenexperiment von Einstein, Podolsky und Rosen, das in den Anhängen *XI und *XII diskutiert wird. Siehe auch meine Arbeit »The Propensity Interpretation of the Calculus of Probability, and the Quantum Theory«, in: *Observation and Interpretation*, Hrsg. S. Körner, 1957, S. 65–70 und 83–89.

[18] Der letzte Satz ist als Kritik an einigen Ansichten aus Thomas S. Kuhns interessantem und anregendem Buch *The Structure of Scientific Revolutions*, 1963, gemeint.

[19] Siehe Werner Heisenberg, *The Physical Principles of Quantum Theory*, 1930.

[20] Ich spiele an auf Comptons Widerlegung der Theorie von Bohr, Kramers und Slater, siehe Anmerkung 3 oben; siehe auch Comptons eigene Andeutung in *The Freedom of Man*, S. 7 (letzter Satz), und in *The Human Meaning of Science*, S. 36.

weise nannte – nicht als »vollständig« betrachten.[21] Obwohl diese Ansicht von Bohr zurückgewiesen wurde, sollten wir doch daran denken, daß die neue Theorie beispielsweise nicht den geringsten Hinweis auf das Neutron gab, das etwa ein Jahr später von Chadwick entdeckt wurde; es war das erste in einer langen Reihe neuer Elementarteilchen, deren Existenz von der neuen Quantentheorie nicht vorausgesehen worden war (obwohl zugegeben werden muß, daß die Existenz des Positrons aus der Diracschen Theorie hätte abgeleitet werden können[22]).

Im selben Jahr, 1931, untersuchte Compton als einer der ersten in seinen Terry Foundation Lectures (vgl. Anmerkung 5) die menschlichen und allgemeiner die biologischen[23] Konsequenzen des neuen Indeterminismus in der Physik. Und nun wurde klar, warum er die neue Theorie so begeistert begrüßt hatte: Sie löste für ihn nicht nur physikalische, sondern auch biologische und philosophische Probleme, insbesondere Probleme, die mit der Ethik zusammenhingen.

7.

Um das zu zeigen, möchte ich jetzt den bemerkenswerten Beginn von Comptons Buch *The Freedom of Man* zitieren:

»Die Grundfrage der Moral, ein wichtiges Problem in der Religion und ein Gegenstand lebhafter Forschung in der Wissenschaft: Kann der Mensch frei handeln?

Wenn ... die Atome in unserem Körper so unveränderlichen physika-

[21] Vgl. Comptons Vorwort in Heisenberg, a.a.O., S. III ff.; ebenso seine Bemerkungen über die *Unvollständigkeit* der Quantenmechanik in *The Freedom of Man*, S. 45 (mit einem Hinweis auf Einstein) und in *The Human Meaning of Science*, S. 42. Compton billigte die Unvollständigkeit der Quantenmechanik, während Einstein darin eine Schwäche der Theorie erblickte. In seiner Antwort auf Einstein behauptete Niels Bohr (wie J. von Neumann vor ihm), die Theorie sei *vollständig* (vielleicht in einem anderen Sinne). Siehe A. Einstein, B. Podolsky und N. Rosen, *Physical Review* 42, 1935, S. 777–780; und Bohrs Entgegnung ebd. 48, 1935, S. 696 ff.; auch A. Einstein, *Dialectica*, 2, 1948, S. 320–324, und Bohr, S. 312–319 im gleichen Band; ferner die Diskussion zwischen Einstein und Niels Bohr in P. A. Schilpp (Hrsg.), *Albert Einstein: Philosopher-Scientist*, 1949, S. 201–241 und besonders S. 668–674; sowie einen Brief von Einstein in meinem Buch *Logik der Forschung*, 7. Auflage 1982, S. 412 ff.; siehe dort auch S. 400–411.

[22] Siehe die Geschichte seiner Entdeckung, erzählt von N. R. Hanson, *The Concept of the Positron*, 1963, Kapitel IX.

[23] Siehe besonders die Stellen über »emergente Evolution« in: *The Freedom of Man*, S. 90 ff.; vgl. *The Human Meaning of Science*, S. 73.

lischen Gesetzen folgen wie die Bewegungen der Planeten, warum sollte man sich dann anstrengen? Welchen Unterschied kann unser Bemühen machen, wenn unsere Handlungen schon durch mechanische Gesetze vorbestimmt sind . . . ?«[24]

Compton beschreibt hier das, was ich *»den Alptraum des physikalischen Deterministen«* nennen möchte. Ein deterministisches physikalisches Uhrwerk ist vor allem völlig in sich abgeschlossen: In der vollkommenen deterministischen physikalischen Welt gibt es einfach keinen Platz für irgendeine Einwirkung von außen. Alles, was in einer solchen Welt geschieht, ist physikalisch vorherbestimmt, auch alle unsere Bewegungen und damit alle unsere Handlungen. Also können alle unsere Gedanken, Gefühle und Anstrengungen keinen praktischen Einfluß darauf haben, was in der physikalischen Welt geschieht: Sie sind, wenn nicht bloße Einbildungen, bestenfalls überflüssige Nebenprodukte (»Epiphänomene«) der physikalischen Ereignisse.

Auf diese Weise drohte der Traum des Newtonschen Physikers, der hoffte, beweisen zu können, daß alle Wolken Uhren sind, zu einem Alptraum zu werden; und der Versuch, diese Drohung zu verdrängen, machte manche Physiker zu intellektuell gespaltenen Persönlichkeiten. Compton war, denke ich, der neuen Quantentheorie dafür dankbar, daß sie ihn aus dieser schwierigen geistigen Situation gerettet hatte. So schreibt er in *The Freedom of Man:* »Der Physiker hat sich selten . . . mit der Tatsache abgegeben, daß, wenn . . . völlig deterministische . . . Gesetze . . . für die menschlichen Handlungen gelten, er selbst ein Automat ist.«[25] Und in *The Human Meaning of Science* drückte er seine Erleichterung aus:

»Mit meinem eigenen Denken über diesen entscheidend wichtigen Gegenstand bin ich also heute in einer weit besseren Lage, als es mir an

[24] Vgl. *The Freedom of Man*, S. 1.

[25] Vgl. *ebenda*, S. 26f.; siehe auch S. 27f. (den letzten Abschnitt, der auf S. 27 beginnt). Ich darf vielleicht den Leser daran erinnern, daß meine Ansicht etwas von der zitierten Stelle abweicht: Ich halte es mit Peirce für logisch möglich, daß die *Gesetze* eines Systems Newtonsch sein können (und damit *prima facie* deterministisch), das System aber trotzdem indeterministisch, weil das System, für das die Gesetze gelten, selbst ungenau sein kann, etwa in dem Sinne, daß es keinen Sinn hätte, zu sagen, seine Koordinaten oder Geschwindigkeiten seien rationale (als Gegensatz zu irrationale) Zahlen. Folgende Bemerkung von Schrödinger (a.a.O., S. 143) ist ebenfalls sehr zutreffend: ». . . der Energie-Impuls-Satz liefert uns nur *vier* Gleichungen und läßt damit den Elementarvorgang in großem Umfang unbestimmt, auch wenn er sie erfüllt.« Siehe auch Anmerkung 16.

irgendeinem früheren Punkt der Wissenschaftsentwicklung möglich gewesen wäre. Setzt man voraus, daß die physikalischen Gesetze richtig formuliert sind, so hätte man annehmen müssen (wie es die meisten Philosophen getan haben), das Gefühl der Freiheit sei eine Täuschung; oder wenn man die Willensfreiheit als gegeben betrachtet hätte, dann hätten die physikalischen Gesetze ... nicht richtig sein können. Das war ein schlimmes Dilemma ...«[26]

Später in demselben Buch faßt Compton die Situation prägnant mit folgenden Worten zusammen: »... es ist nicht mehr gerechtfertigt, die physikalischen Gesetze als einen Grund gegen die menschliche Freiheit anzuführen.«[27]

Diese Compton-Zitate zeigen deutlich, daß er vor Heisenberg davon geplagt wurde, was ich hier den Alptraum des physikalischen Deterministen genannt habe, und daß er versucht hatte, diesem Alptraum durch die Entwicklung einer gewissermaßen intellektuell gespaltenen Persönlichkeit zu entkommen. Er selbst drückt es so aus: »Wir [Physiker] haben es vorgezogen, die Schwierigkeiten einfach nicht zu beachten ...«[28] Compton begrüßte die neue Theorie, die ihn von alledem befreite.

Ich glaube, die einzige ernsthaft diskutierenswerte Form des Determinismusproblems ist genau das Problem, das Compton beunruhigte: das Problem, das aus einer physikalischen Theorie erwächst, die die Welt als *physikalisch vollständiges* oder *physikalisch abgeschlossenes* System beschreibt.[29] Unter einem physikalisch abgeschlossenen System verstehe ich eine Menge oder ein System physikalischer Gegenstände, wie Atome oder Elementarteilchen oder physikalische Kräfte oder Kraftfelder, die miteinander in Wechselwirkung stehen – und zwar *nur* miteinander – endgültigen Wechselwirkungsgesetzen folgend, die keinen Raum für Wechselwirkungen mit (oder für Einflüsse von) irgend etwas

[26] Vgl. *The Human Meaning of Science*, S. IX.

[27] Ebenda, S. 42.

[28] Vgl. *The Freedom of Man*, S. 27.

[29] Angenommen, unsere physikalische Welt sei ein *physikalisch abgeschlossenes System* mit Zufallselementen. Es ist offensichtlich, daß es nicht deterministisch wäre; doch Ziele, Gedanken, Hoffnungen und Wünsche könnten in einer solchen Welt keinen Einfluß auf die physikalischen Ereignisse haben; wenn es sie gibt, so wären sie völlig überflüssig: Sie wären »Epiphänomene«. (Man beachte, daß ein deterministisches physikalisches System abgeschlossen ist, daß aber ein abgeschlossenes System indeterministisch sein kann. Also »genügt der Indeterminismus nicht«, wie in Abschnitt 10 unten erläutert wird; siehe auch Anmerkung 40.)

außerhalb dieses abgeschlossenen Systems physikalischer Gegenstände lassen. Diese »Abgeschlossenheit« des Systems erzeugt den deterministischen Alptraum.[30]

8.

Ich möchte hier für einen Augenblick abschweifen, um dem Problem des physikalischen Determinismus, dem ich größte Bedeutung beimesse, das ganz unbedeutende Problem gegenüberzustellen, das viele Philosophen und Psychologen im Anschluß an Hume an seine Stelle gesetzt haben.

Hume verstand unter dem Determinismus (den er »die Lehre von der Notwendigkeit« oder »die Lehre von der konstanten Verknüpfung« nannte) die Lehre, daß »gleiche Ursachen stets gleiche Wirkungen hervorrufen« und daß »gleiche Wirkungen notwendig aus gleichen Ursachen entspringen«.[31] Von menschlichem Handeln und Wollen glaubte er im einzelnen, daß »ein Beobachter gewöhnlich unsere Handlungen aus unseren Motiven und unserem Charakter ableiten kann; und wo er es nicht kann, glaubt er doch ganz allgemein, daß er es könnte, wenn er alle Bedingungen unserer Situation und unserer Stimmung und die geheimsten Quellen unserer . . . Neigung vollständig kennen würde. Nun, dies ist das eigentliche Wesen der Notwendigkeit . . .«[32] Humes Nachfolger faßten das so auf: Unser Handeln oder unser Wollen oder unser Geschmack oder unsere Vorlieben werden

[30] Kant litt stark unter diesem Alptraum und konnte ihn trotz zahlreicher und angestrengter Versuche nicht los werden; siehe Comptons ausgezeichnete Bemerkung über »Kants Fluchtweg« in *The Freedom of Man*, S. 67 f. (In Zeile 2 auf S. 68 sind die Worte »of Pure Reason« zu streichen.) Ich darf hier vielleicht anmerken, daß ich nicht mit allen wissenschaftstheoretischen Aussagen Comptons übereinstimme, zum Beispiel nicht mit Comptons Zustimmung zu Heisenbergs Positivismus oder Phänomenalismus (*The Freedom of Man*, S. 31), oder mit bestimmten Bemerkungen (a.a.O., Anmerkung 7, S. 20), die Compton Carl Eckart zuschreibt: Obwohl Newton kein Determinist gewesen zu sein scheint (vgl. Anmerkung 11), glaube ich nicht, daß der ziemlich präzise Begriff des *physikalischen Determinismus* an Hand eines vagen »Kausalitätsgesetzes« diskutiert werden sollte; ich stimme auch nicht damit überein, daß Newton in einem ähnlichen Sinne Phänomenalist war, wie Heisenberg in den dreißiger Jahren ein Phänomenalist (oder Positivist) gewesen sein mag.

[31] David Hume, *A Treatise of Human Nature*, 1739 (Hrsg. L. A. Selby-Bigge, 1888 und später), S. 174; siehe auch z. B. S. 173 und S. 87.

[32] Hume, a.a.O., S. 408 f.

psychologisch »verursacht« durch vorhergehende Erlebnisse (»Motive«) und letzten Endes durch unsere Erbanlagen und die Umwelt.

Doch diese Lehre, die man *philosophischen* oder *psychologischen* Determinismus nennen könnte, unterscheidet sich nicht nur stark vom *physikalischen* Determinismus, sondern sie kann von einem physikalischen Deterministen, der überhaupt etwas von dieser Sache versteht, kaum ernst genommen werden. Denn die These des philosophischen Determinismus »Gleiche Wirkungen haben gleiche Ursachen« oder »Jedes Ereignis hat eine Ursache« sind so unbestimmt, daß sie mit dem physikalischen *In*determinismus vollkommen vereinbar sind.

Der *Indeterminismus* – oder genauer der physikalische Indeterminismus – ist nichts als die Lehre, daß *nicht alle* Ereignisse in der physikalischen Welt völlig genau in allen ihren kleinsten Einzelheiten vorherbestimmt sind. Davon abgesehen ist er mit praktisch jedem beliebigen Grad der Regelmäßigkeit vereinbar, und daher folgt aus ihm nicht, daß es »Ereignisse ohne Ursache« gibt, einfach weil die Ausdrücke »Ereignis« und »Ursache« unbestimmt genug sind, um die Lehre, daß jedes Ereignis eine Ursache habe, mit dem physikalischen Indeterminismus vereinbar zu machen. Der physikalische Determinismus verlangt vollständige und unendlich genaue physikalische Vorherbestimmung ohne *jede* Ausnahme; der physikalische Indeterminismus behauptet nicht mehr, als daß der Determinismus falsch ist, daß es da oder dort *wenigstens einige* Ausnahmen von der genauen Vorherbestimmung gibt.

Selbst die Formel »Jedes beobachtbare oder meßbare *physikalische* Ereignis hat eine beobachtbare oder meßbare *physikalische* Ursache« ist noch mit dem physikalischen Indeterminismus vereinbar, einfach weil keine Messung unendlich genau sein kann: Der springende Punkt beim physikalischen Determinismus ist ja, daß er auf der Grundlage der Newtonschen Dynamik die Existenz einer Welt von absoluter mathematischer Präzision behauptet. Und obwohl er damit über den Bereich der möglichen Beobachtung hinausgeht (was Peirce erkannte), ist er doch grundsätzlich mit jedem beliebigen Grad von Genauigkeit prüfbar; und er hat tatsächlich erstaunlich genaue Prüfungen bestanden.

Im Gegensatz dazu sagt die Formel »Jedes Ereignis hat eine Ursache« nichts über die Genauigkeit; und wenn wir insbesondere die Gesetze der Psychologie betrachten, da gibt es nicht einmal eine Andeutung von Präzision. Das gilt für eine »behavioristische« Psychologie ebenso wie für eine »introspektive« oder »mentalistische«. Für die mentalistische Psychologie ist das offensichtlich. Doch auch ein Behaviorist kann *bestenfalls* voraussagen, daß eine Ratte unter gegebenen Bedingungen 20 bis 22 Sekunden braucht, um durch ein Labyrinth durchzukommen: und er hat keine Ahnung, wie er es anstellen soll, durch immer genauere experimentelle Bedingungen zu Voraussagen zu gelangen, die immer genauer und genauer werden – und *im Prinzip unbegrenzt genau.* Das liegt daran, daß die behavioristischen »Gesetze« nicht, wie die der Newtonschen Physik, Differentialgleichungen sind, und weil jeder Versuch, solche Differentialgleichungen einzuführen, über den Behaviorismus hinaus in die Physiologie führen würde und damit letzten Endes in die Physik; wir würden also auf das Problem des *physikalischen Determinismus* zurückgeführt.

Wie Laplace bemerkte, folgt aus dem physikalischen Determinismus, daß jedes physikalische Ereignis in ferner Zukunft (oder in weiter Vergangenheit) mit jedem beliebigen Grad von Genauigkeit voraussagbar (oder im nachhinein voraussagbar) ist, vorausgesetzt, wir haben genügend Kenntnisse über den gegenwärtigen Zustand der physikalischen Welt. Der philosophische (oder psychologische) Determinismus vom Schlage Humes behauptet andererseits selbst in seiner stärksten Fassung nicht mehr, als daß jeder *beobachtbare* Unterschied zwischen zwei Ereignissen durch ein vielleicht noch unbekanntes Gesetz mit einem – vielleicht beobachtbaren – Unterschied im vorhergehenden Zustand der Welt zusammenhängt; das ist offensichtlich eine sehr viel schwächere Behauptung, die man übrigens auch dann aufrechterhalten könnte, wenn die meisten Experimente, die unter *anscheinend* »völlig gleichen« Bedingungen durchgeführt wurden, zu verschiedenen Ergebnissen führen würden. Das sprach Hume selbst deutlich aus. »Auch wenn diese einander widersprechenden Experimente völlig gleich sind«, so schreibt er, »lassen wir nicht den Begriff der Ursache und der Notwendigkeit fallen, sondern . . . schließen, daß der [scheinbare] Zufall . . . nur in . . . unserem unvollkommenen Wissen liegt, nicht in den Dingen selbst, die in jedem Falle gleich notwendig [das heißt determiniert] sind, obwohl sie nicht völlig gleichbleibend oder sicher erscheinen.«[33]

[33] Hume, a.a.O., S. 403 f. Interessant ist ein Vergleich mit S. 404 f. (wo Hume sagt: »Ich definiere die Notwendigkeit auf zwei Arten«) und damit, daß er der »Materie« »jene intelligible Eigenschaft, man nenne sie Notwendigkeit oder anders« zuschreibt, die, wie er sagt, jeder »dem Willen zuordnen muß« (oder »der Tätigkeit des Geistes«). Mit anderen Worten, Hume versucht hier seine Lehre von der Gewohnheit und seine Assoziationspsychologie auf die »Materie«, also die Physik, anzuwenden.

Daher fehlt einem Humeschen philosophischen Determinismus, und noch mehr einem psychologischen Determinismus, der Stachel des physikalischen Determinismus. Denn in der Newtonschen Physik sah es tatsächlich so aus, als wäre jede scheinbare Unbestimmtheit in einem System nur unserem Unwissen zuzuschreiben und als ob sie verschwinden würde, wenn man vollständige Kenntnisse über das System hätte. Die Psychologie dagegen hatte nie diesen Charakter.

Der physikalische Determinismus, so könnte man rückblickend sagen, war ein Traum von Allwissenheit, der mit jedem Fortschritt der Physik wirklicher zu werden schien, bis er zu einem scheinbar unausweichlichen Alptraum wurde. Doch die entsprechenden Träume der Psychologen waren nie mehr als Luftschlösser: Es waren utopische Träume, es der Physik mit ihren mathematischen Methoden und ihren weitreichenden Anwendungen gleichzutun, sie vielleicht sogar zu übertreffen, indem man Menschen und Gesellschaften veränderte. (Diese totalitären Träume sind zwar wissenschaftlich nicht ernstzunehmen, aber politisch sehr gefährlich;[34] doch da ich mich mit diesen Gefahren an anderer Stelle beschäftigt habe, möchte ich das Problem hier nicht behandeln.)

9.

Ich habe den physikalischen Determinismus einen Alptraum genannt. Das ist er, weil er die ganze Welt, mit allem, was in ihr ist, zu einem riesigen Automaten erklärt und uns zu nichts als kleinen Zahnrädern oder bestenfalls zu Teilautomaten darin.

Damit zerstört er insbesondere den Gedanken des Schöpferischen. Er reduziert den Gedanken zu einer reinen Täuschung, ich hätte bei der Vorbereitung dieser Vorlesung mein Gehirn dazu gebraucht, *etwas Neues* zu schaffen. Nach dem physikalischen Determinismus lag nicht mehr vor, als daß gewisse Teile meines Körpers schwarze Zeichen auf

[34] Siehe besonders B. F. Skinner, *Walden Two*, 1948, ein einnehmender und wohlwollender, aber höchst naiver Allmachtstraum (siehe besonders S. 246–250 sowie S. 214 f.). Aldous Huxley, *Brave New World*, 1932 (siehe auch *Brave New World Revisited*, 1959), und George Orwell, *1984*, 1948, sind bekannte Gegenpositionen. Ich habe einige dieser utopischen und autoritären Ideen kritisiert in *Die offene Gesellschaft und ihre Feinde*, 1957/58, und in *Das Elend des Historizismus*, z. B. S. 72. (Siehe insbesondere in beiden Büchern meine Kritik der sogenannten »Wissenssoziologie«.)

weißes Papier setzten: Jeder Physiker mit genügend genauen Informationen hätte meine Vorlesung einfach dadurch schreiben können, daß er genau vorausgesagt hätte, wie im einzelnen das physikalische System aus meinem Körper (natürlich einschließlich des Gehirns und der Finger) und der Feder die schwarzen Zeichen hinsetzen würde.

Ein eindrucksvolleres Beispiel ist vielleicht: Wenn der physikalische Determinismus recht hat, dann könnte ein völlig tauber Physiker, der nie einen Ton Musik gehört hat, sämtliche Sinfonien und Konzerte von Mozart und Beethoven schreiben, indem er einfach den genauen physikalischen Zustand ihres Körpers untersucht und voraussagt, wo sie schwarze Zeichen auf ihr liniertes Papier machen würden. Unser tauber Physiker könnte sogar noch mehr tun: Durch hinreichend genaue Untersuchung der Körper von Mozart und Beethoven könnte er Partituren schreiben, die Mozart und Beethoven nie tatsächlich geschrieben haben, die sie aber geschrieben hätten, wenn bestimmte äußere Bedingungen ihres Lebens anders gewesen wären; wenn sie zum Beispiel Hammelfleisch statt Hühnerfleisch gegessen oder Tee statt Kaffee getrunken hätten.

All das könnte unser tauber Physiker tun, wenn er genügend Kenntnis der rein physikalischen Bedingungen hätte. Er brauchte keinerlei Kenntnisse der Musiktheorie zu haben – er könnte aber voraussagen, welche Antworten Mozart und Beethoven hingeschrieben hätten, wenn sie über die Theorie des Kontrapunkts geprüft worden wären.

Ich halte das alles für absurd;[35] und die Absurdität wird sogar noch

[35] Mein tauber Physiker ähnelt natürlich stark dem Laplaceschen Dämon (siehe Anmerkung 15); ich halte seine Leistungen für absurd, weil eben nichtphysikalische Aspekte (Ziele, Zwecke, Traditionen, Geschmäcker, Erfindungsgeist) bei der Entwicklung der physikalischen Welt eine Rolle spielen; oder, mit anderen Worten, ich glaube an *Wechselwirkungen* (siehe Anmerkungen 43 und 62). Samuel Alexander, *Space, Time and Deity*, 1920, Band II, S. 328, sagt über den von ihm so genannten »Laplaceschen Rechner«: »Außer in dem beschriebenen eingeschränkten Sinne ist die Hypothese vom Rechner absurd.« Doch der »eingeschränkte Sinn *schließt* die Voraussage *aller* rein physikalischen Ereignisse *ein* und würde darum auch die Voraussage der von Mozart und Beethoven geschriebenen Zeichen *einschließen. Ausgenommen* ist lediglich die Voraussage geistiger Erfahrung (was ziemlich genau meiner Annahme der Taubheit des Physikers entspricht). Alexander ist also bereit, zuzugestehen, was ich für absurd halte. (Ich darf hier vielleicht sagen, daß ich es für besser halte, das Freiheitsproblem im Zusammenhang mit der Schaffung von Musik oder neuen wissenschaftlichen Theorien oder technischen Erfindungen zu diskutieren als im Zusammenhang mit der Ethik und der ethischen Verantwortlichkeit.)

offensichtlicher, wenn wir diese Methode der physikalischen Voraussage auf einen Deterministen anwenden.

Denn nach dem Determinismus vertritt jemand irgendwelche Theorien – etwa den Determinismus – wegen seiner bestimmten physikalischen Struktur (etwa der seines Gehirns). Wir täuschen uns also (und sind dazu physikalisch vorherbestimmt), wenn wir glauben, es gäbe so etwas wie Argumente oder Gründe, die uns dazu bringen, den Determinismus zu akzeptieren. Oder mit anderen Worten, der physikalische Determinismus ist eine Theorie, über die man, wenn sie wahr ist, nicht argumentieren kann, denn sie muß alle unsere Reaktionen, auch das, was uns als auf Argumente gegründete Überzeugung erscheint, auf *rein physikalische Bedingungen* zurückführen. Rein physikalische Bedingungen, zu denen unsere physikalische Umgebung gehört, veranlassen uns, zu sagen oder zu akzeptieren, was immer wir sagen oder akzeptieren; und ein fähiger Physiker, der kein Französisch kann und nie etwas vom Determinismus gehört hat, könnte voraussagen, was ein französischer Determinist auf Französisch in einer Diskussion über den Determinismus sagen würde, und natürlich auch, was sein indeterministischer Gegner sagen würde. Doch das bedeutet: Wenn wir glauben, wir hätten eine Theorie wie den Determinismus wegen der logischen Kraft bestimmter Argumente angenommen, dann täuschen wir uns gemäß der Theorie des physikalischen Determinismus; oder genauer: Wir befinden uns in einem physikalischen Zustand, der uns dazu bestimmt, uns zu täuschen.

Hume durchschaute vieles davon, aber er scheint nicht ganz erkannt zu haben, was das für seine eigenen Argumente bedeutete; denn er beschränkte sich darauf, den Determinismus *»unserer Urteile«* mit dem *»unserer Handlungen«* zu vergleichen, mit dem Ergebnis, daß *»wir nicht mehr Freiheit in dem einen als in dem anderen haben«*.[36]

Überlegungen wie diese sind vielleicht der Grund, warum sich so viele Philosophen nicht dem Problem des Determinismus stellen und es als »Kinderschreck« abtun.[37] Doch die Lehre, daß der *Mensch eine Maschine sei*, wurde höchst nachdrücklich und ernsthaft 1751 von de La Mettrie vertreten, lange bevor die Evolutionstheorie sich allgemein durchsetzte; und die Evolutionstheorie spitzte das Problem noch zu, indem sie

[36] Hume, a.a.O., S. 609 (Hervorhebungen von mir).

[37] Siehe Anmerkung 15 oben, und Gilbert Ryle, *The Concept of Mind*, 1949, S. 76 ff. (»der Kinderschreck des Mechanismus«).

behauptete, es gebe keinen klaren Unterschied zwischen lebender und toter Materie.[38] Und trotz des Sieges der neuen Quantentheorie und der Bekehrung so vieler Physiker zum Indeterminismus hat de La Mettries Lehre, der Mensch sei eine Maschine, heute vielleicht mehr Anhänger unter den Physikern, Biologen und Philosophen denn je, besonders in Form der These, der Mensch sei eine informationsverarbeitende Maschine.[39]

Denn wenn wir eine Evolutionstheorie (etwa die Darwinsche) akzeptieren, so können wir – selbst wenn wir der Theorie, daß das Leben aus anorganischer Materie entstanden ist, skeptisch gegenüberstehen – kaum bestreiten, daß es eine Zeit gegeben haben muß, in der es abstrakte und nichtphysikalische Gegenstände wie Gründe und Argumente und wissenschaftliches Wissen und abstrakte Regeln (etwa für den Bau von Eisenbahnen oder Baggern oder Satelliten oder auch Regeln der Grammatik oder des Kontrapunkts) nicht gab oder daß sie zumindest keine Wirkung auf die physikalische Welt ausübten. Es ist schwer zu verstehen, wie die physikalische Welt abstrakte Gegenstände wie Regeln erzeugen und dann unter den Einfluß dieser Regeln geraten konnte, so daß diese Regeln ihrerseits sehr spürbare Wirkungen auf das physikalische Universum ausüben konnten.

Es gibt jedoch mindestens einen Ausweg aus dieser Schwierigkeit, der das Problem vielleicht etwas umgeht, aber jedenfalls recht einfach ist. Wir können einfach bestreiten, daß diese abstrakten Gegenstände existieren und daß sie das physikalische Universum beeinflussen können. Und wir können behaupten, was existiert, sind unsere Gehirne, und daß diese wie Computer arbeiten; daß die angeblichen abstrakten Regeln

[38] Vgl. N. W. Pirie, »The Meaninglessness of the Terms Life and Living«, *Perspectives in Biochemistry*, 1937 (Hrsg. J. Needham und D. E. Green), S. 11 ff.

[39] Siehe z. B. A. M. Turing, »Computing Machinery and Intelligence«, *Mind* 59, 1950, S. 433–460. Turing behauptete, Menschen und Computer seien in ihren beobachtbaren (Verhaltens-) Leistungen grundsätzlich nicht unterscheidbar, und er forderte seine Gegner auf, ein beobachtbares menschliches Verhalten oder eine solche Leistung *anzugeben*, zu der ein Computer grundsätzlich unfähig wäre. Doch diese Aufforderung ist eine intellektuelle Falle: Wenn wir ein Verhalten *genauer bezeichnen*, so haben wir eine Anweisung für den Bau eines Computers niedergelegt. Außerdem bauen und benutzen wir Computer, weil sie vieles können, was wir nicht können; ganz wie ich eine Feder oder einen Bleistift benutze, wenn ich eine Summe bilden möchte, die ich nicht im Kopf ausrechnen kann. »Mein Bleistift ist klüger als ich«, pflegte Einstein zu sagen. Aber das beweist nicht, daß er von seinem Bleistift nicht unterscheidbar wäre. (Vgl. die letzten Absätze S. 195 meiner Arbeit über den Indeterminismus, die in Anmerkung 16 oben erwähnt wurde, sowie Kapitel 12, Abschnitt 5 meines Buches *Conjectures and Refutations*.)

physikalische seien, ganz wie die konkreten physikalischen Lochkarten, mit denen wir unsere Computer »programmieren«; und daß die Existenz von irgend etwas Nichtphysikalischem vielleicht nur »eine Illusion«, jedenfalls aber unwesentlich sei, weil alles wie gewöhnlich weitergehen würde, auch wenn es keine solchen Illusionen gäbe.

Bei diesem Ausweg brauchen wir uns über den »psychischen« Status dieser Illusionen keine Gedanken zu machen. Sie könnten bei allen Dingen vorhanden sein: Der Stein, den ich werfe, könnte die Illusion haben, daß er fliegt, genau wie ich die Illusion habe, daß ich ihn werfe; und meine Feder oder mein Computer könnte die Illusion haben, daß sie oder er aus Interesse an den Problemen tätig ist, die sie oder er zu lösen glaubt – und die ich zu lösen glaube –, während in Wirklichkeit nichts irgendwie Bedeutendes vor sich geht außer rein physikalischen Wechselwirkungen.

An alledem können Sie erkennen, daß das Problem des physikalischen Determinismus, das Compton zu schaffen machte, wirklich ein ernstes Problem ist. Es ist nicht bloß ein philosophisches Rätsel, sondern es betrifft zumindest auch Physiker, Biologen, Behavioristen, Psychologen und Informatiker.

Eine ganze Reihe von Philosophen hat (im Anschluß an Hume oder Schlick) zu zeigen versucht, daß es sich nur um ein verbales Problem handle, um ein Problem über den Gebrauch des Wortes »Freiheit«. Doch diese Philosophen haben kaum den Unterschied zwischen dem Problem des physikalischen und des philosophischen Determinismus gesehen; und sie sind entweder Deterministen wie Hume, was erklärt, warum für sie »Freiheit« »nur ein Wort« ist, oder sie haben niemals jenen engeren Kontakt mit den Naturwissenschaften oder der Informatik gehabt, der ihnen gezeigt hätte, daß wir es mit mehr als nur einem verbalen Problem zu tun haben.

10.

Wie Compton gehöre ich zu denen, die das Problem des physikalischen Determinismus ernst nehmen, und wie Compton glaube ich nicht, daß wir reine informationsverarbeitende Maschinen sind (obwohl ich bereitwillig zugebe, daß wir eine Menge von ihnen lernen können – sogar über uns selbst). Ich bin also wie Compton ein *physikalischer Indeterminist:* Der physikalische Indeterminismus ist für mich eine notwendige Voraussetzung für jede Lösung unseres Problems. Man muß Indeterminist sein; doch ich werde zu zeigen versuchen, daß Indeterminismus nicht genug ist.

Mit dieser Aussage, daß *der Indeterminismus nicht genügt*, bin ich nicht nur an einem neuen Punkt, sondern am Kern meines Problems angekommen.

Das Problem läßt sich folgendermaßen darstellen.

Wenn der Determinismus wahr ist, dann ist die ganze Welt eine fehlerlose, vollkommen gehende Uhr, einschließlich aller Wolken, Organismen, Tiere und Menschen. Ist andererseits die Peircesche oder die Heisenbergsche oder eine andere Form des Indeterminismus wahr, dann spielt der reine *Zufall* in unserer physikalischen Welt eine große Rolle. *Ist aber der Zufall wirklich befriedigender als der Determinismus?*

Das Problem ist wohlbekannt. Deterministen wie Schlick haben es so formuliert: »...Handelnsfreiheit, Verantwortung und Zurechnungsfähigkeit reichen nur so weit, wie die Kausalität reicht; sie hören auf, wo der Zufall im Spiel ist... ein höherer Grad von Zufälligkeit... [bedeutet einfach] einen höheren Grad von Verantwortungslosigkeit.«[40]

Vielleicht kann ich diesen Gedanken Schlicks in Begriffen eines vorhin gebrauchten Beispiels erläutern: Zu sagen, daß die schwarzen Zeichen auf weißem Papier, die ich zur Vorbereitung dieser Vorlesung erzeugt habe, einfach ein Ergebnis des *Zufalls* seien, ist kaum befriedigender als zu sagen, sie seien physikalisch vorherbestimmt. Es ist sogar weniger befriedigend. Denn einige Leute wären wohl durchaus bereit zu glauben, der Text meiner Vorlesung sei im Prinzip vollständig erklärbar aus meinen physischen Erbanlagen, meiner physischen Umgebung einschließlich meiner Erziehung, der Bücher, die ich gelesen, und der Gespräche, an denen ich teilgenommen habe; doch kaum jemand würde glauben wollen, das, was ich vortrage, sei das Ergebnis reinen Zufalls – eine bloße Zufallsauswahl von Wörtern oder vielleicht Buchstaben, ohne jeden Zweck oder Plan, ohne jede Überlegung oder Absicht zusammengestellt.

Den Gedanken, die einzige Möglichkeit neben dem Determinismus sei der reine Zufall, übernahm Schlick, ebenso wie viele andere seiner Ansichten über diesen Gegenstand, von Hume, der behauptete, »das Aufgeben« dessen, was er »physikalische Notwendigkeit« nannte, müs-

[40] Siehe M. Schlick, *Erkenntnis* 5, S. 183 (aus den letzten 8 Zeilen des ersten Absatzes zusammengestellt).

se stets zum »*Zufall*« führen. »Da die Dinge entweder verknüpft sein müssen oder nicht,... ist es unmöglich, ein Mittelding zuzulassen zwischen Zufall und absoluter Notwendigkeit.«[41]

Ich werde mich später gegen diese wichtige Lehre wenden, nach der die einzige Alternative zum Determinismus nur der reine Zufall ist. Ich muß aber zugeben, daß sie für die quantentheoretischen Modelle zu gelten scheint, die aufgestellt wurden, um die Möglichkeit der menschlichen Freiheit zu erklären oder zumindest zu veranschaulichen. Dies scheint der Grund zu sein, warum diese Modelle so unbefriedigend sind.

Compton selbst stellte ein solches Modell auf, hatte es aber nicht besonders gerne. Es nimmt die quantentheoretische Unbestimmtheit und die Unvoraussagbarkeit eines Quantensprungs als Modell für eine wichtige menschliche Entscheidung. Es besteht aus einem Verstärker, der die Wirkungen eines einzelnen Quantensprungs so verstärkt, daß entweder eine Explosion hervorgerufen oder das Relais für ihre Zündung zerstört wird. So kann einem einzelnen Quantensprung eine weittragende Entscheidung entsprechen. Doch nach meiner Auffassung hat das Modell keinerlei Ähnlichkeit mit einer *rationalen Entscheidung*. Es ist viel eher ein Modell für eine Entscheidungsfindung, bei der Menschen, die sich nicht entscheiden können, sagen: »Laßt uns eine Münze werfen.« Der ganze Verstärkungsmechanismus für den Quantensprung erscheint als ziemlich überflüssig: Eine Münze zu werfen und nach dem Ergebnis des Wurfs zu entscheiden, ob ein Hebel betätigt werden soll oder nicht, würde es genausogut tun. Und es gibt natürlich Computer mit Programmen zur Erzeugung von Zufallszahlen, die Münzwürfen entsprechen.

Man kann vielleicht sagen, manche unserer Entscheidungen sind wirklich Münzwürfen ähnlich: Es sind Schnapp-Entscheidungen, die ohne Überlegung getroffen werden, da wir oft zur Überlegung nicht genug Zeit haben. Autofahrer oder Flugzeugführer müssen manchmal solche Schnapp-Entscheidungen fällen; sind sie geübt, oder haben sie Glück, so kann das Ergebnis gut sein; im anderen Falle nicht.

Ich gebe zu, daß das Quantensprungmodell als Modell für solche Schnapp-Entscheidungen dienen kann; ich gebe sogar zu, daß man sich vorstellen kann, daß so etwas wie eine Verstärkung eines Quantensprungs tatsächlich in unserem Gehirn vor sich geht, wenn wir eine Schnapp-Entscheidung treffen. Aber sind Schnapp-Entscheidungen

[41] Hume, a.a.O., S. 171. Siehe auch z. B. S. 407: »... Freiheit... ist genau dasselbe wie Zufall.«

wirklich so interessant? Sind sie für das menschliche Verhalten kennzeichnend – für das *rationale* menschliche Verhalten?

Ich glaube nicht; und ich glaube nicht, daß wir mit den Quantensprüngen viel weiter kommen. Sie sind gerade die Art von Beispielen, die die These von Hume und Schlick zu stützen scheinen, daß der reine Zufall die einzige Alternative zum Determinismus sei. Was wir zum Verständnis des rationalen menschlichen Verhaltens – und auch des Tierverhaltens – brauchen, ist ein *Zwischending*, das in seinem Charakter zwischen reinem Zufall und reinem Determinismus liegt – ein Zwischending zwischen vollkommenen Wolken und vollkommenen Uhren.

Humes und Schlicks ontologische These, es könne nichts zwischen Zufall und Determinismus geben, erscheint mir nicht nur als höchst dogmatisch (um nicht zu sagen doktrinär), sondern als eindeutig absurd; und sie ist nur verständlich unter der Annahme, daß sie an einen vollständigen Determinismus glaubten, in dem der Zufall keinen Platz hat außer als Zeichen unseres Nichtwissens. (Aber sogar dann erscheint sie mir noch als absurd, denn es gibt ja offenbar so etwas wie Teil-Wissen oder Teil-Nichtwissen.) Denn wir wissen, daß auch äußerst zuverlässige Uhren nicht ganz vollkommen sind, und Schlick (wenn nicht Hume) mußte wissen, daß das hauptsächlich auf Einflüsse wie die Reibung zurückzuführen ist – das heißt auf statistische oder zufällige Einflüsse. Und wir wissen auch, daß unsere Wolken nicht vollkommen zufällig sind, denn wir können das Wetter oft ganz erfolgreich voraussagen, wenigstens für kurze Zeiträume.

11.

Wir müssen also zu unserer alten Anordnung mit den Wolken auf der linken und den Uhren auf der rechten Seite zurückkehren, wo Tiere und Menschen einen Platz irgendwo dazwischen einnehmen.

Doch selbst wenn wir dies tun (und es gibt einige Probleme zu lösen, ehe wir sagen können, diese Anordnung entspreche der heutigen Physik), sogar dann haben wir bestenfalls erst Raum für unsere Hauptfrage geschaffen.

Denn offensichtlich möchten wir verstehen, wie solche nichtphysikalischen Dinge wie *Zwecke, Überlegungen, Pläne, Entscheidungen, Theorien, Absichten und Werte* dabei mitspielen können, physikalische Änderungen in der physikalischen Welt herbeizuführen. Daß sie das tun, scheint – trotz Hume, Laplace und Schlick – offensichtlich zu sein. Es ist einfach nicht wahr, daß all jene ungeheuren physikalischen Veränderungen, die stündlich von unseren Federn und Bleistiften oder Baggern hervorgebracht werden, rein physikalisch erklärbar wären, sei es durch eine deterministische physikalische Theorie oder (durch eine stochastische Theorie) als zufallsbedingt.

Compton war sich dieses Problems sehr wohl bewußt, wie die folgende bezaubernde Stelle aus seinen Terry-Vorlesungen zeigt:

»Vor einiger Zeit schrieb ich an die Verwaltung der Yale University, ich sei bereit, am 10. November um 17 Uhr eine Vorlesung zu halten. Man setzte solches Vertrauen in mich, daß öffentlich angekündigt wurde, ich würde dort sein, und die Zuhörer vertrauten dem so stark, daß sie sich zur angegebenen Zeit in dem Hörsaal einfanden. Aber bedenken Sie, wie unwahrscheinlich es physikalisch war, daß ihr Vertrauen gerechtfertigt war. In der Zwischenzeit mußte ich mich im Rahmen meiner Arbeit in die Rocky Mountains und in das sonnige Italien begeben. Ein phototroper Organismus [wie ich es zufällig bin], würde sich nicht leicht... von dort losreißen und sich in das kalte New Haven begeben. Es gab unendlich viele Möglichkeiten. Als physikalisches Ereignis betrachtet, wäre die Wahrscheinlichkeit, daß ich die Verabredung einhalten würde, unvorstellbar klein gewesen. Warum war trotzdem das Vertrauen der Zuhörer gerechtfertigt? ... Sie kannten meine Absicht, und es war meine Absicht, die bestimmte, daß ich da sein würde.«[42]

Compton zeigt hier sehr schön, daß der bloße physikalische Indeterminismus nicht genügt. Sicherlich müssen wir Indeterministen sein; aber wir müssen auch versuchen zu verstehen, wie Menschen und vielleicht auch Tiere von Dingen wie Zielen oder Zwecken oder Regeln oder Vereinbarungen »beeinflußt« oder »gesteuert« werden können.

Das also ist unser Hauptproblem.

12.

Eine genauere Überlegung zeigt aber, daß mit der Geschichte von Comptons Reise von Italien zur Yale University *zwei* Probleme verknüpft sind. Das erste möchte ich *Comptons Problem*, das zweite *Descartes' Problem* nennen.

[42] Vgl. *The Freedom of Man*, S. 53 f.

Comptons Problem ist von den Philosophen nur selten und, wenn überhaupt, dann nur undeutlich erkannt worden. Es läßt sich folgendermaßen formulieren:

Es gibt solche Dinge wie Briefe, in denen eine Einladung zu einer Vorlesung angenommen wird, und öffentliche Ankündigungen von Absichten, öffentlich erklärte Ziele und Zwecke; allgemeine moralische Regeln. Jedes dieser Dokumente oder Ankündigungen oder Regeln hat einen bestimmten Inhalt oder eine bestimmte Bedeutung, die invariant bleibt, wenn wir sie übersetzen oder umformulieren. *Dieser Inhalt oder diese Bedeutung ist also etwas ganz Abstraktes.* Und doch kann sie – vielleicht in Form einer kurzen, kaum verständlichen Eintragung in einen Terminkalender – die physischen Bewegungen eines Menschen so beeinflussen, daß er sich von Italien nach Connecticut begibt. Wie ist das möglich?

Das nenne ich Comptons Problem. Es ist wichtig zu beachten, daß es in dieser Form neutral gegenüber der Frage ist, ob man eine behavioristische oder eine mentalistische Psychologie zugrundelegt: In der hier gegebenen Formulierung, die durch Comptons Text angeregt wurde, ist das Problem in bezug auf Comptons *Verhalten* der Rückkehr an die Yale University gefaßt; es würde aber wenig Unterschied machen, wenn man psychische Ereignisse wie das Wollen einbeziehen würde oder das Gefühl, eine Idee begriffen zu haben.

Wenn man sich an Comptons behavioristische Terminologie hält, läßt sich Comptons Problem beschreiben als das Problem des Einflusses *der Welt abstrakter Bedeutungen* auf das menschliche Verhalten (und damit auf die physikalische Welt). »Welt der Bedeutungen« ist hier ein Kurzausdruck für ganz verschiedene Dinge wie Versprechungen, Ziele und verschiedene Arten von Regeln wie solche der Grammatik, der Höflichkeit, der Logik, des Schachspiels oder des Kontrapunktes; oder auch für solche Dinge wie wissenschaftliche (oder andere) Veröffentlichungen; Appelle an unseren Sinn für Gerechtigkeit oder Großzügigkeit oder an unseren Kunstverstand und so weiter, fast *ad infinitum.*

Ich glaube, das, was ich hier Comptons Problem genannt habe, ist eines der interessantesten Probleme der Philosophie, obwohl dies nur wenige Philosophen erkannt haben. Nach meiner Auffassung ist es ein wirkliches Schlüsselproblem und wichtiger als das klassische Leib-Seele-Problem, das ich hier »Descartes' Problem« nenne.

Um Mißverständnisse zu vermeiden, sollte ich vielleicht anmerken, daß Compton sicher nicht die Absicht hatte, sich einem ausgewachsenen Behaviorismus zu verschreiben, wenn er das Problem in behavioristischen Begriffen formulierte. Im Gegenteil, er zweifelte weder an der Existenz seines eigenen Bewußtseins noch an der Existenz fremden Bewußtseins, ebenso wenig an der Existenz von Erlebnissen wie Willensakten, Überlegungen, Freude und Schmerz. Er hätte deshalb darauf bestanden, daß es hier noch ein *zweites* Problem zu lösen gibt.

Wir können dieses zweite Problem als das klassische Leib-Seele-Problem oder als Descartes' Problem identifizieren. Man kann es folgendermaßen formulieren: Wie ist es möglich, daß Bewußtseinszustände – Willensakte, Gefühle, Erwartungen – die physischen Bewegungen unserer Glieder beeinflussen oder steuern? Und (was freilich in unserem Zusammenhang wenig wichtig ist): Wie ist es möglich, daß die physikalischen Zustände eines Organismus seine psychischen Zustände beeinflussen?[43]

Compton spricht sich dafür aus, daß jede *befriedigende* oder *annehmbare* Lösung eines dieser beiden Probleme mit folgendem Postulat vereinbar sein müsse, das ich *Comptons Freiheitspostulat* nenne: Die Lösung muß die Freiheit erklären; und sie muß auch erklären, warum Freiheit nicht einfach Zufall ist, sondern eher das Ergebnis eines komplexen Zusammenwirkens zwischen *etwas sehr Zufallsähnlichem* und *so etwas wie einer einschränkenden oder auswählenden Steuerung* – wie einem Ziel oder einem Maßstab –, obwohl sicher nicht einer gußeisernen Steuerung. Denn es ist klar, daß die Einflüsse, die Compton aus Italien zurückführten, ihm eine Menge Freiheit ließen: Er hatte etwa die Freiheit, zwischen einem amerikanischen, französischen oder italienischen Schiff zu wählen; oder seine Vorlesung zu verschieben, wenn eine wichtigere Verpflichtung dazwischen gekommen wäre.

Wir können sagen, Comptons Freiheitspostulat schränkt die annehmbaren Lösungen für unsere beiden Probleme ein, indem es fordert, daß sie *der Idee der Verbindung von Freiheit und Steuerung* sowie der

[43] Eine kritische Diskussion dessen, was ich hier Descartes' Problem nenne, findet sich in den Kapiteln 12 und 13 meines Buches *Conjectures and Refutations*. Ich möchte hier sagen, daß ich wie Compton fast Kartesianer bin, indem ich die These von der physikalischen Vollständigkeit aller lebenden Organismen (als physikalische Systeme betrachtet) bestreite, das heißt, ich vermute, daß in manchen Organismen psychische Zustände mit physikalischen Zuständen *interagieren* können. (Ich bin aber weniger Kartesianer als Compton: Ich finde die Steuerungsmodelle noch weniger anziehend als er; vgl. Anmerkungen 44, 45 und 62.) Weiterhin kann ich mich mit der Kartesischen Rede von einer geistigen oder denkenden *Substanz* nicht befreunden – ebenso wenig wie mit seiner materiellen oder ausgedehnten *Substanz*. Ich bin nur insofern Kartesianer, als ich an die Existenz physikalischer *wie auch* psychischer *Zustände* glaube (und außerdem an noch abstraktere Dinge wie den Stand einer Diskussion).

Idee der »plastischen Steuerung« entsprechen müssen, wie ich das Gegenstück zur »gußeisernen Steuerung« nennen möchte.

Comptons Postulat ist eine Einschränkung, die ich gern und aus freien Stücken annehme; und meine eigene freie und wohlerwogene, wenn auch nicht unkritische Annahme dieser Einschränkung mag als Illustration der Verbindung von Freiheit und Steuerung dienen, die gerade der Inhalt von Comptons Freiheitspostulat ist.

13.

Ich habe unsere beiden zentralen *Probleme* erläutert – Comptons Problem und Descartes' Problem. Um sie zu lösen, brauchen wir nach meiner Ansicht eine *neue Theorie*, und zwar eine neue Theorie der Evolution und ein neues Modell des Organismus.

Das ist nötig, weil die vorhandenen indeterministischen Theorien unbefriedigend sind. Sie sind indeterministisch, doch wir wissen, daß Indeterminismus allein nicht genügt, und es ist nicht klar, wie sie dem Schlickschen Einwand entgehen können, und ob sie Comptons Postulat von *Freiheit und Steuerung* entsprechen. Noch einmal, Comptons Problem geht weit über sie hinaus: Sie sind für das Problem kaum von Bedeutung. Diese Theorien versuchen zwar Descartes' Problem zu lösen, aber die vorgeschlagenen Lösungen dürften kaum befriedigen.

Die Theorien, an die ich denke, könnten *Hauptschalter-Modelle der Steuerung* genannt werden oder kurz *Hauptschalter-Theorien.* Ihnen liegt die Idee zugrunde, unser Körper sei eine Art Maschine, die durch einen Hebel oder einen Schalter von einem oder mehreren *zentralen Steuerungspunkten* aus gesteuert werde. Descartes ging sogar so weit, den Steuerungspunkt genau anzugeben: In der Zirbeldrüse, so sagt er, wirkt der Geist auf den Körper. Einige Quantentheoretiker äußerten den Gedanken (den Compton als Hypothese gelten ließ), unser Geist wirke dadurch auf den Körper, daß er bestimmte Quantensprünge beeinflusse oder auswähle. Diese würden dann von unserem Zentralnervensystem verstärkt, das wie ein elektronischer Verstärker arbeitet: Die verstärkten Quantensprünge betätigen eine Kaskade von Relais oder Steuerschaltern und bewirken so am Ende Muskelkontraktionen.[44] Ich denke, es gibt in Comptons Büchern einige Hinweise darauf, daß ihm diese spezielle Theorie oder dieses Modell nicht besonders gefiel und daß er sie nur zu einem Zweck heranzog: um zu zeigen, daß menschlicher Indeterminismus (oder sogar »Freiheit«) der Quantenphysik nicht notwendig widerspricht.[45] Mir scheint, er hatte mit alledem recht, auch mit seiner Antipathie gegen die Hauptschalter-Theorien.

Denn diese Hauptschalter-Theorien – sei es die von Descartes oder seien es die Verstärkertheorien der Quantenphysiker – gehören zu den »*Winziges-Baby-Theorien*«, wie ich sie nennen möchte. Sie kommen mir fast so wenig anziehend vor wie winzige Babys.

Sie kennen sicher alle die Geschichte von der unverheirateten Mutter, die sich verteidigt: »Aber es ist nur *ganz* winzig.« Ähnlich kommt mir Descartes' Argument vor: »Aber es ist nur winzig: es ist nur ein ausdehnungsloser mathematischer Punkt, an dem der Geist auf den Körper wirken kann.«

Die Quantentheoretiker haben eine ganz ähnliche Winziges-Baby-Theorie: »Nur mit *einem* Quantensprung und nur im Rahmen der Heisenbergschen Unbestimmtheit – und die ist in der Tat winzig – kann der Geist auf ein physikalisches System wirken.« Ich gebe zu, daß hier vielleicht ein gewisser Fortschritt vorliegt, indem die Größe des Babys angegeben wird. Aber ich mag dieses Baby trotzdem nicht.

Denn wie winzig auch der Hauptschalter sein mag, das Hauptschalter-plus-Verstärker-Modell legt zwingend nahe, daß alle unsere Entscheidungen entweder plötzliche Entscheidungen sind (oder Schnapp-Entscheidungen, wie ich es in Abschnitt 10 oben genannt habe) oder aus solchen zusammengesetzt sind. Nun gebe ich zu, daß Verstärkungsmechanismen wichtige Eigenschaften biologischer Systeme sind, denn die Energie der Reaktion, die durch einen biologischen Reiz ausgelöst wird, übertrifft gewöhnlich die Energie des auslösenden Reizes sehr stark;[46]

[44] Compton diskutierte diese Theorie ziemlich ausführlich, besonders in *The Freedom of Man*, S. 37–65. Siehe insbesondere den Hinweis auf Ralph Lillie, a.a.O., in *The Freedom of Man*, S. 50. Siehe auch *The Human Meaning of Science*, S. 47–54. Sehr interessant sind Comptons Bemerkungen in *The Freedom of Man*, S. 63 f., und *The Human Meaning of Science*, S. 53, über den *individuellen Charakter unserer Handlungen*, mit dem er erklärt, warum man der zweiten Seite des Dilemmas (dessen erste der reine Determinismus ist) entgehen kann, nämlich daß unsere Handlungen auf *reinen Zufall* zurückgehen; vgl. Anmerkung 40.

[45] Siehe insbes. *The Human Meaning of Science*, S. VIII f., und S. 54, letzter Satz des Abschnitts.

[46] Dies ist ein Punkt von großer Bedeutung, wir würden einen Vorgang kaum als typisch biologisch ansehen, wenn er nicht mit der Auslösung gespeicherter Energie verbunden ist. Doch die Umkehrung gilt natürlich nicht: Viele nichtbiologische Vorgänge sind von der gleichen Art; Verstärkungs- und Auslösungs-Prozesse spielten zwar in der klassischen Physik keine große Rolle, aber sie sind ganz typisch für die Quantenphysik und

(Fortsetzung der Fußnote S. 244)

ich gebe natürlich auch zu, daß es Schnapp-Entscheidungen gibt. Doch sie unterscheiden sich deutlich von den Entscheidungen, an die Compton dachte: Sie sind fast wie Reflexe und entsprechen daher weder der Situation von Comptons Problem des Einflusses der Welt der Bedeutungen auf unser Verhalten noch Comptons Freiheitspostulat (noch der »plastischen« Steuerung). Entscheidungen, die all dem entsprechen, kommen in der Regel fast unmerklich durch lange *Überlegung* zustande. Sie bilden sich in einer Art *Reifungsvorgang*, der durch das Hauptschalter-Modell nicht gut dargestellt wird.

Eine Betrachtung dieses Überlegungs-Prozesses liefert vielleicht einen weiteren Hinweis für unsere neue Theorie. Denn die Überlegung vollzieht sich immer nach *Versuch und Irrtum* oder genauer nach *der Methode von Versuch und Irrtumselimination:* Es werden versuchsweise verschiedene Möglichkeiten vorgeschlagen, und die als unbrauchbar erscheinenden werden ausgeschieden. Es scheint also, daß wir in unserer neuen Theorie einen Mechanismus von Versuch und Fehlerelimination benutzen können.

Ich möchte jetzt skizzieren, wie ich vorzugehen gedenke.

Bevor ich meine Evolutionstheorie allgemein formuliere, möchte ich zunächst zeigen, wie sie sich in einem Spezialfall auswirkt: Ich werde sie auf unser erstes Problem, auf Comptons Problem des *Einflusses der Bedeutung auf das Verhalten* anwenden.

Nachdem ich auf diese Weise Comptons Problem gelöst habe, werde ich die Theorie allgemein formulieren. Dann wird sich zeigen, daß sich – im Rahmen unserer neuen Theorie, die eine neue Problemsituation erzeugt – eine direkte und fast triviale Antwort auf Descartes' klassisches Leib-Seele-Problem ergibt. (Siehe den Zusatz auf S. 266 unten.)

14.

Wenden wir uns nun unserem ersten Problem zu – das heißt Comptons Problem des Einflusses der Bedeutung auf das Verhalten –, indem wir

natürlich die Chemie. (Die Radioaktivität mit einer Auslöseenergie von Null ist ein Grenzfall; ein anderer interessanter Fall ist die – im Prinzip adiabatische – Einstellung einer Rundfunkfrequenz mit anschließender extremer Verstärkung des Signals.) Das ist einer der Gründe, warum Formeln wie »die Ursache gleicht der Wirkung« (und damit die herkömmliche Kritik des Kartesischen Interaktionismus) schon lange veraltet sind, obwohl die Erhaltungsgesetze nach wie vor gelten. Vgl. Anmerkung 43 sowie die *Reiz- oder Auslöser*funktion der Sprache, die in Abschnitt 14 unten diskutiert wird; siehe auch mein Buch *Conjectures and Refutations*, S. 381.

einige Bemerkungen über die *Evolution der Sprachen von Tiersprachen zu menschlichen Sprachen* machen.

Tiersprachen und menschliche Sprachen haben vieles gemeinsam, aber es gibt auch Unterschiede: Wir wissen alle, daß die menschlichen Sprachen irgendwie über die Tiersprachen hinausgehen.

Indem ich einige Ideen meines früheren Lehrers Karl Bühler[47] verwende und erweitere, werde ich zwei Funktionen unterscheiden, die tierischen und menschlichen Sprachen gemeinsam sind, und zwei Funktionen, die nur menschliche Sprachen aufweisen; oder, mit anderen Worten, zwei niedrigere Funktionen und zwei höhere, die sich auf der Grundlage der niedrigeren entwickelt haben.

Die beiden niedrigeren Funktionen der Sprache sind die folgenden. Erstens besteht die Sprache wie jedes andere Verhalten aus *Symptomen oder Ausdruck;* sie ist Symptom oder Ausdruck des Zustands des Organismus, der die sprachlichen Zeichen erzeugt. Nach Bühler nenne ich das die *symptomatische oder Ausdrucksfunktion der Sprache.*

Zweitens: Wenn es Sprache oder Kommunikation geben soll, muß es nicht nur einen zeichenerzeugenden Organismus oder »Sender« geben, sondern auch einen reagierenden, einen »Empfänger«. Der symptomatische *Ausdruck* des ersten Organismus, des Senders, ruft bei dem zweiten Organismus eine Reaktion hervor oder setzt sie frei oder löst sie aus, die auf das Verhalten des Senders *antwortet,* das dadurch zum *Signal* wird. Diese Funktion der Sprache, auf einen Empfänger zu wirken, wurde von Bühler als die *auslösende oder Signalfunktion der Sprache* bezeichnet.

Ein Beispiel: Ein Vogel ist im Begriff aufzufliegen, was er mit verschiedenen Symptomen *ausdrückt.* Diese können dann bei einem zweiten Vogel bestimmte Reaktionen *auslösen oder freisetzen,* der dadurch vielleicht auch zum Auffliegen veranlaßt wird.

Man beachte, daß die beiden Funktionen, die Ausdrucks- und die Auslösefunktion, *verschieden* sind, denn es ist möglich, daß in einzelnen Fällen die erste ohne die zweite auftritt (aber nicht umgekehrt): Ein

[47] Die Theorie der Sprachfunktionen stammt von Karl Bühler (*Die geistige Entwicklung des Kindes,* 1919; *Sprachtheorie,* 1934). Ich habe seinen drei Funktionen der Sprache die argumentative Funktion hinzugefügt (und einige andere Funktionen wie die ermahnende und die überredende, die hier keine Rolle spielen). Siehe z. B. meine Arbeit »Language and the Body-Mind-Problem«, in: *Conjectures and Refutations,* S. 295, Anmerkung 2 und Text. (Siehe auch S. 134 f.) Es ist nicht ausgeschlossen, daß es bei Tieren, besonders bei Bienen, Übergangsformen zu deskriptiven Sprachen gibt; siehe K. von Frisch, *Bees: their Vision, Chemical Senses, and Language,* 1950; *The Dancing Bees,* 1955; sowie M. Lindauer, *Communication Among Social Bees,* 1961.

Vogel kann durch sein Verhalten seine Abflugbereitschaft ausdrücken, ohne damit einen anderen Vogel zu beeinflussen. Die erste Funktion kann also ohne die zweite vorkommen; das zeigt, daß man sie unterscheiden kann, obwohl sie bei jedem echten Fall sprachlicher Kommunikation zusammen auftreten.

Diese beiden niedrigeren Funktionen, die symptomatische oder Ausdrucksfunktion einerseits und die auslösende oder Signalfunktion andererseits sind tierischen *und* menschlichen Sprachen gemeinsam; und diese beiden niedrigeren Funktionen sind stets vorhanden, wenn irgendeine der höheren Funktionen (die nur beim Menschen vorkommen) auftritt. Denn die menschliche Sprache ist sehr viel reicher. Sie hat viele Funktionen und Dimensionen, die den Tiersprachen fehlen. Zwei dieser neuen Funktionen sind für die Evolution des Denkens und der Rationalität von größter Bedeutung: die *deskriptive* und die *argumentative Funktion.*

Als Beispiel für die deskriptive Funktion könnte ich Ihnen nun beschreiben, wie vor zwei Tagen in meinem Garten eine Magnolie blühte und was geschah, als Schnee zu fallen begann. Ich könnte dabei meine Gefühle mit ausdrücken und auch in Ihnen Gefühle auslösen oder freisetzen: Sie können vielleicht in der Weise reagieren, daß Sie an *Ihre* Magnolienbäume denken. So wären also die beiden niedrigeren Funktionen vorhanden. Aber *zusätzlich* zu all diesem hätte ich Ihnen einige Tatsachen beschrieben; ich hätte einige *deskriptive Aussagen* gemacht; und diese meine Aussagen wären faktisch *wahr* oder faktisch *falsch.*

Immer, wenn ich spreche, muß ich etwas ausdrücken; und wenn Sie mir zuhören, können Sie kaum umhin, zu reagieren. Die niedrigeren Funktionen sind also *immer* vorhanden. Die deskriptive Funktion *braucht nicht* vorhanden zu sein; ich kann zu Ihnen sprechen, ohne irgendeine Tatsache zu beschreiben. Wenn ich etwa Beunruhigung zeige oder ausdrücke – etwa Zweifel darüber, ob Sie diese lange Vorlesung überleben werden –, brauche ich nichts zu beschreiben. Jedoch ist die Beschreibung, auch die von vermuteten Sachverhalten, die wir als Theorien oder Hypothesen formulieren, eindeutig eine besonders wichtige Funktion der menschlichen Sprache; und es ist diese Funktion, die die menschliche Sprache am deutlichsten von den verschiedenen Tiersprachen unterscheidet (wenn es auch in der Bienensprache etwas zu geben scheint, was ihr nahekommt[48]). Diese Funktion ist natürlich für die Wissenschaft unentbehrlich.

[48] Vgl. die oben in Anmerkung 47 zitierten Bücher von Frisch und Lindauer.

Die letzte und höchste Funktion, die ich in dieser Übersicht erwähnen möchte, ist die *argumentative Funktion der Sprache*, wie sie in ihrer höchsten Entwicklungsstufe in einer disziplinierten *kritischen Diskussion* auftritt.

Die argumentative Funktion der Sprache ist nicht nur die höchste der vier Funktionen, mit denen ich mich hier beschäftige, sondern sie entwickelte sich auch als die letzte. Ihre Entwicklung war eng verbunden mit der einer argumentativen, kritischen und rationalen Einstellung; und da diese Einstellung zur Entwicklung der Wissenschaft geführt hat, können wir sagen, daß die argumentative Funktion der Sprache das vielleicht wirksamste Instrument zur biologischen Anpassung geschaffen hat, das je im Verlauf der organischen Evolution entstanden ist.

Wie die anderen Funktionen hat sich die Kunst der kritischen Diskussion durch die Methode von Versuch und Irrtumselimination entwickelt, und sie hat den entscheidenden Einfluß auf die menschliche Fähigkeit zu rationalem Denken gehabt. (Die formale Logik selbst kann als »Organon des kritischen Argumentierens« bezeichnet werden.[49]) Wie der deskriptive Gebrauch der Sprache hat der argumentative zur Entwicklung idealer Maßstäbe der Steuerung oder (mit einem Ausdruck Kants) *»regulativer Ideen«* geführt: Die hauptsächliche regulative Idee für den deskriptiven Gebrauch der Sprache ist die *Wahrheit* (im Unterschied zur *Falschheit*); die für den argumentativen Gebrauch der Sprache in kritischen Diskussionen ist die *Gültigkeit* (im Unterschied zur *Ungültigkeit*).

Argumente sprechen in der Regel für oder gegen eine Behauptung oder deskriptive Aussage; deshalb muß sich unsere vierte Funktion – die argumentative Funktion – später entwickelt haben als die deskriptive Funktion. Auch wenn ich in einem Ausschuß in der Universität gegen eine bestimmte Ausgabe plädiere, weil man sie sich nicht leisten könne oder weil es bessere Verwendungen für das Geld gebe, plädiere ich nicht nur für oder gegen einen *Vorschlag*, sondern auch für oder gegen eine *Behauptung* – etwa *für* die Behauptung, die vorgeschlagene Verwendung des Geldes sei nicht nützlich, und *gegen* die Behauptung, sie sei nützlich. So stützen sich Argumente, auch solche, die sich auf Vorschläge beziehen, gewöhnlich auf Behauptungen und sehr oft auf *deskriptive* Behauptungen.

Trotzdem läßt sich der argumentative Gebrauch der Sprache klar von

[49] Siehe mein Buch *Conjectures and Refutations*, Kapitel 1, insbesondere die Bemerkung auf S. 64 über die formale Logik als »das *Organon der rationalen Kritik*«; ebenso Kapitel 8–11 und 15.

ihrem deskriptiven unterscheiden, einfach weil ich beschreiben kann, ohne zu argumentieren: Ich kann beschreiben, ohne Gründe für oder gegen die Wahrheit der Beschreibung anzuführen.

Unsere Analyse der vier Funktionen der Sprache – der expressiven, der signalisierenden, der deskriptiven und der argumentativen Funktion – läßt sich so zusammenfassen: Die beiden niedrigeren Funktionen – die Ausdrucks- und die Signalfunktion – sind zwar *immer* vorhanden, wenn höhere Funktionen vorhanden sind, aber die höheren Funktionen müssen doch von den niedrigeren unterschieden werden.

Jedoch viele Behavioristen und viele Philosophen haben die höheren Funktionen übersehen, anscheinend weil die niedrigeren immer vorhanden sind, ob nun höhere Funktionen vorliegen oder nicht.

15.

Abgesehen von den neuen Funktionen der Sprache, die sich mit dem Menschen und seiner Vernunft entwickelt haben, müssen wir eine andere, fast ebenso wichtige Unterscheidung machen, die Unterscheidung zwischen der Entwicklung von *Organen* und der von *Werkzeugen oder Maschinen*, eine Unterscheidung, die auf einen der größten englischen Philosophen zurückgeht, auf Samuel Butler, den Verfasser von *Erewhon* (1872).

Die *Evolution der Tiere* vollzieht sich weitgehend, wenn nicht ausschließlich, in der Veränderung von Organen (oder des Verhaltens) oder durch das Entstehen neuer Organe (oder Verhaltensweisen). Die *menschliche Evolution* vollzieht sich überwiegend durch die Entwicklung neuer Organe *außerhalb unserer Körper oder Personen:* »exosomatisch«, wie die Biologen sagen, oder »extra-personal«. Diese neuen Organe sind Werkzeuge, Waffen, Maschinen oder Häuser.

Die ersten Anfänge dieser exosomatischen Entwicklung finden sich natürlich schon bei den Tieren. Die Herstellung von Lagerstätten, Höhlen oder Nestern ist eine frühe Errungenschaft. Ich möchte auch daran erinnern, daß Biber sehr kunstvolle Dämme bauen. Doch der Mensch entwickelt nicht bessere Augen und Ohren, sondern Brillen, Mikroskope, Fernrohre, Telefone und Hörhilfen. Und anstelle von schneller und schneller werdenden Beinen entwickelt er schneller und schneller werdende Autos.

Doch die Art von extra-personaler oder exosomatischer Evolution, die mich hier interessiert, ist diese: Statt ein besseres Gedächtnis und

Gehirn zu entwickeln, entwickeln wir Papier, Federn, Bleistifte, Schreibmaschinen, Diktiergeräte, Druckmaschinen und Bibliotheken.

Diese verleihen unserer Sprache – besonders ihrer deskriptiven und ihrer argumentativen Funktion – etwas, was man als neue Dimensionen bezeichnen kann. Die neueste Entwicklung (die hauptsächlich zur Unterstützung unserer argumentativen Fähigkeiten gebraucht wird) ist die Entwicklung von Computern.

16.

Wie hängen die höheren Funktionen und Dimensionen mit den niedrigeren zusammen? Sie ersetzen sie nicht, wie wir gesehen haben, sondern unterwerfen sie einer Art *plastischer Steuerung* – einer Steuerung mit Rückkopplung.

Nehmen wir als Beispiel eine Diskussion auf einer wissenschaftlichen Tagung. Sie kann erregend und befriedigend sein und Anlaß zu entsprechenden Symptomen und entsprechendem Ausdrucksverhalten geben, und dieses kann seinerseits entsprechende Symptome bei anderen Teilnehmern hervorrufen. Es besteht jedoch kein Zweifel, daß diese Symptome und Auslösersignale in gewissem Maße auf den wissenschaftlichen *Gehalt* der Diskussion zurückgehen und von ihm bestimmt sind; und da dieser *deskriptiver und argumentativer* Art ist, werden also die niedrigeren Funktionen von den höheren bestimmt. Und obwohl ein guter Witz oder ein einnehmendes Lächeln kurzfristig zu einem Übergewicht der niedrigeren Funktionen führen kann, zählt doch auf lange Sicht das gute – das gültige – Argument und das, was es stützt oder widerlegt. Mit anderen Worten, unsere Diskussion wird, wenn auch plastisch, gesteuert durch die regulativen Ideen der Wahrheit und der Gültigkeit.

Das alles wird verstärkt durch die Entdeckung und Entwicklung der neuen Dimensionen des Buchdrucks und der Veröffentlichung, besonders wenn sie zum Druck und zur Veröffentlichung von wissenschaftlichen Theorien und Hypothesen eingesetzt werden und für Arbeiten, in denen diese kritisch diskutiert werden.

Ich kann hier der Bedeutung kritischer Argumente nicht gerecht werden: Über dieses Thema habe ich ziemlich ausführlich geschrieben[50],

[50] Siehe Anmerkung 49 sowie mein Buch *Die offene Gesellschaft und ihre Feinde*, insbes. Band 2, Kapitel 14, sowie das Addendum zu Band 2 (nicht in der dt. Übers., nur in den engl. Ausgaben seit 1962); ebenso *Conjectures and Refutations*, besonders das Vorwort und die Einleitung.

und darum werde ich es hier nicht noch einmal behandeln. Ich möchte nur betonen, daß kritische Argumente *ein Mittel der Steuerung* sind: Es sind Mittel zur Eliminierung von Fehlern, Mittel zur Selektion. Wir *lösen unsere Probleme*, indem wir versuchsweise verschiedene konkurrierende Theorien und Hypothesen vorschlagen, gewissermaßen als Versuchsballons, und indem wir sie der kritischen Diskussion und empirischen Prüfung unterwerfen, um Irrtümer zu eliminieren.

Die Evolution der höheren Sprachfunktionen, die ich zu beschreiben versucht habe, läßt sich also kennzeichnen als die Evolution neuer Mittel zum Lösen von Problemen durch neue Versuche und neue Methoden der Fehlerelimination; das heißt durch neue Methoden zur *Kontrolle* der Versuche.

17.

Ich kann jetzt meine Lösung für unser erstes Hauptproblem angeben, für Comptons Problem des Einflusses der Bedeutung auf das Verhalten. Sie lautet so.

Die höheren Sprachebenen haben sich aus dem Bedürfnis nach *besserer Steuerung* zweier Dinge entwickelt: der niedrigeren Sprachfunktion und unserer Anpassung an die Umwelt, und zwar durch die Methode der Entwicklung nicht nur neuer Werkzeuge, sondern auch zum Beispiel neuer wissenschaftlicher Theorien und neuer Auswahlmaßstäbe.

Nun hat unsere Sprache bei der Entwicklung ihrer höheren Funktionen auch abstrakte Bedeutungen und Inhalte entwickelt; das heißt, wir haben gelernt, aus verschiedenen Formulierungen oder Fassungen einer Theorie ihren *unveränderlichen Gehalt oder ihre unveränderliche Bedeutung* herauszuschälen und zu beachten (von ihr hängt ihre Wahrheit ab). Und das gilt nicht nur für Theorien und andere deskriptive Aussagen, sondern auch für Vorschläge, Ziele oder was sonst einer kritischen Diskussion unterworfen werden kann.

Was ich »Comptons Problem« genannt habe, war das Problem der Erklärung und des Verstehens der steuernden Kraft von Bedeutungen, etwa des Inhalts unserer Theorien oder Gründe oder Ziele – Gründe oder Ziele, zu denen wir in manchen Fällen nach Überlegung und Diskussion gelangt sein mögen. Doch das ist jetzt kein Problem mehr. Ihre Kraft, uns zu beeinflussen, ist Teil und Bestandteil dieser Inhalte und Bedeutungen; denn ein Teil der Funktion von Inhalten und Bedeutungen ist die Steuerung.

Diese Lösung von Comptons Problem genügt Comptons Einschränkungspostulat. Denn die Steuerung von uns und unseren Handlungen durch unsere Theorien ist eine *plastische* Steuerung. Wir sind nicht *gezwungen*, uns der Steuerung durch unsere Theorien zu unterwerfen, denn wir können sie kritisch diskutieren und ohne weiteres verwerfen, wenn wir den Eindruck haben, daß sie unseren regulativen Maßstäben nicht genügen. Die Steuerung ist also keineswegs einseitig. Nicht nur steuern unsere Theorien uns, sondern wir können unsere Theorien steuern (und sogar unsere Maßstäbe): Es gibt hier eine Art *Rückkopplung*. Und wenn wir uns unseren Theorien fügen, so tun wir das frei, nach Überlegung; das heißt nach kritischer Diskussion von Alternativen und nach freier Wahl zwischen den konkurrierenden Theorien im Lichte dieser kritischen Diskussion.

Ich lege das als meine Lösung von Comptons Problem vor; und bevor ich zur Lösung von Descartes' Problem übergehe, möchte ich jetzt kurz die allgemeinere Evolutionstheorie umreißen, die ich in meiner Lösung schon stillschweigend benutzt habe.

18.

Ich biete meine allgemeine Theorie mit vielen Entschuldigungen an. Es hat mich viel Zeit gekostet, sie ganz zu durchdenken und mir selbst klarzumachen. Trotzdem bin ich mit ihr noch keineswegs zufrieden. Das liegt zum Teil daran, daß es eine *Evolutionstheorie* ist, und weil diese, wie ich fürchte, den vorhandenen Evolutionstheorien wenig hinzufügt außer vielleicht einen neuen Akzent.

Ich erröte bei diesem Geständnis; denn als ich jünger war, habe ich häufig sehr verächtlich über Evolutionsphilosophien gesprochen. Als vor 22 Jahren der Domherr Charles E. Raven in *Science, Religion and the Future* den Streit um Darwin als »Sturm in einem viktorianischen Wasserglas« bezeichnete, stimmte ich ihm zu, kritisierte aber[51], er habe noch zuviel Aufhebens gemacht »von den Dünsten, die immer noch aus dem Glas aufsteigen«, womit ich die Evolutionsphilosophien meinte (besonders die, die behaupteten, es gebe unerbittliche Gesetze der Evolution). Doch jetzt muß ich gestehen, daß dieses Wasserglas das *meine* geworden ist und ich Abbitte tun muß.

Abgesehen von den Evolutions*philosophien* ist das Ärgerliche an der

[51] Vgl. S. 84, Anmerkung 61 meines Buches *Das Elend des Historizismus*.

Evolutions*theorie* ihr tautologischer oder fast tautologischer Charakter: Die Schwierigkeit ist, daß der Darwinismus und die natürliche Auslese, obwohl sie außerordentlich wichtig sind, die Evolution durch »das Überleben der Bestangepaßten« (nach einer Formulierung von Herbert Spencer) erklären. Es scheint aber, wenn überhaupt, nur wenig Unterschied zu geben zwischen der Behauptung, »die Überlebenden sind die Bestangepaßten«, und der Tautologie, »die Überlebenden sind die Überlebenden«. Denn ich fürchte, wir haben kein anderes Kriterium für die Angepaßtheit als das tatsächliche Überleben, so daß man aus dem Überleben bestimmter Organismen einfach schließt, daß sie diejenigen sind, die sich den Bedingungen des Lebens am besten angepaßt haben.

Das zeigt, daß der Darwinismus bei allen seinen großen Verdiensten keineswegs eine vollkommene Theorie ist. Er muß so umformuliert werden, daß er weniger unbestimmt ist. Die Evolutionstheorie, die ich hier skizzieren möchte, ist ein solcher Versuch der Neuformulierung.

Meine Theorie kann als ein Versuch bezeichnet werden, auf die gesamte Evolution das anzuwenden, was wir bei der Analyse der Entwicklung von der tierischen zur menschlichen Sprache gelernt haben. Und sie besteht in einer bestimmten *Sicht der Evolution* als eines sich entwickelnden hierarchischen Systems plastischer Steuerungen und in einer bestimmten *Sicht der Organismen,* nämlich daß sie dieses sich entwickelnde hierarchische System plastischer Steuerungen in sich tragen oder im Falle des Menschen exosomatisch entwickeln. Ich lege die neodarwinistische Evolutionstheorie zugrunde, formuliere sie jedoch insoweit um, als ich die »Mutationen« als mehr oder weniger zufällige Versuch-und-Irrtums-Schritte auffasse und die »natürliche Auslese« als eine Art ihrer Steuerung durch Fehlerelimination.

Ich formuliere jetzt die Theorie in Form von zwölf kurzen Thesen.

1. Alle *Organismen* sind ständig, Tag und Nacht, *mit dem Lösen von Problemen beschäftigt;* das gilt auch für alle jene evolutionären *Folgen von Organismen* – die Arten*, die mit den primitivsten Formen begannen und deren neueste Beispiele die jetzt lebenden Organismen sind.

2. Bei diesen Problemen handelt es sich um Probleme im objektiven Sinne: Sie lassen sich gewissermaßen nachträglich hypothetisch rekon-

* Anm. d. Übers.: Im englischen Text wird das Wort »phylum« (Stamm) gebraucht. Wie aus dem (deutschen Original-)Text im Anhang I zum vorliegenden Buch, Abschnitt 4, vorletzter Absatz, hervorgeht, gebraucht der Verfasser dieses Wort im Sinne von »Art« (bzw. im engl. Text »race«).

struieren. (Mehr darüber später.) Objektive Probleme in diesem Sinne brauchen keinen bewußten Gegenpart; und wo sie einen bewußten Gegenpart haben, braucht das bewußte Problem nicht mit dem objektiven Problem übereinzustimmen.

3. Problemlösen geht immer nach der Methode von Versuch und Irrtum vor: Neue Reaktionen, neue Formen, neue Organe, neue Verhaltensweisen, neue Hypothesen werden versuchsweise entwickelt und durch Fehlerelimination kontrolliert.

4. Die Fehlerelimination geschieht entweder durch die völlige Ausschaltung nicht erfolgreicher Formen (die Ausmerzung untüchtiger Formen durch die natürliche Auslese) oder durch (versuchsweise) Entwicklung von Steuerungsmechanismen, die unbrauchbare Organe, Verhaltensformen oder Hypothesen abändern oder unterdrücken.

5. Der Einzelorganismus schiebt gewissermaßen in einem Körper die Steuerungen zusammen[52], die während der Entwicklung seiner Art ausgebildet wurden – ganz wie er in seiner ontogenetischen Entwicklung teilweise seine phylogenetische Evolution wiederholt.

6. Der Einzelorganismus ist eine Art Speerspitze der evolutionären Folge von Organismen, zu der er gehört (seiner Art): Er ist selbst eine versuchsweise Lösung, der neue ökologische Nischen ausprobiert, sich eine Umwelt wählt und sie verändert. Er verhält sich damit zu seiner Art fast genauso wie die Handlungen (das Verhalten) des Einzelorganismus zu diesem Organismus: Der Einzelorganismus und sein Verhalten sind beides Versuche, die der Fehlereliminierung zum Opfer fallen können.

7. Wir schreiben »*P*« für Problem, »*VL*« für vorläufige Lösungen, »*FE*« für Fehlerelimination; dann können wir den Grundablauf der Ereignisse bei der Evolution folgendermaßen beschreiben:

$$P \rightarrow VL \rightarrow FE \rightarrow P.$$

Doch diese Abfolge ist kein Zyklus: Das zweite Problem unterscheidet sich im allgemeinen vom ersten; es ist das Ergebnis der neuen Situation,

[52] Dieser Gedanke des »Zusammenschiebens« [»telescoping« im Original, d. Übers.] (den Begriff verdanke ich Alan Musgrave) findet sich wohl in Kapitel VI von Charles Darwins *The Origin of Species*, 1859 (Ich zitiere aus der Mentor-Book-Ausgabe, S. 180; Hervorhebungen von mir): ». . . jeder hochentwickelte Organismus hat viele Veränderungen durchgemacht; und . . . jede veränderte Struktur tendiert dazu, sich zu vererben, so daß keine Modifikation . . . ganz verloren geht . . . *Daher ist die Struktur jedes Teils* [des Organismus] . . . *die Summe* vieler vererbter Änderungen, die die Art durchgemacht hat . . .« Siehe auch E. Baldwin, *Perspectives in Biochemistry*, S. 99 ff., und die dort angegebene Literatur.

die sich zum Teil aufgrund der versuchten Lösungen und der sie kontrollierenden Fehlerelimination ergeben hat. Um das anzuzeigen, muß das oben dargestellte Schema umgeschrieben werden:

$$P_1 \rightarrow VL \rightarrow FE \rightarrow P_2.$$

8. Doch auch in dieser Form fehlt noch ein wichtiges Element: die Vielfalt der versuchten Lösungen, die Vielfalt der Versuche. Das endgültige Schema muß also etwa so aussehen:

$$\begin{array}{ccccc} & \nearrow & VL_1 & \searrow & \\ P_1 & \rightarrow & VL_2 & \rightarrow & FE \rightarrow P_2. \\ & \searrow & \cdot & \nearrow & \\ & & \cdot & & \\ & & \cdot & & \\ & & \cdot & & \\ & & VL_n & & \end{array}$$

9. In dieser Form ist unser Schema mit dem des Neo-Darwinismus vergleichbar. Nach dem Neo-Darwinismus gibt es im wesentlichen *ein* Problem: das Problem des Überlebens. Es gibt, wie in unserem System, eine Vielfalt von versuchsweisen Lösungen – die Variationen oder Mutationen. Aber es gibt nur *eine* Art der Fehlerelimination – die Tötung des Organismus. Es wird (teilweise aus diesem Grund) die Tatsache übersehen, daß P_1 und P_2 sich wesentlich voneinander unterscheiden, oder sonst ist ihre grundlegende Bedeutung nicht klar genug erkannt.

10. In unserem System sind nicht alle Probleme Überlebensprobleme: Es gibt viele sehr spezifische Probleme und Teilprobleme (wenn auch die ersten Probleme reine Überlebensprobleme gewesen sein mögen). Ein frühes Problem P_1 kann etwa die Fortpflanzung gewesen sein. Seine Lösung führt vielleicht zu einem neuen Problem P_2: Wie man die Nachkommen loswerden oder verteilen kann – die Kinder, die nicht nur den Elternorganismus, sondern auch einander zu ersticken drohen.[53]

[53] Das Auftreten einer neuen Problemsituation läßt sich beschreiben als ein Wandel oder eine Veränderung der »ökologischen Nische«, der bedeutsamen Umwelt des Organismus. (Man könnte sie »Standortauslese« nennen; vgl. B. Lutz, *Evolution* 2, 1948, S. 29 ff.) Die Tatsache, daß *jede* Veränderung des Organismus *oder* seiner Gewohnheiten *oder* seines Lebensraumes neue Probleme schafft, erklärt den unglaublichen Reichtum der (stets vorläufigen) Lösungen.

Es ist vielleicht von Interesse, daß *das Problem, die Bedrohung durch den Nachwuchs zu vermeiden,* vielleicht eines der Probleme ist, die durch die Evolution *vielzelliger Organismen* gelöst wurden: Statt sich vom Nachwuchs zu trennen, bauen diese Organismen eine *Lebensgemeinschaft* auf, die verschiedene neue Methoden des Zusammenlebens umfaßt.

11. Die hier vorgeschlagene Theorie unterscheidet zwischen P_1 und P_2 und zeigt, daß die Probleme (oder Problemsituationen), mit denen der Organismus fertigzuwerden sucht, oft *neu* und selbst Ergebnisse der Evolution sind. Dadurch erklärt die Theorie indirekt auf rationale Weise, was gewöhnlich mit den etwas zweifelhaften Namen *»schöpferische Evolution«* oder *»emergente Evolution«* bezeichnet wird.[54]

12. Unser Schema sieht die Entwicklung fehlereliminierender Steuerungen vor (Warnorgane wie das Auge; Rückkopplungsmechanismen), das sind Steuerungen, die Fehler eliminieren können, ohne den Organismus zu töten. Damit wird es letzten Endes möglich, daß unsere Hypothesen an unserer Stelle sterben.

19.

Jeder Organismus kann als ein hierarchisches System *plastischer Steuerungen* angesehen werden – als ein System von Wolken, die von Wolken gesteuert werden. Die gesteuerten Teilsysteme machen Versuch-und-Irrtums-Schritte, die von dem steuernden System teils unterdrückt, teils beschränkt werden.

Wir lernten dafür schon ein Beispiel in der Beziehung zwischen den niedrigeren und den höheren Funktionen der Sprache kennen. Die niedrigeren bestehen weiter und haben ihre Aufgaben; aber sie werden von den höheren eingeschränkt und gesteuert.

Ein anderes typisches Beispiel ist folgendes. Wenn ich ruhig und ohne jede Bewegung dastehe, dann sind (nach der Meinung der Physiologen) meine Muskeln ständig tätig, sie ziehen sich zusammen und entspannen sich fast zufällig (siehe VL_1 bis VL_n in These 8 des vorhergehenden Abschnitts), aber sie werden, ohne daß mir das bewußt wird, durch Fehlerelimination *(FE)* so gesteuert, daß jede kleine Abweichung von meiner Stellung fast sofort berichtigt wird. So bleibe ich ruhig stehen,

[54] Wegen Comptons Bemerkungen über »emergente Evolution« siehe Anmerkung 23.

etwa auf die gleiche Weise, wie eine automatische Steuerung ein Flugzeug auf Kurs hält.

Dieses Beispiel veranschaulicht auch These 1 des vorigen Abschnitts – daß jeder Organismus ständig mit dem Lösen von Problemen durch Versuch und Irrtum beschäftigt ist; daß er auf neue und alte Probleme mit mehr oder weniger zufälligen[55] oder wolkenähnlichen Versuchen reagiert, die, wenn sie sich nicht bewähren, ausgeschieden werden. (Bewähren sie sich, so erhöhen sie die Überlebenswahrscheinlichkeit von Mutationen, die die so erreichten Lösungen »nachahmen«, und sie tendieren dazu, die Lösung erblich zu machen[56], indem sie in die räumliche Struktur oder Form des neuen Organismus eingebaut wird.)

20.

Das ist eine sehr knappe Skizze der Theorie. Sie muß natürlich viel genauer ausgeführt werden. *Einen* Punkt möchte ich etwas ausführlicher erläutern – meinen Gebrauch der Ausdrücke »*Problem*« und »*Problemlösen*« (in den Thesen 1 bis 3 in Abschnitt 18), und insbesondere meine Behauptung, *man könne von Problemen in einem objektiven oder nichtpsychologischen Sinne sprechen.*

Der Punkt ist von Bedeutung, denn die Evolution ist ja sicher kein bewußter Vorgang. Viele Biologen sagen, die Entwicklung bestimmter Organe löse bestimmte Probleme; beispielsweise löse die Evolution des Auges das Problem, ein sich bewegendes Tier rechtzeitig warnen zu können, damit es seine Richtung ändere, bevor es gegen etwas Hartes stößt. Niemand behauptet, diese Lösung für dieses Problem sei bewußt gesucht worden. Ist es dann nicht nur eine Metapher, wenn wir vom Lösen von Problemen sprechen?

[55] Die Methode von Versuch und Irrtumselimination *arbeitet nicht mit völlig zufälligen Versuchen* (wie manchmal behauptet worden ist), wenn die Versuche auch ziemlich zufällig aussehen mögen; es muß mindestens eine »Nachwirkung« geben (im Sinne meines Buches *Logik der Forschung*, S. 119 ff.). Denn der Organismus lernt ständig aus seinen Fehlern, das heißt, er bildet *Steuerungen* aus, die bestimmte *mögliche* Versuche (die vielleicht in der Entwicklungsgeschichte *wirkliche* waren) unterdrücken oder ausschalten, oder mindestens seltener machen.

[56] Das wird manchmal »Baldwin-Effekt« genannt; siehe z. B. G. G. Simpson, »The Baldwin Effect«, *Evolution* 7, 1953, S. 110 ff., und C. H. Waddington, gleicher Band, S. 118 ff. (insbes. S. 124) und S. 386 f. Siehe auch J. Mark Baldwin, *Development and Evolution*, 1902, S. 174 ff., und H. S. Jennings, *The Behaviour of the Lower Organisms*, 1906, S. 321 ff.

Ich glaube nicht; die Situation ist vielmehr die: Wenn wir von einem Problem sprechen, dann tun wir das fast immer in der Rückschau. Jemand, der an einem Problem arbeitet, kann selten genau angeben, was sein Problem ist (ehe er eine Lösung gefunden hat); und selbst wenn er sein Problem erklären kann, kann er sich irren. Das kann sogar bei Wissenschaftlern vorkommen – obwohl diese zu den wenigen gehören, die bewußt versuchen, sich über ihre Probleme völlig im klaren zu sein. Keplers bewußtes Problem etwa war die Entdeckung der Harmonie der Welt; doch wir können sagen, das Problem, das er löste, war die mathematische Beschreibung der Bewegung in einer Menge von Zweikörper-Planetensystemen. Ebenso irrte sich Schrödinger in dem Problem, das er gelöst hatte, als er die (zeitunabhängige) Schrödinger-Gleichung fand: Er hielt seine Wellen für solche der Ladungsdichte eines veränderlichen kontinuierlichen elektrischen Ladungsfeldes. Später gab Max Born eine statistische Interpretation der Schrödingerschen Wellenamplitude an; eine Interpretation, die Schrödinger entsetzte und die er verabscheute, solange er lebte. Er hatte ein Problem gelöst – aber nicht das, das er gelöst zu haben glaubte. Das wissen wir heute in der Rückschau.

Trotzdem ist es eindeutig die Wissenschaft, in der wir uns am meisten der Probleme bewußt sind, die wir zu lösen versuchen. So sollte es auch erlaubt sein, die Rückschau in anderen Fällen anzuwenden und von der Amöbe zu sagen, sie löse einige Probleme (ohne daß wir anzunehmen brauchen, sie sei ihrer Probleme in irgendeinem Sinne gewahr): Von der Amöbe zu Einstein ist es nur ein Schritt.

21.

Doch Compton sagt uns, die Handlungen der Amöbe seien nicht rational[57], während wir das von Einsteins Handlungen annehmen können. Es muß also trotz allem irgendeinen Unterschied geben.

Ich gebe zu, daß es einen Unterschied gibt: Die Methoden der fast zufälligen oder wolkenartigen Versuch-und-Irrtums-Schritte sind zwar bei den beiden im Grunde nicht sehr verschieden[58], aber es besteht ein

[57] Siehe *The Freedom of Man*, S. 91, und *The Human Meaning of Science*, S. 73.

[58] Vgl. H. S. Jennings, a.a.O., S. 334 f., 349 f. Ein schönes Beispiel für einen problemlösenden Fisch wird beschrieben bei K. Z. Lorenz, *King Solomon's Ring*, 1952, S. 37 f. Vgl. auch Anmerkung 55.

großer Unterschied in ihrer Einstellung zum Irrtum. Im Gegensatz zu der Amöbe versuchte Einstein immer, wenn ihm eine neue Lösung eingefallen war, nach Kräften, sie zu widerlegen und einen Fehler in ihr zu finden: Er verhielt sich gegenüber seinen eigenen Lösungen *kritisch*.

Ich halte diese bewußt kritische Einstellung gegenüber seinen eigenen Ideen für den einzigen wirklich bedeutsamen Unterschied zwischen der Methode Einsteins und der der Amöbe. Sie ermöglichte es Einstein, Hunderte von Hypothesen sofort als unbrauchbar zurückzuweisen, ehe er die eine oder andere Hypothese genauer prüfte, wenn es so schien, als könne sie einer strengeren Kritik standhalten.

Wie der Physiker John Archibald Wheeler kürzlich sagte: »Unser ganzes Problem ist, die Fehler so schnell wie möglich zu machen.«[59] Dieses Problem Wheelers wird durch die bewußte Annahme der kritischen Einstellung gelöst. Dies scheint mir die bisher höchste Form der rationalen Haltung oder der Rationalität zu sein.

Die Versuche und Irrtümer des Wissenschaftlers bestehen aus Hypothesen. Er formuliert sie in Worten und oft schriftlich. Er kann dann versuchen, Schwächen in einer dieser Hypothesen zu finden, indem er sie experimentell überprüft, dabei helfen ihm seine Kollegen, die sich nur zu sehr freuen, wenn sie eine Schwäche finden können. Besteht die Hypothese diese Kritik und diese Prüfungen nicht mindestens so gut wie ihre Konkurrenten[60], so wird sie fallengelassen.

Beim primitiven Menschen und bei der Amöbe ist es anders. Da gibt es keine kritische Einstellung, und daher geschieht es nur zu oft, daß die natürliche Auslese eine falsche Hypothese oder Erwartung ausmerzt, indem sie jene Organismen beseitigt, die diese Hypothese aufstellen oder an sie glauben. So können wir also sagen, die kritische oder rationale Methode bestehe darin, daß wir unsere Hypothesen anstelle von uns selbst sterben lassen: Es ist ein Fall von exosomatischer Evolution.

[59] John A. Wheeler, *American Scientist* 44, 1956, S. 360.

[60] Daß wir nur die »beste« aus einer Menge konkurrierender Hypothesen auswählen können – die »beste« im Lichte der auf Wahrheitssuche gerichteten kritischen Diskussion –, bedeutet, daß wir diejenige auswählen, die im Lichte der Diskussion »der Wahrheit am nächsten zu kommen« scheint; siehe mein Buch *Conjectures and Refutations*, Kapitel 10. Siehe auch *The Freedom of Man*, S. VII f. und besonders S. 74 (über das Prinzip der Erhaltung der Energie).

22.

Hier darf ich mich vielleicht einer Frage zuwenden, die mir große Mühe bereitet hat, obwohl ich schließlich eine sehr einfache Lösung fand.

Die Frage lautet: Können wir zeigen, daß plastische Steuerung existiert? Gibt es in der Natur anorganische Systeme, die als Beispiele oder als physikalische Modelle für plastische Steuerung gelten können?

Diese Frage scheint von vielen Physikern indirekt negativ beantwortet worden zu sein, die wie Descartes oder Compton mit Hauptschalter-Modellen arbeiten, ebenso von vielen Philosophen, die wie Hume oder Schlick bestreiten, daß es irgend etwas zwischen vollständigem Determinismus und reinem Zufall geben könnte. Ich gebe zu, daß es den Kybernetikern und Informatikern in jüngster Zeit gelungen ist, Computer mit sehr plastischen Steuerungen zu konstruieren, zum Beispiel solche mit eingebauten Mechanismen für zufallsähnliche Versuche, die durch Rückkopplung geprüft und bewertet werden (nach der Art eines automatischen Piloten oder eines zielsuchenden Gerätes) und, wenn falsch, ausgeschieden werden. Doch diese Systeme enthalten zwar das, was ich plastische Steuerung nenne, aber sie bestehen im wesentlichen aus komplizierten Relais von Hauptschaltern. Ich suchte jedoch ein einfaches physikalisches Modell für den Peirceschen Indeterminismus; ein rein physikalisches System, das einer sehr wolkigen Wolke in Wärmebewegung ähnelt, die von anderen wolkigen Wolken – wenn auch etwas weniger wolkig – gesteuert wird.

Wenn wir zu unserer alten Anordnung der Wolken und Uhren zurückkehren, mit einer Wolke auf der linken und einer Uhr auf der rechten Seite, so können wir sagen: Was wir suchen, ist etwas in der Mitte, wie ein Organismus oder ein Mückenschwarm, aber etwas Unbelebtes: ein rein physikalisches System, das plastisch, gewissermaßen »weich« gesteuert wird.

Stellen wir uns unter der zu steuernden Wolke ein Gas vor. Dann können wir auf die äußerste linke Seite ein unkontrolliertes Gas setzen, das rasch diffundiert und damit kein physikalisches *System* mehr bildet. Auf die äußerste rechte Seite setzen wir einen gasgefüllten Eisenzylinder: das ist unser Beispiel für eine »harte«, »gußeiserne« Steuerung. Dazwischen, aber weit links, befinden sich viele mehr oder weniger »weich« gesteuerte Systeme wie unser Mückenschwarm oder riesige Zusammenballungen von Teilchen, wie etwa ein durch die Schwerkraft zusammengehaltenes Gas, ähnlich wie die Sonne. (Es macht nichts, wenn die Steuerung keineswegs vollkommen ist und sich viele Teilchen entfernen.) Die Planetenbewegung kann wohl als gußeisern gesteuert gelten – natürlich relativ gesprochen, denn selbst das Planetensystem ist eine Wolke, ebenso alle Milchstraßen, Sternhaufen und Haufen von Haufen. Gibt es aber außer organischen Systemen und jenen riesigen Anhäufungen von Teilchen Beispiele für »weich« gesteuerte kleine physikalische Systeme?

Ich glaube ja, und ich schlage vor, in die Mitte unseres Diagramms einen Luftballon oder besser vielleicht eine Seifenblase zu setzen; das erweist sich tatsächlich als sehr primitives, aber in vielen Beziehungen ausgezeichnetes Beispiel oder Modell für ein Peircesches System *und* für eine »weiche« Art plastischer Steuerung.

Die Seifenblase besteht aus zwei Teilsystemen, die beide Wolken sind und sich gegenseitig steuern: Ohne die Luft würde der Seifenfilm zusammenfallen, und man hätte nur einen Tropfen Seifenwasser vor sich. Ohne den Film wäre die Luft unkontrolliert: Sie würde diffundieren und aufhören, als System zu existieren. Die Steuerung ist also gegenseitig; sie ist plastisch und hat Rückkopplungscharakter. Trotzdem kann man zwischen dem gesteuerten System (der Luft) und dem steuernden System (dem Seifenfilm) unterscheiden: Die eingeschlossene Luft ist nicht nur wolkenähnlicher als der Film, sondern sie ist auch kein physikalisches (auf sich selbst wirkendes) System mehr, wenn der Film verschwindet. Demgegenüber bildet der Film nach Entfernung der Luft ein Tröpfchen, das zwar eine andere Form hat, aber immer noch als physikalisches System gelten kann.

Vergleichen wir die Seifenblase mit einem »Hardware«-System wie ein Chronometer oder einen Computer, so sollten wir natürlich (mit Peirce) sagen, daß sogar diese Hardware-Systeme noch Wolken sind, die von Wolken gesteuert werden. Doch diese »harten« Systeme werden mit dem Zweck gebaut, so weit wie möglich die wolkenhaften Wirkungen der molekularen Wärmebewegungen und Fluktuationen auszuschalten: Sie sind zwar Wolken, doch die Steuerungsmechanismen sind so ausgelegt, daß sie alle wolkenhaften Effekte so weit wie möglich unterdrücken oder ausgleichen. Das gilt sogar für Computer mit Mechanismen, die zufallsähnliche Versuch-und-Irrtums-Mechanismen simulieren.

In dieser Hinsicht ist unsere Seifenblase anders, sie ähnelt anscheinend mehr einem Organismus: Die molekularen Effekte werden nicht ausgeschaltet, sondern tragen wesentlich zum Funktionieren der Systeme bei, das von einer Haut eingeschlossen ist – einer durchlässigen

Wand[61], die das System »offen« läßt, so daß es auf Umwelteinflüsse auf eine Weise »reagieren« kann, die gewissermaßen in seine »Organisation« eingebaut ist: Wird die Seifenblase von einem Wärmestrahl getroffen, so absorbiert sie die Wärme (ähnlich wie ein Gewächshaus), und die eingeschlossene Luft dehnt sich aus, so daß die Seifenblase schweben bleibt.

Wie bei der Verwendung von allen Vergleichen oder Analogien sollte man aber auf die Grenzen achten; hier könnten wir darauf hinweisen, daß mindestens bei einigen Organismen molekulare Fluktuationen anscheinend verstärkt werden und zur Auslösung von Versuch-und-Irrtums-Bewegungen dienen. Jedenfalls scheinen Verstärker bei allen Organismen eine wichtige Rolle zu spielen (darin ähneln diese gewissen Computern mit ihren Hauptschaltern und Kaskaden von Verstärkern und Relais). Doch in der Seifenblase gibt es keine Verstärker.

Wie dem auch sei, unsere Seifenblase zeigt, daß es tatsächlich natürliche physikalische wolkenhafte Systeme gibt, die plastisch und weich von anderen wolkenähnlichen Systemen gesteuert werden. (Übrigens muß der Film der Blase natürlich nicht aus organischem Material bestehen; er muß aber große Moleküle enthalten.)

23.

Die Evolutionstheorie, die hier vorgeschlagen wurde, liefert eine direkte Lösung für unser zweites Hauptproblem – das klassische Kartesische Leib-Seele-Problem. Dies geschieht (ohne daß gesagt wird, *was* »Geist« oder »Bewußtsein« ist), indem sie etwas über die Evolution und damit über die Funktionen des Geistes oder des Bewußtseins aussagt.

Wir müssen annehmen, daß sich das Bewußtsein aus primitiven Anfängen entwickelt hat; seine früheste Form ist vielleicht ein unbestimmtes Gefühl der Erregtheit, das der Organismus erfuhr, wenn er ein Problem zu lösen hatte wie etwa das, von einer störenden Substanz wegzukommen. Wie dem auch sei, das Bewußtsein erlangt evolutionäre Bedeutung – und zwar steigende Bedeutung –, wenn es beginnt,

[61] Durchlässige Wände oder Membranen scheinen für alle biologischen Systeme kennzeichnend zu sein. (Das könnte mit der biologischen Individuation zusammenhängen.) Über die Vorgeschichte des Gedankens, Membranen und Blasen seien primitive Organismen, siehe C. H. Kahn, *Anaximander*, 1960, S. 111 ff.

mögliche Formen der Reaktion *vorwegzunehmen:* mögliche Versuch-und-Irrtums-Schritte und ihre möglichen Ergebnisse.

Wir können jetzt sagen, daß Bewußtseinszustände oder Folgen von Bewußtseinszuständen als Steuerungs- oder Fehlereliminations-Systeme arbeiten: In der Regel handelt es sich um die Elimination (beginnenden) Verhaltens, das heißt (beginnender) Bewegung. Unter diesem Gesichtspunkt erscheint das Bewußtsein einfach als eine von vielen in Wechselwirkung zueinander stehenden Arten der Steuerung; und wenn wir uns zum Beispiel an die Steuerungssysteme erinnern, die in Büchern vorkommen – Theorien, juristische Systeme und alles, was die »Welt der Bedeutungen« bildet –, dann kann das Bewußtsein kaum als das höchste Steuerungssystem in der Hierarchie angesehen werden. Denn es wird in erheblichem Maße von diesen exosomatischen sprachlichen Systemen gesteuert – obwohl man sagen kann, diese seien vom Bewußtsein *erzeugt* worden. Das Bewußtsein seinerseits, so können wir vermuten, wird durch physikalische Zustände *hervorgebracht;* doch es beeinflußt sie auch in erheblichem Maße. So wie ein juristisches oder soziales System von uns erzeugt ist, uns aber beeinflußt und in keinem vernünftigen Sinne »identisch« oder »parallel« mit uns ist, sondern mit uns in *Wechselwirkung* steht, so beeinflussen Bewußtseinszustände (der »Geist«) den Körper und stehen in *Wechselwirkung* mit ihm.

In dieser Art gibt es eine ganze Menge analoger Zusammenhänge. Wie unsere exosomatische Welt der Bedeutungen mit dem Bewußtsein zusammenhängt, so hängt das Bewußtsein mit dem Verhalten des handelnden Einzelorganismus zusammen. Und das Verhalten des einzelnen Organismus hängt auf ähnliche Weise mit seinem Körper zusammen, dem Einzelorganismus als physiologischem System. Und letzterer hängt wieder mit der Evolutionsfolge der Organismen zusammen – der Art, deren vorderste Speerspitze er gewissermaßen bildet: So, wie der Einzelorganismus von der Art als Versuchssonde ausgesandt wird und doch weitgehend das Schicksal der Art bestimmt, so wird das Verhalten des Organismus vom physiologischen System als Versuchssonde ausgesandt und bestimmt doch weitgehend das Schicksal dieses Systems. Unsere Bewußtseinszustände stehen in einem ähnlichen Zusammenhang mit unserem Verhalten. Sie nehmen unser Verhalten vorweg und ermitteln durch Versuch und Irrtum seine wahrscheinlichen Folgen; damit steuern sie nicht nur, sondern probieren aus, *überlegen.*

Jetzt erkennen wir, daß diese Theorie eine fast triviale Antwort auf Descartes' Problem liefert. Sie sagt nicht, *was »der Geist« ist,* sondern führt unmittelbar zu dem Schluß, daß unsere *psychischen Zustände (einige unserer) physischen Bewegungen steuern* und daß es ein gewisses Geben und Nehmen, eine gewisse Rückkopplung und damit *Wechselwirkung* zwischen der psychischen Tätigkeit und den anderen Funktionen des Organismus gibt.[62]

Die Steuerung ist wiederum »plastisch«; jeder von uns weiß ja – vor allem wer ein Musikinstrument wie Klavier oder Geige spielt –, daß der Körper nicht immer das tut, was wir von ihm möchten; und daß wir aus unseren Mißerfolgen lernen müssen, wie wir unsere Ziele abändern müssen, um die Grenzen unserer Steuerungsmöglichkeiten zu berücksichtigen: Wir sind zwar in erheblichem Maße frei, doch es gibt immer Bedingungen – physikalische oder andere –, die unseren Möglichkeiten Grenzen setzen. (Natürlich können wir, bevor wir aufgeben, diese Grenzen zu überschreiten versuchen.)

Ich befürworte also wie Descartes eine dualistische Betrachtungsweise, möchte aber natürlich *nicht* von *zwei in Wechselwirkung stehenden Substanzen* sprechen. Ich halte es aber für berechtigt und nützlich, *zwei Arten in Wechselwirkung stehender Zustände* (oder Ereignisse) zu unterscheiden, physikalisch-chemische und psychische. Darüber hinaus scheint mir, daß eine Beschränkung auf diese beiden Arten von Zuständen immer noch ein zu enges Weltbild ergibt: Zum allermindesten sollen wir noch die Erzeugnisse der Organismen unterscheiden, vor allem die Erzeugnisse unseres Geistes, die mit unserem Geist und damit auch mit dem Zustand unserer physikalischen Umwelt in Wechselwirkung treten können. Diese Erzeugnisse sind oft »bloße Materie«, etwa »bloße Werkzeuge«, aber schon bei den Tieren manchmal vollendete Kunstwerke; und beim Menschen sind die Erzeugnisse unseres Geistes oft sehr viel mehr als »ein Stück Materie« – etwa ein mit Zeichen versehenes Stück Papier; denn diese können den Stand einer Diskussion wiedergeben, den Stand des Erkenntnisfortschritts, der (was manchmal schwerwiegende Folgen hat) das Begriffsvermögen der meisten oder

[62] Wie ich an verschiedenen Stellen angedeutet habe, vermute ich, daß eine »Wechselwirkung« zwischen psychischen und physischen Zuständen die einzige befriedigende Lösung des Descartesschen Problems bietet; siehe auch Anmerkung 43. Ich möchte hier anfügen, daß ich gute Gründe für die Annahme sehe, daß es psychische Zustände oder Bewußtseinszustände gibt (zum Beispiel im Traum), bei denen das Ichbewußtsein (oder das Bewußtsein der eigenen raumzeitlichen Lage und Identität) sehr schwach ist oder fehlt. Daher scheint die Annahme vernünftig, daß das volle Ichbewußtsein eine späte Entwicklung ist und daß es falsch wäre, das Leib-Seele-Problem so zu formulieren, daß diese Form des Bewußtseins (oder des bewußten »Willens«) als die einzige genommen wird.

sogar aller Menschen übersteigt, die an ihm mitgearbeitet haben. Wir müssen also nicht nur Dualisten sein, sondern Pluralisten; und wir müssen erkennen, daß die großen Veränderungen, die wir oft unbewußt in unserer physikalischen Welt hervorgebracht haben, zeigen, daß abstrakte Regeln und abstrakte Ideen, von denen manche von den Menschen vielleicht nur unvollständig erfaßt werden, Berge versetzen können.

24.

Als Nachtrag möchte ich einen letzten Punkt anfügen.

Es wäre ein Fehler, zu glauben, wegen der natürlichen Auslese könne die Evolution nur zu »nützlichen« Ergebnissen führen: zu Adaptationen, die uns helfen zu überleben.

Genau wie in einem System mit plastischer Steuerung die steuernden und die gesteuerten Teilsysteme miteinander in Wechselwirkung stehen, so stehen unsere vorläufigen Lösungen mit unseren *Problemen* und auch mit unseren *Zielen* in Wechselwirkung. Das bedeutet, daß sich unsere Ziele ändern können und daß *die Wahl eines Zieles zum Problem werden kann;* verschiedene Ziele können konkurrieren, und neue Ziele können erfunden und nach der Methode von Versuch und Irrtumselimination kontrolliert werden.

Ich gebe zu, daß ein neues Ziel, das zu dem Ziel des Überlebens im Gegensatz steht, durch die natürliche Auslese eliminiert werden kann. Man weiß, daß viele Mutationen tödlich und damit selbstmörderisch sind; und es gibt viele Beispiele für selbstmörderische Ziele. Andere sind vielleicht in bezug auf das Überleben neutral.

Viele Ziele, die zunächst dem Überleben dienten, können später unabhängig und sogar dem Überleben entgegengesetzt sein; etwa der Ehrgeiz, sich durch Mut auszuzeichnen, den Mount Everest zu besteigen, einen neuen Erdteil zu entdecken oder als erster auf dem Mond zu sein; oder der Ehrgeiz, eine neue Wahrheit zu entdecken.

Andere Ziele sind vielleicht von Anfang an autonome Abweichungen, unabhängig von dem Ziel des Überlebens. Künstlerische Ziele sind vielleicht von dieser Art, auch manche religiösen Ziele, und für die, die sich ihnen verschreiben, können sie viel wichtiger werden als das Überleben.

Das alles gehört zum Überfluß des Lebens – der fast übermäßigen Vielfalt der Versuche und Irrtümer, auf die die Methode von

Versuch und Irrtumselimination angewiesen ist.[63]

Es ist vielleicht nicht uninteressant, festzustellen, daß Künstler ebenso wie Wissenschaftler tatsächlich diese Methode des Versuchs und Irrtums anwenden. Ein Maler setzt vielleicht versuchsweise einen Farbfleck hin und tritt dann zurück, um seine Wirkung kritisch zu beurteilen[64] und ihn abzuändern, wenn er das Problem nicht löst, das der Maler lösen möchte. Und es kann vorkommen, daß eine unerwartete oder zufällige Wirkung seines Versuchs – ein Farbfleck oder Pinselstrich – sein Problem verändert oder ein neues Teilproblem, ein neues Ziel schafft: Die Entwicklung künstlerischer Ziele und Maßstäbe (die, wie die Regeln der Logik, zu exosomatischen Steuerungssystemen werden können) vollzieht sich ebenfalls nach der Methode von Versuch und Irrtum.

Vielleicht können wir uns hier einen Augenblick zum Problem des physikalischen Determinismus zurückwenden und zu unserem Beispiel des tauben Physikers, der nie Musik gehört hat, aber doch eine Mozartoper oder eine Beethovensinfonie »komponieren« könnte, indem er einfach den Körper Mozarts oder Beethovens und ihre Umwelt als physikalisches System untersuchte und voraussagte, was sie mit ihren Federn für Zeichen auf das linierte Papier schreiben würden. Ich führte das als eine unannehmbare Folgerung aus dem physikalischen Determinismus an. Mozart und Beethoven waren teilweise von ihrem »Geschmack« gesteuert, ihrem musikalischen Bewertungssystem. Doch dieses System ist nicht gußeisern, sondern eher plastisch. Es reagiert auf neue Ideen und läßt sich durch neue Versuche und Irrtümer verändern – vielleicht sogar durch einen zufälligen Fehler, eine unbeabsichtigte Dissonanz.[65]

[63] Vgl. z. B. mein Buch *Conjectures and Refutations*, insbes. S. 312.

[64] Siehe z. B. B. Ernst H. Gombrich, *Meditations on a Hobby Horse*, 1963, insbes. S. 10; ders., *Art and Illusion*, 1960, 1962 (siehe das Schlagwortverzeichnis unter »trial and error«). Vgl. auch Anmerkung 65.

[65] Wegen der starken Ähnlichkeit zwischen wissenschaftlicher und künstlerischer Produktion siehe *The Freedom of Man*, Vorwort, S. VII f., und die Bemerkung in *The Freedom of Man*, S. 74, die in Anmerkung 60 oben angeführt wurde; ferner E. Mach, *Wärmelehre*, 1896, S. 440 f., wo er schreibt: »Die Kunstgeschichte ... lehrt, wie auch auf diesem Gebiet die zufällig sich darbietenden Formen in den Gebilden der Kunst Verwendung finden, und Leonardo da Vinci hat dem Künstler Anleitung gegeben, in den zufälligen Formen der Wolken, fleckiger, rauchiger Wände das für seine Pläne und Stimmungen Passende zu erkennen ... Auch der Musiker schöpft gelegentlich aus unregelmäßigen Geräuschen Anregung, und gelegentlich kann man auch von einem berühmten Musiker hören, wie derselbe durch zufälliges Fehlgreifen auf dem Klavier auf neue wertvolle melodische oder harmonische Motive geführt worden ist.«

Zum Schluß möchte ich die Situation zusammenfassen.

Wir haben gesehen, daß es unbefriedigend ist, die Welt als abgeschlossenes physikalisches System zu betrachten – sei es als streng deterministisches oder als eines, bei dem alles nicht streng Determinierte einfach auf den Zufall zurückzuführen ist: Bei einem solchen Weltbild können menschliche Kreativität und menschliche Freiheit nur Täuschungen sein. Der Versuch, auf die quantentheoretische Unbestimmtheit zurückzugreifen, ist auch unbefriedigend, weil er zum Zufall statt zur Freiheit führt und eher zu Schnapp-Entscheidungen als zu überlegten Entscheidungen.

Daher habe ich ein anderes Weltbild entworfen – eines, in dem die physikalische Welt ein offenes System ist. Das steht in Übereinstimmung damit, daß die Evolution des Lebens als ein Prozeß von Versuch und Irrtumselimination gesehen wird; und es erlaubt uns, rational, wenn auch bei weitem nicht vollkommen, das Auftreten neuer biologischer Formen zu verstehen und den Fortschritt der menschlichen Erkenntnis und der menschlichen Freiheit.

Ich habe versucht, eine Evolutionstheorie zu skizzieren, die das alles berücksichtigt und Comptons und Descartes' Problem löst. Ich fürchte, es ist eine Theorie, die es fertigbringt, gleichzeitig zu alltäglich *und* zu spekulativ zu sein; ich glaube zwar, daß sich prüfbare Folgerungen aus ihr ableiten lassen, bin aber weit von der Behauptung entfernt, meine Lösung sei das, wonach die Philosophen gesucht haben. Ich habe aber das Gefühl, Compton hätte vielleicht gesagt, sie sei trotz ihrer Fehler eine mögliche Antwort auf sein Problem – und eine Antwort, die zu weiterem Fortschritt führen könnte.

(Zusatz 1974. Wenn ich in dem Text der Vorlesung etwas unvorsichtig sagte, daß meine »hier vorgeschlagene Theorie eine direkte Lösung für das klassische Kartesische Leib-Seele-Problem liefert« [S. 261], dann meinte ich [so vermute ich] das Problem, ob die Theorie der Wechselwirkungen zwischen psychischen und physikalischen Zuständen vorzuziehen ist oder die Theorie einer Parallelität [oder Identität]. Ich glaube, meine Diskussion bringt eine Lösung für dieses Problem in dem Sinne, daß sie gute evolutionäre [oder funktionale] Gründe zugunsten der Wechselwirkung liefert. Natürlich habe ich nicht das Problem gelöst, *wie* solche Wechselwirkung vor sich geht; und tatsächlich fürchte ich, daß dieses Problem unlösbar ist – nicht nur für die Wechselwirkung zwischen psychischen und physikalischen Zuständen, sondern allgemeiner. Denn wir wissen zum Beispiel, daß elektrische Ladungen einander abstoßen, haben aber keine »letzte Erklärung« [siehe S. 202] dafür, wie sie dies tun, sogar wenn wir Maxwells Theorie akzeptieren. Wir haben keine allgemeine Theorie der Kausalität [auf jeden Fall nicht seit dem Zusammenbruch von Descartes' Theorie, daß alle Kausalität Stoß ist].)

7. Die Evolution und der Baum der Erkenntnis

Ich war über die Einladung, die Herbert-Spencer-Vorlesung zu halten, sehr erfreut, nicht nur wegen der Ehre, einem sehr mutigen und originellen Denker huldigen zu dürfen. Besonders gefreut hat mich der Vorschlag des Organisationskomitees dieser Vorlesungen, ein Thema wie »die Methode der biologischen Wissenschaften« zu behandeln. Dieser Vorschlag bietet mir die Gelegenheit, hier eine Anzahl von Gedanken zu entwickeln, die ich sonst, obwohl ich sie interessant und der Diskussion wert finde, vielleicht nie öffentlich dargestellt hätte.

Alle Gedanken, die ich Ihnen vorlegen möchte, haben etwas mit der Methode der Biologie zu tun. Doch ich werde mich nicht auf dieses Gebiet beschränken. Mein Plan für die drei Teile dieser Vorlesung sieht so aus: Ich möchte mit einigen Bemerkungen über die allgemeine Erkenntnistheorie beginnen; dann möchte ich mich bestimmten methodischen Problemen zuwenden, die mit der Evolutionstheorie zu tun haben; schließlich werde ich in gewisse Teile der Evolutionstheorie selbst eindringen oder vielmehr hineinpfuschen. Um es genauer zu sagen, ich werde Ihnen im dritten Teil meiner Vorlesung eine Vermutung vortragen, die, ohne den Rahmen dieser Theorie zu sprengen, einige der klassischen Schwierigkeiten beseitigen soll, unter denen die darwinistische oder neodarwinistische Theorie der natürlichen Auslese bisher gelitten hat.

Ich nenne diese Schwierigkeiten »klassisch«, weil sie schon früher entdeckt und prägnant analysiert worden sind, einmal von Herbert

---

Dieses Kapitel beruht auf der Herbert-Spencer-Vorlesung in Oxford am 30. Oktober 1961. Die wichtigeren Ergänzungen, zu denen einige neue Anmerkungen gehören, sind durch eckige Klammern gekennzeichnet; das Addendum kam 1971 hinzu. Ursprünglicher Titel: Evolution and the Tree of Knowledge.

Spencer, kurz nachdem er Darwins Theorie der natürlichen Auslese annahm, und von Samuel Butler, kurz nachdem er sie verwarf. Wie Spencer erklärte, hatten diese Schwierigkeiten Darwin selbst schon großes Kopfzerbrechen gemacht.[1]

Mein Programm für diese Vorlesung erstreckt sich also von der allgemeinen Erkenntnistheorie über die Methoden der Biologie bis zur Evolutionstheorie selber. Ich fürchte, dieses Programm ist für eine einzige Vorlesung etwas ehrgeizig; und wenn ich noch die Absicht hätte, Sie zu *überzeugen*, dann wäre ich wahrscheinlich in einer verzweifelten Lage. Es trifft sich daher gut, daß ich nicht beabsichtige, irgend jemanden von der Wahrheit meiner Thesen zu überzeugen, am wenigsten von meiner neodarwinistischen Vermutung, die ich Ihnen am Ende meiner Vorlesung vorlegen werde. Ich hoffe zwar, daß diese Vermutung dazu beiträgt, uns der Wahrheit etwas näher zu bringen, doch ich wage nicht einmal zu hoffen, daß sie wahr ist; tatsächlich fürchte ich, daß sie nur sehr wenig Wahrheit enthält. Sicher enthält sie nicht die endgültige oder die umfassende Wahrheit in jener Sache. Daher möchte ich Sie nicht überzeugen, einfach weil ich selbst nicht überzeugt bin. Doch ich hoffe, und werde mein Bestes tun, Ihr Interesse an diesen Problemen neu zu wecken. Ich gebe zu, daß sie manchmal etwas schal geworden sind, und ich habe irgendwo meine Übereinstimmung mit Professor Ravens Bemerkung ausgedrückt, der Streit um die Evolutionstheorie sei »ein Sturm in einem viktorianischen Wasserglas« gewesen. Wenn auch diese Beschreibung ganz angemessen sein dürfte, soweit man an den von Darwins Behauptung unserer Verwandtschaft mit den Affen ausgelösten Sturm denkt, so gab es doch andere und in meinen Augen aufregendere theoretische Probleme im Zusammenhang mit dem Streit um den Darwinismus.

[1] Siehe besonders Spencers Arbeit »The Factors of Organic Evolution«, zuerst veröffentlicht in seinen *Essays* (z. B. in Band I der »Library Edition« von 1891, S. 389 ff.). Es ist interessant, daß es unter den vielen wichtigen Gedanken in dieser Arbeit Formulierungen eines Ansatzes gibt, der heute »organismischer Ansatz in der Biologie« heißt und weithin für etwas Neues gehalten wird; siehe z. B. S. 410, wo Spencer von Veränderungen bestimmter Organe spricht und sagt, daß »alle anderen ... Organe in die Veränderung hineingezogen werden. Ihre Funktionen müssen *ein Fließgleichgewicht* bilden« (Hervorhebung von mir). Spencer beschreibt hier den Organismus mit Hilfe des modernen Begriffs des »offenen Systems im Fließgleichgewicht« (oder »in einem annähernd stationären Zustand«).

1. Einige Bemerkungen über Probleme und das Wachstum unseres Wissens

Ich wende mich jetzt dem ersten Teil meiner Vorlesung zu: der allgemeinen Erkenntnistheorie.

Der Grund, warum ich mit einigen Bemerkungen über die Erkenntnistheorie beginnen zu müssen glaube, ist der, daß ich über sie mit fast jedermann uneins bin, außer vielleicht mit Charles Darwin und Albert Einstein. (Einstein erläuterte übrigens seine Ansichten über diese Dinge in seiner Herbert-Spencer-Vorlesung von 1933.[2]) Der hauptsächliche Streitpunkt ist das Verhältnis zwischen Beobachtung und Theorie. Ich bin der Auffassung, daß die Theorie – mindestens eine rudimentäre Theorie oder Erwartung – immer zuerst kommt; daß sie stets der Beobachtung vorausgeht; und daß die grundlegende Aufgabe von Beobachtungen und experimentellen Prüfungen die ist, zu zeigen, daß einige unserer Theorien falsch sind, und uns so zur Aufstellung besserer Theorien anzuregen.

Demgemäß behaupte ich, daß wir nicht von Beobachtungen, sondern stets von *Problemen* ausgehen – entweder von praktischen Problemen oder von *einer Theorie, die in Schwierigkeiten geraten ist*. Stehen wir vor einem Problem, so können wir anfangen, es zu bearbeiten. Das können wir auf zweierlei Weise tun: Wir können zunächst versuchen, eine Lösung des Problems zu erraten oder zu vermuten; und wir können dann versuchen, diese gewöhnlich auf etwas schwachen Füßen stehende Vermutung zu kritisieren. Manchmal widersteht eine Vermutung unserer Kritik und unseren experimentellen Prüfungen eine Weile. Doch in der Regel stellt sich bald heraus, daß sich unsere Vermutung widerlegen läßt oder daß sie unser Problem nicht oder nur teilweise löst; und wir finden, daß selbst die besten Lösungen – die der strengsten Kritik der glänzendsten und erfinderischsten Geister widerstehen konnten – bald Anlaß zu neuen Schwierigkeiten, neuen Problemen geben. Man kann also sagen, *das Wachstum unseres Wissens bewege sich von alten Problemen hin zu neuen, und zwar durch Vermutungen und Widerlegungen.*

Einige von Ihnen werden mir vermutlich zustimmen, daß wir ge-

[2] Albert Einstein, *On the Methods of Theoretical Physics*. (Auch in seinem Buch *The World As I See It*.) [Sir Peter Medawar wies mich darauf hin, daß ich hier neben Darwin und Einstein Claude Bernard hätte erwähnen müssen: *An Introduction to the Study of Experimental Medicine* (1865), 1927.]

wöhnlich mit Problemen anfangen; doch viele werden noch glauben, unsere Probleme müßten sich aus Beobachtung und Experiment ergeben haben, denn Sie alle sind mit dem Gedanken vertraut, daß nichts in unserem Verstand sein könne, was nicht durch unsere Sinne hineingekommen sei.

Doch gerade diese ehrwürdige Idee bekämpfe ich.[3] Ich behaupte: Jedes Tier wird mit Erwartungen oder Antizipationen geboren, die man als Hypothesen formulieren könnte, als eine Art hypothetischen Wissens. Und ich behaupte, daß wir in diesem Sinne ein gewisses angeborenes Wissen haben, mit dem wir anfangen können, auch wenn es vielleicht ganz unzuverlässig ist. Dieses angeborene Wissen, diese angeborenen Erwartungen schaffen, wenn sie enttäuscht werden, *unsere ersten Probleme;* das darauffolgende Wachstum des Wissens läßt sich demnach so beschreiben, daß es durch und durch aus Berichtigungen und Abänderungen vorhergehenden Wissens besteht.

Ich greife also diejenigen an, die glauben, die Beobachtung müsse den Erwartungen und Problemen vorausgehen; ich behaupte sogar, daß die Beobachtung aus *logischen Gründen* nicht allen Problemen vorausgehen kann, wenn sie auch offenbar manchen Problemen vorausgeht – etwa solchen Problemen, die sich aus einer Beobachtung ergeben, die eine Erwartung enttäuscht oder eine Theorie widerlegt. Daß die Beobachtung nicht allen Problemen vorausgehen kann, läßt sich durch ein einfaches Experiment veranschaulichen, das ich mit Ihrer Erlaubnis jetzt mit Ihnen selbst als Versuchspersonen durchführen möchte.[4] Mein Experiment besteht darin, daß ich Sie auffordere, *zu beobachten,* hier und jetzt. Ich hoffe, Sie machen alle mit und beobachten alle! Ich fürchte aber, mindestens einige von Ihnen werden nicht beobachten, sondern ein starkes Bedürfnis verspüren, zu fragen: »*Was* soll ich denn beobachten?«

Wenn Sie so reagieren, dann war mein Experiment erfolgreich. Denn ich möchte veranschaulichen, daß wir, wenn wir beobachten wollen, eine bestimmte Frage im Auge haben müssen, die wir vielleicht durch Beobachtung entscheiden können. Das wußte Darwin, als er schrieb: »Wie seltsam, daß nicht jeder einsieht, daß jede Beobachtung notwendig

[3] [Ich habe seither versucht, diese Lehre auf Parmenides zurückzuführen, der sie formulierte, um sie zu bekämpfen. Siehe S. 165 der 2. Auflage (1965) meines Buches *Conjectures and Refutations.*]

[4] [Ich gebe hier einen Bericht über ein Experiment, das ich bereits auf S. 46 der 2. Auflage (1965) meines Buches *Conjectures und Refutations* beschrieben habe.]

für oder gegen eine Auffassung gemacht wird ...«[5] [Weder »beobachte!« (ohne Angabe, *was*) noch »beobachte diese Spinne!« ist eine klare Anweisung. Dagegen wäre »beobachte, *ob* diese Spinne aufwärts klettert oder abwärts, wie ich es erwarte!« hinreichend klar.]

Ich kann natürlich nicht hoffen, Sie von der Wahrheit meiner These zu überzeugen, daß die Beobachtung nach der Erwartung oder Hypothese kommt. Ich hoffe aber sehr, daß ich Ihnen zeigen konnte, daß es eine andere Möglichkeit außer der ehrwürdigen Lehre geben könnte, unser Wissen, und besonders unser wissenschaftliches Wissen, fange stets mit der Beobachtung an.[6]

Betrachten wir nun etwas genauer diese Methode der Vermutung und Widerlegung, die, nach meiner These, die Methode ist, durch die unser Wissen wächst.

Ich sagte, wir fangen mit einem Problem, einer Schwierigkeit, an. Es mag praktisch oder theoretisch sein. Worum es sich auch handelt, wenn wir das erste Mal auf das Problem stoßen, können wir offenbar nicht viel darüber wissen. Bestenfalls haben wir eine undeutliche Vorstellung davon, worin unser Problem eigentlich besteht. Wie können wir dann zu einer brauchbaren Lösung kommen? Offenbar können wir es nicht. Erst müssen wir mit dem Problem besser vertraut werden. Aber wie?

Meine Antwort ist sehr einfach: indem wir eine unbrauchbare Lösung aufstellen und sie *kritisieren*. Nur so können wir zum Verständnis des Problems kommen. Denn ein Problem verstehen heißt seine Schwierigkeiten verstehen; und die Schwierigkeiten verstehen heißt einsehen, warum es nicht leicht lösbar ist – warum die naheliegenderen Lösungen nicht funktionieren. Wir müssen daher diese naheliegenderen Lösungen aufstellen; und wir müssen sie kritisieren, um herauszufinden, *warum* sie nicht funktionieren. So machen wir uns mit dem Problem vertraut und können von schlechten Lösungen zu besseren kommen – immer vorausgesetzt, daß wir die schöpferische Fähigkeit haben, immer neue Vermutungen aufzustellen.

[5] Francis Darwin und A. C. Seward (Hrsg.), *More Letters of Charles Darwin*, Band I, 1903, S. 195. Siehe auch J. O. Wisdom, *Foundations of Inference in Natural Science*, 1952, S. 50, und Nora Barlow, *The Autobiography of Charles Darwin*, 1958, S. 161. Darwins Stelle endet mit den Worten (die, wie ich zugebe, ihren Wert für meine These etwas abschwächen): »wenn sie irgendeinen Wert haben soll!«

[6] Die noch ehrwürdigere Lehre, alles Wissen fange mit der Wahrnehmung oder dem Sinneseindruck an, die ich natürlich auch ablehne, liegt der Tatsache zugrunde, daß »Wahrnehmungsprobleme« immer noch weithin als achtbarer Teil der Philosophie oder, genauer, der Erkenntnistheorie angesehen werden.

Das scheint mir mit der »Bearbeitung eines Problems« gemeint zu sein. Und wenn wir uns lange und eingehend genug mit einem Problem beschäftigt haben, dann fangen wir an, es zu kennen und zu verstehen, in dem Sinne, daß wir wissen, welche Art von Vermutung oder Hypothese bestimmt unbrauchbar ist, weil sie einfach am Problem vorbeigeht, und welche Anforderungen jeder ernsthafte Lösungsversuch erfüllen muß. Mit anderen Worten, wir beginnen die Verästelungen des Problems zu sehen, seine Teilprobleme und seine Verknüpfungen mit anderen Problemen. (Erst in diesem Stadium sollte eine neue vermutete Lösung der Kritik anderer unterbreitet oder gar veröffentlicht werden.)

Betrachten wir nun diese Analyse, so finden wir, daß sie in unsere Formel paßt, die besagte, der Wissensfortschritt bewege sich von alten zu neuen Problemen mittels Vermutungen und kritischer Versuche, sie zu widerlegen. Denn sogar der Prozeß des immer besseren Vertrautwerdens mit einem Problem verläuft nach diesem Schema.

Als nächster Schritt wird unsere vorläufige Lösung diskutiert und kritisiert; jeder versucht, einen schwachen Punkt an ihr zu finden und sie zu widerlegen, und was immer auch das Ergebnis dieser Versuche sein mag, man wird sicher aus ihnen lernen. Hat die Kritik unserer Freunde oder Gegner Erfolg, so haben wir viel über unser Problem gelernt: Wir wissen mehr über die in ihm liegenden Schwierigkeiten als vorher. Und auch wenn unsere schärfsten Kritiker keinen Erfolg haben, wenn unsere Hypothese ihrer Kritik widersteht, dann haben wir wiederum viel gelernt: sowohl über das Problem als auch über unsere Hypothese, ihre Brauchbarkeit, ihre Verästelungen. Und solange unsere Hypothese überlebt, oder wenigstens solange sie sich angesichts der Kritik besser schlägt als ihre Konkurrenten, kann sie vorläufig und versuchsweise als Teil der gegenwärtigen Wissenschaft akzeptiert werden.

Das alles läßt sich so ausdrücken, daß das Wachstum unseres Wissens das Ergebnis eines Vorgangs ist, der dem sehr ähnlich ist, was Darwin »natürliche Auslese« nannte; es gibt also eine *natürliche Auslese von Hypothesen:* Unser Wissen besteht zu jedem Zeitpunkt aus denjenigen Hypothesen, die ihre (relative) Tüchtigkeit dadurch gezeigt haben, daß sie bis dahin in ihrem Kampf ums Dasein überlebt haben; in einem Konkurrenzkampf, der die untüchtigen Hypothesen eliminiert.[7]

[7] Siehe meine *Logik der Forschung*, insbes. S. 73 und 93, sowie *Das Elend des Historizismus*, S. 105.

Diese Interpretation läßt sich auf das tierische Wissen, das vorwissenschaftliche Wissen und die wissenschaftliche Erkenntnis anwenden. Das Besondere der wissenschaftlichen Erkenntnis ist, daß der Kampf ums Dasein durch die bewußte und systematische Kritik unserer Theorien härter wird. Während also das tierische und das vorwissenschaftliche Wissen hauptsächlich dadurch wächst, daß diejenigen, die untüchtige Hypothesen haben, selbst eliminiert werden, läßt die wissenschaftliche Kritik oft unsere Theorien an unserer Stelle sterben; sie eliminiert dann unsere falschen Vorstellungen, ehe wir selbst ihretwegen eliminiert werden.

Damit möchte ich beschreiben, wie das Wissen tatsächlich wächst. Ich meine es nicht bildlich, obwohl ich Bilder verwende. Die Erkenntnistheorie, die ich vorschlagen möchte, ist weitgehend eine darwinistische Theorie des Wachstums des Wissens. Von der Amöbe bis Einstein ist das Wachstum des Wissens immer dasselbe: Wir versuchen, unsere Probleme zu lösen und durch Auslese zu einigermaßen brauchbaren vorläufigen Lösungen zu kommen.

Trotzdem ist beim Menschen etwas Neues dazugekommen. Um das sofort erkennbar zu machen, möchte ich dem Baum der Evolution das gegenüberstellen, was man den wachsenden Baum der Erkenntnis nennen könnte.

Der Evolutionsbaum bildet aus einem gemeinsamen Stamm immer mehr Äste. Er gleicht einem Familienstammbaum: Den Stamm bilden unsere gemeinsamen einzelligen Vorfahren, die Vorfahren aller Organismen. Die Äste sind die späteren Entwicklungen, von denen sich viele, um mit Spencer zu reden, zu hochspezialisierten Formen »ausdifferenziert« haben, deren jede so »integriert« ist, daß sie ihre besonderen Schwierigkeiten, ihre Überlebensprobleme lösen kann.

Der Evolutionsbaum unserer Werkzeuge und Geräte sieht ganz ähnlich aus. Er fing wahrscheinlich mit einem Stein oder Stock an; unter dem Einfluß immer speziellerer Probleme verzweigte er sich in eine ungeheure Zahl hochspezialisierter Formen.

Doch vergleichen wir nun diese Evolutionsbäume mit der *Struktur unseres wachsenden Wissens*, so finden wir, daß der wachsende Baum der menschlichen Erkenntnis eine völlig andere Struktur hat. Es ist zuzugeben, daß das Wachstum des angewandten Wissens der Entwicklung der Werkzeuge und sonstigen Geräte sehr ähnlich ist: Es gibt immer mehr und differenziertere und spezialisiertere Anwendungen. Doch die reine Erkenntnis (oder »Grundlagenforschung«, wie sie manchmal genannt wird) entwickelt sich ganz anders. Sie wächst fast in der umgekehrten Richtung wie jene wachsende Spezialisierung und Differenzierung. Wie Herbert Spencer bemerkte, wird sie weitgehend beherrscht von einer Tendenz zu wachsender Integration in Richtung auf einheitliche Theorien.[8] Diese Tendenz wurde offensichtlich, als Newton die irdische Mechanik Galileis mit Keplers Theorie der Himmelsbewegungen vereinigte; und sie hat seitdem immer angehalten.

Als wir vom Baum der Evolution sprachen, gingen wir natürlich davon aus, daß die Zeitrichtung nach oben geht – so, wie der Baum wächst. Mit derselben Zeitrichtung müßte der Baum der Erkenntnis so dargestellt werden, daß er aus zahllosen Wurzeln entspringt, die nach oben in die Luft statt nach unten wachsen und schließlich weit oben dazu neigen, sich zu einem einzigen Stamm zu vereinigen. Mit anderen Worten, die Entwicklungsstruktur des Wachstums der reinen Erkenntnis ist fast umgekehrt wie die des evolutionären Baumes der lebenden Organismen, der menschlichen Gerätschaften oder des angewandten Wissens.

Dieses integrative Wachstum des Baumes der reinen Erkenntnis muß nun erklärt werden. Es ist das Ergebnis unserer besonderen Zielsetzung bei unserem Bemühen um reine Erkenntnis – der Absicht, unsere Neugierde durch Erklären zu befriedigen. Außerdem ergibt es sich aus dem Vorhandensein einer menschlichen Sprache, mit der wir nicht nur Sachverhalte beschreiben, sondern auch über die Wahrheit unserer Beschreibungen diskutieren können, das heißt sie kritisieren können.

Bei der Suche nach reiner Erkenntnis ist unser Ziel ganz einfach: zu verstehen und Wie- und Warum-Fragen zu beantworten. Das sind Fragen, die durch Angabe einer Erklärung beantwortet werden. Daher sind alle Probleme der reinen Erkenntnis *Erklärungsprobleme.*

Diese Probleme können durchaus ihren Ursprung in praktischen Problemen haben. So führte das praktische Problem, »Was kann gegen die Armut getan werden?«, zu dem rein theoretischen Problem, »Warum sind Leute arm?«, und von da zur Theorie der Löhne und Preise und so weiter; mit anderen Worten, zur reinen ökonomischen Theorie, die natürlich ständig ihre eigenen neuen Probleme erzeugt. Bei dieser Entwicklung multiplizieren sich die zu behandelnden Probleme – beson-

[8] [Spencer schreibt auch, gegen Comte (*Essays*, 1891, Band II, S. 24): »Der Fortschritt der Wissenschaft ist ein doppelter. Er verläuft zugleich vom Besonderen zum Allgemeinen und vom Allgemeinen zum Besonderen. Er ist zugleich analytisch und synthetisch.« Als Beispiele für dieses Prinzip erwähnt Spencer zehn physikalische Entdeckungen, darunter die Theorien von Galilei und Newton (ebenda, S. 25 ff.).]

ders die ungelösten –, und sie fächern sich auf, wie stets, wenn unser Wissen wächst. Doch *die erklärende Theorie selber* weist das zuerst von Spencer beschriebene integrative Wachstum auf.

Nehmen wir ein analoges Beispiel aus der Biologie. Wir stehen vor dem dringenden praktischen Problem der Bekämpfung epidemischer Krankheiten wie der Pocken. Doch von der Praxis der Immunisierung führt der Weg zur Theorie der Immunologie und von da zur Theorie der Antikörperbildung – einem Gebiet der reinen Biologie, das wegen der Tiefe seiner Probleme berühmt ist und wegen der Tendenz seiner Probleme, sich zu vervielfachen.

Erklärungsprobleme werden durch die Aufstellung erklärender Theorien gelöst; und eine erklärende Theorie ist kritisierbar, indem gezeigt wird, daß sie entweder in sich widersprüchlich ist oder den Tatsachen oder anderen Erkenntnissen widerstreitet. Doch solche Kritik geht davon aus, daß wir *wahre* Theorien finden möchten – Theorien, die mit den Tatsachen übereinstimmen. Dieser Begriff der *Wahrheit als Übereinstimmung mit den Tatsachen* macht nach meiner Auffassung rationale Kritik erst möglich. In Verbindung damit, daß unsere Neugierde, unsere Leidenschaft, die Dinge mit Hilfe einheitlicher Theorien zu erklären, allgemein und unbegrenzt ist, erklärt unser Ziel, der Wahrheit näherkommen zu wollen, das integrative Wachstum des Baums der Erkenntnis.

Mit dem Hinweis auf den Unterschied zwischen dem Evolutionsbaum der Werkzeuge und dem der reinen Erkenntnis hoffe ich nebenbei so etwas wie eine Widerlegung der heute so beliebten Ansicht zu bieten, die menschliche Erkenntnis lasse sich nur als Mittel in unserem Kampf ums Überleben verstehen. Das Gesagte möge als Warnung vor einer zu engen Auffassung dessen genommen werden, was ich über die Methode der Vermutung und Widerlegung und das Überleben der tüchtigsten Hypothesen gesagt habe; aber es steht dazu in keinem Widerspruch. Denn ich habe nicht behauptet, die tüchtigste Hypothese sei immer auch die, die zu unserem eigenen Überleben beiträgt; vielmehr sagte ich, die tüchtigste sei diejenige, die das *Problem*, das sie lösen soll, am besten löst und der Kritik besser standhält als andere konkurrierende Hypothesen. Ist unser Problem ein rein theoretisches – soll eine rein theoretische Erklärung gefunden werden –, so wird die Kritik von der regulativen Idee der Wahrheit oder der Annäherung an die Wahrheit geleitet, nicht von der Idee, uns beim Überleben zu helfen.

Wenn ich hier von Wahrheit spreche, möchte ich betonen, daß unser Ziel wahre Theorien sind, oder mindestens Theorien, die der Wahrheit näherkommen als die uns heute bekannten. Das bedeutet aber nicht, daß wir von irgendeiner unserer erklärenden Theorien mit Sicherheit wissen könnten, daß sie wahr ist. Wir können sie vielleicht kritisieren, ihre Falschheit beweisen. Doch eine gute erklärende Theorie ist stets eine kühne Vorwegnahme kommender Dinge. Sie muß prüfbar und kritisierbar sein, aber ihre Wahrheit ist nicht beweisbar; und wenn wir das Wort »wahrscheinlich« auf eine der vielen möglichen Weisen auffassen, die mit dem Formalismus der Wahrscheinlichkeitsrechnung verträglich sind, dann kann sie auch niemals als »wahrscheinlich« (das heißt als wahrscheinlicher als ihre Negation) erwiesen werden.

Das ist keineswegs erstaunlich. Denn obwohl wir die Kunst der rationalen Kritik erworben haben und die regulative Idee, daß eine Erklärung wahr ist, die mit den Tatsachen übereinstimmt, hat sich sonst nichts geändert; das Grundschema des Wachstums des Wissens bleibt das der Vermutung und Widerlegung, der Elimination unbrauchbarer Erklärungen; und da die Elimination endlich vieler solcher Erklärungen die unendliche Anzahl der noch möglichen Erklärungen nicht verringern kann, mag sich Einstein irren, genau wie die Amöbe sich irren kann.

Wir sollten also unseren Theorien weder Wahrheit noch Wahrscheinlichkeit zuschreiben. Maßstäbe wie Wahrheit und Annäherung an die Wahrheit spielen nur im Rahmen unserer Kritik eine Rolle. Wir können eine Theorie als falsch verwerfen; oder wir können eine Theorie verwerfen, weil sie der Wahrheit weniger nahekommt als einer ihrer Vorgänger oder Konkurrenten.

Vielleicht kann ich das Gesagte in zwei kurzen Thesen zusammenfassen.

1. Wir sind fehlbar und neigen zu Fehlern; aber wir können aus unseren Fehlern lernen.

2. Wir können unsere Theorien nicht rechtfertigen, aber wir können sie rational kritisieren und diejenigen vorläufig annehmen, die unserer Kritik am besten standzuhalten scheinen und die die größte Erklärungskraft haben.

Damit schließe ich den ersten Teil meines Vortrags ab.

2. Bemerkungen über Methoden in der Biologie, insbesondere in der Evolutionstheorie

Im zweiten Teil meines Vortrags – den ich stark abkürzen mußte, um für den dritten Platz zu schaffen – möchte ich kurz einige Methodenprobleme der Biologie diskutieren.

Ich beginne mit zwei allgemeinen Thesen. Meine erste lautet so:

1. Sollte jemand denken, daß die sogenannte wissenschaftliche Methode der Weg zum Erfolg ist, dann wird er enttäuscht werden. In der Wissenschaft gibt es keinen Königsweg zum Erfolg.

Meine zweite These lautet so:

2. Sollte jemand denken, daß die wissenschaftliche Methode, oder *Die Wissenschaftliche Methode*, ein Weg ist, um wissenschaftliche Resultate zu rechtfertigen, dann würde er ebenfalls enttäuscht werden. Ein wissenschaftliches Resultat läßt sich nicht rechtfertigen. Es läßt sich nur kritisieren und prüfen. Und man kann zu seinen Gunsten stets nur sagen, es scheine nach aller Kritik und Prüfung besser, interessanter, stärker, aussichtsreicher und wahrheitsnäher zu sein als seine Konkurrenten.

Trotz dieser beiden bewußt pessimistischen Thesen läßt sich auch etwas Positiveres sagen. Es gibt so etwas wie ein Geheimnis des Erfolgs, und ich werde es preisgeben. Es ist folgendes.

In jedem Stadium der Forschung sei dir so klar wie möglich über das Problem; achte darauf, wie es sich verändert und deutlicher wird. Sei dir so klar wie möglich über die verschiedenen Theorien, an die du glaubst, und vergiß nicht, daß wir alle unbewußt an Theorien glauben oder ohne weiteres von ihnen ausgehen, obwohl die meisten von ihnen fast mit Sicherheit falsch sind. Versuche immer wieder, die Theorien, an die du glaubst, zu formulieren und zu kritisieren. Und versuche, Alternativtheorien aufzustellen – selbst zu den Theorien, die als völlig zwingend erscheinen; nur so wirst du die Theorien verstehen, an die du glaubst. Immer, wenn dir eine Theorie als die einzig mögliche erscheint, nimm das als Zeichen, daß du weder die Theorie noch das zu lösende Problem verstanden hast. Und betrachte deine Experimente immer als Prüfungen einer Theorie – als Versuche, Fehler in ihr zu finden, sie aus den Angeln zu heben. Scheint ein Experiment oder eine Beobachtung eine Theorie zu stützen, so halte dir vor Augen, daß es in Wirklichkeit eine Alternativtheorie schwächt – womöglich eine, an die du noch gar nicht gedacht hast. Und habe den Ehrgeiz, deine eigenen Theorien zu widerlegen und zu ersetzen: Das ist besser, als sie zu verteidigen und es anderen zu überlassen, sie zu widerlegen. Doch vergiß auch nicht, daß eine gute Verteidigung einer Theorie gegen Kritik notwendig zu jeder fruchtbaren Diskussion dazugehört, denn nur dadurch zeigt sich, wie stark sie ist und wie stark die gegen sie gerichtete Kritik. Es hat keinen Sinn, eine Theorie zu diskutieren und zu kritisieren, wenn wir sie nicht stets in ihre stärkste Form zu bringen versuchen und sie nur in dieser Form kritisieren.

Die beschriebene Methode, etwas über die Welt in Erfahrung zu bringen, könnte man *evokativ* statt *instruktiv* nennen, um eine Unterscheidung aus Sir Peter Medawars Reith-Vorlesungen zu verwenden.[9] Wir lernen etwas über unsere Umwelt nicht dadurch, daß wir uns von ihr instruieren lassen, sondern indem wir von ihr herausgefordert werden: Unsere Reaktionen (und dazu gehören unsere Erwartungen oder Antizipationen oder Vermutungen) werden von ihr hervorgerufen, und wir lernen durch Elimination unserer erfolglosen Reaktionen – das heißt, *wir lernen aus unseren Irrtümern.* Eine derartige evokative Methode kann aber die Belehrung *nachahmen oder simulieren:* Ihr Ergebnis kann so aussehen, als hätten wir unsere Theorien dadurch gewonnen, daß wir von der Beobachtung ausgegangen und durch Induktion fortgeschritten wären. Dieser Gedanke eines evokativen Evolutionsprozesses, der einen instruktiven Prozeß *simuliert,* ist kennzeichnend für den Darwinismus und spielt im folgenden eine wichtige Rolle.

Darwins Entdeckung der natürlichen Auslese ist oft mit Newtons Entdeckung der Gravitation verglichen worden. Das ist ein Fehler. Newton formulierte universelle Gesetze zur Beschreibung der Wechselwirkungen und des sich daraus ergebenden Verhaltens der physikalischen Welt. Darwins Evolutionstheorie enthält keine derartigen Gesetze. Es gibt keine Darwinschen Evolutionsgesetze. Tatsächlich war es Herbert Spencer, der universelle Evolutionsgesetze zu formulieren versuchte – die Gesetze der »Differenzierung« und »Integration«. Ich habe anzudeuten versucht, daß sie nicht uninteressant und vielleicht durchaus richtig sind. Doch sie sind recht unbestimmt und im Vergleich zu den Newtonschen Gesetzen fast ohne empirischen Gehalt. (Darwin selbst fand Spencers Gesetze nicht sehr interessant.)

Trotzdem war Darwins revolutionärer Einfluß auf unser Weltbild mindestens so groß, wenn auch nicht so tief, wie der Newtons. Denn

[9] [Peter B. Medawar, *The Future of Man*, Methuen, 1961.]

Darwins Theorie der natürlichen Auslese zeigte, daß es *grundsätzlich möglich ist, die Teleologie auf die Kausalität zurückzuführen, indem das Vorhandensein von Plan und Zweck in der Welt rein physikalisch erklärt wird.*

Darwin zeigte uns, daß der Mechanismus der natürlichen Auslese grundsätzlich die Tätigkeit des Schöpfers nachahmen kann sowie Seine Absicht und Seinen Plan, und daß er ebenso vernünftige, zweck- oder zielgerichtete menschliche Handlungen simulieren kann.

Wenn das richtig ist, dann kann man vom Standpunkt der *biologischen Methode* aus sagen: Darwin zeigte, daß wir völlige Freiheit haben, teleologische Erklärungen in der Biologie zu verwenden – auch diejenigen können das, die nur kausale Erklärungen gelten lassen wollen. Denn was er zeigte, war genau, daß *grundsätzlich* jede teleologische Erklärung eines Tages auf eine kausale Erklärung zurückgeführt oder weiter erklärt werden kann.

Das ist zwar ein großer Fortschritt, aber wir müssen hinzufügen, daß der Ausdruck »*grundsätzlich*« eine sehr bedeutende Einschränkung ist. Weder Darwin noch irgendein Darwinist hat bisher eine effektive kausale Erklärung der adaptiven Evolution eines einzigen Organismus oder Organs geliefert. Es wurde lediglich gezeigt – und das ist schon sehr viel –, daß es solche Erklärungen geben kann (das heißt, daß sie logisch möglich sind).

Ich brauche kaum zu betonen, daß meine Sichtweite des Darwinismus vielen Biologen höchst fragwürdig vorkommen wird, die teleologische Erklärungen in der Biologie für (fast) ebenso schlecht wie theologische Erklärungen halten. Ihr Einfluß war so stark, daß ein Mann wir Sir Charles Sherrington mit sehr apologetischer Tendenz dafür eintrat, daß »wir keinen angemessenen Gewinn von der Untersuchung irgendeines bestimmten Reflexes haben, wenn wir nichts über seinen unmittelbaren Zweck als einer adaptiven Reaktion sagen können«.[10]

Eine ziemlich naheliegende Aussage des Darwinismus – aber eine, die für den dritten Teil meiner Vorlesung wichtig ist – ist die, daß nur solche Organismen tatsächlich gute Überlebensaussichten haben, die in ihrem Verhalten eine starke Tendenz oder Disposition oder Neigung zum Kampf ums Überleben zum Ausdruck bringen. Damit besteht die Tendenz, daß eine solche Disposition in die Erbstruktur aller Organismen eingeht; sie zeigt sich dann in ihrem Verhalten und nahezu ihrer

[10] Ich zitiere Sir Charles Sherrington, *The Integrative Action of the Nervous System*, 1906, 1947, S. 238.

gesamten Organisation. Damit wird gewiß die Teleologie durch die natürliche Auslese nicht nur nachgeahmt, sondern, wenn auch nur im Prinzip, erklärt.

Ähnlich kann man sagen, der Lamarckismus, insbesondere die Lehre, daß sich die Organe *unter dem Einfluß ihres Gebrauchs* entwickeln und bei Nichtgebrauch verkümmern, sei in einem bestimmten Sinne mit Begriffen der natürlichen Auslese durch J. M. Baldwin *erklärt* worden (einen Philosophen von der Princeton University) [, durch Waddington und Simpson] und durch Erwin Schrödinger.[11] Ihre Erklärungsmethode wird weiterentwickelt und, wie mir scheint, wesentlich erweitert durch die Hypothese, die ich im dritten Teil meiner Vorlesung darstellen werde, daher möchte ich sie hier nicht untersuchen. Ich möchte aber klarstellen, daß Baldwin [, Waddington, Simpson] und Schrödinger gezeigt haben, wie die Lamarcksche Evolution durch Instruktion von Darwinscher Evolution durch natürliche Selektion *simuliert* werden kann.

Diese Art der Erklärung gibt es auch in der Physik. Ein einfaches Beispiel wäre die zuerst von Kant und dann von Laplace aufgestellte Hypothese, die erklären soll, warum sich alle Planeten unseres Planetensystems in mehr oder weniger ähnlichen Ebenen, die nicht weit voneinander entfernt sind, bewegen und dieselbe Umlaufrichtung um die Sonne haben. Diese »Nebularhypothese« (wie sie Spencer gewöhnlich nannte) nimmt als Anfangssituation einen rotierenden Nebel an, aus dem sich die Planeten durch Verdichtung bildeten (nach Spencer durch Differenzierung und Integration). So erklärt die Theorie oder ahmt nach, was zunächst als zweckvolle Anordnung erscheinen mag. [Man könnte hinzufügen, daß die Kant-Laplacesche Nebularhypothese durch eine »Überlebens«-Hypothese ergänzt oder sogar ersetzt werden könnte. Danach wäre ein System von Planeten, die sich in sehr verschiedenen Ebenen oder mit verschiedenem Umlaufsinn bewegen, um einige Größenordnungen weniger stabil als ein System wie das unsrige; die Wahrscheinlichkeit wäre also gering, ein System des weniger stabilen Typs anzutreffen.] Ein anderes physikalisches Beispiel wäre: Die Newtonsche Gravitationstheorie arbeitet mit Fernwirkungs-

[11] Siehe J. M. Baldwin, *Development and Evolution*, 1902 und Erwin Schrödinger, *Mind and Matter*, 1958, insbes. das Kapitel über »Scheinlamarckismus«, S. 26 ff. [Ursprünglich verwies ich hier auch auf Sir Julian Huxleys *Evolution – The Modern Synthesis*, 1942. Sir Peter Medawar hat mich darauf hingewiesen, daß das in diesem Zusammenhang fragwürdig ist, und mich auf die Arbeit von Waddington aufmerksam gemacht; siehe Anmerkung 56 zu Kapitel 6 des vorliegenden Buches.]

Anziehungskräften. [G. L. Le Sage veröffentlichte 1782 eine Theorie, die diese Newtonsche Fernwirkung erklärt, indem sie sie simuliert. In ihr gibt es keine Anziehungskräfte, sondern nur *Stöße* von Körpern auf Körper.[12]] Einsteins Gravitationstheorie zeigt, wie ein Erklärungssystem, in dem es weder Stöße noch Anziehungskräfte gibt, ein Newtonsches System nachahmen kann. Wichtig ist nun, daß die nachgeahmte Erklärung – das heißt die Newtonsche Theorie – als *Näherung* an die Einsteinsche Theorie und die Wahrheit angesehen werden kann. Ähnlich geht die Theorie der natürlichen Auslese vor. In jedem Einzelfall geht sie von einer vereinfachten Modellsituation aus – die aus bestimmten Arten in einer bestimmten Umwelt besteht – und versucht, zu zeigen, warum in dieser Situation bestimmte Mutationen einen Überlebenswert haben würden. Selbst wenn der Lamarckismus falsch ist – was der Fall zu sein scheint –, sollte er doch von den Darwinisten als eine erste Näherung an den Darwinismus geachtet werden.[13]

Das eigentliche Problem des Darwinismus ist die bekannte Schwierigkeit, eine Evolution zu erklären, die *prima facie zielgerichtet* aussehen mag, wie die unserer Augen, die sich in einer unglaublich großen Zahl sehr kleiner Schritte vollzieht; denn nach dem Darwinismus ist jeder dieser Schritte das Ergebnis einer rein zufälligen Mutation. Daß alle diese unabhängigen zufälligen Mutationen Überlebenswert gehabt haben sollen, ist schwer erklärbar. [Das gilt besonders für das Lorenzsche angeborene Verhalten.] Der »Baldwin-Effekt« – das heißt die Theorie einer rein Darwinschen Entwicklung, die den Lamarckismus simuliert – scheint mir ein wichtiger Schritt in Richtung auf eine Erklärung solcher Entwicklungen zu sein.

Mir scheint, der erste, der die Schwierigkeit klar erkannte, war Samuel Butler, der sie in der Frage zusammenfaßte: »Glück oder Klugheit?«, was hier bedeutet: »Zufall oder Plan?« Bergsons System der schöpferischen Evolution läßt sich ebenfalls als Kommentar zu dieser Schwierigkeit ansehen: Sein *élan vital* ist einfach ein Name, den er allem gab, was jene *prima facie zielgerichteten* Veränderungen verursachen oder steuern könnte. Eine animistische oder vitalistische Erklärung dieser Art ist natürlich *ad hoc* und völlig unbefriedigend. Doch sie läßt sich vielleicht

[12] [G. L. Le Sage (übersetzt von Abbott: »The Newtonian Lucretius«), *Annual Report of the Smithsonian Institution*, 1898, S. 139–160.]

[13] [In der ursprünglichen Vorlesung standen zwei Stellen aus diesem Absatz an anderer Stelle (etwa eine Seite weiter).]

auf etwas Besseres zurückführen – was Darwin tat, als er zeigte, daß sich teleologische Erklärungen simulieren lassen – und es mag damit möglich sein zu zeigen, daß sie eine Annäherung an die Wahrheit war oder mindestens an eine haltbarere Theorie. Im dritten Teil dieser Vorlesung versuche ich eine solche Theorie zu entwickeln.

Vielleicht ist hier noch ein Wort über die logische Form einer Theorie der natürlichen Auslese am Platze. Das ist ein sehr interessantes Problem, und ich hätte es hier gern ausführlich behandelt. Doch ich kann nur ein oder zwei Gesichtspunkte kurz erwähnen.

Die Theorie der natürlichen Auslese ist eine *historische:* Sie konstruiert eine *Situation* und zeigt, daß bei dieser gegebenen Situation die Dinge, deren Existenz wir erklären möchten, in der Tat wahrscheinlich sind.

Um es genauer zu sagen, Darwins Theorie ist eine *verallgemeinerte* historische Erklärung. Das heißt, es wird angenommen, daß die Situation *typisch* und nicht *einmalig* ist. So mag es manchmal möglich sein, ein vereinfachtes *Modell* der Situation zu konstruieren.

Vielleicht darf ich hier kurz erwähnen, daß das, was ich für Darwins Hauptgedanken halte – sein Versuch, genetische Veränderungen zu erklären, die zu besserer Anpassung im Sinne *besserer Überlebensaussichten für das einzelne Lebewesen* geführt haben –, in neuerer Zeit in den Hintergrund getreten ist. Das ist ganz überwiegend dem modischen Streben nach mathematischer Exaktheit zu verdanken und dem Versuch, den Überlebenswert statistisch zu definieren in Form des tatsächlichen Überlebens (eines Gens oder einer anderen genetischen Einheit in einer Population).

Doch das Überleben oder der Erfolg in Form wachsender Anzahl kann auf zwei ununterscheidbare Umstände zurückzuführen sein. Eine Art mag erfolgreich sein oder gedeihen, weil es ihr etwa gelungen ist, ihre Schnelligkeit, ihre Zähne, ihre Geschicklichkeit oder ihre Intelligenz zu steigern; oder sie mag erfolgreich sein oder gedeihen, weil es ihr einfach gelungen ist, ihre Fruchtbarkeit zu erhöhen. Es liegt auf der Hand, daß eine hinreichende Steigerung der Fruchtbarkeit, die im Grunde auf erblichen Faktoren beruht, oder eine Verkürzung der Zeit der Unreife denselben oder einen größeren Überlebenswert haben kann wie etwa eine Zunahme der Geschicklichkeit oder Intelligenz.

Unter diesem Gesichtspunkt ist es wohl nicht ganz leicht zu verstehen, warum die natürliche Auslese überhaupt zu mehr geführt haben sollte als zu einer allgemeinen Zunahme der Fortpflanzungsrate und der

Eliminierung aller Arten außer den fruchtbarsten.[14] [Viele verschiedene Faktoren können an der Bestimmung der Fortpflanzungs- und Sterberaten beteiligt sein, etwa die ökologischen Bedingungen, unter denen die Art lebt, ihr Wechselspiel mit anderen Arten und das Zahlenverhältnis zwischen den zwei (oder mehr) Populationen.] Doch sei dem, wie es wolle, ich meine, es müßte möglich sein, die großen Schwierigkeiten zu überwinden, die der Messung des *Anpassungserfolgs der Individuen* einer Art entgegenstehen, vielleicht indem man ihren Fruchtbarkeitswert (ihre Fortpflanzungsrate) von der Gesamtzunahme der Population (ihrer Überlebensrate) abzieht. Mit anderen Worten, ich schlage vor, die Art *A besser angepaßt* als die Art *B* (im Lamarckschen und Darwinschen Sinne) zu nennen, wenn etwa ihre Populationen gleich schnell zunehmen, obwohl *A* eine niedrigere Fortpflanzungsrate hat als *B*. In einem solchen Fall würden wir sagen, daß die *einzelnen Vertreter* der Art *A* im Mittel überlebenstüchtiger seien als die der Art *B*, oder ihrer Umwelt besser angepaßt.

Ohne eine solche Unterscheidung (die man statistisch präzisieren könnte) würde man die ursprünglichen Probleme Lamarcks und Darwins aus den Augen verlieren, besonders aber auch die Erklärungskraft der Darwinschen Theorie – ihre Fähigkeit, Anpassung und zielgerichtet erscheinende Entwicklungen durch natürliche Auslese zu erklären, die eine Lamarckische Evolution *simuliert*.

Am Ende dieses zweiten Teils meines Vortrags möchte ich Sie daran erinnern, daß ich, wie ich schon erwähnte, nicht an die Induktion glaube. Hume hat meiner Meinung nach endgültig gezeigt, daß die Induktion ungültig ist; er glaubte aber trotzdem, obwohl sie ungültig und rational nicht zu rechtfertigen sei, werde sie von Tieren und Menschen allgemein angewandt. Ich glaube nicht, daß das wahr ist. In Wahrheit, so glaube ich, verfahren wir nach der Methode der *Selektion* von Antizipationen oder Erwartungen oder Theorien – nach der Methode von Versuch und Irrtumselimination, die oft mit der Induktion verwechselt worden ist, weil sie *die Induktion simuliert*. Mir scheint, daß der ehrwürdige Mythos der Induktion im biologischen Denken viel Dogmatismus

[14] Das ist nur eine der zahllosen Schwierigkeiten der Darwinschen Theorie, denen gegenüber manche Neodarwinisten fast blind zu sein scheinen. Besonders schwer verständlich ist unter diesem Gesichtspunkt der Übergang von einzelligen zu vielzelligen Organismen, die bei der Fortpflanzung neue und spezifische Schwierigkeiten haben, besonders auch beim Überleben nach der Fortpflanzung, und die etwas Neues in das Leben bringen, nämlich den Tod; denn alle vielzelligen Individuen sterben.

hervorgerufen hat. Er hat auch zur Verurteilung der sogenannten »Lehnstuhlwissenschaftler« geführt – das heißt der Theoretiker. Aber an den Lehnstühlen ist nichts Abwegiges. Sie waren getreue Stützen für Kepler, Newton, Maxwell und Einstein; für Bohr, Pauli, de Broglie, Heisenberg und Dirac; und für Schrödinger bei seinen physikalischen wie auch seinen biologischen Spekulationen.

Ich spreche erregt, weil ich nicht einmal ein Lehnstuhlbiologe bin, sondern etwas noch schlimmeres – ein bloßer Lehnstuhlphilosoph.

Doch das war schließlich auch Herbert Spencer, dessen Namen – das gebe ich offen zu – ich hier schamlos ausnutze, um meine eigenen Missetaten auf dem Gebiet der biologischen Spekulation zu verdecken.

3. Eine Vermutung: »genetischer Dualismus«

Ich komme jetzt zum dritten, dem Hauptteil meines Vortrags – einer Vermutung oder Hypothese, die, wenn sie der Kritik standhält, vielleicht die Theorie der natürlichen Auslese stärken könnte, obwohl sie sich streng innerhalb der logischen Grenzen eines orthodoxen neodarwinistischen (oder, wenn Sie lieber wollen, »New Synthesis«-)Rahmens hält.

Meine Vermutung ist natürlich eine verallgemeinerte historische Hypothese: Sie besteht in der Konstruktion einer typischen Situation, in der die natürliche Auslese die Ergebnisse hervorbringen könnte, die wir mit ihrer Hilfe erklären möchten.

Das zu lösende Problem ist das alte Problem: Orthogenese oder zufällige und unabhängige Mutation – Samuel Butlers Problem von *Glück oder Klugheit*. Es ergibt sich aus der Schwierigkeit zu verstehen, wie sich ein kompliziertes Organ wie das Auge jemals aus dem rein zufälligen Zusammenwirken unabhängiger Mutationen entwickeln kann.

Kurz gesagt besteht meine Lösung des Problems in der Hypothese, daß wir bei vielen oder sogar allen Organismen, deren Entwicklung zu dem Problem Anlaß gibt – es können wohl auch sehr niedere Organismen dabei sein –, mehr oder weniger scharf [mindestens] *zwei Teile* unterscheiden können: grob gesprochen, einen *verhaltenssteuernden Teil*, wie das Zentralnervensystem bei den höheren Tieren, und einen *ausführenden Teil*, wie die Sinnesorgane und die Gliedmaßen mit den sie stützenden Strukturen.

Das ist, kurz skizziert, die Situation, von der meine Vermutung ausgeht. Ich verbinde sie mit der orthodox neodarwinistischen Annahme, daß mutative Veränderungen des einen Teils in der Regel, wenn auch nicht unbedingt immer, unabhängig von mutativen Veränderungen des anderen Teils sind.

Diese Situationshypothese postuliert einen *Dualismus*, der dem Leib-Seele-Dualismus stark ähnelt. Doch sie ist mit den radikalsten Formen des mechanistischen Materialismus so gut wie mit den radikalsten Formen des Animismus vereinbar. Denn meine dualistische Hypothese – die ich vielleicht als *»genetischen Dualismus«* beschreiben kann – fordert lediglich folgendes:

In den zu erklärenden Fällen seien bestimmte angeborene Dispositionen oder Neigungen wie solche der Selbsterhaltung, Nahrungssuche, Gefahrenmeidung, Erwerb von Geschicklichkeit durch Nachahmung usw. Mutationen unterworfen, die in der Regel kein Organ des Körpers wesentlich verändern, die Sinnesorgane eingeschlossen, außer gegebenenfalls jene Organe, die die erblichen Träger der betreffenden Dispositionen oder Neigungen sind.

Ehe ich die Folgerungen aus dieser Hypothese erläutere, möchte ich von vornherein darauf hinweisen, daß die Hypothese des genetischen Dualismus falsch sein kann. Sie wäre falsch, wenn die Gene (oder was immer an die Stelle der die Vererbung steuernden Einheiten treten mag), die zum Beispiel die embryonale Entwicklung des menschlichen Auges steuern, immer dieselben wären wie die, die unsere angeborene visuelle Neugierde steuern – unsere Disposition oder Neigung, unsere Augen in allen Situationen, wo es überhaupt hell genug ist, so viel wie möglich zu gebrauchen. Oder, etwas anders gesagt: Würde unsere angeborene Neigung zum *Gebrauch* unserer Augen, Ohren, Hände, Beine usw. stets erblich weitergegeben zusammen mit unserem *Besitz* von Augen, Ohren, Händen, Beinen usw., dann wäre meine dualistische Hypothese falsch. Sie wäre auch falsch, wenn es überhaupt ein Fehler wäre, scharf zwischen dem *Besitz* und dem *Gebrauch* eines Organs zu unterscheiden – wenn etwa Besitz und Gebrauch lediglich zwei verschiedene Abstraktionen von ein und derselben biologischen oder genetischen Wirklichkeit wären. Die entsprechende Annahme nenne ich den *genetischen Monismus* oder die *monistische Hypothese*.

Ich halte die stillschweigende Annahme von etwas Ähnlichem wie diesem genetischen Monismus für verantwortlich dafür, daß meine dualistische Hypothese bisher (jedenfalls soweit mir bekannt ist) noch nicht voll entwickelt und diskutiert worden ist. Die monistische Hypothese wurde wohl dadurch begünstigt, daß das Hauptproblem der Evolutionstheorie die Erklärung des Ursprungs der Arten war – das heißt des Ursprungs der Differenzierung bei pflanzlichen und tierischen Organen, nicht aber des Ursprungs bestimmter Typen von Verhaltensweisen oder Verhaltensneigungen.

Wie dem auch sei, ich möchte jetzt das Funktionieren meiner dualistischen Hypothese anhand eines *mechanischen Modells* erörtern. Genauer: ich werde an die Stelle des sich entwickelnden Organismus einen Servomechanismus – eine Maschine – setzen. Vorher möchte ich aber klarstellen, daß meine Vermutung nicht mit diesem Modell identisch ist und daß diejenigen, die meine Vermutung akzeptieren, keineswegs gehalten sind, die Organismen als Maschine zu betrachten. Weiterhin enthält mein Modell nicht für alle bedeutsamen Bestandteile der Theorie ein mechanisches Analogon. Es enthält beispielsweise keinen Mechanismus, der Mutationen oder andere Erbänderungen hervorbringt, da das nicht mein Problem ist.

Ich nehme als mein Modell ein Flugzeug – etwa ein Kampfflugzeug –, das automatisch gesteuert wird. Wir nehmen an, daß das Flugzeug für bestimmte Zwecke gebaut wurde, und der automatische Pilot verfügt über eine Anzahl eingebauter Reaktionen; sie bestehen in »Anweisungen«, einen schwächeren Feind anzugreifen, einen Freund beim Angriff oder der Verteidigung zu unterstützen, vor einem stärkeren Feind zu fliehen und so weiter. Die mechanischen Teile des automatischen Piloten, von denen diese »Anweisungen« abhängen, bilden die physikalische Grundlage für das, was ich die *Zielstruktur* meines Modells nenne.

Außerdem enthält der automatische Pilot die physikalische Grundlage dessen, was ich die *Fähigkeitsstruktur* nenne. Sie besteht etwa aus Stabilisierungsmechanismen; Mechanismen zur Interpretation von Detektoren, um Feinde und Freunde zu identifizieren und zwischen ihnen zu unterscheiden; Steuerungskontrollen; Zielkontrollen; und so weiter. Die Zielstruktur und die Fähigkeitsstruktur brauchen nicht deutlich voneinander unterschieden zu sein. Sie bilden zusammen das, was ich die *zentrale Neigungsstruktur* des automatischen Piloten nennen möchte, oder, wenn Sie so wollen, sein »Bewußtsein«. Das physikalische System – die Schalter, Drähte, Röhren, Batterien usw., einschließlich der Elemente, in denen die »Anweisungen« für den automatischen Piloten gespeichert sind – läßt sich als physikalische Grundlage seiner zentralen Neigungsstruktur oder seines »Bewußtseins« beschreiben. Im folgenden nenne ich einfach dieses *physikalische System* den »automatischen Piloten«.

Es ist bekannt, daß man in einen solchen Servomechanismus auch gewisse Neigungen zu »lernen« einbauen kann – zum Beispiel, seine

Fähigkeiten zu verbessern –, die auf Versuch und Irrtum beruhen. Doch zunächst können wir das vernachlässigen. Wir nehmen statt dessen vorerst an, daß die Zielstruktur und die Fähigkeitsstruktur starr und den ausführenden Organen des Flugzeugs genau angepaßt sind, wie etwa seiner Motorkraft.

Nun nehmen wir an, unser Flugzeug sei reproduzierbar – es ist gleichgültig, ob es sich selbst reproduziert oder in einer Fabrik, die die verschiedenen physikalischen Teile kopiert, nachgebaut wird –, aber zufälligen Mutationen unterworfen, die wir in vier Klassen einteilen wollen.

1. Mutationen des automatischen Piloten.
2. Mutationen, die auf ein Organ wirken – etwa auf das Ruder oder den Motor –, das vom automatischen Piloten kontrolliert wird.
3. Mutationen, die auf ein sich selbst regulierendes Organ wirken, das nicht vom automatischen Piloten kontrolliert wird, etwa auf einen unabhängigen Thermostaten, der die Motortemperatur regelt.
4. Mutationen, die mehrere Organe gleichzeitig betreffen.

Es scheint nun klar, daß in einem so komplizierten Organismus fast alle zufälligen Mutationen nachteilig, ja meist tödlich sein werden. Sie werden also, so wollen wir annehmen, durch die natürliche Auslese eliminiert. Das wird ganz besonders für zufällige Mutationen gelten, die mehrere Organe betreffen – etwa den automatischen Piloten *und* ein anderes Organ. Solche Mutationen sind sicherlich ungünstig; die Wahrscheinlichkeit, daß sie beide günstig sind oder sich sogar ergänzen, muß fast gleich Null sein.

Dies ist einer der größten Unterschiede zwischen meiner dualistischen Hypothese und der monistischen Hypothese. Nach der monistischen Hypothese wird eine günstige Mutation eines Organs, etwa eine Zunahme der Motorenstärke, stets vorteilhaft *verwendet* werden, und weiter entsteht gar kein Problem. Jede vorteilhafte Mutation ist unwahrscheinlich, aber ihre Wahrscheinlichkeit braucht nicht verschwindend gering zu sein. Nach der dualistischen Hypothese dagegen wäre eine günstige Veränderung eines Organs oft nur *der Möglichkeit nach* günstig. Damit sie verwirklicht wird, müßte die Verbesserung *in Gebrauch genommen* werden; und dieser neue Gebrauch könnte von einer *komplementären* zufälligen Veränderung in der zentralen Neigungsstruktur abhängen. Doch die Wahrscheinlichkeit zweier zufälliger Veränderungen, die unabhängig erfolgten, aber sich ergänzten, müßte verschwindend gering sein.

Daher könnte es auf den ersten Blick so scheinen, als könnte das dualistische Modell die Schwierigkeiten einer rein selektionistischen Theorie nur vergrößern, und das dürfte ein weiterer Grund sein, warum die meisten Darwinisten stillschweigend die monistische Hypothese zugrunde zu legen scheinen.

Betrachten wir nun ein Beispiel. Eine Mutation verleihe allen Motoren mehr Kraft, so daß das Flugzeug schneller fliegen kann. Das ist sowohl für den Angriff auf den Gegner als auch für die Flucht günstig; und wir wollen annehmen, daß die Zielstruktur den automatischen Piloten veranlassen wird, die höhere Kraft und Geschwindigkeit voll auszunutzen. Doch die Fähigkeitsstruktur ist der alten Motorenleistung und Höchstgeschwindigkeit angepaßt. Mit anderen Worten, die einzelnen Reaktionen des fähigkeitsausübenden Mechanismus sind den alten Motoren und der alten Geschwindigkeit angepaßt; und da wir vorausgesetzt haben, daß der Pilot nicht »lernen« kann im Sinne einer Verbesserung seiner Fähigkeiten, so ist die Geschwindigkeit zu hoch für ihn, und nach meiner dualistischen Hypothese wird das Flugzeug zu Bruch gehen. Der genetische Monismus dagegen würde annehmen, daß mit der erhöhten Motorenleistung auch die nötigen Fähigkeiten sich von selbst einstellen, weil sie nur eine andere Seite derselben Sache seien – nach der Annahme, daß man für genetische Zwecke nicht zwischen dem Organ und seinem Gebrauch zu unterscheiden hat.

Sie erinnern sich an die vier Möglichkeiten für mutative Veränderungen:

1. Änderungen in der Struktur des automatischen Piloten.
2. Änderungen eines vom Piloten direkt kontrollierten Organs.
3. Änderungen eines sich selbst steuernden Systems.
4. Änderungen in mehreren Organen gleichzeitig.

Fall 4 – das heißt eine Veränderung mehrerer Organe – kann, wie wir sahen, sowohl unter der dualistischen als auch der monistischen Annahme vernachlässigt werden, da günstige Änderungen dieser Art zu unwahrscheinlich sind.

Fall 3 – das heißt eine Veränderung in einem sich selbst steuernden Organ – läßt sich hier mit der Bemerkung erledigen, daß ein solches Organ entweder ein kleines dualistisches Teilsystem ist, auf das unsere dualistische Hypothese erneut anzuwenden ist, oder aber es entspricht der monistischen Hypothese und entwickelt sich im Einklang mit der üblichen Theorie.

Fall 2 – das heißt eine Veränderung in einem Organ, das unmittelbar vom automatischen Piloten kontrolliert wird – ist wahrscheinlich ungünstig, wie unser Beispiel mit der erhöhten Motorenleistung und

Geschwindigkeit zeigt, selbst wenn die Mutation an sich unter monistischen Gesichtspunkten günstig wäre.

Es bleibt also Fall 1: mutative Veränderungen in der ererbten zentralen Neigungsstruktur. Meine These ist, daß günstige Veränderungen in dieser Struktur keine besonderen Schwierigkeiten mit sich bringen. Beispielsweise könnte eine günstige Änderung der Zielstruktur das Flugzeug veranlassen, öfter als bisher vor Feinden zu fliehen; oder die entgegengesetzte Neigung könnte sich als vorteilhaft herausstellen (das heißt die Neigung, den Gegner öfter anzugreifen). Wir wissen nicht, was günstiger ist, aber nach unserer Annahme wird es die natürliche Auslese herausfinden.

Ähnlich verhält es sich mit den Fähigkeiten. Man weiß, daß ein menschlicher Pilot seine Fähigkeiten verbessern kann, ohne die Struktur seines Flugzeugs zu verändern. Das zeigt, daß günstige Mutationen in der Fähigkeitsstruktur des automatischen Piloten möglich sind, ohne daß in der übrigen Struktur komplementäre Änderungen stattfinden. Günstige Mutationen sind natürlich immer unwahrscheinlich. Doch wir wissen, daß ein menschlicher Pilot ohne Änderung seines Flugzeugs sich neue Ziele setzen und neue Fähigkeiten entwickeln kann, ohne Bruch zu machen; und einige dieser neuen Ziele und Fähigkeiten mögen etwa unter dem Gesichtspunkt der Selbsterhaltung vorteilhaft sein; daher mögen neue Ziele und Fähigkeiten des automatischen Piloten überleben.

Wir kommen also zu folgendem ersten Ergebnis: Gehen wir von einem dualistischen Organismus aus, in dem die kontrollierende zentrale Neigungsstruktur und eine kontrollierte Ausführungsstruktur genau aufeinander abgestimmt sind, dann scheinen Mutationen der zentralen Neigungsstruktur etwas weniger leicht tödlich zu sein als Mutationen der kontrollierten Ausführungsorgane (auch solche, die der Möglichkeit nach günstig wären).

Unser zweites und hauptsächliches Ergebnis ist folgendes. Hat sich einmal in der zentralen Neigungsstruktur ein neues Ziel oder eine neue Tendenz oder Disposition oder eine neue Fähigkeit oder eine neue Verhaltensweise entwickelt, so wird das die Wirkungen der natürlichen Auslese so beeinflussen, daß bisher ungünstige (aber der Möglichkeit nach günstige) Mutationen tatsächlich günstig werden, wenn sie die neuentwickelte Tendenz unterstützen. *Das bedeutet aber, daß die Evolution der Ausführungsorgane von dieser Tendenz oder diesem Ziel gesteuert wird, also »zielgerichtet« wird.*

Man kann sich das veranschaulichen, indem man zwei Arten günstiger Mutationen der zentralen Neigungsstruktur betrachtet: solche, bei denen Universalziele oder -fähigkeiten *verbessert* werden, und solche, bei denen Ziele und Fähigkeiten *spezialisiert* werden.

Beispiele für die erste Art sind Mutationen, die Ziele einführen, die nur indirekt vorteilhaft sind, etwa eine Mutation, die ein Ziel oder eine Tendenz oder einen Wunsch schafft, eine Fähigkeit des Organismus zu verbessern. Liegt einmal eine solche Mutation vor, so kann eine andere Mutation, die die Fähigkeitsstruktur flexibler macht, günstiger werden; und durch solche Mutationen der Fähigkeitsstruktur kann der Organismus eine »Lernneigung« erlangen, in dem Sinne, daß er seine Fähigkeiten durch Versuch und Irrtum verbessert.

Und weiter: Ist einmal eine flexiblere zentrale Neigungsstruktur erreicht, so können sonst tödliche Mutationen der Ausführungsorgane, wie höhere Geschwindigkeit, äußerst nützlich werden, während sie vorher ungünstig waren.

Der wichtige Punkt hier ist, daß die Mutationen der Zentralstruktur *führend* sind. Das heißt, es erhalten sich nur solche Mutationen der ausführenden Organe, die zu den allgemeinen Tendenzen passen, die vorher durch die Änderungen in der Zentralstruktur gesetzt worden waren.

Ähnliches läßt sich über die zweite Art von Veränderungen sagen, das heißt über *spezialisierende* Veränderungen in der Zentralstruktur. Änderungen in der Umwelt können eine Verengung der Zielstruktur begünstigen. Ist etwa nur *eine* Art Nahrung leicht erreichbar – die vielleicht ursprünglich nicht gerade bevorzugt wurde –, so kann eine Änderung des Geschmacks (das heißt der Zielstruktur) äußerst vorteilhaft sein. Diese Geschmacksänderung kann zu einer Spezialisierung des ganzen Organismus führen, etwa seiner Fähigkeiten der Nahrungsbeschaffung und der Gestalt seiner Organe. Um ein Beispiel zu bringen: Die Theorie würde behaupten, der spezialisierte Schnabel und die spezialisierte Zunge des Spechts hätten sich durch Auslese entwickelt, *nachdem* sich sein Geschmack und seine Freßgewohnheiten zu ändern begannen, nicht umgekehrt. Wir können in der Tat sagen: Hätte der Specht seinen Schnabel und seine Zunge entwickelt, bevor sich sein Geschmack und seine Fähigkeiten änderten, so wäre das tödlich gewesen; er hätte nicht gewußt, was er mit seinen neuen Organen anfangen sollte.

Oder nehmen wir ein klassisches lamarckistisches Beispiel – die Giraffe: Ihre Neigungen oder Freßgewohnheiten müssen sich nach meiner Theorie *vor* ihrem Hals geändert haben; sonst wäre ein längerer Hals ohne jeden Überlebenswert gewesen.

Ich muß jetzt die Darstellung meiner Theorie abbrechen und ein paar Worte über ihre Erklärungskraft sagen.

Um es kurz auszudrücken, meine dualistische Hypothese gestattet uns im Prinzip, nicht nur einen simulierten Lamarckismus zu akzeptieren, sondern auch einen simulierten Vitalismus und Animismus; damit »erklärt« sie diese Theorien als erste Näherungen. Dadurch ermöglicht sie es im Prinzip, die Evolution eines komplizierten Organs wie des Auges zu erklären, die in vielen Schritten verläuft, die alle in eine bestimmte Richtung führen. Die Richtung kann tatsächlich, wie es die Vitalisten wollten, von einer bewußtseinsähnlichen Tendenz bestimmt sein – von der Zielstruktur oder der Fähigkeitsstruktur des Organismus, die eine Tendenz oder einen Wunsch entwickeln kann, das Auge zu gebrauchen, und eine Fähigkeit, die von ihm erhaltenen Reize zu interpretieren.

Gleichzeitig gibt es aber keinen Grund dafür, zu denken, daß die monistische Hypothese immer falsch ist. Es ist möglich, daß sich im Verlauf der Evolution verschiedene Arten von Organismen entwickeln, die in ihrem genetischen Mechanismus stärker monistisch oder stärker dualistisch sind. So kann man vielleicht den Ausbruch wenigstens einiger offenbar zielgeleiteter evolutionärer Veränderungen erklären – während andere, weniger zielgerichtete Veränderungen sich vielleicht durch die Annahme erklären lassen, daß wir der Entwicklung genetisch monistischer Strukturen gegenüberstehen.

Dies ist wohl der rechte Ort, um zu gestehen, daß ich dadurch auf meine Vermutung des genetischen Dualismus kam, daß ich Schwierigkeiten mit einem Fall hatte, der auf den ersten Blick meine Vermutung zu widerlegen scheint – und mir selber klarmachen wollte, warum dieser Fall so verwirrend war. Es war der Fall der vierflügeligen Mutante *(tetraptera)* von *drosophila,* der berühmten zweiflügeligen Fruchtfliege. Was mir daran rätselhaft war, das ist: Warum war die vierflügelige Mutante nicht flugunfähig? Woher hatte sie die Fähigkeit, ihre vier Flügel zu gebrauchen? Vielleicht widerlegt dieser Fall wirklich meine Vermutung. Aber es sieht doch eher so aus, als täte er es nicht. (Vielleicht regelt sich die Flügelstruktur des Insekts weitgehend selbst, oder sie ist ein monistischer Teil eines im wesentlichen dualistischen Tieres; oder die Mutation ist vielleicht ein Atavismus – wofür sie tatsächlich gehalten wird –, und die Fähigkeitsstruktur, wenn auch nicht die Zielstruktur, die zum Gebrauch der vier Flügel gehört, hat atavistisch den früheren und wahrscheinlich schrittweisen Übergang von vier zu zwei Flügeln überdauert.) Abgesehen von den Gedanken, die ich mir um diesen Fall machte, waren es im wesentlichen Betrachtungen über die Evolution des Menschen, der menschlichen Sprache und des Baumes der menschlichen Erkenntnis, die mich zu meiner Vermutung führten.

Ich möchte am Schluß noch einen starken Gesichtspunkt für den genetischen Dualismus anführen: Tierverhaltensforscher haben komplexes angeborenes Verhalten nachgewiesen – Verhalten, das einen ziemlich geschickten, hochspezialisierten und hochkoordinierten Gebrauch vieler Organe einschließt. Es scheint mir kaum möglich, sich vorzustellen, dieses Verhalten sei nur ein anderer Aspekt der anatomischen Struktur der vielen beteiligten Organe.

Trotz dieses und anderer Argumente gegen die monistische Hypothese glaube ich nicht, daß meine dualistische Hypothese leicht prüfbar ist. Ich halte sie aber auch nicht für unprüfbar. Ehe jedoch Prüfungen ernsthaft erörtert werden können, muß die Hypothese kritisch daraufhin untersucht werden, ob sie widerspruchsfrei ist; ob sie, falls wahr, die Probleme löst, die sie lösen soll; und ob sie verbessert werden kann, indem man sie vereinfacht und verschärft. Im Augenblick sehe ich in ihr nicht mehr als einen möglichen gedanklichen Ansatz.

Addendum
Das vielversprechende Verhaltensmonstrum

Der vorstehende Vortrag wurde vor zehn Jahren, 1961, gehalten. Einige seiner Gedanken – die Speerspitzen-Theorie der Verhaltensmutationen – wurden weiterentwickelt in »Über Wolken und Uhren«. Ich interessiere mich zwar stark für Evolutionstheorie, bin aber kein Fachmann auf irgendeinem dieser Gebiete; und ein Fachmann riet mir davon ab, die Spencer-Vorlesung zu veröffentlichen.

Doch während dieser ganzen Jahre schien es mir doch, daß die *Unterscheidung der genetischen Grundlagen für (1) Ziele oder Wünsche, (2) Fähigkeiten und (3) anatomische Ausführungsorgane* ein wichtiger Beitrag zu einer darwinistischen Evolutionstheorie sei. Was ich »genetischen Dualismus« nannte (und »genetischen Pluralismus« hätte nennen sollen), schien mir eine Erklärung der genetischen Trends oder der »Orthogenese« zu liefern.

Es erschien mir als eine Verbesserung der Theorie, die Richard B. Goldschmidt in Form seiner berühmten »vielversprechenden Monstren« aufstellte; und ich halte es für nützlich, die beiden Theorien zu vergleichen.

Goldschmidt (1878–1958) veröffentlichte 1940 ein Buch *The Material*

Basis of Evolution[1], in dem er zeigte, daß Darwins viele kleine Veränderungen zu vielen großen Schwierigkeiten führen. Einmal gibt es eine Tendenz zur Rückkehr zur Durchschnittspopulation auch nach dem Auftreten von Mutationen. Dann gibt es die große Schwierigkeit, die in allen Selektionsexperimenten auftritt, Veränderungen zu erzielen, die über ganz bestimmte Grenzen hinausgehen: Sie führen fast immer zur Sterilität und zum Aussterben.

Beide Argumente bringen die darwinistische Theorie einer Evolution aus sehr wenigen ursprünglichen Formen des Lebens – womöglich einer einzigen – in Schwierigkeiten. Doch gerade diese Theorie möchten wir erklären, eine Erscheinung, für die es eine große Menge empirischer Befunde gibt.

Die orthodoxe Erklärung weist darauf hin, daß sich in riesigen Zeiträumen auch kleine Veränderungen summieren können und daß insbesondere die geographische Trennung von Unterarten oft die Wiederherstellung einer Durchschnittspopulation verhindert. Goldschmidt fand das unzureichend; und ohne den Gedanken der natürlichen Auslese aufzugeben, gab er den Gedanken auf, jede evolutionäre Veränderung müsse sich durch eine große Anzahl kleiner Schritte erklären lassen. Er nahm an, daß von Zeit zu Zeit große Mutationen vorkommen, die gewöhnlich tödlich sind und eliminiert werden, aber gelegentlich überleben; so erklärte er sowohl die bedeutenden Unterschiede *als auch* die offensichtliche Verwandtschaft zwischen den verschiedenen Formen des Lebens. Die großen Mutationen nannte er *»vielversprechende Monstren«*. Die Theorie hat ihre Anziehungskraft: Von Zeit zu Zeit kommen tatsächlich Monstren vor. Doch sie hat auch große Schwierigkeiten. Gewöhnlich wären solche Mutationen tödlich (ein Organismus ist zu fein abgestimmt, um plötzliche zufällige große Veränderungen vertragen zu können), und wenn sie nicht tödlich sind, ist die Wahrscheinlichkeit der Rückkehr zur Ausgangsform sehr groß.

Ich habe mich für Goldschmidts Theorien[2] immer sehr interessiert, und ich machte auf seine »vielversprechenden Monstren« I. Lakatos aufmerksam, der sie in seiner Arbeit »Proofs and Refutations« erwähnte.[3]

Doch erst vor ein paar Tagen, als ich ein neues kritisches Buch, *Darwin*

[1] Richard B. Goldschmidt, *The Material Basis of Evolution*, Yale University Press, New Haven 1940.

[2] Siehe Richard B. Goldschmidt, a.a.O., sowie »Some Aspects of Evolution«, *Science* 78, 1933, S. 539–547.

[3] I. Lakatos, »Proofs and Refutations«, *Brit. J. Philos. Sci.* 14, 1963, S. 24.

Retried, von Norman Macbeth las[4], kam mir der Gedanke, es könnte an der Zeit sein, Goldschmidts »vielversprechende Monstren« in neuer Form wieder zum Leben zu erwecken.

Goldschmidt selbst dachte vorwiegend, wenn nicht ausschließlich an anatomische Monstren – Organismen mit nicht zu vernachlässigenden oder sogar drastischen Abweichungen struktureller Art von den Eltern. Ich schlage statt dessen vor, *Verhaltens- oder ethologische Monstren* anzunehmen: Organismen, deren Unterschied gegenüber den Eltern hauptsächlich im abweichenden Verhalten liegt.

Dieses Verhalten hat natürlich seine genetische Grundlage. Doch diese scheint einen gewissen Verhaltensspielraum offen zu lassen, der vielleicht nur vom augenblicklichen physiologischen Zustand des Organismus bei der Reaktion auf den Umweltreiz abhängt oder vielleicht von einer ungewöhnlichen Kombination von Reizen oder aber von einer genetischen Variante der Verhaltensdisposition. In allen diesen Fällen kann neues und monströses Verhalten ohne jede beobachtbare anatomische Neuheit auftreten, und so geschieht es auch. Die Neuheit mag ihre materielle Grundlage in einer Veränderung haben, die auf einen bestimmten Teil des Nervensystems beschränkt ist, aber die Veränderung kann von einer Verletzung oder einem sonstigen Ereignis herrühren und braucht nicht genetisch bestimmt zu sein. Andererseits kann sie durchaus auch auf einer wirklichen genetischen Mutation in dem Teil des genetischen Systems beruhen, der besonders für das Verhalten bestimmend ist; und diese Mutation braucht nicht mit einer groben Veränderung der Anatomie verbunden zu sein. Letzten Endes kann die Neuheit des Verhaltens auf eine reale Neuheit in den Umweltverhältnissen zurückzuführen sein – auf Neuheit in der Ökologie des Organismus.

In jedem dieser Fälle kann das Verhaltensmonstrum in seinem Verhalten grundlegend von seinen Eltern abweichen. Doch es gibt keinen unmittelbaren Grund dafür, daß die Abweichung tödlich sein müßte. Sicher kann das monströse Verhalten das Gleichgewicht des Organismus stören, aber es muß es nicht; oder es tut es vielleicht auf eine Weise, die für den Organismus nicht unbedingt tödlich ist (wie etwa, wenn eine Fliege, die über mein Schreibpapier läuft, ihre Beine mit Tinte durchnäßt und einige Mühe hat, sie zu säubern).

Neuheit des Verhaltens und Monstrosität (im Sinne Goldschmidts) des Verhaltens ist also mit viel geringerer Wahrscheinlichkeit tödlich als

[4] Norman Macbeth, *Darwin Retried*, Gambit Inc., Boston 1971; siehe insbes. Kapitel 17.

eine anatomische Monstrosität. Andererseits kann aber das monströse Verhalten durch die natürliche Auslese den größten Einfluß auf die Elimination von anatomischen Veränderungen haben.

Um das berühmte Beispiel des Auges zu nehmen, das neue *Verhalten*, das sich der (bereits vorhandenen) lichtempfindlichen Stellen bedient, kann ihren Selektionswert, der vorher vielleicht kaum vorhanden war, ganz erheblich steigern. Dadurch mag das *Interesse* am Sehen erfolgreich genetisch festgelegt sein und mag zum führenden Element in der orthogenetischen Entwicklung des Auges werden; auch die kleinsten Verbesserungen seiner Anatomie können für das Überleben wertvoll werden, wenn sie von der Zielstruktur und der Fähigkeitsstruktur des Organismus genügend ausgenutzt werden.

Ich lege also eine Variante des Darwinismus vor, in der Verhaltensmonstren eine entscheidende Rolle spielen. Verhaltensneuheit führt, wenn sie erfolgreich ist, zur Auswahl jener ökologischen Nischen, die ihrerseits selektiv wirken – das heißt so wirken, daß die Verhaltensneuheiten ausgenutzt werden und somit einen Selektionsdruck in eine teilweise vorgegebene Richtung ausüben: in die Richtung, die durch ein genetisch mögliches unbestimmtes *Ziel* festgelegt ist, etwa durch den Geschmack an einer neuen Art Futter oder Freude an der Verwendung lichtempfindlicher Hautstellen. So kommt man wohl zur Orthogenese, die ja Goldschmidts Hauptproblem war.

Selbst Eigenschaften wie jugendliche Verspieltheit können sich in einer sich verändernden Welt als nützlich erwiesen haben, in der Verhaltensmonstrosität – das heißt Variabilität plus mögliche Orthogenese – das Überleben fördern kann.

Auf diese Weise läßt sich vielleicht erklären, weshalb Veränderungen der Zielstruktur (genetisch oder nicht genetisch bestimmt) und in zweiter Linie der Fähigkeitsstruktur oft eine führende Rolle gegenüber erblichen Veränderungen der anatomischen Struktur spielen. Die anatomische Struktur kann sich im wesentlichen nur langsam verändern. Gerade aus diesem Grunde bleiben ihre Veränderungen bedeutungslos, wenn sie nicht von Änderungen der Zielstruktur und der Fähigkeitsstruktur angeleitet werden. So läßt sich vielleicht die Evolution eines genetischen Apparats, der der Ziel- und Fähigkeitsstruktur den Vorrang vor der anatomischen Struktur verleiht, im Prinzip darwinistisch erklären.

Man sieht, daß diese darwinistische Theorie der vielversprechenden Verhaltensmonstren nicht nur den Lamarckismus, sondern auch den Bergsonschen Vitalismus simuliert.

(Zusatz 1974: Für eine glänzende Darstellung und einen Überblick über die Geschichte der Ansichten, die den in diesem Kapitel behandelten Ansichten ähnlich sind, siehe Sir Alister Hardy, *The Living Stream*, Collins, 1965, insbesondere Vorlesungen VI, VII und VIII, in denen viele Hinweise auf frühere Literatur zu finden sind, und zwar von James Hutton an [der 1797 starb]. Vergleiche auch Ernst Mayr, *Animal Species and Evolution*, The Belknap Press, Cambridge, Mass., und Oxford University Press, London 1963, insbesondere S. 604 ff. und 611.)

8.
Bemerkungen eines Realisten zur Logik, Physik und Geschichte

Der Mensch, so hören wir von manchen modernen Philosophen, ist seiner Welt entfremdet: Er fühlt sich als Fremdling in einer Welt, die von ihm weder gewollt noch geschaffen wurde. Vielleicht haben sie recht. Aber es gilt auch für die Tiere und sogar die Pflanzen. Auch sie wurden vor langer Zeit in eine physikalisch-chemische Welt hineingeworfen, die sie nie geschaffen hatten. Trotzdem haben sie sie grundlegend verändert und in der Tat den Winkel des Universums, in den sie hineingeboren wurden, neu geschaffen. Die größte Veränderung wurde wohl von den Pflanzen vollbracht. Sie veränderten grundlegend die chemische Zusammensetzung der gesamten Erdatmosphäre. Dann kommen wohl die Leistungen gewisser Meerestiere, die Korallenriffe, Inseln und Gebirgszüge aus Kalkstein gebaut haben. Zuletzt tauchte der Mensch auf, der lange Zeit seine Umwelt nicht nennenswert veränderte, außer daß er durch Abholzung der Wälder zur Ausbreitung der Wüste beitrug. Er baute auch ein paar Pyramiden; doch erst etwa während des letzten Jahrhunderts begann er mit den riffbauenden Korallen zu konkurrieren. Und in allerjüngster Zeit hat er begonnen, das Werk der Pflanzen rückgängig zu machen und allmählich den Kohlendioxidgehalt der Atmosphäre wieder zu erhöhen.

Wir haben also unsere Welt nicht geschaffen. Bisher haben wir sie nicht einmal stark verändert im Vergleich zu dem, was die Meerestiere und die Pflanzen geleistet haben. Doch wir haben ein neues Kunstpro-

---

Dieses Kapitel beruht auf dem Einleitungsvortrag des First International Colloquium an der University of Denver, 16.–20. Mai 1966. Erstveröffentlichung in: W. Yourgrau und A. D. Breck (Hrsg.), *Physics, Logic and History*, Plenum Press 1970, S. 1–30. Ursprünglicher Titel: A Realist View of Logic, Physics, and History.

dukt geschaffen, das mit der Zeit in unserem Winkel der Welt ebenso große Veränderungen hervorzubringen verspricht wie die Werke unserer Vorgänger, der sauerstofferzeugenden Pflanzen und inselbauenden Korallen. Diese neuen Erzeugnisse, die wir selbst gemacht haben, sind unsere Mythen, unsere Ideen und besonders unsere wissenschaftlichen Theorien über die Welt, in der wir leben.

Mir scheint, diese Mythen, Ideen und Theorien sind wohl zu den für die menschlichen Tätigkeiten charakteristischsten Erzeugnissen zu rechnen. Ähnlich wie die Werkzeuge sind sie Organe, die sich außerhalb unseres Körpers entwickeln. Es sind exosomatische Kunstprodukte. Zu ihnen ist insbesondere das »menschliche Wissen« zu rechnen, wobei das Wort »Wissen« im objektiven oder unpersönlichen Sinne zu nehmen ist, in dem man sagen kann, es sei in einem Buch enthalten, in einer Bibliothek gespeichert oder werde an einer Universität gelehrt.

Wenn ich von Wissen oder von Erkenntnis spreche, werde ich es gewöhnlich in diesem objektiven Sinne tun. Dies erlaubt uns, das von Menschen erzeugte Wissen mit dem von Bienen erzeugten Honig zu vergleichen: Der Honig wird von den Bienen hergestellt, gespeichert und verbraucht, und die einzelne Biene, die Honig verbraucht, nimmt im allgemeinen nicht genau das, was sie erzeugt hat: Auch die Drohnen verbrauchen Honig, obwohl sie keinen erzeugt haben (von dem gespeicherten Honigschatz, den die Bienen an Bären und Imker verlieren können, nicht zu sprechen). Es ist auch interessant, daß jede Arbeitsbiene zur Aufrechterhaltung ihrer Fähigkeit zur Honigerzeugung Honig verbrauchen muß, der gewöhnlich zum Teil von anderen Bienen erzeugt worden ist.

Das alles gilt im großen und ganzen, mit leichten Unterschieden, auch für sauerstofferzeugende Pflanzen und für theorieerzeugende Menschen: Auch wir sind nicht nur Erzeuger, sondern auch Konsumenten von Theorien; und wir müssen anderer Leute Theorien und manchmal vielleicht unsere eigenen verwenden, wenn wir welche erzeugen wollen.

»Verwenden« heißt hier in erster Linie »verdauen«, wie bei den Bienen. Aber es bedeutet noch mehr: Die Verwendung von Theorien, ob sie nun von anderen oder von uns selbst erzeugt worden sind, bedeutet auch Kritik an ihnen, ihre Veränderung, oft sogar ihre Zerstörung, um sie durch bessere zu ersetzen.

Das alles sind Tätigkeiten, die für das *Wachstum unseres Wissens* nötig sind; Wissen natürlich wieder im objektiven Sinne.

Ich denke, es sieht zur Zeit so aus, als ob dieser Fortschritt des menschlichen Wissens, der Fortschritt unserer Theorien, unsere *menschliche Geschichte* zu einem völlig neuen Kapitel in der Geschichte des Universums und des irdischen Lebens machen würde.

Die Geschichte des Universums, des irdischen Lebens und des Menschen und des Wachstums seines Wissens sind natürlich selbst zu Kapiteln unseres Wissens geworden. Damit besteht das letzte dieser Kapitel – die Geschichte des Wissens – aus Wissen über Wissen. Es wird mindestens indirekt Theorien über Theorien enthalten müssen, insbesondere Theorien darüber, wie Theorien wachsen.

Bevor ich mich daher weiter mit meinem Thema beschäftige, möchte ich ein allgemeines vierteiliges Schema vorführen, das ich zur Beschreibung der Entwicklung der Wissenschaft immer nützlicher finde. Es sieht so aus:

$$P_1 \rightarrow VT \rightarrow FE \rightarrow P_2.$$

Dabei bedeutet »*P*« »Problem«; »*VT*« bedeutet »vorläufige Theorie«; »*FE*« bedeutet »(versuchte) Fehlerelimination« insbesondere durch kritische Diskussion. Mein Viererschema ist ein Versuch, zu zeigen, daß das Ergebnis der Kritik oder der Fehlerelimination bei einer vorläufigen Theorie in der Regel das Entstehen eines neuen Problems ist, oder vielmehr mehrerer neuer Probleme. Probleme, die gelöst und deren Lösungen gut überprüft sind, tendieren dazu, neue Probleme zu erzeugen, die oft tiefer und sogar fruchtbarer sind als die alten. Das kann man besonders in den Naturwissenschaften erkennen; und ich behaupte, der in irgendeiner Wissenschaft erzielte Fortschritt lasse sich am besten daran ermessen, um wieviel tiefer und unerwarteter P_2 gegenüber P_1 ist: Die besten vorläufigen Theorien (und alle Theorien sind vorläufig) sind diejenigen, die zu den tiefliegendsten und unerwartetsten Problemen Anlaß geben.

Mein Viererschema läßt sich auf verscheidene Weise erweitern, etwa so:

$$\begin{array}{ll} & \nearrow VT_a \rightarrow FE_a \rightarrow P_{2a} \\ P_1 & \rightarrow VT_b \rightarrow FE_b \rightarrow P_{2b} \\ & \searrow VT_n \rightarrow FE_n \rightarrow P_{2n}. \end{array}$$

In dieser Form würde es bedeuten: Wenn möglich, sollte man mehrere Theorien zur Lösung eines Problems aufstellen, und man sollte jede der vorläufigen Lösungen kritisch untersuchen. Man findet dann, daß jede zu neuen Problemen führt; und man wird diejenigen weiterverfolgen, die zu dem neuartigsten und interessantesten neuen Problem zu führen versprechen: Stellt sich heraus, daß das neue Problem, etwa P_{2b}, lediglich das alte P_1 in Verkleidung ist, so sagen wir, es sei unserer Theorie Blediglich gelungen, *das Problem* etwas *zu verschieben;* und in manchen Fällen ist dies als entscheidender Einwand gegen die vorläufige Theorie VT_b zu betrachten.

Das zeigt, daß die Fehlerbeseitigung nur ein *Teil* unserer kritischen Diskussion ist: Unsere kritische Diskussion der konkurrierenden vorläufigen Theorien kann diese unter vielen verschiedenen Gesichtspunkten vergleichen und bewerten. Der entscheidende Punkt ist *selbstverständlich* immer: Wie gut löst unsere Theorie ihr Problem P_1?

Jedenfalls möchten wir unter anderem etwas Neues lernen. Nach unserem Schema verlangen wir von einer guten vorläufigen Theorie unter anderem, daß sie Fortschritte bringt; das zeigt sich bei ihrer kritischen Diskussion: Die Theorie ist fortschrittlich, wenn unsere Diskussion zeigt, daß sie *für das zu lösende Problem wirklich einen Unterschied macht;* das heißt, wenn die neu auftauchenden Probleme von den alten verschieden sind.

Wenn die neu auftretenden Probleme anders sind, können wir hoffen, eine Menge Neues zu lernen, wenn wir sie ihrerseits lösen.

Mein Viererschema kann also verwendet werden, um das Auftreten neuer Probleme und damit auch neuer Lösungen zu beschreiben – das heißt das Auftreten neuer Theorien; und ich möchte damit sogar einen Versuch machen, dem zugegebenermaßen undeutlichen Begriff der Emergenz einen Sinn zu verleihen – einen Versuch, auf rationale Weise von Emergenz zu sprechen. Ich möchte erwähnen, daß er nicht nur auf das Auftauchen neuer wissenschaftlicher Probleme und damit neuer wissenschaftlicher Theorien anwendbar ist, sondern auch auf das Auftreten neuer Verhaltensformen, ja sogar neuer Formen lebender Organismen.

Lassen Sie mich ein Beispiel geben. P_1 sei ein bestimmtes Problem für das Überleben einer Art, etwa das Fortpflanzungsproblem. Nach Darwin hat dieses Problem eine gute Lösung gefunden, wenn die Art überlebt; jede andere versuchsweise Lösung wird eliminiert, indem sie und die Art verschwindet.

Nach meinem Schema bringt die versuchte Fehlerelimination – das heißt der Existenzkampf – die inhärenten Schwächen jeder vorgeschlagenen Lösung in Form eines *neuen Problems* ans Licht. Beispielsweise kann das neue Problem darin bestehen, daß die Elternorganismen und ihr Nachwuchs sich gegenseitig zu ersticken drohen. Dieses neue Problem wird vielleicht seinerseits gelöst; die Organismen können etwa eine Methode entwickeln, den Nachwuchs zu verteilen; oder das neue Problem wird vielleicht durch die Bildung einer Lebensgemeinschaft gelöst, die mehrere Organismen umfaßt. Vielleicht ging der Übergang von einzelligen zu mehrzelligen Organismen so vor sich.

Wie dem auch sei, mein Schema zeigt, daß es bei der Fehlerelimination mehr geben kann als Darwins Alternative »*überleben oder zugrunde gehen*«: Die Fehlerelimination kann neue Probleme zutage fördern, die mit dem alten Problem *und* der vorläufigen Lösung in bestimmter Weise zusammenhängen.

Im folgenden werde ich mein Schema, manchmal nur implizit, anwenden; und ich werde von Emergenz sprechen, wobei ich davon ausgehe, daß mein Schema diesen Gedanken im Rahmen einer, wie ich hoffe, vernünftigen Diskussion hinreichend respektabel macht. Ich möchte mich mit einigen Aspekten des Erkenntnisfortschritts unter vier Überschriften beschäftigen:

1. Realismus und Pluralismus: Reduktion versus Emergenz.
2. Pluralismus und Emergenz in der Geschichte.
3. Realismus und Subjektivismus in der Physik.
4. Realismus in der Logik.

1. Realismus und Pluralismus: Reduktion versus Emergenz

Der Mensch erzeugt nicht nur wissenschaftliche Theorien, sondern viele andere Gedanken – zum Beispiel religiöse oder dichterische Mythen oder etwa Romanhandlungen.

Was ist der kennzeichnende Unterschied zwischen einer wissenschaftlichen Theorie und einem belletristischen Werk? Mir scheint, nicht der, daß die Theorie möglicherweise wahr ist, während die Beschreibungen in dem Roman nicht wahr sind, obwohl Wahrheit und Falschheit etwas damit zu tun haben. Ich behaupte, der Unterschied ist der, daß die Theorie und der Roman in verschiedene kritische Traditionen eingebettet sind. Sie sollen mit recht unterschiedlichen traditionellen Maßstäben beurteilt werden (obwohl sie auch Gemeinsames haben können).

Die Theorie ist dadurch gekennzeichnet, daß sie als Lösung eines wissenschaftlichen Problems aufgestellt wird, ein Problem, das sich entweder vorher aus der kritischen Diskussion früherer vorläufiger Theorien ergeben hat, oder (vielleicht) ein Problem, das vom Urheber der jetzigen Theorie entdeckt worden ist, entdeckt aber innerhalb des Bereiches der Probleme und Lösungen, die zur wissenschaftlichen Tradition gehören.

Dabei möchte ich es aber nicht bewenden lassen. Denn die wissenschaftliche Tradition ist, oder war bis vor kurzem, gekennzeichnet durch das, was man *wissenschaftlichen Realismus* nennen kann. Das heißt, sie war von dem Ideal beherrscht, *wahre Lösungen* ihrer Probleme zu finden: Lösungen, die den Tatsachen entsprechen.

Dieses regulative Ideal, Theorien zu finden, die den Tatsachen entsprechen, macht die wissenschaftliche Tradition zu einer realistischen: Sie unterscheidet zwischen der Welt unserer Theorien und der Welt der Tatsachen, auf die sich diese Theorien beziehen.

Darüber hinaus sind die Naturwissenschaften mit ihren kritischen Methoden des Problemlösens und auch einige der Sozialwissenschaften, besonders die Geschichte und die Ökonomie, schon seit einer ganzen Zeit unsere besten Bemühungen um Problemlösungen und Tatsachenfeststellungen (womit ich natürlich die Aufstellung von Aussagen oder Theorien meine, die den Tatsachen entsprechen). Diese Wissenschaften enthalten also im großen und ganzen die besten Aussagen und Theorien unter dem Gesichtspunkt der Wahrheit; das heißt diejenigen, die die beste Beschreibung der Welt der Tatsachen oder dessen liefern, was man »Wirklichkeit« nennt.

Betrachten wir nun einige Beziehungen zwischen einigen dieser Wissenschaften.

Nehmen wir etwa die Physik und die Chemie, Wissenschaften, die über alle physikalischen Gegenstände und Zustände Aussagen machen, auch über lebende Organismen.

Physik und Chemie unterscheiden sich nicht sehr, ebenso scheinen sich die Gegenstände, auf die sie Anwendung finden, nicht allzusehr zu unterscheiden, außer daß die Chemie, wie sie üblicherweise aufgefaßt wird, bei sehr hohen Temperaturen und vielleicht auch bei sehr niedrigen nicht mehr anwendbar ist. Es würde daher nicht sehr überraschen, wenn sich die seit langem gehegten Hoffnungen, die Chemie auf die Physik zurückzuführen, bewahrheiten würden, was in der Tat der Fall zu sein scheint.

Wir haben hier einen wirklichen Modellfall einer »*Reduktion*« vor uns; unter einer *Reduktion* verstehe ich natürlich, daß alle Ergebnisse der Chemie vollständig durch die Grundsätze der Physik erklärt werden können (das heißt, aus ihnen ableitbar sind).

Obwohl eine solche Reduktion nicht besonders überraschend wäre,

wäre sie doch ein großer wissenschaftlicher Erfolg. Sie würde nicht nur ein Stück Vereinheitlichung der Wissenschaft vorexerzieren, sondern wäre ein wirklicher Fortschritt im Verständnis der Welt.

Nehmen wir an, diese Reduktion sei vollständig durchgeführt. Das könnte die Hoffnung nähren, daß wir eines Tages auch alle biologischen Wissenschaften auf die Physik zurückführen könnten.

Das nun wäre ein ganz spektakulärer Erfolg, ein viel größerer als die Reduktion der Chemie auf die Physik. Warum? Weil die Gegenstände der Physik und der Chemie von Anfang an recht ähnlich sind. Man denke nur daran, wie schwierig es wäre, zu entscheiden, ob die Atomtheorie eine physikalische oder eine chemische Theorie ist. Sie war lange Zeit beides; und diese Gemeinsamkeit stellt die Verbindung her, die zur Vereinigung dieser Wissenschaften führen kann oder es schon getan hat.

Bei lebenden Organismen ist die Situation anders. Sie unterliegen zweifellos allen möglichen physikalischen und biologischen Gesetzen. Doch scheint es auf den ersten Blick gewisse Unterschiede zwischen lebenden Organismen und unbelebten Gegenständen zu geben. Die Wissenschaft lehrt uns zwar, daß es Übergangs- oder Zwischenzustände und auch Zwischenformen von Systemen gibt; und das gibt uns Hoffnung, daß eines Tages eine Reduktion gelingen könnte. Darüber hinaus erscheint es keineswegs als unwahrscheinlich, daß neuere hypothetische Theorien über den Ursprung des irdischen Lebens erfolgreich geprüft werden und primitive lebende Organismen künstlich erzeugt werden könnten.

Doch auch das würde nicht unbedingt eine vollständige Reduktion bedeuten. Das zeigt sich daran, daß die Chemiker alle möglichen Substanzen, anorganische und organische, erzeugen konnten, ehe sie auch nur ihre chemische Zusammensetzung kannten, geschweige denn ihre physikalische Struktur. So ist auch die Steuerung chemischer Vorgänge mit rein physikalischen Mitteln für sich genommen keiner Reduktion der Chemie auf die Physik gleichzusetzen. Reduktion bedeutet sehr viel mehr. Sie bedeutet *theoretisches* Verständnis: Die *theoretische* Durchdringung des neuen Gebietes durch das alte.

Es könnte also sein, daß wir ein Rezept für die Erzeugung einiger primitiver Formen des Lebens aus unbelebter Materie finden, ohne theoretisch zu verstehen, was wir tun. Zugegeben, das wäre eine ungeheure Ermutigung für alle, die sich um eine Reduktion bemühen, und das mit Recht. Doch der Weg zu einer Reduktion könnte immer noch sehr weit sein; und man könnte nicht einmal wissen, ob er nicht ganz unpassierbar ist: Eine theoretische Reduktion der Biologie auf die Physik könnte unmöglich sein, so wie es auch keine theoretische Reduktion der Mechanik auf die Elektrodynamik oder umgekehrt zu geben scheint.

Falls es so ist, daß einerseits lebende Organismen durch einen natürlichen Vorgang aus unbelebten Systemen entstehen können, und daß andererseits keine vollständige physikalische Analyse des Lebens möglich ist, dann könnte man das Leben eine *emergente* Eigenschaft physikalischer Körper oder der Materie nennen.

Nun möchte ich keinen Zweifel lassen, daß ich als Rationalist wünsche und hoffe, die Welt zu verstehen, und daß ich eine Reduktion wünsche und erhoffe. Gleichzeitig halte ich es für durchaus wahrscheinlich, daß eine Reduktion unmöglich ist; es ist denkbar, daß das Leben eine *emergente* Eigenschaft der physikalischen Körper ist.

Worauf ich hier hinaus will, ist, daß diejenigen Gläubigen, die aus philosophischen oder anderen Gründen a priori auf dem dogmatischen Standpunkt stehen, die Reduktion müsse möglich sein, in gewissem Sinne ihren Triumph zunichte machen, falls die Reduktion jemals gelingen sollte. Denn was dann erreicht wäre, das war schon die ganze Zeit fällig, und man hätte nur den uninteressanten Triumph, daß einem die Ereignisse recht geben.

Nur diejenigen, die die Frage nicht für a priori entscheidbar halten, können behaupten, daß eine erfolgreiche Reduktion eine ganz große Entdeckung wäre.

Ich habe mich mit diesem Punkt so lange abgegeben, weil er von einiger Bedeutung für die nächste Leitersprosse ist – das Auftreten des Bewußtseins.

Es gibt Philosophen, die man »radikale Behavioristen« oder »Physikalisten« nennt, die Gründe a priori wie etwa das *Ockhamsche Rasiermesser* dafür zu besitzen glauben, daß die Introspektion psychischer Zustände oder Ereignisse und Berichte über psychische Zustände oder Ereignisse einfach Introspektionen und Berichte über uns selbst *als* physikalische Systeme sind: Sie sind Berichte über physikalische Zustände dieser Systeme.

Zwei Philosophen, die wir heute morgen hier erwarten, haben diese Auffassung mit brillanten Argumenten verteidigt. Es sind Herbert Feigl und Willard Van Orman Quine. Ich möchte über ihre Auffassungen ein paar kritische Bemerkungen machen.

Quine sagt unter Bezugnahme auf Carnap und Feigl, wenn sich theoretischer Fortschritt »erzielen läßt, indem man ... eigene psychische Zustände ... hinter dem physischen Verhalten postuliert, dann läßt sich mindestens ebensoviel ... erreichen, indem man ... statt dessen bestimmte zugeordnete physiologische Zustände und Ereignisse postuliert ... Wenn sich die Zustände nicht im einzelnen physiologisch erklären lassen, so spricht das kaum dagegen, sie als körperliche Zustände zu nehmen ... Die körperlichen Zustände sind auf jeden Fall vorhanden; warum sollte man noch andere einführen?«[1]

Ich möchte darauf hinweisen, daß Quine hier als Realist spricht: »Die körperlichen Zustände sind auf jeden Fall vorhanden«, sagt er. Trotzdem ist er unter dem Gesichtspunkt, den ich hier anwende, nicht das, was ich einen »wissenschaftlichen Realisten« nennen würde: Er wartet nicht ab, ob die Wissenschaft hier eine Reduktion erzielen wird, wie es eines Tages vielleicht möglich ist; statt dessen wendet er das Ockhamsche Rasiermesser an[2] und argumentiert, psychische Entitäten seien für die Theorie unnötig.

Doch wer weiß, was Ockham oder irgend jemand sonst hier unter Notwendigkeit verstehen würde? Wenn es psychische Gegenstände oder, besser, psychische Zustände gibt – woran ich nicht zweifle –, dann ist es notwendig, sie zu postulieren, wenn man sie zutreffend erklären will; und sollten sie eines Tages auf physikalische Zustände reduziert werden, so wäre das ein ungeheurer Erfolg. Es wird aber keinerlei Erfolg geben, wenn man ihre Existenz leugnet und sich einfach auf den Standpunkt stellt, man könne die Dinge ohne sie erklären, indem man sich eben kurzerhand auf die physikalischen Gegenstände und ihr Verhalten beschränkt.

Mein Argument lautet, kurz zusammengefaßt: Materialistische oder physikalistische philosophische Spekulationen sind sehr interessant, sie können vielleicht sogar den Weg zu einer erfolgreichen wissenschaftlichen Reduktion weisen. Sie sollten sich aber offen als versuchsweise Theorien verstehen (was nach meinem Eindruck bei Feigls Theorien der Fall ist). Manche Physikalisten betrachten jedoch ihre Theorien nicht als hypothetisch, sondern als Vorschläge, alles in einer physikalistischen Sprache auszudrücken; und sie halten es für einen großen Vorzug dieser Vorschläge, daß sie zweifellos *bequem* sind: Unbequeme Probleme wie das Leib-Seele-Problem verschwinden ja auf höchst bequeme Weise. Diese Physikalisten halten also diese Probleme eindeutig für Scheinprobleme.

[1] W. V. Quine, *Word and Object*, 1960, S. 264.
[2] W. V. Quine, *From a Logical Point of View*, 2. verbesserte Auflage 1961, S. 2.

Darauf würde ich antworten: Nach derselben Methode hätte man *a priori* sämtliche chemischen Zustände und Probleme eliminieren können: Wir hätten sagen können, sie seien offensichtlich physikalisch, und es sei unnötig, sie im einzelnen anzugeben: Wir brauchen lediglich zu jedem chemischen Zustand einen zugehörigen physikalischen Zustand zu postulieren.

Es dürfte klar sein, daß die allgemeine Annahme eines solchen Vorschlags dazu geführt hätte, daß man sich nicht im einzelnen um die Reduktion der Chemie auf die Physik gekümmert hätte. Zweifellos hätte sich das Parallelproblem zum Leib-Seele-Problem aufgelöst – das Problem des Verhältnisses von Physik und Chemie; doch die Lösung wäre nur linguistisch gewesen, und man hätte nichts über die wirkliche Welt gelernt.

Dies alles führt mich zu der Behauptung, der Realismus müsse, mindestens vorläufig, pluralistisch sein und ein Realist müsse folgendes pluralistisches Postulat unterschreiben:

Man muß sich davor hüten, Tatsachenprobleme linguistisch zu lösen oder aus der Welt zu schaffen; das heißt durch die nur allzu simple Methode, sich zu weigern, über sie zu sprechen. Im Gegenteil, wir müssen Pluralisten sein, zumindest als Ausgangspunkt: Wir sollten zunächst die Schwierigkeiten betonen, auch wenn sie unüberwindbar scheinen, wie vielleicht manchen das Leib-Seele-Problem.

Können wir dann gewisse Gegenstände durch wissenschaftliche Reduktion aus der Welt schaffen, so laßt uns das unter allen Umständen tun und auf den Erkenntnisfortschritt stolz sein.

Ich würde also sagen: Laßt uns in jedem Fall die Argumente für die Emergenz im Detail ausarbeiten, und zwar auf jeden Fall, *bevor man eine Reduktion versucht.*

Ich möchte jetzt die Betrachtungen dieses Abschnitts zusammenfassen und verschärfen:

Die Reduktion der Chemie auf die Physik, die jetzt ziemlich weit gediehen zu sein scheint, kann als Musterbeispiel einer echten wissenschaftlichen Reduktion gelten, die alle Anforderungen an eine gute wissenschaftliche Erklärung erfüllt.

Eine »gute« oder »wissenschaftliche« Reduktion ist ein Vorgang, bei dem wir viel Wichtiges lernen: Wir lernen, die Theorien des zu reduzierenden Gebietes (hier der Chemie) zu verstehen und zu erklären, und wir lernen eine Menge über die Kraft der reduzierenden Theorien (hier der Physik).

Es ist vorstellbar, wenn auch noch nicht sicher, daß die Reduktion der

Chemie auf die Physik vollständig gelingen wird. Es ist ebenfalls vorstellbar, wenn auch weniger wahrscheinlich, daß es eines Tages *gute Reduktionen* der Biologie einschließlich der Physiologie auf die Physik sowie der Psychologie auf die Physiologie und damit auf die Physik geben wird.

Eine *schlechte* oder *ad hoc-Reduktion* nenne ich die Methode der Reduktion mit rein linguistischen Mitteln; beispielsweise die Methode des Physikalismus, nach der man *ad hoc* die Existenz physiologischer Zustände postuliert, um Verhalten zu erklären, das bisher durch (nicht-*adhoc*-)Postulierung psychischer Zustände erklärt wurde. Oder, mit anderen Worten, mit dem linguistischen Mittel zu sagen, daß ich über einen *physiologischen* Zustand von mir spreche, wenn ich berichte, ich habe jetzt das Gefühl, die Schrödinger-Gleichung zu verstehen.

Diese zweite Art der Reduktion oder die Anwendung des Ockhamschen Rasiermessers ist schlecht, weil sie uns daran hindert, das Problem zu erkennen. In der bilderreichen und zugleich scharf treffenden Sprache von Imre Lakatos ist es ein verheerender Fall einer *»degenerierenden Problemverschiebung«*; und sie kann entweder eine gute Reduktion oder die Untersuchung der Emergenz oder beides verhindern.

Um diese verderbliche Methode zu vermeiden, muß man in jedem Falle versuchen, so viel wie möglich über das zu reduzierende Gebiet zu lernen. Vielleicht sträubt es sich gegen eine Reduktion; in manchen Fällen besitzen wir vielleicht sogar Argumente, die zeigen, daß sich das Feld nicht reduzieren läßt. Dann liegt ein Beispiel echter Emergenz vor.

Vielleicht darf ich meine Bemerkungen über die degenerierende Problemverschiebung des Behaviorismus (besonders des linguistischen) mit folgender Bemerkung abschließen.

Die Behavioristen und Materialisten sind Anti-Idealisten, und sie wenden sich mit Recht gegen Berkeleys »esse = percipi« oder

sein = beobachtbar sein.

Nach ihnen heißt »sein«: »materiell sein«, »sich als Körper in Raum und Zeit verhalten«. Trotzdem kann man sagen, sie blieben unbewußt bei Berkeleys Gleichung, obwohl sie sie in eine etwas andere sprachliche Form bringen:

sein = beobachtet werden,

oder vielleicht

sein = wahrgenommen werden.

Denn sie behaupten, nur beobachtbare Dinge existieren. Sie erkennen nicht, daß *jede Beobachtung Interpretation im Lichte von Theorien einschließt* und daß das, was sie »beobachtbar« nennen, das im Lichte ziemlich altmodischer und primitiver Theorien Beobachtbare ist. Obwohl ich sehr für den Alltagsverstand bin, bin ich auch dafür, daß er sich erweitert, indem er von der Wissenschaft lernt. Auf jeden Fall *führt nicht die Wissenschaft, sondern eine fragwürdige Philosophie (oder veraltete Wissenschaft) zum Idealismus, Phänomenalismus und Positivismus oder zum Materialismus und Behaviorismus* oder irgendeiner anderen Form des Antipluralismus.

2. Pluralismus und Emergenz in der Geschichte

Ich möchte nicht über die Geschichte des Universums sprechen, sondern nur ein paar Worte über die Geschichte des irdischen Lebens sagen.

Es scheint, daß in jüngster Zeit ein vielversprechender Anfang bei der Rekonstruktion der Bedingungen gemacht worden ist, unter denen das Leben auf der Erde *entstand;* mir scheint, wir können vielleicht in nächster Zukunft mit einem größeren Durchbruch rechnen. Doch während ich optimistisch bezüglich der Emergenz bin, auch der experimentellen, bin ich bezüglich der Reduktion sehr skeptisch. Das hängt mit gewissen Gedanken von mir über die Entwicklung des Lebens zusammen.

Mir scheint, daß Entwicklungsvorgänge oder größere Wandlungen im Rahmen der Entwicklungsgeschichte so unvorhersagbar sind wie historische Vorgänge oder größere historische Wandlungen. Das glaube ich, weil ich stark zu einem indeterministischen Weltbild neige, einem noch etwas radikaleren als dem Heisenbergschen: Es schließt die These ein, daß sogar die klassische Physik indeterministisch ist, und ähnelt stärker dem von Charles Sanders Peirce oder Alfred Landé. Und ich glaube, daß die Evolution weitgehend probabilistisch erfolgt, wobei sich die Bedingungen oder Problemsituationen ständig ändern, und daß jede vorläufige Lösung, ob sie mehr oder weniger erfolgreich ist oder ganz erfolglos, eine neue Problemsituation schafft. Das scheint mir eine vollständige Reduktion wie auch ein vollständiges Verstehen der Lebensvorgänge zu verhindern, wenn es auch einen ständigen und weitgehenden Fortschritt eines solchen Verstehens nicht verhindert. (Dieses Argument sollte nicht ähnlich wie Bohrs Anwendung seines Gedankens der Komplementarität auf die lebenden Organismen verstanden werden – einem Argument, das mir äußerst schwach erscheint.)

Doch ich möchte in diesem Abschnitt hauptsächlich über die menschliche Geschichte sprechen, die Geschichte der Menschheit. Wie ich schon sagte, ist sie ganz überwiegend die Geschichte unseres Wissens – unserer Theorien über die Welt – und natürlich der Rückwirkungen dieser Erzeugnisse auf uns, ihre Erzeuger, und auf unsere weiteren Erzeugnisse.

Offenbar kann man diese, unsere theoretischen Erzeugnisse physikalistisch oder materialistisch sehen; und man könnte vielleicht meinen, meine Betonung des objektiven Sinnes des Wissens – meine Betonung der Theorien, wie sie in Büchern und Bibliotheken stehen und an den Universitäten gelehrt werden – zeige meine Sympathie mit der physikalistischen oder materialistischen Interpretation von Theorien an; ich meine eine Interpretation, die die Sprache als aus physikalischen Gegenständen – Geräuschen oder gedruckten Buchstaben – bestehend ansieht und uns selbst als konditioniert oder disponiert, auf diese Geräusche oder Buchstaben mit bestimmtem physischem Verhalten zu reagieren.

Doch nichts liegt mir ferner, als *ad hoc*-Reduktionen dieser Art zu empfehlen. Ich gebe zu, wenn ich gezwungen wäre, zwischen irgendeiner subjektivistischen oder personalistischen Sicht der menschlichen Erkenntnis und der materialistischen oder physikalistischen zu wählen, die ich eben zu skizzieren versucht habe, dann würde ich letztere wählen; doch diese Wahl steht ganz gewiß *nicht* zur Diskussion.

Die Ideengeschichte lehrt uns sehr deutlich, daß Ideen in logischen oder, wenn man den Ausdruck vorzieht, dialektischen Zusammenhängen auftauchen.[3] Meine verschiedenen Schemata wie

$$P_1 \rightarrow VT \rightarrow FE \rightarrow P_2$$

lassen sich als Verbesserungen und rationale Rekonstruktionen des Hegelschen dialektischen Schemas betrachten: Es sind rationale Rekonstruktionen, weil sie sich völlig innerhalb des klassisch-logischen Organons der rationalen Kritik halten, das auf dem sogenannten Gesetz des ausgeschlossenen Widerspruchs beruht; das heißt auf der Forderung, daß Widersprüche, wann immer wir sie entdecken, eliminiert werden müssen. Die kritische Fehlerelimination in der Wissenschaft geht so vor, daß sie bewußt nach Widersprüchen sucht.

Die Geschichte, insbesondere die Geistesgeschichte, lehrt uns also: Will man die Geschichte verstehen, so muß man Ideen und ihre objektiven logischen (oder dialektischen) Beziehungen verstehen.

[3] K. R. Popper, »Was ist Dialektik?« (in: *Conjectures and Refutations*, 1963). Deutsch in: E. Topitsch (Hrsg.), *Logik der Sozialwissenschaften*, 1965.

Ich glaube nicht, daß irgend jemand, der sich einmal ernsthaft mit irgendeinem Kapitel der Ideengeschichte beschäftigt hat, eine Reduktion dieser Ideen für möglich halten würde. Doch ich betrachte es hier weniger als meine Aufgabe, gegen die Möglichkeit einer Reduktion zu argumentieren als für die Anerkennung emergenter Gegenstände und die Notwendigkeit, sie anzuerkennen und zu beschreiben, ehe man ernsthaft an ihre mögliche Beseitigung durch Reduktion denken kann.

Eins meiner Hauptargumente für den emergenten Charakter von Theorien habe ich an anderer Stelle angegeben.[4] Es stützt sich auf die Vermutung, daß es so etwas wie wirklichen Fortschritt des wissenschaftlichen Wissens gibt; oder, praktisch gewendet, daß man morgen oder in einem Jahr wichtige Theorien aufstellen und prüfen wird, an die bisher noch niemand ernsthaft gedacht hat. Wenn es Erkenntnisfortschritt in diesem Sinne gibt, dann kann er nicht wissenschaftlich voraussagbar sein. Denn wer heute die Entdeckung von morgen wissenschaftlich voraussagen könnte, der könnte sie heute machen; und das würde bedeuten, daß es kein Wachstum des Wissens mehr gäbe.

Andererseits ist grundsätzliche Unvoraussagbarkeit stets als das Wesentliche an der Emergenz betrachtet worden; und mein Argument scheint mir auf jeden Fall zu zeigen, daß das Wachstum des Wissens grundsätzlich unvoraussagbar sein muß.

Es gibt aber noch andere Argumente für den emergenten Charakter von Theorien oder Wissen im objektiven Sinne. Ich werde nur ein oder zwei Argumente gegen die sehr populäre und sehr naive Ansicht erwähnen, Theorien ließen sich auf die Bewußtseinszustände derer zurückführen, die sie erzeugen, oder derer, die sie verstehen. (Ob diese Bewußtseinszustände selbst vielleicht noch auf physikalische Zustände reduzierbar sind, wird nicht weiter diskutiert werden.)

Der Gedanke, man könne eine Theorie im objektiven oder logischen Sinne auf die Bewußtseinszustände derer reduzieren, die sich die Theorie zu eigen machen, tritt in der Regel in der Form auf, die Theorie *sei* einfach ein Gedanke. Doch das ist ein trivialer Fehler: Es wird nicht zwischen zwei Bedeutungen des Wortes »Gedanke« unterschieden. Im subjektiven Sinne bezeichnet das Wort »Gedanke« eine Bewußtseinserfahrung oder einen Bewußtseinsprozeß. Zwei Bewußtseinserfahrungen oder Bewußtseinsprozesse können nun zwar in kausalen, nicht aber in logischen Beziehungen zueinander stehen.

[4] K. R. Popper, *Das Elend des Historizismus*, Vorwort.

Wenn ich etwa sage, bestimmte Gedanken Buddhas stimmten mit bestimmten Gedanken Schopenhauers überein oder widersprächen bestimmten Gedanken Nietzsches, dann spreche ich nicht von den Denkvorgängen dieser Leute und ihren Beziehungen zueinander. Wenn ich aber sage, Nietzsche sei von bestimmten Gedanken Schopenhauers beeinflußt worden, dann meine ich, bestimmte Denkvorgänge Nietzsches seien durch seine Lektüre Schopenhauers kausal beeinflußt worden. Es gibt also zwei verschiedene Welten, die der *Denkprozesse* und die Welt der *Ergebnisse* von Denkprozessen. Während die ersten in *kausalen* Beziehungen stehen können, stehen die zweiten in *logischen* Beziehungen.

Daß zwei Theorien unverträglich sind, ist ein logischer Tatbestand und gilt ganz unabhängig davon, ob irgend jemand diese Unverträglichkeit bemerkt oder verstanden hat. Diese rein objektiven logischen Beziehungen sind kennzeichnend für die Gegenstände, die ich Theorien oder Wissen im objektiven Sinne nenne.

Das kann man daran erkennen, daß derjenige, der eine Theorie aufstellt, diese sehr oft nicht versteht. So könnte ganz ohne Paradoxie behauptet werden, Erwin Schrödinger habe die Schrödinger-Gleichung nicht völlig verstanden, jedenfalls nicht, ehe Max Born ihre statistische Interpretation angab; oder das Keplersche Flächengesetz sei von Kepler, der es nicht gern gehabt zu haben scheint, nicht richtig verstanden worden.

Das Verstehen einer Theorie ist so etwas wie eine unendliche Aufgabe; man kann ohne weiteres sagen, eine Theorie werde nie vollkommen verstanden, wenn auch einige Leute gewisse Theorien hervorragend verstehen. Das Verstehen einer Theorie hat viel Gemeinsames mit dem Verstehen einer menschlichen Persönlichkeit. Man kann das System der Dispositionen eines Menschen ganz gut verstehen; das heißt, man kann voraussagen, wie er sich in einer Reihe verschiedener Situationen verhalten würde. Doch da es unendlich viele unendlich verschiedene mögliche Situationen gibt, scheint ein vollkommenes Verstehen der Dispositionen eines Menschen nicht möglich. Mit Theorien ist es ähnlich: Vollständiges Verstehen einer Theorie würde bedeuten, daß man alle ihre logischen Folgerungen kennt. Doch diese sind in einem nichttrivialen Sinne unendlich: Es gibt unendlich viele unendlich verschiedene Situationen, auf die man die Theorie anwenden könnte, das heißt, für die einige ihrer logischen Folgerungen von Bedeutung wären; viele dieser Situationen hat sich noch niemand vorgestellt, vielleicht ist ihre Möglichkeit noch gar nicht entdeckt. Das bedeutet aber, daß niemand, weder der Urheber einer Theorie noch irgend jemand, der versucht hat, sie zu begreifen, ein vollkommenes Verständnis aller in ihr enthaltenen Möglichkeiten haben kann; das wiederum zeigt, daß die Theorie im logischen Sinne etwas Objektives und objektiv Existierendes ist – ein Gegenstand, den man untersuchen kann, etwas, das man zu begreifen versuchen kann. Daß Theorien oder Ideen unsere Erzeugnisse und trotzdem von uns nicht vollständig verstanden seien, ist ebensowenig paradox wie zu sagen, unsere Kinder seien von uns erzeugt, aber doch nicht vollkommen von uns verstanden, oder der Honig sei ein Erzeugnis der Biene, aber von keiner Biene völlig verstanden.

Die Beschäftigung mit der Geschichte unserer Theorien oder Ideen – und man könnte sich mit gutem Grund auf den Standpunkt stellen, die gesamte menschliche Geschichte sei weitgehend die Geschichte unserer Theorien oder Ideen – sollte also Pluralisten aus uns machen. Denn für den Historiker gibt es Menschen in physischen, sozialen, psychischen und ideologischen Problemsituationen; Menschen, die Ideen erzeugen, um diese Probleme zu lösen, Ideen, die sie zu begreifen, zu kritisieren, zu entwickeln suchen.

Wer sich mit der Geistesgeschichte beschäftigt wird finden, daß Ideen so etwas wie ein Leben haben (dies ist natürlich eine Metapher), daß sie mißverstanden, verworfen und vergessen werden können; und daß sie sich wieder aufraffen und wieder zum Leben kommen können. Ohne Metapher aber kann man sagen, daß sie mit keinem Gedanken oder Glauben irgendeines Menschen identisch sind; daß sie existieren können, auch wenn sie ganz allgemein mißverstanden und verworfen werden.

Das alles könnte an Platon und Hegel erinnern. Doch es gibt hier große Unterschiede. Platons »Ideen« waren ewige, unveränderliche Konzepte oder Begriffe; die Hegelschen waren dialektisch sich selbst verändernde Konzepte oder Begriffe. Die Ideen, die ich am wichtigsten finde, sind überhaupt keine Konzepte oder Begriffe. Sie entsprechen nicht Wörtern, sondern Aussagen oder Behauptungen.

Im Gegensatz zu Platon und Hegel betrachte ich *versuchsweise Theorien* über die Welt – das heißt Hypothesen zusammen mit ihren logischen Folgerungen – als die wichtigsten Bewohner der Ideenwelt; und ich glaube (im Gegensatz zu Platon) nicht, daß ihr merkwürdig zeitloser Charakter sie ewig und dadurch *wirklicher* macht als Dinge, die erzeugt worden sind und dem Wandel und dem Verfall unterliegen. Im Gegenteil, etwas, was sich wandeln und vergehen kann, sollte gerade deshalb zunächst einmal als wirklich angesehen werden; und selbst eine Illusion ist *als* Illusion eine wirkliche Illusion.

Das ist von Bedeutung im Zusammenhang mit dem Problem der Zeit und des Wandels.

Ein Historiker kann meiner Meinung nach Zeit und Wandel nicht als Illusionen ansehen, wie es einige große Physiker und Philosophen wie Parmenides, Weyl und Schrödinger getan haben. Nichts ist wirklicher als ein Ereignis; und zu jedem Ereignis gehört ein Wandel.

Es erscheint mir nicht nur als unwahrscheinlich, sondern als unmöglich, daß die pluralistische Welt, in der der Historiker lebt, auf irgendeinen Monismus »reduzierbar« sein sollte – die Welt mit den einzelnen Menschen, die ihr individuelles Leben leben, ihre Probleme zu lösen versuchen, Kinder erzeugen und Ideen über sie, die hoffen und fürchten und sich und andere täuschen, aber immer Theorien haben und oft nicht nur das Glück, sondern auch die Wahrheit suchen. Doch darauf will ich hier nicht hinaus. Wichtig ist mir, daß man erst, nachdem man die Vielfalt dessen, was es in der Welt gibt, erkannt hat, ernstlich daran denken kann, das Ockhamsche Rasiermesser anzusetzen. Um eine schöne Formulierung Quines[5] umzukehren, nur wenn Platons Bart genügend stark und von vielen Entitäten durchflochten ist, lohnt es sich für uns, das Ockhamsche Rasiermesser anzuwenden. Und es ist bei dieser schweren Arbeit nur zu erwarten, daß die Klinge stumpf wird. Die Sache ist zweifellos schmerzhaft. Aber das gehört eben dazu.

3. Realismus und Subjektivismus in der Physik

Es gibt zwei wichtige Gebiete der modernen Physik, auf denen die Physiker dem Subjektivismus nicht nur den Eintritt gestattet, sondern ihm auch eine wichtige Rolle zugestanden haben: Boltzmanns Theorie der Subjektivität der Zeitrichtung und Heisenbergs Interpretation der Unbestimmtheitsformeln dahin, daß sie eine untere Grenze für die Wirkung des Beobachters auf den Gegenstand der Beobachtung angeben.

Eine weitere Einbruchstelle des Subjekts oder des Beobachters waren eine Reihe von Gedankenexperimenten Einsteins, die die Relativität klären sollten; doch aus diesem Gebiet wurde der Beobachter langsam, aber sicher von Einstein selbst wieder verbannt.

[5] W. V. Quine, *From a Logical Point of View*, 2. verbesserte Auflage 1961, S. 2.

Ich möchte diesen Punkt nicht weiter behandeln, ebensowenig die subjektivistische Theorie der Zeit, die uns glauben machen will, Zeit und Wandel seien menschliche Illusionen, und dabei vergißt, daß es sehr reale Illusionen sind, die in keiner Weise auf irgend etwas anderes reduziert worden sind (und nach meiner Vermutung auch keiner Reduktion zugänglich sind). Ich möchte mich mit alledem nicht beschäftigen, weil ich es erst kürzlich getan habe. Ich möchte lediglich ein paar Worte über die Heisenbergschen Formeln und ihre Interpretation sagen.

Die Formeln werden gewöhnlich auf ziemlich komplizierte Weise abgeleitet; es gibt zum Beispiel eine interessante Ableitung von Weyl[6] und eine andere, ziemlich komplizierte von Born[7].

Doch in Wirklichkeit setzt die Heisenbergsche Energieformel weder die Wellenmechanik noch die Heisenbergsche Matrizenmechanik voraus; wir brauchen auch nicht die Austauschrelationen (die nach Hill[8] für die Ableitung der Formeln nicht ausreichen). Sie hat einfach nichts mit der revolutionären neuen Quantenmechanik von 1925/26 zu tun, sondern folgt unmittelbar aus Plancks altem Quantenpostulat von 1900:

(1) $$E = hv.$$

Daraus erhält man unmittelbar

(2) $$\Delta E = h\Delta v.$$

Durch Anwendung des Prinzips des harmonischen Auflösungsvermögens

(3) $$\Delta v \approx 1/\Delta t$$

erhält man aus (2) und (3)

(4) $$\Delta E \approx \mathrm{h}/\Delta \mathrm{t}$$

und daraus sofort

(5) $$\Delta \mathrm{E}\, \Delta \mathrm{t} \approx \mathrm{h},$$

also eine Form der sogenannten *Unbestimmtheitsformeln* von Heisenberg.

Auf genau dieselbe Weise erhält man die Heisenbergsche Formel für Ort und Impuls aus dem Prinzip von Duane (dessen Parallelität zum

[6] H. Weyl, *The Theory of Groups and Quantum Mechanics*, 1931, S. 72 und 393.

[7] M. Born, *The Natural Philosophy of Cause and Chance*, 1949, S. 189 bis 191.

[8] E. L. Hill, in *Mind, Matter, and Method, Essays in Philosophy and Science in Honor of Herbert Feigl* (Hrsg. P. Feyerabend und G. Maxwell), 1966, S. 442.

Planckschen Prinzip kürzlich von Alfred Landé hervorgehoben wurde). Dieses läßt sich schreiben als

(6) $$\Delta p_i \approx h/\Delta q_i.$$

Nach Landé läßt sich dies folgendermaßen auffassen: Ein Körper (etwa ein Gitter oder ein Kristall) mit der räumlichen Periode Δq_i kann seinen Impuls p_i in Vielfachen von $\Delta p_i \sim h/\Delta q_i$ ändern.

Aus (6) folgt sofort

(7) $$\Delta p_i \, \Delta q_i \approx h,$$

eine weitere Form der Heisenbergschen Unbestimmtheitsformeln.

Bedenkt man, daß die Plancksche Theorie eine statistische Theorie ist, so lassen sich die Heisenbergschen Formeln ganz natürlich als statistische *Streurelationen* auffassen, wie ich vor mehr als 30 Jahren anregte.[9,10] Das heißt, sie sagen nichts aus über die mögliche Genauigkeit von Messungen oder über irgendwelche Grenzen unseres Wissens. Sind es aber Streurelationen, so sagen sie etwas aus über die Grenzen der Homogenität quantenphysikalischer Zustände und damit, obwohl indirekt, etwas über die Voraussagbarkeit.

Beispielsweise sagt die Formel $\Delta p_i \, \Delta q_i \approx h$ (die sich aus dem Prinzip von Duane ebenso ableiten läßt wie $\Delta E \, \Delta t \approx h$ aus dem Prinzip von Planck) einfach aus: Wenn wir die x-Koordinate eines Systems (etwa eines Elektrons) bestimmen, dann streut bei Wiederholungen des Experiments der Impuls.

Wie läßt sich nun eine solche Behauptung prüfen? Indem man eine lange Reihe von Versuchen mit einer festen Blendenöffnung Δx macht und in jedem einzelnen Fall den Impuls p_x mißt. Streuen diese Impulse, wie vorausgesagt, so hat die Formel die Prüfung bestanden. Das zeigt aber, daß man zur Prüfung der Streurelationen in jedem Einzelfall p_x mit größerer Genauigkeit als Δp_x tatsächlich gemessen hat; denn sonst könnte man nicht von Δp_x als der Streuung von p_x sprechen.

Experimente dieser Art werden täglich in physikalischen Laboratorien durchgeführt. Aber sie widerlegen Heisenbergs Unbestimmtheitsinterpretation, denn die Messungen (wenn auch nicht die auf ihnen beruhenden Voraussagen) sind genauer, als diese Interpretation erlaubt.

Heisenberg stellte selbst fest, daß solche Messungen möglich sind,

[9] K. R. Popper, *Logik der Forschung*, 1971 (erste deutsche Ausgabe 1934).

[10] K. R. Popper, »Quantum Mechanics Without ›The Observer‹«, in: *Quantum Mechanics and Reality*, Hrsg. M. Bunge, 1967.

aber er erklärte es zu »einer Sache des persönlichen Glaubens« oder »persönlichen Geschmacks«, ob man ihnen irgendeine Bedeutung beilegt; und seit dieser Äußerung wurden sie allgemein als sinnlos vernachlässigt. Doch sie sind nicht sinnlos, denn sie haben eine ganz bestimmte Funktion: Sie sind Prüfungen der betreffenden Formeln selbst, das heißt der Unbestimmtheitsformeln *als* Streuformeln.

Es gibt also nicht den geringsten Grund, entweder die Heisenbergsche oder Bohrsche subjektivistische Interpretation der Quantenmechanik zu akzeptieren. Die Quantenmechanik ist eine statistische Theorie, weil die Probleme, die sie lösen will – z. B. spektrale Intensitäten –, statistische Probleme sind. Es besteht also keinerlei Notwendigkeit für irgendeine philosophische Verteidigung ihres akausalen Charakters.

Jedoch sollte die Nicht-Reduzierbarkeit statistischer Theorien auf deterministische (nicht die Unvereinbarkeit dieser beiden Typen von Theorien) betont werden. Entsprechende Argumente wurden von Landé vorgebracht und völlig andere von mir.

Ich fasse zusammen. Es gibt nicht den geringsten Grund, den realistischen und objektivistischen Charakter der gesamten Physik zu bezweifeln. Die Rolle des beobachtenden Subjekts in der modernen Physik unterscheidet sich in keiner Weise von seiner Rolle in der Newtonschen Dynamik oder der Maxwellschen Theorie des elektrischen Feldes: Der Beobachter ist wesentlich der Mensch, der die Theorie prüft. Dazu braucht er viele andere Theorien, konkurrierende Theorien und Hilfstheorien. Das alles zeigt, daß wir weniger Beobachter als Denker sind.

4. Realismus in der Logik

Ich wehre mich dagegen, die Logik als eine Art Spiel zu betrachten. Ich kenne sogenannte logische Alternativsysteme und habe selbst eins aufgestellt, aber diese lassen sich unter ganz verschiedenen Gesichtspunkten diskutieren. Man könnte meinen, es sei eine Sache der Entscheidung oder der Konvention, welche Logik man sich zu eigen macht. Ich bin damit nicht einverstanden.

Meine Theorie ist kurz die folgende. Ich betrachte die Logik als die Theorie der Deduktion oder Ableitbarkeit, oder wie immer man es nennen will. Zur Ableitbarkeit oder Deduktion gehört wesentlich *die Übertragung der Wahrheit und die Rückübertragung der Falschheit:* In einem gültigen Schluß wird die Wahrheit von den Prämissen auf die

Konklusion übertragen. Das läßt sich besonders bei sogenannten »Beweisen« ausnutzen. Aber die Falschheit wird auch von der Konklusion auf (mindestens) eine der Prämissen zurückübertragen, und das wird bei Widerlegungen ausgenutzt, besonders in *kritischen Diskussionen*.

Wir haben Prämissen und eine Konklusion; zeigen wir, daß die Konklusion falsch ist, und setzen wir den Schluß als gültig voraus, so wissen wir, daß mindestens eine der Prämissen falsch sein muß. So wird die Logik ständig in der kritischen Diskussion angewandt, denn in ihr möchte man zeigen, daß mit einer Behauptung etwas nicht in Ordnung ist. Wir versuchen es zu zeigen, und es kann mißlingen: Die Kritik kann mit einer gültigen Gegenkritik beantwortet werden.

Ich möchte folgendes behaupten: (1) Kritik ist ein höchst wichtiges methodologisches Instrument; und (2) wenn jemand auf eine Kritik entgegnet: »Ich mag deine Logik nicht: Für dich mag sie in Ordnung sein, aber ich ziehe eine andere Logik vor, und nach dieser ist diese Kritik nicht gültig«, dann kann das die Methode der kritischen Diskussion untergraben.

Nun möchte ich zwei hauptsächliche Verwendungen der Logik unterscheiden, nämlich (1) ihre Verwendung in den beweisenden Wissenschaften – das heißt den mathematischen Wissenschaften – und (2) ihre Verwendung in den empirischen Wissenschaften.

In den beweisenden Wissenschaften wird die Logik hauptsächlich bei Beweisen angewandt – zur Übertragung der Wahrheit –, in den empirischen Wissenschaften dagegen fast ausschließlich kritisch – zur Rückübertragung der Falschheit. Natürlich gibt es auch die angewandte Mathematik, in der man die Beweise der reinen Mathematik implizit verwendet, doch die Rolle der Mathematik in den empirischen Wissenschaften ist in verschiedener Hinsicht etwas dubios. (Es gibt einen wundervollen Artikel von Schwartz, der das zeigt.[11])

In den empirischen Wissenschaften wird also die Logik hauptsächlich zur Kritik benutzt, das heißt zur Widerlegung. (Man erinnere sich an mein Schema $P_1 \rightarrow VT \rightarrow FE \rightarrow P_2$.)

Ich möchte nun folgendes behaupten. Will man die Logik kritisch verwenden, so sollte man eine möglichst starke Logik verwenden, sozusagen die stärkste, die uns zur Verfügung steht; denn die Kritik soll *streng* sein. Dazu muß man den gesamten Apparat einsetzen, aus allen

[11] J. Schwartz, »The Pernicious Influence of Mathematics on Science«, in: *Logic, Methodology and Philosophy of Science*, Hrsg. E. Nagel, P. Suppes und A. Tarski, 1962, S. 356–360.

Rohren schießen. Jeder Schuß ist wichtig. Es macht nichts, wenn wir zu kritisch sind: Dann werden wir eben auf Gegenkritik stoßen.

Wir sollten also (in den empirischen Wissenschaften) die volle oder klassische oder zweiwertige Logik anwenden. Zieht man sich statt dessen auf eine schwächere Logik zurück – etwa die intuitionistische Logik oder eine dreiwertige Logik (wie es Reichenbach in Verbindung mit der Quantentheorie vorschlug) –, dann sind wir, so behaupte ich, nicht kritisch genug; es ist ein Zeichen, daß etwas faul ist im Staate Dänemark (in diesem Fall der Quantentheorie in ihrer Kopenhagener Interpretation, wie ich oben zeigte).

Betrachten wir nun im Gegensatz dazu Beweise. Jeder Mathematiker weiß, daß ein erhebliches Interesse daran besteht, einen Satz mit Hilfe eines *möglichst geringen Apparats* zu beweisen. Ein Beweis, der unnötig starke Hilfsmittel verwendet, ist mathematisch unbefriedigend, und es ist immer von Interesse, die schwächsten Voraussetzungen oder Hilfsmittel zu finden, die für einen Beweis nötig sind. Mit anderen Worten, der Beweis soll nicht nur hinreichend sein – das heißt gültig –, sondern nach Möglichkeit auch notwendig in dem Sinne, daß ein Minimum von Voraussetzungen in dem Beweis verwandt wurde. Ich gebe zu, daß das ein etwas hochgezüchteter Standpunkt ist. In der Normalmathematik ist man glücklich und dankbar, wenn man überhaupt etwas beweisen kann; doch in der verfeinerten Mathematik möchte man wissen, was zum Beweis eines Satzes *notwendig* ist.

Kann man also mathematische Sätze mit schwächeren Methoden als dem vollen Arsenal der klassischen Logik beweisen, so ist das mathematisch höchst interessant. In der Beweistheorie interessiert man sich für eine mögliche Abschwächung unserer klassischen Logik; man führt etwa eine intuitionistische Logik ein oder eine andere schwächere Logik, wie etwa die positive Logik, und untersucht, wie weit wir kommen, ohne die ganze Batterie zu benutzen.

Ich halte übrigens den Ausdruck »intuitionistische Logik« für unglücklich. Es ist einfach ein Name für eine sehr interessante und etwas abgeschwächte Form der klassischen Logik, die von Brouwer erfunden und von Heyting formalisiert wurde. Ich möchte gewiß nichts zugunsten der philosophischen Theorie sagen, die Intuitionismus heißt, wohl aber etwas zugunsten der Brouwer-Heytingschen Logik. Doch ich vertraue darauf, daß niemand annehmen wird, ich möchte in irgendeinem Sinne die Intuition in der Philosophie, der Logik oder sonstwo als maßgebend hinstellen. Lassen wir einen Augenblick die Brouwersche Logik beiseite, so kann man sagen, der Intuitionismus sei die Lehre,

Intuitionen seien nicht nur wichtig, sondern allgemein *verläßlich.* Demgegenüber halte ich die Intuitionen zwar für sehr wichtig, aber ich glaube, daß sie in der Regel einer Kritik nicht standhalten. Ich bin also kein Intuitionist. Doch die Brouwersche sogenannte »intuitionistische Logik« ist unter dem Gesichtspunkt unserer jetzigen Diskussion von Bedeutung, weil sie ein echter Teil und damit eine abgeschwächte Form der klassischen Logik ist; das heißt, jeder intuitionistisch gültige Schluß ist auch klassisch gültig, aber nicht umgekehrt: Es gibt Schlüsse, die in der klassischen Logik gültig sind, in der intuitionistischen aber nicht. Kann ich also einen (bisher nur mit klassischen Mitteln bewiesenen) Satz mit intuitionistischen Mitteln beweisen, so habe ich eine mathematische Entdeckung gemacht; denn mathematische Entdeckungen bestehen nicht nur in der Entdeckung neuer Beweise für neue Sätze, sondern auch in der Entdeckung neuer Beweise für alte Sätze; und ein neuer Beweis ist besonders interessant, wenn er mit schwächeren Hilfsmitteln auskommt als der alte. Einen Beweis mit stärkeren Hilfsmitteln kann man *a fortiori* immer umsonst haben; die Auffindung eines Beweises mit schwächeren Voraussetzungen ist dagegen eine mathematische Leistung.

Die intuitionistische Logik ist also ein sehr interessanter mathematischer Ansatz, weil sie möglichst viele mathematische Sätze mit schwächeren logischen Mitteln zu beweisen versucht.

Die intuitionistische Logik hat einen weiteren Vorzug: In ihr ist das sogenannte »Gesetz des ausgeschlossenen Dritten« nicht beweisbar (obwohl eine sinnvolle Formel des Systems). Es läßt sich nun zeigen: Ist in irgendeinem System eine sinnvolle Formel nicht beweisbar, so muß das System widerspruchsfrei sein. Allgemein gesprochen, je schwächere logische Mittel man verwendet, desto geringer ist die Gefahr der Widersprüchlichkeit – die Gefahr, daß ein Widerspruch ableitbar ist. Die intuitionistische Logik läßt sich also auch als ein Versuch betrachten, die Widerspruchsfreiheit unserer Argumente besser zu sichern und verborgene Widersprüche, Paradoxien oder Antinomien auszuschließen. Wie sicher eine solche abgeschwächte Logik an sich ist, möchte ich jetzt nicht untersuchen; doch offensichtlich ist sie etwas sicherer als die vollständige klassische Logik. Ich glaube nicht, daß sie hundertprozentig sicher ist, aber darauf will ich jetzt nicht hinaus, sondern auf folgendes. Wenn jemand etwas beweisen will, dann sollte er schwache Hilfsmittel verwenden. Wollen wir aber etwas widerlegen – das heißt kritisieren –, können wir starke Hilfsmittel verwenden. Natürlich könnte jemand sagen: »Schau her, ich kann dich schon mit schwachen Hilfsmitteln widerlegen; ich brauche nicht einmal die ganze intuitionistische Logik.« Doch das ist nicht besonders wichtig. Die Hauptsache ist, daß dem Rationalisten *jede* Kritik willkommen ist – wenn er ihr auch vielleicht mit einer Kritik der Kritik antwortet.

Diese rationalistische Sichtweise der Logik ist nun eine realistische. Einmal, weil sie die Logik zum Teil in Verbindung mit der Methodologie der Naturwissenschaften sieht, die, wie ich zu zeigen versucht habe, eine realistische Sache ist. Zweitens, und das ist ein ganz besonderer Punkt, weil sie den logischen Schluß als Wahrheitsübertragung oder Falschheits-Rückübertragung sieht; das heißt, sie befaßt sich mit der Idee der Wahrheit.

Ich möchte behaupten, daß es zu den wichtigeren Verdiensten Alfred Tarskis gehört, die Logik durch die Einführung zweier Gedanken zu einer sehr realistischen Sache gemacht zu haben. Der erste ist der (teilweise von Bolzano vorweggenommene) Gedanke, daß die logische Folgerung eine Wahrheitsübertragung ist. Der zweite scheint mir die Rehabilitation der Korrespondenztheorie der Wahrheit zu sein, des Gedankens, Wahrheit sei einfach Übereinstimmung mit den Tatsachen.

Ich unterscheide mich hier wohl ein wenig von Quine, denn ich halte diesen Gedanken Tarskis für einen entscheidenden Schlag gegen den Relativismus und Tarskis Behauptung, es handele sich um eine »absolutistische« Theorie der Wahrheit, für richtig. Um das zu erläutern, möchte ich eine sehr alte Geschichte mit einer leicht veränderten Pointe erzählen. Es ist die alte Geschichte von den drei hauptsächlichen Theorien der Wahrheit. Die neue Pointe ist die Weglassung des Wortes »Wahrheit« und damit des Anscheins, es ginge hier um Worte oder Verbaldefinitionen. Doch dazu ist etwas vorbereitende Diskussion nötig.

Von den drei Haupttheorien der Wahrheit war die älteste die Korrespondenztheorie, die Theorie, die Wahrheit bestehe in der Übereinstimmung mit den Tatsachen, oder genauer, eine Aussage sei dann (und nur dann) wahr, wenn sie den Tatsachen entspricht oder die Tatsachen richtig beschreibt. Diese Theorie scheint mir Tarski rehabilitiert zu haben. Die zweite ist die sogenannte Kohärenztheorie: Eine Aussage wird als wahr betrachtet dann (und nur dann), wenn sie sich in unsere übrige Erkenntnis einfügt. Die dritte Theorie faßt die Wahrheit als pragmatische Nützlichkeit auf.

Von der Kohärenztheorie gibt es nun alle möglichen Versionen, von denen ich nur zwei erwähnen möchte. Nach der ersten ist Wahrheit das Passen zu unseren Überzeugungen, zu dem, was wir glauben, oder, genauer, eine gegebene Aussage ist wahr, wenn sie zu unseren übrigen

Überzeugungen paßt. Das finde ich unpassend, weil ich aus wohlbekannten Gründen keine subjektiven Überzeugungen als Gegenstand der Logik einführen möchte. (Wenn Peter glaubt, daß *p*, und wenn *p* und *q* logisch äquivalent sind, so müßte Peter auch glauben, daß *q*. Aber er weiß vielleicht nicht, daß *p* und *q* logisch äquivalent sind, und glaubt nicht, daß *q*.)

Nach der zweiten Version der Kohärenztheorie ist eine Aussage, von der wir nicht wissen, ob sie wahr ist, dann (und nur dann) als wahr zu akzeptieren, wenn sie zu den bisher akzeptierten Aussagen paßt. Diese Version macht unsere Erkenntnis äußerst konservativ: »Verankerte« Erkenntnisse lassen sich kaum aus den Angeln heben.

Die Theorie der pragmatischen Nützlichkeit befaßt sich besonders mit Theorien in den Naturwissenschaften wie der Physik. Nach ihr soll man eine physikalische Theorie als wahr betrachten, wenn sie sich bei Prüfungen und anderen Anwendungen als pragmatisch nützlich oder erfolgreich erweist.

Ich möchte jetzt eine Art Trick anwenden. Ich werde jetzt bald bis kurz vor Ende dieser Arbeit nicht mehr von *Wahrheit* sprechen. Ich werde nicht mehr fragen: Was ist Wahrheit? Und zwar aus mehreren Gründen. Mein Hauptgrund ist, daß ich der Auffassung bin, daß man auf Was-ist-Fragen oder Was-sind-Fragen oder, mit anderen Worten, auf alle verbalen oder Definitionsfragen verzichten sollte. Was-ist-Fragen oder Was-sind-Fragen betrachte ich als Scheinfragen; sie sehen gar nicht alle so aus, aber ich halte sie alle dafür. Fragen wie »was ist Leben?«, »was ist Materie?«, »was ist der Geist?« oder »was ist Logik?« sollte man nicht stellen. Sie sind typisch unfruchtbare Fragen.

Ich finde also auch, daß wir die Frage »was ist Wahrheit?« fallenlassen sollten.

Meinen ersten Grund (den ich gerade erwähnt habe) für die Ausscheidung der Frage »Was ist Wahrheit?« könnte man »Anti-Essentialismus« bezeichnen. Mein zweiter Grund ist noch wichtiger: Man sollte Diskussionen über die Bedeutung von Wörtern jederzeit wie die Pest meiden. Es war und ist dies ein beliebtes Spiel in der Philosophie: Die Philosophen scheinen der Idee verfallen, Wörter und ihre Bedeutung wären wichtig und der besondere Gegenstand der Philosophie.

Ich möchte jetzt zur Bequemlichkeit des Lesers eine Tabelle bringen, die ich schon einmal (Kapitel 3, Abschnitt 5.1) verwandt habe.

IDEEN

das heißt

BEDEUTUNGEN *oder* AUSDRÜCKE *oder* BEGRIFFE	AUSSAGEN *oder* BEHAUPTUNGEN *oder* THEORIEN
lassen sich formulieren in	
WÖRTERN	AUSSAGEN
diese können sein	
SINNVOLL	WAHR
und ihr(e)	
SINN	WAHRHEIT
läßt sich reduzieren durch	
DEFINITIONEN	ABLEITUNGEN
auf den/die von	
UNDEFINIERTEN BEGRIFFEN	GRUNDAUSSAGEN

Der Versuch, auf diese Weise ihre(n)

SINN	WAHRHEIT

(nicht zu reduzieren, sondern) zu etablieren, führt zu einem unendlichen Regreß.

Auf der linken Seite stehen *Wörter oder Begriffe und ihre Bedeutung*, auf der rechten *Aussagen oder Behauptungen oder Theorien und ihre Wahrheit*.

Die Erfahrung eines Lebens hat mich gelehrt, daß man immer versuchen sollte, von der linken Seite der Tabelle wegzukommen und sich auf der rechten zu halten. Man sollte sich immer an Behauptungen, an Theorien und die Frage ihrer Wahrheit halten. Man sollte sich nie mit verbalen oder Bedeutungsfragen abgeben, sich nie für Wörter interessieren. Wird man vor die Frage gestellt, ob ein Wort, das man verwendet, wirklich dies bedeutet oder etwas anderes, so sollte man sagen: »Ich weiß es nicht, und ich interessiere mich nicht für Wortbedeutungen; wenn du es wünschst, übernehme ich gerne *deine* Terminologie.« Das ist nie schädlich. Man sollte nie über Worte streiten und sich nie auf terminologische Fragen einlassen. Man sollte stets die Diskussion von Begriffen meiden. Was uns wirklich interessiert, sind Tatsachenprobleme oder, mit anderen Worten, Probleme der Theorien und ihrer Wahrheit. Wir interessieren uns für Theorien und dafür, wie sie einer kritischen Diskussion standhalten; und unsere kritische Diskussion wird von unserem Interesse an der Wahrheit geleitet.

Nachdem ich nun das gesagt habe, habe ich vor, das Wort »Wahrheit«

jetzt nicht mehr zu gebrauchen. Unser Problem ist nicht mehr: Ist Wahrheit Korrespondenz? Ist Wahrheit Kohärenz? Ist Wahrheit Nützlichkeit? – Wie können wir dann unser wirkliches Problem formulieren?

Unser Problem läßt sich allein dadurch scharf formulieren, daß wir darauf hinweisen, daß die Gegner der Korrespondenztheorien alle eine *Behauptung* aufgestellt haben. Sie behaupteten alle, es könne nicht so etwas geben wie die Übereinstimmung zwischen einer Aussage und einer Tatsache. Das ist ihre zentrale Behauptung. Sie sagen, dieser Begriff sei sinnlos (oder undefinierbar, was übrigens nach meiner Auffassung nichts ausmachen würde, da Definitionen keine Rolle spielen). Mit anderen Worten, das ganze Problem entsteht aus Zweifel oder Skepsis an der Übereinstimmung: Ob es so etwas gibt wie Übereinstimmung zwischen einer Aussage und einer Tatsache. Es liegt auf der Hand, daß diese Zweifel ernst zu nehmen sind (besonders angesichts des Lügnerparadoxes).

Es liegt weiter auf der Hand, daß es außer diesen Zweifeln für die Anhänger der Kohärenztheorie und der pragmatischen Nützlichkeitstheorie eigentlich keinen Stein des Anstoßes mehr geben kann. Niemand bestreitet, daß pragmatische Nützlichkeit und Eigenschaften wie die Kraft einer Theorie, Voraussagen zu machen, wichtig sind. Sollte es aber so etwas geben wie die *Übereinstimmung einer Theorie mit den Tatsachen*, so wäre das offenbar wichtiger als bloße Widerspruchsfreiheit, und sicher auch viel wichtiger als Übereinstimmung mit früherem »Wissen« (oder »Glauben«); denn wenn eine Theorie mit den Tatsachen übereinstimmt, aber nicht mit irgendwelchem früheren Wissen, dann ist eben dieses frühere Wissen aufzugeben.

Ähnlich gilt: Falls es so etwas gibt wie die Übereinstimmung einer Theorie mit den Tatsachen, dann wird offenbar eine mit den Tatsachen übereinstimmende Theorie in der Regel sehr nützlich sein, *als* Theorie nützlicher als eine Theorie, die nicht mit den Tatsachen übereinstimmt. (Andererseits kann es für einen Verbrecher vor Gericht sehr nützlich sein, sich an eine Theorie zu halten, die nicht den Tatsachen entspricht; doch *diese* Art Nützlichkeit haben die Pragmatisten nicht im Auge, also wirft ihre Auffassung eine für sie sehr unangenehme Frage auf: nützlich für wen?)

Obwohl ich ein Gegner des Pragmatismus als einer Wissenschaftstheorie bin, gebe ich gern zu, daß der Pragmatismus etwas sehr Wichtiges ins Blickfeld gerückt hat: Die Frage, ob eine Theorie Anwendungen hat, ob sie beispielsweise Voraussagekraft hat. *Praxis*, so habe ich irgendwo formuliert, ist für den Theoretiker unentbehrlich als Sporn und gleichzeitig als Zügel: Sie ist Sporn, weil sie uns neue Probleme aufgibt, und sie ist Zügel, weil sie uns wieder auf den Boden der Wirklichkeit herunterholen kann, wenn wir uns im allzu abstrakten theoretischen Höhenflug unserer Phantasie zu verlieren drohen. Das ist alles zuzugeben. Und doch ist klar, daß eine realistische Position der pragmatischen überlegen ist, wenn man sinnvoll sagen kann, eine Aussage oder eine Theorie könne den Tatsachen entsprechen oder nicht entsprechen.

Die Korrespondenztheorie leugnet also nicht die Bedeutung der Kohärenztheorie und der pragmatischen Theorie, aber diese sind nach ihr nicht ausreichend. Andererseits ist nach diesen Theorien die Korrespondenztheorie unmöglich oder sinnlos.

Ohne also das Wort »Wahrheit« zu gebrauchen oder zu fragen, »was bedeutet Wahrheit«, erkennen wir, daß das Hauptproblem dieser ganzen Diskussion nicht das verbale Problem der Definition von »Wahrheit« ist, sondern das folgende substantielle Problem: Kann es so etwas geben wie eine Aussage oder eine Theorie, die mit den Tatsachen übereinstimmt oder nicht übereinstimmt?

Hinter dem Zweifel an der Möglichkeit, von Übereinstimmung zu sprechen, stehen verschiedene starke Argumente.

Zunächst einmal ergeben sich aus der Idee der Übereinstimmung Antinomien oder Paradoxien. Dann gibt es die zahllosen fehlgeschlagenen Versuche, genauer anzugeben, worin die Übereinstimmung zwischen einer Aussage und einer Tatsache bestehen soll. Es gibt den Versuch von Schlick, nach dem die Übereinstimmung in einer eins-eins Beziehung zwischen der sprachlichen Aussage und der Tatsache besteht, also in Eindeutigkeit. Nach ihm ist eine Aussage »wahr« oder entspricht den Tatsachen, wenn sie zu den Tatsachen der Welt in einer eins-eins Beziehung oder in einer eindeutigen Beziehung steht: Nichtübereinstimmung oder »Falschheit« ist dasselbe wie Mehrdeutigkeit. Das ist natürlich unhaltbar, denn viele unscharfe und mehrdeutige Aussagen (wie »in Amerika gibt es irgendwo einige Menschen«) können den Tatsachen entsprechen; umgekehrt entspricht jede allgemeine Behauptung, die den Tatsachen entspricht, vielen Tatsachen, so daß keine eins-eins Beziehung vorliegt.

Außerdem kann eine Aussage, die nicht den Tatsachen entspricht, ganz unzweideutig sein. Ein Mörder kann unzweideutig sagen: »Ich habe ihn nicht getötet.« An dieser Behauptung ist nichts Mehrdeutiges; aber sie entspricht nicht den Tatsachen. Schlicks Versuch, die Übereinstimmung zu erklären, ist also eindeutig ein Fehlschlag. Noch schlechter ist der Versuch Wittgensteins:[12] Eine Behauptung sei ein Abbild der Wirklichkeit, und die Übereinstimmung sei eine Beziehung, die der zwischen den Rillen einer Schallplatte und den von ihnen dargestellten Tönen sehr ähnlich sei: eine Art projektiver Beziehung zwischen Tatsachen und Aussagen. Die Unhaltbarkeit dieser Auffassung läßt sich leicht zeigen. Man fühlt sich an die berühmte Geschichte von Livingstone erinnert, der sich durch seinen Dolmetscher bei einem Negerkönig mit der Frage einführen ließ: »Wie geht es Ihnen?« Der König antwortete mit einem Wort, und der Dolmetscher fing an zu reden und zu reden und zu reden, zehn Minuten lang, und übersetzte das Wort mit einer langen Geschichte über die Sorgen des Königs. Dann fragte Livingstone, ob der König ärztliche Hilfe brauche, und der König fing an zu reden und zu reden und zu reden. Und der Dolmetscher übersetzte mit einem Wort: »Nein«.

Diese Geschichte ist sicher eine Erfindung. Aber sie ist gut erfunden; sie veranschaulicht die Schwäche der Projektionstheorie der Sprache, besonders als einer Theorie der Übereinstimmung zwischen einer Aussage und einer Tatsache.

Doch das ist noch nicht alles. Die Sache ist noch viel ernster; Wittgenstein sagte nämlich, nachdem er seine Theorie formuliert hatte, es sei unmöglich, die Beziehung der Sprache zur Wirklichkeit zu diskutieren oder überhaupt über die Sprache zu diskutieren. (Weil mit der Sprache nicht über die Sprache gesprochen werden könne.) Dies sei ein Gebiet, auf dem uns die Worte ihren Dienst versagen. »Es zeigt sich« ist sein Lieblingsausdruck, um das Versagen der Worte anzudeuten. Jeder Versuch, tiefer in das Verhältnis zwischen Sprache und Wirklichkeit einzudringen oder die Sprache oder Aussagen tiefer zu diskutieren, ist danach notwendig sinnlos. Er sagt zwar im Vorwort zu seinem Buch: »Die *Wahrheit* der hier mitgeteilten Gedanken scheint mir unantastbar und definitiv«, aber am Ende sagt er: »Jeder, der mich versteht, erkennt sie [die Behauptungen des *Tractatus*] am Ende als unsinnig.« (Denn das Reden über die Sprache ist sinnlos.) Das bezieht sich zweifellos unter anderem besonders auf seine Theorie der Projektion. Seine Bemerkung, seine Leser würden erkennen, daß das, was er sagt, unsinnig sei, bestätigt also, was die Gegner der Korrespondenztheorie immer von ihr behauptet haben, nämlich daß es sinnlos sei, von der Übereinstimmung zwischen einer Aussage und einer Tatsache zu sprechen.

Damit sind wir wieder beim eigentlichen Problem: Gibt es eine

[12] L. Wittgenstein, *Tractatus logico-philosophicus*, 1922.

haltbare Korrespondenztheorie oder nicht? Können wir sinnvoll von der Übereinstimmung zwischen einer Aussage und einer Tatsache sprechen oder nicht?

Nun behaupte ich ja, Tarski habe die Korrespondenztheorie der Wahrheit rehabilitiert. Ich halte das für eine große Leistung und für eine große philosophische Leistung. Ich sage das, weil viele Philosophen (zum Beispiel Max Black) bestritten haben, daß an Tarskis Leistung irgend etwas philosophisch Bedeutendes sei.

Der Schlüssel zur Rehabilitation der Korrespondenztheorie ist eine sehr einfache und naheliegende Feststellung Tarskis: Will ich über die Übereinstimmung zwischen einer Aussage *A* und einer Tatsache *T* sprechen, so brauche ich eine Sprache, in der ich sowohl über Aussagen wie *A* als auch Tatsachen wie *T* sprechen kann. Das scheint furchtbar trivial zu sein; aber es ist trotzdem entscheidend. Es bedeutet, daß die Sprache, in der man die Übereinstimmung erklären will, die Mittel besitzen muß, um *über* Aussagen zu *sprechen* und Tatsachen zu *beschreiben*. In einer solchen Sprache – der *Meta*sprache – kann ich, wie wir sehen werden, ohne jede Schwierigkeit über die Übereinstimmung zwischen Aussagen und Tatsachen sprechen.

Eine Metasprache ist eine Sprache, in der wir über eine andere Sprache sprechen. Zum Beispiel bedient sich eine auf Deutsch geschriebene Grammatik der englischen Sprache des Deutschen als Metasprache, um über das Englische zu sprechen. Die Sprache, über die wir in der *Metasprache* (in diesem Falle Deutsch) sprechen, heißt gewöhnlich die »*Objektsprache*« (in diesem Falle Englisch). Das Kennzeichnende der Metasprache ist, daß sie (metasprachliche) *Namen* für Wörter und Aussagen der Objektsprache enthält, ebenso (metasprachliche) *Prädikate* wie »Substantiv (der Objektsprache)« oder »Verb (der Objektsprache)« oder »Aussage (der Objektsprache)«. Tarski zeigte, daß eine Metasprache, um unseren Zweck zu erfüllen, auch die üblichen Mittel enthalten muß, um mindestens über alle *Tatsachen* zu sprechen, über die die Objektsprache sprechen kann.

Das alles ist erfüllt, wenn man das Deutsche als Metasprache zum Sprechen über das Englische (als die untersuchte Objektsprache) verwendet.

Man kann etwa in der deutschen Metasprache sagen:

Die englischen Worte »The grass is green« sind eine englische Aussage.

Andererseits kann man in der (deutschen) Metasprache die Tatsache beschreiben, die die englische Aussage »The grass is green« beschreibt.

Das kann man auf Deutsch, indem man einfach sagt, das Gras sei grün.

Wir können nun in der Metasprache eine Aussage über die *Übereinstimmung einer Aussage der Objektsprache mit den Tatsachen* folgendermaßen machen: *Die englische Aussage »The grass is green« entspricht den Tatsachen dann und nur dann, wenn das Gras grün ist.* (Oder: »*... nur dann, wenn es eine Tatsache ist, daß das Gras grün ist.*«)

Das ist ganz trivial. Doch folgendes ist wichtig: In unserer Behauptung fungieren die Worte »The grass is green« (in *Anführungszeichen*) als metalinguistischer (das heißt *deutscher*) Name für eine *englische* Aussage; andererseits kommen die deutschen Worte »das Gras ist grün« in der oben stehenden Aussage *ohne* Anführungszeichen vor: Sie sind kein Name für eine Aussage, sondern einfach die Beschreibung einer (behaupteten) *Tatsache.*

Damit kann unsere Aussage eine Beziehung zwischen einer (englischen) *Aussage* und einer *Tatsache* ausdrücken. (Die *Tatsache* ist weder deutsch noch englisch, obwohl sie natürlich in der Metasprache, also auf Deutsch, beschrieben wird: Die Tatsache ist nichts Sprachliches, es ist eine Tatsache in der wirklichen Welt, obwohl wir natürlich eine Sprache brauchen, wenn wir über sie sprechen wollen.) Und unsere metasprachliche Aussage behauptet: Eine bestimmte (englische) Aussage *entspricht einer bestimmten Tatsache* (einer außersprachlichen Tatsache in der wirklichen Welt) unter genau angegebenen Bedingungen.

Wir können natürlich an die Stelle der englischen Objektsprache jede andere setzen – selbst das Deutsche. Man kann also die metasprachliche Behauptung aufstellen:

Die deutsche Aussage »das Gras ist grün« entspricht den Tatsachen genau dann, wenn das Gras grün ist.

Das sieht noch trivialer aus. Aber es läßt sich kaum etwas dagegen sagen; auch nicht dagegen, daß es die Bedingungen angibt, unter denen eine Aussage den Tatsachen entspricht.

Allgemein: Sei »*A*« ein (metasprachlicher) *Name* einer Aussage der Objektsprache, und sei »*t*« die *Abkürzung* eines Ausdrucks der Metasprache, der die (angenommene) Tatsache *T* beschreibt, die von *A* beschrieben wird. Dann kann man folgende metasprachliche Behauptung aufstellen:

Eine Aussage *A* der Objektsprache entspricht den Tatsachen dann und nur dann, wenn *t*. (Oder: ... wenn es eine Tatsache ist, daß *t*.)

Man beachte, daß »*A*« hier ein metasprachlicher Name einer Aussage ist, »*t*« dagegen kein Name, sondern eine Abkürzung eines Ausdrucks der Metasprache, der eine bestimmte Tatsache beschreibt (deren Name »*T*« ist).

Jetzt können wir sagen: Tarski entdeckte, daß wir, um über die Übereinstimmung einer Aussage *A* einer Tatsache *T* sprechen zu können, eine (Meta-)Sprache brauchen, in der wir *über* die Aussage *A sprechen und* die Tatsache *T feststellen* können. (Über erstere sprechen wir mittels des *Namens* »*A*«, über letztere mittels eines metasprachlichen Ausdrucks »*t*«, der *T feststellt oder beschreibt.*)

Die Bedeutung dieser Entdeckung ist, daß sie alle Zweifel darüber beseitigt, ob es sinnvoll ist, über die Übereinstimmung einer Aussage mit einer Tatsache oder den Tatsachen zu sprechen.

Nachdem das einmal geleistet ist, kann man natürlich die Worte »entspricht den Tatsachen« durch die Worte »ist wahr« ersetzen.

Tarski gab außerdem eine Methode zur *Definition* der Wahrheit (im Sinne der Korrespondenztheorie) in jedem widerspruchsfreien *formalisierten System* an. Doch das halte ich nicht für seine wichtigste Leistung. Diese ist vielmehr die Rehabilitierung des Redens von Übereinstimmung (und Wahrheit). Übrigens zeigte er, unter welchen Umständen daraus Paradoxien entstehen können, und wie man sie vermeiden kann; *und er zeigte auch, wie wir in der Umgangssprache über die Wahrheit sprechen und Paradoxien vermeiden können und vermeiden.*

Steht einmal fest, daß wir »Wahrheit« im Sinne der Übereinstimmung zwischen Aussagen und Tatsachen gebrauchen können, so gibt es eigentlich nichts Wichtiges mehr über das Wort »Wahrheit« zu sagen. Es gibt keinen Zweifel, daß wir mit »Wahrheit« gewöhnlich die Übereinstimmung mit den Tatsachen meinen und daß wir auch in der Umgangssprache Übereinstimmung meinen und nicht Kohärenz oder pragmatische Nützlichkeit. Ein Richter, der einen Zeugen ermahnt, die Wahrheit und nichts als die Wahrheit zu sagen, ermahnt den Zeugen nicht, zu sagen, was er für sich oder sonst jemanden für nützlich hält. Er sagt auch nicht: »Alles, was wir von Ihnen verlangen, ist, daß Sie sich nicht in Widerspruche verwickeln«, was er sagen würde, wenn er von der Kohärenztheorie überzeugt wäre. Aber das ist es nicht, was er von dem Zeugen erwartet. Mit anderen Worten, die übliche Bedeutung von »Wahrheit« bei Gericht ist zweifellos die Übereinstimmung. Doch mein Hauptpunkt ist, daß das als ein Nebengedanke betrachtet werden sollte, und zwar als ein unwichtiger. Denn wenn jemand sagen würde: »Nein, in der Umgangssprache wird ›Wahrheit‹ in einem anderen Sinne gebraucht«, dann würde ich nicht mit ihm streiten. Ich würde vorschlagen, die Terminologie zu vergessen: Ich wäre bereit, die Terminologie meines Gegners zu verwenden, wobei ich allerdings darauf hinweisen würde, daß *mindestens* diese drei Bedeutungen zur Wahl stehen: Das ist das einzige, worauf ich bestehen würde; ich würde mich aber weigern, über Worte zu streiten.

Doch möchte ich darauf hinweisen, daß die Korrespondenztheorie der Wahrheit eine realistische Theorie ist; das heißt, sie macht die – realistische – Unterscheidung zwischen einer Theorie und den Tatsachen, die sie beschreibt; und sie ermöglicht es, von einer Theorie zu sagen, sie sei wahr oder falsch, oder sie entspreche den Tatsachen, und damit die Theorie mit den Tatsachen in Verbindung zu bringen. Sie ermöglicht es, von einer Wirklichkeit zu sprechen, die von der Theorie verschieden ist. Das ist der Hauptpunkt für den Realisten. Er möchte sowohl eine Theorie als auch die Wirklichkeit oder die Tatsachen haben (wem »Wirklichkeit« nicht gefällt, der möge einfach »die Tatsachen« sagen), die sich von seiner Theorie *über* die Tatsachen unterscheiden, welche er irgendwie mit den Tatsachen vergleichen kann, um herauszufinden, ob sie mit ihnen übereinstimmt oder nicht. Dieser Vergleich ist natürlich immer äußerst schwierig.

Ein letztes Wort über Tarskis Theorie. Ihr ganzer Sinn wird oft mißverstanden: Es wurde fälschlich angenommen, sie solle ein *Wahrheitskriterium* abgeben. Denn das sollte die Kohärenz leisten, ebenso die pragmatische Nützlichkeit: Sie stärkten die herkömmliche Ansicht, daß uns jede ernsthafte Theorie der Wahrheit eine *Methode zur Entscheidung* an die Hand geben müsse, ob eine gegebene Aussage wahr ist oder nicht.

Tarski konnte aufgrund seiner Definition der Wahrheit vieles beweisen; unter anderem, daß es in einer hinreichend reichen Sprache (und in jeder Sprache, in der man mathematische oder physikalische Theorien ausdrücken kann) kein Wahrheitskriterium geben kann, das heißt kein Kriterium für die Übereinstimmung: Ob eine Behauptung wahr ist, ist für die Sprachen, für die der Wahrheitsbegriff erklärt werden kann, nicht allgemein entscheidbar. Der Wahrheitsbegriff spielt also im wesentlichen die Rolle einer regulativen Idee. Er hilft uns bei unserer Suche nach der Wahrheit, daß es so etwas wie Wahrheit oder Übereinstimmung gibt. Sie gibt uns aber keine Methode an die Hand, die Wahrheit zu finden oder uns dessen zu versichern, daß wir sie gefunden haben, auch wenn wir sie gefunden haben. Es gibt also kein Wahrheitskriterium, und wir dürfen nicht nach einem solchen fragen. Wir müssen uns damit zufriedengeben, daß die Idee der Wahrheit oder der Übereinstimmung mit den Tatsachen rehabilitiert worden ist. Das hat Tarski getan; und damit hat er nach meiner Ansicht der realistischen Sichtweise einen ungeheuren Dienst erwiesen.

Es gibt zwar kein Wahrheitskriterium, und wir können uns nicht einmal der Falschheit einer Theorie ganz sicher sein, aber immerhin können wir leichter feststellen, daß eine Theorie falsch ist, als daß sie wahr ist (wie ich andernorts ausführlich dargelegt habe). Wir haben sogar gute Gründe für die Annahme, daß die meisten unserer Theorien – auch unsere besten – strenggenommen falsch sind; denn sie übervereinfachen oder idealisieren die Tatsachen. Doch eine falsche Vermutung kann der Wahrheit näher oder ferner stehen. So kommt man zum Begriff der Wahrheitsnähe oder der besseren oder schlechteren Näherung an die Wahrheit, das heißt zum Begriff der »*Wahrheitsähnlichkeit*«. Ich habe zu zeigen versucht, daß sich dieser Begriff in ähnlicher Weise rehabilitieren läßt, wie Tarski die Idee der Wahrheit als Übereinstimmung mit den Tatsachen rehabilitiert hat.[13]

Dazu habe ich mich im wesentlichen der beiden hier erwähnten Ideen Tarskis bedient. Die eine ist die Idee der Wahrheit. Die andere ist die Idee der logischen Folgerung; oder genauer, der Menge der logischen Folgerungen einer Vermutung oder der Gehalt einer Vermutung.

Baut man in die Logik den Begriff der Wahrheitsähnlichkeit oder Näherung an die Wahrheit ein, so macht man sie noch »realistischer«. Denn jetzt kann man darüber sprechen, wie eine Theorie den Tatsachen besser entspricht als eine andere – den Tatsachen der wirklichen Welt.

Ich fasse zusammen. Als Realist betrachte ich die Logik als das *Organon der Kritik* (nicht des Beweises) bei unserer Suche nach wahren und hoch informativen Theorien – wenigstens nach neuen Theorien, die mehr Information enthalten und den Tatsachen besser entsprechen als unsere älteren. Und die Kritik wiederum betrachte ich als unser Hauptwerkzeug zur Förderung des Wachstums unseres Wissens über die Welt der Tatsachen.

[13] K. R. Popper, *Conjectures and Refutations*, 1963, 1972, Kapitel 10 und Addenda.

9. Philosophische Bemerkungen zu Tarskis Theorie der Wahrheit

I.

Unser Hauptanliegen in der Wissenschaft und der Philosophie ist, oder sollte sein, die Suche nach der Wahrheit durch kühne Vermutungen und die kritische Suche nach dem Falschen in unseren verschiedenen konkurrierenden Theorien.[1]

Das war meine Auffassung vor 37 Jahren im Juli 1934, als ich Alfred Tarski zum erstenmal bei einer Konferenz in Prag traf, die der Wiener Kreis organisiert hatte. Ich muß aber betonen, daß damals, bevor ich von Tarski etwas über seine Theorie der Wahrheit gehört hatte, mein intellektuelles Gewissen sich keineswegs über die Annahme im klaren war, unser Hauptanliegen sei die Suche nach der Wahrheit. In meinem Buch *Logik der Forschung* (1934), dessen Fahnen ich bei mir in Prag hatte und Tarski zeigte (ich zweifle aber, ob er sich dafür interessierte), hatte ich geschrieben: »Das intellektuelle Streben, der Wahrheitstrieb

[1] Diese Formulierung unseres wissenschaftlichen Hauptanliegens wird im letzten Abschnitt dieser Arbeit für die Naturwissenschaften etwas verbessert. Vielleicht darf ich hier ein Wort über die Terminologie sagen.

Ich finde es uninteressant (weil es hauptsächlich ein verbales Problem ist), ob man von »Sätzen«, »Aussagen« oder »Behauptungen« sprechen sollte; die Hauptkritiker von Tarskis Ausdruck »Satz« behaupten, Sätze seien uninterpretierte Wortfolgen, die bestimmten grammatischen Regeln gehorchen, und daher könnten sie weder wahr noch falsch sein. Sie übersehen, daß Tarski ausdrücklich von *»sinnvollen Sätzen«* und nur von *interpretierten Sprachen* spricht. Um dieser verbalen Kritik meine Verachtung zu bezeigen, habe ich einfach die Ausdrucksweise meiner Gegner übernommen und spreche in meiner ganzen Arbeit von »Aussagen« statt »Sätzen«. Ich gebrauche also »Aussage« als Synonym für interpretierten sinnvollen Satz oder Behauptung.

Dieses Kapitel beruht auf einem Vortrag auf dem Symposion zum 70. Geburtstag von Alfred Tarski an der University of California vom 23. bis 30. Juni 1971. Originaltitel: Philosophical Comments on Tarski's Theory of Truth.

ist ... wohl der stärkste Antrieb der Forschung.«[2] Doch ich war mit dem Wahrheitsbegriff nicht im reinen; es gibt einen ganzen Abschnitt in meinem Buch, in dem ich den Wahrheitsbegriff als einen harmlosen Alltagsbegriff zu verteidigen versuchte, indem ich sagte, daß wir, wenn wir wollen, in der Methodologie der Wissenschaft auf ihn verzichten können, indem wir von Ableitbarkeit und ähnlichen logischen Beziehungen sprechen.[3]

Der Grund für mein Unbehagen über den Wahrheitsbegriff war natürlich, daß er eine Zeitlang von einigen Philosophen mit guten Argumenten angegriffen worden war. Mich schreckte nicht so sehr die Antinomie des Lügners, sondern die Schwierigkeit, die Korrespondenztheorie zu erklären: Worin konnte die Übereinstimmung einer Aussage mit den Tatsachen bestehen? Außerdem gab es eine Anschauung, die ich mir zwar entschieden nie zu eigen gemacht hatte, gegen die ich aber auch nichts Triftiges vorbringen konnte: die Auffassung, wenn wir über die Wahrheit sprechen wollen, sollten wir ein Wahrheitskriterium angeben können. Ich *war* davon überzeugt, daß man trotzdem von der Wahrheit sprechen könne. Doch ich konnte meine Ansicht nicht verteidigen, das Fehlen eines Wahrheitskriteriums sei kein Argument gegen die logische Berechtigung des Wahrheitsbegriffs.

Ich bin froh, daß ich dieses Unbehagen nie schriftlich niedergelegt habe, denn es war völlig unberechtigt, wie jeder der hier Anwesenden heute erkannt haben wird.[4] Wir wissen heute, daß die Wahrheit keineswegs der einzige Begriff ist, dessen Wichtigkeit und Berechtigung nicht dadurch geschmälert wird, daß es kein allgemeines Kriterium für seine Anwendbarkeit im Einzelfall gibt. Ein berühmtes Parallelbeispiel ist der Begriff der Ableitbarkeit: Wir wissen, daß für viele Theorien das Entscheidungsproblem, ob sie Theoreme sind oder nicht, unlösbar ist; und wenn wir uns nicht auf eine entscheidbare Theorie beschränken – auf eine Theorie, für die das Entscheidungsproblem im positiven Sinne lösbar ist –, gibt es kein Kriterium oder allgemeines Verfahren, das in jedem Einzelfall zu entscheiden erlaubte, ob ein Satz einer Theorie *gültig* ist, das heißt, ob er mit den logischen Mitteln der Theorie ableitbar ist. (Dies ist der Sinn, in dem ich die Ausdrücke »gültiges Theorem«, »gültige Ableitung« usw. gebrauche.)

[2] K. R. Popper, *Logik der Forschung*, 7. Auflage 1982, Abschnitt 85, S. 223.

[3] A.a.O., Abschnitt 84.

[4] Siehe insbes. Anmerkung 1 auf S. 254 von A. Tarski, *Logic, Semantics, Metamathematics*, Clarendon Press, Oxford 1956.

Es gibt also kein allgemeines Gültigkeitskriterium für unentscheidbare Theorien. Trotzdem ist der Begriff der Gültigkeit völlig klar, auch für unentscheidbare Theorien: Ein behauptetes Theorem ist dann und nur dann gültig, wenn eine gültige Ableitung für es existiert, ob sie nun von uns schon gefunden ist oder jemals gefunden wird oder nicht. Das Fehlen eines Kriteriums macht den Ausdruck »gültiges Theorem« keineswegs vager. Vielmehr ergibt es sich in diesem Fall unmittelbar daraus, daß wir nicht die unendlich vielen gültigen Ableitungen daraufhin durchprüfen können, ob irgendeine bei dem fraglichen Satz endet. Wir können Glück haben und einen Beweis oder eine Widerlegung des fraglichen Satzes finden; wenn wir aber kein Glück haben, so gibt es, solange die Theorie kein Entscheidungsverfahren zuläßt, keine Möglichkeit herauszufinden, ob die gegebene Formel ein gültiger Satz ist oder nicht.

Heute ist das alles fast zu trivial, um erwähnt zu werden. Es gibt aber immer noch viele Philosophen, die jeden Begriff, etwa den der Wahrheit, nur dann für logisch berechtigt halten, wenn es ein Kriterium gibt, mit dem man entscheiden kann, ob ein Gegenstand unter den Begriff fällt oder nicht. So gibt es einen Artikel in Band 3 der *Encyclopedia of Philosophy* von 1967[5], in dem meine Auffassung, es gebe kein allgemeines Kriterium der Wahrheit für wissenschaftliche Theorien, in dem knappen, aber völlig irreführenden Satz zusammengefaßt wird, nach meiner Auffassung sei »die Wahrheit selbst bloß eine Illusion«. In Band 2 derselben *Enzyklopädie* erfahren wir, aus den späteren Schriften Wittgensteins folge, »daß ein Begriff leer ist, wenn es kein Kriterium für seine Verwendung gibt«.[6]

Der Ausdruck »Positivismus« hat viele Bedeutungen, doch diese (Wittgensteinsche) These »ein Begriff ist leer, wenn es kein Kriterium für seine Verwendung gibt« scheint mir den Kern der positivistischen Tendenzen auszudrücken. (Der Gedanke steht Hume sehr nahe.) Wird diese Deutung des Positivismus angenommen, so ist der Positivismus durch die moderne Entwicklung der Logik widerlegt, insbesondere durch Tarskis Theorie der Wahrheit, die das *Theorem* enthält: Für hinreichend reichhaltige Sprachen kann es kein allgemeines Wahrheitskriterium geben.

Dieses Theorem ist natürlich von größtem Interesse, wenn wir uns an den klassischen Streit zwischen den Stoikern (und später den Kartesia-

[5] *The Encyclopedia of Philosophy*, Hrsg. Paul Edwards, Macmillan 1967, Band 3, S. 37.

[6] A.a.O., Band 2, S. 260. Siehe meine *Open Society*, Band II, 4. Auflage, Addendum 1, Abschnitt 3 (Nicht in der dt. Übers.).

nern) einerseits und den Skeptikern andererseits erinnern. Hier haben wir einen der seltenen Fälle, in dem eine klassische philosophische Streitfrage durch ein Theorem der Logik oder Metalogik als gelöst gelten kann. Man kann aber nicht behaupten, dieses Beispiel sei bei den Philosophen gut bekannt oder würde viel beachtet.

Es ist aber hier nicht meine Absicht, in eine Polemik mit den Philosophen einzutreten, die der Tarskischen Theorie der Wahrheit philosophische Bedeutung absprechen. Statt dessen denke ich an meine große Freude und Erleichterung, als ich 1935 folgende Konsequenzen von Tarskis Wahrheitstheorie kennenlernte:

1. Dieser Begriff ist definierbar mit logischen Mitteln, die niemand vorher in Frage gestellt hat, *ist also logisch legitim;*

2. er ist auf jede eindeutig formulierte (geschlossene) Aussage (jeder nicht-universalistischen Sprache) anwendbar, falls er nicht auf ihre Negation anwendbar ist; *er ist also offensichtlich nicht leer,* obwohl

3. er mit keinem allgemeinen Kriterium verbunden ist, wenn auch jeder aus einem wahren Satz oder aus einer wahren Theorie ableitbare Satz nachweislich wahr ist;

4. die Klasse der wahren Sätze ist ein deduktives System, und

5. sie ist ein unentscheidbares deduktives System, wenn die betreffende Sprache reich genug ist. (In diesem Zusammenhang bezog sich Tarski auf Gödel.)

Wie ich vorhin erwähnte, traf ich Tarski zum erstenmal im Juli 1934 in Prag. Anfang 1935 traf ich ihn wieder in Wien bei Karl Mengers Kolloquium, zu dem Tarski und Gödel gehörten, und wo ich auch so große Männer wie Skolem und Abraham Wald traf. In diesen Tagen bat ich Tarski, mir seine Theorie der Wahrheit zu erklären, und das tat er in einem etwa zwanzigminütigen Vortrag auf einer Bank (einer unvergessenen Bank) im Wiener *Volksgarten.* Er gewährte mir auch Einblick in die Fahnen der deutschen Übersetzung seiner großen Arbeit über den Wahrheitsbegriff, die er damals gerade vom Herausgeber der *Studia philosophica* geschickt bekam. Keine Worte können beschreiben, wieviel ich daraus lernte, und keine Worte können meine Dankbarkeit ausdrücken. Obwohl Tarski nur wenig älter war als ich, und obwohl wir uns in diesen Tagen persönlich sehr nahe gekommen waren, sah ich in ihm den einen Mann, den ich wirklich als meinen Lehrer in der Philosophie ansehen konnte. Ich habe von niemandem sonst so viel gelernt.

Trotzdem gibt es Randpunkte, in denen ich vielleicht nicht mit ihm übereinstimme. Ich war immer ein Philosoph des Alltagsverstandes und ein Realist des Alltagsverstandes.[7] Ich hielt es für eine Erkenntnis des Alltagsverstandes, daß der Alltagsverstand oft irrt – öfter wohl, als er recht hat; ich hielt es aber für ausgemacht, daß wir in der Philosophie vom Alltagsverstand auszugehen hätten, wenn auch nur, um kritisch herauszufinden, wo er unrecht hatte. Ich interessierte mich für die wirkliche Welt, den Kosmos, und ich lehnte jeden Idealismus, Positivismus und sogar Neutralismus in der Philosophie nachdrücklich ab. Gäbe es keine wirkliche Welt, so reich und noch viel reicher als die Welt, die wir aus unserer Alltagserfahrung so oberflächlich kennen, und wäre die Untersuchung dieser Welt nicht die Hauptaufgabe der Philosophie, so würde mich die Philosophie nicht interessieren. Ich habe nie genau herausgefunden, welche Einstellung Tarski zum Realismus hatte. Er schien von Kotarbinskis »Reismus« beeindruckt zu sein, aber auch vom Wiener Positivismus; und er betonte die Neutralität seines Wahrheitsbegriffs.

Als kritischer Realist des Alltagsverstandes mit dem Bewußtsein, daß ich damit einer »metaphysischen« Theorie[8] anhing, interessierte ich mich sehr für den realistischen Aspekt der Tarskischen Wahrheitstheorie, dessen bloße Existenz aber Tarski, wie ich fast glaube, bestreiten würde.[9]

Tarskis Theorie ist, wie Sie alle wissen und wie er selbst als erster betonte, eine *Rehabilitierung* und Ausarbeitung der klassischen Theorie, die Wahrheit sei die Übereinstimmung mit den Tatsachen; und das scheint *mir* den metaphysischen Realismus zu stützen. Tarskis Theorie ist gleichzeitig auch eine Rehabilitierung und Ausarbeitung einiger der

[7] Ich bin Realist in zweierlei Sinne. Einmal glaube ich an die Realität der physikalischen Welt, zweitens an die der theoretischen Gegenstände, wie ich in meinen Arbeiten »Erkenntnistheorie ohne erkennendes Subjekt«, »Zur Theorie des objektiven Geists« und »Bemerkungen eines Realisten zur Logik, Physik und Geschichte« (Kapitel 3, 4 und 8 des vorliegenden Buches) erklärt habe. Dort bekräftige ich meine Ablehnung des Essentialismus – der Realität der *Begriffe* –, behaupte aber die Realität von *Problemen, Theorien, Fehlern* usw.

(Was die erste Bedeutung anbetrifft, so könnte ich mich sogar insoweit als Materialisten bezeichnen, als ich an die Realität der Materie glaube; ich bin aber entschieden *kein* Materialist in dem Sinne, daß die (ausgedehnte) Materie etwas Letztes oder Irreduzibles oder das einzig Wirkliche wäre. Im Gegenteil, ich glaube, es kann eine wahre Theorie der Materie geben, die ihre Ausdehnung durch Intensitätsgrößen wie Kräfte erklärt, wie es zuerst von Leibniz, Boscovic und Kant vorgeschlagen wurde.)

[8] Vgl. meine *Logik der Forschung*, S. 199, Text zu Anmerkung *1.

[9] Vgl. A. Tarski, »The Semantic Conception of Truth and the Foundations of Semantics«, *Philosophy and Phenomenological Research* 4, 1944, S. 341–376; siehe insbes. Abschnitt 19.

klassischen *Einwände* gegen diese Korrespondenztheorie, denn sie zeigt, in welchem Umfang der Paradoxieverdacht gegen die Korrespondenztheorie berechtigt war. Dieses Problem wird im wesentlichen durch Tarskis Lehre gelöst, daß die Semantik (L_1) einer Objektsprache (L_0) – das heißt die Metasprache, die den Begriff »wahr in L_0« als einen definierbaren Begriff enthält – *in einem wesentlichen Sinne reicher* (von höherer Ordnung) sein muß als die Objektsprache (L_0).

Die Objektsprache L_0 kann bekanntlich ihre eigene Syntax enthalten, insbesondere Namen für alle ihre eigenen Ausdrücke. L_0 darf aber, wenn Antinomien ausgeschlossen bleiben sollen, keine spezifisch semantischen Ausdrücke wie *Bedeutung, Erfüllung* oder *Wahrheit* enthalten, das heißt Begriffe, die die *Namen der Ausdrücke von* L_0 zu den *Tatsachen oder Gegenständen* in Beziehung setzen, auf die sich diese Ausdrücke beziehen.

Das alles lieferte mir das Material zu jahrelangem Nachdenken. Ich möchte einige dieser Gedanken kurz mitteilen.

II.

Wenn, wie Tarskis Theorie behauptet, Wahrheit die Übereinstimmung mit den Tatsachen ist, dann wollen wir einen Augenblick das Wort »Wahrheit« vermeiden und statt dessen von der »Übereinstimmung von Aussagen mit den von ihnen beschriebenen Tatsachen« sprechen

Ich glaube, es war die scheinbare Unmöglichkeit, diese Übereinstimmung zu entdecken oder zu erklären, die alle Korrespondenztheorien der Wahrheit vor Tarski so suspekt machte; auch für Leute wie mich, die die Korrespondenztheorie lediglich deshalb schätzten, weil sie dem Alltagsverstand entsprach und realistisch war.[10]

Seien wir nun kühn und nehmen wir es ernst, daß es Aussagen gibt, die den Tatsachen entsprechen. Jede Theorie, die dieser Situation gerecht werden will, muß sprechen können (1) über die Aussagen einer Sprache, die wir die untersuchte oder die Objektsprache nennen[11], und (2) über Tatsachen und behauptete Tatsachen.

[10] Wegen Einzelheiten siehe *Conjectures and Refutations*, S. 223 und die Kapitel 2 und 8 oben.

[11] Anscheinend wurde der Ausdruck »Objektsprache« ursprünglich mit dem Sinn »Sprache, die über (physikalische) Objekte spricht« eingeführt. Ich gebrauche ihn in dem Sinne »Sprache, die Objekt der Untersuchung ist«; diese wird durch eine Theorie untersucht, die in einer Metasprache formuliert ist. (Das gibt natürlich Anlaß zu der Vorstellung einer unendlichen Hierarchie von Metasprachen.)

1. Um über Aussagen zu sprechen, braucht man *Namen* von Aussagen, zum Beispiel *Anführungsnamen* oder *beschreibende Namen* von Aussagen. Das bedeutet, daß jede Korrespondenztheorie in einer Metasprache formuliert werden muß, das heißt in einer Sprache, in der man über die Ausdrücke einer untersuchten Objektsprache sprechen oder diskutieren kann.

2. Um über irgendwelche Beziehungen zwischen Aussagen und Tatsachen zu sprechen, braucht man Beschreibungen von Tatsachen; das heißt, man muß in der Metasprache alle Tatsachen beschreiben können, die man in der Objektsprache beschreiben kann. Die Metasprache muß also Übersetzungen der objektsprachlichen Aussagen enthalten, oder sie muß die Objektsprache als *Teil* enthalten (was das unangenehme Problem der genauen Übersetzung vermeidet).

Es ergibt sich also, daß jede Theorie, die sich mit der Übereinstimmung zwischen Aussagen und Tatsachen befaßt, also mit einer Beziehung zwischen Aussagen und Tatsachen, in einer Metasprache formuliert werden muß, die außer den üblichen logischen Ausdrücken drei Arten von Ausdrücken enthalten muß:

1. Namen von Aussagen, das heißt Namen der sprachlichen Ausdrücke einer Objektsprache; sie gehören zur »Morphologie« oder »Syntax« dieser Objektsprache.

2. Aussagen, die die in der Objektsprache diskutierten Tatsachen (und Nicht-Tatsachen) beschreiben; das heißt also Übersetzungen der Objektsprache in die Metasprache. (Um die Fallen der Übersetzung zu umgehen, kann man die Objektsprache zu einem Teil der Metasprache machen, wie schon angedeutet.)

3. Zusätzlich zu diesen beiden Grundtypen von Ausdrücken gibt es einen dritten: Ausdrücke, die Prädikate und Relationen zwischen diesen beiden Grundtypen von Ausdrücken bezeichnen, zum Beispiel Prädikate wie »*X entspricht den Tatsachen*« oder Relationen wie »*X* entspricht den Tatsachen *genau dann,* wenn *y*«. (Dieser letzte Ausdruck ist ein semantischer und von höherer Ordnung als die Objektsprache, auf die er sich bezieht.)

Das sind die drei fast selbstverständlichen Mindestanforderungen an jede Sprache, in der wir eine Korrespondenztheorie formulieren können.

Eine Sprache, die diese drei Mindestanforderungen erfüllt, nennt Tarski eine »semantische Metasprache«.

Ich erblicke die Größe und Kühnheit von Tarskis Leistung darin, daß er diese Mindestanforderungen ermittelt hat, sowie darin, daß er herausgefunden hat, daß die unter (3) erwähnten Prädikate und Relationen, welche Ausdrücke mit der Tatsachenwelt verbinden, wesentlich über die in der Objektsprache zur Verfügung stehenden Mittel hinausgehen.[12]

Es ist klar, wenn wir die drei Arten von Ausdrücken zur Verfügung haben, so können wir in der semantischen Metasprache Behauptungen aufstellen wie

P entspricht den Tatsachen dann und nur dann, wenn *p*,

wobei Großbuchstaben wie »*P*« Variablen für die metasprachlichen *Namen* der objektsprachlichen tatsachenbeschreibenden Aussagen sind, deren metasprachliche *Übersetzungen* mit dem entsprechenden Kleinbuchstaben wie »*p*« bezeichnet werden.

Wenn ich die Tarskische Theorie der Wahrheit lehrte, fand ich wie auch mindestens ein Teil meiner Studenten es hilfreich, wenn ich in dieser Weise über die *Übereinstimmung mit den Tatsachen* statt über die *Wahrheit* sprach. Ich fand es übrigens auch hilfreich, als Beispiele auch *falsche* Aussagen der Objektsprache zu verwenden.

Nehmen wir Englisch als unsere Objektsprache und Deutsch als unsere Metasprache, und erinnern wir uns, daß die deutsche Übersetzung des englischen Satzes »The moon is made of green cheese« lautet: »Der Mond besteht aus grünem Käse.« Mit diesen falschen Aussagen kann man naturlich die wahre semantische Behauptung konstruieren:

»Die englische Aussage ›The moon is made of green cheese‹ entspricht den Tatsachen genau dann, wenn der Mond aus grünem Käse besteht.«

Die Verwendung falscher objektsprachlicher Aussagen ist aber eine Nebensache. Andererseits scheint es für manche Studenten eine wirkliche Hilfe zu sein, wenn man von der Übereinstimmung mit den Tatsachen (statt der Wahrheit) spricht. Man sieht dann deutlicher, daß und warum die Aussage an der Stelle der Kleinbuchstaben-Variablen »*p*« eine metasprachliche Feststellung einer (behaupteten) *Tatsache* ist und *sein muß*, das heißt die metasprachliche Beschreibung eines Tatbestands, der auch in der Objektsprache beschrieben wird.

[12] Ein philosophisch kaum weniger wichtiges Ergebnis bezogen auf die in (3) erwähnten Ausdrücke, ist, daß sie als Ausdrücke der Metasprache den gleichen morphologischen Charakter haben wie die unter (1) erwähnten Ausdrücke: sie gehören zu der *in* der Metasprache entwickelten Morphologie (aber nicht zu dem Teil von ihr, der die Morphologie oder Syntax *der* Objektsprache enthält und in dieser selbst entwickelt werden kann).

III.

Es gibt eine Behauptung Tarskis im zweiten Absatz seiner berühmten Arbeit über die Wahrheit[13], zur Definition der Wahrheit benötige er keine semantischen Begriffe (das heißt solche, die sprachliche Ausdrücke mit den zum Ausdruck gebrachten Dingen in Verbindung bringen). Doch da er »Wahrheit« mit Hilfe des Begriffs der Erfüllung definiert und dieser eindeutig ein semantischer Begriff ist (als solcher wird er von Tarski selbst im ersten Absatz seiner Arbeit XV, S. 401 von *Logic, Semantics, Metamathematics* aufgeführt), so kann auch ein sorgfältiger Leser zunächst etwas verwirrt sein. Die Auflösung des Rätsels kann man folgendermaßen darstellen. Jede genügend reiche Sprache, die über irgend etwas spricht, kann (nach Ergebnissen, die von Tarski und von Gödel unabhängig gefunden wurden) ihre eigene »Morphologie« oder »Syntax« enthalten, während (wie Tarski zeigte) keine widerspruchsfreie Sprache die Mittel zur Definition ihrer eigenen Semantik enthalten kann. Wie wir sahen, braucht Tarski für seine Definition eine semantische Metasprache, die von höherer Ordnung als die Objektsprache ist, deren Semantik sie enthält. Doch die Ausdrücke, die bezogen auf die *Objektsprache* semantische Ausdrücke sind, können innerhalb der Metasprache den gleichen Status haben wie deren übrige morphologische oder syntaktische Ausdrücke. Die Semantik einer Objektsprache L_n kann also Teil der Syntax einer Metasprache höherer Ordnung (nennen wir sie L_{n+1}) sein: keine nicht-morphologischen oder nicht-syntaktischen Ausdrücke müssen in L_{n+1} enthalten sein. Es liegt also eine Reduktion der Semantik von L_n auf die Syntax von L_{n+1} vor.

Das ist von allgemeinem philosophischem Interesse, nicht nur, weil semantische Ausdrücke als suspekt angesehen wurden, sondern auch weil eine Reduktion suspekter Ausdrücke auf akzeptierte Ausdrücke unsere Beachtung verdient. Jedenfalls hat Tarski dadurch, daß es ihm gelang, Ausdrücke der Semantik von L_n auf die nicht-semantischen Ausdrücke von L_{n+1} zu reduzieren, jedem Argwohn die Grundlage entzogen.

Ich gebe zu, daß diese Reduktion wichtig ist, weil es in der Philosophie so selten vorkommt, daß man eine völlig neue (und suspekte) Art von Ausdrücken auf der Grundlage (unverdächtiger) eingeführter Ausdrük-

[13] Vgl. S. 152 der englischen Übersetzung von Woodger, *Logic, Semantics, Metamathematics*, Clarendon Press, Oxford, 1956. Original: *Studia philosophica* 1 (1936), S. 261 ff.

ke konstruieren kann; es ist eine Rehabilitation, eine Ehrenrettung des suspekten Ausdrucks.

Andererseits betrachte ich Definitionen und Fragen der Reduzierbarkeit als philosophisch nicht besonders wichtig. Wenn man einen Ausdruck nicht definieren kann, so hindert nichts, ihn als undefinierten Ausdruck zu verwenden: Der Gebrauch undefinierter Ausdrücke ist nicht nur berechtigt, sondern unvermeidlich, denn jeder definierte Ausdruck muß letzten Endes mit Hilfe undefinierter Ausdrücke definiert werden.[14] In meinen Augen ist Tarskis Werk *nicht wegen seiner erfolgreichen Beschreibung einer Methode zur Definition von »wahr«* philosophisch so bedeutend, sondern wegen seiner *Rehabilitierung der Korrespondenztheorie der Wahrheit* und des Beweises, daß hier keine Schwierigkeit mehr lauert, wenn man einmal die Notwendigkeit einer Metasprache verstanden hat, die reicher ist als die Objektsprache *und* ihre Syntax. Es ist ganz klar, daß man, wenn man will, mit semantischen Grundbegriffen anfangen kann (wie es R. M. Martin getan hat[15]), statt sie ängstlich zu vermeiden. Man würde im wesentlichen zur gleichen semantischen Theorie der Wahrheit als Übereinstimmung mit den Tatsachen kommen. Doch ohne Tarskis Theorie, die eine semantische Metasprache ohne spezifisch semantische Ausdrücke zur Verfügung stellt, wären vielleicht die philosophischen Vorbehalte gegen semantische Ausdrücke nicht überwunden worden.

IV.

Wie ich oben erwähnte, bin ich Realist. Ich gebe zu, daß man einen Idealismus wie den Kantischen verteidigen kann, soweit er behauptet, *alle unsere Theorien seien Menschenwerk,* und wir versuchen, sie der Natur vorzuschreiben. Ich bin aber insofern Realist, als ich glaube, daß die Frage, ob unsere von Menschen gemachten Theorien wahr sind oder nicht, von den realen Tatsachen abhängt; reale Tatsachen, die mit wenigen Ausnahmen ganz gewiß kein Menschenwerk sind. Unsere von Menschen geschaffenen *Theorien* können diesen realen *Tatsachen* widersprechen, und so ist es möglich, daß wir bei unserer Wahrheitssuche unsere Theorien abändern oder aufgeben müssen.

[14] So hat Tarski betont, daß der Wahrheitsbegriff auch axiomatisch statt durch eine Definition eingeführt werden kann.

[15] Vgl. R. M. Martin, *Truth and Denotation, A Study in Semantical Theory,* Routledge and Kegan Paul, London, 1958.

Die Tarskische Theorie gestattet uns, die *Wahrheit zu definieren* als Übereinstimmung mit den Tatsachen; aber wir können sie auch benutzen, um die *Wirklichkeit zu definieren* als das, dem wahre Sätze entsprechen. Wir können etwa *wirkliche Tatsachen*, das heißt (behauptete) Tatsachen, die wirklich sind, von *(behaupteten) Tatsachen, die nicht wirklich sind* (das heißt von Nicht-Tatsachen) unterscheiden. Oder, um es genauer auszudrücken, man kann sagen, eine behauptete Tatsache, etwa daß der Mond aus grünem Käse bestehe, sei eine wirkliche Tatsache genau dann, wenn die Aussage, die sie beschreibt – hier die Aussage »der Mond besteht aus grünem Käse« – *wahr* ist; anderenfalls ist die behauptete Tatsache keine wirkliche Tatsache (oder, wenn man lieber will, gar keine Tatsache).

Und so, wie es Tarski uns ermöglicht, den Ausdruck »Wahrheit« durch »die Menge der wahren Aussagen (oder Sätze)« zu ersetzen, so können wir den Ausdruck »Wirklichkeit« durch »die Menge der wirklichen Tatsachen« ersetzen.

Ich meine also, wenn wir den Wahrheitsbegriff definieren können, dann können wir auch den Wirklichkeitsbegriff definieren. (Natürlich entstehen dabei analoge Probleme wie die der Ordnung der Sprachen in Tarskis Werk; siehe insbesondere sein Nachwort, S. 268–277, zu *Logic, Semantics, Metamathematics*.) Damit möchte ich nicht behaupten, der Ausdruck »Wahrheit« sei in irgendeinem Sinne grundlegender als der Ausdruck »Wirklichkeit«: Mir liegt viel daran, jeden derartigen Gedanken wegen seiner idealistischen Anklänge zurückzuweisen.[16] Ich meine einfach, wenn man »Wahrheit« als »Übereinstimmung mit den Tatsachen« oder, was dasselbe ist, als »Übereinstimmung mit der Wirklichkeit« definieren kann, dann ist es genau so möglich, »Wirklichkeit« als »Übereinstimmung mit der Wahrheit« zu definieren. Und da ich Realist bin, möchte ich mich davon überzeugen können, daß der Begriff der Wirklichkeit nicht »leer« oder aus irgendeinem anderen Grunde suspekt ist; ebensowenig wie der Begriff der Wahrheit.

V.

Zu den älteren Theorien Tarskis, zu denen ein einfacher Philosoph wie ich Zugang findet, gehört sein Systemkalkül. Wenn ich mich recht erinnere, war ich 1935 in Paris, als Tarski seine Arbeit über das

[16] Siehe K. R. Popper, *Conjectures and Refutations*, Anmerkung 33, S. 116, mit dem Hinweis auf Alexander Koyré.

Systemkalkül vollendete.[17] Ich habe mich sehr stark für sie interessiert.

Ich habe versucht, einige der einfacheren Ergebnisse von Tarskis Arbeit über die Wahrheit mit seiner Arbeit über das Systemkalkül zu verbinden. Man erhält sofort folgende höchst trivialen Sätze, bei denen die betreffenden Sprachen als nicht universalistisch vorausgesetzt werden.

Theorem. Die Menge T der wahren Aussagen irgendeiner Sprache ist ein deduktives System im Sinne von Tarskis Systemkalkül. Sie ist vollständig.[18]

Als deduktives System ist T eine Folgerungsklasse, das heißt, es ist identisch mit der Klasse $Cn(T)$ seiner eigenen logischen Folgerungen: $T = Cn(T)$. Es ist ein vollständiges System in dem Sinne, daß eine widerspruchsvolle Klasse entsteht, wenn man eine nicht zu T gehörende Aussage zu T hinzufügt.

Theorem. Die Menge der wahren Aussagen jeder genügend reichen Sprache ist ein nicht-axiomatisierbares deduktives System im Sinne des Tarskischen Systemkalküls.

Diese beiden Theoreme sind ziemlich trivial, und im folgenden wird vorausgesetzt werden, daß die betrachteten Sprachen genügend reichhaltig sind, um das zweite Theorem zu erfüllen.

Ich führe jetzt einen neuen Begriff ein, den *Wahrheitsgehalt* einer Aussage a.

Definition. Die Menge der wahren Aussagen, die aus einer gegebenen Aussage a folgen, heißt der *Wahrheitsgehalt* von a. Er ist ein deduktives System.

Theorem. Der Wahrheitsgehalt einer wahren Aussage a ist ein axiomatisierbares System $A_T = A$; der Wahrheitsgehalt einer falschen Aussage a ist das deduktive System $A_T \subset A$, wobei A_T nicht-axiomatisierbar ist, falls die Objektsprache reichhaltig genug ist.

Diese Definition und dieses Theorem lassen sich verallgemeinern: Tarskis Kalkül der deduktiven Systeme läßt sich als Verallgemeinerung des Aussagenkalküls betrachten, denn jeder Aussage (oder Klasse logisch äquivalenter Aussagen) a entspricht ein (endlich) *axiomatisierbares* System A, derart, daß

$$A = Cn(A) = Cn(\{a\});$$

[17] Siehe A. Tarski, a.a.O., S. 342–383. *Fundamenta mathematicae* 25 (1935), S. 503–526 und 26 (1936), S. 283–301).

[18] Ich schließe mich im wesentlichen Tarskis Symbolik an (insbesondere in der Verwendung von Großbuchstaben zur Bezeichnung deduktiver Systeme), außer daß ich für die Klasse der wahren Aussagen »*T*« anstelle von Tarskis »*Tr*« schreibe.

und umgekehrt; jedem *axiomatisierbaren* deduktiven System A entspricht eine Aussage (oder Klasse logisch äquivalenter Aussagen) a. Doch da es auch nicht-axiomatisierbare deduktive Systeme oder Folgerungsmengen gibt, so daß es also keine Aussage oder endliche Klasse von Aussagen gibt, deren Folgerungsmenge sie wären, läßt sich der Übergang von Aussagen zu Folgerungsmengen oder vom Aussagenkalkül zum Systemkalkül als Verallgemeinerung bezeichnen.

Zu jeder Folgerungsmenge oder jedem deduktiven System A gibt es also ein System A_T, den Wahrheitsgehalt von A. Das System A_T ist dann und nur dann mit A identisch, wenn A nur wahre Aussagen enthält, und A_T ist in jedem Falle ein Teilsystem von A: Offenbar ist A_T die Schnittmenge der Mengen A und T.

Man könnte nun fragen, ob es entsprechend dem *Wahrheitsgehalt* A_T von a oder A auch so etwas wie den *Falschheitsgehalt* A_F von a oder A gibt. Eine naheliegende Möglichkeit wäre, die Klasse aller falschen Aussagen, die zu dem deduktiven System A gehören, als den Falschheitsgehalt von A zu definieren. Doch das wäre nicht ganz befriedigend, wenn man (wie ich vorschlage) den Ausdruck »*Gehalt*« als drittes Synonym für »deduktives System« und »Folgerungsmenge« verwendet; denn eine Klasse, die nur aus falschen Aussagen besteht, ist kein deduktives System: Jedes deduktive System A enthält – sogar unendlich viele – wahre Aussagen, und daher kann die Klasse, die nur aus den zu A gehörenden falschen Aussagen besteht, kein Gehalt sein.

Zur Einführung des Falschheitsgehalts A_F einer Aussage a oder Folgerungsmenge A kann man auf die Idee des *relativen Gehalts* von A, gegeben B, zurückgreifen, die sich als Verallgemeinerung eines Tarskischen deduktiven Systems oder *(absoluten) Gehalts* $A = Cn(A)$ auffassen läßt. Ich werde diesen Begriff erklären, und da mir gewisse intuitive Kritik möglich erscheint, werde ich auch den Begriff des *Gehaltmaßes* einführen. Schließlich werde ich mit Hilfe der Maße für den Wahrheits- und Falschheitsgehalt den Begriff der Annäherung an die Wahrheit oder Wahrheitsähnlichkeit einführen.

VI.

Tarski spricht von größeren und kleineren deduktiven Systemen oder Folgerungsklassen. Die Menge der deduktiven Systeme (einer gegebenen Sprache) ist ja partiell geordnet durch die Teilmengenbeziehung, die mit der Beziehung der Ableitbarkeit zusammenfällt. Folgende Bemerkung Tarskis in seiner Arbeit über das Systemkalkül läßt sich als Hinweis für die Relativierung einer Folgerungsklasse oder eines Gehalts oder deduktiven Systems verwenden: »... unter den deduktiven Systemen existiert ein kleinstes, das heißt ein System, das ein Teilsystem jedes anderen deduktiven Systems ist. Es ist das nämlich das System *Cn(o)*, die Folgerungsmenge der leeren Menge. Dieses System, das ich hier der Kürze halber mit ›*L*‹ bezeichnen werde, kann als die Menge aller logisch gültigen Aussagen interpretiert werden (oder auch allgemeiner als die Menge aller jener Aussagen, die wir bereits als wahr anerkennen, wenn wir an den Aufbau der deduktiven Theorie, die jeweils Gegenstand der metamathematischen Untersuchung ist, herantreten).«[19]

Das legt nahe, daß wir ein anderes als das Nullsystem *L* »als die Menge aller jener Aussagen, die wir *bereits als wahr anerkennen*, wenn wir an den Aufbau der deduktiven Theorie ... herantreten«, verwenden können. Bezeichnen wir wie vorhin das deduktive System, für dessen Gehalt wir uns interessieren, mit der Variablen »*A*« und »die Menge aller jener Sätze, die wir von Anfang an als wahr anerkennen«, mit der Variablen »*B*«. Dann können wir

$$Cn(A, B)$$

als Relativierung von Tarskis *Cn(A)* schreiben; als Spezialfall haben wir für $B = L = Cn(0)$:

$$Cn(A) = Cn(A, L).$$

Wir können »*A, B*« als Abkürzung für »*Cn(A, B)*« schreiben, so, wie Tarski »*A*« für »*Cn(A)*« schreibt. Die zitierte Stelle aus Tarski legt dann folgendes nahe:

Definition: $A, B = Cn(A, B) = Cn(A+B) - Cn(B)$.

Daraus folgt offenbar:

Theorem. $A = Cn(A) = A,L = Cn(A,L) = Cn(A+L) - Cn(L)$.

Beschränken wir uns auf die relative Schreibweise, so haben wir für den Wahrheitsgehalt

$$A_T = A_T,L = Cn((A.T) + L) - Cn(L)$$

und für den Falschheitsgehalt

$$A_F = A,A_T = Cn(A + A_T) - Cn(A_T) = Cn(A) - Cn(A_T),$$

[19] A. Tarski, *Logic, Semantics, Metamathematics*, Clarendon Press, Oxford, 1956, S. 343 (Deutsches Original: *Fundamenta mathematicae* 25 (1935), S. 505).

womit der Falschheitsgehalt A_F zu einem relativen Gehalt wird, dessen Extension (wie ursprünglich beabsichtigt) mit der Klasse aller falschen Aussagen in *A* zusammenfällt.

VII.

Gegen die vorgeschlagene Definition des Falschheitsgehalts A_F als den relativen Gehalt A, A_T könnte man folgendes einwenden. Die Definition stützt sich intuitiv auf ein Zitat von Tarski, in dem *L* das kleinste deduktive System oder das Nullsystem ist. Doch in unserem letzten Theorem

$$A = A,L = Cn(A + L) - Cn(L)$$

nehmen wir das Wort »Null« zu wörtlich: man erkennt jetzt, daß für *L* eine Menge mit dem *Maß Null* genommen werden sollte, nicht eine Menge, die im Hinblick auf unseren Ausdruck » $- Cn(L)$« im buchstäblichen Sinne leer oder aber nach unserer Definition nicht mehr vorhanden ist, weil sie substrahiert wird (so daß nur die nicht-logischen Aussagen aus *A* übrig bleiben, was nicht beabsichtigt war).

Ob wir nun diesen Einwand ernst nehmen oder nicht, er erledigt sich auf jeden Fall, wenn wir mit einem *Maß für den Gehalt ct(A)* oder *ct(A,B)* arbeiten anstatt mit dem Gehalt oder der Folgerungsklasse *Cn(A)* oder *Cn(A,B)* selbst.

1934 hatte Tarski auf der Prager Konferenz auf eine von Stephan Mazurkiewicz[20] stammende, auf Tarskis Systemkalkül beruhende Axiomatisierung des Kalküls für die bedingte Wahrscheinlichkeit eines deduktiven Systems *A*, gegeben ein deduktives System *B*, hingewiesen. Eine solche Axiomatisierung läßt sich so auffassen, daß sie eine Maßfunktion für die deduktiven Systeme oder Gehalte *A, B, C* ... einführt,

[20] S. Mazurkiewicz, »Über die Grundlagen der Wahrscheinlichkeitsrechnung I«, *Monatshefte f. Math. u. Phys.* 41, 1934, S. 343–352. Aus Anmerkung 2, S. 344 dieser Arbeit geht hervor, daß polnische Mathematiker das Tarskische Systemkalkül bereits 1930 kannten. Das System von Mazurkiewicz hat einen gewissen finitistischen Charakter, im Gegensatz zu meinem System (siehe *Logik der Forschung*, S. 268–308), das sich verschieden interpretieren läßt, zum Beispiel als Kalkül für die Wahrscheinlichkeit deduktiver Systeme. Ich darf vielleicht erwähnen, daß ich im vorliegenden Buch zur Bezeichnung von Maßfunktionen wie Wahrscheinlichkeit, Gehalt und Wahrheitsähnlichkeit kleine Buchstaben verwende: z. B. *p(A), ct(A), vs(A)*. (Zusatz 1978.) Ich verwende die »Feinstruktur« der Wahrscheinlichkeit nach Bedarf. Vgl. meine *LdF*, Anhang *VII.

wenn auch diese spezielle Funktion, die Wahrscheinlichkeitsfunktion

$$p(A,B)$$

mit steigendem relativem Gehalt fällt. Das legt die Einführung eines Gehaltsmaßes etwa durch folgende Definition nahe:

Definition: $ct(A,B) = 1 - p(A,B)$.

Dieses Maß steigt und fällt mit steigendem und fallendem relativen Gehalt. (Es sind natürlich auch andere Definitionen möglich, aber diese scheint die einfachste und naheliegendste zu sein.) Man erhält sofort

$$ct(L) = 0$$
$$ct(A_T) = 1 - p(A.T,L) = 1 - p(A.T)$$
$$ct(A_F) = 1 - p(A,A_T),$$

was unseren früheren Ergebnissen entspricht.

Das legt nahe, den Begriff der *Wahrheitsähnlichkeit* einer Aussage *a* so einzuführen, daß er mit ihrem Wahrheitsgehalt steigt und mit steigendem Falschheitsgehalt fällt. Das ist auf verschiedene Weise möglich.[21]

Die naheliegendste Möglichkeit ist $ct(A_T) - ct(A_F)$ als Maß für die Wahrheitsähnlichkeit von *a*. Doch aus Gründen, die ich hier nicht auseinandersetzen möchte, scheint es mir etwas günstiger, die Wahrheitsähnlichkeit $vs(A)$ so zu definieren, daß diese Differenz mit einem Normalisierungsfaktor multipliziert wird, am besten dem folgenden:

$$\frac{1}{p(A_T,L) + p(A,A_T)} = \frac{1}{2 - ct(A_T) - ct(A_F)} .$$

So kommen wir zu folgender Definition:

Definition: $$vs(A) = \frac{ct(A_T) - ct(A_F)}{2 - ct(A_T) - ct(A_F)},$$

die sich natürlich in der p-Schreibweise formulieren läßt:

$$vs(A) = \frac{p(A,A_T) + p(A_T,L)}{p(A,A_T) - p(A_T,L)} .$$

[21] Vgl. K. R. Popper, *Conjectures and Refutations*, Addendum 3, S. 391–397.

Daraus folgt

$$-1 \leq vs(A) \leq +1$$

und speziell

$$vs(L) = 0,$$

das heißt, die Wahrheitsähnlichkeit mißt nicht jene Annäherung an die Wahrheit, die man erreichen kann, indem man nichts sagt (diese wird durch Nicht-Gehalt oder Wahrscheinlichkeit gemessen), sondern die Annäherung an »die ganze Wahrheit« durch immer größeren Wahrheitsgehalt. Wahrheitsähnlichkeit in diesem Sinne ist, so meine ich, ein besseres Ziel für die Wissenschaften – besonders die Naturwissenschaften – als Wahrheit, und zwar aus zwei Gründen. Einmal weil man L nicht als das Ziel der Wissenschaft betrachten wird, obwohl $L = L_T$. Zweitens, weil wir Theorien, die wir für falsch halten, anderen vorziehen können, sogar wahren Theorien wie L, wenn wir glauben, daß ihr Wahrheitsgehalt ihren Falschheitsgehalt genügend übersteigt.

Ich habe in diesen letzten Abschnitten ein Programm zur Vereinigung von Tarskis Wahrheitstheorie mit seinem Systemkalkül lediglich skizziert, um so zu einem Begriff der *Wahrheitsähnlichkeit* zu kommen, der es ermöglicht, ohne Furcht davor, Unsinn zu reden, von *Theorien* zu sprechen, *die bessere oder schlechtere Annäherungen an die Wahrheit sind.* Ich behaupte natürlich nicht, es könne ein Kriterium für die Anwendbarkeit dieses Begriffs geben; das kann es ebensowenig geben wie ein Wahrheitskriterium. Doch einige von uns (zum Beispiel Einstein selbst) möchten manchmal so etwas sagen wie: Es gibt zwar Gründe für die Annahme, daß Einsteins Gravitationstheorie *nicht wahr* ist, daß sie aber eine *bessere Annäherung an die Wahrheit* ist als Newtons. So etwas mit gutem Gewissen sagen zu können, scheint mir ein größeres Desideratum der Methodologie der Naturwissenschaften zu sein.

Addendum
Eine Anmerkung zu Tarskis Definition der Wahrheit

In seiner berühmtem Arbeit über den Wahrheitsbegriff[1] beschreibt Tarski eine Methode zur Definition des Wahrheitsbegriffs, oder genauer des Begriffs »*x* ist eine wahre Aussage (der Sprache *L*)«. Diese Methode wird zunächst auf die Sprache des Klassenkalküls angewandt, doch sie läßt sich ganz allgemein auf die verschiedensten (formalisierten) Sprachen anwenden, auch solche, die die Formalisierung empirischer Theorien gestatten. Das Kennzeichnende der Methode ist, daß die Definition von »wahre Aussage« auf einer Definition der *Erfüllungsrelation* beruht, genauer des Ausdrucks »die unendliche Folge *f* erfüllt die Aussagefunktion *X*«.[2] *Diese Erfüllungsrelation verdient um ihrer selbst willen Interesse*, ganz abgesehen davon, daß sie für die Definition der Wahrheit entscheidend ist (wobei der Schritt von der Definition der Erfüllung zu der der Wahrheit kaum Schwierigkeiten bereitet). Die vorliegende Arbeit beschäftigt sich mit dem Problem, in der Definition der Erfüllung *endliche statt unendliche Folgen* zu verwenden. Das scheint mir wünschenswert unter dem Gesichtspunkt der Anwendung der Theorie in den empirischen Wissenschaften und auch unter didaktischen Gesichtspunkten.

[1] Vgl. A. Tarski, »Der Wahrheitsbegriff in den formalisierten Sprachen« (*Studia philosophica* 1, 1936, S. 261 ff.). [»The Concept of Truth in Formalized Languages«, in: A. Tarski, *Logic, Semantics, Metamathematics*, 1956, Arbeit VIII, S. 152–278.] Ich verkenne nicht, daß Tarski »Aussage« und »Aussagefunktion« lieber mit »sentence« und »sentence-function« übersetzt (während ich hier »statement« und »statement-function« sage) und daß diese Ausdrücke in J. H. Woodgers Übersetzung der logischen Arbeiten Tarskis benutzt werden, die demnächst bei Clarendon Press, Oxford erscheinen wird. [Das Buch erschien 1956. Es gab noch ein paar weitere Unterschiede zwischen meiner Übersetzung und der Woodgers.]

[2] Vgl. a.a.O., S. 311 [193], 313 [195]. Man beachte, daß die Klasse der Aussage- [oder Satz-]Funktionen die der Aussagen, d. h. *geschlossenen* Aussagefunktionen, einschließt.

Zum erstenmal veröffentlicht in *Mind*, 64, N. S., 1955. Außer Zusätzen in eckigen Klammern, einigen neuen Hervorhebungen und ein paar stilistischen Verbesserungen habe ich nur folgendes geändert: Ich schließe mich der Übersetzung Woodgers von 1956 an und ersetze »fulfil«, »fulfilment« usw. durch »satisfy« und »satisfaction«; demgemäß habe ich in Definition 22 b »satisfies« zweimal in »complies with« geändert. Die letzten Worte des Textes habe ich von »eine unendliche Folge« in »unendliche Folgen« geändert, und ich habe Seitenzahlen und andere Hinweise auf die Übersetzung Woodgers eingesetzt. [Alles Hinzugefügte steht in eckigen Klammern.] Sonst habe ich gegenüber der Erstveröffentlichung nichts geändert. Originaltitel: A Note on Tarski's Definition of Truth.

Tarski selbst diskutiert kurz zwei Methoden[3], die endliche Folgen unterschiedlicher Länge anstelle unendlicher Folgen verwenden. Doch er weist darauf hin, daß diese Methoden gewisse Nachteile haben. Deren erste führt zu »ziemlich bedeutenden Komplikationen« bei der Definition der Erfüllung (Definition 22); die zweite hat den Nachteil einer »gewissen Künstlichkeit«, indem sie zu einer Definition der Wahrheit (Definition 23 [S. 195]) mit Hilfe des Begriffs einer »leeren Folge« oder »Folge der Länge Null« führt.[4] Ich möchte nun in dieser Arbeit zeigen, daß eine verhältnismäßig geringfügige Abänderung von Tarskis Vorgehensweise die Verwendung endlicher Folgen ermöglicht, ohne daß die Komplikationen oder Künstlichkeiten (z. B. leere Folgen) auftreten, von denen Tarski spricht. Die Methode gestattet, das sehr natürliche Vorgehen der Bedingung (δ) von Tarskis Definition 22 [S. 193] beizubehalten (und damit den Umweg zu vermeiden, der in der Einführung von Relationen – oder Attributen – liegt, deren Grad der Zahl der *freien* Variablen der betrachteten Aussagefunktion entspricht). Ich ändere Tarskis Methode nur geringfügig ab; doch da Tarski von anderen Varianten mit erheblichen Nachteilen spricht, aber nicht von dieser, lohnt es sich vielleicht, diese wohl nur geringfügige Verbesserung zu beschreiben.[5]

Dazu ist es nützlich, zunächst unformalisiert den Begriff der *Platz-*

[3] Die erste Möglichkeit wird in Tarskis Anmerkung 40, S. 309 f. [Anmerkung 1, S. 191] skizziert. (Es wird nicht ausdrücklich gesagt, daß sich diese Methode zur Vermeidung von unendlichen Folgen verwenden läßt, aber es ist klar, daß sie so verwendet werden kann.) Die zweite Methode wird in Anmerkung 43, S. 313 [Anmerkung 1, S. 195] beschrieben. Sie unterscheidet sich technisch von der in Tarskis Haupttext verwendeten und wird von Carnap in *Introduction to Semantics* (1942), S. 47 f. [genauer 45–48] benutzt. Carnap verweist zwar auf Tarski, übersieht aber, daß dieser die in Rede stehende Methode vorweggenommen hat. (Es gibt auch noch eine dritte Methode bei Tarski in Anmerkung 87, S. 368 [Anmerkung 2, S. 245]. Sie ist sehr einfach, aber sicher sehr künstlich in Tarskis Sinn von Künstlichkeit; außerdem bezieht sie sich nur auf die Definition der Wahrheit selbst, nicht auf die der Erfüllung, die ihr eigenes Interesse besitzt.)

[4] Dieser künstliche Begriff wird auch von Carnap verwandt.

[5] Der Hauptunterschied zwischen meiner Methode und den von Tarski vorgeschlagenen (vgl. Anmerkung 3 oben) besteht in folgendem. Tarski ordnet einer gegebenen Funktion (entweder unendliche Folgen oder) endliche Folgen fester Länge zu (die von der Funktion abhängt); ich benutze endliche Folgen von »ausreichender Länge« (Definition 22 a), die also für die betreffende Funktion nicht zu kurz sind. Meine endlichen Folgen können also *beliebige Länge* haben (von einem gewissen Minimum an, das von der Funktion abhängt). Doch die Zulassung endlicher Folgen beliebiger Länge (die ausreichend sein muß) führt zu keinerlei Unbestimmtheit, denn wir erhalten leicht folgendes *Theorem* (vgl. Tarskis Lemma A, S. 317 [198]): wenn f x erfüllt, dann erfüllt jede Erweiterung g von f ebenfalls x (g ist eine Erweiterung von f genau dann, wenn es zu jedem f_i ein g_i mit $g_i = f_i$

nummer n (oder des n-ten Platzes) einer endlichen Folge von Gegenständen zu erwähnen, zweitens den Begriff der *Länge* einer endlichen Folge f, d. h. der Zahl der Plätze in f (in Symbolen: $Np(f)$), die mit der höchsten Platznummer identisch ist, sowie den Begriff des Vergleichs verschiedener endlicher Folgen hinsichtlich ihrer Länge. Drittens erwähnen wir, daß ein Gegenstand einen bestimmten Platz in der Folge besetzen kann – sagen wir, den n-ten – und somit als [das n-te Individuum oder] der n-te Gegenstand oder das n-te Mitglied der betreffenden Folge bezeichnet werden kann. Es ist zu beachten, daß derselbe Gegenstand verschiedene Plätze in einer Folge wie auch in verschiedenen Folgen besetzen kann.[6]

Wie Tarski verwende ich »f_1«, »f_2«, ..., »f_i«, »f_k«, ..., »f_n« als Namen der Gegenstände, die den ersten, zweiten, ..., i-ten, k-ten, ..., n-ten Platz der Folge f einnehmen. Ich verwende dieselben Bezeichnungen wie Tarski, außer daß ich [aus typographischen Gründen] »$P_k y$« als den Namen der Allquantifikation des Ausdrucks y bezüglich der Variablen v_k verwende.[7] Ich gehe davon aus, daß Tarskis Definition 11[8] durch eine Definition von »v_k kommt in der Aussagefunktion x vor« ergänzt wird – was in keiner Weise über Tarskis Methoden hinausgeht und was tatsächlich seinem Verfahren implizit ist.

Wir können jetzt daran gehen, Tarskis Definition 22 [S. 193] zu ersetzen, und zwar durch zwei Definitionen, die vorbereitende Definition 22 a und die Definition 22 b, die der Tarskischen entspricht.

Definition 22 a

Eine endliche Folge von Gegenständen f *paßt zu* der Aussagefunktion x (oder hat *bezüglich x ausreichende Länge*) dann und nur dann, wenn für jede natürliche Zahl n gilt:

gibt). Das Theorem besagt also, daß man nur die *kürzesten* endlichen Folgen unter denen zu betrachten braucht, die zu der betrachteten Funktion passen (und zwar zu der gesamten zusammengesetzten Funktion, nicht ihren Bestandteilen).

[6] Die »Gegenstände« [wie ich sie hier nenne; ich hätte sie auch mit Tarski »Individuen« nennen können, aber ich wollte die vielleicht ein wenig verwirrende Komplikation vermeiden, daß Tarskis »Individuen« gerade die einzelnen *Klassen* des Klassenkalküls sind], die Tarski in diesem Abschnitt seiner Arbeit betrachtet, sind *Klassen*; angesichts von Tarskis §§ 4 und 5 werde ich hier von »Folgen von Gegenständen« statt von Folgen von Klassen sprechen, wobei ich davon ausgehe, daß die Relation $f_i \subset f_k$ für alle Gegenstände f_i und f_k definiert ist.

[7] Vgl. Tarskis Definition 6, S. 292 [176].

[8] A.a.O., S. 294 [178]. Tarski definiert explizit nur den Ausdruck »die Variable v_k kommt frei in der Aussagefunktion x vor« [oder »v_k ist eine *freie* Variable der Satzfunktion x«].

wenn v_n in x vorkommt, dann ist die Zahl der Plätze von f mindestens gleich n (d. h. $Np(f) \geq n$).

Definition 22 b[9]

Die Folge f *erfüllt* die Aussagefunktion x dann und nur dann, wenn f eine endliche Folge von Gegenständen ist, x eine Aussagefunktion und

(1) f zu x paßt,

(2) x eine der folgenden vier Bedingungen erfüllt:

(α) es gibt natürliche Zahlen i und k mit $x = \iota_{i,k}$ und $f_i \subset f_k$;

(β) es gibt eine Aussagefunktion y, so daß $x = \bar{y}$, und f erfüllt y nicht;

(γ) es gibt zwei Aussagefunktionen y und z derart, daß $x = y + z$ und f erfüllt y oder z oder beide;

(δ) es gibt eine natürliche Zahl k und eine Aussagefunktion y derart, daß

(a) $x = P_k y$,

(b) jede endliche Folge g mit der gleichen Länge wie f erfüllt y, vorausgesetzt, daß g folgende Bedingung erfüllt: für jede natürliche Zahl n gilt: ist n eine Platznummer von f und $n \neq k$, dann $g_n = f_n$.

Tarskis Definition 23 [S. 193] läßt sich jetzt durch eine der beiden folgenden gleichwertigen[10] Definitionen ersetzen.

Definition 23+

x ist eine *wahre Aussage* (d. h. $x \in Wr$) dann und nur dann, wenn (a) x eine Aussage ist ($x \in As$) und (b) jede endliche Folge von Gegenständen, die zu x paßt, x erfüllt.

Definition 23++

x ist eine *wahre Aussage* (d. h. $x \in Wr$) dann und nur dann, wenn (a) x eine Aussage ist ($x \in As$) und (b) es mindestens eine endliche Folge von Gegenständen gibt, die x erfüllt.

[9] Dies ist genau Tarskis Definition 22 [S. 193], mit folgenden Abweichungen: der Tarskischen Bedingung wird (1) hinzugefügt (um seine unendlichen Folgen durch endliche zu ersetzen), und unser (δ) (b) enthält eine geringfügige Abänderung, indem es von der Länge von f (und g) spricht. [Es hat einen Nachteil, wenn man »erfüllen« mit »to satisfy« übersetzt: in der Definition von »f satisfies x« wird der intuitive Begriff benutzt: »x complies with (i. e. satisfies) such-and-such *conditions*«. Doch die beiden »satisfies« sind technisch durchaus verschieden, wenn sie auch intuitiv fast dasselbe sind. Im deutschen Text gibt es keinen terminologischen Unterschied auf S. 311, aber auf S. 312, Anmerkung, die der Anmerkung 1, S. 193 der englischen Ausgabe entspricht, gibt es einen Unterschied zwischen »erfüllt« und »befriedigt«. Selbstverständlich ist Definition 22 nicht zirkulär.]

[10] Die Gleichwertigkeit ergibt sich aus Tarskis Betrachtungen; vgl. a.a.O., S. 313, Zeile 13–16 [S. 194, Zeile 12–15].

Man beachte, daß 23++ nicht vom Passen der Folge zu sprechen braucht. Ferner kann man in 23+ (die genau der Tarskischen Definition entspricht), aber nicht in 23++ die Bedingung (a) ersetzen kann durch »*x* ist eine Aussagefunktion«, wodurch eine gewisse Verallgemeinerung erzielt wird, indem auch Aussagefunktionen mit freien Variablen einbezogen werden, zum Beispiel die Funktion $\iota_{i,i}$; d. h. die allgemeingültigen [»in jedem Individuenbereich wahren«] Aussagefunktionen.[11]

Entsprechend führt 23++ bei der Ausdehnung auf Funktionen zum Begriff der erfüllbaren Aussagefunktion.

Ich möchte mit dem Hinweis schließen, daß bei der Anwendung auf eine (wenigstens teilweise formalisierte) empirische Theorie, und besonders auf nicht-quantifizierte Aussagefunktionen einer solchen Theorie, die Definition der *Erfüllung*, das heißt Definition 22 b, intuitiv als völlig »natürlich« erscheint, was hauptsächlich der Vermeidung unendlicher Folgen zu verdanken ist.[12]

[11] Vgl. a.a.O., S. 320 [201], Definition 27 f.

[12] Man kann sie etwa benutzen, um einen Beispielsfall für ein Gesetz (das ohne Allquantor geschrieben ist) zu definieren als endliche Folge von Gegenständen, die jenes erfüllt; oder, was nach meiner Auffassung wichtiger ist, um einen *widerlegenden Fall* für irgendeine (offene oder geschlossene) Aussagefunktion zu definieren als endliche [und passende] Folge von Gegenständen, die jene *nicht* erfüllt.

Anhang 1

Kübelmodell und Scheinwerfermodell: zwei Theorien der Erkenntnis

In diesem Vortrag soll der Versuch unternommen werden, eine weitverbreitete und populäre Ansicht über die Aufgabe und das Verfahren der Naturwissenschaften zu kritisieren und durch eine andere Ansicht zu ersetzen.

1.

Ich beginne mit einer kurzen Charakterisierung der zu kritisierenden Auffassung, die ich gewöhnlich als »Kübeltheorie der Wissenschaft« (oder »Kübeltheorie des menschlichen Geistes«) bezeichne.

Vortrag, der (in deutscher Sprache) auf dem Europäischen Forum des Österreichischen College in Alpbach, Tirol, im August 1948 gehalten wurde. Erstveröffentlichung unter dem Titel »Naturgesetze und theoretische Systeme« in *Gesetz und Wirklichkeit*, Hrsg. Simon Moser, Tyrolia-Verlag, Innsbruck–Wien, 1949. Wieder abgedruckt in *Theorie und Realität*, Hrsg. Hans Albert, Mohr (Siebeck), Tübingen 1964, S. 87–102, 1971, S. 43–58. Zusätze zur ursprünglichen Fassung sind durch eckige Klammern gekennzeichnet oder bilden neue Anmerkungen, die als solche kenntlich gemacht sind.

Diese Arbeit nimmt viele der Gedanken vorweg, die ausführlicher in dem vorliegenden Buch sowie in meinem Buch *Conjectures and Refutations* entwickelt werden; daneben enthält sie einige sonst nicht veröffentlichte Gedanken. Die meisten Gedanken und die Ausdrücke »Kübeltheorie des Geistes« und »Scheinwerfertheorie der Wissenschaft [und des Geistes]« gehen auf meine neuseeländische Zeit zurück und werden zum erstenmal in meinem Buch *Die offene Gesellschaft* gebraucht. 1946 hielt ich einen Vortrag unter dem Titel »The Bucket Theory of the Mind« (»Die Kübeltheorie des Geistes«) im Staff Club der London School of Economics. Dieser Anhang hängt besonders eng mit den Kapiteln 2 und 5 des vorliegenden Buches zusammen. Titel in der Originalausgabe von *Objective Knowledge:* The Bucket and the Searchlight: Two Theories of Knowledge.

Diese Auffassung geht von der sehr einleuchtenden Feststellung aus, daß wir zunächst einmal Wahrnehmungen haben müssen, bevor wir über die Welt etwas wissen können und etwas aussagen können. Daraus wird geschlossen, daß unser Wissen oder unsere Erfahrung entweder aus Wahrnehmungen besteht (naiver Empirizismus) oder doch wenigstens aus verarbeiteten, geordneten und klassifizierten Wahrnehmungen (Bacon und, in radikalerer Form, Kant).

Die griechischen Atomisten stellten sich diesen Vorgang ganz primitiv vor. Sie nahmen an, daß sich Atome von den zu erkennenden Gegenständen loslösen und in unsere Sinnesorgane eindringen, wo sie zu unseren Wahrnehmungen werden. Aus diesen Wahrnehmungen setzt sich dann im Laufe der Zeit unser Wissen von der Außenwelt zusammen [wie ein Geduldsspiel, das sich selber löst]. Unser Geist gleicht sozusagen einem Behälter mit Öffnungen – einer Art Kübel –, in dem sich die Wahrnehmungen und das Wissen ansammeln. (Bacon spricht von den Wahrnehmungen als von »reifen Trauben«, die wir geduldig einsammeln müssen und aus denen der reine Wein der Erkenntnis ausgepreßt wird.)

Die reinen Empiristen raten uns nun, in diesen Prozeß der Ansammlung des Wissens so wenig als möglich störend einzugreifen. Wahres Wissen ist reines Wissen, unvermengt mit den Vorurteilen, die wir zu unseren Wahrnehmungen, zur reinen Erfahrung, hinzuzutun geneigt sind; Irrtum ist das Produkt dieser Zutaten, das heißt unseres störenden Eingreifens in diesen Prozeß. Im Gegensatz zu dieser Ansicht lehrt Kant, daß es reine Wahrnehmungen gar nicht gibt und daß die Erfahrung eine Art von Assimilations- oder (Um-)Formungsprodukt ist – das gemeinsame Produkt von Wahrnehmungen und gewissen Zutaten unseres Geistes. Die Wahrnehmungen sind sozusagen der Rohstoff, der dem Kübel von außen zugeführt wird und der in dem Kübel einer Art von (automatischer) Verarbeitung oder Verdauung unterworfen wird – einer Art von systematischer Klassifikation –, um schließlich doch zu etwas einigermaßen Ähnlichem wie Bacons »reinem Wein der Erfahrung« zu werden – sagen wir, vielleicht zu einem etwas gepanschten Wein.

Ich glaube, daß alle diese Ansichten dem tatsächlichen Prozeß der Erfahrungsbildung und dem tatsächlichen Verfahren der Forschung in keiner Weise gerecht werden, obwohl Kants Auffassung vielleicht so uminterpretiert werden kann, daß sie der hier zu vertretenden Auffassung wesentlich näherkommt als der reine Empirizismus. Zwar muß man wohl zugeben, daß wir ohne Erfahrung nicht Wissenschaft betreiben können (wobei aber hier der Begriff der »Erfahrung« einer Analyse sehr bedürftig ist); niemals aber bilden die Wahrnehmungen nach der hier zu vertretenden Ansicht das Material – im Sinne der »Kübeltheorie« –, aus dem sich die »Erfahrung« oder die »Wissenschaft« aufbaut.

2.

In der Wissenschaft spielt nicht so sehr die Wahrnehmung, wohl aber die *Beobachtung* eine große Rolle. Eine Beobachtung aber ist ein Vorgang, in dem wir uns äußerst *aktiv* verhalten. In der Beobachtung haben wir es mit einer Wahrnehmung zu tun, die planmäßig vorbereitet ist, die wir nicht »haben«, sondern »machen«, wie die deutsche Sprache ganz richtig sagt. Der Beobachtung geht ein Interesse voraus, eine Frage, ein Problem – kurz, etwas Theoretisches;[1] können wir doch jede Frage in Form einer Hypothese formulieren, mit dem Zusatz: »Ist es so? Ja oder nein?« In diesem Sinne können wir geradezu behaupten, daß der Beobachtung die Frage, die Hypothese, oder wie wir es nennen mögen, aber jedenfalls ein Interesse, also etwas Theoretisches (oder Spekulatives), vorausgeht. Beobachtungen sind immer selektiv, setzen also etwas wie ein Selektionsprinzip voraus.

Bevor ich diese Andeutungen etwas weiter ausführe, möchte ich zunächst ein paar biologische Bemerkungen einschieben, die zwar in keiner Weise als Grundlagen für die folgenden Ausführungen anzusehen sind, aber die vielleicht geeignet sind, gewisse Widerstände zu beseitigen und damit das Verständnis des Folgenden zu erleichtern.

3.

Wir wissen, daß alle Lebewesen, sogar die einfachsten, auf gewisse Reize reagieren. Diese Reaktionen sind spezifisch, das heißt, die Reaktionsmöglichkeiten der Organismen sind beschränkt. Wir können sagen, daß jedem Organismus ein gewisser Komplex von Reaktionsmöglichkeiten und Reaktionsbereitschaften angeboren ist. Dieser Komplex mag sich mit zunehmendem Alter des Organismus ändern (teilweise vielleicht unter dem Einfluß von Sinneseindrücken oder Wahrnehmungen), oder

[1] Das Wort »theoretisch« ist hier nicht im Gegensatz zu »praktisch« zu verstehen – unser Interesse kann sehr wohl ein praktisches Interesse sein –, sondern eher als »spekulativ« [wie bei einem spekulativen Interesse an einem schon bestehenden Problem] im Sinne des Gegensatzes: wahrnehmungsmäßig – spekulativ; oder: sensuell – rational.

er mag gleichbleiben; wie dem auch sein mag, ein solcher Komplex von Reaktionsmöglichkeiten und Reaktionsbereitschaften liegt in jedem Augenblick im Leben des Organismus vor, und er bestimmt das, was wir den [augenblicklichen] inneren Zustand des Organismus nennen können.

Von diesem inneren Zustand des Organismus wird es abhängen, wie der Organismus auf seine äußere Umgebung reagiert. Daher werden physikalisch gleiche Reize unter Umständen zu verschiedenen Reaktionen führen und physikalisch verschiedene Reize zu gleichen Reaktionen.[2]

Wir können ferner nur dann sagen, daß ein Organismus *»aus seinen Erfahrungen lernt«*, wenn seine Reaktionsbereitschaft sich im Laufe der Zeit ändert und wenn wir Grund zur Annahme haben, daß diese Änderungen ihrerseits nicht nur von dem angeborenen inneren Zustand des Organismus abhängen, sondern auch von den Zuständen der äußeren Umgebung des Organismus. (Diese Bedingungen sind notwendig, aber nicht hinreichend dafür, daß wir sagen, daß der Organismus aus seinen Erfahrungen lernt.) Mit anderen Worten, wir werden das Lernen des Organismus als eine bestimmte Art von Änderung oder Modifikation in seiner Reaktionsbereitschaft ansehen und nicht, wie die Kübeltheorie, als eine (geordnete, klassifizierte, assoziierte) Ansammlung von Gedächtnisspuren von vergangenen Wahrnehmungen.

Diese Modifikationen der Reaktionsbereitschaft des Organismus, die den Lernprozeß ausmachen, hängen nahe mit dem wichtigen Begriff der *»Erwartung«* zusammen und mit dem der *»enttäuschten Erwartung«*. Wir können die Erwartung als eine *Reaktionsbereitschaft* beschreiben – *als Vorbereitung einer Reaktion*, die einem noch nicht eingetroffenen Umgebungszustand angepaßt ist [oder ihn vorwegnimmt]. Eine solche Beschreibung scheint angemessener zu sein als die Beschreibung der Erwartung als eines Bewußtseinszustandes, denn wir werden uns vieler Erwartungen erst dann bewußt, wenn wir sie enttäuscht finden – zum Beispiel, wenn wir auf eine unerwartete Stufe treffen. (Daß die Stufe unerwartet war, zeigt uns erst, daß wir erwarteten, eine ebene Fläche anzutreffen.) Enttäuschte Erwartungen zwingen uns, unsere Erwartungen zu *korrigieren*. Der Vorgang des Lernens besteht zum größten Teil aus solchen Korrekturen, aus der Elimination von [enttäuschten] Erwartungen.

[2] Vgl. F. A. von Hayek, »Scientism and the Study of Society«, *Economica*, N. S. 9, 10, 11 (1942, 1943, 1944) [jetzt auch in seinem Buch *The Counter-Revolution of Science*, 1952].

4.

Das ist nun die Stelle, an der wir wieder auf das Problem der Beobachtungen zurückkommen. Beobachtung setzt immer bereits Erwartungen voraus. Diese Erwartungen können in Form einer Frage gefaßt werden, und die Beobachtung wird benützt, um diese Erwartungen zu bestätigen oder zu korrigieren.

Sie werden es wohl anfangs als paradox empfunden haben, wenn ich behauptete, daß die Frage oder die Hypothese der Beobachtung vorausgehen muß. Aber wir sehen jetzt, daß es gar nicht paradox ist, anzunehmen, daß Erwartungen – das heißt Reaktionsbereitschaften – der Beobachtung (und sogar jeder Wahrnehmung) vorausgehen; denn gewisse Reaktionsbereitschaften sind ja allen Organismen angeboren, Wahrnehmungen und Beobachtungen aber sicherlich nicht. Und obwohl Wahrnehmungen und insbesondere Beobachtungen wohl ihre Rolle spielen im Prozeß der *Modifikation* von Reaktionsbereitschaften, so müssen doch immer schon Reaktionsbereitschaften da sein, um modifiziert werden zu können.

Diese biologischen Überlegungen (die keineswegs als ein Bekenntnis zum Behaviorismus zu betrachten sind, da ich ja Wahrnehmungen, Beobachtungen und andere Bewußtseinsvorgänge nicht ablehne, sondern nur ihre Rolle anders bestimme, als das z. B. die Kübeltheorie tut) sind, wie ich schon vorher gesagt habe, nicht als eine Grundlage der später folgenden Ausführungen anzusehen; aber sie werden, hoffe ich, deren Verständnis erleichtern. Analoges gilt von den nun folgenden Überlegungen, die sich eng an die biologischen Überlegungen anschließen.

In jedem Augenblick unserer vorwissenschaftlichen oder wissenschaftlichen Entwicklung besitzen wir etwas, was ich gewöhnlich als einen »*Horizont von Erwartungen*« (»horizon of expectations«) bezeichne; das heißt der Inbegriff aller Erwartungen, ob sie nun unbewußt oder bewußt oder vielleicht sogar sprachlich formuliert vorliegen. Ein solcher Erwartungshorizont ist bei Tieren oder beim Säugling in gleicher Weise vorhanden, wenn auch viel weniger bewußt als beim Wissenschaftler, bei dem er zum erheblichen Teil aus sprachlich formulierten Theorien oder Hypothesen besteht.

Natürlich sind die verschiedenen Erwartungen ihrem Inhalte nach auch stark unterschieden. In allen diesen Fällen spielt aber der Erwartungshorizont die Rolle eines Bezugssystems oder eines Rahmens, der den Erlebnissen, Handlungen, Beobachtungen usw. erst eine Bedeutung verleiht.

In diesem Rahmen erfüllen nun die Beobachtungen eine ganz eigenartige Funktion. Sie sind, wenn sie nicht den Erwartungen entsprechen, imstande, den Rahmen selbst zu zerstören. Sie können in diesem Falle wie ein Bombeneinschlag auf unseren Erwartungshorizont wirken. Wir werden durch einen solchen Bombeneinschlag gezwungen, unseren Erwartungshorizont neu aufzubauen, das heißt unsere Erwartungen zu korrigieren und neu einander anzupassen. Wir können sagen, daß wir in dieser Weise unseren Erwartungshorizont höher legen und eine neue Entwicklungsstufe unseres Horizontes erreichen, einen Horizont, in dem die unbeschädigten Erwartungen aufbewahrt sind und in dem die durch die Beobachtung veranlaßte Zerstörung repariert ist; das heißt, in dem jene Beobachtungen nicht mehr als Störung empfunden werden, sondern als mit unseren Erwartungen im Einklang stehend. Wenn ein solcher Neubau gelingt, dann haben wir das geschaffen, was man gewöhnlich als eine *Erklärung* der beobachteten Vorgänge bezeichnet [die zu der Störung, dem Problem geführt haben].

Was nun die Frage der Priorität der zeitlichen Beziehung zwischen der Beobachtung einerseits und dem Erwartungshorizont oder den Theorien andererseits betrifft, so können wir zugeben, daß einer neuen Erklärung, einer neuen Hypothese, *jene* Beobachtungen im allgemeinen zeitlich vorangehen werden, die den früheren Erwartungshorizont zerstört und damit Anlaß zu einem neuen Erklärungsversuch gegeben haben. Das darf man aber nicht so ausdrücken, daß die Beobachtungen den Erwartungen oder Hypothesen vorausgehen. Im Gegenteil. Jeder Beobachtung gehen Erwartungen oder Hypothesen voraus, nämlich jene, die den Erwartungshorizont konstituieren, der erst jene Beobachtungen bedeutsam macht und ihnen damit den Rang von Beobachtungen gibt.

Die Frage, was zuerst kommt, die Hypothese *(H)* oder die Observation *(O)* – die Beobachtung –, erinnert natürlich an die Frage, was zuerst kommt, die Henne *(H)* oder das Ei *(O)*. Aber sie ist lösbar. Die Kübeltheorie läßt natürlich die Beobachtung *(O)* jeder Hypothese *(H)* immer vorausgehen [ganz wie das Ei in seiner primitiven Form, ein einzelliger Organismus, der Henne *(H)* vorausgeht], da sie diese als eine Art von Resultat auffaßt, das aus den Beobachtungen durch Generalisation oder Assoziation oder Klassifikation entsteht. Im Gegensatz dazu werden wir sagen, daß die Hypothese oder Erwartung oder Theorie, oder wie wir es nennen wollen, der Beobachtung vorausgeht, wenn auch die Beobachtung, falls sie die Hypothese falsifiziert, Anlaß zu einer neuen (und damit späteren) Hypothese werden kann.

Und das alles gilt insbesondere auch für die wissenschaftliche Hypothesenbildung. Wir lernen ja erst von den Hypothesen, für welche Beobachtungen wir uns interessieren sollen, welche Beobachtungen wir machen sollen; die Hypothese wird zum Führer zu neuen Beobachtungsresultaten.

Ich bezeichne diese Ansicht als die »*Scheinwerfertheorie*«, im Gegensatz zur »*Kübeltheorie*«. [Nach der Scheinwerfertheorie sind Beobachtungen gegenüber den Hypothesen sekundär.] Die Beobachtungen werden zu Fällen, an denen die Hypothese [kritisch] *geprüft* wird. Wenn sie die Prüfung nicht besteht, wenn sie von den Beobachtungen falsifiziert wird, dann müssen wir uns nach einer neuen Hypothese umsehen – dann folgt die neue Hypothese jenen Beobachtungen nach, die zur Falsifikation der alten Hypothese geführt haben. Aber was den Beobachtungen Interesse und Relevanz verliehen hat und was den Anlaß gegeben hat, sie überhaupt zu machen, das war eben die alte [jetzt verworfene] Hypothese.

In dieser Hinsicht ist also die Wissenschaft durchaus die Fortsetzung der vorwissenschaftlichen Arbeit an den Erwartungshorizonten. Sie beginnt niemals beim Nichts, sie kann niemals als voraussetzungsfrei bezeichnet werden, sondern sie setzt in jedem Moment einen Erwartungshorizont voraus – den Erwartungshorizont von gestern sozusagen. Sie baut auf der Wissenschaft von gestern auf [und ist damit das Ergebnis des Scheinwerfers von gestern], diese wieder auf der Wissenschaft von vorgestern usw.; und die älteste Wissenschaft baut auf vorwissenschaftlichen Mythen auf, und diese schließlich auf älteren Erwartungen. Ontogenetisch [das heißt bei der Entwicklung des Einzelorganismus] kommen wir so zum Kleinkind, phylogenetisch [bei der Evolution der Art, des phylum] zu den einzelligen Organismen. (Von einem verbotenen [unendlichen] Regreß kann hier aus mehreren Gründen keine Rede sein – schon deshalb nicht, weil ja ein Horizont von Reaktionsbereitschaften jedem Organismus angeboren ist.) Von der Amöbe zu Einstein ist, sozusagen, nur ein Schritt.

Wie ist nun in dieser Entwicklung der Übergang von der Vorwissenschaft zur Wissenschaft zu charakterisieren?

5.

Der Beginn unserer wissenschaftlichen Methodenbildung ist in Griechenland zu suchen, etwa um die Wende vom 6. zum 5. Jahrhundert. Was ist hier geschehen? Was ist das grundsätzlich Neue gegenüber den mythischen Überlieferungen, die aus dem Orient stammen und höchstwahrscheinlich die maßgeblichen Anregungen und Ideen lieferten?

In Babylon, bei den Griechen, bei den neuseeländischen Maoris, bei allen Völkern, die sich das Weltgeschehen mythologisch zu erklären versuchen, werden Geschichten erzählt, die vom Ursprung der Welt handeln und die ihre Struktur aus ihrem Ursprung verstehen wollen. Diese Geschichten werden zur Tradition, die in eigenen Schulen gepflegt wird. Sie sind oft der Besitz einer besonderen Klasse, der Priester oder Medizinmänner, die über die Tradition wachen. Sie ändern sich nur wenig – hauptsächlich durch Ungenauigkeit der Überlieferung, durch Mißverständnisse, und manchmal durch Hinzufügung von neuen Mythen, die von Propheten oder Poeten erfunden werden.

Das Neue, das die griechische Philosophie dem hinzufügt, scheint mir nun nicht so sehr in dem Ersatz der Mythen durch etwas mehr »Wissenschaftliches« zu liegen, sondern eher *in einer neuen Einstellung gegenüber den Mythen;* daß sich dann deren Charakter zu ändern beginnt, scheint mir eine Folge dieser neuen Einstellung zu sein.

Die neue Einstellung ist die der *Kritik. An Stelle einer dogmatischen Überlieferung der Lehre* [bei der alles Interesse auf die Bewahrung der authentischen Tradition gerichtet ist] *tritt ihre kritische Diskussion.* Man stellt Fragen, man bezweifelt die Glaubwürdigkeit, die *Wahrheit* der Lehre.

Zweifel und Kritik wird es sicher schon früher gegeben haben. Das Neue ist jedoch, daß der Zweifel und die Kritik zur Schultradition werden. An Stelle der traditionellen Überlieferung des Dogmas tritt eine Tradition höherer Ordnung; an Stelle der traditionellen Theorie – des Mythos – tritt die Tradition, Theorien (die zunächst kaum etwas anderes sind als Mythen) kritisch zu diskutieren; und im Verlaufe dieser kritischen Diskussion wird dann auch die Beobachtung als Zeuge angerufen.

Es kann wohl kein Zufall sein, daß Thales' Schüler Anaximander eine Theorie entwickelte, die von der des Meisters bewußt abweicht, und daß Anaximanders Schüler Anaximenes ebenso bewußt von Anaximander abweicht. So etwas ist wohl nur damit zu erklären, daß der Stifter der Schule seine Schüler zur Kritik herausforderte und daß diese aus dieser Einstellung eine neue Tradition schufen.

Es ist bezeichnend, daß das, soviel wir wissen, nur einmal geschah. Die ältere pythagoräische Schule ist fast sicher eine Schule vom alten Schlag – ihre Tradition ist nicht die kritische Einstellung, sondern die Bewahrung der Lehre des Meisters. Es ist ohne Zweifel erst der Einfluß der kritischen Schule der Ionier, daß die pythagoräische Schule sich auflokkert und sich der philosophisch-wissenschaftlichen Methode der Kritik zu bedienen beginnt.

Die kritische Einstellung der altgriechischen Philosophie kann wohl kaum besser charakterisiert werden als durch die Äußerung des Xenophanes:

»Stumpfnasig, schwarz: so seh'n Äthiopiens Menschen die Götter.
Blauäugig aber und blond: so seh'n ihre Götter die Thraker.
Aber die Rinder und Rosse und Löwen, hätten sie Hände,
Hände wie Menschen, zum Zeichnen, zum Malen, ein Bildwerk zu schaffen,
Dann würden Rosse die Götter gleich Rossen, die Rinder gleich Rindern
Malen, und deren Gestalten, die Formen der göttlichen Körper,
Nach ihrem eigenen Bilde erschaffen: ein jedes nach seinem.«[2a]

Eine solche Äußerung ist nicht nur kritisch – sie ist sich sogar der kritischen Methodologie schon voll bewußt.

Die kritische Tradition scheint mir also das Neue und Bezeichnende der Wissenschaft zu sein. Ihre Aufgabe [das heißt die Erklärung der Welt] und die hauptsächlichen Ideen ihrer Lehre schließen jedoch zunächst völlig an die vorwissenschaftliche Mythenbildung an.

6.

Was ist die Aufgabe der Wissenschaft? Mit dieser Frage verlasse ich endlich alle vorbereitenden biologischen und historischen Erörterungen und komme zur logischen Analyse der Wissenschaft selbst.

Die Aufgabe der Wissenschaft ist teils theoretisch – *Erklärung* – und teils praktisch – *Voraussage und technische Anwendung.* Ich werde zu zeigen versuchen, daß diese beiden Aufgaben im Grunde zwei Seiten ein und derselben Sache darstellen.

Wenden wir uns zunächst dem Erklärungsbegriff und seiner logischen Analyse zu.

Man hört oft, daß eine Erklärung die Zurückführung von etwas Unbekanntem auf etwas Bekanntes ist; wie diese Zurückführung zu geschehen hat, wird gewöhnlich nicht gesagt. Aber dieser Erklärungsbe-

[2a] Dies ist meine eigene, fast wörtliche Übersetzung der Äußerung von Xenophanes.

griff war niemals praktisch wirksam. Wenn man sich in der Geschichte der Wissenschaft umsieht und versucht, festzustellen, welche Art von Erklärungen jeweils als befriedigend und akzeptabel angesehen wurde, dann kommt man zu einem ganz anderen Erklärungsbegriff.

Ich habe eine kurze Skizze dieser Geschichte – ich meine nicht die Geschichte des Erklärungsbegriffs, sondern die Geschichte der Erklärungspraxis – heute früh in der philosophischen Arbeitsgemeinschaft gegeben.[3] Jetzt habe ich leider keine Zeit, auf diese Frage nochmals einzugehen. Aber ein allgemeines Resultat muß ich mitteilen. Als befriedigende Erklärung wurde im Laufe der Entwicklung der Wissenschaft sehr Verschiedenes angesehen, aber allen diesen Erklärungsmethoden ist eines gemeinsam, daß der Erklärungsvorgang als eine *logische Deduktion* dessen, was erklärt werden soll – des Explikandum –, aus gewissen Prämissen – dem Explikans [den erklärenden Gesetzen und Bedingungen] – angesehen werden kann. Die hauptsächlichen Änderungen im Laufe der Geschichte liegen darin, daß gewisse Forderungen (Anschaulichkeit, Evidenz etc.) an das Explikans aufgegeben werden, da sie sich nicht zusammen mit gewissen anderen Forderungen (insbesondere mit der unabhängigen Nachprüfbarkeit des Explikans [das die Prämissen und damit den Kern der Erklärung bildet]), die sich immer mehr als entscheidend herausstellen, realisieren lassen.

Eine Erklärung ist also immer die Deduktion des Explikandums aus gewissen Prämissen, die als Explikans bezeichnet werden können.

Ein etwas grausames Beispiel soll das veranschaulichen.[4]

Wir finden eine Leiche und wollen erklären, was denn hier geschehen ist. Das Explikandum kann in dem Satz »Dieser Mensch hier ist (vor kurzem) gestorben« beschrieben werden. Dieses Explikandum ist uns durchaus bekannt – die Tatsache liegt sehr real vor uns. Wenn wir sie erklären wollen, so führen wir (wie Sie ja aus Detektivgeschichten wissen) hypothetische, also viel weniger gut bekannte Erklärungen ein.

[3] (Der englischen Übersetzung hinzugefügt.) Ein Teil der ausführlicheren Darstellung findet sich (allerdings etwas komprimiert und mit weniger Nachdruck darauf, was in der augenblicklichen Praxis als Erklärung akzeptiert wird) in meiner Venediger Vorlesung »Philosophy and Physics: Theories of the Structure of Matter«, *Atti del XII Congresso Internazionale di Filosofia, 2, Sansoni,* Florenz 1961, S. 367–74. Andere Teile finden sich in der ersten Hälfte meines Buches *Conjectures and Refutations,* insbes. Kapitel 6, 3 und 4. (Letzteres Kapitel überschneidet sich teilweise mit der vorliegenden Arbeit und ergänzt sie teilweise.)

[4] In der englischen Übersetzung habe ich das Beispiel etwas weniger schauerlich gemacht. (Anm. d. Übers.: Der Text (hier) entspricht dem deutschen Original.)

Eine solche Hypothese ist vielleicht, daß dieser Mensch sich mit Zyankali vergiftet hat. Das kann man insofern als eine brauchbare Hypothese bezeichnen, als sie uns (1) hilft, ein Explikans zu formulieren, aus dem das Explikandum deduziert werden kann, und (2) gestattet, das Explikans unabhängig vom Explikandum nachzuprüfen.

Das Explikans, das jene Hypothese nahelegt, besteht nicht nur aus dem Satz »Dieser Mensch hier hat Zyankali eingenommen«, denn daraus kann man das Explikandum nicht deduzieren. Wir müssen vielmehr als Explikans zwei verschiedene Arten von Prämissen verwenden – allgemeine *Gesetze* und singuläre *Anfangsbedingungen*. In unserem Fall wäre das allgemeine Gesetz etwa so zu formulieren: »Wenn ein Mensch wenigstens drei Milligramm Zyankali einnimmt, so stirbt er binnen zehn Minuten.« Die (singuläre) Anfangsbedingung würde etwa lauten: »Dieser Mensch hier hat kürzlich, aber vor mehr als zehn Minuten, wenigstens drei Milligramm Zyankali eingenommen.« Von diesen Prämissen können wir nun in der Tat deduzieren, daß dieser Mensch hier (vor kurzem) gestorben ist [unser Explikandum].

Alles dies scheint sehr trivial zu sein. Aber bitte beachten Sie eine meiner Thesen – daß das, was ich *»Anfangsbedingungen«* genannt habe [die Bedingungen, die den Einzelfall beschreiben], allein niemals zur Erklärung hinreicht, sondern daß wir immer auch ein allgemeines Gesetz brauchen. Diese These ist nun nicht trivial; im Gegenteil, sie wird gewöhnlich gar nicht eingesehen. Auch Sie werden vielleicht dazu neigen, die Bemerkung »Dieser Mensch hat Zyankali eingenommen« auch ohne das allgemeine Gesetz über die Wirkungsweise des Zyankali als Erklärung hinzunehmen. Aber nehmen Sie für einen Augenblick an, daß es einen allgemeinen Satz gibt, daß jeder Mensch, der Zyankali einnimmt, sich für eine Woche besonders wohl fühlt und mehr leistet als je vorher. Würde, wenn dieses Gesetz gilt, der Satz »Dieser Mensch hat Zyankali eingenommen« noch immer als eine Erklärung seines Todes gelten können? Offenbar nicht.

Wir kommen also zu dem wichtigen und oft übersehenen Resultat, daß eine Erklärung durch besondere Anfangsbedingungen allein nicht möglich ist und daß wir immer auch *wenigstens ein allgemeines Gesetz* brauchen, obwohl dieses Gesetz *manchmal* so gut bekannt ist, daß es als trivial weggelassen wird.

Wir haben gefunden, daß eine Erklärung eine Deduktion folgender Art ist:

G (allgemeines Gesetz)	}	Prämissen
I (singuläre Anfangsbedingungen)		(die das *Explikans* bilden)
$\bar{E}$ *(Explikandum)*		Konklusion

7.

Aber ist *jede* solche Erklärung auch *befriedigend?* Ist zum Beispiel unsere Erklärung (mit dem Zyankali) befriedigend? Vielleicht ist dieser Mensch aus ganz anderen Gründen gestorben!

Wenn jemand unsere Erklärung bezweifelt und uns fragt: »Woher weißt du denn, daß dieser Mann Zyankali eingenommen hat?«, dann wird es nicht genügen, wenn wir antworten: »Wie kannst du daran zweifeln, siehst du denn nicht, daß er tot ist?« Die Gründe, die wir zur Unterstützung unserer Hypothese anführen, müssen *andere Gründe* sein als das Explikandum; können wir nur das Explikandum selbst anführen, dann fühlen wir, daß unsere Erklärung zirkulär ist und deshalb ganz *unbefriedigend.* Wenn wir jedoch antworten können: »Analysiere nur einmal den Mageninhalt, dann wirst du eine Menge Zyankali finden«, und wenn sich diese (neue, das heißt nicht aus dem Explikandum allein folgende) Voraussage bewährt, dann werden wir unsere Erklärung zumindest als eine recht gute Hypothese betrachten.

Hier haben wir aber noch etwas nachzutragen. Unser skeptischer Freund kann nämlich auch das allgemeine Gesetz in Frage stellen. Er wird vielleicht sagen: »Zugegeben, daß dieser Mensch Zyankali gegessen hat. Aber warum soll er daran zugrunde gegangen sein?« Wieder dürfen wir darauf nicht antworten: »Aber du siehst ja, daß er tot ist; das zeigt, wie gefährlich es ist, Zyankali zu essen.« Denn das würde unsere Erklärung wieder zirkulär und unbefriedigend machen. Um die Erklärung befriedigend zu machen, müssen wir auch das allgemeine Gesetz durch Fälle überprüft haben, die von unserem Explikandum unabhängig sind.

Meine Analyse des Erklärungsschemas im engeren Sinne ist damit abgeschlossen, aber verschiedene Bemerkungen und Analysen können an dieses Schema angeschlossen werden.

Vorerst eine Bemerkung über den Begriff der Ursache. Man kann den Zustand, den die *Anfangsbedingungen* beschreiben, »*Ursache*« nennen, und den Zustand, den das Explikandum beschreibt, »*Wirkung*«. Diese Worte sind jedoch, wegen ihrer belasteten Vergangenheit, besser zu vermeiden. Will man sie verwenden, so sollte man sich darüber klar sein, daß sie nur relativ zu einer Theorie oder einem Gesetz Bedeutung haben. Die Theorie oder das Gesetz ist es, die das *(logische) Band* zwischen Ursache und Wirkung herstellt, und der Satz »*A* ist die Ursache von *B*« sollte folgendermaßen analysiert werden: »Es gibt eine unabhängige überprüfbare und gut überprüfte Theorie *T*, aus der wir, zusammen mit einer unabhängig überprüften Beschreibung der singulären Situation *A*, eine Beschreibung der Situation *B* logisch ableiten können.« (Daß die Existenz eines solchen *logischen* Bandes die Voraussetzung ist, daß wir überhaupt von »Ursache« und »Wirkung« sprechen können, wurde von vielen Philosophen übersehen, unter anderem auch von Hume.[5])

8.

Die Aufgabe der Wissenschaft ist nicht nur die, rein theoretisch zu erklären; sie hat auch ihre praktischen Seiten – Anwendung zum Zweck praktischer Voraussagen und technische Anwendung. Auch diese können mit Hilfe unseres Erklärungsschemas analysiert werden.

1. *Prognosededuktion.* Während im Falle der Erklärung das Explikandum gegeben [oder bekannt] ist und ein passendes Explikans gesucht wird, geht die Prognosededuktion umgekehrt vor. Hier ist die Theorie gegeben (z. B. aus den Lehrbüchern übernommen) und ebenso die Anfangsbedingungen (durch Beobachtung festgestellt). Wir fragen nach den Konsequenzen, d. h. nach gewissen bisher unbeobachteten logischen Folgerungen. Diese sind die *Prognosen.* (An die Stelle des Explikandum *E* tritt in unserem logischen Schema die Prognose *P*.)

2. *Technische Anwendung.* Es besteht das Problem, eine Brücke zu bauen, die gewissen Wünschen, den Spezifikationen, entsprechen soll. Gegeben sind die Spezifikationen *S*, die einen gewissen (gewünschten, zu realisierenden) Zustand beschreiben (*S* sind die Spezifikationen des Auftraggebers, im Gegensatz zu den Spezifikationen des Architekten); ferner die physikalischen Theorien (einschließlich gewisser Faustregeln

[5] (Der englischen Übersetzung hinzugefügt.) Diese Bemerkungen über die Begriffe »Ursache« und »Wirkung« machte ich zuerst in Abschnitt 12 meines Buches *Logik der Forschung.* Siehe auch mein Buch *Das Elend des Historizismus,* S. 96 f.; mein Buch *Die offene Gesellschaft und ihre Feinde,* insbes. Anmerkung 9 zu Band 2, Kapitel 15; sowie »What can Logic do for Philosophy?«, *Aristotelian Society, Supplementary Volume* 22, 1948, S. 145 ff.

usw.). Gesucht sind technisch realisierbare Anfangsbedingungen von solcher Art, daß aus ihnen und der Theorie die Spezifikationen deduziert werden können. (Hier tritt in unserem logischen Schema *S* an die Stelle von *E*.[6])

Wir sehen also, daß, vom logischen Standpunkt betrachtet, die Prognosededuktion und die technische Anwendung lediglich eine Art Umkehrung des fundamentalen Erklärungsschemas darstellen.

Aber unser Schema läßt sich auch zur Analyse des *Nachprüfungsvorganges* verwenden. Dieser besteht darin, daß wir Prognosen *P* deduzieren und mit der tatsächlichen, beobachtbaren Situation vergleichen. Stimmen die Prognosen mit der beschriebenen Situation *nicht* überein, so ist das Explikans als falsch erwiesen, falsifiziert, und wir wissen dann, daß entweder die Theorie oder die Anfangsbedingungen eine Situation beschreiben, die nicht realisiert wurde (d. h., daß die Anfangsbedingungen falsch sind). [Es kann natürlich auch der Fall sein, daß die Theorie *und* die Anfangsbedingungen falsch sind.]

Obwohl also die Falsifikation der Prognose das Explikans falsifiziert, ist das Umgekehrte nicht der Fall; das heißt, es ist unrichtig und irreführend, die »Verifikation« der Prognose als eine »Verifikation« des Explikans oder auch nur eines seiner Teile, z. B. der Theorie, anzusprechen. Denn eine wahre Prognose kann sehr gut aus einem falschen Explikans deduziert worden sein. Es ist sogar irreführend, wenn wir *jede* »Verifikation« einer Prognose als eine praktische *Bewährung* (oder Konfirmation) des Explikans ansehen; es ist richtiger, zu sagen, daß nur die »Verifikation« von sonst [ohne die betreffende Theorie] »unerwarteten« Prognosen als Bewährung des Explikans, und der Theorie, angesehen werden soll; das heißt von solchen Prognosen, deren Vergleich mit der Beobachtung als eine strenge Prüfung des Explikans – als ein ernsthafter Falsifizierungsversuch – angesehen werden kann. Wir können eine solche [»riskante«] Prognose als »relevant für die Prüfung der

[6] (Der englischen Übersetzung hinzugefügt.) Diese Analyse ist nicht so zu verstehen, als ob der Technologe oder der Ingenieur nur mit der »*Anwendung*« von Theorien befaßt wäre, die der reine Wissenschaftler liefert. Im Gegenteil, der Technologe und der Ingenieur stehen ständig vor *zu lösenden Problemen*. Diese sind verschieden abstrakt, aber gewöhnlich mindestens zum Teil theoretischer Art; und bei ihrer Lösung wendet der Technologe oder Ingenieur wie jeder andere die Methode von Vermutung oder Versuch, und Prüfung oder Widerlegung oder Fehlerelimination an. Das wird sehr gut auseinandergesetzt auf S. 43 von J. T. Davies, *The Scientific Approach*, 1965, einem Buch, in dem sich viele gute Anwendungen und Illustrationen der Scheinwerfertheorie der Wissenschaft finden.

Theorie« bezeichnen.[7] Es ist ja schließlich klar, daß nur dann, wenn der Kandidat eine hinreichend schwere Prüfung besteht, das Bestehen der Prüfung etwas über seine Qualität aussagt, und daß auch für den schwächsten Kandidaten immer eine Prüfung arrangiert werden kann, die er ohne Schwierigkeiten besteht.[8]

Schließlich erlaubt es unser Schema auch, den Unterschied zwischen einer *theoretischen* und einer *historischen* Erklärungsaufgabe anzugeben. Wir können sagen:

Der *Theoretiker* ist daran interessiert, allgemeine Gesetze zu finden und zu überprüfen. Bei der Überprüfung verwendet er alle möglichen anderen Gesetze unterschiedlichster Art (viele von ihnen ganz unbewußt) sowie auch verschiedene Anfangsbedingungen.

Der *Historiker* ist daran interessiert, Anfangsbedingungen, das heißt Beschreibungen von Tatbeständen in gewissen endlichen, singulären raumzeitlichen Gebieten zu finden und zu überprüfen. Bei der Überprüfung verwendet er, ebenso wie der Theoretiker, alle möglichen Gesetze, meist trivialer Art, die zu seinem Erwartungshorizont gehören, ohne sich gewöhnlich über sie Rechenschaft zu geben, sowie auch andere Anfangsbedingungen. [Darin ähnelt er dem Theoretiker. Der Unterschied ist aber sehr deutlich: er liegt in dem Unterschied zwischen den Interessen, oder Problemen: im Unterschied zwischen dem, was jeder für problematisch hält.]

In einem logischen Schema [das dem weiter oben angegebenen entspricht] läßt sich die Situation des Theoretikers so darstellen:

$$\begin{array}{cccc} G_0 & G_0 & G_0 & \dots \\ G_1 & G_2 & G_3 & \dots \\ A_1 & A_2 & A_3 & \dots \\ \hline P_1 & P_2 & P_3 & \dots \end{array}$$

[7] Eine relevante Prognose entspricht in einem gewissen Sinn einem »experimentum crucis«; denn damit eine Prognose *P* relevant ist für die Prüfung einer Theorie *T*, muß es möglich sein, eine Prognose *P'* anzugeben, die mit der Anfangsbedingung und dem Rest unseres von *T* verschiedenen Erwartungshorizontes (Annahmen, Theorien etc.) nicht im Widerspruch steht, wohl aber – in Verbindung mit den Anfangsbedingungen und dem Rest des Erwartungshorizontes – mit *P*. Mit anderen Worten, *P* (= *E*) muß, ohne *T*, »unerwartet« sein.

[8] Erfahrene Prüfer werden die Worte »ohne Schwierigkeiten« wohl als unrealistisch bezeichnen. Der Vorsitzende einer Wiener Staatsprüfungskommission pflegte zu sagen: »Wenn ein Kandidat auf die Frage ›Wieviele Finger haben Sie?‹ mit der Antwort ›siebzehn‹ reagiert, dann laß ich ihn noch durch. Aber wenn er die Frage mit ›blau‹ beantwortet, dann denke ich mir nachher oft, daß er eigentlich hätte durchfallen sollen.«

Hier ist G_0 das allgemeine Gesetz, die allgemeine Hypothese, die überprüft werden soll. Sie wird *festgehalten* und zusammen mit verschiedenen anderen Gesetzen $G_1, G_2, \ldots$ und verschiedenen Anfangsbedingungen $A_1, A_2, \ldots$ verwendet, um verschiedene Prognosen $P_1, P_2, \ldots$ zu deduzieren, die dann mit beobachtbaren Tatsachen verglichen werden.

Die Situation des Historikers läßt sich so darstellen:

$$\frac{\begin{matrix} G_1 \\ A_1 \\ A_0 \end{matrix}}{P_1} \qquad \frac{\begin{matrix} G_2 \\ A_2 \\ A_0 \end{matrix}}{P_2} \qquad \frac{\begin{matrix} G_3 \\ A_3 \\ A_0 \end{matrix}}{P_3} \qquad \begin{matrix} \ldots \\ \ldots \\ \ldots \\ \ldots \end{matrix}$$

Hier ist A_0 die historische Hypothese, die historische Beschreibung, die überprüft werden soll. Sie wird *festgehalten* und mit verschiedenen (meist trivialen) Gesetzen $G_1, G_2, \ldots$ und entsprechenden Anfangsbedingungen $A_1, A_2, \ldots$ kombiniert und zur Prognosededuktion verwendet.

Diese beiden »Schemata« sind natürlich sehr »schematisch« und idealisiert.

9.

Vorhin habe ich zu zeigen versucht, daß eine *befriedigende* Erklärung immer eine Theorie verlangt, die unabhängig vom Explikandum nachgeprüft werden kann. Das bedeutet aber, daß eine befriedigende Theorie immer *mehr* aussagen muß als in den Explikanda, die zur Aufstellung führten, enthalten war. Mit anderen Worten, befriedigende Theorien müssen grundsätzlich über die empirischen Fälle, die zu ihrer Aufstellung Anlaß geben, hinausgehen; anderenfalls würden sie ja, wie wir gesehen haben, nur zu zirkulären Erklärungen führen.

Wir haben hier ein methodologisches Prinzip vor uns, das den positivistischen und naiv empiristischen [oder induktivistischen] Tendenzen diametral widerspricht. Es ist ein Prinzip, das die Aufstellung von kühnen Hypothesen verlangt, die neue Beobachtungsgebiete aufschließen, anstelle von den vorsichtigen Verallgemeinerungen der »gegebenen« Beobachtungen, wie sie [seit Bacon] das Idol der naiven Empiristen sind.

Wie wir gesehen haben, führt die Ansicht, es sei die Aufgabe der Wissenschaft, zu erklären oder (was im wesentlichen auf dasselbe hinausläuft[9]) die theoretischen Grundlagen für Prognosen und andere Anwendungen zu schaffen, zu der methodologischen Forderung der (unabhängigen) Nachprüfbarkeit der Theorien. Nun gibt es aber *Grade der Prüfbarkeit;* Theorien können mehr oder weniger gut prüfbar sein. Wenn wir unsere methodologische Forderung so verschärfen, daß wir *immer besser prüfbare* Theorien verlangen, so erhalten wir ein methodologisches Prinzip – oder eine Formulierung der Aufgabe der Wissenschaft –, dessen [unbewußte] Anwendung [in der Vergangenheit] es gestattet, eine große Anzahl von Ereignissen in der Geschichte der Wissenschaft rational zu erklären, nämlich als Schritte, die bei dem Versuch unternommen wurden, die Aufgabe der Wissenschaft zu lösen. (Gleichzeitig erhalten wir eine Bestimmung der Aufgabe der Wissenschaft, die es uns ermöglicht, zu sagen, was in der Wissenschaft als *Fortschritt* zu betrachten ist; denn in der Wissenschaft – im Gegensatz zu den meisten anderen menschlichen Tätigkeiten, insbesondere der Kunst – gibt es wirklich so etwas wie einen Fortschritt.)

Eine Analyse der Grade der Prüfbarkeit von Theorien zeigt nämlich, daß die Prüfbarkeit mit dem *Grade der Allgemeinheit einer Theorie* zunimmt sowie mit dem *Grade ihrer Bestimmtheit oder Präzision.*

Die Situation ist überaus einfach. Mit dem Grad der Allgemeinheit einer Theorie wächst der Bereich der Ereignisse, über die die Theorie etwas voraussagen kann, und damit der Bereich der möglichen Falsifikationen. Die Theorie, die leichter falsifizierbar ist, ist aber zugleich die Theorie, die besser prüfbar ist.

Ähnlich steht es mit dem Grad der Bestimmtheit oder Präzision. Eine präzise Aussage ist leichter zu widerlegen als eine vage Aussage und daher besser prüfbar. In dieser Weise können wir auch die Forderung, qualitative Aussagen wenn möglich durch quantitative Aussagen zu ersetzen, auf die Forderung nach größerer Prüfbarkeit zurückführen. (Wir erklären damit die Rolle der *Messung* als Hilfsmittel der Überprüfung von Theorien; ein Hilfsmittel, das im Verlaufe des wissenschaftlichen Fortschrittes zwar immer wichtiger wird, das aber wegen seines

[9] (Der englischen Übersetzung hinzugefügt.) Später (seit 1950) habe ich schärfer zwischen den theoretischen oder erklärenden und den praktischen oder »instrumentellen« Aufgaben der Wissenschaft unterschieden und den logischen Vorrang der theoretischen Aufgabe vor der instrumentellen Aufgabe betont. Ich habe des genaueren betont, daß Voraussagen nicht nur eine instrumentelle Seite haben, sondern auch, und zwar hauptsächlich, eine theoretische, da sie bei der Prüfung einer Theorie eine entscheidende Rolle spielen (wie weiter oben in der vorliegenden Arbeit gezeigt wurde). Siehe mein Buch *Conjectures and Refutations,* insbes. Kapitel 3.

späten und bedingten Auftretens und weil es immer von theoretischen Voraussetzungen abhängig ist, niemals [wie es aber oft geschieht] zur Charakterisierung der Wissenschaft oder der Theorienbildung im allgemeinen verwendet werden darf. [Denn man darf nicht übersehen, daß Meßverfahren erst in einem ziemlich späten Entwicklungsstadium einiger Wissenschaften angewendet wurden und auch heute noch nicht in allen Wissenschaften angewendet werden; und man darf auch nicht übersehen, daß jede Messung von theoretischen Annahmen abhängt.])

10.

Ein Anwendungsbeispiel für unsere Analyse ist der Übergang von Keplers und Galileis Theorien zur Newtonschen Theorie.

Daß dieser Übergang mit Induktion nichts zu tun hat, sieht man daraus, daß Newtons Theorie schon deshalb nicht als eine Generalisation der beiden anderen Theorien aufgefaßt werden kann, weil sie ihnen *widerspricht. Keplers Gesetze lassen sich aus Newtons Theorie nicht ableiten* [was aber oft behauptet worden ist; ja sogar, die Newtonschen Gesetze seien aus den Keplerschen ableitbar]; sie lassen sich nur *annäherungsweise* ableiten, unter der [falschen] Annahme, daß die Massen der verschiedenen Planeten verschwindend klein sind im Vergleich zur Masse der Sonne. Ähnlich läßt sich Galileis Fallgesetz nicht aus Newtons Theorie ableiten, sondern es widerspricht ihr. Nur unter der [falschen] Annahme, daß die totale Fallhöhe verschwindend klein ist im Vergleich mit der Länge des Erdradius, läßt sich Galileis Gesetz aus Newtons Theorie *näherungsweise* ableiten.

Das bedeutet aber, daß Newtons Theorie nicht eine induktiv [oder deduktiv] gewonnene Generalisation darstellt, sondern eine neue Hypothese, die uns sogar den Weg angibt, die alten Theorien zu falsifizieren – nämlich für jene Gebiete, für die sie, vom Standpunkt der neuen Theorie aus gesehen, nicht mehr gute Annäherungen abgeben. (Das ist im Falle Keplers die Störungstheorie und im Falle Galileis die Theorie der variablen Fallbeschleunigungen – das heißt die Newtonsche Theorie der Abnahme der Fallbeschleunigung (Gravitation) mit dem Quadrat der Entfernung.)

Hätte Newtons Theorie nicht mehr erreicht als eine Vereinigung von Keplers und Galileis Gesetzen, dann wäre sie *als Erklärung dieser Gesetze zirkulär* gewesen und daher unbefriedigend. Ihre Überzeugungskraft beruhte aber gerade darauf, daß sie den Weg zu unabhängigen Prüfungen angab – zu [erfolgreichen] Voraussagen, die den beiden älteren Theorien widersprachen. Damit öffnete sie den Weg zu neuen empirischen Entdeckungen.

Im Falle der Newtonschen Theorie haben wir ein Beispiel dafür, daß der Versuch einer Erklärung von Theorien niederer Allgemeinheitsstufe zu einer Vereinheitlichung und später sogar zu einer Falsifizierung (das heißt in diesen Fällen zu einer Einschränkung des Bereichs der näherungsweisen Geltung) der alten Theorien führen kann.[10] Häufiger vielleicht ist der Fall, daß die alten Theorien zunächst falsifiziert werden, und daß die neue Theorie als Versuch entsteht, sowohl den teilweisen Erfolg der alten Theorien als auch ihren Mißerfolg zu erklären.

11.

Im Zusammenhang mit unserer Analyse des Erklärungsbegriffes (oder der Erklärungspraxis) ist noch eine weitere Bemerkung von Bedeutung. Von Descartes [womöglich schon von Kopernikus] bis Maxwell versuch-

[10] (Der englischen Übersetzung hinzugefügt.) Die Unverträglichkeit der Newtonschen Theorie mit der Keplerschen wurde von Pierre Duhem hervorgehoben, der von Newtons »*Prinzip der universalen Gravitation*« sagte, es sei »*weit davon entfernt, durch Verallgemeinerung und Induktion aus den Beobachtungsgesetzen Keplers ableitbar zu sein*«, da es »*diesen Gesetzen formallogisch widerspricht. Ist Newtons Theorie richtig, so sind Keplers Gesetze notwendig falsch.*« (S. 193 der P. P. Wienerschen Übersetzung ins Englische (1954) von Duhems »La théorie physique: son objet, sa structure«. Der Ausdruck »*Beobachtungsgesetze*« für die Keplerschen Gesetze ist mit mehr als einem Körnchen Salz zu nehmen: Die Keplerschen Gesetze waren wilde Spekulationen, ebenso wie die Newtonschen: Sie lassen sich nicht aus Tycho Brahes Beobachtungen induzieren – ebensowenig wie die Newtonschen aus den Keplerschen Gesetzen.) Duhems Analyse stützt sich darauf, daß unser Sonnensystem *viele* schwere Planeten enthält, deren gegenseitige Anziehung nach der Newtonschen Störungstheorie zu berücksichtigen ist. Man kann aber noch weiter gehen als Duhem: Selbst wenn man die Keplerschen Gesetze für eine Menge von *Zweikörpersystemen* als gültig voraussetzt, deren jedes aus einem Zentralkörper von der Masse der Sonne und *einem* Planeten besteht, der jeweils verschiedene Masse hat, selbst dann ist das dritte Keplersche Gesetz falsch, wenn die Newtonschen Gesetze richtig sind, wie ich kurz gezeigt habe in *Conjectures and Refutations*, Anmerkung 28 zu Kapitel 1 (S. 62), und etwas ausführlicher gegen Ende meiner Arbeit »Die Zielsetzung der Erfahrungswissenschaft« (1957), die Kapitel 5 des vorliegenden Buches bildet. In dieser Arbeit sage ich etwas mehr über Erklärungen, die *ihre (scheinbar »bekannten« oder »gegebenen«) explicanda berichtigen, indem sie sie näherungsweise erklären.* Diesen Gesichtspunkt habe ich in meinen Vorlesungen seit 1940 ziemlich vollständig entwickelt (zum erstenmal in einer Vorlesungsreihe des Christchurcher Zweiges der Royal Society of New Zealand; vgl. die Anmerkung auf S. 106 von *Das Elend des Historizismus*).

te man, alle neuentdeckten Beziehungen durch *mechanische Modelle* zu erklären, das heißt auf Gesetzmäßigkeiten (Stoß und Druck und, seit Newton, Zug) zurückzuführen, die wir schon im Gebiete unserer gewöhnlichen physischen Gebrauchsgegenstände antreffen – im Gebiete der »physischen Körper mittlerer Größe«. Dieser Versuch wurde von Descartes programmatisch festgelegt, der sogar verlangte, nur mit Stoß und Druck zu arbeiten. Die erste Niederlage dieses Programmes war Newtons Theorie; aber diese Niederlage (die Newton und seine Generation sehr stark fühlte) wurde bald vergessen, und der Zug – die Gravitation – wurde als gleichwertig mit dem Stoß oder Druck zugelassen. Auch Maxwell versuchte zunächst, seine Theorie des elektromagnetischen Feldes auf ein mechanisches Modell des Äthers zurückzuführen, mußte diesen Versuch aber schließlich aufgeben. Das mechanische Modell wurde bedeutungslos; aber die Gleichungen, die ursprünglich die Arbeitsweise des Modells beschreiben sollten, blieben. [Man faßte sie so auf, daß sie bestimmte nicht-mechanische Eigenschaften des Äthers beschrieben.]

Mit diesem Übergang von einer mechanischen zu einer *abstrakten Theorie* ist die Stufe erreicht, in der die Erklärungspraxis nichts anderes verlangt als unabhängig überprüfbare Theorien; entweder, wenn sie beschaffbar sind, anschaulich-konkrete Theorien [oder »anschauliche« mechanische Modelle] oder, wenn diese nicht beschaffbar sind, mathematisch-»abstrakte« Theorien [die aber durchaus »verständlich« sein können in einem Sinne, den ich an anderer Stelle analysiert habe].[11]

Unser allgemeiner Erklärungsbegriff wird natürlich durch das Versagen spezieller Bilder oder Modelle nicht getroffen. Er gilt in gleicher Weise für alle Arten von abstrakten Theorien wie für mechanische oder andere Modelle. Modelle sind von unserem Standpunkt aus nichts anderes als Versuche, neue Gesetze auf schon überprüfte Gesetze zurückzuführen [sowie auf Annahmen über typische Anfangsbedingungen oder das Vorhandensein einer typischen Struktur – das heißt das Modell im engeren Sinne]. Sie spielen immer wieder eine Rolle beim Ausbau von Theorien; aber es ist notwendig, ein neues Modell (im Rahmen von alten Voraussetzungen) von einer neuen Theorie, das heißt, einem neuen System von Voraussetzungen, zu unterscheiden.

[11] (Der englischen Übersetzung hinzugefügt.) Eine eingehendere Analyse des »Verstehens« findet sich in Kapitel 4 des vorliegenden Buches.

12.

Ich hoffe, daß Ihnen nun manche meiner Formulierungen, die Ihnen anfangs vielleicht als paradox erschienen sind, schon weniger paradox vorkommen werden.

Es führt kein Weg mit Notwendigkeit von irgendwelchen Tatsachen zu irgendwelchen Gesetzen. Was wir »Gesetze« nennen, sind Hypothesen, die eingebaut sind in Systeme von Theorien [ja einen ganzen Erwartungshorizont] und die niemals völlig isoliert geprüft werden können. Der Gang der Wissenschaft besteht im Probieren, Irrtum und Weiterprobieren. Keine bestimmte Theorie kann als absolut sicher betrachtet werden; jede, auch die am besten bewährte, kann unter Umständen wieder problematisch werden. Keine wissenschaftliche Theorie ist sakrosankt. Man hat diese Tatsache sehr oft vergessen, vor allem im vorigen Jahrhundert unter dem Eindruck der langdauernden und glänzenden Bewährung gewisser Theorien auf dem Gebiet der Mechanik, die man schließlich für absolut sicher hielt. Die stürmische Entwicklung der Physik seit der Jahrhundertwende hat uns eines Besseren belehrt, der Tatsache nämlich, daß es die Aufgabe des Wissenschaftlers ist, seine Theorie immer neuen Prüfungen zu unterziehen, und daß man daher keiner Theorie Endgültigkeit zusprechen kann. Das Überprüfen geschieht, indem man die Theorie festhält, mit allen möglichen Anfangsbedingungen und anderen Theorien kombiniert und die Ergebnisse hierauf mit der Wirklichkeit vergleicht. Die Widerlegung, die Enttäuschung der Erwartung, hat schließlich den Neubau der Theorie zur Folge.

Diese Enttäuschung von Erwartungen, mit denen wir an die Wirklichkeit herantreten, ist ein sehr bedeutsames Moment. Sie gleicht der Erfahrung eines Blinden, der gegen ein Hindernis läuft und dadurch von dessen Existenz erfährt. *Durch die Falsifikation unserer Annahmen bekommen wir tatsächlich Kontakt mit der »Wirklichkeit«*. Die Widerlegung unserer Irrtümer ist die »positive« Erfahrung, die wir aus der Wirklichkeit gewinnen.

Es ist natürlich immer möglich, durch Aufstellen von Hilfshypothesen [etwa die der Epizyklen] eine widerlegte Theorie zu retten. Der Fortschritt der Wissenschaft erfolgt aber nicht auf diese Weise. Man nimmt Stellung zu den Widerlegungen, indem man neue Theorien erdenkt, die ein besseres Erfassen des Tatbestandes ermöglichen. Die Wissenschaft will nicht neuen Erfahrungen gegenüber recht behalten, sie will von der Erfahrung lernen; das heißt aber vom Irrtum lernen.

Es gibt eine Form von Sätzen, die besonders deutlich auf die mögliche Falsifizierbarkeit wissenschaftlicher Theorien hinweist. Ich meine damit jene *Verbote* [oder *negativen Existenzsätze*] wie etwa »Es gibt kein abgeschlossenes System derart, daß in ihm an einer Stelle Energieveränderungen stattfinden, ohne daß zugleich an einer anderen Stelle eine Energieänderung gemessen werden kann« (erster Hauptsatz der Thermodynamik), oder: »Es gibt keine Maschine von 100 Prozent Wirkungsgrad« (zweiter Hauptsatz). Es läßt sich zeigen, daß eine logische Äquivalenz zwischen allgemeinen Sätzen und Negationen von Existenzsätzen besteht. Das ermöglicht es uns, alle Gesetze auf die oben angedeutete Art, das heißt als Verbote, zu formulieren. Diese Verbote sind aber durchaus einseitig gemeint. Sie wenden sich an den Techniker und nicht an den Wissenschaftler. Dem ersteren geben sie eine Anweisung, wie er vorzugehen hat, um unrationelles Arbeiten zu vermeiden; dem letzteren jedoch sind sie ein Anreiz zur immer weiteren Überprüfung, das heißt, zu immer weiteren Versuchen, nun doch derartige Fälle, wie sie durch das Gesetz verboten werden, aufzufinden.

Wir sehen so letzten Endes die Wissenschaft als ein grandioses Abenteuer des Geistes vor uns. Ein unermüdliches Erfinden von neuen Theorien und Ausprobieren von Theorien an der Erfahrung. Die Prinzipien des wissenschaftlichen Fortschrittes erweisen sich als von sehr einfacher Natur. Die erreichten Sätze und Theorien gewähren nicht die Sicherheit [oder auch nur einen hohen Grad von »Wahrscheinlichkeit« im Sinne der Wahrscheinlichkeitsrechnung], die man von ihnen aufgrund magischer Vorstellungen von der Wissenschaft und vom Wissenschaftler erwarten würde. Nicht auf die Entdeckung absolut sicherer Theorien geht die Bemühung des Wissenschaftlers hinaus, sondern auf die Entdeckung oder, vielleicht besser, Erfindung von immer besseren Theorien [oder auf die Erfindung von immer stärkeren Scheinwerfern], die immer strengeren Prüfungen unterworfen werden können [die uns dadurch zu immer neuen Erfahrungen führen und die uns diese Erfahrungen erhellen]. Das heißt aber, die Theorien müssen falsifizierbar sein: Durch ihre Falsifikation macht die Wissenschaft Fortschritte.

Anhang 2

Über Wahrheitsnähe

Die Idee der Annäherung, und insbesondere auch die der Annäherung an die Wahrheit, spielt in der *Logik der Forschung* eine wichtige Rolle, obwohl die in diesem Buch entwickelte Theorie an keiner Stelle von dieser Idee abhängt. Aber da ich ein Realist bin und annehme, daß es eine reale Außenwelt gibt, deren Struktur wir mit unseren Theorien zu beschreiben versuchen, so war es mir doch wichtig zu betonen, daß unsere Theorien diesem Ziel manchmal mehr und manchmal weniger nahekommen.

Viele Jahre später fand ich, daß manche bedeutenden Wissenschaftstheoretiker, vor allem Willard Van Orman Quine[1], sich recht skeptisch über diese Idee der Annäherung an die Wahrheit geäußert haben; und so schien es mir wichtig zu versuchen, diese Idee mit Hilfe des von Tarski rehabilitierten (objektiven und absoluten) Wahrheitsbegriffes zu präzisieren.[2] Ich versuchte, eine logische Definition mit Hilfe des (leicht zu definierenden) Begriffs des Wahrheitsgehaltes einer Theorie zu geben.

Meine Versuche wurden zuerst von Professor Pavel Tichý in einer inhaltlich sehr wertvollen Arbeit aufs schärfste angegriffen.[3] Eine noch

---

Dieser in der 4. Auflage (1984) neue Anhang 2 ist zuerst in der *Logik der Forschung*, 7. Auflage 1982, S. 428–433, als Anhang *XV erschienen.

[1] W. V. Quine, *Word and Object*, New York 1960, Seite 23.

[2] A. Tarski, Der Wahrheitsbegriff in den formalisierten Sprachen, in: *Studia Philosophica*, Band 1, 1936. (Das ist eine Übersetzung einer zuerst 1930–31 in polnischer Sprache erschienenen Arbeit.) Englisch in: A. Tarski, *Logic, Semantics, Metamathematics*, Oxford 1956.

[3] P. Tichý, *British Journal for the Philosophy of Science* 25, 1974, S. 155–160; *ebenda* 27, 1976, S. 25–42.

tiefere und viel weiterreichende Kritik gab David Miller.[4] Ich nahm diese Kritiken an und versuchte, bessere Präzisierungen zu finden; in der Tat fand ich zwei voneinander etwas verschiedene Präzisierungen, die ich schon in älteren Arbeiten kurz skizziert hatte. Die erste dieser Formulierungen präzisiert die Idee einer potentiellen besseren Annäherung an die Wahrheit; die zweite die Idee einer tatsächlichen besseren Annäherung. Die beiden Formulierungen gehen von recht verschiedenen Betrachtungen aus, aber sie kommen zu sehr nahe verwandten (vielleicht identischen) Resultaten: Es scheint, daß sie beide zum selben Urteil über die bessere oder schlechtere Annäherung an die Wahrheit von zwei oder mehreren Theorien gelangen würden. Aber das ist natürlich nicht allzu wichtig; es könnte ja ganz gut mehrere Maßstäbe der Wahrheitsnähe geben.

Bei der ersten Formulierung ging ich von folgender Problemsituation aus. Wir haben eine erfolgreiche Theorie, t_0, die möglicherweise zu gewissen Schwierigkeiten geführt hat: vielleicht ist sie außerstande, gewisse Probleme zu lösen. (Beispiel: Die Quantenmechanik erklärt nicht die Beziehungen zwischen gewissen Konstanten wie *h*, *e*, und *c*.) Oder sie ist vielleicht sogar in gewissen Grenzfällen falsifiziert. (Beispiel: die oben S. 427[4a] erwähnte Wiensche Strahlungsformel.) Ausgehend von der Tatsache, daß wir eine solche Theorie t_0 besitzen, können wir nun fragen: Welche rein logischen Anforderungen sollten wir an eine neue Theorie t_1 stellen, *vor* jeder Prüfung von t_1, bevor wir t_1 als einen *möglichen Fortschritt* anzusehen bereit sind; also als eine Theorie, die *potentiell* besser ist als t_0 und daher wert, mit allen Mitteln überprüft zu werden?

Meine Antwort ist die folgende: Wir sollten verlangen, daß t_1 alle jene Probleme, die t_0 befriedigend gelöst hat (also alle jene Erklärungen, die t_0 in befriedigender Weise geben konnte), gleichfalls zumindest ebensogut lösen kann. Zweitens soll t_1 wenigstens einige der Fälle, mit denen t_0 Schwierigkeiten hatte, befriedigend erklären. Sollte t_0 falsifiziert sein, so sollten wenigstens einige der falsifizierenden Tatsachen mit Hilfe von t_1 erklärbar sein. Das kann aber nur dann der Fall sein, wenn t_0 und t_1 einander logisch widersprechen.

Ganz besonders wünschenswert ist es, daß t_1 Voraussagen macht, die,

[4] D. Miller, *ebenda* 25, 1974, S. 166–188; *ebenda* 27, 1976, S. 363–381; *Synthese* 30, 1975, 159–191; *ebenda* 207–219; *Bulletin of the Section of Logic*, Institute of Philosophy and Sociology, Polish Academy of Sciences 6, 1977, S. 15–26.

[4a] [Anm. d. Übers.: Der Verweis bezieht sich auf die *Logik der Forschung*, 7. Auflage 1982.]

falls sie sich bewähren sollten, sogar auch erfolgreiche Voraussagen von t_0 (oder vielleicht von anderen bestehenden erfolgreichen Theorien) noch verbessern würden. Und schließlich ist es wünschenswert (aber nur selten der Fall), daß t_1 beobachtbare Vorgänge voraussagt, die neu für uns sind in dem Sinn, daß sie sich von allen bisher bekannten Vorgängen und von allen Vorgängen, die mit Hilfe der uns bekannten Theorien voraussagbar sind, unterscheiden.

Um es kurz zusammenzufassen: Jede Theorie, die wert ist, experimentell überprüft zu werden, muß sowohl konservativ wie auch revolutionär sein. (Es ist leicht zu sehen, daß die erste der angegebenen Forderungen konservativ ist, während die anderen revolutionär sind, und daß die von einigen Autoren vertretene These, daß wissenschaftliche Revolutionen totale Revolutionen sind, sowohl vom logischen wie auch vom historischen Standpunkt gesehen, der reine Unsinn ist.)

Solange nun die Theorie t_1 empirischen Prüfungen in jenen Punkten standhält, in denen sie sich von t_0 unterscheidet, solange kann t_1 als eine anscheinend bessere Annäherung an die Wahrheit angesehen und beurteilt werden. Ein solches Urteil ist natürlich selbst hypothetisch, da wir ja die Wahrheit nicht mit Sicherheit kennen.[5]

Ich komme nun zur zweiten Formulierung. Bei ihr ging ich von folgender Problemstellung aus. (Später fand ich ähnliche Ideen bei Henri Poincaré und bei Sigmund Freud.)

Wenn wir Ptolemäus' geozentrische Theorie des Sonnensystems, t_0, mit Kopernikus' heliozentrischer Theorie, t_1, vergleichen, so finden wir zuerst, daß alle Beobachtungen, die durch t_0 erklärt werden können, auch durch t_1 erklärt werden. In der Tat, es war ein Hauptpunkt von Kopernikus' Argumentation, daß wir sozusagen die Welt des Ptolemäus nehmen und um die Sonne statt um die Erde rotieren lassen können und daß das zu *Vereinfachungen* führt.

Jedenfalls konnten alle die Beobachtungen, nennen wir sie b_0, die durch t_0 erklärt werden konnten, ebensogut oder besser – einfacher – durch t_1 erklärt werden. Das war nicht überraschend, da ja die neue Theorie vom Anfang an so konzipiert war, daß eben diese Situation eintreten sollte.

Aber t_1 führt *nicht nur* zu Vereinfachungen. Das heliozentrische

[5] Die hier gegebenen Formulierungen zur Charakterisierung eines potentiellen Fortschrittes sind ähnlich wie die Formulierungen in meinen *Conjectures and Refutations*, Routledge and Kegan Paul, London 1963, [7]1978, Seite 217, und in *The Rationality of Scientific Revolutions*, in: R. Harré (Hg.), *Problems of Scientific Revolutions*, Clarendon Press, Oxford 1975, S. 82 f.

Weltbild erklärt viele Dinge, die vorher unbekannt waren oder jedenfalls nicht erklärt werden konnten, wie zum Beispiel die Phasen der Venus und die beträchtlichen Unterschiede in der scheinbaren Größe (Leuchtkraft) eines und desselben Planeten, der, wie Mars oder Jupiter, nach der neuen Theorie weiter entfernt von der Sonne war als die Erde.

Aber mit der Zeit wurde eine ganze Menge von recht verschiedenen beobachtbaren Vorgängen bekannt, die vom Standpunkt der Theorie t_0 nicht erklärt werden können, weil sie einfach nichts mit t_0 zu tun haben, während sie durch t_1 eine Erklärung finden. Die Form der Erde – die Abflachung des Rotationsellipsoids bei den Polen; die Drehung der Ebene von Foucaults Pendel; die Rotation der Zyklone, die Richtung der Passatwinde: alles das kann durch die Erdrotation erklärt werden, die ja ein Teil des heliozentrischen Systems ist. Ähnlich hängt eine Gruppe von Erscheinungen mit dem jährlichen Kreislauf der Erde um die Sonne zusammen. Wenn die anscheinende Bewegung eines jeden der Planeten durch die angenommene jährliche Bewegung der Erde korrigiert wird – aber nur dann – stellt sich heraus, daß die Bewegung des betreffenden Planeten im Sinne von Keplers Gesetzen interpretiert werden kann. Und dieselbe Periode des irdischen Jahres findet sich in der Aberration des Lichtes, das von den Sternen kommt, und in der Parallaxe der Sterne (soweit sie eine meßbare Parallaxe haben).

Wenn wir alle diese Erscheinungen betrachten, so müssen wir mit Poincaré die Frage stellen: »Kann das alles Zufall sein?«[6] Vom Standpunkt der heliozentrischen Hypothese t_1 erscheinen alle diese Vorgänge und Beobachtungen – wir können sie mit b_1 bezeichnen – als voraussehbar und geradezu als »notwendig«. Aber vom Standpunkt der geozentrischen Hypothese erscheinen sie in der Tat als Zufall; und wir müssen sagen, daß es ein *extrem unwahrscheinlicher Zufall* wäre, wenn alle diese Dinge, die durch die heliozentrische Hypothese erklärbar sind, eben nur durch Zufall eintreten würden.

Der nächste Schritt ist der folgende:

Wir können offenbar einen so extrem unwahrscheinlichen Zufall nicht annehmen. Poincaré deutet daher an, wenn auch etwas zögernd, daß wir die heliozentrische Hypothese als *wahr* annehmen müssen. Man spürt aber aus Poincarés Zögern, daß er, wenn auch zögernd, wohl eher dafür wäre, die heliozentrische Hypothese mit Rücksicht darauf, daß b_1 durch die Beobachtung gegeben ist, als sehr *wahrscheinlich* anzusehen

6 Vgl. die letzten Sätze von Henri Poincaré, *La Valeur de la Science*, deutsch: *Der Wert der Wissenschaft*, Teubner, Leipzig, 2. Auflage (1910).

(im Sinne der Wahrscheinlichkeitsrechnung); da wir ja sonst das Zusammentreffen aller jener Beobachtungen, die wir als b_1 zusammenfassen, als einen extrem unwahrscheinlichen Zufall betrachten müßten.

Man kann nun aber zeigen, daß diese Überlegung unhaltbar ist: t_1 kann vielleicht wahr sein; aber auch wenn b_1 gegeben ist, so sind wir doch niemals berechtigt, zu behaupten, daß t_1 wahr ist, oder auch nur, daß t_1 wahrscheinlich im Sinne der Wahrscheinlichkeitsrechnung ist. (Aber t_1 kann durch b_1 sehr gut *bewährt* sein; siehe oben, Anhang *IX[7], und den letzten Absatz des gegenwärtigen Anhangs.)

Wir können die Wahrscheinlichkeit (englisch: probability) einer Theorie t aufgrund von gegebenen Beobachtungen b mit

$$p(t, b)$$

bezeichnen. $p(t, b)$ ist eine Aussagewahrscheinlichkeit (oder eine Hypothesenwahrscheinlichkeit): Es ist die Wahrscheinlichkeit dafür, daß die Theorie t *wahr* ist, vorausgesetzt, daß b wahr ist (daß also alle Komponenten der Konjunktion b wahr sind).

Wir haben, gemäß der Wahrscheinlichkeitsrechnung,

$$0 \leq p(t, b) \leq 1 \text{ und } p(\bar{t}, b) = 1 - p(t, b).$$

Eine »große« Wahrscheinlichkeit müßte also jedenfalls wesentlich größer als ½ sein; denn wenn

$$p(t, b) < 1/2$$

ist, dann ist t (gegeben b) *unwahrscheinlich*; denn die Negation von t ist dann jedenfalls wahrscheinlicher als t selbst.

Es gilt weiter nach der Wahrscheinlichkeitsrechnung, daß wenn wir zwei oder mehrere Theorien haben, $t_1, t_2, t_3, \ldots t_n$, die sich paarweise logisch widersprechen,

$$p(t_1, b) + p(t_2, b) + p(t_3, b) + \ldots + p(t_n, b) \leq 1$$

sein muß.

Wir nehmen nun an:

t_1 ist die heliozentrische Hypothese in der Form, in der sie Galilei vertreten hat;

t_2 ist Keplers Form, und zwar *genau* (also mit der *Sonne* im gemeinsamen Fokus von genau elliptischen Planetenbahnen);

[7] Seite 352 ff. [Anm. d. Übers.: Der Verweis bezieht sich auf die *Logik der Forschung*, 7. Auflage 1982]

t_3 ist Keplers Form mit dem *Schwerpunkt* des Systems im gemeinsamen Fokus;

t_4 ist Newtons Form (einschließlich seiner Störungstheorie);

t_5 ist die Theorie verbunden mit Einsteins spezieller Relativitätstheorie.

Alle diese Theorien führen zu sehr ähnlichen Resultaten (alle erklären b_1 in fast genau derselben Weise). Trotzdem widersprechen sie einander logisch. Und da sie, alle fünf, durch b_1 in ganz ähnlicher Weise gestützt werden, so können wir, wenn wir für »ungefähr gleich« das Zeichen »$\approx$« setzen, folgendes behaupten:

$$p(t_1, b_1) \approx p(t_2, b_1) \approx p(t_3, b_1) \approx \ldots \leqslant 1/5.$$

Also ist jede dieser Theorien sehr unwahrscheinlich; und wenn wir unsere Sequenz von Theorien fortsetzen können (und das können wir: t_6 könnte Dickes Theorie sein, t_7 Einsteins allgemeine Theorie mit offenem Kosmos, t_8 mit geschlossenem Kosmos usw., usw.), so können wir zeigen, daß die Wahrscheinlichkeit jeder der Theorien als beliebig klein – also beliebig nahe an Null – nachgewiesen werden kann. Besonders im Zusammenhang mit dem Prinzip von der maximalen probabilistischen Entropie der Ausgangswahrscheinlichkeiten[8] ist das, meiner Meinung nach, ein entscheidendes Argument *für* die oben[9] im Anhang *VII diskutierte These der Null-Wahrscheinlichkeit und *gegen* alle wahrscheinlichkeitstheoretischen Induktionstheorien, ob sie nun objektivistisch sind oder subjektivistisch. Das gilt insbesondere für die verschiedenen Versionen der Bayesschen Theorie und auch für die interessante Theorie von Hintikka.

Wir dürfen uns also nicht auf Grund des überzeugenden Arguments, daß es extrem unwahrscheinlich ist (im Sinne der Wahrscheinlichkeitsrechnung), daß b_1 (in dem so viele ansonsten unabhängige Komponenten stecken) ein zufälliges Zusammentreffen sein kann, dazu verleiten lassen, t_1 als wahr oder auch nur als sehr wahrscheinlich anzusehen: t_1 ist und bleibt unwahrscheinlich (wie ja schon in Anhang *VII[9] gezeigt wurde). Aber wir können sagen, daß vermutlich t_1 eine bessere Annäherung an die Wahrheit ist als t_0, mit anderen Worten, wir können auf die Poincarésche Frage »Kann es ein Zufall sein, daß die Theorie t_1 so vieles vorher Unerklärliches erklärt?« die Antwort geben: »Nein, es ist

[8] Vgl. A. I. Khinchin, *Mathematical Foundations of Information Theory*, Dover Publications, Dover 1957.

[9] [Anm. d. Übers.: in der *Logik der Forschung*.]

vermutlich kein Zufall, sondern der Grund dafür ist, daß t_1 (und wohl auch t_2...) der Wahrheit näherkommt als t_0.«

In der Tat ist ja auch die heliozentrische Hypothese in ihrem ursprünglichen Sinn als durch neuere Beobachtungen, die durch neuere Theorien interpretiert wurden, widerlegt anzusehen; und sogar als weit entfernt von der Wahrheit, trotz ihres überwältigenden Erklärungserfolges und ihres zeitweilig sehr hohen Bewährungsgrades.

Unser Argument ist also folgendes: da b_1 auf der Basis von t_0 nicht nur unerklärt, sondern extrem unwahrscheinlich ist ($p(b_1, t_0) \approx 0$), so ist es sehr wahrscheinlich, daß die Theorie t_1, die jene Tatsachen erklärt, die von b_1 beschrieben werden, und die daher b_1 die Wahrscheinlichkeit 1 gibt ($p(b_1, t_1) = 1$), der Wahrheit zumindest näherkommt als t_0. Allgemein: Eine Theorie ist wahr, wenn sie mit den Tatsachen übereinstimmt; sie hat größere Wahrheitsnähe als eine konkurrierende Theorie, wenn sie mit den Tatsachen besser übereinstimmt (oder mit mehr Tatsachen übereinstimmt).

Es läßt sich zeigen, daß mein im Anhang *IX[10] diskutierter Bewährungsbegriff, obwohl er intuitiv von ganz anderen Überlegungen ausgeht (siehe insbesondere oben S. 353[10]), recht brauchbar ist, um die relative Wahrheitsnähe zweier Theorien abzuschätzen. Da wir aber die Wahrheit nicht kennen, so ist es klar, daß wir bestenfalls immer nur die *relative* Wahrheitsnähe zweier oder mehrerer Theorien vergleichen können.

Nie sind wir also berechtigt, zu sagen, daß eine Theorie wahrscheinlich ist, im Sinne der Wahrscheinlichkeitsrechnung – das heißt: wahrscheinlich wahr. Aber wir können sehr wohl berechtigt sein, zu sagen, daß t_1 *wahrscheinlich der Wahrheit nahekommt, zumindest näher als* t_0.

[10] [Anm. d. Übers.: in der *Logik der Forschung*.]

Personenregister

(Kursivdruck verweist auf besonders wichtige Stellen)

Sachregister

(Kursivdruck verweist auf besonders wichtige Stellen.
Auf Begriffserklärungen verweist ein t bei einer Seitenzahl.)